VN GARIA.
DANVBIVS FLV.
Balaton
SCLA
NDISCH
MORCH.
SAVA FLV.
BOSSNA
ILLYRICVM.
DAL
MATIA.
ORIENS.
IOAN. SAMBVCVS
ORTELIO SVO S.

Walter Berger - Baut dem Reich einen Wall

stv

Walter Berger

BAUT DEM REICH EINEN WALL

Das Buch vom Entstehen der Militärgrenze wider die Türken

Leopold Stocker Verlag
Graz und Stuttgart

Umschlaggestaltung: Atelier Geyer, Albersdorf
Einbandgestaltung: Paul Mangold, Graz

Vorsatz

So sah der Kartograph des 16. Jahrhunderts das Kernland der Militärgrenze „Illyricum"; gezeichnet von Johannes Sambucus, 1572. Aus dem berühmten Kartenwerk des Abrahamus Ortelius „Theatrum Orbis Terrarum", Antwerpen, 1592 (K. A.).

Nachsatz

Die Karte veranschaulicht es deutlicher als Worte: Die Türkei des 16. Jahrhunderts zählte zu den größten Staaten der Erde. Turcici Imperii Descriptio — des Türkischen Reiches Beschreibung im „Theatrum Orbis Terrarum" (K. A.).

Anhang

Bildteil mit einer Auswahl zeitgenössischer Waffen.

CIP-Kurztitelaufnahme der Deutschen Bibliothek

Berger, Walter:
Baut dem Reich einen Wall: Das Buch vom Entstehen der Militärgrenze wider die Türken, Walter Berger. — Graz: Stocker, 1979.
ISBN 3-7020-0342-8

ISBN 3-7020-0342-8

Printed in Austria
Druck: M. Theiss, Wolfsberg, Kärnten

Kroatien

Ein stilles Land, gewaltig hingebreitet
Um große Ströme und um dunkle Auen,
Fernhin, wo des Gebirges Zinnen blauen,
Und jenseits lockend sich das Südmeer weitet.

Ein starkes Land, beackert und bereitet
Von kühnen Männern und von schönen Frauen,
Von einem Volk voll hartem Gottvertrauen,
Das tausend Jahre um sein Dasein streitet.

Noch steht das Land in träumenden Gedanken
Zum Türkenkampf bereit auf seinem Posten,
Noch klingt das Lied von Türmen und Palanken. —

Dumpf schläft Europa, seine Schwerter rosten.
Vergessen schlummert unter dichten Ranken
Sein Grenzwall tief im blutigen Südosten.

1529

Steyr, den 29. Aprilis 1529

Es ist wohl ein sonderbar Ding, wenn einer, der auf der Lateinschule das Lesen und Schreiben erlernt, ja darin sogar als ein gelehriger und geschickter Schüler gegolten, und der seitdem auch vornehmlich am Schreibpult tätig gewesen, just an dem Tag ein Diarium zu schreiben anhebt, da er darangeht, ein neues Leben anzufangen, will heißen als Soldat in die Welt hinaus zu ziehen. Hab mich freilich allezeit lieber als mit Tinten und Feder mit der Armbrust vergnügt oder verschiedenem alten Gewaffen meines Vaters, wie es junge Burschen zu tun pflegen. Wär aber aus mir doch wohl zuletzt ein biederer Secretarius oder Advocatus geworden, — wenn eben die aufsässigen Bauern anno 1525 nicht meinen Vater erschlagen hätten. Der ist Amtmann des salzburgischen Fürsterzbischofs zu Schladming gewesen, hat als solcher nicht seinen Herrn verraten wollen und sich daher, als die wütenden Bauernhaufen den Ort stürmten, mit etlichen Knechten ihnen entgegengestellt. — Es haben die Herren zwar wenig später die Bauern niedergeworfen und strenges Gericht gehalten, aber meinen Vater nimmer lebendig machen können. Meine Mutter mit ihren fünf Kindern ist über Nacht als arme Wittib allein in der Welt gestanden. Hatten nicht viel ersparen und zurücklegen können in den unruhigen Zeitläuften. Freilich, da war noch mein Oheim, der reiche Handelsherr in Steyr; mein Vater hatte ihm einst, wie jener als kleiner Krämer angefangen, mancherlei Unterstützung und Hilfe geleistet. Aber daran erinnerte der sich jetzt ungern. Alles, was er für meine Mutter tun könne, meinte er, sei, daß er mich, ihren Ältesten, als Lehrling in sein Geschäft aufnehme.

So saß ich also jetzt zu Steyr auf dem Stadtplatz im Gewölb meines Oheims, schrieb Listen und Rechnungen, addierte und multiplizierte, konnte aber bei alledem nicht froh werden. — Es war nicht darum, daß der Oheim immer wieder durchblicken ließ, wie er mich ja nur aus Gnad und Großmut bei sich aufgenommen habe, aus Mitleid mit seines seligen Bruders Eheweib. Dachte mir dazu meinen Teil, zumal ich bald herausgefunden hatte, daß an all seinem Jammern wegen schlechten Geschäftsganges nicht viel Wahres sei, er vielmehr ein arger

Wucherer und Geizhals war. — Nein, es war ganz etwas anderes. Hatte ich mich ehedem schon auf der Lateinschule wie eingesperrt gefühlt, so kam ich mir jetzt in den Kellergewölben zwischen den Ballen, Kisten und Fässern schier lebendig begraben vor. Dazu roch aber das alles so eigenartig, erregend, so geheimnisvoll, all das Holz, Leder und Hanfwerk, vor allem aber die Gewürze und Spezereien, die oft aus den fernsten Ländern zu uns kamen. — Wer da einmal mitfahren dürfte auf eine Handelsreise in ferne, fremde Länder! — Aber mein Oheim hatte taube Ohren, als ich ihn einmal vorsichtig deshalb fragte; ihm dienten meine Schreib- und Rechenkünste hier besser als sonstwo, — und das nützte er!

Mehr als einmal war ich drauf und dran, davonzulaufen. — Wie, — war denn die Erde nicht voll von Abenteuern, voll von Reichtümern? Hatte uns nicht der vielbelesene Pater Franziskus auf der Lateinschule oft erzählt: von den Wundern und Schätzen Indiens und Afrikas, den Reichen Tschin und Zipangu, vor allem aber von den Ländern über dem großen Meer, wo die Hispanier eben jetzt daran sind, sich ein Imperium zusammenzuerobern, größer als das ganze Heilige Römische Deutsche Reich. Konnten dort wohl jeden brauchen, der kräftige gerade Glieder und das Herz am rechten Fleck hatte. Wer zurückkam, der war reich bis an sein Lebensende. In zwei, drei Jahren konnte sich einer da drüben mehr holen, als mein geiziger Oheim sein Leben lang zusammen zu raffen imstande war.

Von meinem kargen Lohn kaufte ich mir auf dem Markt bei einem Händler, der Bücher und anderes Gedrucktes feilbot, ein holzgeschnittenes Blatt mit einer Karte von Westindien und brachte es als kostbaren Besitz mit nach Hause. Da konnte ich nun meinen Geist auf Entdeckungsfahrten und Abenteuer aussenden: hier dehnte sich das Karibische Meer, in welchem ein erschreckliches Seeungeheuer seine Wellenfurchen zog, da lagen die Inseln, San Domingo, San Salvador, Hispaniola, von märchenhaften Früchten, fremdartigen Vögeln und seltsam aufgeputzten nackten Indianern umgeben, dort drüben Mexiko, das Land der krausen Wunder, das die Hispanier erst vor wenigen Jahren sich unterworfen haben, — und weiter, nach Süden zu, dehnten sich unermeßlich die unbekannten Weiten mit Strömen und Gebirgen, mitten drin das Land Peru, in dem das Gold so gemein sein soll wie bei uns das Eisen. Dort ist freilich noch kein Mensch unserer Art gewesen; — aber wie lange wohl noch?! — Herrgott, — da dabei sein dürfen, wenn die Hispanier auch das Goldland Peru erobern!

Nachts schlief ich unruhig, und bei Tag träumte ich. Gelegentlich schrieb ich blanken Unsinn in die Warenlisten meines Oheims oder verrechnete mich, was mir jener, zumal wenn es zu seinen Ungunsten geschah, stets übel nahm. Das sei die Dankbarkeit, pflegte er zu greinen: da helfe man unter schweren Opfern der Brut, die der Bruder leichtsinnig in die Welt gesetzt, und es werde einem mit Faulheit und Liederlichkeit vergolten.

Ich begann allen Ernstes zu überlegen, wie ich am raschesten könnt nach Hispanien kommen; dort würde sich dann schon leicht alles weitere in die Wege leiten lassen. Da entsann ich mich zur rechten Zeit, daß der Burghauptmann von Steyr dereinst ein Schulgenoß meines Vaters gewesen. — Just er dünkte mir jetzt der Rechte, mich bei meinem Vorhaben zu beraten. An einem der nächsten Abende ging ich auf die Burg und ließ mich bei ihm melden, nicht ohne gleich meines Vaters zu gedenken. Ich hatte Glück; der Herr war daheim und ohne Gesellschaft, und bald saßen wir in einem Erkerstübchen in zwei hochlehnigen Lederstühlen bei einem Becher roten Weines einander gegenüber.

„Du willst also", sagte der Hauptmann, nachdem ich meine Absicht vorgetragen und ihn geziemlich um Rat und etwaige Hilfe gebeten, „etwas von der Welt sehen und erleben und nebenbei auch einiges zusammenkratzen, auf daß du nicht ewig ein armer Teufel bleibst."

„Wärest nicht der erste, der es so hält. Kenn selber einen aus Nürnberg, der mit den Portugiesen bis Ostindien gefahren ist. — Kann mir's gut vorstellen, daß so was einen Jungen packt. Wär ich noch so jung wie du, ich glaub, mich tät dieses Peru auch locken."

Er nahm einen langen Schluck aus seinem Becher und schaute gedankenverloren durch das rotgoldene Gefunkel und Gestrahle der Butzenscheiben, hinter denen irgendwo fern die Sonne unterging.

„Möchtest drüben bleiben?" fragte er dann unvermittelt.

Etwas verwirrt, mußte ich mich erst bedenken. Drüben bleiben? Für immer? — Warum eigentlich nicht? — In einem Land, wo das Gold auf der Straße liegt, die süßesten Märchenfrüchte einem schier ins Maul wachsen wie im leibhaftigen Schlaraffenland, — warum sollte man in einem solchen Land nicht sein ganzes Leben lang bleiben? — Aber da war doch irgend etwas, was mich zögern ließ. Gedanken huschten mir durch den Kopf, Erinnerungen, Bilder: die heimelige Stube meiner Mutter, wo in der flackernden Helle des Kaminfeuers die Zinnkrüge an der Wand aufschimmerten, — ein Frühlingssonntag vor den Toren der Stadt Salzburg, wo ringsum auf den ragenden Bergen glitzerndweiß der Schnee leuchtete, — ein Abendsegen in der Franziskanerkirche, — ein Herbsttag irgendwo an einem Waldrand im Vorgebirge, mild und klar und golddurchleuchtet, voll jubelnder Farben und doch schon gezeichnet von der stillen Traurigkeit des nahen Vergehens. — Das und vieles andere zog rasch in buntem Tanz in mir vorüber, — und ich sah und erkannte: alles, was bisher an meinem Leben schön gewesen, was das Leben erst lebenswert gemacht hatte, war mir hier, in der Heimat und aus der Heimat erwachsen. Im fernen Peru würde ich all das vergebens suchen — und um alles Gold des Landes würde ich es mir nicht kaufen können.

„Nun, — möchtest du drüben bleiben?" hörte ich den Hauptmann nochmals fragen. Ich blickte auf und sah in zwei graue Augen, in denen sich Festigkeit mit Klugheit und Reife einten, mit Güte und Verstehen und — auch einem Quentchen fröhlicher Schalkhaftigkeit.

„Nein!" sagte ich fest und laut.

In den Augen blitzte es auf, die Fältchen huschten und spielten, aber dann wurde er wieder ernst.

„Du möchtest also hinüberfahren, ein paar Jahre drüben bleiben, dann als reicher Mann zurückkommen und hier irgendwo" — er machte eine ausholende Bewegung — „in Steyr, Salzburg, in Schladming oder sonstwo, — in der Heimat also jedenfalls, — dein weiteres Leben in Wohlstand und Frieden verbringen?"

„Ja, — selbstverständlich!" entfuhr es mir.

„Selbstverständlich, — sehr gut!" — und plötzlich wurden seine Augen stahlhart. — „Gar nicht selbstverständlich! — Denn wer bürgt dir, daß deine Heimat dann überhaupt noch besteht?!"

Ich saß da, sah ihn mit weit aufgerissenen Augen an, konnte nicht verstehen, was er überhaupt damit meinte.

„Ja — aber — bestehen —? — Unser Land kann doch nicht einer einfach forttragen!"

„Forttragen ist auch gar nicht nötig!" — Er knurrte, lachte dann: „Höre; — ihr auf eurer Lateinschule habt wohl vom Himmel mehr gelernt als von der Erden, und wenn von der schon einmal die Rede war, dann mehr von Indien als von Österreich, und von den alten Römern habt ihr mehr gelernt als von euren eigenen Zeitgenossen. Wir leben jetzt nun aber hier auf Erden, — wird also Zeit, daß du auch davon einmal einiges erfährst!"

„Also horch zu!" — Er füllte sich den Becher aufs neue und nahm einen tiefen Zug: „Du träumst davon, mit den Hispaniern Peru zu erobern. Dazu würdest du, soweit ich die Dinge überschaue, sicher früher oder später Gelegenheit haben. Hispanien ist das Mächtigste auf unserer ganzen Erde, daran gibt's nichts zu zweifeln. Und da ihr Reich groß und mächtig ist, sind die Hispanier daran, es immer noch größer zu machen, wenn's nicht hier in Europa geht, so eben drüben in Indien oder sonstwo. Ist noch viel zu erobern auf Erden, können sich noch die halbe Welt holen. — War aber nicht immer so!

Du weißt, ich bin auch einmal auf die Lateinschule gegangen, zusammen mit deinem gottseligen Vater — und zeitlebens auch als Kriegsmann davon nicht mehr losgekommen; hab dann und wann immer wieder ein Gedrucktes lesen müssen, rein zum Zeitvertreib. Und da ist mir einmal, in einem französischen Schloß, das wir geplündert haben, eine Historia Regni Hispaniae in die Hände gefallen. — Und nächstens am Wachtfeuer hab ich dann drin gelesen. Du, Bub, da hab ich aber gestaunt. Da glaubt unsereiner, so ein Königreich Hispanien müßte seit Anbeginn großmächtig dagestanden sein, ein übriggebliebenes Trumm vom Imperium der alten Römer, und nicht sein schlechtestes. War aber völlig anders. Es haben da vor urlangen Zeiten die Sarazenen ihr Reich über Afrika ausgebreitet, und von dort sind sie übers Meer und haben ganz Hispanien dazugenommen und untertan gemacht. Sind bloß ein paar kleinwinzige Grafschaften irgendwo in den Bergen frei und christlich geblieben. Von denen aus haben die Hispanier dann freilich, Hunderte Jahre später, Schritt für Schritt die heidnischen sarazenischen Zwingherren wieder aus dem Land gedrängt. In Hispanien ist für die heut nichts mehr zu holen!

Glaub ja nicht, die Sarazenen wären damit jetzt ungefährlich geworden! Haben bloß den Namen gewechselt im Lauf der Zeiten, reden wohl auch eine andere Sprache, — was weiß ich. Sind aber doch dieselben wie ehedem, wollen dasselbe — und packen es auf dieselbe Weis an. Bloß, daß sie jetzt von der anderen Seite herkommen, nicht vom Sonnenuntergang, sondern diesmal vom Sonnenaufgang. Und auf dieser Seiten sitzen wir! — Bub, weißt du, was das bedeutet?!"

Mir war es, als griffe mir jäh eine kalte Hand ans Herz. Bei Gott, ich wußte, was er jetzt meinte, — der Türk! — Bloß — so hatte mir das noch nie wer gesagt.

Da sprach es der Hauptmann auch schon selber aus: „Heut ist der Türk das, was damals der Sarazene war. Weiß nicht viel über die Türken; kommen von irgendwo her aus den wüsten Ländern weit da hinten. Und haben in den letztvergangenen Saeculis alles sich unterworfen, was zwischen ihnen und uns gelegen ist, das Griechenland, Raszien, Bosnien, Rumilien, die Walachei und Tartarei, und was weiß ich, was es noch alles da draußen gibt, — bin noch nie dort gewesen. Und was sich vor drei Jahren zugetragen, weißt wohl selber auch!"

Ja, ich wußte es: damals hatten die Türken den König von Hungarn und Polen mit seinem ganzen Heer erschlagen und sein Reich zerstört. Hungarn, — das ist bereits unser Nachbarland, — noch nie war mir das so klar bewußt geworden wie jetzt.

„Es hat der König Ludwig von Hungarn mit unserm Erzherzog Ferdinand einen Erbvertrag gehabt. Da haben wir den Hungarn also beerbt. — Haha! — eine schöne Erbschaft! Das ist, wie wenn dein Bruder stirbt und hinterläßt nichts wie Schulden rundum, und du beerbst ihn jetzo und darfst alles bezahlen!"

Der Hauptmann war aufgesprungen und schritt durch den Raum, auf und ab. Mit einem Ruck blieb er wieder stehen.

„Bub, ich sitz hier in der Einschicht. Kommt kaum wer zu mir, der mir was erzählt von der Welt draußen. Ich kann dir nicht sagen, wie es im einzelnen jetzt steht. Aber das eine kann ich dir sagen, und das ist bei Gott wahr: daß es verzweifelt ernst um uns steht!"

Ich hockte da wie erstarrt und wagte kaum zu atmen.

„Ich vergönn den Hispaniern das Land Peru vom Herzen. Sollen es haben und ganz Indien dazu und noch ein Dutzend Königreiche. Kann uns nur recht sein: seit unseres Heiligen Römischen Reiches Majestät Kaiser Karl auch König von Hispanien ist, sind die ja sozusagen unsere Landsleute, mit uns verbündet, und was ihnen an Macht zuwächst, kommt auch uns zu Nutzen. Das hat aber einen weiten Weg! — Was uns angeht, dich und mich und die rundherum, — brennheiß angeht, — liegt näher, — viel näher! Was unsere Leut hier im Land betrifft, so brauchen wir die hier, nur hier und nirgends anders. Jeden einzelnen brauchen wir! Darf heut keiner davonlaufen und sein Glück in der Fremd suchen, wenn es hier, in der Heimat, um's Ganze geht!"

Jetzt war auch ich aufgesprungen, meine Erstarrung hatte sich gelöst, heiß spürte ich es in mir aufsteigen, — ich mußte die Hand des Alten packen und drücken.

„Ich bleib hier!" — das war alles, was ich herausbrachte. — Aber mehr war jetzt auch nicht nötig.

Der Hauptmann stand stumm vor mir, Schatten im Dunkel, — aber ich spürte, wie auch er erschüttert war. —

„Na, dann wollen wir alles weitere in Ruhe bereden!" sagte er nach einer Weile, jetzt wieder ganz ruhig und gemütlich.

„Was willst also jetzt tun? — Wenn dich die Haut juckt, so kannst du sie auch für das Land zu Markte tragen, in dem dich deine Mutter zur Welt gebracht hat. Abenteuer wirst in nächster Zeit auch bei uns genug erleben können. Bist du tüchtig, so bringst du es auch hier zu was. — Also kurz und gut: willst dich nicht anwerben lassen?"

Daran hatte ich freilich noch nicht gedacht, aber jetzt nach unserem Gespräch schien es mir wahrhaftig das Einfachste auf der Welt. Ich überlegte noch.

„Trifft sich nicht übel", unterbrach der Hauptmann meine Gedanken, — „daß in etlichen Wochen der Eck von Reischach, ein alter Kamerad, der mit mir noch unter dem Frundsberg gedient hat, hier im Landl ob der Enns ein Regiment will aufstellen. Da kämest in gute Hände."

Mir war's recht; ich nickte.

„Waffnen kann alleweil noch ich dich. Ein Spieß und ein Schwert finden sich in hiesiger Rüstkammer. — Kannst überhaupt umgehen mit so was, — he?!"

Ich wurde rot wie einst als Schulbub, wenn ich mein Pensum nicht studiert hatte, und schüttelte den Kopf.

„Schadet nichts! Hab hier in der Burg etliche Kriegsknecht, denen ohnehin die Zeit lang wird. Sollen dir ein wenig Schwertfechten und Spießführen beibringen. Vielleicht lernst Reiten auch gleich. Kommst jeden Abend herauf auf die Burg; danach bist dann mein Gast. Möcht

dir noch mancherlei erzählen; mag sein, du kannst es noch brauchen."
Er hob den Becher: „Auf deine Zukunft in des Kaisers Armada!"

Steyr, den 15. Maji 1529

Es geht mein Leben vorerst seinen gewohnten Gang und ist nun doch irgendwie anders geworden. Nicht bloß deswegen, weil ich jetzt jeden Abend auf die Burg hinaufgeh und mich unterweisen lasse, wie mit Waffen umzugehen wäre. Es sind da ein paar alte Landsknechte, grob und rauh, wie Kriegsleut eben, treiben allerhand Possen mit mir, wenn ich mich wo täppisch anstelle, meinen es aber nicht bös. Und seit ich ihnen vor etlichen Tagen ein Fässel Brantwein gestiftet, sind wir vollends gute Freunde geworden.

Nachher, wenn die Dämmerung eingebrochen ist, sitz ich oft beim Burghauptmann. Dem macht es sichtbar Vergnügen, daß er nun einmal einem Jungen nach Herzenslust was erzählen kann. Er ist weit in der Welt herumgekommen, hat viel erfahren und gesehen, und unterweist mich nun ernsthaft wie ein Magister über die Art und Weis der Kriegsführung. Das hätt ich mir nimmer gedacht, was das für eine wahrhaftige Kunst und Wissenschaft ist. Es geht ja heutzutag nimmer so wie vielleicht früher einmal, daß jeder wacker auf den Feind einhieb. Hat heut alles seine Ordnung und Richtung, steht und ficht jeder, wo es sein Kriegsherr ausgerechnet und abgezirkelt hat, und ist so das Kriegshandwerk oft nichts anderes als ein Stück Arithmetik oder Geometrie. Hab freilich nicht alles immer ganz verstanden, doch werde ich das noch zur Genüge in praxi erfahren.

Mein Oheim freilich stand wie vom Donner gerührt, als ich ihm erzählte, ich wolle unter das Kriegsvolk gehen. Da kam es erst heraus, wie gut er mich hatte brauchen können, und wie sehr ich ihm nun fehlen würde. Hat aber bloß so getan, als sei er voll der Besorgnis um mein Leben und Wohlergehen. Ob ich denn von Sinnen sei, die Plag und Mühen des Kriegsdienstes auf mich zu nehmen, die würde ich ja nimmermehr ertragen, ich Schulbübel, das nie meinen Leib gekräftigt hätte. Und die sittliche und seelische Verkommenheit, die unter den Landsknechten herrsche, der jedermann unrettbar verfallen sei, der sich nichts Besseres wisse, als sich für die Kriegsleut herzugeben, — und dann gar die Gefahr für Leib und Leben! — Nein — er dürfe das wahrhaftig nicht zulassen. Und ob ich denn gar nicht an meine Mutter dächte, die arme Frau, wie ich da daran wär, sie in Gram und Sorgen zu stürzen. — Nun, der Gedanke an meine Mutter lag mir in der Tat auch selber schwer auf dem Herzen. Aber die würde mich schon trotzdem verstehen können und mich ziehen lassen; — klagen und jammern hab ich sie mein Lebtag noch nie gehört, nicht einmal damals, als sie ihr die Kunde vom Tod meines Vaters gebracht haben. — Und dann: ist einer als Soldat mit einem guten Schwert nicht oft besser dran und seines Lebens sicherer als ein Bürger, der in seiner Stuben sitzen und warten muß, bis einer kommt, ihm den Schädel einzuschlagen?

Steyr, den 25. Maji

Nun wird es langsam ernst. Gestern hat mir der Hauptmann gesagt, des Eck von Reischachs Werber gingen schon im Landl um und würden bald auch in Steyr auftauchen. Ich kann's kaum mehr erwarten, wenn ich denk, wie jetzt bald das große Ungewisse anheben soll, das Abenteuer — und die Gefahr.

Bei meiner Mutter bin ich auch gewesen, Abschied nehmen, — wer weiß, für wie lang. Ist ihr schon hart angekommen, hab es ihr angemerkt. Hat mich bloß stumm gesegnet und dann gesagt: „Bub, tu, was dein Gewissen von dir verlangt. Der Herrgott wird schon wissen, warum er dir so was hat eingegeben." Sie hat mir noch einen geweihten Denkpfennig gegeben mit der Muttergottes. Ich weiß ja nicht recht, ob einem so was wirklich hilft, will aber jedesmal, wenn ich den Pfennig seh oder spür, an meine Mutter denken.

Der Oheim hört nicht auf, mich zu bedrängen, ich sollt von meinem Plan doch noch abstehen. Er verstieg sich allmählich so weit, mir in Aussicht zu stellen, mich künftighin sogar zu seinem Geschäftsteilhaber zu machen, ja vielleicht überhaupt zu seinem Nachfolger und Erben. Da würd ich dann einmal so im Leben dastehen wie er selber, sagte er stolz. Nun, — das reichte mir! — Nur daran zu denken, daß vielleicht ich dann auch so einer würde, der alles um sich, den Besitz und die Leut und die Arbeit und das ganze Leben nur nach dem Geld einschätzt, einer der selbst im Traum noch nachdenkt, wie er noch mehr Gewinn raffen könnt. — Nein, dann schon lieber als ein Kriegsmann in der Welt herumgeworfen werden und, wenn's sein muß, auch draußen ehrlich zugrundgehen!

Steyr, den 1. Junii 1529

Gestern sind sie dagewesen!

Ich stand — es war noch früh am Tag — auf dem Hof, um die Ballen und Fässer zu notieren, die da eben abgeladen wurden, — da war auf einmal draußen auf dem Stadtplatz ein Rufen und Laufen, und mitten drein zog es heran, erst fern, dann immer näher: rummdaradummdaradumm — rummdaradummdaradumm! — Da kamen ein paar Buben auf den Hof gestürzt: „Landsknecht kommen, Landsknecht sind da!“ — und waren schon wieder im Wirbel draußen.

Mich überlief es heiß und kalt. Ein paar Herzschläge lang bin ich noch starr dagestanden, dann schmiß ich meines Oheims Warenlisten hin, — mit einem Satz war ich draußen auf dem Stadtplatz und drängte mich durch die Menge der Gaffer.

Da war mitten auf dem Platz ein Gewimmel von Spießen und Helmbarten, davor saß einer auf einem Roß, ein vierschrötiger Kerl mit rotem Gesicht und grauem Schnauzbart, ganz in Eisen gepanzert. Und neben ihm standen drei oder vier und ließen die Schlägel hurtig über das Fell ihrer großen Trommeln tanzen.

Jählings verstummte das Rumpeln und Dröhnen. Einer in geschlitztem Wams und wallendem Federhut trat vor, entrollte ein großes Pergament und hub an, mit lauter Stimme zu verlesen:

„Wir Ferdinandus, von Gottes Genaden König zu Hungarn und Böheim, Erzherzog zu Österreich, Herzog zu Steier etc. etc. tun kund zu wissen allermänniglich, wie wir unsern geliebten und getreuen Hansen Eck von Reischach als Feld-Obristen eingesetzt und bestellt und ihm Auftrag gegeben, in unsere, Fürstentum und Erbland ob der Enns ein Regiment Landsknecht mit sechs Fähnlein anzuwerben und aufzustellen.“

Er rollte das Pergament wieder ein und trat zurück. Jetzt hob sich der Geharnischte im Sattel und ließ sich dröhnend über den Platz vernehmen:

„Mannerleut und Burschen! Und ich, der Christoph Weinwurmb, steh allhier vor euch als Hauptmann in seiner Römischen Majestät in unseres Erzherzogs wie auch in meines Herrn Obristen Namen! — Der Kaiser braucht Kriegsvolk, der Türk steht vor der Tür! — Wer Mut hat, wer hinaus will in die Welt, wer's zeigen möcht, was in ihm steckt, der tret unter unsere Fahne! Jeglicher, der da gesund ist an Leib und Geist, wohlgebaut und gut gerüst, ist uns lieb. — Wer Angst hat und lieber hinter'm Ofen sitzt, der soll daheim bleiben. Und der Teufel soll ihn holen! Kreuz, Stern und Donner übereinander!“

Er schnaufte laut; sein Kopf war ihm dunkelrot angelaufen. Sichtlich war er kein Freund von langen Reden, und diese jetzt hatte ihn schon Müh genug gekostet.

Nun trat der, welcher zuvor das Pergament verlesen, nochmals vor und verkündete, der Hauptmann mit seinen Werbern werde im Gasthaus zur güldenen Rosen seinen Sitz aufschlagen; wer willens sei, sich anmustern zu lassen, solle dahin kommen.

Ich ließ mich von der Menge über den Platz schieben und stand, ehe ich mir's versah, vor dem Eingang des Wirtshauses. Junge Mannsleut drängten sich um das Tor, darunter hatten sich Landsknechte gemischt und redeten auf sie ein. Etliche der Burschen trollten sich auch schon ins Haus; ich hängte mich daran und ließ mich weiter treiben.

Die große Schankstube war voll Geschrei, Gelächter und Gerufe. An einem Tisch saß ein Schreiber und ihm gegenüber rittlings auf einer Bank der Hauptmann. Der ließ die Burschen, die sich melden wollten, vortreten und musterte sie scharf. Nicht jeden nahm er: dieser war ihm zu schwächlich, jener hatte schiefe Schultern, wieder ein anderer war schielend und triefäugig. — „He! — Meinst, ich laß mir meines Obristen Regiment und des Kaisers ganze Armada mit so einem Kinderschreck verschandeln? — Pack dich und tu daheim Spatzen scheuchen! — Potz, Höll und Schwefel!“

Dann war die Reihe an mir. Zwei wasserblaue Augen blitzten mich an: „Bist noch hübsch jung, Bübel! — Wie alt eigentlich?“

Neunzehn, wollt ich schon sagen, der Wahrheit nach, verschluckte es aber und stotterte: „Ein- einundzwanzig.“

„Na, da bist aber verflucht dürftig geraten! Wüßt nicht, was wir mit dir anfangen sollten. Braucheten ja für einen ordinaren Spieß gleich zwei von deiner Stärken, — haha!“

Mir war das Weinen nah. Wenn die mich jetzt nicht nahmen, — dann war alles aus. — Wieder zurück zum Oheim, — nein, nur das nicht! Und ich weiß nicht wie, es fuhr mir einfach so heraus: „Herr Hauptmann, halten zu Gnaden, ich denk, wenn ich erst einmal unter rechten Kriegsleuten bin, dann werd ich mich schon ändern; bin bis jetzt immer nur gesessen und hab geschrieben und so — da kommt man halt nicht recht zu Kräften.“

„Hahaha!“ platzte der andere schier vor Lachen, — „Kreuzelement, ein Schreiberlein bist auch noch dazu, ein Tintenpisser! — Aber gefällst mir gar nicht übel; hast wenigstens das Maul auf dem rechten Fleck! — He, du da drüben! — Setz ihn auf die Listen!“

Und so stand jetzt also auch mein Name in der Musterrolle des Eck von Reischach'schen Regiments.

Steyr, den 7. Junii

Die Werber haben uns, ehe sie uns wieder gehen ließen, angezeigt, wir müßten über acht Tage um das Mittagläuten uns zu Enns auf dem Marktplatz einfinden; da wollt der Eck von Reischach erst die eigentliche Musterung abhalten. Das ist also morgen!

Meine Waffnung liegt auf der Burg für mich bereit. Wams, Hosen, festes Schuhwerk und ein buntes Barett hab ich mir um mein Erspartes gekauft. Hab mir auch beim Sattler ein Ränzel aus Fell machen lassen;

darein will ich nebst etlichem Mundvorrat noch mein Tintenhörnl, Federn und dies Büchel verpacken. Ist wohl ein absonderliches Gepäck für einen Landsknecht, aber wo ich es nun begonnen, da möcht ich's auch weiter führen.

Der Abschied von Steyr fällt mir nicht schwer. Hab nichts, was mich hier hält. Es haben mir wohl etliche Mädchen schöne Augen gemacht, hat mir auch die eine oder andere nicht übel gefallen, hab mich aber doch mit keiner eingelassen. Weiß selber nicht, war das, weil ich noch zu dumm dazu war oder weil ich mich nicht in ein leichtfertiges Getändel wollte verlieren. — Ist jetzt wohl auch am besten so, daß ich ledigen und leichten Herzens kann in die Welt hinaus ziehen.

Enns, den 8. Junii 1529

Das war ein Tag heut!

Zeitig am Morgen schon bin ich auf die Burg, hab mir mein Zeug geholt, den langen Spieß, das Schwert und eine Blechhauben auch noch dazu. Bin dann gleich oben beim Schnallentor aus der Stadt auf die Landstraßen hinaus. Es haben ja noch etliche aus der Stadt sich anwerben lassen, hätt also fröhliche Gesellschaft haben können, bin aber lieber allein fürbaß gezogen.

Ist ein wunderschöner Morgen gewesen, die Vöglein haben gejubelt, das frische Grummet hat geduftet und alles in der Sonne geleuchtet und gefunkelt, daß es eine helle Freude war, in diese Pracht und Herrlichkeit hineinzuziehen.

Allmählich ist mir freilich allweil wärmer geworden, und der Spieß hat angefangen, mir die Schulter zu drücken. Die Sonn ist allweil höher gestiegen, und der Schweiß ist mir nur so heruntergeronnen. Sind ja kaum drei Meilen von Steyr bis Enns, hätt aber nie geglaubt, wie sich die ziehen können. Wollt schier verzweifeln, wenn ich bedachte, wie ich diesen Spieß jetzt jahrein, jahraus durch die weite Welt sollt schleppen. Hab dem Herrgott gedankt, wie ich endlich die Stadt Enns vor mir hab in die Höh wachsen sehen.

Da noch etliche Zeit bis auf Mittag war, bin ich nahe dem Stadtplatz in eine Schenke gegangen. War aber fast kein Platz mehr in der Wirtsstube; ein Gedräng, Geschrei, Gejohle und Gelächter, alles Mannsleut, denen man's ansah, daß sie auch unter die Fahnen gehen wollten.

Neben mir saß ein lustiger Schwab, ein stämmiges fröhliches Mannsbild. Er führte das große Wort, und erzählte mir, er sei der Mert Harttung, eines Bauern Sohn aus dem Augsburgischen, zög aber schon viele Jahre als Landsknecht unter des Kaisers Fahnen; er wär dabei gewesen, wie sie noch unter dem Jörgen Frundsberg den König von Frankreich verdroschen, da sei ihm jetzt vor den Türken auch nicht bang, wo der Kaiser Kerle hätt wie ihn, Mert Harttung und mich, wir müßten bloß gute Kameraden und getreue Brüder sein und allezeit zusammenstehen, einer für den anderen.

Indessen war die Mittagszeit herangekommen; alle brachen auf und zogen in Haufen zum Stadtplatz, ich mitten drunter. Bin schon etliche Male in Enns gewesen an Markttagen; — aber so was wie das jetzt hatte ich doch noch nie gesehen. Das mußten wohl tausend Menschen sein, die da auf dem großen Platz um den hohen Stadtturm zusammenkamen, fürnehmlich Kriegsleut, die aussahen wie Räuber und Wegelagerer, und andere wieder, die sich vornehm gaben wie die Junker. Redeten in allen Sprachen durcheinander, wovon ich oft kein Wort verstehen konnt. Ich stand mitten darunter und kam kaum zurecht mit dem Schauen. War aber auch ein gar prächtiges Bild: in allen Farben leuchteten und schimmerten die Wämser und die Federbüsche auf den Hüten, und die Spieße und Halbarten und Sturmhauben blitzten und funkelten in der Sonne. Dazwischen drängte sich allerlei fahrendes Volk, Weiber, Dirnen und Kinder, Händler, Zigeuner, — und war alles ein einziges Kommen und Gehen, ein Schieben und Drängen, Treiben und Wirbeln.

Mitten auf dem Platz, in einem abgesteckten Geviert, waren Tische und Bänke aufgestellt, Schreiber saßen daran mit langen Listen, Trommler und Pfeifer standen daneben und Fähnriche mit flatternden Fahnen, und ein Feldwaibel schritt mit grimmigem Gesicht auf und ab, daß hier keiner die Ordnung störe. Etwas abseits, ein halb Dutzend Männer, denen man an Kleidung und Waffen einen fürnehmeren Stand ansah; den Hauptmann Weinwurmb erkannte ich unter ihnen, und neben ihm ragte einer hervor mit einem Federhut, ein langer hagerer Mensch mit eckigem hartem Gesicht und einer brennroten Narbe quer über die Stirn, — das wäre der Eck von Reischach, sagte mir der Mert Harttung, — unser Obrist, und die anderen wären seine Hauptleut und Offiziere.

Da begann das Mittagläuten! Alsbald kam Bewegung in die Menschenmenge, die Trommler begannen zu schlagen, und die Pfeifer schrillten hell dazwischen hinein. — die Musterung hatte begonnen!

Nun wurde fürs erste einer nach dem andern aufgerufen, und mußte mit seinen Waffen an dem Eck von Reischach und seinen Offizieren vorbeimarschieren. Sind nicht alle genommen worden, hatten sich bereits viel zu viele anwerben lassen, und sie können in einem Fähnlein immer nur vierhundert Leut brauchen. — War eine arg langwierige Prozedur, bis alle dran gekommen waren. Mitten drunter haben sie auch mich aufgerufen. Hab mich kräftig gereckt und die Brust aufgeblasen und hab ein grimmiges Gesicht gemacht, damit mich die nicht wieder wegen Jugend oder Schwachheit sollten zurückschikken. Hat aber, Gottlob, keiner was gesagt.

Hernach ließen die Hauptleut ihre Fähnlein rings auf dem Stadtplatz antreten. War schon ein absonderliches Gefühl, wie ich da so zum erstenmal in Reih und Glied stand gleich den Kameraden zur Rechten und zur Linken und vor und hinter mir. Tat so, als sei ich das schon weiß Gott wie gewöhnt.

Dann war der Obrist vor uns, und mit ihm war einer, der uns den Artikelbrief vorlas. Das ist etwas wie ein Vertrag und Satzung, und steht alles drin, was bei dem Regiment Kriegsbrauch sein soll. Bin aber so wirblig im Kopf gewesen, daß ich kaum was davon behalten hab. Hab jedenfalls dann mit den anderen geschworen, daß ich willens sei, die Artikel wahr, fest und stets zu halten, und zu Wasser und zu Land getreu zu kämpfen. — Und ist es wohl auch gut so gewesen, denn es ist nicht eines Kriegsmannes Sach, daß er wie ein Advokatus auf Paragraphen herumreitet und an den Worten deutelt.

Als wir alle wieder aus der Reih getreten waren, herrschte aufs neue das Gewimmel und Gelärme wie vorher. Bin froh gewesen, wie zuletzt der Hauptmann unser Fähnlein zusammentreten ließ und wir aus der Stadt hinausmarschierten über die lange Ennsbrücke nach Ennsdorf, wo wir neben dem Ort ein Feldlager bezogen haben.

Am 11. Junii

Weiß nicht, ist das bloße Neugier und Abenteuerlust, oder ist auch ein wenig Bangnis dabei, daß ich am ganzen Leib völlig zappelig und in Unruh bin?

Gut, daß ich jetzt nicht viel zum Nachdenken komm. Denn jeden Tag, zeitig am Morgen schon, läßt uns der Obrist vor dem Lager auf den Brachfeldern im Gevierthaufen antreten; dann geht es manche Stunde hin und her. Ist eine große Müh und Plag das, zumal wenn dann die Sonne höher steigt, und einem vor Staub und Schweiß schier die Zunge am Gaumen kleben bleibt. Kann mir aber wohl denken, daß es von Nöten ist. Denn wenn es erst einmal an den Feind geht, dann muß das ganze Fähnlein und das ganze Regiment sein wie ein einziger großer Felsblock oder mehr noch wie ein einziges gewaltiges Ungeheuer, das seine Zähne bleckt und seine Stachel reckt und nur ein Hirn und einen Willen hat. Froh bin ich, daß ich schon einigermaßen umzugehen versteh mit meinem Spieß, wie man ihn sollt schwenken, richten und führen. Sind außer mir noch andere Neue in unserem Fähnlein, stellen sich an wie Ochsen zum Geigenspielen, und haben die Feldwaibl alleweil was zu brüllen mit ihnen.

Ist ein ständiges Kommen und Gehen jetzt hier, und an jeder Ecken kann einer was anderes zu hören kriegen. Scheint, daß wir auf Wien zu sollen. Der türkische Sultan hätt ein ungeheures Heer gesammelt, heißt es, und mit dem zöge er schon von Hungarn herauf. Kann also sein, daß wir nichts Geringeres zu tun bekommen, als des Heiligen Römischen Reiches Hauptstadt wider die Heiden zu verteidigen.

Enns, am 15. Junii

Noch immer liegen wir im Feldlager vor der Stadt Enns. Die Unruh wird von Tag zu Tag größer. — Oder ist es nur mir so?

Da sitz ich nun vor meinem Diarium, das ich so schön hab begonnen, und weiß nicht, was ich drin aufzeichnen könnt. Sollt ich etwa schreiben vom Saufen, Würfeln und Kartenspielen um mich — oder von den Troßweibern? Sind zudringlich genug, weiß gar nicht recht, wie ich mich ihrer erwehren soll. Unter meinen Kameraden sind welche, die lachen deshalb über mich, was ich noch für ein unschuldiges Kindel sei. Bis ich ihnen zuletzt gesagt hab, ich möcht meine erste Tat als Soldat lieber mit den Türken vor der Wiener Stadtmauer verrichten als mit einer Zigeunerin im Straßengraben. Da haben die anderen mich zufrieden gelassen; bloß der Wratschko, ein Windischer aus der Krainer Mark, hat höhnisch gegrinst und gemeint, wenn ich schon so ein tugendsamer Held wär, teile er gern mit mir: er nehme sich die Zigeunerinnen und lasse mir die Türken.

Ist aber die Unruh sicherlich nicht bloß in mir. Spielen die anderen, find ich, auch nur mit halbem Herzen mit ihren Würfeln und Karten und sitzen viel lieber beisammen und reden sich die Köpfe heiß. Liegt über all dem etwas in der Luft wie vor einem schweren Wetter.

Da ist der Gilg Ostermann, ein Bauernbursch aus der Pittener Mark, ein stämmiger Kerl, der allweil sein Mundwerk wetzt und an allem was zu nörgeln hat.

„Da soll heut Bauer bleiben, wer mag!“ sagt er. „Ich hab's satt! — Ja, ehedem, — da war noch was dran am Bauernstand. Hast dein Zeug gefechst, Korn, Lein, Käs und Eier und so, hast dem Grundherrn seinen Zehent gegeben und nicht mehr, und war alles in seiner Ordnung. Aber jetzt! — Jetzt wollen die Herren mit einem Mal gemünztes Geld von dir! Sollst's geben und weißt nicht, woher nehmen. Kannst ja verkaufen, wenn dir was übrig bleibt von deiner Fechsung, haha! — Aber an wen? — Ei freilich — an den Herrn! Dem mußt du es zu allererst anbieten, und er macht dir den Preis. Kannst dir ja denken, was er dir gibt! — Und wenn die Landständ Geld brauchen oder der

Kaiser, weil wieder wo Krieg ist, wer muß bezahlen — der Bauer! Saufen dem Bauern schier noch das Blut aus den Adern!"

„Mein Vater ist schon alt, wird's nicht mehr lang machen. Ich könnt dann den Hof erben. Ja, was heißt erben?! Dem Herrn müßt ich einen Haufen Geld hinlegen für meinen eigenen Hof, — sonst krieg ich einen Dreck! Wüßt nicht, wo ich das hernehmen sollt. Und das beste Stück Vieh steht dann dem Herrn auch noch zu und das beste Gewand aus der Truhen. — Sollen sich andere um den Hof streiten; brennt ihn über kurz oder lang ohnedies der Türk nieder. — Bin noch gerade zur rechten Zeit davon. Hab gehört, es fordern jetzt manche schon von ihren Bauern einen Kopfzins, alljährlich zu bezahlen. — Als ob unsereiner ein Stück Vieh wär und dem Herrn zu eigen!"

„Wird wohl immer schlimmer", zischte neben ihm ein langer hagerer hakennasiger Kerl, — „seit der neue Wind weht, der hispanische, — seit wir des Kaisers Bruder, den Ferdinand, im Land haben!"

„Ich glaub's nicht!" mischte sich der Valentin Höller ein, — das ist unser Rottmeister. „Der Kaiser wollt schon den Bauern und anderen kleinen Leuten helfen und den Herren die Finger klopfen. Wär ihm ja selber nur von Vorteil: sind die Herren doch auch gegen ihn aufsässig, raffen an sich, so viel sie können, an Land und Untertanen und Geld und Rechten, und überlassen Kaiser und Reich dem lieben Gott oder dem Teufel. Der Kaiser wär schon gut, wenn er nur könnt, wie er wollt. Und dieser Erzherzog Ferdinand ist seinem kaiserlichen Bruder in dessen Erblanden ein getreuer und braver Sachwalter und als König von Hungarn ein Schild für das ganze Reich."

„So red'st du, Rottmeister!" trumpfte der andere auf — „ich aber sag: zu was brauchen wir überhaupt einen landfremden Kaiser und landfremden Herzog? Solchene die, wenn sie ins Land kommen, erst einen Dolmetscher brauchen, daß sie unsere hiesigen Laut verstehen können!"

„Was faselst, Geiervogel, — weißt selber nicht, was du red'st!" erwiderte der Valentin Höller ärgerlich, — „Was heißt landfremd? Sind wir nicht alle Untertanen des selben einen Heiligen Römischen Reichs Deutscher Nation, — und Brüder der selben deutschen Zunge? Ist das Reich bloß so groß und buntscheckig, daß die Leut aus den verschiedenen Winkeln und Enden einander nicht mehr verstehen können. Und der Kaiser ist eben in Flandern aufgewachsen, in der Stadt Gent, und fühlt sich drum eben zuvörderst dort zuhaus. Die aber dort hausen und leben, sind auch deutsche Brüder, wenn du gleich kein Wort von ihnen verstündest."

„Waer is hij nu, waer is hij nu, die mij mijn hertekin doet dolen . . ." trällerte einer aus dem Hintergrund dazwischen. — Der Höller lachte ihm zu: „Bist am Ende ein Flamander?" — Der nickte, breit lachend, und der Valentin Höller schaute spöttisch auf den streitsüchtigen Gesellen, den er den Geiervogel genannt hatte:

„Du brauchtest auch einen Dolmetscher, he, du! Und dem Kaiser willst ihn übel nehmen! — Und was den Erzherzog anbetrifft, der in unserem Land hier sitzen geblieben ist, so hat der hübsch rasch so reden gelernt wie du und ich. Ich bleib dabei: lang könnten wir suchen, bis wir andere Herren fänden, die für uns die besseren wären!"

„Nicht wahr ist's!" polterte nun ein stämmiger Bursch mit rotblonden Bart dazwischen, — „Ganz und gar nicht ist's wahr! Die Pfaffen und die Klöster, das ist alles, was dem Kaiser am Herzen liegt, dem Erzherzog und der ganzen hispanischen Brut. — Ganz recht haben die landständigen Edelleut, wenn sie da nicht mitmachen! Und die Bauern müssen mit den Bürgern und den Edelherren zusammenstehen wider die Pfaffen — und jeden, der hinter den Pfaffen steht! Und wenn's der Kaiser selber wär!"

„Jetzt halt'st aber dein dreckiges Maul!" fuhr ihn der Valentin Höller an. — „Über die Pfaffen spritz dein Gift aus, meinetwegen; — ist manch einer unter ihnen, der's redlich verdient, geb's zu. — Aber den Kaiser laßt du mir aus dem Spiel und den Erzherzog auch! Haben uns just erst als Soldaten auf die beiden verschworen! Steht uns daher nicht zu, von unseren obersten Kriegsherren übel zu reden. Wenn'st es anders halten willst, hättest nicht kaiserlicher Landsknecht werden sollen, sondern lutherischer Predikant!" — Und er hob seinen Becher: „Vivat Carolus! — Vivat Ferdinandus!"

Der Blondbärtige grinste: „Ich hab nicht angefangen, vom Luther zu reden; — du warst es — wirst schon wissen, warum!"

Bild rechts:
Sultan Suleiman II.
Holzschnitt nach einer Zeichnung von Johann Sebald Beham, dargestellt auf dem „Absagbrieff wie Sultan Solleyman Künig Ferdinando zu geschickt". Verlegt von „Hanns Guldenmundt zu Nürmberg in Sanct Gilgen gassen" (H. M. d. St. W.).

Bild umseitig:
Rundansicht der Stadt Wien während der ersten Türkenbelagerung im Jahre 1529.
Im Rundbild zahlreiche Erläuterungen; Wappen in den vier Ecken: das ungarische und böhmische, der österreichische Bindenschild, das Wappen von Wien, im Kranz links unten das nürnbergische Wappen.
„Gemacht zu Nuremberg durch Niclaßen Meldeman brifmaler bey der lange prucken wohnhafft / nach Christi geburt Mccccccxxx Jar. NM", gezeichnet von Johann Sebald Beham (H. M. d. St. W.).

¶ Absagbrieff/ wie Sultan Solleyman Künig Ferdinando zů geschickt.

Wir Sultan Solleyman von des grossen Gots im hymel genaden/ vñ ich Got auff dem erdtreych/ vnd aller tieffe großmechtiger Keyser vñ Soldan zů Babylon/ mechtiger Keyser zů Katheyria/ Künig zů Egypten/ Künig zů Trabia/ vnd in Antiochia/ zů Sarthon/ vnd Künig des Edlen gesteyns in India/ Eyn erhalter der götter/ vnd Fürst vnd gelarter von dem dürren Baum/ biß auff den berg Achana/ vnd Künig aller Künig/ von auffgang der Sünnen/ biß zum nydergang. Probst des yrdischen Paradeyß Machomets/ trost vnd heyl der Thürcken vnd Hayden/ vñ eyn verderber der Christenheyt/ Eyn behůter der grüben des gecreützigten gots/ vnd Künig zů Hierusalem. Ferdinandus/ der sich schreybt in vnsern landen eyn Künig zů Hungern/ Du solt dich bey verlierung vnser Kron gentzlich versehen/ dz wir dich mit dreytzehen Künigreychen/ in kurtzer zeyt mit vnser macht zů Wien suchen wöllen/ Alleyn der groß gott im hymel wöll dir helffen/ So will ich gott auff erdtreych/ dich vñ all deyn helffer/ mit vnsern kriegßstücken/ des aller ellendischen tods/ so wir erdencken mügen/ richten lassen/ darnach müst du gentzlich versehen/ das wir das gantz gemeyn Teütsch land/ vnsers Keyserthůmbs in kürtz/ mit vnser macht/ belegern vñ besetzen wöllen. Haben wir dir vnd deynem brůder Carolo nicht wöllen verhalten. Datum in Constantinopel im . 1 5 2 9 . Jar.

Hanns Guldenmundt
zů Nürmberg in Sanct
Gilgen gassen.

NM

Sendbrieff/so Ibraym Wascha/den Hern kriegß commissarien zů Wien mit seynem handtzeygen versygelt/zů geschickt.

¶ Ibraym Wascha von Gots gnaden/höchster veririscher Secretari/Oberster Rath des durchleüchtigen vnd v
vberwindlichsten Keysers Sultan Selleyman/Haubtman vnd Gubernator des gantzen seynes Keyserthůmbs/
aller seyner sachen. Jr Wolgebornen/Großmechtigen/Obersten vnnd Haubtlewt/Als vns ewer schreyben dur
ewern Potten zů kumen/haben wir alle sachen verstanden/Vnd wisst/das wir nicht kumen seyn/ewer Städt e
zů nemen/sonder zů suchen ewern Ertzhertzogen Ferdinandus/Aber denselben nicht gefunden/darumb seyn wir
vil tag da belyben/vnd auff jn gewart/aber er ist nicht kumen. Vñ als gestern/haben wir drey ewer lewt gefange
ledig gelassen/Der gleychen wo
let jr mit den vnsern gefangẽ au
handeln/wie wir dañ ewern p
ten solchs euch mündtlich an zů z
gen beuolhen haben. So mügt
deßhalben eynen von euch hera
zů vns/sich der gefangen zů erk
digen/allzeyt schicken/Vnnd jr
solchem fall/keyn sorg oder forc
vnsers trawen vnd glaubens h
ben/tragen/Dann das denen
Ofen/von vns nicht glawben
halten worden/ist nicht vnser/s
der jr eygen schuldt gewesen/G
ben vor Wien in mitten Octobr
Anno M D xxix.

„Und wenn er's nicht weiß, dann sag ihm's doch!" hetzte der Geiervogel: „Daß nämlich Bauern, Bürger und Edelleut hierzulande zusammenstehen müssen um der neuen Lehre willen! Wenn's sein muß, auch wider den hispanischen Ferdinandus!" — Und er griff hastig nach seinem Becher, schwang ihn hoch und rief: „Vivat Martinus!"

„Wirst dich wundern", lachte ein feister ungeschlachter Klotz über den Tisch herüber, „wie der Ferdinandus und seine Hispanier mit euch verhungerten Lutheranern fahren werden! — Die fressen euch auf, — mitsamt euerm Martinus!"

Aus des Geiervogels Gesicht sprühten Flammen. — „Das sag noch einmal, Hundsgefrieß!" fauchte er und wollte dem anderen an die Kehle. Die neben ihm konnten ihn eben noch packen und zurückreißen.

Der Valentin Höller drosch auf den Tisch: „Werdet ihr wohl Frieden halten, ihr Satansbrut! — Habt ihr zu viel hitziges Geblüt, so geduldet euch noch ein paar Wochen, dann wird euch der Türk schon zur Ader lassen! — Jetzt packt euch und legt euch ins Stroh, oder ich ruf die Scharwache!"

Am 17. Junii

Der Valentin Höller, unser Rottmeister, gefällt mir nicht übel. Bin andern Tags zu ihm gegangen, wollt ihn noch einiges fragen zu dem, was ich am Abend zuvor gehört hatte.

„Freund" hat er gesagt, „unsere Zeit ist wohl aus den Angeln geraten. Merken's bloß viele nicht — oder wollen's nicht wahrhaben. Aber wenn du erst eine Weile als Kriegsknecht herumgezogen bist und die Augen und Ohren aufgemacht hast, dann spürst es. Weiß selber nicht, wo das hingehen wird. Mußt halt schauen, daß du festen Stand kriegst, dann schert es dich nicht, wenn der Boden unter den Füßen einmal wackelt. Bist ja ein Studierter, weißt mehr als unsereiner, wirst schon zurechtkommen in der Welt und dir einen Weg finden."

Das war gut von ihm gesagt und hat mir wohlgetan. — Aber weil ich selber noch so gar nichts weiß und wenigstens hören wollt, was die anderen denken, bin ich am Abend, wie ich den Hauptmann Weinwurmb mit ein paar anderen Offizieren vor der Schenke neben

Bild links:
Ibrahim Pascha, 1529 Oberbefehlshaber des Türkenheeres vor Wien. Holzschnitt von Johann Sebald Beham, mit Handzeichen und Siegel des Feldherrn (H. M. d. St. W.).

dem Lager hab sitzen sehen, hingegangen und hab mich still an einen Nachbartisch gedrückt.

„Ist also wieder einmal so weit“, hat eben einer gesagt, „daß die uns den Sold schuldig bleiben, weil hinten und vorn das Geld fehlt. Da haben die österreichischen Landstände im vorigen Jahr die Hälfte von ihren Renten zugesagt für den türkischen Krieg — und jetzt, wo es ernst wird, wollen sie sich daran nicht mehr erinnern. Wollen auf einmal bloß mehr anderthalb tausend Fußknecht ausrüsten, — und der Sultan, hört man sagen, brächt fünfmal hunderttausend Mann! — Und draußen im Reich, pfeifen sie wohl überhaupt ganz auf uns! — Ist's nicht so, Herr von Buschhausen?“

Der Angeredete nickte finster. — „Leider, — kann Euch nicht widersprechen. Es leben bei uns in Franken und Schwaben und am Rhein die Leut schier auf dem Mond, alle die Herren Grafen, Reichsäbte und Fürstbischöfe; streiten sich, ob dieser oder jener auf dem Reichstag zu Regensburg eine Bank weiter vorn oder hinten sitzen soll, schielen nach Frankreich und nach Rom, zu den Polen oder Dänen und lassen sich von jedermann bezahlen wie die Huren. Der Türk, — ja, von dem hat man gehört. Soll sich eben der Kaiser mit ihm raufen, wenn der schon das Unglück hat, daß seine Erbländer gerade dem Heiden vor der Nase liegen, — ihnen, den Herren im Reich, ihnen kann ja nichts geschehen!“

„Wie sollten's die Kleinen auch besser machen, wenn die Großen das übelste Beispiel geben? — Was hat denn seine kurfürstliche Durchlaucht, der bayrische Ludwig, getan, wie er mit der böhmischen Königskrone ist abgeblitzt worden? Geht hin, beschwatzt den Zapolya, den hungarischen Erzschelm, daß der in des Kaisers Erbländer einfällt. Ja, um die Meintat voll zu machen, hetzt er auch noch die Türken auf, daß sie Kärnten und Krain brandschatzen. So was tut ein gekrönter Kurfürst des Heiligen Römisch-Deutschen Reichs! — Pfui Teufel! Wenn ein Bauernlackel seinem Bruder das Häusl überm Kopf anzündet, weil er sich um sein Erbteil geprellt fühlt, dann hängt man den an den Galgen. Und der Herr Kurfürst, der aus nämlichem Grund das ganze Reich will anzünden, — wo gehört der hin, — wo?“

Beifall scholl ringsum.

„Wär viel besser“, meinte ein anderer, „wenn es nur einen Herrn und Kaiser gäb im ganzen Reich, und bei dem wär alle Macht wie einstmals. Jetzt schießt rings alles in die Höh wie Unkraut, — und alles auf des Kaisers und des Reiches Kosten. — Es wird wohl auch diesmal wieder der Kaiser betteln gehen müssen und Geld borgen bei den Fuggern und den Welsern und so. Kommt zuletzt noch so weit, daß die Herren Gewürzkrämer und Geldjuden das ganze Heilige Römische Reich aufkaufen und regieren. Der Teufel fahre da drein!“

„Ich kann's unseren Landständen in Österreich freilich auch wieder nachfühlen", mischte sich wieder ein anderer drein, „wenn sie jetzt vor dem Kaiser die Taschen zuknöpfen. Hat er ihnen zuvor ihre uralten Rechte und Privilegia beschnitten, so tun die jetzt bloß ein Gleiches. Und denken sich wohl: wenn der Kaiser ihnen seine Juristen und fremden Räte vor die Nase setzt, so mag er zusehen, wie er von denen nun auch das nötige Geld bekommt."

„Ja, glauben die Herren denn, es würde gerade der Türk, wenn er erst einmal da ist, ihnen ihre Privilegia erneuern und bestätigen?!" brauste der Hauptmann Weinwurmb auf, — „Geb ich doch allemal noch lieber dem Kaiser mein Geld, als den Heiden mein Leib und Leben, Haus und Hof, Weib und Kind!"

„Schon gut, — aber altes Recht, das seit Urzeiten bestanden, darf nicht so leichthin abgetan werden, — das steht auch dem Kaiser nicht zu."

„Ja — und nein!" sagte nun der Hauptmann von Buschhausen, ein hochgewachsener Mann mit grauen Haaren und warmen, ruhigen Augen. — „Im Leben ist es oft nicht so einfach, daß hier Recht ist und dort Unrecht. Und es gibt Zeiten, da alles in Bewegung gerät: da stoßen sich die Dinge hart aneinander, und es kann einer tun, wie er mag, er wird immer irgendeinem Unrecht zufügen."

„Wie meint Ihr denn das?"

„Nun, daß früher einmal eben jeder freie Herr schier sein eigener Fürst war, nicht nur im Deutschen Reich. Ob einer gleich nur einen winzigen Turm und drei Bauerndörfer besessen hat, er war wie ein König auf eigenem Boden und hat tun und lassen können, wie er wollte. Alle diese Herren zusammen, die waren der Reichstag, — das Reich. Hatten wohl einen Kaiser über sich, aber was vermochte der schon, es sei denn durch hunderterlei Zugeständnisse und Verzichte. Ist gleichwohl noch gut gegangen im Reich, — solange es eben bei den Nachbarn um uns auch nicht viel anders war. Jetzt aber, seit einem Menschenalter und mehr, sind anderswo, in Frankreich, in Engelland, in Hispanien, den adeligen Herren ihre Vorrechte und Machtvorstellungen genommen worden, mit List und Gewalt oft, mit Verfolgung und Mord, — gleichwie: jetzt sind alle die kleinen Herren nur mehr Diener ihres Königs. Bei den Türken ist es wohl seit jeher schon so gewesen, daß der Sultan das ganze Reich allein in seiner Hand hält. — Dazwischen aber liegen wir, — liegt das Reich. Und es wird zum Untergang verdammt sein, eine leichte Beute seinen Feinden, wenn es nicht gelingt, auch hier alle Kräfte zu sammeln, zu einen und zu lenken nach einem einzigen Ziel. Und wenn das draußen bei den Reichsfürsten vorläufig aussichtslos scheint, wie sollt es der Kaiser da nicht zuerst hier versuchen, in seinen eigenen Erbländern, wo ihn weniger daran hindert, zu tun, was er für gut und recht hält."

Sein Nachbar, ein älterer Mann schon, mit arg zerhauenem Gesicht, strich sich den wirren Bart und nickte: „Nun, wenn man dich so hört, Herr Bruder, — dann dünkt es einem wie ein Symbol, daß just unser Kaiser und Herr Maximilian, Gott hab ihn selig, mit all dem begonnen hat. Er, der doch erkannt hat, wie alles verloren und vertan ist, wenn es nicht gelingt, dafür neue Wege und Formen zu finden. Wie doch auch der selbige Maximilian den Geist des alten Rittertums über alles geachtet, und gerade er unserer deutschen Nation Landsknechtsvolk aufgerichtet und geordnet hat und zu dem gemacht, was es heute ist: zu einem Fußvolk mit ritterlichem Sinn!"

Die anderen hatten stumm zugehört. Einer freilich, ein Junger, der schon eine Weile ungeduldig gezuckt hatte, schlug jetzt mit der flachen Hand auf den Tisch und rief: „Gut und schön das alles, — aber was bedient sich der Kaiser dazu des hochnäsigen Packs, dieser Juristen und Beamten; — warum hält er sich nicht an seine alten Gefolgsleut aus dem Landadel? — Die stößt er nur vor den Kopf!"

Der Herr von Buschhausen hob beschwichtigend die Hand: „Nun, — wer in unserer Zeit ein Land fest und klug regieren will, muß vieles gelernt und geübt haben. Darum also setzt der Kaiser seine Juristen, die auf Hohen Schulen studiert haben, als Räte und Beamte in die Regierungen und Kammern und gibt ihnen die Macht und Befugnis, die er den Landständen genommen hat."

Damit wollte sich der Junge aber nicht zufrieden geben. — „Und wenn's so ist, — warum nimmt sich der Kaiser dann die Leut nicht aus dem Land? — Was braucht er für uns deutsches Volk hispanische Berater, brabantische Amtsleut und burgundische Doctores?!"

„Ja, so ist es, — so ist's!" scholl es in der Runde, — „Diese hoffärtige hispanische Gesellschaft und ihr ganzer welscher Anhang, diese eitlen Gecken!" — „Dünken sich, Gott weiß was, — glauben, sie könnten auf uns herunterspucken!" — so riefen sie durcheinander.

Aber einige meinten es auch hier wieder anders: „Froh kann der Kaiser sein, daß er die hispanischen Völker hat! Was will er denn mit uns paar Handvoll Manderln allein anfangen, denen es hint und vorn an allem fehlt! Und wenn wir jeder unsern letzten Blutstropfen hergeben, wir werden der Türken ja doch nicht Herr. Die hispanischen Regimenter sind das einzige, was Gewicht hat in des Kaisers Armee, so wie sie jetzt dasteht."

Zuletzt gingen sie uneinig auseinander. — Da hatte ich also gehofft, ich würde bei den Herren Offizieren alles besser verstehen lernen, — und wußte nun so wenig wie zuvor.

Irgendwo an der großen Reichsstraße, am 22. Junii

Heut am frühen Morgen sind sie mit Pfeifen und Trommelschlagen im Lager umgegangen, hieß, wir müßten allsogleich unseren Kram packen und aufbrechen. Gegen Mittag setzten wir uns dann in Marsch und sind den ganzen Tag auf der großen Heeresstraße nach Wien zu gezogen. Sollt man gar nicht glauben, was für ein wüster Haufen so ein Kriegsvolk auf dem Marsch ist, wo doch die selben Leut so sauber in Rotten und Reihen geordnet im Feld nach des Obristen Wink gehen. Jetzt aber wälzte sich alles durcheinander dahin, so breit die Straße war, aber auch daneben durch die Wiesen und Felder, wie es jedem gefiel. Voran ritt der Herr Obrist mit seinen Trabanten und Offizieren: Obristwachtmeister, Quartiermeister, Schultheiß und wie sie alle heißen; auch die Hauptleut waren da vorne mit ihren Lokumtenenten* und Wachtmeistern, ihnen zur Seite zogen die Feldwaibel und Fähnriche, die Trommler und Pfeifer, Schreiber, Kaplan und Feldscher, dann kamen die gemeinen Kriegsknechte in hellen Scharen, Weiber, Kinder und Hunde mitten drein gemischt, und den Beschluß machte der Troß, Wagen an Wagen, kaum zu überschauen.

Das Wetter, das bisweil alleweil sonnig und warm gewesen, hat gerade heut umgeschlagen; hat bald zu regnen angefangen, und so sind wir den ganzen Tag im grauen Geriesel hingezogen, durch den Kot und Schlamm, und über ein paar Stunden bis auf die Haut naß gewesen. Das war gar trübselig, und ich war schon fast daran, mir auszumalen, wie behaglich es jetzt im Kaufmannsgewölb in Steyr sein müßt. Hab mich aber doch gleich selber gescholten, wo ich da in die Welt hinaus ziehen wollt, um große Abenteuer zu erleben, und dann gleich den Mut verlieren sollt beim ersten Regenwetter.

Bei St. Pölten, den 28. Junii

Wir sind jetzt Tag um Tag marschiert und können wohl nimmer lang bis auf Wien haben.

Hab unterwegs dann und wann mit den Bauersleuten geredet, wo wir vorbeigekommen sind oder gerastet haben. War recht unterschiedlich, was ich da zu hören bekam. Waren viele, denen hat die kalte Angst vor den Türken aus den Augen geschaut, sind ja genug schreckliche Gerüchte bis hieher gedrungen, aus der Steiermark, aus Kärnten und aus Krain, wo die Heiden schon etliche Male gehaust haben sollen. Andere aber wieder kniffen den Mund zusammen und schauten uns aus finsteren Augen an, als ob wir selber der Feind im Land wären. Und einmal war unter ihnen ein riesiger Schmiedeknecht, der rief, er wisse nicht, wer ihm mehr zuwider wäre, des Sultans Reiter oder des Kaisers Fußvolk, — seinetwegen könne beide der Teufel holen.

Das wußte ich mir nun schon wieder nicht zu deuten.

* Leutnants

Am 29. Junii 1529

Unsern Kaplan hat ein hitziges Fieber befallen, und sie haben ihn deswegen heute zu St. Pölten im Siechenhaus gelassen. Es war unser Hauptmann darüber sehr bestürzt und wollte nicht ohne geistlichen Beistand weiterziehen, — denn wenngleich er alleweil wettert und flucht, ist er doch ein sehr frommer Mann. Da hat er just anbefohlen, ich müßt in die Stadt und ihm einen neuen Feldkaplan bringen. Ich verstünd als einziger von seinem ganzen Fähnlein Lateinisch, wie die Pfaffen, und müßt ich also auch der einzige sein, der einen solchen könnt in der Eile auftreiben. Hat nichts genützt, daß ich mich gewehrt hab; der Hauptmann hat zu lästern und zu brüllen angehoben, und so bin ich also hinein in die Stadt auf gut Glück ins Franziskanerkloster.

Da ist eben ein wandernder Bußprediger zu Gast gewesen, an den haben sie mich gewiesen: Ein Trumm Mannsbild von einem Pater, mit einem langen Bart, — und wo ich mir nun dachte, das müßt so sein, hab ich ihn auf Lateinisch begrüßt und angeredet. Der Pater hat mich mit riesengroßen Augen angeschaut und dann hat er gesagt: „Ha — noi, da legsch di' nieder! — A latoinisches Landsknechtle!“ Da hab ich gemerkt, daß er ein Schwab ist, und hab lieber deutsch weiter geredet.

Wie ich ihm meines Hauptmanns Anliegen vorgetragen habe, hat er zuerst nicht mögen. Hat gemeint, es stünd einem Diener Gottes übel an, mit den Kriegsleuten herumzuziehen, und sei es auch wider die Heiden. Vor allem hätt er hier im Land herum genug zu tun, vornehmlich jetzt, wo sich allenthalben die Gemüter erhitzen und die Geister verwirren. Aber ich hab nicht nachgelassen mit Zureden — bin mir schier wie ein richtiger Werber fürgekommen, wenn ich so von „meinem“ Fähnlein und Regiment sprach — und hab ihm erklärt, wie gerade die Kriegsleut eines geistigen Helfers besonders bedürftig wären, und daß es für ihn dort mehr Seelen zu retten gäb als sonstwo, — und da hat er mir zuletzt nachgegeben, hat, wie er war, seinen Ranzen aufgenommen und ist mit mir gezogen.

Der Hauptmann hat über sein ganzes Gesicht gestrahlt, wie er uns hat daherkommen sehen, und hat mir auf die Schulter geklopft.

Der Pater Heinrich — so heißt unser neuer Feldkaplan — ist mit mir gleich gut Freund geworden. Hat sich aber auch schon heut am ersten Tag unter die Leute gesetzt und mit ihnen in allen Ehren umgetrunken und Scherz getrieben. Das ist wohl die bessere Art, an Kriegsleute heran zu gehen, und es erweist sich so, daß unser Regiment keinen üblen Tausch gemacht hat.

Auf dem Rieder Berg, am 2. Julii

Sie reden jetzt, wir zögen gar nicht nach Wien hinein, sondern gleich weiter gegen Hungarn zu; des Kaisers Kriegsvölker sollten den Sultan aufhalten, noch ehe der ins Land unter der Enns herein käme.

Ja: gar nicht erst hereinkommen lassen, die heidnischen Mordbrenner! Gar nicht zulassen, daß sie hier zu wüten anheben!

Seit heut kann ich erst ermessen, was das heißt, wenn der Türk über einen hereinbricht. Wir sind den ersten Flüchtlingen begegnet, — Menschen, die von irgendwo aus dem Hungarischen gekommen sind, wenngleich sie unsere Sprache redeten. Sind schon viele Tage unterwegs gewesen, haben kaum mehr weiter können; mit blutigen Füßen und in Fetzen gehüllt haben sie sich die Straßen dahin geschleppt, Männer, Frauen, Kinder, ausgemergelt und abgehetzt, mit zitternden Gliedern und fiebernden Blicken, krank und wund. Hätten wohl gut unterwegs in Wien unterkommen können oder in einer anderen festen Stadt, — war aber leicht zu sehen, wie ihnen der Schrekken und die Angst so tief in den Knochen steckten, daß sie jetzt nur mehr immer weiter hasteten. Bloß fort, — irgendwohin, wo vielleicht wirklich keine Türken mehr hinkämen. — Das bleiche Entsetzen hat ihnen aus den Augen geschrien, hat einem mehr gesagt, als was sie mit dem Mund stammeln konnten. Hab gar nicht recht hinschauen und hinhören mögen, — wiewohl ich mir sagte, ein Landsknecht dürft auch hier nicht schwachen Herzens sein.

Am 3. Julii

Heute am Sonntag hat der Pater Heinrich zum erstenmal uns die Messe gelesen und gepredigt.

„Liebe Kameraden und fromme Landsknecht“, hat er angefangen, „ich hätt mir heut vor einer Woche noch nicht träumen lassen, wie ich als Feldkaplan mit einem Landsknechthaufen würd ziehen. Hab auch gar nicht wollen zuerst. Es ist unser Herr Jesus auch kein Kriegsmann gewesen, hat die Toten lebendig gemacht und nicht die Lebendigen tot. Und sollen wir Priester nicht nur Jesum Christum predigen, sondern ihm auch nachleben.

Wohl: von Jesus Christus ist das Wort: Liebet eure Feinde! Aber wie der Herr Jesus das gesagt hat, da hat’s noch keine Türken und Tartaren gegeben. Er hat uns ja auch nicht verboten, daß wir uns wider die Pest wehren mit allen Kräften und Mitteln. Was aber ist die Pest schon gegen die Türken! Wo die Pest umgegangen ist, da bleibt immer noch von zehn Leuten einer übrig, und die Häuser stehen noch danach. Können die Lebengebliebenen dort weiter werken, wo sie und ihre verstorbenen Mitbrüder zuvor aufgehört haben. Wo aber der Türk gehaust hat, da kommt kein einziger davon, da ist das Land zur Wüstenei geworden, und der Mensch kann ganz von vorn anfangen wie der Vater Noah nach der Sintflut.

Sintflut, — ha no ja, — ihr lieben Kameraden und Brüder in Christo, ich weiß schon, was ihr für ein Volk seid, ein versoffenes, verlottertes, verräubertes, verhurtes! Ich weiß freilich auch, was für Gesindel es unter den ehrbaren Bürgersleuten, was für Lumpen unter den Bauern und was für Schurken unter den edlen Herren gibt. Gott der Herr wird schon wissen, warum er jetzt diese türkische Zuchtrute über uns kommen läßt. — Aber, ihr lieben Kameraden, im Vertrauen möcht ich euch sagen: gar so grundschlecht, verworfen und des Teufels würdig wie weiland die Menschheit auf Erden vor der Sintflut, seid ihr doch auch wiederum nicht, ja nicht einmal die Bürgersleut, die Bauern und Edelherren. Daher es auch nicht Gottes Wille und Ratschluß sein kann, uns alle miteinander von den Türken ausrotten zu lassen.

Also muß es Gott wohlgefällig sein, wenn ihr euch wider die zur Wehr setzt, die das ganze Heilige Römische Reich und die gesamte Christenheit vernichten und ausrotten wollen. — Wenn ihr also einmal in einem Feldzug Soldaten des Kaisers und des Reiches gewesen seid, so seid ihr diesmal das und mehr: seid Soldaten der Christenheit, Soldaten Jesu, Soldaten Gottes! Und wer in diesem Kampf fällt, wird sein wie ein Märtyrer, der für seinen Glauben sein Leben hingibt.

Bedenket aber, ihr lieben Kameraden und Landsknecht, welche Ehre das für euch ist! Da habt ihr wahrhaftig Aussicht, im Himmel droben dereinst auf einer Bank zu sitzen mit den Aposteln Petrus und Paulus und dem heiligen Stephanus und Laurentius und wie sie alle heißen. — Und jetzt stellt euch vor: da kommt gerade zwischen den heiligen Peter und Paul einer von euch zu sitzen — und der Kerl stinkt meilenweit nach Schnaps und hat gezinkte Karten in der Tasche und gestohlenes Geld, und wenn er's Maul auftut, so kommt zu allererst ein ellenlanger gotteslästerlicher saugrober Fluch heraus! In Grund und Boden schämen müssen sich da die Heiligen bei so einer neuen Nachbarschaft!

Nein, meine lieben Landsknecht, das dürft ihr euren Kameraden im Himmel nicht antun! Müßt euch schon ein bissel anpassen an die da oben. Ist ja auch gar nicht so schwierig. Seht: als Soldaten des Kaisers müßt ihr euch an eures Regiments Artikelbrief halten — als Soldaten Gottes aber an Gottes Artikelbrief. Und der ist ganz einfach und klar, hat bloß zehn Artikel, und die hat unser Herrgott schon auf dem Berg Sinai dem alten Moses gegeben. Vielleicht daß dem sein Volk Juda auch so gewesen ist wie ihr, ihr Lotter, daß dem Herrgott einmal die

Geduld gerissen ist und er es hat einmal schwarz auf weiß aufschreiben müssen, wie er es will gehalten haben auf dieser Welt von seinem Menschengeschlecht.

Seht, und wie der Schultheiß und der Feldwaibel und der Profoß acht haben, daß ihr eures Regiments beschworenen Artikelbrief halten und erfüllen sollt, so hat Gott nunmehr mich als Geistlichen Schultheissen und Feldwaibel zu euch gesandt, auf daß ich euch zu seinen zehn Artikeln verhalten soll. Amen."

Segnend hob er die Hände, und die waren groß und schwer und sehnig wie von einem Hufschmied.

Das war im Regiment die erste Predigt wider das Lotterleben gewesen, die bei den Landsknechten Eindruck gemacht und manchen zum Nachdenken gebracht hat.

Schwechat, am 6. Julii 1529

Wir sind wirklich an der Stadt Wien vorbeigezogen, haben nur aus der Ferne die Mauern gesehen und die Dächer und den Stefansturm.

War etwas Seltsames, wie wir aus dem Waldweg plötzlich herausgekommen sind in die weite Ebene, an deren Anfang die Stadt liegt. Wir haben ja auch bei uns daheim flache Gegenden, an der Donau, am Inn und an der Salzach; aber dort sind immer noch Hügel da, wo nicht gar Berge, an denen der Blick zum Stehen kommt. Hier aber war die Ebene auf einmal riesengroß und ohne Ende. Mir war, als locke mich diese Weite, hinauszuziehen, immer weiter, — und lag doch etwas wie dumpfe Drohung über dem Land, Angst vor einer Gefahr, die irgendwo aus dieser Endlosigkeit herauskommen müßte.

Viele unter uns waren schon in Wien, und sie sagten, diese Ebene sei gar nicht so endlos, wie sie jetzt unter dem trüben grauen Himmel anmute. An klaren Tagen sähe man drüben gen Sonnenaufgang recht wohl einen langen Zug waldiger Berge. Das seien freilich nur Hügel, und gleich dahinter fange erst die Weite an, das hungarische Tiefland, und das sei so groß, daß man viele Tage lang hineinziehen könne und man sehe nicht Berg noch Hügel.

Und aus dieser endlosen Weite kommen jetzt die Türken. So wie tausend Jahre zuvor die Hunnen gekommen sind; — ich hatte davon in der Klosterschule allerlei gelernt, aber verstehen konnte ich das alles erst jetzt. Und nach den Hunnen waren die Hungarn gekommen, — und weiß Gott, wer alles in Zukunft noch kommen würde.

Was war das für ein Ort, an dem ich hier stand, — und was war das für eine Stadt, die Gottes Vorsehung als unseres Heiligen Römischen Reiches Haupt- und Residenzstadt gerade an dieser Stelle hat erstehen lassen? — Und ich glaubte zu verstehen, warum gerade hier dieser unvergleichliche Domturm emporwachsen mußte, fromm und drohend zugleich zum Himmel gereckt: Mahnung und Ruf für das Reich und die ganze Christenheit.

Vor Bruck, am 12. Julii

Vor etlichen Tagen sind wir hieher marschiert, an die hungarische Grenze. Haben mancherlei Kriegsvolk vor der Stadt Bruck angetroffen, Fähnlein und Regimenter, die aus dem Steirischen und Krainischen heraufgekommen sind, und mitten unter ihnen haben wir unser Feldlager aufgeschlagen. Es hieß, wir sollten hier des Sultans Heeresmacht aufhalten und zurückwerfen, wenn sie aus dem Hungarischen herankommt. Ist auch vorgesehen, daß allerhand Schanzen und Erdwerk soll aufgerichtet werden, daß man den Platz um das leichter könnte verteidigen.

So ist jetzt ein emsiges Graben und Wühlen rings um die Stadt Bruck. Die Schanzbauern der Regimenter werken mit Hauen und Schaufeln; Gräben und Wälle ziehen sich durch die Felder, und an den Ecken wachsen die erhöhten Rundel und Katzen auf, welche das Geschütz aufnehmen sollen. Um die Arbeiten rascher vorwärts zu bringen, hat man auch die Marketender und Handelsleute und alles fahrende Volk, das sich beim Troß herumdrückt, zum Schanzen getrieben, ebenso alles Landvolk aus den umliegenden Dörfern aufgeboten. Von denen sind aber die meisten aus Angst vor den Türken schon Hals über Kopf davongelaufen. So hat der Obrist also auch uns Landsknechte unter die Schanzbauern gesteckt. Mir war das nicht unlieb, denn mich verdrießt das Lagerleben schon. Aber unter meinen Kameraden war großes Murren und Aufbegehren. Es stünd nicht im Artikelbrief, daß sie zu knechtischer Arbeit sollten verwendet werden; es wär ihrer nicht wert und würdig und ein Schimpf auf ihren Stand.

Mich verdrossen diese Reden, denn, so dachte ich mir, wer für Kaiser und Reich sein Blut zu geben gewillt ist, dem dürft es auch auf ein paar Tropfen Schweiß nicht ankommen. Wollt aber nicht als ein Grünschnabel gescholten werden und behielt daher meine Gedanken für mich. Bloß als ich den Valentin Höller, unsern Rottmeister, abseits traf, sagte ich ihm, was ich von meiner Kameraden Ansichten hielte.

„Hast schon recht, so wie du es siehst“, gab er mir zur Antwort. —

„Brauchst es aber freilich auch nicht gleich jedem übel zu nehmen."

„Aber wie sollt denn nicht hier wirklich ein jeder sein Bestes tun, wenn er doch weiß, worum es geht und was auf dem Spiel steht!" fuhr ich ungeduldig auf.

„Ja, Freund, leider hast du eben doch nicht ganz recht. Was mich drückt, liegt ganz woanders. — Schau!" sagte er und wies gegen Süden, wo hinter der Stadt Bruck und über dem Grenzfluß die Hügelkette anstieg, nicht hoch und steil, aber dicht bewaldet, — „Dort hast die hungarischen Grenzberge. Dort kommt der Türk mit seiner Reiterei, seinem Geschütz und Troß nicht herein. — Aber jetzt dreh dich einmal um!" — und er deutete mit dem Kopf nach Norden, wo sich die Ebene dehnte, so weit man schauen konnte, — „Wie willst die Türken denn dort aufhalten, wenn sie dir zehnfach überlegen daherkommen? Da können wir hier schanzen und graben, so viel wir wollen, der Türk zieht uns vor der Nase vorbei und steckt uns danach von hinten herum in den Sack. Dann können wir uns, wenn wir Glück haben, gerad noch in die Berge zurückziehen. Denn ins flache Land hinaus dürfen wir uns dann nicht mehr trauen. — Nein, Freund, — ich bin ein Landsknecht und nicht ein Eremit in der Wildnis."

Bis jetzt war ich immer so zuversichtlich gewesen, — und jetzt auf einmal! Denn daß das, was der Rottmeister da sagte, Hand und Fuß hatte, sah auch ich ein. Mir war mit einem Mal recht jämmerlich zumute.

„Ja, — aber — warum läßt man uns denn dann hier sitzen wie die Maus in der Falle? Was du da sagst, müssen die im Kriegsrat in Wien doch auch schon begriffen haben!"

„Glaub's schon auch — oder hoff's zumindest. Sieht freilich manch ein Ding von oben anders aus als von unten. Und dann: wer die großen Aktionen plant, der muß vielerlei bedenken und kann oft nicht so schnell Beschluß fassen. — Hab Geduld, noch ist der Sultan nicht da. Ist alleweil noch besser, das ganze Heer liegt hier auf einen Haufen beisammen, als daß alles im Land herum vagiert und keiner die Sach überblicken kann. — Aber wenn du mich fragst: ich mein, die Entscheidung wird in Wien fallen, — und es tät mich arg wundern, wenn wir nicht bald alle miteinander uns just in Wien wieder träfen!"

Da war ich denn doch wieder beruhigt, denn auch ich hoffte, daß wir in die Stadt Wien kommen sollten. — Weiß selber nicht, warum ich mich so sicher und zufrieden fühl bei diesem Gedanken; — ist bestimmt nicht wegen der festen Mauern und Türme, — vielleicht nur wegen des einen Turms, der mitten in der Stadt zum Himmel zeigt.

15. Julii

Das kalte, nasse Wetter will, scheint's, gar nimmer aufhören; vergeht kaum ein Tag, ohne daß es stundenlang regnet und einen bis in die Knochen friert, — und das jetzt mitten im Sommer. In den Graben und Schanzen, die wir ausheben, könnt man bald Karpfen züchten. Es geht unsere Arbeit darüber auch nur sehr langsam vonstatten, und die Landsknechte und Schanzbauern fluchen und schelten, was uns der heilige Petrus da für eine Tortur antue, als ob es nicht schon genug wäre, daß wir jetzt die Türken im Genick hätten. Da ist aber einmal gerade unser Feldkaplan dazugekommen und hat denen gleich gehörig den Kopf gewaschen. Dasselbe Wetter, das uns so übel mitspiele, täte den Türken noch viel mehr Abbruch, wo die doch aus einem Land kämen, in dem fast immer die Sonne scheint, und sie daher nichts als Hitze und Dürre vertrügen. Ganz zu schweigen von den aufgeweichten Straßen und den durch das Wasser zerstörten Brücken auf des Sultans Anmarschwegen. Von zehn Wagen oder Kanonen, mit denen der zu Konstantinopel aufgebrochen ist, kämen da vielleicht zwei oder drei mit Müh und Not bis vor Wien. — Das hat uns denn doch allen eingeleuchtet, und das Murren ist verstummt.

Auf den aufgeweichten schlammigen Straßen schleppen sich immer neue Haufen von Flüchtlingen an uns vorbei auf Wien zu. Mit der Zeit gewöhnt sich einer an dieses Bild und wird stumpf gegen Jammer und Not. Zwischendurch stoßen auch versprengte Trüppchen von des Kaisers Streitkräften in Hungarn zu uns, oder es kommt manchmal ein Kurier durch, abgehetzt und kotverschmiert, wechselt das Pferd, läßt sich einen heißen Trunk geben und erzählt dabei den Leuten, wie es in Hungarn steht. Gar nicht zum Guten, dessen sind wir uns alle klar.

„Vor etwa vier Wochen soll der Sultan mit seiner ganzen Heeresmacht aufgebrochen sein", sagte einer von den Reitern, „von Belgrad weg, wo er seine Truppen gesammelt hat."

„Wieviele sind ihrer denn?"

Der Reiter zuckte die Achseln: „Wird viel geredet darüber, weiß aber keiner was Sicheres. An die dreimal hunderttausend Mann soll der Sultan aber gewiß haben. Und außerdem sollen noch andere auf Schiffen die Donau heraufkommen."

„Wo ist denn dieses Belgrad?"

„Sie nennen es auch Griechisch-Weißenburg; ist ein große Stadt gerade in der Mitten zwischen Wien und Konstantinopel."

„Huijee, — da ist der Türk ja schon auf halbem Weg zu uns!"

„Viel weiter ist er inzwischen, — vor der Tür steht er! Die Kriegsleut, die der Kaiser hat nach Hungarn geschickt, hat der Türk vor sich hergetrieben, — waren viel zu wenig und schlecht gerüstet, als daß sie hätten ernstlich können Widerstand leisten. Die Stadt und Festung Ofen haben die Türken eingeschlossen; dort liegt zwar eine kaiserliche Besatzung unter dem Nadasdy, ist aber auch zu schwach, als daß sie sich lang könnt halten. Hab selber zu denen gehört, — und bin heilfroh, daß sie mich noch zu guter Frist haben weggeschickt mit Berichten an den Kriegsrat nach Wien. War gar nicht leicht, durchzukommen. Überall sind schon die Tataren und Türken im Land umhergeschwärmt, die Dörfer haben gebrannt, und die erschlagenen Leut sind auf der Straßen herum gelegen. Hab große Umwege machen müssen und oft Haken schlagen wie ein Has, den die Hunde hetzen. — Aber was red ich hier so lang, hab's eilig! — Muß zusehen, daß ich weiterkomm!"

20. Julii

Ist schon recht kurios, wie es so kommt. Sitz da auf einmal wieder in einer Stuben bei Tinten und Federn und male meine Buchstaben, — bloß daß das jetzt kein Kaufmannsgewölb ist, sondern eine Regimentskanzlei.

Da ist heute früh der Hauptmann Weinwurmb gekommen: „He, du Tintenschmierer, — sollst in die Schreibstub und zeigen, was du kannst! — Und daß du mir keine Schand machst!"

Es ist nämlich jetzt, wo das große Heer sich sammelt und rüstet, viel Schreibarbeit vonnöten, und kommt des Regiments bestallter Sekretarius nicht mehr zu einem Ende. Zumal er ein umständlicher und langsamer Patron ist. Und da ich wohl der einzige unter den gemeinen Knechten in unserem Fähnlein, wenn nicht gar im ganzen Regiment bin, der zu schreiben versteht, haben sie mich dazu geholt. Bekam da einen ganzen Pack Listen, die sollten säuberlich ins Reine geschrieben werden, auf daß man sie dem Kriegsrat nach Wien übersenden könne. Das machte mir freilich wenig Vergnügen. Denn ob in einer Listen nun Tuch und Wein und Gewürz stehen oder Wagen, Pulver und Zeltplanen, ist schon das gleiche langweilige Ding. — Gleichwohl, ein rechter Landsknecht darf sich in der Schreibstuben vor dem Papier nicht minder drücken als auf Schildwach vor dem Feind.

Währte nicht lang, so kamen etliche Hauptleut herein und sahen nach unserer Arbeit. Und fanden, mir ginge sie schneller von der Hand als dem Regimentsschreiber; jener solle einmal zu mir in die Lehre gehen! Ich sah, wie der Kerl vor Neid gelb anlief. Und sie fragten mich weiter, ob ich nicht Lust hätte, als Sekretarius beim Regiment zu bleiben. Aber ich sagte:

„Nein, — die Herren mögen verzeihen, — bin ich nun von den

Listen davongelaufen zu den Landsknechten, so möcht ich nicht jetzt von denen zu den Listen zurücklaufen!"

Den Herren schien der Ton just so zu gefallen, sie schlugen mir auf die Schultern und meinten, ich gefiele ihnen wohl.

21. Julii

Der Hauptmann von Buschhausen hat mich heut zu sich rufen lassen, mir einen Brief zu diktieren, den er an den Hofkriegsrat schicken sollt. Es ist ihm nämlich aufgetragen, daß er sich um die Verpflegung des Regiments sorge und um Beibringung von Vorräten für Leut und Pferde. War in dem Brief viel die Rede von den Schwierigkeiten dabei und wie die Bauern, soweit sie nicht schon davongelaufen, oft aufsässig und widerspenstig wären und sich so aufführten, als wollten sie ihr Getreid und Futter lieber verderben oder den Türken in die Hände fallen lassen, als es an des Kaisers Soldaten abgeben.

Das konnte ich nun vollends nicht verstehen, mußte aber dann an jenen Schmiedeknecht denken, der da gesagt hatte, des Kaisers Fußvolk und des Sultans Reiter seien ihm gleich zuwider, und er wünsche beide zum Teufel. Und da der Hauptmann recht freundlich zu mir gewesen, faßte ich mir ein Herz und fragte ihn, was ich von derlei halten sollte. — „Wie kann nur einer hier, in des Kaisers Erblanden, und wo der Türk und der Tod vor der Tür stehen, solches zusammenfaseln?"

Der Hauptmann furchte die Stirn: „Wird wohl ein Lutheraner gewesen sein, jener Schmiedeknecht, ein Evangelischer."

Da begannen für mich schon wieder die Rätsel. Was waren diese Lutheraner, was wollten sie, und was sollte man von ihnen halten? Darauf hatte mir noch keiner Antwort gegeben. Meinen Vater hatte ich einmal gefragt, aber der hatte gemeint, das alles sei noch ein ganz und gar unausgereiftes Ding, und es wäre nicht zu verantworten, einen jungen Menschen damit zu belasten. In der Klosterschule hatten manche Patres es vermieden, über die Lutherischen zu sprechen; andere wieder eiferten heftig wider die Neuerer, nannten sie eine Pest der Christenheit und Sendlinge des Satans, und wollten sie mit Galgen und Rad und Scheiterhaufen ausgetilgt haben. Meinen Oheim in Steyr vergrämte es nur, wenn ihm die Glaubensstreitigkeiten ein Geschäft verdarben und seinen Gewinn schmälerten. Von meinen Kameraden hatte ich schon genug über die Evangelischen zu hören bekommen, aber das war verworrener gewesen als alles andere zuvor.

Und jetzt, — was jener Schmied zu uns gesagt hatte, — und das wäre also ein Lutheraner gewesen? So hätten also doch diejenigen unter den Salzburger Patres recht gehabt, die so unerbittlich gegen die Lutherischen gewütet hatten?

„So sind das also Reichsfeinde, — ja wider die Christenheit, — wider Gott?"

„Gott wollen wir ganz aus dem Spiel lassen. Und Christen, beteuern jene, wären sie bessere als alle Päpstlichen. — Und das Reich, — wo ist das Reich?"

„Doch wohl unter des Kaisers Fahnen! — Muß sich unter ihnen nicht das ganze Reich sammeln und einen, wenn es gegen dieses ganzen Reiches gefährlichste Feinde geht?" —

Der Hauptmann lachte: „Sehr schön! — Nun freilich: wer sieht das?" — Er blätterte unter den Papieren, die vor ihm auf einem Tischchen lagen, und zog ein bedrucktes Blatt hervor. — „Horch also; — du kannst ja Lateinisch, hab ich gehört: Proeliari adversus Turcos est repugnare Deo visitanti iniquitates nostras per illos. — Was sagst du dazu, kaiserlicher Landsknecht?"

Ich übersetzte; — verstand ich denn so schlecht Latein, — denn das konnte doch nicht wirklich wahr sein: „Wider die Türken kämpfen ist sich gegen Gott auflehnen, der uns zur Strafe für unsere Sünden durch jene heimsucht."

Der Hauptmann nickte finster; — da fuhr ich auf: „Wer hat das drucken lassen? — Ein Türk, der Latein kann — oder ein davongelaufener Unsriger im Gefolg des Sultans?"

„Ach wo! — Hier lies das Subsignum: Doctor Martinus Luther. Das hier ist nichts Geringeres als die einunddreißigste von seinen fünfundneunzig Thesen, die er am 31. Octobris des Jahres 1517 an der Schloßkirchentür zu Wittenberg hat angeschlagen, und mit denen das ganze Unheil angehoben hat. Und nachdem sie der Papst in Bann getan, hat der Luther sich im Jahr drauf feierlich aufs Neue dazu bekannt und sie auch auf Deutsch gedruckt zu verbreiten begonnen."

„Ist denn der Mann von Sinnen, — oder vom Teufel besessen?" fuhr es mir heraus.

Der Hauptmann wiegte lächelnd den Kopf. — „Vielleicht keines von beiden! Nur: er ist ein Bücherleser, ein davongelaufenes Mönchlein, und sitzt jetzt irgendwo in Sachsen in einer muffigen Studierstube; — von dort schauen die Dinge anders aus als hier an des Reiches vorderster Grenze."

Er schwieg eine Weile, besann sich, begann dann wieder: „Es ist an der Kirche und am Papsttum manches faul und müßt dringend geändert und gebessert werden; — das weiß und will der Kaiser ebenso wie der Doktor Martinus. Nur: der braucht bloß in seinem Gelehrtenstübel zu philosophieren, — der Kaiser aber muß mit der Wirklichkeit fertig werden! Und die ist allemal härter und schwerer, geht nicht alles so glatt und einfach zusammen, wie wenn man's bloß aufs Papier zu drucken braucht. — Wie hat des Luthers Lehre sich denn bis anher in Praxi ausgewirkt? Wie ist es denn geschehen vor vier Jahren, in Franken, Schwaben und Thüringen und anderswo? Überall dort, wo sich die Bauern und kleinen Leut an des Luthers Worten entzündet haben, zuvörderst an seiner verfänglichen Schrift ‚Von der Freiheit eines Christenmenschen', und gemeint haben, sie brauchten jetzt nicht Herren noch Obrigkeit mehr und könnten mit eigenen Händen ihr Paradies auf Erden bauen? — Mit Gottes Wort und der reinen Lehre und weiß der Teufel was noch für schönen Dingen hat's angefangen, — und ist ein einziges Rauben, Brennen und Plündern draus geworden. Ist dem Doktor Luther zuletzt selber das Grausen davor gekommen, was da jetzt aufwächst aus einem Samen, den er allzu gutgläubig ausgestreut, und — na was? — hat jetzt wieder eine Flugschrift drucken lassen, ‚Wider die mörderischen und räuberischen Rotten der Bauern'! Vielleicht schreibt der Doktor Luther demnächst ein Tractatum ‚Wider diejenigen, so das Reich im Kampf gegen die Türken im Stich gelassen'; — mag dann freilich sein, daß es zu spät ist, dieweilen der Türk schon am Rhein sitzt. — Wollen jedenfalls nicht drauf warten!"

Er schaute vor sich hin, hub dann wieder an: „Freilich, das alles erkennst du vielleicht, wenn du hier stehst, an der Leitha. Sitzt einer am Rhein, an der Weser oder noch weiter, dann hat er dazwischen auch viel Dutzend Länder und Grenzen, das hemmt den Blick und man sieht nicht, was draußen geschieht, sondern lebt nur mehr wie in seiner kleinen engen Stube. —

Ja, diesen Herren da draußen im Reich ist das so gerade recht!" — und er hieb mit der flachen Hand auf die Flugschrift des Doktor Luther, — „haben ja jetzt ein prächtiges neues Mäntelchen für ihre alten und ewig gleichen Begierden. Jetzt heißt es eben Religionsfreiheit, und steckt doch nichts dahinter als jedes einzelnen Fürstleins Privilegia und Exemptiones, von denen sie nicht genug kriegen können. Je ärger Kaiser und Reich in Not geraten, desto lieber ist es denen, denn desto mehr Erfolg versprechen sie sich dann von ihren Erpressereien. — Zwei Monate sind's her, da bin ich zu Speyer gewesen, wie der Reichstag beisammen war. Da hab ich's mit eigenen Ohren zu hören bekommen, — es war zum Übelwerden — oder zum Dreinschlagen! Wie da die Herren Reichsfürsten wider den Kaiser gelärmt haben wie die Rotzbuben auf der Schulbank. Tagelang ist gehandelt und gefeilscht worden, wie auf dem Markt. Was dann der Kaiser endlich als Kriegshilfe wider die Türken zugesagt bekommen hat, war erbärmlich mager, — und auch daran noch knüpften die Herren die Bedingung, daß er ihnen in Sachen des Glaubens volle freie Hand ließe. — Für das da!" — und er wies wieder auf die lutherische Flugschrift.

„Und wie soll das enden? — Was wird aus dem Reich, aus der Christenheit?" stieß ich hervor.

„Danach darfst am besten nicht fragen als ein Soldat. Als ein solcher hast, wenn der Türk anrückt, wider ihn zu schießen und zu stechen, dann hast für Reich und Christenheit deine Sach gut getan. — Wie es enden soll? Was aus allem wird? Weiß selber nicht, ob wir's zwingen werden — oder ob uns der Türk überrennt und wir dran zugrund gehen, alle mitsammen. — Ich weiß nur eines: entscheiden wird es sich hier, in dem Land und auf dem Boden, wo wir jetzt stehen. — Und entscheidet sich's gut, retten wir das Reich hier, hier vor Wien, dann wird es auch von hier dereinst neu gestärkt emporwachsen, das Reich und das ganze Abendland dahinter."

Er stand vor mir, — hoch und groß, wie er war, schien er mir noch über sich hinauszuwachsen, — und seine Augen leuchteten: „Junger Freund, danke es Gott, daß er dich da hingestellt hat, wo du mittun kannst: ist ein schweres Werk, aber ein großes und schönes!"

25. Julii

Ist mir der Hauptmann von Buschhausen neulich schier wie ein Freund geworden, so hab ich in dem Pater Heinrich einen zweiten gefunden und sitz mit ihm jetzt oft des Abends beisammen. Er hat sich in einer leeren, halb verfallenen Hütte neben unserem Feldlager eingenistet; ist zwar recht wüst dort, und pfeift der Wind durch alle Ritzen, aber immer noch behaglicher als draußen, wo in den Lagergassen der Schlamm einem schon bis über die Knöchel steht, und in den Zelten alles feucht und schimmelig ist.

Er ist weit herumgekommen, unser Feldkaplan, und hat, so scheint es mir, nicht nur viel in den Büchern gelesen, sondern mehr noch in den Menschenseelen. So dünkt er mir nun just der Rechte für all die Fragen und Rätsel, die mir im Kopf und im Herzen herumgehen.

Ich erzählte ihm denn auch gleich alles, was ich von dem Hauptmann gehört hatte. Der Pater sah mich eine Weile an und sagte dann: „Siehst du, ungefähr deswegen hab ich mich ja aufgemacht, als Wanderprediger hier herum im Land, um den Leuten ins Gewissen zu reden." Muß ihn wohl recht erstaunt angeschaut haben, wußte ich mir doch aus dieser Antwort nicht gleich einen Reim zu machen.

„Verstehst mich wohl nicht?" fuhr der Pater fort, — „ist aber heut wirklich alles schwer zu verstehen. Bedürfen die Leut im Land auch weniger eines Predigers denn eines Medici, daß er sie heilt, — da nämlich!" und er tupfte sich mit dem Finger an die Stirn. „Ja, — die Welt ist ein Narrenturm heut; — du hast ja keine Ahnung, wie verwirrt alles ist, wie verrückt. Wen der Herr strafen will, den schlägt er zuerst mit Blindheit! — Da hat der Herr offenbar mit der Christenheit ein schauerliches Strafgericht vor!"

Er war sehr ernst geworden. — „Junger Freund", sagte er nach einer Weile, „man könnte an all dem, am Reich, am Volk und am Christentum verzweifeln, wenn man zuschaut, wie das alles durcheinander rennt und einander anfällt und abwürgt. Wie ein jeder verbissen just an dem Ast sägt, auf dem er sitzt, Feuer an das Haus legt, in dem er wohnt. — Wenn man alles das durchschaut, — und die anderen sehen es nicht oder wollen es nicht sehen und wüten weiter, — und drei, vier Tagesmärsche im Osten steht der Erbfeind und scheint nur darauf zu warten, daß ihm das Reich wie ein reifer Apfel von selber in den Schoß fällt. — Freund, da möchtest aufspringen und hinausschreien, daß es die anderen doch auch alle inne werden müßten, möchtest tausend feurige Zungen haben wie die Apostel am heiligen Pfingsttag und eine Stimme wie die Posaunen von Jericho, — und bist nur ein kleiner armseliger Mensch — und von deinem nächsten Menschen schon durch eine abgrundtiefe Kluft getrennt."

Ich war erschüttert; — war das derselbe Pater Heinrich, der am Sonntag den Kriegsknechten so frisch und derb die Leviten gelesen hatte, fast wie ein Spaßmacher auf dem Jahrmarkt? Aber freilich, so ähnlich hatte ja auch der Valentin Höller schon einmal zu mir geredet: unsere Zeit ist aus den Angeln geraten. Aber wieso denn nun gerade jetzt, warum gerade unsere Zeit? Waren denn früher die Menschen anders gewesen? — Ich fragte es den Pater.

„Was weiß einer schon, wie es früher wirklich war", gab er zur Antwort. „Irgendwie anders müssen die Leut schon gewesen sein. Sollst einen Menschen nie nach dem einschätzen, was er redet, sondern nach dem, was er schafft. So können wir auch die Menschen vergangener Zeiten am ehesten nach dem beurteilen, was sie uns an Werken hinterlassen haben. Schau dir den Stefansdom an; — hast ja bloß erst den Turm aus der weiten Ferne gesehen und wirst trotzdem schon gespürt haben, was da drin steckt! So haben also die Menschen in früheren Zeiten gebaut. Dabei war unser Land damals noch klein und schwach und arm, da hat's bei uns nur für diesen einen Dom gelangt. Mußt einmal nach Frankreich gehen; dort stehen sie fast wie anderswo die Bildstöck am Weg: Paris — Reims — Laon — Amiens — Soissons — alle paar Wegstunden weit wächst so eine Kathedrale vor dir in den Himmel — und ist jede einzelne wie eine leibhaftige Stadt Gottes auf Erden, ein zum Greifen wahr und wirklich gewordenes Stück vom Himmlischen Jerusalem. — Und was schaffen die Menschen heut? — Kostbare Möbel, prunkvolle Gewänder, prächtiges Tafelgerät, bestenfalls noch ein Schloß, aber auch das mehr zum Wohlleben denn als Heimstatt oder Festung. — Hier liegt es irgendwo!"

„Aber was war das nun eigentlich, worin die Menschen damals so anders waren als wir heut?“ bohrte ich.

Statt einer Antwort kramte der Pater eine Weile in seinem geräumigen Fellsack herum, bis er daraus ein abgegriffenes Büchlein hervor brachte, handgeschrieben, wie ich merkte.

„Das hat mir einmal ein französischer Mitbruder geschenkt und darein allerhand zusammengeschrieben, was ihm über sein Land bemerkenswert erschien. — Und —“, er blätterte eine Weile — „hier steht, was ein Abt berichtet hat aus jener Zeit, da man in Frankreich die Kathedralen baute:

‚Wer hat jemals Ähnliches gesehen und gehört, daß mächtige Herren und Fürsten dieser Welt, Menschen, die in Ansehen und Reichtum groß geworden sind, selbst Frauen von edler Geburt ihre stolzen Nakken beugten und sich gleich Zugtieren an den Karren spannen ließen und diese zur Wohnung Christi zogen, beladen mit Wein, Öl und Getreide, mit Steinen, Kalk und Holz und mit allem, was nötig ist im täglichen Leben zur Verpflegung der Werkleute und zum Bau der Kirche. Und obgleich viel mehr als tausend Menschen beisammen sind, herrscht doch tiefes Schweigen, man hört kein Wort, nicht einmal Flüstern. Wenn sie dahin ziehen mit Posaunenschall und unter geweihten Bannern, kann nichts sie aufhalten, weder Berg noch Wasser.‘

Ja, — so ist das gewesen: es war alles das, Stadt und Volk und Reich, wie ein einziger gemauerter Tempel des Herrn, und der einzelne Mensch bloß ein Stein in der Mauer, — ein Stein, der für sich allein nichts ist und seinen Sinn und seine Aufgabe erst von dem Gebäude bekommt, in dem er steckt.

Und jetzt versuch das heutzutage! Da mußt grad lachen, gelt, wenn du dir das heut sollst vorstellen. Und ist das, was herauskommt, füglich auch danach. Unser Wiener Stefansdom hätt sollen einen Zwillingsbruder haben. Es erzählen manche, es sei eben das nötige Geld ausgegangen. Ist aber das ein Märchen! Geld ist heut mehr da denn je ehedem. Was ausgegangen ist, war der gute Glauben an das Ziel, die Bereitschaft, dafür ein Opfer zu bringen. Seit einem Menschenalter wird nur mehr geredet über den zweiten Turm, werden Ratsversammlungen seinetwegen abgehalten und Berichte geschrieben, — und wächst der Turm um keine Handbreit weiter in die Höhe. Und wird, des bin ich gewiß, auch in alle Ewigkeit nicht vollendet werden.

Und wie mit dem zweiten Stefansturm, so verhält sich's heut mit dem ganzen Heiligen Römisch-Deutschen Reich und im besonderen mit des Kaisers Armada wider die Türken, — damit wir uns nicht zu sehr in fremde Dinge verlieren, sondern wieder mitten in unsere eigene Misere zurückkommen.“

„Und woher rührt das“, fragte ich drängend, „daß die Menschen heut nicht mehr mitbauen wollen, nicht am Dom und nicht am Reich?

Daß ein jeglicher seinen eigenen Willen hat, seine eigenen Gefühle und Gedanken? Und das Große, das Ganze darüber zu Schaden kommt? Ist das Ganze nicht immer höher und bedeutsamer als seine Teile?"

Der Pater nickte: „Nun ja, — vielleicht ist das alles so nötig und nicht zu vermeiden. — Bin selber mit drei Jahren ein schönes, unschuldiges, liebes Kindel gewesen, — und hab es auch nicht mein Lebtag bleiben dürfen. — Dafür bin ich, will's hoffen, heut verständiger und gescheiter als damals. Zwischendurch aber bin ich eine Zeitlang ein nichtsnutzer Bengel gewesen, der nichts im Kopf gehabt hat als Unfug und Schelmereien. Sollt's da bei der ganzen Menschheit anders sein als beim einzelnen? Werden sich die Leut schon noch besinnen und wieder entdecken, daß auch noch etwas Größeres da ist als sie selber und ihre eigenen Wünsche und Ziele. Wird freilich noch lang dauern. Können nur hoffen und glauben, — und in der Zwischenzeit acht haben, daß nicht zu viel Unheil daraus erwächst. — Das Unheil zu verhindern, stehen wir hier auf der Wacht: du als Soldat grad so wie ich als Priester."

In der Laimgruben bei Wien, am 1. Septembris 1529

Nun ist es also so weit: wir sitzen zwar noch nicht in der Stadt Wien drinnen, haben sie aber vor der Nasen. Das ist zuletzt ganz rasch gegangen, und mir war, als spürten wir schon die Türken im Rücken und beeilten uns, noch vor ihnen die Stadt zu erreichen.

Vor drei Tagen sind wir früh morgens von Bruck losmarschiert. Ein neues Lied ist unter uns aufgeklungen, keiner weiß, wer es gereimt und in Töne gesetzt, und haben es gleichwohl auf Ja und Nein alle mitgesungen:

„Ins Feld jetzt woll'n wir ziehn!
Des Kaisers Hauptstadt Wien,
Die möcht der Sultan zwingen,
Das soll ihm nicht gelingen.
Drum ziehn wir hin!

Stückmeister auf der Schanz,
Wind du ihm einen Kranz
Mit Mörsern und Kartaunen,
Da mag der Türk erstaunen
Ob solchem Tanz.

Ihr Brüder, haltet stand
Und macht der Fahn kein Schand!
Der Herr ist mit uns allen,
Drum laßt getrost euch fallen
In seine Hand.

Maria, steh uns bei,
Fußvolk und Reiterei!
Und segne unsre Wehre,
Wir danken's, dir zur Ehre
Mit unserm Feldgeschrei."

Es hat aber das fröhliche Singen gar nicht so recht zu unserem Marsch passen wollen. Nicht so sehr darum, weil der Regen wieder seine grauen Schleier über das ganze Land gehängt hatte, daß uns das nasse Zeug am Leibe klatschte und wir auf den Straßen im Kot und Schlamm schier stecken blieben. An alles das gewöhnt man sich, es gehört eben so dazu zum Landsknechtleben. Mich hat viel mehr bedrückt, was neben uns alles auf der Heerstraße hinzog. Als sei das ganze Land unterwegs, so wimmelte es von Flüchtenden, von Menschen, Wagen, Vieh, alles durcheinander. Voll Ingrimm die einen, fluchten, droschen auf ihre Rösser ein, — sinnlos in ihrer Verzweiflung. Andere wieder wankten stumm dahin, mit stumpfen, müden Augen. Selten einmal, daß uns ein Gefährt überholte; das meiste war langsamer als wir, quälte sich mühsam durch den zähen Brei. Dann wieder lag ein Wagen mit gebrochenem Rad mitten auf der Straße, der ärmliche Hausrat quoll heraus, lag verstreut in Kot und Pfützen, ein Mann daneben in starrer, stummer Verzagtheit, ein jammerndes Weib, weinende und schreiende Kinder, — und die Nachkommenden schalten und brüllten, daß ihnen jene den Weg versperrten, scheuchten die Kinder, stießen die herumliegenden Bündel mit den Füßen beiseite und peitschten ihre Ochsen, daß sie nur rasch an dem lästigen Hindernis vorbei kämen. Jede Ordnung, jedes Mitgefühl und jede Nächstenliebe hatte aufgehört. — Die anderen um mich focht dies alles nicht an, die marschierten an dem Jammer vorbei, aber mir griff es ans Herz. — Herrgott, warum gibst du das Land und die Leut preis, — warum läßt du es zu, daß die Angst vor dem, was da kommt, aus braven friedsamen Menschen blinde Schafe und reißende Wölfe zugleich macht?

Spät am Abend sind wir heut vor Wien angekommen. Unser Fähnlein haben sie in das Kloster Sankt Theobald gelegt, nicht weit vom Stadttor. Wir sollen auch bald in die Stadt selbst hineinkommen, aber nach dem, was die Leute uns hier erzählt haben, ist dort drinnen alles so voll Unruhe und Verwirrung, daß sie wohl nicht wissen, wo sie uns hintun sollen.

Rascher als gedacht, hab ich die Stadt betreten. Bin zwar noch kein erfahrener Kriengsmann, merkte aber doch, daß da vieles im argen liegt, und ist mir nicht sehr wohl zumute, wenn ich mir vorstelle, wie wir diesen Lotterhaufen sollen verteidigen, der da heißt Wien.

Es sind heute am Morgen alle Offiziere in der Stadt versammelt worden zu einem großen Kriegsrat. Zur Begleitung haben sie etliche Knechte mitgenommen, darunter auch den Valentin Höller, den Gilg Ostermann und mich. Wir sind die Landstraße hinuntermarschiert auf das Kärntner Tor zu. Großmächtig sind vor uns die Mauern und Türme aufgewachsen; hab noch nie eine so gewaltige und starke Stadtwehr gesehen und war ganz getrost und fröhlich; — da mochte der Türk nur dawider anrennen!

Dann standen wir an der Zugbrücke vor dem Tor; während unser Hauptmann mit dem Wachposten etwas verhandelte, hatten wir Muße, alles aus der Nähe zu betrachten. Aber — helf mir Gott — da sah das mit einem Mal gar nicht mehr so beruhigend aus. — Da war der Stadtgraben, — aber der war, so weit ich blickte, von eingestürztem Erdreich halb verschüttet und von Sträuchern überwuchert. Darüber hingen die Palisaden in den Vorwällen schief und morsch. Am übelsten aber sahen die Mauern selbst aus, wo das Steinwerk bröckelte, und durch die Wände der Türme sich breite Risse hinauf zogen.

„Gelt, da schaust, Bübel!" grinste der Ostermann; — „das fallt zusammen, wenn der Türk sich hinstellt und einen Furz fahren laßt. — Seine Kanonen kann er daheim lassen."

Ich schaute nach dem Valentin, — aber auch der zuckte nur die Achseln. „Ist schon wahr: das alles, Mauern und Türme, Gräben und Wälle, ist in gleicher Weise schandbar verwahrlost." — Er musterte die Werke weiter, und sein Gesicht wurde immer länger. „Die ganze Mauer ist hier, wenn's gut geht, zwei Ellen dick, — und der Türk hat, wie man hört, fünfzigpfündige Mörser." — Er verstummte, — und sein Schweigen war bedrückend.

„Hoffentlich sind wenigstens genug Leut da, um das alles zu besetzen und, wenn's schon hier und dort Breschen gibt, wacker auszufallen. — Aber was man so hört, mangelt's ja auch daran", sagte ein anderer.

Ich spürte wieder jenes beklemmende Würgen, jenes Zusammenkrampfen im Innern, jene eisige Hand — ja: Angst war das, ganz gewöhnliche Angst. — Da saß ich ja in einer scheußlichen Mausefalle. — Das heißt, — ich würde erst hineinspazieren, morgen oder übermorgen, — und dann erst würde die Falle zugehen, ganz langsam, — mit der unausweichlichen Zwangsläufigkeit des Schicksals. — Die

Türken, so hat mir der Pater Heinrich einmal erzählt, nennen es Kismet und zucken dazu die Achseln. — Aber ich bin kein Türk; ich kann, wenn ich will, die Achseln zucken, doch das nützt gar nichts, — in mir würgt es weiter, daß ich schier aufschreien könnt. — Da hör ich eine Stimme flüstern: mußt ja gar nicht hineingehen in die Falle! Noch ist Zeit, — verdrück dich, — keiner wird dich erwischen in dem Durcheinander ringsum, — und keiner wird dich verklagen, denn die dich kennen, von denen bleibt keiner übrig! — Ich hab das nie recht glauben können, wenn in der Salzburger Schule ein Pater erzählt hat vom Satan, wie der uns leibhaftig seine Versuchung ins Ohr flüstern kann, — jetzt hörte ich ihn! Aber war das wirklich der Teufel, — oder war es mein Schutzengel? — War es nicht gut und recht und in Gottes Ordnung, wenn ich mich dagegen wehrte, mein Leben zu lassen, ehe es noch richtig begonnen hatte?

Wieder fiel mein Blick auf den Valentin Höller, — und der stand dort, die Hände um den Schaft seines Spießes gefaltet, und schaute stumm und mit schier frohem Gesicht zu den verfallenen Mauern hinauf, die sein Schicksal werden sollten. — Sein Schicksal — und meines? — Da bäumte sich etwas in mir auf, jäh und stark, zerbrach den würgenden Griff und stieß den Versucher weit von mir: nein! — Ich wollte den Valentin nicht im Stich lassen und all die anderen, wollte kein meineidiger Lump werden und von der Fahne fort laufen, auf die ich nun, so oder so, verschworen war. Unser neues Lied klang in meinen Ohren auf: Maria steh uns bei! Denn auch auf unserer Regimentsfahne ist, in Gold und Seide gestickt, das Bild unserer Himmelsjungfrau Maria zu sehen. — Und mit einem ist mir auch der Marienpfennig eingefallen, den mir meine Mutter mitgegeben und den ich noch alleweil unter dem Hemd auf dem Leib trage, — und es dünkte mich, der würd mich besser beschützen als alle Mauern und Türme der Welt. —

„He, Bübel, — stehst und schlafst mit offnen Augen!“ fuhr da lachend die derbe Stimme des Gilg Ostermann in meine Gedanken. Ich hatte gar nicht gemerkt, daß die anderen schon beim Tor hinein verschwunden waren. Eilig hastete ich jetzt hinter ihnen drein.

War das ein Brodeln und Wühlen in der Stadt, ein Hasten und Zappeln! Ich glaub, die Wiener Straßen sehen auch nicht anders aus als die in Salzburg oder Steyr; vielleicht daß die Häuser noch dichter und höher stehen, — aber das alles genauer anzuschauen, dazu kam ich jetzt gar nicht. Ich hatte zu tun, daß ich unsern Hauptmann Weinwurmb nicht verlor, der vor uns wie ein Rammbock durch das Gedränge wuchtete. Wie ein Ameisenhaufen war das, in dem die Buben mit einem Hölzel umgerührt haben, vielleicht noch mehr, wie ein Hühnerhof, über dem der Geier kreist. — Bleiche Angst in allen Augen, wohin man schaute — Verzweiflung und Kopflosigkeit. Und merkwürdig: je mehr um mich diese Angst wimmelte und zitterte, umso mehr fiel von mir alles ab, was noch vorhin an Furcht und Schwäche in mir geblieben war. — Herrgott, wie dank ich dir, daß ich wenigstens nicht zu den ganz Schwachen gehöre!

Wir waren, durch etliche winkelige Gassen, zur Burg gekommen, einem mächtigen Bau mit vier starken Türmen, von denen zwei sich an die Stadtmauer anlehnten. Auf dem weiten Platz vor dem Burgtor hieß der Hauptmann uns warten, und wir gesellten uns zu den zahlreichen dort schon herumstehenden Landsknechten. Auch Bürgervolk drängte sich dazwischen, Kinder, Dirnen und Bettler, Mönche und Juden, und Händler verschiedener Art nützten die Gunst des Augenblicks, in dem ihren Mitmenschen das Geld im Beutel lockerer saß als unter der Zeit. Und überall wurde heftig geredet und gestritten.

„Regt euch nur nicht so auf!" rief nebenan ein kräftiger Mann mit dunklem Bart und wallenden Locken, in einem langen, pelzbesetzten Mantel, offenbar ein reicher Kaufmann oder Handwerksmeister, den einige Offiziere heftig gestikulierend bedrängten. — „Jetzt soll die Stadt und die Bürgerschaft und der Rat allein schuld daran sein, wenn die Befestigungen nichts taugen. Als ob wir nicht ohnehin dauernd zahlen müßten. Ist Wien nicht des Kaisers Residenz und Reiches Festung, also daß es auch des Kaisers und des Reiches Sache ist, das da alles in Stand zu halten?" — und er wies hinüber zum Torturm des Burgtores, durch dessen steiles Dach an allen Ecken der Himmel durchblinzelte. — „Und dann, — wird nicht ohnehin gebaut seit Menschengedenken? Seit ich mich entsinnen kann, hat man die Mauern immer wieder verstärkt, die Gräben vertieft und verbreitert, — sogar die Vorstädte mit Gräben und Zäunen und stellenweise sogar mit Mauern geschützt, — was wollt ihr mehr?"

„O lala!" — der eine der Offiziere, eine geschmeidiger hübscher Mensch in feiner Gewandung, schnippte wegwerfend mit den Fingern, — „das alles sein nikts — das nikt 'at Raison! — Ihr baut 'ier ein bißken und da ein bißken — un' finalement ihr 'abt ein Wies voll Maulwerf'ügel, aber nikt ein Forteresse, ein Festunk. Un' den Türk nikt ihr werd auf'alten mit ein Maulwerf'ügel."

Der brave Bürger geriet in Zorn, sein Lockenbart zitterte: „Wie, — das nennt Ihr Maulwurfshügel! — So eine Burg! — Fast tät ich mir wünschen, Ihr wäret der Feind und müßtet hier stürmen, dann würd Euch schon das Spotten vergehen! — Keiner hat bis jetzt noch je Wien im Sturm genommen!"

Der andere lenkte ein, mit höflicher Verbeugung, besänftigend: „O, non, — pardonnez-moi, mon cher, — ik woll' dir nikt touchieren. — Aber du nikt kannß maken aus ein 'Emd ein Panser, wenn du 'inaufmaks 'ier ein Stück Blech un' dort ein Stück Blech un' da nok ein Stück. — Dies Chateau 'ier sein gut, wenn ihr 'abt ein Feint, die schieß' mit 'Feil un' Bogen. Aber der Türk schieß' mit Mörsers und Bombardes. — On voit: dieß Chateau man 'at gebaut in ein Seit, wo 'at geschießt mit 'Feil un' Bogen, — am besten ihr werf' um alles un' baut totalement de nouveau!" —

Wo mochte der nur herkommen? — Ihn selber getraute ich mich nicht zu fragen, aber an einen seiner Begleiter machte ich mich heran. Doch der zuckte die Schultern, verstand mich nicht. Endlich, nach viel Herumdeuten, blitzte es verstehend in seinen Augen: „Brabançons!" — Brabanter also waren das, aus den Hispanischen Niederlanden, vom anderen Ende des Reiches. — Und sie waren hier, um mit uns die Stadt gegen die Türken zu verteidigen!

Ein alter Spießknecht von der Stadtwache, der vor der Brücke über den Burggraben stand, winkte mich her: „Von wo seid denn ihr?"

„Ich bin aus dem Salzburgischen, und mein Genoß dort ist aus der Pittener Mark, und . . ." — Der Alte schnitt mir mit einer verächtlichen Handbewegung das Wort ab: „Was faselst zusammen? — Von welchem Regiment ihr seid, möcht ich wissen, — was sonst?"

„Wir gehören zu des Eck von Reischach Leuten", sagte ich, nicht ohne Stolz.

„Hm" — brummte der Alte anerkennend, — „der Nam hat guten Klang! Da werden sie euch schon wo hinstellen, wo Verlaß sein muß auf die Leut." — Er schwieg, sein Gesicht verfinsterte sich, — „ist aber hier nichts, wie es sein soll: kein Pulver da, kein Mundvorrat, — und alles verlottert und verludert." Er spuckte aus, schaute mich wieder an: „Mir kann's ja gleich sein, bin schon altes Eisen. — Aber so einer wie du könnt einen derbarmen, so ein Blutjunger."

Wieder spürte ich etwas in mir aufsteigen, — aber jetzt war es weniger Angst als Ärger und Empörung. Und aus dem heraus fuhr ich den Alten rechtschaffen grob an: „Ja, sag, hast denn immer nur dort dreingeschlagen und standgehalten, wo du von Anfang an gewußt hast, daß die anderen die Prügel kriegen werden? Hast du es nie erlebt, daß ihr auch über einen stärkeren und besser gerüsteten Feind gesiegt habt, nur weil ihr die Härteren wart und die Zäheren? Oder weil der Herrgott halt auf eurer Seite gestanden ist?"

Der Alte schaute mich an, erstaunt, — dann kam langsam ein Leuchten in seine Augen. — „Bub, — recht hast — mußt halt verstehen, — unsereiner mit seinen alten Knochen, — das ganze Leben nichts wie Unrast und Nöten und Beschwernis, — da wird einer verbittert und hat es schwer, noch zu glauben. — Aber ist alleweil gut, solang die Jungen noch so denken wie du — und sich auch so zu reden trauen."

Über eine Weile hub er wieder an: „Es ist auch vielleicht nur, weil einen mit der Zeit die Wut ankommt über die Leut in dieser Stadt. — Leben und sich's gut gehn lassen, — ja, und wenn's auf einmal anders kommt, den Kopf verlieren. Wissen jetzt alle miteinander nicht, was sie eigentlich wollen, — haben die Hosen voll vor den Türken — und schauen gleichwohl scheel auf uns, die wir ihnen jetzt helfen sollen. Wollen wider den Kaiser aufmucken — und meinen in einem, der Kaiser sei nur für sie allein da, sie zu beschützen. — Der Teufel fahr da drein! — Könnt einen schier freuen, daß der Türk jetzt kommt, die Stadt zu züchtigen. — Aber wer wird's wieder ausbaden müssen? — Du und ich und wir Kriegsleut alle miteinander!"

Wir wurden unterbrochen; aus dem Tor kam, mit anderen Hauptleuten, der Weinwurmb heraus und schoß gerade auf den jungen Brabanter Offizier los: „Ah, was seh ich — der Marquis von Moranville! —, nein, ist das eine Freude! Daß Ihr auch da seid! — Wie lang ist's nicht schon her, seit ich Euch das letzte Mal gesehen! — Bruder, waren das Zeiten, wie wir zusammen, er und ich, noch im selben Regiment unter dem Frundsberg ins Feld gezogen sind!"

„Ja, der Frundsberg!" brummt einer, — „hätt nicht sollen versterben just jetzt vor einem Jahr! — Nun und hier könnt ihn der Kaiser brauchen wie nie zuvor!"

„Nun ja", polterte der Weinwurmb, „wenn du auch recht hast, Bruder, — wir werden mit unserem dermaligen obristen Feldhauptmann auch zufrieden sein können, mit dem Grafen Niklas von Salm!"

Der alte Soldat neben mir brummte zustimmend. — „Ist schon ein Siebziger, der Salm, — aber wenn du ihn siehst, zumal in einer Schlacht, könntest glauben, er ist vierzig. Bin selber dabei gewesen vor vier Jahren bei Pavei und hab's mit diesen Augen gesehen: wie der alte Salm den König von Frankreich zum Zweikampf gefordert hat, den Franz, einen jungen, starken, geschmeidigen Kerl und bei Gott nicht ungewohnt im Fechten, — und wie den der Alte zusammengeschlagen und mit der blanken Hand gefangen hat!"

Seine Augen funkelten. — Aber auch der brabantische Marquis sang eben ein Loblied auf den alten Salm: „Messieurs, mes amis, — le Conte de Salm, — vor vier Jahr er 'at geslagt den französisch François bei Pavie, — vor ßwei Jahr den ungarisch Zapolya bei Tokaj, — un' dieß Jahr er werd slagen den türkisch Süleiman bei Vienne!"

Er schwenkte lachend den Federhut und verbeugte sich zierlich vor den Versammelten, so als stünde der Salm zugleich unter ihnen. — Ich wußte zuerst nicht recht, wollte er nur Possen spielen, — aber als ich dann seine Augen sah, da war ein Leuchten drin, — und da freute ich mich vom Herzen, daß es auch solche Leut bei uns gibt und nicht nur lauter Schwarzseher und Trübsalbläser.

„Wird aber jetzt allerhöchste Zeit, daß Ernstens was geschieht!" knurrte der Hauptmann Weinwurmb gereizt. „Wir haben soeben rechtschaffen üble Kunde vernommen. Alles, was da an festen Plätzen an der Donau liegt, ist schon beim Teufel: Plintenburg, Gran, Komorn und so. Das hat der Türk alles eingesackt, ohne daß überhaupt sich wer gewehrt hätte."

„Was heißt, nicht gewehrt!" rief ein anderer wütend dazwischen, — „Verrat war das, blanker Verrat, wie es von diesem wetterwendischen hungarischen Magnatenpack nicht anders zu erwarten ist! In Gran, der Varday, der Erzbischof, — was hat der getan? — Wie der Salm mit viertausend Mann Kaiserlichen zu Hilf kommen will, sperrt er ihm die Tore vor der Nase zu und läßt ihn nicht in die Festung. Wie aber der Sultan anrückt, macht sich seine Eminenz aus dem Staub, und der Türk zieht in aller Gemütsruhe ein. In Totis und Komorn und Raab ist's nicht viel anders gewesen."

„Die Festung Ofen wird sich jetzt wohl auch nicht mehr lang halten können."

„Sicher; — und vor einer Woche hat der Sultan seine Truppen bei Raab gesammelt und geordnet; — es kann nur mehr ein paar Tage dauern, bis sie hier sind."

Der Hauptmann Weinwurmb reckte sich: „Jetzt muß ich aber zusehen, daß wir fort kommen! — Unser Regiment soll morgen schon in die Stadt einrücken und in Quartiere gelegt werden. Das gibt wieder Scherereien und Schreibereien, — der Satan soll dreinfahren! Ich bin doch kein Secretarius oder Gutsvogt! — Ich wollt, der Türk wär schon da, und es kracht um und um, — da wär alles viel einfacher!"

Wien, am 4. Septembris 1529

Es ist eines reichen Bürgers Haus, worein sie mich gelegt haben.

„Du, Schreibstubenbübel, halbertes, gehst auch da hinein", befahl der Weinwurmb, „daß nicht lauter so verkommene Lotter beisammen sind. — Dann schreibst mir eine Listen, in welchen Häusern die Leut von meinem Fähnlein liegen. — Möcht selber wissen, wozu das? Aber der Obristwachtmeister will's so haben. — Also schreib, aber anständig!"

Der Hausherr, der Meister Pankraz Ellinger, seines Zeichens Kürschner und Pelzhändler, hat uns sehr frostig empfangen. „Hier ist eure Kammer", hat er gesagt. — „Was ihr braucht an Speis und Trank, bringt euch die Kathrin, und im übrigen möcht ich in meinem Haus von euch nichts sehen!" — Die Kammer war ein finsteres Loch mit aufgeschüttetem Stroh und ein paar Holzbänken und die Kathrin ein altes Weib, zahnlos und griesgrämig.

Nun, dachte ich, das werden wir doch sehen, verbeugte mich vor dem Meister und redete ihn höflich an: ich sei mit Schreibarbeiten für das Regiment beauftragt und bäte um Erlaubnis, mich zeitweilig in einem Raum aufhalten zu dürfen, wo derlei möglich sei. Der Meister schaute mich an, erstaunt und mißtrauisch; — wieso ich denn schreiben könnt, — wenn's überhaupt wahr sei? Ich verstünde nicht nur zu schreiben, trumpfte ich auf, — ich spräche auch Latein und beherrschte das Rechnen mit der Feder; ich sei zuvor Student gewesen. Ob ich mir denn da wirklich nichts besseres wüßte, fragte er von oben herab; zum Soldatenspielen nach Kinderart sei ich doch wohl schon zu alt.

Ich stand da wie ein gescholtener Schulbub — und dann polterte ich heraus, noch gröber als der andere: die biederen Bürgersleute sollten froh sein, daß es noch andere im Land gäbe, die um der guten Sache willen den Schädel hinhielten und, wenn sie vielleicht auch den Türken nicht werfen könnten, ihn zumindest mit ihren Waffen und Leibern so lang aufhielten, bis jene sich und ihren Kram nach Linz oder nach Regensburg in Sicherheit gebracht hätten.

Dachte mir dabei, jetzt wird er mich wohl hinauswerfen oder sich über mich beschweren, aber der Meister Ellinger schaute mich nur kalt an und sagte: „Ich weiß nicht, von wem du da schwatzest; — ich werde vor den Türken nicht davonrennen!" Und dann, in etwas versöhnlicherem Ton: „Meine Frau und die Buben werd ich ja wegschicken, wenn's so weit ist, — aber ich bleib hier, und das Annerl auch, ist schon alt genug, — und du wirst sehen, daß ich damit das einzig Richtige tue, — falls du deinen Heldenmut bis dahin noch überlebst!" — Und er drehte sich um und ging ohne Gruß davon.

Klug aus ihm bin ich ganz und gar nicht geworden. Jedenfalls sitz ich jetzt in der Stuben. Und hier schafft nicht die alte Kathrin, sondern das Annerl, des Meisters Ellinger Tochter. Sie geht aus und ein, dieweil ich schreibe, mustert mich neugierig, aber heimlich, und ich mach es gerade so, hin und wieder begegnen sich unsere Augen doch, und dann schauen wir beide rasch weg. Sie mag etwa in meinem Alter sein; ich find, sie ist eine recht hübsche Dirn, — wenngleich sie blaß und verstört einhergeht. Ihre Augen, die, ich möcht meinen, auch recht blitzen und auftrumpfen können, sind unruhig und verweint, und den Mund, der sonst wohl das Lachen und wer weiß was noch alles gewohnt ist, hält sie zusammengekniffen. — „Ich bleib hier, und das Annerl auch!" hat ihr gestrenger Vater gesagt. — Warum er eigentlich so starrköpfig ist und so hart dem Dirndel gegenüber, das vor Angst nicht aus weiß? Kann ihr ja das Bangen schon nachfühlen. Zugleich spürte ich, selbst erstaunt, daß so ein warmes Gefühl wie Freude in mir war. Das Annerl würde also in Wien bleiben, wenn der Türk dawider anrannte, gerade so, wie ich selber. Bloß daß ich draußen auf den Mauern oder Schanzen stehen würde und sie drinnen, in ihres Vaters Haus, in Sicherheit jedenfalls. Richtig wohl wurde mir auf einmal bei dem Gedanken, daß ich nun immerhin schon einen Menschen in der Stadt hatte, für den zu streiten mir verlohnend erschien.

Das Annerl wollte sichtlich schon die ganze Zeit zu reden beginnen, und mir erging es just ebenso, — aber es eilte mir ja nicht. Und dann kam sie mit einem Becher Wein, stellte ihn vor mir auf den Tisch: „Ihr seid sicher durstig, — Kriegsleut dürsten doch immer!"

„Das wohl, Jungfer, aber Kriegsleut sind es auch gewohnt, nie allein zu trinken. — Ihr müßt Euch schon zu mir hersetzen und mir Bescheid tun!"

„Nein, das geht nicht an, — was denkt Ihr? — Mit Kriegsleuten zu trinken, ziemt sich für unsereinen nicht! — Aber hinsetzen kann ich mich immerhin für ein paar Schnaufer, — wenn's durchaus sein muß." — Sie nahm mir gegenüber Platz.

Ich hatte auf diesen Augenblick mich schon die ganze Zeit gefreut, und nun, wo es soweit war, mußte mir erst der Ärger in die Kehle steigen. — „Von wem habt Ihr denn die Weisheit, daß es nicht schicklich sei, mit einem Soldaten zu trinken?" fragte ich. — „Ihr seid wohl der Meinung, die Kriegsleut wären alle miteinander ein minderes Volk und üble Gesellen?"

Sie schaute mich an, wurde etwas rot und wandte sich ab. — „Nnn-ein, — das auch nicht!" — und dann, schnippisch: „Hab mit Euresgleichen freilich noch keine Erfahrung!"

„Nun, Jungfer, — es liegt an Euch, Erfahrungen zu sammeln; die Gelegenheit ist günstig!" — so dachte ich es mir —, aber ich brachte es nicht über die Lippen. — „Jeder sammelt eben seine Erfahrungen, wo er kann!" brummte ich zuletzt, albern genug, und bemühte mich zugleich so dreinzuschauen, als ob ich schon Gott weiß was für Erfahrungen gesammelt hätte.

„Und welche Erfahrung lehrt Euch nun dennoch, daß man mit Kriegsleuten nicht trinken soll?" fragte ich dann.

„Das hat mir der Vater gesagt!"

„Und warum denn nicht?" fragte ich scharf.

„Weil das ganze Kriegführen ein abscheulicher Greuel ist und unwürdig eines denkenden Menschen, und alles Übel nur daher kommt, und die Kriegsleut daher überhaupt, die sich dem mit ihrem ganzen Leben verschreiben und an allem die Schuld tragen, — die Kriegsleut also . . ." — sie geriet ins Stottern, — verstummte.

„Also doch!" sagte ich voll sattem Hohn, stand auf, hob den Becher und verneigte mich vor dem Annerl, das mich recht dumm anschaute: „Auf das Wohl aller derer, die von uns Kriegsleuten eine so schlechte Meinung haben, — insbesondere und vor allem, wenn sie so jung, so schön und so liebenswert sind wie Ihr, Jungfer Annerl!"

Ja, — das war mir nun schon besser gelungen! — Und das Annerl sprang auf, lief hinaus und warf die Tür hinter sich zu.

6. Septembris

Dank meinen Schreib- und Rechenkünsten bin ich jetzt geradezu ein Secretarius oder Famulus meines Hauptmanns geworden; er nimmt mich fast auf allen seinen Wegen und Besorgungen mit; manches Mal muß ich auch den von Buschhausen begleiten. Mir ist das sehr lieb, denn ich komme solcherart in der Stadt hiehin und dorthin, sehe viel Merkwürdiges und Bedeutsames und lerne vor allem auch die Wehranlagen kennen; — wer weiß, wozu ich dies noch werde gut brauchen können.

So bin ich heute untertags auf der Lände am Donauufer gewesen. Es waren da etliche Frachtkähne aus dem Land ob der Enns angekommen, mit Getreide und anderer Verpflegung; die sollten in der Stadt eingelagert werden als Vorräte für unser Regiment. Das mußte nun wieder alles auf Listen gesetzt werden, und ich hatte viel Arbeit damit.

Dabei blieb mir aber noch Muße genug, mich umzusehen. Die Mauer ist längs des Ufers beiderseits des Roten Turmtores niedrig und schwach, wohl, weil man sich in alter Zeit auf den Fluß verlassen hat, der wie ein breiter Stadtgraben sich davor hinzog. Nun ist das Wasser aber mit der Zeit ein gutes Stück zurückgewichen, und so breitet sich heute zwischen dem Fluß und der Mauer ein weites, ebenes und offenes Feld. Hier liegen in Menge Warenballen, Säcke und Fässer von den Frachtschiffen herum, dazwischen sind Baumstämme gestapelt und Bruchsteine, Balken und Bretter. Eine Reihe von weidengeflochtenen Schanzen am Ufer unten sollen wohl mehr die Gewalt des Wassers aufhalten als einen herankommenden Feind. Wenn nun der Türk erst einmal hier auf der Plane ist, dann ist er in der Stadt auch schon drinnen. Da aber der Fluß sich in viele Arme und Gerinne zerteilt, jedes nur wenig breit und tief, hat es ein Feind auch leicht, überzusetzen.

Das ging mir alles so durch den Kopf, und ich muß wohl recht trübselig in die Flut geschaut haben, denn als nun eben ein paar Knechte von der Stadtwache vorbei kamen, klopfte mir einer derb auf die Schulter und sagte:

„Malst dir aus, wie das wär, wenn der Türk da herüber käm, wie? — Hahaha!“ Seine Gefährten lachten schallend mit. — „Aber so schlimm ist's auch nicht. Wir haben gegen ihre Schiffe immer noch unsere eigene Flottilla. — Dort beim Obern Werd liegt sie festgebunden; kannst sie von hier aus bloß ums Eck nicht sehen. — Was glaubst, — das wär gefehlt! — Wir müssen uns doch auch die Wasserseite offen halten, daß wir noch Verbindung haben mit dem Hinterland.“

Da war ich wieder beruhigt. — „Gehört ihr etwa mit zu der Bemannung auf dieser Flottilla?“ fragte ich.

„Nein, wir nicht; — das heißt, die Bemannung ist noch gar nicht da. Soll aber jeden Tag eintreffen. Unsereiner tät sich gar nicht zurecht finden mit dem Rudern und Steuern; — da haben sie dem Salm welsche Schiffsleut zugesagt, aus Italien. Die sind am Meer zuhaus und in der Schiffahrt aufs beste erfahren; — da kann's nicht fehl gehen!" Und er winkte mir zu und marschierte weiter.

Aber irgendwie gefiel mir nun auch das wieder nicht, daß wir da wohl eine schöne neue Flottilla haben, aber keine Leut drauf. Denn wer weiß, wer früher da sein wird, jene Welschen oder die Türken?

Kam aber nicht viel zu neuerlichem Sinnieren, denn schon begannen sie, das nächste Schiff auszuladen, und ich mußte scharf dahinter sein, daß mir nichts von den vielen Säcken entging oder ich es falsch notierte. — Nachmittag war ich dann mit dem von Buschhausen bei den Salpetersiedern in der Landstraßer Vorstadt und in den Pulvermühlen auf der Wieden, und so verging der Tag rasch in bunter Abwechslung.

Am Abend, als es dunkel geworden war, habe ich mich wieder beim Meister Ellinger in die Stube gesetzt. Über ein kleines kam das Annerl herein, stellte wie gestern einen Becher Wein vor mich auf den Tisch und wollte wortlos hinausgehen. Ich rief sie zurück: „He, Jungfer, — ich hab Euch doch, hoff ich, gestern mit meinem Trinkspruch nicht gekränkt. Hab ihn, zumindest was die zweite Hälfte anbetrifft, auch ehrlich gemeint."

Und hastig fuhr ich fort: „Ich versprech Euch, ich will überhaupt keine Trinksprüche mehr aussprechen und Euch auch sonst nicht mehr ärgern; — aber setzt Euch doch wieder her zu mir!"

Sie aber sagte — und es war, als ob sie sich nur an meine Worte vom Trinkspruch festhielte und gar nicht gemerkt hätte, wie ich es gesagt hatte, so tropften ihre Worte in die Stille hinein — seltsam tonlos und fremd und wie eingelernt: „Trinksprüche von Kriegsleuten bringen kein Glück. — Kriegsleut sollten überhaupt nichts tun als nachdenken über die Sünden und Greuel, die sie ständig begehen und begehen müssen, von Gewerb wegen und nach der Satzung, der sie sich unterworfen haben."

„Hat euch das alles euer Herr Vater gesagt?" fragte ich zwischen zusammengebissenen Zähnen heraus.

„Ja!"

„Und Ihr glaubt es ihm?"

„Warum nicht?" kam es aus der Türnische, — etwas zögernd wohl.

„Jungfer Annerl, setzt Euch einmal her zu mir, ich möcht mit Euch in Ruh über das reden, was Ihr gesagt habt, jetzt und gestern."

Sie kam zögernd aus ihrer Tür hervor und setzte sich wieder mir gegenüber auf die Bank.

„Seht, Ihr glaubt, — das will heißen, Euer Vater glaubt, aller Krieg sei ein verbrecherisches Werk. — Nun, ich bin kein Kaiser, sitz nicht im Kriegsrat, bin kein Obrist, kein Hauptmann, nicht einmal ein kleiner Rottmeister. Kann's also wirklich nicht beurteilen, wie das zugeht, wenn wo so ein Krieg entsteht, — und Euer Herr Vater, mit Verlaub, kann's nebenbei auch nicht, wenn er mir auch an Jahren voraus ist und an dem, was er von der Welt gesehen hat. — Mag sein, daß manch ein Krieg wirklich mutwillig vom Zaum gebrochen wird, weil es irgendeinen König oder Fürsten nach ein paar Landschaften mehr gelüstet, — aber jetzt bei uns ist das nicht so: den Kaiser gelüstet nach gar nichts, — er muß sich nur seiner Haut wehren und die Leut in den Erblanden vor dem ärgsten Unheil bewahren, das je über die Christenheit gekommen ist! — Ich weiß nicht, was ganz oben geschieht, wo hier der Kaiser sitzt mit seinen Räten und Feldherren, und dort der Sultan mit seinen Paschas. Ich steh ganz unten, — und was hier geschieht, das kann ich wohl erkennen. Da seh ich, daß die Türken und Tataren daherkommen über unser Land wie die Pest und Feuer und Sturmflut, daß sie das Kind zugleich mit der Mutter morden, die Feldfrucht zusammen mit dem Landmann zerstampfen und das Haus zusammen mit dem Gesind verbrennen. Daß hinter ihnen nicht bloß

Bild links oben:
Berittene Mamelucken in ihren prächtigen Gewändern auf edlen Pferden, bewaffnet mit Lanze, Schild und Krummschwert.
Die Mamelucken bildeten ursprünglich die Leibwache mohammedanischer Herrscher, die sich aus erkauften weißen Sklaven rekrutierte. Kriegstüchtig, tapfer und auch von höherer Kultur, stellten sie selbst zwei Herrscherdynastien. Sie zählten zur Elite des türkischen Heeres.
Guldenmundtblatt, gezeichnet von Erhard Schön (H. M. d. St. W.).

Bild rechts oben:
Türkischer Lanzenreiter — Sipahi.
Die Sipahi bildeten die eigentliche türkische Schlachtenkavallerie. Sie waren teils als Lehensbesitzer (Timare) zum Kriegsdienst verpflichtet, teils wurden sie von den Paschas besoldet.
Als Hauptwaffen führten sie Lanze und Säbel, daneben Streitkolben und Bogen. Außer Schilden waren Schutzwaffen im allgemeinen nicht üblich, höchstens leichte Helme, Ketten- oder Baumwollpanzer.
Die Zahl der Sipahi im Jahre 1529 wurde auf 100.000 Mann geschätzt.
Guldenmundtblatt, gezeichnet von Niclas Stör (H. M. d. St. W.).

Bild umseitig:
Die Schlacht am Steinfeld, am 19. September 1532: Zehn Fähnlein, 800 Hakenschützen, unter dem Landsknechthauptmann Sebastian Schertlin von Burtenbach, fallen der Akindschi-Hauptmacht des Kasim-Beg im Triestingtal in den Rücken und treiben diese gegen Leobersdorf.
Illustration aus der 1539 in Nürnberg erschienenen Holzschnittfolge von Max Ostendorfer (Alb.).

Bild links:
Türkische Reiter mit Bogen und Krummsäbel.
Oberhalb der Darstellung vier Reimpaare von Hans Sachs.
Gezeichnet von Niclas Stör (H. M. d. St. W.).

DIE FENLI HVSSER
DER GEWALTIG HAVF PVS
YBERIG SCHITZ

DER TVRCKE
DER BOHEMISCH
FRIDERICH OBERSTER
RAISIG ZEVG
DER GEW

Bild rechts:
Ein Bild, das keiner Beschreibung bedarf: Türkische Greueltaten im Wienerwald. Die Akindschi wüteten besonders grausam, da sie sich als Unbesoldete „vom Land" ernähren mußten. Neben der Aufklärungstätigkeit bestand ihre Aufgabe vor allem darin, Furcht und Schrecken zu verbreiten und den Feind an der Organisierung eines Widerstandes zu hindern.
Zeichnung von Erhard Schön (H. M. d. St. W.).

Mensch und Vieh tot liegen bleiben, sondern das ganze Land. — Und seht Ihr, Jungfer, — dagegen stehen jetzt wir Kriegsleut hier. Was schert mich der Kaiser und der Sultan, wenn vor mir ein Türk anreitet mit Lanzen und Säbel, und hinter mir stehen unsere Leut, Frauen und Kinder, hilflose Menschen, — wie meine Mutter — oder — wie Ihr!"

Sie schwieg und schaute mich an; — Angst war wieder in ihren Augen, aber auch Trotz. — „So sprecht Ihr, Konrad", — sie nannte mich zum ersten Mal mit Namen, und das tat mir wohl, — „und Ihr meint es auch so, des bin ich sicher. — Aber schaut Euch einmal Eure Gesellen an: Was sind das anders als bezahlte Räuber und Wegelagerer und Totschläger? — Rennen jedem zu, der ihnen mehr Lohn und mehr Raub verspricht, — und pfeifen dabei nicht nur auf den Kaiser, sondern genau so auch auf meinesgleichen, — sofern wir ihnen nicht just was zu fressen und zu saufen bieten und ihnen gar sonstwie zu Gefallen sind."

„Nein, Jungfer Annerl, — da urteilt Ihr ungerecht! Was Ihr da sagt, wohl — es mag für den einen oder anderen gelten. Aber die große Masse meiner Kameraden im Regiment und überhaupt in unserer ganzen Armada, die sind nicht so! Sind doch keine Schweizer, daß es ihnen nur um Lohn und Beute geht! Wir sind nicht Soldknechte, sondern Landsknechte, — merkt fein den Unterschied! In des Kaisers eigenen Landen ist unser Regiment geworben, nicht nur für unsern Kaiser und Herrn stehen wir jetzt im Feld, sondern für unser Land, für unsere Heimat und für alles, was uns darin lieb ist."

Aber ich sah es dem Annerl an, daß sie mir das nicht glaubte. — Sollte sie es! Von mir schien sie jetzt wenigstens schon eine bessere Meinung haben. — „Euer Herr Vater frug mich gestern, ob ich denn, als ein Student, mir nichts Besseres zu tun wüßte als Soldatenspielen. — Was meint Ihr dazu?"

Bild links oben:
Türkischer Kamelreiter.
Gezeichnet von Erhard Schön. Guldenmundtblatt, Nürnberg, 1530 (H. M. d. St. W.).

Bild rechts oben:
„Die gefangen klagen." Berittener Janitschar führt gefangene Christen mit.
Das Korps der Janitscharen, das heißt „neue Truppe", entstand im 14. Jahrhundert und bildete mit 40.000 Mann den Kern des Türkenheeres. Die Janitscharen ergänzten sich aus gefangenen oder in den unterworfenen Ländern ausgehobenen Christenknaben.
Guldenmundtblatt, Zeichnung von Erhard Schön (H. M. d. St. W.).

„Ganz recht hat er gehabt!" erwiderte sie eifrig. — „Gerade bei einem Menschen, der was wert ist, ist es doppelt schad, wenn er sich wegwirft und der Trommel nachläuft. Der soll lieber mit aller Kraft darauf hinarbeiten, daß kein Krieg mehr aufkommt. Oder zumindest sich aufsparen, daß er nachher wieder das gutmachen kann, was im Krieg zerschlagen worden ist."

Sie gefiel mir gar nicht übel, wie sie sich da in Hitze redete, — aber das, was sie zusammenplapperte, forderte doch meinen Spott und Widerspruch heraus: „Nun also gut; — stellen wir uns vor, wir Kriegsleut bekehrten uns alle über Nacht, liefen von des Kaisers Fahnen davon und sparten uns auf, für nach dem Krieg. Und der Türk kommt und nimmt hier herum alles ein und brennt es nieder, und unter denen, die erschlagen liegen bleiben oder verschleppt werden auf Nimmerwiedersehen, — unter denen seid auch Ihr, Jungfer Annerl! — Jetzt sagt mir, wie wir Aufgesparten das wieder gut machen können!"

Da lachte sie schrill auf, aber es klang gar nicht echt: „Wer sagt Euch denn, daß die Türken uns Bürger von Wien wirklich so behandeln würden? Das erzählen doch die Kriegsknechte und Herren Offiziere nur so herum, damit die Bürger und Bauern Angst bekommen und gefügig werden. Und damit ein jeder sieht, wie sie, die Herren Soldaten, doch nötig und nützlich sind. Und, wenn's wirklich so wär, — wer sagt Euch denn, Ihr kühner Kriegsheld, daß ausgerechnet Ihr das dann würdet verhindern können? — Wer sagt Euch, daß mir einer, der vernünftig ist und sich aufspart für etwas Besseres und Wertvolleres, nicht doch lieber ist als so ein studierter Soldatenspieler, — so ein — angehender Straßenräuber von Kaisers Gnaden!"

„Und wer ist derjenige, der sich aufspart für etwas Besseres und Wertvolleres und Euch lieber ist?" fragte ich in jähem Aufdämmern.

„Das geht Euch gar nichts an!" zischte das Annerl und war wieder draußen bei der Tür. —

Und ich saß da, als hätte man mich jählings aus einem schönen Garten gestoßen, in den ich mich von ungefähr hinein verirrt hatte. — Vielleicht ist es am besten, wenn ich mich um das Annerl überhaupt nicht mehr kümmere, sagte ich mir jetzt. Wirst bald andere Sorgen haben als eines eigensinnigen Mädchens schönes Gesicht!

Den 7. Septembris

Der Weinwurmb hat mich heute gleich zeitig in der Früh wieder mitgenommen, in die Kärntner Vorstadt. Mit der hat es eine besondere Bewandtnis. Während nämlich überall, von der Donaulände abgesehen, vor den Mauern freies Feld sich breitet, auf dem bloß Gärten sind und Buden und Holzhütten, kommt hier beim Kärntner Tor der Wienfluß ganz an die Stadtmauer heran, drüben aber geht die Stadt weiter, mit steinernen Häusern und engen Gassen, zwei Kirchen, einem Hospital und etlichen Mühlen am Fluß. Das Ganze ist wohl mit Wall und Graben und Palisaden umzogen, hat auch etliche Schanzen und kleine Türme, ja, dort, wo die Kärntner Landstraße aus der Vorstadt heraus tritt auf das freie Feld, steht sogar ein wohlgebauter hoher Torturm, der Ladislaus-Turm, — des ungeachtet wird sich aber, wie alle sagen, die Vorstadt gegen die Türken nicht halten lassen. Wenn die erst einmal da drinnen sind, dann sitzen sie auch knapp an den Stadtbefestigungen, können sich drüben hinter den Gemäuern und Häusern ducken und bergen und, wo sie sich auf den Dächern und Türmen einnisten, so hoch droben stehen wie wir und uns damit vielerlei Abbruch tun. Es soll daher auch die Stadtmauer jetzt in diesem Bereich noch besonders verstärkt und verbessert werden.

Es heißt, daß des Eck von Reischach Regiment, wenn die Türken kommen, hier auf den Mauern und in den Vorwerken beim Kärnter Tor stehen sollen. Da will der Eck nun eine genaue Zeichnung von all dem haben, damit er sie im Kriegsrat könnt vorlegen. Es sollen nicht nur die Mauern und Türme drauf zu sehen sein, sondern auch die Stiegen und Wehrgänge, Durchlässe und Scharten, Kammern und Dächer, außerdem aber auch, was in der Vorstadt an besonders festen und hohen Gebäuden gegenüber liegt.

„Hast so was schon einmal gemacht, du?" hat mich der Weinwurmb angeknurrt.

„Nein — niemals!" hatte ich erwidert.

„Ja, Herrgottssackerment, — wer, glaubst, soll's denn sonst machen!" — Und dann, besänftigend, wie man einem störrischen Kind zuredet: „Also, — gehst hin — und machst es! — Und den Höller gib ich dir mit, — der weiß, worauf es im Ernst ankommt, und wird dir's aufzeigen und ansagen." Drehte sich um und marschierte davon.

So holten wir uns also vom Sekretarius des Regiments etliches an Papier, Tinten und Federn, und ich machte mich an die Arbeit. Das ist nun schon ein arg hartes Ding, so etwas zu zeichnen, daß einer sich beim Anschauen leicht zurecht findet. Nun, ich mühte mich wacker, und was dabei herauskam, mochte immerhin seinem Zweck genügen. Und der Valentin kletterte mit mir überall herum und hinein und wurde nicht müde, mir immer wieder Neues zu zeigen und zu erklären. Wie hier ein Turm so vorsprang, daß man von ihm aus das Tor daneben unter Feuer konnt nehmen, will heißen, den Feind, der sich etwa des Tores will bemächtigen, und wie dort wieder ein Wehrgang so geführt war, daß man in den Stadtgraben von der Seiten her schießen kann, oder wie da ein Laufgang es der Besatzung möglich machen sollt, jede bedrohte Stelle aufs schnellste zu erreichen. Wirbelig wurde mir dabei im Kopf, aber ich ließ nicht locker mit Schauen und Fragen und Zeichnen.

An verschiedenen Stellen wurde gebaut, Maurer waren am Werk und Zimmerleute, und zahlreiches Volk, Männer und Frauen, leisteten ihnen Handlangerdienste. Aus einer Gruppe trat uns ein stämmiger Mann in braunem Lederwams und Stiefeln entgegen.

„Ah, ihr seid also diejenigen, die unser ganzes Gebäu hier abkonterfeien sollen. Euer Obrist hätt das einfacher haben können, hätt bloß unsere Werkszeichnungen zu kopieren brauchen. Aber so ist das jetzt hier: wenn überhaupt etwas getan wird, dann zieht dieser hü und jener hott, keiner weiß was vom anderen, — das meiste geschieht gar nicht und das wenige doppelt und dreifach. — Hab mich übrigens noch gar nicht vorgestellt“: — er lüftete sein Barett — „Johann Tscherte heiß ich mich, Stadtbaumeister, — und im besonderen bin ich der, welcher aus diesem betrüblichen Steinhaufen da herum eine gute Festung soll machen. — Ohne Geld, versteht sich. Und hier ein Plätzchen und dort ein Plätzchen, — daß das wenige, was sich machen läßt, noch heillos verplämpert wird!“ Mir klangen die Worte des Brabanter Marquis in den Ohren von dem 'Emd mit den aufgemakten Blechstücken.

„Ich sag das alles nur“, fuhr der Baumeister fort, „damit Ihr nicht bei Eurer Arbeit allerhand findet, was Euch arg mißfällt, — und Ihr das dann womöglich mir ankreidet. Das geht nun schon seit Weißgottwann. Früher war es noch ärger: da hat man sogar in den Vorstädten an allen Enden herumgepfuscht, — zum Lachen; als ob einer, der was davon versteht, im Ernst daran dächte, da draußen einen handfesten Feind auch nur eine Stunde aufzuhalten! — Seht da drüben“ — er wies gegen die Vorstadt Laimgrube — „den Turm; das ist das Kloster Sankt Theobald; — und dort weiter nach rechts zu, bei Sankt Ulrich, steht noch einer; — und ein dritter dort ganz drüben bei Sankt Niklas auf der Landstraßen; — an jeder Straßengabel und auf jedem Bühel haben sie so einen Turm oder eine Schanze hingebaut, und hat doch alles keine Vernunft. Seit drei Jahren bauen wir Gottlob nur mehr in der Stadt herinnen. Ist aber jetzt zu spät. Hätten wir von Anfang an alles hier in die Mauern hineingesteckt, es stünd besser; — so fehlt's uns hier, und dort nützt's nichts. — Aber das ist, weil jeder glaubt, er allein ist der Neunmalkluge, und er eifersüchtig wacht, daß nur ja nicht ein anderer mehr Recht und Einfluß bekommen könnt. Hier die Bürger und Zünfte und Stadträte — dort die kaiserlichen Beamten und Räte und Commissarii, — und sind sich nur in einem einig, daß sie nämlich kein Geld heraus lassen wollen.“

Unter den Umstehenden, — es waren offenbar Meister aus der Stadt, — erhob sich ein unwilliges Gemurmel, und einer rief: „Was sagt Ihr da? Wir nichts gezahlt? — In den letzten drei Jahren haben allein wir von der Stadt 7690 Pfund Pfennig für die Arbeiten an den Mauern hergegeben. Ich weiß das genau und sicher, weil ich dem Stadtsäckelmeister beigegeben bin!"

„Na, das ist aber auch schon etwas! — Und wie der Kaiser dann, weil kein Geld mehr da war, die Befestigungsarbeiten fortzuführen und die Besatzung zu verpflegen, wie er da nun hat um weitere viertausend Pfund Kirchenkleinodien beschlagnahmen lassen, da habt ihr Feuer geschrien! — Als ob es nicht besser und gottwohlgefälliger wär, eine gute Schanze zu bauen und daraus auf die Türken zu schießen, als eine Monstranz mehr in der Sakristei von Sankt Stefan oder bei den Schotten verstauben zu lassen!

Ja", — er wandte sich wieder mir zu, — „Ihr werdet Euch noch wundern hier in Wien. Und wenn Ihr wollt, könnt Ihr Euch auch ärgern an allen Ecken und Enden. Ich lach nur mehr darüber!" — Und er lachte wirklich, — aber es war ein ungutes Lachen. —

Ich war doppelt froh, daß ich den Tag über eine so schöne Arbeit hatte, und zudem der Valentin immer um mich war. So kam ich nicht dazu, allzuviel meinen Gedanken nachzuhängen, die nur zu leicht recht trüb ausgefallen wären. Hab mich heute auch nicht in des Meister Ellingers gute Stube gesetzt; — ich wollte das Annerl nicht sehen — und sah doch überall ihr Gesicht, wo ich auch ging und stand.

Dachte mir, es wär wohl am besten, wenn ich einen meiner Kameraden im Quartier heimsuchte, und machte mich daher nach dem Franziskanerkloster beim Stubentor auf, wo der Pater Heinrich untergekommen ist. In der Dämmerung verfehlte ich im Gewirr der Gassen den Weg, irrte eine Weile umher und stand zuletzt vor dem Haus des Schneidermeisters Hieronymus Zwiebäck, wo der Valentin Höller im Quartier liegt.

Wie ich hinkam, waren alle Landsknechte ausgeflogen. Sie säßen in der Schenke, sagte der Meister Zwiebäck, ein dürres Männlein mit gelbem Geißbart, lud mich aber gleich ein, ich sollt sein Gast sein, er habe vom Rottmeister Höller schon gehört, was für ein gelahrter und tüchtiger junger Mann ich sei, schier nicht zu glauben, ein Landsknecht, der sogar lesen und schreiben könnt, und aus mir würde bestimmt noch was werden.

So in einem weiter schwatzend schlurfte er mir mit dem Kienspan voraus, und ich wünschte mir nichts sehnlicher, als ihn los zu sein. Dann saß ich in seiner Stube; er tischte mir Brot und Käs und Wein auf und redete in einem weiter. Ja, da sei ich also jetzt beim Meister Ellinger in Quartier, ein gar sehr schönes Haus, und der Meister ein hochgeachteter Mann, sehr reich, — natürlich, er sei ja auch über die Maßen tüchtig, — aber halt sehr hochfahrend; — und auf die Kriegsleut gar, da sei er ganz schlecht zu sprechen, — und ob ich mit ihm überhaupt mein Auskommen fänd?

„H-mm“ — brummte ich, — „hab mit ihm noch kaum zu tun gehabt, — hab bisher fast nur mit der Jungfer Annerl geredet.“

Ja, das Annerl, griff der Meister-Zwiebäck eifrig den neuen Brocken auf, den ich ihm hingeworfen, — das Annerl sei schon eine ganz Feine. Ein wenig den Hoffahrtsteufel von ihrem Herrn Vater hätt sie schon geerbt, — aber sie könne sich auch wirklich was einbilden, wie sie da stehe, ja — ja, jung, wenn man noch wär und nicht verheiratet! —

Freilich, meinte er, unsereiner hätt bei der ohnehin wenig Aussichten; — da seien schon ganz andere da!

Ich horchte auf. — „So?“ sagte ich beiläufig, und mühte mich, gelassen zu erscheinen. — „Nun ja, — Mädchen machen gern wem schöne Augen, und ist meist nicht viel dahinter.“

Nein, nein, ereiferte sich der Meister Zwiebäck, — des Ellingers Annerl sei schon so gut wie in festen Händen.

„Na, und wer ist derjenige?“ fragte ich und verzog mein Gesicht zu etwas, was wie ein überlegenes Lächeln ausschauen sollte.

„Ja, das ist doch ohnehin klar: Stand geht zu Stand und Geld zu Geld; — was glaubt Ihr, was wir in Wien für Meistersöhne haben, die auf so ein Mädel aus sind. Und der Ruedlieb Wispeck wird gewiß das Rennen gewinnen. Ist eines Goldschmieds Sohn, der bald seines alten Vaters Gewerb wird erben, — und —“

„Und bei der Bürgerwehr hat er wohl auch eine hohe Stellung?“ unterbrach ich lauernd.

„Nein, — nein —“ sagte der gute Meister Zwiebäck ganz erstaunt. — „Wie kommt Ihr darauf? — Da ist er ja gar nicht dabei!“

Er spart sich auf! hohnlachte in mir ein Satan, — er spart sich auf, für nach dem Krieg, — für was Besseres! — Und eine unsägliche Bitternis stieg in mir hoch.

„Und das — das Annerl? — Die hat ihn wirklich gern?“ fragte ich, stockend, ängstlich, — hoffend, der Alte werde mir widersprechen.

Der zuckte die Achseln. — „Warum sollte sie's auch nicht? Kenn keine, die den nicht gern hätt. Freilich, — er ist ja auch nicht knauserig mit seiner Lieb. — Jetzt wird er doch bald einmal heiraten müssen, und so einen angesehnen Schwiegervater und so eine reiche Mitgift kriegt er nicht bald ein zweites Mal in der ganzen Stadt.“

Ich stand jählings auf. — „Ich muß ja für unseren Hauptmann noch eine Liste schreiben, über — über — alle Stangenwaffen, die wir beim Fähnlein haben. — Hätt um ein Haar drauf vergessen. Da muß ich mich aber jetzt eilen!“ — Und ich war schon draußen. —

Luft! — Tief atmete ich die kühle Herbstluft ein, als ich wieder auf der Straße stand. Hätte nie gedacht, daß man sich, gesunden und starken Leibes, dermaßen elend und sterbenskrank fühlen könnt. — Warum waren denn die Türken noch nicht da, — wurde noch nicht gekämpft, geschossen, gestochen, — konnte man sich nicht hineinfallen lassen in das Getümmel, daß es einen aufnahm, lind und bergend, — über einem zusammenschlug, — einen zum Vergessen brachte, das Herz zum Verstummen, zur Ruhe?! — Einen Menschen hatte ich geglaubt hier in der Stadt zu wissen, für den zu kämpfen und aufzuopfern sich verlohnte, — und dieser eine Mensch verachtet und verspottet mich, weil ich ein Landsknecht bin, und den anderen hat sie gern, weil er ein Meisterssohn ist und schön gekleidet und mit viel Geld in der Tasche!

Ziellos irrte ich durch die Gassen und über die Plätze. Aus der Dämmerung war fast völlige Finsternis geworden, kalt und beklemmend, — grad so, wie es auch in mir selber drinnen aussah. — Und menschenleer war jetzt alles, wie ausgestorben. Die Angst, die untertags das Volk auf die Straßen trieb, ließ sie jetzt sich ängstlich in ihren Häusern verkriechen. Nur in den Schenken lärmte und brodelte es, mit Singen und Grölen, Streiten und Krakehlen. Waren, soviel ich ausnehmen konnte, fast lauter Kriegsleut. — Kann's den Bürgern fast nachfühlen, wenn sie einige Scheu haben vor diesem Volk. — Aber, andersherum besehen: ist es nicht verständlich, wenn die Landsknechte, heimatlos, ohne Rast und Ruh, ohne liebe Menschen, feste Habe und sichere Bleibe, wenn die dann und wann im Rausch Vergessen suchen? — Wer mag da ein Recht haben, Urteil zu sprechen? —

Bei der nächsten Schenke blieb ich stehen. Sollte ich nicht auch einmal für ein paar Stunden alles versaufen und verleben, vergessen und verschlafen? Die da drinnen würden mich zwar nicht verstehen, aber doch in ihrem Kreis aufnehmen, mich bergen, halten, wärmen. — Nein — nicht mich in den Sumpf fallen lassen! Nicht mich wegwerfen! Das wollte ich nicht! — Der Gedanke an meine Mutter war auf einmal da und an ihren geweihten Pfennig mit dem Muttergottesbild, und daß ich durch den wohl jetzt unter dem besonderen Schutz der reinen Himmelsjungfrau stünde. — Gott würde wohl wissen, warum er mich durch alle Nöte meiner jungen Seele jagte, — und ich mochte nicht gleich bei der ersten ernstlichen Prüfung versagen und aufgeben. —

Als ich wieder zu klarer Vernunft gekommen war, merkte ich, daß ich auf dem Platz stand, den sie den Stock-im-Eisen nennen, und vor mir, hinter einigen niedrigen Häusern, wuchs aus dem Dunkel riesengroß und übermächtig die schwarze Wand des Stefansdomes auf. Ich bin wohl schon etliche Male hier vorbei gekommen, habe aber noch nie Gelegenheit gefunden, hinein zu gehen. Nun, am späten Abend, glaubte ich den Dom zuerst leer und verschlossen, — aber dann merkte ich, daß ein matter Schein in den hohen Fenstern glomm, und überquerte rasch den Platz und trat leise durch die gewaltige Pforte ein.

Da stand ich nun wahrhaftig in einer verzauberten Welt. — Bin ja schon in mancher Kirche gewesen, und zumal unser Salzburger Dom ist sicher älter und wohl auch größer als dieser hier, — aber man hat dort immer noch den Eindruck, daß man in einem Bauwerk steht, wie in einer Burg, riesengroß wohl und gewaltig und herrlich, würdig der Ehre Gottes, deretwillen sie errichtet ist, — aber eben doch nur von Menschen aufgerichtet aus Steinquadern und Gebälk. — Hier aber war es mir, als schwebe alles um mich wie von Engeln getragen, als wäre nur das Dunkel des Raumes wahrhaftig da und darin das Licht der tausend Kerzen und der rotglühenden Öllämpchen, und alles andere, Pfeiler und Rippen, Bögen und Simse, das steinerne Spitzenwerk und die hohen Gestalten der Heiligen und Propheten, die hier und dort aus dem Dunkel heraus traten, sie alle seien nur unwirkliches Blendwerk, steingewordenes Bewegen, das wie zeigende Finger und betende Hände aus dem Boden emporstieg und gen Himmel aufwuchs, bis es sich im Dunkel des Gewölbes auflöste.

Unwirklich, unirdisch wie der Bau waren auch die Menschen, die in ihm versammelt standen. Waren das wirklich die selben Wiener Bürgersleute, die ich tagsüber auf den Straßen antraf, hastend und zitternd und ruhelos? Was hier versammelt war — und es waren ihrer unabsehbar viele, tausend vielleicht oder mehr, — was hier war, das schien in brünstiger Hinwendung zu Gott und in gläubiger Ergebenheit geedelt und erhoben. — Eines Priesters Stimme tönte von der Kanzel, die brüchige Stimme eines gebückten weißhaarigen Greises; schwach und zittrig hing sie im Raum und doch stark und fest im Glauben: „O Herr, — was dürfen wir anderes sagen, als Dein eingeborener Sohn im Garten zu Gethsemane: Vater, wenn es möglich ist, laß diesen Kelch an uns vorübergehen, — aber nicht unser Wille geschehe, sondern der Deinige!"

Dann klang Orgelspiel auf; irgendwoher aus dem Dunkel kam es geschwebt, aus dem Unsichtbaren, Unfaßbaren, — unwirklicher noch als Pfeiler und Bögen und Steinbilder ringsum, — noch wundersamer und überirdischer. Und die Töne schwollen an, schwangen sich auf, erfüllten den Raum mit Macht und Glanz und stiegen brausend empor wie unsichtbare gewaltige Flammen, und in ihrer Glut verschmolzen sie in eins mit den steinernen Rippen und Graten, mit den Strahlen der Kerzen und den Herzen der betenden Menschenmenge.

Hatte ich mitgebetet und mitgesungen? — Ich weiß es nicht. — Ich weiß nur, daß ich Gottes Nähe und Gewalt wohl nie so stark gefühlt hatte wie in diesem Augenblick.

Da drückte ich mich wieder beim Tor hinaus und ging langsam heimzu. Und war, in all meiner Not, wundersam getröstet und aufgerichtet.

Wien, am 9. Septembris

Fast drei Tage lang hab ich jetzt an meiner Zeichnung gearbeitet, sie auch am Rand mit vielerlei Anmerkungen und Hinweisen versehen, wie der Valentin mir es angeraten hat, und heut nach Mittag sie dem Hauptmann Weinwurmb gebracht. Dem hat das Gesicht gestrahlt: „So, — und das bringst jetzt gleich selber dem Obristen!"

Da wurde mir freilich etwas bang. Denn es heißt, der Eck von Reischach sei ein gar gestrenger Herr, und es tät einer besser, er käm ihm gar nicht unter die Augen, es sei denn in der Schlacht. Mußte aber dennoch hin. — Der Eck hat sein Hauptquartier im Kloster an der Himmelpforten aufgeschlagen, und als ich ankam, stand er eben vor einem Tisch, auf dem eine großmächtige Landkarte ausgebreitet lag. Er blickte auf, ich meldete geziemend; da nahm er mir schweigend das Blatt aus der Hand und studierte es lang und genau.

„Verstehst du mit Schwert und Spieß auch so gut umzugehen wie mit Feder und Papier?" fragte er zuletzt.

Ich meinte bescheiden, das zu erproben, hätte ich bis jetzt noch keine Gelegenheit gehabt, aber ich hoffte immerhin.

„Wenn's so ist, wird's dein Schaden nicht sein. — Wo kommst her?"

Ich erzählte kurz, wie ich Student gewesen, die Schule aber hatte aufgeben müssen und es dann als Kaufmannslehrling nicht ausgehalten hätte.

Jetzt lächelte er wahrhaftig, — ein hochmütiges Lächeln, aber kein ungutes.

„Komm einmal her da! — Kennst dich auch aus auf einer Landkarten?"

Und ob! — Ich bejahte eifrig. — Landkarten waren für mich immer schon etwas Verlockendes gewesen. Ich sah ein säuberlich mit der Hand gezeichnetes Blatt, das auf der einen Seite weit ins Hungarische hineinreichte, auf der anderen Seite bis ins Bayrische. Die Stadt Wien lag gerade in der Mitte; — jetzt stach Eck von Reischachs Zeigefinger drauf zu: „Da sind wir!"

Der Finger kreiste im Raum zwischen Raab und Preßburg: „Da irgendwo steht der Sultan. — Paß auf jetzt und merk, was ich dir sage: der Sultan hat rund dreimalhunderttausend Mann, — ungerechnet dessen, was noch mit seiner Flotte die Donau herauf kommt. — Davon mag zwei Drittel bloß Räubergesindel sein, gut genug zum Häuseranzünden und Weiberschänden, aber nicht zum Kriegführen. Bleiben immer noch gut hunderttausend Mann." —

„Hier in der Stadt" — sein Finger lag wieder auf Wien — „stehen zur Zeit rund zehntausend Mann, weitere zweieinhalbtausend in der Umgebung; die sollen in den nächsten Tagen auch nach Wien gezogen werden. — Hier irgendwo“ — seine Hand fuhr gegen das Land ob der Enns und Bayern — „rückt der Pfalzgraf mit dem Reichsheer an, — knapp zehntausend Mann. So Gott will, kommen die noch zurecht. — Macht also alles miteinander?“

„Rund zweiundzwanzigtausend Mann. — Aber es sind auch noch ein paar tausend wehrfähige Bürger in der Stadt und —“

Eine verächtliche Bewegung schnitt mir das Wort ab, hart und herrisch. — „Zweiundzwanzigtausend Mann alles miteinander!“ —

„Und wenn der Sultan besagtes Gesindel auch noch dazu in den Kampf wirft, was zu tun er im Notfall nicht zögern wird?“

„Dann fallen auf jeden von uns fünfzehn Feinde.“

„Richtig. — Das also ist das Verhältnis der Kräfte. — Wozu noch kommt, daß der Sultan drei- bis viertausend Geschütze mitführt, und wir deren zweiundsiebzig haben. — Und nun denk dir, du stündest vor dem Kriegsrat, und von dir hinge ab, was weiter zu geschehen hat. — Wäge ab, urteile — und sag laut, was du dabei denkst!“

Ich trat näher an den Tisch mit der Karte. Alles, was in mir noch an Schüchternheit gewesen, war abgefallen. Mir war, als stünd ich auf einmal wieder in der Klosterschule zu Salzburg, und das neben mir wäre der Pater Franziskus, der, wenn er uns Knaben von Geschichte und Erdkunde erzählte, zwischendurch die großen Zusammenhänge durch geschickte Fragen aus uns selber herauszuholen verstand.

„Es gibt die beiden Möglichkeiten“, hub ich an, „daß wir entweder die Stadt ohne Kampf räumen und uns nach Westen zurückziehen, oder daß wir sie gegen die Türken verteidigen. — Lassen wir die Stadt dem Sultan ohne Kampf, dann kann er darin mit seinem ganzen Heer gut überwintern. Von Wien aus beherrscht er sowohl das Land ringsum als auch die Verbindungs- und Nachschubwege nach seinen Stammländern. Er kann nächstes Jahr zeitig im Frühling Verstärkungen nachziehen und steht dann im Frühsommer mit seiner gesamten Heeresmacht stärker als zuvor zum weiteren Vormarsch gegen das Reich nach Westen hin bereit. Wo wir ihn dann aufhalten können, ist ungewiß, zumal westlich von Wien bis nach Bayern hinein keine stärkeren festen Plätze seinen Weg sperren.“

„Richtig! — Und die andere Möglichkeit?“

„Wenn wir die Stadt Wien gegen den Sultan halten, wird er wider uns große Verluste erleiden. Da es schon spät im Jahr ist, werden ihm auch die Unbilden des Herbstwetters hart zusetzen. Nach Aufhebung der Belagerung muß er sich zurückziehen, zumindest bis Ofen, wahrscheinlich aber bis Belgrad oder weiter. Das wird sein Kriegsvolk weiter schwächen. Er wird Jahre brauchen, bis er sein Heer wieder so weit hat, daß er einen neuen größeren Vorstoß gegen das Reich wagen kann. — Bis dahin sind wir, so Gott will, stärker und besser gerüstet.“

„Schön. — Und was ist noch möglich?“

Kalt und hart fragte er das, und kalt überlief es auch mich. —

„Es ist auch noch möglich, daß — daß uns die Türken überwältigen und die Stadt im Kampf einnehmen."

„Und was bedeutet das?"

Ja, was bedeutete das, — nicht für mich, für uns hier, — nur für das Reich? — Ich fühlte, wie etwas von der Kühle und Härte des Eck von Reischach auf mich überging.

„Dann wird der Türk auch sehr schwere Verluste erlitten haben, die er so rasch nicht wieder ausgleichen kann. Er wird entweder nach der Einnahme von Wien wieder heimziehen müssen, oder er muß in einer zerstörten Stadt überwintern, was seinem Heer große Nöte bereiten wird. Zudem ist dann zu hoffen, wenn Wien im Kampf gefallen ist, die im Reich doch aufwachen, und die Zahlungen und Rüstungen sich dort etwas mehren und beschleunigen. Es kann also im Frühjahr ein starkes Reichsheer gegen Wien ziehen, das hier auf einen geschwächten Feind in einem zur Verteidigung nicht oder nur schlecht geeigneten Ort trifft."

„Richtig. — Was also folgt daraus?"

„Daß wir, so oder so, dem Sultan großen Schaden zufügen werden, wenn wir in der Stadt bleiben."

„Was beschließest du also?"

„Wir — bleiben — in der Stadt!"

„Gut!" — Der Obrist streckte mir die Hand hin: „Wenn wir beide die Belagerung überleben, meldest du dich nachher wieder bei mir!"

Damit war ich entlassen. — Wie im Traum ging ich heim. — „Heim" — das ist doch gar nicht wahr. Ein paar Tage habe ich mich ja unter des Meisters Ellinger Dach wirklich fast wie daheim gefühlt, aber jetzt bin ich heimatloser denn je. Oder, wenn überhaupt, so bin ich höchstens in den Wehrgängen am Kärntner Tor daheim. Dort gehöre ich als Kriegsmann wohl auch hin und sonst nirgends.

Dem Annerl bin ich wohl noch ein paarmal im Haus begegnet; sie ist aber scheu an mir vorbeigehuscht und hat mir nicht in die Augen geschaut. Dann aber ist mir der Meister Ellinger selbst in die Quere gekommen und war viel freundlicher als am Anfang. Er redete über belanglose Dinge und fragte zuletzt, ob ich ihn nicht heute zum Abendessen besuchen wollte. Wenn ich schon wider seinen und meinen eigenen Willen Gast in seinem Hause sei, so sollte das doch nicht ganz ohne all das geschehen, was gutes Herkommen sonst erforderte. Wußte mir das zwar nicht zu deuten, nahm seine Einladung aber mit artigem Dank an.

Striegelte und putzte mir also Wams und Hosen, und nach dem Vesperläuten stieg ich die Treppe hinauf nach der mir nun schon wohl bekannten Speisestube. Es war mir angenehm, das ich das Annerl nicht antraf, sondern bloß den Meister und seine Ehefrau, eine würdige Matrone, die, wie mir scheint, völlig im Hauswesen und im Geschäft aufgeht. Auch des Meisters Söhne waren nicht dabei; er hat deren vier, der älteste mag etwa vierzehn Jahre zählen und der jüngste vier, recht wilde Rangen, die mir nicht übel gefielen. Besonders der kleinste, der Michael, hat sich mit mir schon angefreundet.

So saßen wir also jetzt zu dritt beim Abendessen, und das Gespräch drehte sich bloß um die Gefahr, die da nun der Wiener Stadt erwüchse, und daß es verzweifelt schlecht stünde um die Stadt, und es noch gar nicht sicher sei, ob man sie wirklich verteidigen werde, und ob es nicht doch, wie sie, die Meisterin, schon immer gesagt habe, das Klügste wäre, sich je früher, je besser irgendwo bei Verwandten im Land ob der Enns in Sicherheit zu bringen. Das Gespräch führte dergestalt fast nur die Meisterin: ich gab ihr dann und wann, wo sie sich an meine militärischen Fachkenntnisse wandte, höfliche und zurückhaltende Antwort, und der Meister schwieg überhaupt beharrlich.

Nach dem Essen entschuldigte sich die Meisterin mit häuslichen Verpflichtungen, und der Ellinger lud mich ein, im Erker mit ihm Platz zu nehmen. Auf ein kleines Tischchen stellte er ein paar Zinnschalen mit Früchten, Zuckerwerk und Nüssen. — „Ich hoff, Ihr werdet damit vorlieb nehmen. Ich bin kein Freund des Weines; er verwirrt die Gedanken und trübt den Verstand."

Dann schaute er eine Weile stumm in die Kerzenflammen, die zwischen uns aus dem Leuchter strahlten. — „Ihr habt Euch wohl schon gedacht, daß ich Euch nicht allein des Essens wegen eingeladen habe. Bin froh, daß ich mich endlich einmal mit einem Kriegsmann in aller Gemütsruhe aussprechen kann. Glaubt mir, ich bin wirklich neugierig, wie eigentlich einer Euresgleichen so denkt, — nämlich so jemand, der — nehmt mir das weder für Schmeichelei noch für Gespött — der es sich anmerken läßt, daß er was im Kopf hat. Bei Euch kann ich immerhin noch hoffen, mit einem normalen Menschen zu reden; — bei Euren Herren Offizieren wäre wohl völlig Hopfen und Malz verloren."

„Wie meint Ihr das?" fragte ich, gereizt, aber doch noch beherrscht.

„Nun, — es gibt bei so einem zwei Möglichkeiten. Entweder er hat von Anfang an zu nichts anderem getaugt als zum Herumschreien und Saufen und Leuteschinden — oder aber es wär ihm schon das Zeug zu was Besserem und Anständigerem gewesen, — dann wird dem das wohl früher oder später einmal bewußt werden, aber nun wird er, wie sehr ihn auch der Katzenjammer ankommt, nicht mehr zurück können und um seiner sogenannten Ehr willen sich und den anderen nicht zugeben, daß er sein ganzes Leben verpfuscht hat."

Was sollte ich ihm antworten? — Wohl nichts leichter als das: „Wieviel kaiserliche Offiziere kennt Ihr eigentlich persönlich und näher, daß Ihr über sie so genau Bescheid wißt?" fragte ich. Und dachte mir dabei: Spieß voran! — Wart nur, jetzt geh ich zum Angriff über!

Wirklich, ich hatte ihn ein wenig aus der Fassung gebracht. Ärgerlich hieb er durch die Luft, als wolle er Platz schaffen für das, was er eigentlich von Anfang an vorbringen wollte.

„Habt Ihr eigentlich schon einmal darüber nachgedacht, daß jeder Krieg nur ein Werk der Zerstörung ist, und auch derjenige, der darin der Stärkere bleibt, nachmals nie so viel gewinnen kann, wie er an Verlusten hinein gesteckt hat? Daß daher jeder Krieg müßte zu vermeiden sein, und jeder vermiedene Krieg für jeden der beiden Gegner ein gewonnener ist?"

„Meister, — ich bin kein Kaufmann wie Ihr und hab daher noch keinen Krieg nachgerechnet wie ein Geschäft", sagte ich.

„Soll aber doch eines sein, meinen die wohl, die ihn anzetteln. — Nur: unsereiner zahlt seinen Handel mit Pfennigen, die er sich redlich erarbeitet hat, — und die Kaiser und Könige und Fürsten zahlen mit Leben und Blut ihrer Untertanen und Söldner. Ist also unser Geschäft ein gutes und ehrenhaftes und der Krieg ein übles und ehrloses."

Was sollte ich ihm dagegen antworten? So wie er es sah, hatte er eigentlich recht. Und dennoch — „Meister Ellinger, Ihr möget recht haben dann und wann, — oft sogar. Aber dieser Krieg, der uns jetzt bevorsteht, ist kein billiger Handel, zumindest was unsere Seite anbetrifft. Was da herankommt ist wie Pest und Feuersbrunst zusammen, will uns zerstampfen, auffressen, vernichten; — wo kann der Kaiser da schon friedlicher verhandeln, um diesen Krieg zu vermeiden?"

„Und ob er es könnte, — wenn er wollte!" sagte der Meister höhnisch. — „Ihr wißt, scheint mir, gar nicht, weswegen der ganze Krieg jetzt überhaupt ausgebrochen ist."

So klar war mir das nun im Augenblick wirklich nicht.

„Nun, Ihr braucht Euch den Kopf nicht zu martern", kam mir der Ellinger zuvor. — „Weil der Kaiser dem Zapolya das Königreich Ungarn nicht gönnen will, obwohl der noch im selben Jahr, da König Ludwig zu Mohatsch erschlagen ward, auf dem ungarischen Reichstag zu Stuhlweißenburg mit der Stefanskrone ist gekrönt worden."

Jetzt kam mir die Erinnerung zur rechten Zeit: „Meint Ihr jenen Zapolya, der in der nämlichen Schlacht von Mohatsch anno '26 seinen Herrn und König verraten und preisgegeben und sich mit seinem Kriegsvolk vom Kampf gedrückt hat, um selber König zu werden?"

Ein höhnisches Auflachen: „Je nun, — abschlachten wird er sich lassen zu Ehr und Nutz des anderen! Ich mein jedenfalls denjenigen Zapolya, der von den ungarischen Landständen nach Recht und Satzung erwählt und in Tokaj zum König ausgerufen worden ist."

„Ja!" entsann ich mich weiter, — „erwählt und ausgerufen und gekrönt, — aber, wo ist da das Recht? Hatte nicht der König Ludwig mit unserm Erzherzog einen gegenseitigen Erbschaftsvertrag geschlossen, und ist damit nicht jenem das ganze Königreich mit gutem Recht zugefallen? Und steht nicht der größere Teil von Hungarn ohnehin wider den Verräter Zapolya auf unseres Erzherzogs Seite, und hat denn nicht ein anderer hungarischer Reichstag zu Preßburg den Erzherzog ebenso zum König erwählt, zur selben Zeit wie die in Stuhlweißenburg den Zapolya?"

„Erbschaftsvertrag!" höhnte der Ellinger. — „Was ist schon ein Vertrag, den ein landfremder König mit einem noch landfremderen Erzherzog über die Köpfe seiner Untertanen hinweg abschließt? So was lassen sich die Leute hierzulande vielleicht gefallen, aber nicht die in Ungarn. Ein paar Speichellecker, die um ihres Vorteils willen vor Ihrer Römischen Majestät katzbuckeln, gibt's natürlich überall; — die machen noch lang nicht das Volk aus. — Daß der König von Frankreich und der von England und die Republik Venedig und sogar der Papst die Wahl und Krönung des Zapolya unterstützt haben, daraus könnt Ihr ersehen, wie wenig man anderswo auf des Erzherzogs angebliches Recht in Ungarn gibt. Und daß der Zapolya und der Sultan gute Freundschaft halten, und der Stärkere dem Schwächeren jetzt zu Hilfe kommt, darüber sich zu beklagen hat niemand Recht. Am allerwenigsten unser Erzherzog! Denn warum haben auch die Leute in Ungarn, die Bauern und die Bürger, die türkischen Freunde des Zapolya dermaßen willkommen geheißen? Weil unser feiner Erzherzog seinen Truppen in Ungarn keinen roten Pfennig Sold mehr gezahlt hat, und die sich nun eben auf ihre bekannte Art im Land nach eigener Willkür schadlos gehalten haben, Jahr um Jahr. Darum also die maßlose Erbitterung gegen uns und die Freude über das Bündnis mit den Türken, — welchselbes übrigens kein Geringerer angeraten und vermittelt hat als der allerchristlichste König von Frankreich, der Franz. Warum soll auch dem Zapolya und dem Franz bei den Türken nicht billig sein, was dem Kaiser und dem Erzherzog bei den Spaniern recht ist?"

„Nein, guter Meister, — hier irrt Ihr gewiß! Wenn Frankreich mit dem Zapolya oder Venedig mit dem Papst sich gegen uns verbünden, so mag das noch hingehen. Aber das alles hat ein Ende, wenn einer den Erbfeind aller Christenheit, den Türken, gegen uns hetzt!"

„Ach, Herr Jesus, was ist denn das eigentlich, die Christenheit? — Schlägt und balgt sich die Kreuz und die Quer, Katholische mit Lutheranern und Wiedertäufern, das katholische Spanien mit dem katholischen Frankreich, der katholische Kaiser mit dem katholischen Venedig, und der Papst spritzt seinen Weihbrunn darüber. Unser Herr Jesus, wenn der wieder aufstünde, der würde denen allen zeigen, was Christentum ist. Könnt vielleicht sein, daß er sagt: die Heiden Mohammeds sind mir in ihrem reineren Glauben die lieberen Christen!"

Jetzt ist er wohl rasend geworden, dachte ich mir. — Aber gut, — dann will ich ihn an seinen eigenen Gedanken aufspießen!

„Also meinetwegen", sagte ich, scheinbar überredet, — „der Kaiser überläßt das hungarische Königreich dem Zapolya, der nach der

Schlacht von Mohatsch sich vor dem Sultan zur Huldigung eingefunden hat, der also heute nichts anderes ist als ein türkischer Vasall. Damit steht der Türk dann also an der Leitha. Ist er aber jetzt in ein paar Menschenaltern die vielen hundert Meilen von Asien bis zu unserer Landesgrenze vorgedrungen, — glaubt Ihr, da wird er jetzt ausgerechnet an dieser Leitha stehenbleiben? Oder glaubt Ihr nicht doch auch, daß er über ein kurzes den nächsten Schritt tun wird und, sagen wir, Österreich bis zur Enns und die Steiermark verlangen?"

„Ja — und — wenn er das tut, — was läge schon daran?" fragte der Ellinger, eiskalt und langsam lauernd.

Ich saß starr da, begriff zuerst gar nicht, wie er das meinen konnte, — aber es war ja nur zu eindeutig. — „Meister Ellinger! — Das kann Euer Ernst doch nicht sein! — Eure Heimat eine türkische Provinz, — Wien, ehedem des Reiches Hauptstadt, dann Sitz eines Paschas!"

„Ja, — ich sag es Euch noch einmal: — was läge schon daran?" — Und als ich, ihn anstarrend, nun kein Wort hervorbrachte, fuhr er fort, ruhig, besänftigend fast:

„Seht, Konrad, — als ich noch jung war, da hab ich erlebt, wie in des Kaisers Burg der Matthias Corvinus gewohnt und regiert hat, der Ungarnkönig. Und ich kann Euch nur sagen: es war eine schöne Zeit! Für einen jeden von uns und für die ganze Stadt. Was hat er nicht alles hier in Wien gebaut und an Schönem und Kostbarem geschaffen und angehäuft! Künstler und Gelehrte hat er kommen lassen von nah und fern, das Volk hat gelebt, Handel und Gewerb haben geblüht. Und er hat uns auch nicht ärger besteuert als zuvor unsere eigenen Herzöge und Kaiser, wenngleich er ein Fremder war, — im Gegenteil: alle unsere Freiheiten hat er erneuert und bestätigt, alle überkommenen Einrichtungen in Verwaltung und Rat geachtet und beibehalten. — Und wer sagt mir jetzt, daß der Sultan Soliman uns ein schlechterer Herr sein muß als der König Matthias Hunyadi, der sich Corvinus nannte?"

„Meister, aber das kann doch nicht Euer Ernst sein! — Denkt doch: Wien, die größte, die heiligste Stadt des ganzen Reiches — und die unter einem fremden Kaiser, der von Konstantinopel her uns auf türkisch befiehlt, was wir zu tun und zu lassen haben!"

„Ei freilich, das wär schauderbar! — Da ist es schon besser, von Madrid aus befiehlt uns ein solches in spanischer Sprache ein sogenannter deutscher Kaiser, dessen Großmutter eine französische Burgunderin, dessen Mutter eine Spanierin, und dessen Frau eine Portugiesin ist!"

Er war aufgestanden: „Es ist spät geworden! — Denkt nach über das, was wir gesprochen haben. Und kommt morgen wieder, wenn ich Euch heut nicht schon zu arg verschreckt hab!"

Die Angst und Unruhe unter den Bürgern der Stadt wird von Tag zu Tag größer. Die haben vor ein paar Wochen es noch gar nicht für möglich gehalten, daß der Sultan mit seinem Hauptheer vor Wien erscheinen könnt. — Und nun kommt es auf einmal ganz anders! Das geht ihnen nicht ein: die einen wollen es noch immer nicht für wahr halten, und die anderen führen das große Wort, was alles hätte geschehen müssen.

„Habt ihr schon gehört: der Sultan führt nicht nur tausend Kanonen mit, sondern auch ganz neue Belagerungsmaschinen, — können Blöcke schleudern, so groß wie ein Haus! — Keine Mauer hält dem stand." —

„Und wenn sie auch hielte, — die Türken graben Gänge und Stollen unter der Stadtmauer durch und sprengen alles in die Luft! — Gnad uns Gott!"

„Wenn nur wenigstens das Reichsheer noch rechtzeitig käm! Denn was will denn der Salm schon mit den paar armseligen Häufeln, die er jetzt hat?" — „Wo denkt Ihr hin, Gevatter, — das Reichsheer! — Das ist noch weit, vielleicht bei Augsburg oder wo, — Wochen brauchen die noch bis zu uns her, — und der Sultan nur mehr Tage!" — „Verraten und verkauft sind wir!" — „Gott, o Gott, — was soll denn aus uns werden?"

„Bewahret Ruhe!" mahnte ein Besonnener. — „Solang der Erzherzog Ferdinand mit dem ganzen Hofstaat noch in der Wiener Burg sitzt, hat's keine Gefahr."

Wird freilich nicht nur gejammert und gescholten. Bei den Schwertfegern und Büchsenmachern, den Schmieden, Wagnern und Sattlern wird überall fieberhaft gearbeitet; es ist ein Hämmern und Feilen, Klopfen und Bohren an allen Enden; dazwischen rumpeln in langen Reihen quietschende Karren, welche Steine und Mörtel zu den Stadtmauern bringen, und dort sieht man zwischen Zimmerleuten und Maurern auf den Schanzen und Türmen Stückmeister und Feuerknechte an ihren Geschützen werken. Bei den Stadttoren staut sich die Menge. Schon verlassen einzelne Bürger mit Rössern, Wagen und Karren die Stadt, um sich in Sicherheit zu bringen. Sind ihrer noch nicht viele, aber sie reichen aus, die engen Durchfahrten zu verstopfen, zumal wenn ihnen entgegen die großen Frachtwagen hereinkommen, welche das vom Salm auf dem Lande beschlagnahmte Getreide in die Stadt bringen. Mitten durch quetschen sich auf schäumenden Pferden Eilboten und Kuriere, um sich den Weg zur Burg frei zu machen, wo der Salm mit dem obersten Kriegsrat sitzt. Dann wieder marschieren mit klingendem Spiel Trüpplein von Landsknechten zum Tor herein, die sich auf des Salm Geheiß alle in der Stadt zu sammeln haben. Die Plätze bei den Schotten und

Am Hof, auf dem Neuen Markt und bei den Augustinern sind vollgestopft mit Troßwagen, dazwischen wimmelt fahrendes Volk, Weiber und Kinder, unter großen Kesseln lodern Feuer, und der beizende Rauch vermischt sich mit dem Ruch von Pferden und Stroh, verschüttetem Wein und altem Lederzeug.

Ich bin heute den ganzen Tag in diesem Durcheinander herumgelaufen, hiehin und dorthin, wie mich die Hauptleute geschickt haben. Und zwischendurch konnt ich mir's nicht versagen und bin im Vorbeikommen rasch wieder in den Stefansdom gegangen.

Der war jetzt, am hohen Mittag, fast menschenleer, und auch die vielen Kerzen und Ewiglichtlein glommen nur ganz zart und verhalten. Die erhabene Stille und Leere, die nun in der riesigen Halle lag, war um nichts weniger gewaltig und bannend als damals das Orgelspiel und die betende Menge, ja gerade die Stille selbst schien nun unhörbar zu klingen und zu brausen wie im Sturmwehen der Engelschöre. — Der Pater Heinrich fiel mir ein, und was der mir vorgelesen hat über die Zeiten, da man solche Dome gebaut hat. — Auch der Hauptmann von Buschhausen kam mir in den Sinn: wie der versucht hatte, mir zu sagen, was das eigentlich sei: das Reich! Aber jetzt auf einmal stand es vor mir: alles das, wofür wir hier stehen und zu kämpfen gewillt sind, die Christenheit, das Abendland, das Reich, unser Volk: nirgends kann es so greifbare, so überwältigende Formen annehmen wie hier in dieses Domes Mauern. Mir tönten des Hauptmanns Worte in den Ohren: Wenn das Reich noch zu retten ist, dann werden wir es hier retten, hier vor Wien, — und wenn es uns gelingt, dann wird es auch von hier dereinst neu gestärkt emporwachsen, das Reich und das ganze Abendland dahinter. Und ein beglückender Glaube stieg in mir auf: besser und stärker als die schadhaften Mauern und halbfertigen Türme da draußen wird uns dieser Dom inmitten der Stadt beschützen!

Später am Tag bin ich mit dem Valentin Höller beisammen gewesen, und mein Herz war so voll, daß ich ihm erzählen mußte, was ich im Stefansdom gedacht und empfunden. — Der Valentin ist kein Freund tiefsinnigen Grübelns, aber nun wurde er still und nachdenklich.

„Das, was du sagst", meinte er, — „von den Mauern und Türmen draußen und dem Dom drinnen, und daß der uns mehr sollt schützen, ist natürlich ein Unsinn. Steht dir als Kriegsmann eine solche Philosophei übel an, und wirst einmal schön gespottet werden, wenn du Obrist bist und baust Kirchen statt Schanzen. — Und doch, hast irgendwie recht. Noch wichtiger als welcher Art Wehr und Waffen du führst, ist im Kampf, wie dir im Innern das Herz ist. Und wenn Schwert und Spieß dir Mauern und Türme sind, und das Herz dein Dom, dann war das also doch nicht so dumm, was du gesagt hast."

Ich redete mit dem Valentin auch über das, was ich vom Meister Ellinger gehört hatte. Hätt ja wohl noch lieber den Pater Heinrich darüber befragt oder den von Buschhausen, bin ihnen aber den heutigen Tag über nicht begegnet.

„Ich", sagte der Valentin schlicht, — „wenn ich was zu befehlen hätt, ich tät alle, die so reden, in den Turm werfen. Mag der Ellinger und wer da noch will, von seiner Seite aus gesehen, vielleicht sogar recht haben, — der Kaiser und unser Obrist haben von der ihrigen nicht minder recht. Hat ja meist ein Ding zwei Gesichter. Wir sind nun einmal nicht Leute des Ellinger und seiner Bürgergenossen, sondern des Kaisers und des Obristen. Und dann: wenn Not ist, gibt's nur eines: daß einer herzhaft anschafft, der weiß, was er will, und alle anderen parieren."

„Merkwürdig ist nur eines", fuhr er fort, — „und ich kann mir's nicht erklären: wieso die Wiener so aufsässig und unbotsam wider den Kaiser sind, wo doch draußen im Reich gerade die Bürger, in Augsburg und Nürnberg und Ulm und Straßburg und was es da sonst noch alles gibt, am festesten und eifrigsten des Kaisers und des Reiches Partei nehmen, viel mehr als die ganzen Fürsten und Grafen rundum."

Ich erzählte, was ich darüber wußte, dem Valentin, aber der zuckte nur die Achseln.

So war ich auch hier nun nicht klüger geworden und wartete umso mehr gespannt auf den Abend, da ich die Antwort auf diese Frage aus dem Meister Ellinger selbst herausholen wollte.

Das Abendessen verlief nicht viel anders als gestern, bloß daß die Meisterin noch unruhiger war, was ich wohl verstehen konnte, wie sich die Dinge nun von Tag zu Tag entwickelten. Kaum war sie gegangen, rückte ich schon mit meiner Frage heraus:

„Meister Ellinger, Ihr habt mir gestern allerlei gesagt, was mir übel in den Ohren geklungen hat. Nun sagt mir aber eines. Ich hab nicht nur erfahren, wie Ihr selber gesonnen seid, ich bin in den vergangenen Tagen auch genug mit anderen Bürgersleuten in der Stadt zusammengekommen, um zu merken, daß viele so denken wie Ihr. — Wie ist nun so etwas möglich, wo doch draußen im Reich gerade die Stadtbürger am eifrigsten und treuesten zu des Kaisers Partei stehen? Ihr in Wien seid doch schließlich auch keine anderen Menschen, und der Kaiser ist hier wie dort erst recht derselbe."

„Ei du liebe Einfalt!" sagte der Ellinger, — „habt Ihr schon einmal was von Reichsstädten und Landstädten gehört, und daß da ein Unterschied ist?"

„Nun also, — laßt es Euch erklären. Alles was Ihr da genannt habt, Nürnberg, Augsburg, Regensburg und Ulm und Straßburg, — dann Frankfurt, Metz und Köln und Hamburg und noch ein paar Dutzend, — das sind alles Reichsstädte. Die haben keinen Landesherren über sich, sondern nur den Kaiser und das Reich. Die Landesherren, die Herzöge und Fürsten und Grafen oder auch Bischöfe, denen die Städte wohl früher einmal gehört haben, wie sie noch klein und unbedeutend waren, die sitzen jetzt bloß daneben, und es rinnt ihnen vor Habsucht das Wasser im Maul zusammen, wenn sie sehen, wie der Bürger Wohlstand und Macht wächst und wächst. Und sie würden die Städte nur zu gern einstecken und verschlucken. Schaut euch nur etwa Regensburg an: das liegt mitten drin im bayrischen Kurfürstentum wie ein Goldstück im Kuhfladen; oder Nürnberg, wo rundherum der Kurfürst von Bayern sitzt und der Markgraf von Ansbach und Bayreuth und der Bischof von Bamberg, und jeder möchte am liebsten gleich den größten Teil vom Kuchen herunterschneiden. Ist's zu verwundern, daß diese Reichsstädte sich an den Kaiser halten und bei ihm Schutz suchen vor den kleinen Herren? Und der Kaiser schirmt und hegt sie umso lieber, als er den Reichsfürsten ohnehin nicht grün ist. Den Städten kann dabei nicht viel widerfahren, denn um ihnen rechtschaffen lästig zu werden, dazu sitzt der Kaiser wieder zu weit weg. Ganz anders ist das bei uns. Wir gehören zu des Kaisers Erblanden. Das bedeutet, daß der Kaiser nicht nur unser Kaiser ist, sondern auch unser Landesherr. Und darf sich daher niemand wundern, wenn wir gegen den Kaiser die selbe Haltung haben wie die von Regensburg gegen den Bayern, — wir in Wien und die anderswo in den Erbländern nicht minder."

Das waren für mich nun wieder lauter neue Dinge, aber der Meister ließ mir keine Zeit zum Nachdenken:

„Was glaubt Ihr, wie es mit uns in Wien und in ganz Österreich in den letzten fünfzig oder sechzig Jahren bergab gegangen ist! — Kriege haben geführt werden müssen, Kriege und wieder Kriege: gegen die Ungarn, die Böhmen, die Bayern und gegen die Schweizer und zwischendurch Krieg unserer verschiedenen Erzherzöge in den Erblanden untereinander, — Kriege, bei denen kein Mensch mehr gewußt hat, weshalb sie eigentlich begonnen haben. Aber Kriege, die Geld gefressen haben, das immer wieder wir haben zahlen müssen! — Ihr könnt Euch vielleicht vorstellen, was das bedeutet für einen Kaufmann, wenn ihm der Krieg schön langsam alle Geschäftsverbindungen zerstört, die er sich mühevoll geschaffen hat.

Zu meines Großvaters Zeit war Wien die größte und reichste Stadt weit und breit, waren wir Handwerker und Kaufleute reich und geachtet. Heut ist das vorbei! Die aus Augsburg und Nürnberg und den anderen Reichsstädten droben im Schwäbischen und Fränkischen haben uns vor der Nase weggeschnappt, was unser war. Ja, die haben eben das Geld und die Verbindungen, die uns abgehen. Wo sind die Zeiten, da wir unsere Waren bis Venedig und bis Krakau geschickt haben? Heut müssen wir froh sein, wenn wir in Krems und in Hainburg noch unseren Handel machen können. Die aus dem Reich strecken ja ihre Finger schon bis ins Land unter der Enns, bis in die Stadt Wien herein und bauen sich hier ihren Handel im Großen auf. Können's leicht, kriegen ja vom Kaiser noch eigene Privilegia dazu, können daher leicht des Kaiser Partei nehmen. — Aber wir können's nicht!"

Er starrte an mir vorbei ins Dunkel. Und ich wußte nun völlig nicht mehr, was ich sagen sollte. — Ja, von dem, was der Meister mir da erzählte, hatte ich schon von meinem Oheim in Steyr gehört. Aber das hatte ich nie ernst nehmen können. Aber so, wie der Ellinger es nun vorbrachte, schien es mir doch Hand und Fuß zu haben. — Und trotzdem — etwas stand in mir dagegen auf und hieß mich widersprechen; — der Gedanke, daß hier doch noch andere, größere Dinge auf dem Spiel ständen als bloß geschäftliche Erfolge und bürgerliches Wohlergehen. — Aber nur, wie sollte ich es sagen?

„Meister Ellinger", sagte ich, „nehmt es mir nicht übel: Ihr wohnt als geachteter Bürger in einem stattlichen Haus, seid geachtet in der Stadt bei hoch und niedrig; in Eurer Werkstätte drängen sich die Gesellen und Lehrjungen, und Eure Gewölbe liegen voll wertvoller Vorräte. — Wie ist das alles möglich, wenn es tatsächlich seit Jahrzehnten hier mit Handel und Gewerb so bergabgeht, wie Ihr sagt?"

„Redet doch nicht einfältig, Konrad, versteht Ihr mich denn nicht? Natürlich habe ich zu des Lebens Notdurft genug für mich und die Meinen! Aber ist denn der Mensch nur des Fressens und Saufens wegen da? — Glaubt Ihr wirklich, daß ein rechtschaffener Mann sich wohl in seiner Haut fühlt, wenn es ihm nicht möglich ist, etwas zu schaffen, etwas aufzubauen, zu mehren? Wie kann ich zufrieden sein, wenn das vom Vater mir Überkommene mir unter den Händen kleiner wird, wo ich es doch größer meinen Kindern möcht weiter geben?"

„Meister, was Ihr da sagt, gefällt mir wohl, und trotzdem kehrt es sich wider Euch selber: denn wodurch unterscheidet Ihr Euch dann von einem Kaiser oder Fürsten, der zwar schon genug Land hätte, aber immer mehr noch sein Reich vergrößern will?"

„Aber das ist doch ganz etwas anderes!" fuhr der Ellinger verärgert auf, — „das hab ich Euch doch schon erklärt: ich erwerbe mir alles mit meiner Hände ehrlicher Arbeit, — und der Kaiser oder Fürst führt blutige Kriege darum."

„Und wieso kommt's dann, daß wohl der eine Kaufmann hier es zu Reichtum und Besitz bringt, der andere dort neben ihm aber zur selben Zeit zum Bettler wird?"

„Ja, — Gott", — jetzt war es der Meister Ellinger, der nach Worten suchte, — „das ist nun einmal so der Welten Lauf. Auch im Wald wird nicht aus jedem kleinen Pflänzlein ein großer Baum; alle müssen sie sich ans Licht drängen und um die Luft raufen, und wem's am besten glückt, wer der Stärkste ist, der gewinnt an Größe und Kraft immer mehr, und die um ihn müssen verkümmern."

„Sehr gut, Meister, — damit seid Ihr gerechtfertigt. Aber das selbe gilt dann wohl nicht nur für das Gewerbe und den Handel, sondern auch für die Staatskunst. Nur daß ein Heiliges Römisches Reich eben größer ist und gewichtiger als — nehmt es mir nicht übel — Eure Werkstatt mit dem ganzen Warenlager zusammen. Daher also auch ein Kaiser des Reiches sich anderer, gewichtigerer und größerer Mittel bedienen darf und muß als ein Handwerker und Kaufmann."

Jetzt hatte ich den Meister wohl aus der Fassung gebracht. — Aber es war nicht bloßer Ärger, es war Unruhe und Unsicherheit, was da über ihn kam.

„Konrad" knurrte er, — „Ihr macht es Euch leicht, indem Ihr Dinge in einen Topf werft, die miteinander nicht das geringste zu tun haben." Und dann setzte er hinzu, etwas väterlich und gönnerhaft: „Ihr seid eben noch sehr jung, und das merkt man Euch an."

Es war für den Ellinger sichtlich eine Erleichterung, als es nun an der Tür klopfte. Auf des Meisters Aufforderung erschien ein junger Mann, wohl einige Jahre älter als ich und um etliches stattlicher, gekleidet nach Herrenart, reichgeschlitztes Seidenzeug, an dem es um den Hals von Gold und edlen Steinen blitzte. Lange blonde Locken fielen ihm auf das feine Pelzwerk an den Schultern, und ein Duft von Wohlgerüchen hing um ihn. Mit geschmeidigen Schritten trat er näher, verbeugte sich artig vor dem Meister und blickte dann fragend auf mich.

„Ihr kennt einander wohl noch nicht?" sagte der Meister, — „das ist der Junker Konrad, Student aus Salzburg, auch im Kaufmannsfach erfahren, und" — er räusperte sich — „zur Zeit bei den Landsknechten, — und das ist der Junker Ruedlieb Wispeck, angehender Goldschmiedmeister und überdies", — er lächelte dem Jungen zu, — „sagen wir vorläufig, ein guter Freund unseres Hauses."

Das war er also! — Ich muß ihn wohl recht unverwandt angestarrt haben, vielleicht auch feindselig, denn er sah mich von oben herab an und wandte sich dann wieder dem Meister zu:

„Ihr müßt verzeihen, daß ich mich so lange nicht sehen ließ; — aber im Gewerb des Vaters ist jetzt vieles zu ordnen und zu bestellen. — Wollt mich aber wieder einmal nach Eurem und der Frau Meisterin Befinden erkundigen und — natürlich — nach der Jungfer Annerl." —

Er gefiel mir gar nicht! Denn: er hatte ein weiches Gesicht und harte Augen drin. Mir sind Leute lieber, die ein hartes Gesicht haben mit weichen Augen, — wie der von Buschhausen oder der Valentin Höller. — Ob das Annerl dem Wispeck wohl von mir erzählt hatte? — Aber was sollte sie ihm schon von mir erzählen können?

Jetzt wandte er sich mir zu: „Und der Junker Landsknecht fühlt sich hoffentlich auch wohl hier, — zur Abwechslung einmal in einem ehrsamen bürgerlichen Hauswesen." — Welch höhnischer Ton; — ich wäre ihm am liebsten an die Gurgel gefahren, und er schien das zu merken, denn das spöttische Lächeln um seinen Mund verstärkte sich. Aber ich starrte ihm nur immer in die Augen.

„Ist ja nur gut, daß wir so brave Kriegsleut in der Stadt haben", meinte er weiter, — „müssen ihnen ja so dankbar sein!"

Wieder lag dieser Hohn in seinen Worten. Machtlos und hilflos war ich ihm gegenüber, und der Satan in meinem Herzen kicherte dazu: siehst du, das sind nun in Wahrheit die Leute in dieser Stadt, die zu schützen und zu erretten du alsbald draußen auf den Mauern dein Leben hingeben wirst! —

Und wie ich so noch immer dem Wispeck in die Augen starrte, war mir, als sähe ich mit einem Mal neben ihm ein anderes Augenpaar, — auch hart, aber klar und strahlend wie stählerne Klingen. Und ich erkannte sie: das war unser Obrist, der gefürchtete Eck von Reischach, — und er streckte mir wieder die Hand entgegen, und ich hörte seine Stimme: „Die wehrfähigen Bürger —" — eine harte kurze Handbewegung, — nichts! — Ja: was würde der Eck wohl zu dem schönen Ruedlieb Wispeck reden?

Und nun lachte es mit einem Mal in mir: — Wie? Hatte ich auch keinen goldgefüllten Geldsack, so hatte ich Schwert und Spieß, und war ich auch nicht eines Goldschmiedemeisters Sohn, so war ich des Kaisers Gefolgsmann! Und jetzt war Krieg im Land, — jetzt stand der Feind vor der Tür! Jetzt galt ich mehr als der da vor mir!

„Das mag schon sein", hub ich an, sehr freundlich, — „daß die Bürgersleut uns dankbar sein sollten. Hab darüber nachzudenken mir freilich noch keine Zeit genommen. Steh ich hier in des Kaisers Dienst, so werd ich wohl zuvörderst mich bemühen, daß der mir zu danken Ursach hat. — Alle übrigen —", — und ich machte so eine ähnliche Bewegung mit der Hand wie damals der Eck.

Der Wispeck wurde blaß und rot. — Jetzt möchte hinwiederum er mir an die Gurgel fahren, sagte ich mir voll Genugtuung! — Und er, der sonst wohl so zierlich zu tändeln und zu schwätzen, aber auch zu verletzen wußte, suchte nun nach einer Erwiderung.

Der Meister Ellinger lenkte ihn ab: „Junker Ruedlieb, — also wie ist das, wollt Ihr nicht doch noch zu Eurer Mutter Bruder nach Regensburg fahren? Ihr wißt, mir wär das ganz lieb, ich hätt Euch gern einiges an Schriftstücken und Wertsachen mitgegeben, was ich nicht leicht einem anderen anvertrauen möchte."

Der Wispeck war wieder ganz ruhig und glatt. Er verneigte sich mit höflichem Lächeln vor dem Ellinger: „Meister, Ihr wißt meine Bedingung: so lang Ihr die Jungfer Annerl in der Stadt haltet, bleib auch ich hier. — Mit ihr zusammen, — sehr gern!"

„Hättet Euch das früher überlegen müssen!" knurrte der Ellinger. — „Als Ihr Ehegemahl könntet Ihr frei über sie verfügen; — aber so lang sie noch meine Tochter ist und sonst nichts, hat sie zu tun, was ich ihr vorschreibe! — Aber Ihr braucht nichts zu befürchten; werd schon aufpassen auf sie. Könnt jetzt getrost losziehen."

„Meister, beleidigt mich nicht! — Ich werde auf keinen Fall fortlaufen und meine — hm — Eure Tochter in einer Gefahr allein lassen."

Meinte er das nun ehrlich? Aber warum auch nicht? Würde ich etwa davonlaufen und das Annerl, wenn es mein wäre, in der Stadt zurücklassen? Doch nie und nimmer! Und mußte nicht ein jeder so handeln? Sollte mir das an dem Wispeck nicht doch gefallen? — Am Ende war er gar nicht so übel, wie er mir am Anfang erschienen ist?

Am 13. Septembris

Heute ist durch Versprengte die Kunde nach Wien gekommen, die Türken hätten vor ein paar Tagen die Festung Ofen eingenommen und unter der Besatzung und den Bürgern ein grausames Blutbad angerichtet. Das hat der Angst und Verzweiflung der Wiener neue Nahrung gegeben.

Bei uns schaut es auch sonst traurig aus. Vom Reichsheer ist noch immer keine Spur zu sehen, wiewohl der Salm alle Tage reitende Boten ihm entgegen schickt und zur höchsten Eile treibt. Was die Furcht und Unruhe aber noch vergrößert, ist, daß in der Burg ein fieberhaftes Packen und Verladen angehoben hat, und daß es alle wissen: der Erzherzog Ferdinand will die Stadt verlassen und nach Linz sich in Sicherheit bringen. Das hat unter den Bürgern böses Blut gemacht und auch bei den Kriegsleuten.

„Das ist die rechte Art: zuerst einen Krieg einfädeln und dann die eigenen Leute im Dreck sitzen lassen!" — So ließ sich der Geiervogel vernehmen, derselbe, der damals in Enns schon so ungestüm wider Kaiser und Erzherzog gelästert hatte.

Wieder trat ihm der Valentin entgegen: „Was sind denn wir schon? — Des Reiches Finger sind wir, mit denen man zupacken kann und dreinschlagen. Der Erzherzog aber und seine Räte sind des Reiches Herz und Hirn. Die muß einer aber besser schützen als die Finger. Wenn von denen ein paar abgehauen werden, tut's zwar weh, aber man lebt ganz gut weiter. Wem aber Herz und Hirn zerstört sind, mit dem ist es aus als ganzer, und kein Medicus macht ihn mehr lebendig."

„Bedank mich dafür!" knurrte der Geiervogel, — „hab selber mein eigenes Herz und Hirn, und die sind mir näher!"

„Dann hättest daheim bleiben müssen und Rüben anbauen, — oder wie? — Meinst nicht auch?" sagte der Valentin scharf.

Der andere hatte aufbegehren wollen, jetzt duckte er sich wie in Angst und warf nur dem Valentin von unten her einen bösen Blick zu.

Am Abend wollte ich den Pater Heinrich besuchen. Es war schon finster, als ich an die Pforte des Franziskanerklosters klopfte, und der Frater Pförtner mich einließ. Ich brauchte nicht lang nach des Eck von Reischachs Feldkaplan zu fragen: ein merkwürdiger rauher Gesang tönte irgendwo aus den dunklen Gängen her, das klang so gar nicht nach klösterlichem Psalmodieren:

„Wer will im Feld, wer will im Feld den Türken wohl bestahn,
Der muß sein Lieb, der muß sein Lieb, muß Vater und Mutter lan;
Der braucht ein scharfes Schwert,
Das sei ihm lieb und wert,
Dann mag er froh, dann mag er froh zum Kampfe gahn!"

Ich öffnete die Tür, hinter der das Singen hervorscholl. Da stand im Scheine eines Talglichtes der Pater, seine mächtige Gestalt über den Tisch gebeugt. Er hatte mein Kommen gar nicht bemerkt; nun trat ich näher und sah, daß vor ihm ein mächtiger Streitkolben lag, an die zwei Ellen lang, ein uraltes Stück, wie es heute kein Mensch mehr führt. Und der Pater putzte und polierte mit einem Lappen und Öl liebevoll daran herum.

„Ei Pater, was habt Ihr denn da Schönes?"

Er fuhr herum, lachte, als er meiner ansichtig wurde: „Ha — no, — Pater hin, Pater her, — was wär das für ein Feldkaplan und hätt nichts zum Dreinschlagen! Glaubst, ich will alleweil nur hinten sitzen und predigen und zulugen?"

„Pater" sagte ich voll Sorge, — „wär das aber nicht doch besser? — Auch das Dreinschlagen will gelernt sein und —"

„Ha — no, hast du eine Ahnung, Bübel! — Was glaubst, was ich alles gelernt hab in meinem Leben! Wenn'st willst, doppel ich dir auch die Schuh oder zieh dir die Zähn, — da ist's Dreinschlagen alleweil noch das Einfachere!"

Ich gab das Abreden auf; — bei dem war nichts zu machen. „Aber sagt mir nur, woher und warum habt Ihr dieses sonderbare alte Zeug genommen?"

„Ja, — weißt, — da existiert doch so ein saudummes kanonisches Gesetz, daß einem Diener Gottes verboten ist, das Schwert zu ergreifen. — Aber von einem Streitkolben steht nichts dort, — hab extra nochmals nachgeschaut in hiesiger Klosterbibliotheca. — Und den Kolben, den hab ich mir dann aus dem Zeughaus geholt. — Sie haben dort noch mehr von der Art, aber meine Confratres hier haben sich bloß von mir nicht wollen anwerben lassen."

Ich hob den Streitkolben auf, — Potz Teufel, das wog wie ein Schmiedehammer!

„Was?" sagte der Pater, — „das liegt gut in der Hand?" — nahm mir die Waffe und holte weit aus, — dann konnte er die Wucht nicht mehr hemmen, und der zackige Kopf des Kolbens schlug aufkrachend in den Tisch, daß dessen dicke eicherne Platte mittendurch barst.

„Bei Gott!“ rief der Pater und beschaute sich sein Werk mit frohem Staunen, — „mein Waffen ist noch besser, als ich gedacht hab!“

Am 14. Septembris

Heute, Sonntag, hat uns der Pater Heinrich wieder eine Predigt gehalten. Auf dem Platz neben dem Augustinerkloster sind wir angetreten in Ordnung wie zur Schlacht, mit Spießen und Fahnen, und der Pater ist vor uns auf einen Troßwagen geklettert und hat von dort herunter wie von einer Kanzel zu uns geredet.

„Kameraden und liebe Landsknechtsbrüder in Christo!“ hat er angehoben, — „daß ihr in diesem Krieg nicht bloß Soldaten des Kaisers seid, sondern auch Soldaten Gottes, das hab ich euch ja schon unlängst erklärt. Ihr verteidigt mit der Festung Wien nicht nur des Kaisers und des Reiches Haupt- und Residenzstadt, sondern den Schlüssel und das Tor zur Kirche Petri. Und ihr werdet treu und fromm bei eurer beschwornen Landsknechtspflicht ausharren, nicht nur des irdischen Soldes wegen, den euch euer Kaiser und euer Obrist auszahlen, sondern mehr noch um des himmlischen Soldes, den euch euer alleroberster Kriegsherr droben wird geben. Wird dieser euer Kriegsherr im Himmel freilich auch Größeres und Schwereres von euch fordern, als gemeiniglich ein Irdischer von seinem Kriegsvolk verlangt.

Aber wenn euch nun schon Schwereres bevorsteht als sonst irgendwann, so möget ihr dafür auch getrost hoffen, daß — mag euch nun das Reich vielleicht auch im Stich lassen — euch Gott dafür mehr wird helfen als sonst. — Ja, meine lieben Freunde und Brüder vertraut auf Gott — aber vertraut mit dem auch auf euch selber. Denn das sollt ihr und ist keine Sünde wider Gott, das sag euch ich als euer Feldkaplan und geistlicher Vater! — Und ich sag euch: wenn einer nur immer eingedenk ist der Allgegenwart und Allmacht Gottes, und daß somit er in Gott und Gott in ihm ist, dann mag der ruhig auf sich selber vertrauen, und ist das doch Gottvertrauen in einem. Dann braucht der nicht erst warten, bis Gott ihm vom Himmel her zu Hilf kommt — denn da hätt unser Herrgott jetzt bald viel zu tun! —, sondern mag nur herzhaft zupacken und zuhauen und daran glauben: Gott in seiner unendlichen Weisheit und Kraft wird auch aus einem einfältigen Landsknechtsherzen und durch ein Paar grobe Landsknechtspratzen kräftiglich wirken und Wunder tun!“

Das gefiel mir sehr wohl, und ich will's beherzigen. Und denen, die um mich standen, ging es nicht anders. Und sind wir ungeachtet aller drohender Nöten und Gefahren hernach frohgemut heimgezogen. Unterwegs bin ich dann auf den Pater gestoßen und hab ihm gesagt, wie wohl uns allen seine Predigt behagt hat.

„Ha — no“, sagte der Pater, ein wenig brummig, — „so sagst du. Meine unterschiedlichen geistlichen Vorgesetzten täten ja vielleicht was anderes meinen. Arg christlich war das ja heut nicht. Hätt vielleicht eher Reu und Leid predigen sollen und Zerknirschung, und wie ihr jetzt alle sollt Buße tun für eure Sünden, wo euch doch ein baldiges Ende droht. — Potz Blitz, — das wär vielleicht was Kluges gewesen! — Wie Höll und Teufel ausschauen, das werden viele bald in natura erfahren, besser als ich es ihnen könnt schildern. Und ob ein Soldat mit Reu und Zerknirschung im Leib grad der Richtige ist zum wackeren Dreinhauen, des bin ich mir nicht sehr sicher. Da wollen wir's vorläufig schon anders halten. Nachher, da können wir ja dann bei Gelegenheit alle miteinander Reu und Buß pflegen, soweit wir halt dann noch da sind. Und bis dahin wird's der Herrgott schon einsehen, daß wir jetzt was Dringlicheres zu tun haben.“ —

Sonst, um uns herum, war heut freilich wenig Zuversicht zu bemerken, und auch nichts von fröhlicher Sonntagsstimmung. Die allgemeine Unruhe hatte nun bereits auch des Meisters Ellinger Familie ergriffen. Zumal die Meisterin rannte herum und beteuerte immer wieder, wie es doch höchste Zeit wär, sich in Sicherheit zu bringen, und jammerte über des Meisters Starrsinn, der das noch immer nicht zulasse.

Ich war rechtschaffen erstaunt, daß, ungeachtet aller Verwirrung, mich der Meister heute wieder zum Abendessen einlud, und noch mehr verwunderte ich mich, als ich diesmal außer der Meisterin auch das Annerl und dessen älteren Bruder, den jungen Martin, antraf. Das Abendessen verlief fast in völligem Schweigen, und nachdem das Annerl das Geschirr abgeräumt hatte, blieben wir alle am Tisch sitzen.

„Ich habe“, wandte sich der Meister dann geradewegs an mich, — „in unseren mannigfachen Gesprächen eine Frage vermißt, die Ihr eigentlich noch hättet an mich richten müssen, nämlich, wie ich mir denke, daß das alles nun weiter gehen soll. Nun, — ich will es Euch jetzt sagen.“

Er schwieg eine Weile, wie um seine Gedanken zu sammeln.

„Ihr glaubt ja wohl selber nicht im Ernst, daß ihr die Stadt gegen den Sultan werdet halten können. — Es tut mir leid, daß ich Euch das so ohne Schonung ins Gesicht sagen muß, wie ich Euch verloren gebe; — aber ich hoffe, Ihr seid Manns genug, das anhören zu können.“

Jawohl, ich bin Manns genug, dachte ich mir; — aber du wirst dich noch wundern, wozu allem sonst wir noch Manns genug sein werden.

„Das heißt also, wir werden spätestens binnen Monatsfrist die Türken in der Stadt haben und ihnen untertan sein. Ich weiß, daß wir dabei in Gefahr geraten werden. Ich weiß aber auch, daß diese wieder nicht so groß sein wird, wie das Volk auf der Straße in seiner Schafsangst vermeint. Wir haben schließlich auch bestimmte Nachrichten aus den Städten, welche die Türken in Ungarn eingenommen haben. Dort sind die Bürger wohl hart zur Ader gelassen worden, haben es aber im großen und ganzen irgendwie überstanden. — Auf dem flachen Land mag das anders sein, mag wirklich die Flucht noch das beste sein; — aber was kann ich da helfen? Die Schuld daran liegt nicht an uns Bürgern, und uns muß jetzt das Hemd näher sein als der Rock!"

Er schwieg — und dann wurde sein Gesicht hart —, und hart fielen auch seine Worte: „Wenn wir jetzt alle Hals über Kopf davonrennen, und die Türken ziehen in die Stadt ein und setzen sich in unsere leeren Häuser, dann haben wir alles verloren. Dann können wir als Bettler in der Fremde von vorn anfangen. — Es muß also jemand hier bleiben und für sich und die anderen das überdauern, was da nun kommt! — Derjenige bin zuerst einmal ich selber! — Und du, Annerl, bist alt genug, um zu mir zu stehen. Wenn der junge Wispeck dir zuliebe auch in der Stadt bleibt, kann es nur recht sein. Ich sähe es gern. Er braucht das freilich nicht zu wissen; ich möchte ihn prüfen, wie er sich aus freien Stücken entscheidet. — Ihr anderen mögt meinetwegen nach Linz gehen und im Sicheren zuwarten, bis ihr wieder zurückkönnt. Aber, ich laß euch erst ziehen, bis es auch ganz sicher ist, daß diese Wahnsinnigen ihren Plan verwirklichen und die Stadt verteidigt wird. — Packt nun meinetwegen euern Reisewagen, — aber ob und wann ihr losfahrt, bestimme ich!"

Die Frau und ihre Kinder saßen starr, und keines getraute sich zu reden. Und auch mir war kalt geworden vor so viel Härte und Strenge, — wenngleich ich des Meisters klare Gedanken und Entschlüsse bewunderte. Freilich, — anderer Meinung war ich trotzdem.

„Ihr werdet sehen", fuhr der Ellinger fort, nun in viel sanfterem Ton, wie um die Seinen zu trösten, — „es wird alles gut werden. — Über's Jahr haben wir uns an die geänderten Verhältnisse gewöhnt und werden daran gehen, die neuen Möglichkeiten zu nützen. — Schaut nur in das Türkische Reich hinein: ist jetzt schon der größte Staat auf der ganzen Erde und wird immer noch größer. Und eine Zucht und Ordnung ist darin aufgebaut, — was ist da euer Heiliges Römisches Reich dagegen für ein armseliges Zigeunerlager! — Und nun glaubt ja nicht, diese Macht und Ordnung käme nur den Muselmännern zugute. Schaut euch die Griechen an: sind Christen, nicht viel anders als ihr, waren des Sultans Erzfeinde und sind von ihm völlig geschlagen und gebrochen worden. Konstantinopel, heut die Hauptstadt des Sultans, — einst war es die Residenz der griechischen Kaiser. — Und was ist mit den Griechen heute? — Herrlich geht es ihnen, reicher sind sie und angesehener als zuvor. Der ganze Handel im weiten türkischen Reich liegt in ihren Händen! — Sollte das nicht auch uns gelingen? — Unser Wien, — warum sollte es nicht ein zweites Konstantinopel werden."

Richtig rauschig von seinen eigenen Worten war er geworden. —

Aber meine Bewunderung für ihn war im selben Maß wieder in nichts zergangen. — „Meister Ellinger!“ sagte ich und erschrak fast vor meiner eigenen Stimme, so klang die jetzt durch den Raum wie Peitschenknallen, — „Meister Ellinger, — werdet Ihr, wenn Eure Freunde, die Türken, vor der Mauer stehen, von hinten auf uns schießen?“

„N-nein“, sagte er dann stockend, — und ich wußte: auch das war jetzt ehrlich gemeint. Ich aber fragte weiter, hart:

„Und warum nicht? — Was hält Euch ab? — Müßtet Ihr es nicht sogar tun? — Jeder von uns, der auf der Mauer steht und kämpft, bringt doch Eure Hoffnungen und Pläne in Gefahr.“

Der Meister suchte sichtbar nach einer Antwort. — „Nein“ murmelte er, — „tut, wozu euch euer Wahn treibt! — Ich werde euch nicht behindern, — aber mir auch nicht die Hände an euch schmutzig machen. — Bin mir auch so meiner Sache sicher genug.“

„Nein, Meister!“ rief ich scharf, — „so ist es nicht! Die Hände macht Ihr Euch bereits schmutzig, wenn Ihr verabsäumt, sie zur Rettung Eurer Stadt und Eurer Heimat zu erheben, und gewillt seid, sie den Türken freundschaftlich entgegenzustrecken. Ansonsten seid Ihr Eurer Sache eben nicht sicher, — seid zaghaft und schwach, so sehr Ihr entschlossen und stark sein wollt. Und darum werden alle Eure Wünsche und Luftschlösser zerbrechen! — Hier, seht mich und meine Kameraden: wir gehen unseren Weg ohne zu zögern, bis zum Ende. Wir sind stark und gerade, — und daher wird unsere Sache siegen. Daher wird diese Stadt Wien kaiserlich bleiben und deutsch und christlich und nicht dem Sultan verfallen und türkisch werden!“

Und ich stand auf, — und ging mit festen schweren Schritten zur Tür hinaus, ohne mich umzusehen.

Am 17. Septembris

Nun ist die Stadt ein Hexenkessel geworden! Denn gestern am Abend hat der Erzherzog Ferdinand Wien verlassen. Heimlich schier hat sich die lange Wagenreihe in Marsch gesetzt, durch das Burgtor hinaus und auf die bayrische Landstraße. — Und heute weiß es die ganze Stadt. Und es möchte nun jeder der erste draußen sein, daß er ja keine Stunde länger säume und sich damit in noch größere Gefahr begäbe, — und wollen doch alle von ihren Wertsachen und kostbarem Gerät und Kleidern und was Kram alles soviel wie möglich mitnehmen, — und keiner weiß, was er zuerst anpacken soll, und alles hastet planlos durcheinander.

Zwischendurch tat es plötzlich einen dumpfen Donnerschlag, daß die Erde bebte, — alles schrie auf in Entsetzen und stob auseinander,

— Weiber kreischten, Kinder plärrten, Pferde scheuten, — und als sich alles in den Toreinfahrten ringsum verkrochen hatte, da war es bloß ein alter großer Mörser beim Burgtor gewesen, den ein Stückmeister mit Pulver und Werg geladen und blind abgefeuert hatte, um zu sehen, ob er wohl noch dicht hielte.

Auch im Hause des Meisters herrscht Hast und Unruhe. Die Meisterin und das Hausgesind schleppen hin und her, schimpfen aufeinander und am meisten auf den kleinen Michael, daß der, was man eben mühsam zusammengetragen und geordnet, nun aus lauter Ungehorsam wieder durcheinander brächte und davonschleppe. — Bloß den Meister und das Annerl sah und hörte ich nicht.

Während der Strom der Bürger in ihren Wagen und Karren sich aus der Stadt heraus drängt, kommen ihnen in Scharen die Leute aus den Vorstädten und den nahen Dörfern entgegen, mit Rössern und Wagen und Rindvieh, vor allem aber die Armen, die nicht Pferd noch Fuhrwerk haben und daran verzweifeln, mit ihren Beinen allein noch den anrückenden Türken entkommen zu können. Mit armseligen Tragen und Binkeln, in Lumpen gewickelt, barfuß und abgerissen kommen sie daher, und wer einen Schubkarren hat und darin noch ein paar Stück von seiner Habe, der preist sich reich und glücklich. Das vergrößert nun das Getümmel in der Stadt noch mehr und macht alles noch schwieriger.

Daß die Leute aus der Umgebung jetzt alle auf einmal in die Stadt kommen, liegt auch daran, daß der Salm Befehl gegeben hat, draußen vor den Mauern die Häuser zu zerstören. Denn wie die gerade vor unserer Nase liegen, würden sie dem Feind nur zu gefährliche Schlupfwinkel und Stützpunkte bieten. So sollen wir also morgen früh mit Fackeln und Beilen den Vorstädten und Dörfern zuleibe gehen. Jetzt stehen die todgeweihten Behausungen noch und täuschen ein Bild des Friedens vor, — aber dahinter, fern draußen im Süden und Osten, da leuchtet es am Himmel schon düster glührot, hier und dort und an vielen Stellen. — Und der dort die Häuser niederbrennt — das ist schon der Türk!

Am 18. Septembris

Heute früh sind auf des Salm Geheiß die Stadtmauern und Schanzen besetzt worden, denn die feindlichen Vorhuten wären stündlich zu erwarten, hieß es. Es war freilich nur ein kleiner Teil des Kriegsvolks auf den Mauern — darunter auch der Valentin Höller mit seiner Rotte —, um zu beobachten und rechtzeitig zu warnen, während die anderen draußen in den Vorstädten werkten, um alles zu zerstören.

Wir standen rechts vom Kärntner Tor, wo der Blick hinüber auf die Wieden und die Laimgrube geht. War aber kein schönes Bild. Vor uns, knapp an der Mauer, haben, soweit man sehen konnte, die kleinen Holzhütten und Buden gebrannt, die man hier in planlosem Gewimmel hingebaut hat. Schon nach ein paar Stunden waren hier nur mehr schwelende Aschenhaufen. Weiter drüben die Steinbauten der Vorstädt machten viel mehr Arbeit. Das Heiligengeist-Hospital uns gegenüber haben sie mit Pulver gesprengt; dahinter reißen sie nun das Bräuhaus auf der Laimgrube ab und schaffen, was an Balken und Pfählen noch verwendbar ist, in die Stadt. Bloß das Franziskanerkloster zu Sankt Theobald mit seinem festen Turm soll bis zuletzt noch stehen bleiben, als Schutz für die bayrische Landstraße, auf der nun die Flüchtenden nach Westen strömen, dem Wiener Wald zu. Dort drüben liegt auch ein halb Fähnlein Landsknechte, und auch die Patres sollen dem Vernehmen nach noch zögern, ihre Heimstatt preiszugeben.

Spät am Abend wurden wir erst abgelöst. Als ich danach durch das Hinterpförtchen den Hof beim Meister Ellinger betrat, vernahm ich in der Hauseinfahrt erregtes, aber unterdrücktes Wortwechseln und erkannte die Stimmen des Wispeck und des Annerls. Hinter einem Planenwagen gedeckt, blieb ich stehen.

„Sei doch nicht verrückt!" hörte ich den Wispeck ärgerlich zischen, — „glaubst, ich will da bleiben in der verdammten Rattenfalle hier? — Wenn ich jetzt noch da bin, dann ist's nur wegen dir! — Aber jetzt sollst du mir dafür auch das Opfer bringen und deinen Vater Vater sein lassen und mit mir kommen. — In einer Stunde kann ich losfahren!"

„Nein" hörte ich das Annerl flüstern, ganz leise und unglücklich, — „es geht nicht. — Ich kann's dem Vater einfach nicht antun."

„Ach was, — was tut er uns nicht an! — Glaubst, der kann dir je noch was tun, wenn wir erst einmal über alle Berge sind? — Also was ist jetzt? — Annerl, treib mich nicht zum Äußersten!"

Stille — dann wieder des Annerls Stimme — weich und bittend: „Ruedlieb, — wie hast das gemeint? — Willst mich allein lassen?"

Ein ärgerliches Auflachen: „Gar nichts will ich! — Hab ich dir nicht gesagt, daß ich bei dir bleiben werd?"

Man hörte Schritte die Treppe herunterkommen. „Ich muß jetzt fort!" flüsterte der Wispeck hastig, — „morgen komm ich wieder, — entscheid dich bis dahin!"

Am 20. Septembris

Auch den gestrigen Tag über bin ich wieder auf der Mauer als Wachposten gestanden. Haben überall die Häuser der Vorstadt gebrannt und gequalmt, und der Wind hat die beißenden grauen Schwaden auf uns zugetrieben, daß wir auf den Wehrgängen und Türmen gar nicht mehr aus dem Husten und Spucken und Augentränen heraus gekommen sind. Der Rauch und der Himmel, gleich grau und schwer, sind schier in eins verflossen, und alles das war unsagbar bedrückend.

Das dumpfe Rumpeln der Wagen in der Wölbung des Kärntner Tores hat den ganzen Tag nicht abgerissen, und bis spät in die Nacht hinein sind sie noch bei Fackelschein durchgefahren und davon. Es sind gegen Abend Späher gekommen und haben gemeldet, es zeigten sich schon einzelne türkische Streifscharen im flachen Land südlich der Stadt, ja einige von denen seien sogar bis auf die Höhe des Wiener Berges vorgeschwärmt. Die gehören freilich, wie man hört, noch nicht dem türkischen Heer selbst an, sondern sind nur das herumstreifende Mordgesindel, das sie die Renner und Brenner oder auch, mit türkischem Namen, die Akindschi nennen. Werden uns in der Stadt also noch nicht gefährlich, umso mehr aber dem Land und allem, was ihnen da draußen in die Hände fällt.

Endete der gestrige Tag mit einer üblen Nachricht, so begann der heutige dafür mit einer umso besseren. Wahrhaftig, die ersten Abteilungen vom Reichsheer sind da! Sind auf Schiffen die Donau von Passau herunter gekommen und daher rascher gewesen als die Hauptmacht, die zu Land auf den schlechten Straßen nur langsam vorwärts kommt, zumal mit ihren schweren Troßwagen und Geschützen. Und was uns alle besonders freut: der oberste Feldherr der Reichstruppen, der junge Pfalzgraf Philipp, ist selbst mit dieser Vorhut mitgekommen. Auch hat er, wie er an Land gestiegen war, erklärt, er wolle nun mit Leib und Leben in Wien bleiben und mit der Besatzung alle Leiden tragen. Ist auch gleich ein Kriegsrat mit dem Salm abgehalten worden und darin fest beschlossen, daß man wohl alle Vorstädte wolle preisgeben, die Stadt selbst aber bis aufs Äußerste verteidigen. Das ist dann mit Trommeln und Pfeifen überall in der Stadt kundgemacht worden.

Wie die Ausrufer eben unter uns beim Kärntner Tor standen, holte uns der Hauptmann Weinwurmb von den Wehrgängen herunter und hieß uns antreten. Dann erklärte er uns, wir sollten nun ausmarschieren. Es sei zwar noch nicht unsere Aufgabe, mit dem Feind handgemein zu werden, — wohl aber sollten wir uns auf den Höhen im Süden der Stadt aufstellen, als starke Wache, um zu verhindern, daß von hier aus die Akindschi unversehens in das Tal des Wienflusses hereinbrächen, wo jetzt alles voll mit Flüchtlingen sei, oder daß sie gar, um die Stadt herum, nach Norden bis an die Donau vorstießen, denn dort seien auf der Straße von Kloster Neuburg her etliche Abteilungen des Reichsheeres in Anmarsch. Ein anderes Fähnlein sollte beim Stubentor ausrücken und verhindern, daß die Akindschi über die Vorstädte Erdberg und Landstraße allzu rasch an die Mauern heran kämen. Ein oder zwei Abteilungen Reiterei würden uns begleiten und beistehen, schloß der Hauptmann. — Dann trieben wir mit viel Geschrei die Flüchtenden auseinander und marschierten durchs Tor hinaus.

In mir war alles voll Spannung und Erregung, wenngleich ich mich schier selber verlachte, mußte ich mir doch sagen, daß wir heut kaum einen Türken zu Gesicht bekommen würden. Aber wie auch immer: war das nicht mein erster kriegsmäßiger Auszug? — Und dann merkte ich, daß es meinen Kameraden nicht anders erging, wenn die auch um vieles älter und erfahrener waren.

„Das ist bei unsereinem immer so“, brummte der Valentin, — „wenn man eine Zeit lang aus der Übung gekommen ist und hört dann

Bilder rechts:
Oben links:
Karl V., römisch-deutscher Kaiser, 1519—1556. Der spanische Habsburger vereinigte Gebiete unter seiner Macht, die an Umfang, Bevölkerungszahl und Reichtum ihresgleichen suchten. Er schuf ein Reich, in dem seinen eigenen Worten nach „die Sonne nicht unterging“. Karls Regierungszeit war erfüllt vom Gegensatz zu Frankreich, dem Kampf gegen den Protestantismus und der Türkengefahr.
Lithographie von Cajetano Palmaroli, nach einem Gemälde von Tiziano Vecellio, 1533 (ÖNB).

Oben rechts:
Ferdinand I. folgte seinem Bruder Karl V. 1556 auf den römisch-deutschen Kaiserthron und regierte bis 1564.
Stich von Barthel Beham (ÖNB).

Unten links:
Sultan Suleiman II., nach türkischer Rechnung der I., „der Große oder Prächtige“, von den Türken „Kamuni“ — der Gesetzgeber — genannt, herrschte von 1520—1566 und war einer der bedeutendsten Sultane. Unter ihm erreichte das türkische Reich seine größte Ausdehnung.
Stich von Melchior Lorichs, 1559 (ÖNB).

Unten rechts:
König Franz I. von Frankreich, 1515—1547, unterlag Karl V. bei der Kaiserwahl, führte gegen ihn vier Kriege und verbündete sich gegen den Kaiser mit den Türken.
Nach einem Gemälde von Tiziano Vecellio (ÖNB).

Bild umseitig:
Beim Austritt aus dem Triestingtal in das Steinfeld werden die Akindschi — etwa 10.000 Mann — von den Reichstruppen unter dem Oberbefehl des Kurfürsten Friedrich II. Pfalzgraf bei Rhein gestellt und vernichtend geschlagen. Die Zahl der in der Schlacht am Steinfeld gefallenen Türken schätzt man auf 6000—8000.
Holzschnittfolge Ostendorfer (Alb.).

Portrait de François 1.er
d'après le Tableau du Titien, qui est dans le Cabinet du Roi

DER GANCZ HAVF ZV FVESS

DER BOHEMISCH RAISIG
ZEVG
DIE WAGENBV

CLEMENS · VII · PAPA · FLORENTINUS ·

PAULUS III. an der Zahl der CCXXIV.
Römische Babst.
CONFIRMA HOC DEUS QUOD OPERATUS ES IN NOBIS.
Ist geborn zu Camin im Castrensischen Ge
biet im Jahr 1468 den 28 Februarii und zum Rö
mischen Babst erwehlet worden von 34 Cardinaln
im Jahr 1534 den 13 Octo bris, gekronet den 3. No
vembris. Hat regirt 15. Jahr, 25 Tag und 71 Car
dinales creirt, das Con cilium zu Mantua, Vi
cenz und Trient angestel let, ist gestorben im Jahr
1549. den 10. Novembris und zu Rom bey S. Peter
begraben.

LUDOVICUS 2dus 36 REX HUN.

auf einmal wieder die Sturmtrommeln und die Kartaunen. Wenn du erst eine Weile drin steckst, dann wunderst dich nur, wie sich einer erregen kann über so was."

Wir marschierten durch die Kärntner Vorstadt. Dann ging es durch den Ladislaus-Torturm hinaus und zwischen den rauchenden Trümmerfeldern der Dörfer Wieden und Matzleinsdorf durch. Vor uns lag ein kahler, langgestreckter Rücken, auf dessen Höhe düster das Hochgericht emporwuchs.

„Ist der Wiener Berg", erklärte uns der Wigand, der früher einmal eine Zeitlang in Wien Tischlergesell gewesen war, — „und das da drüben ist das Grenzmal des Burgfriedens." Ich folgte seinem Finger und sah, unweit der Richtstätte, auf der Höhe eine Steinsäule. Wie wir oben angelangt waren, hieß uns der Hauptmann halten. Ich trat an die Säule heran. Wie war das verwunderlich: da stand, weit und breit allein, mitten im Feld etwas, schier wie ein kleiner Stefansturm. Es war ein ansehnlicher Bau, an die fünf Mannslängen hoch, und doch von feiner Zartheit und Ebenmäßigkeit.

Der Wigand war zu mir getreten: „Wie gefällt dir das, Bruder?"

Bilder links:

Oben links:

Papst Clemens VII., 1523—1534, stand zunächst auf seiten Frankreichs, söhnte sich aber 1529 mit Karl aus und krönte ihn 1530 zum römisch-deutschen Kaiser. Die von Karl V. angestrebte Glaubensreform durch ein Konzil wußte Clemens zu verhindern (ÖNB).

Oben rechts:

Papst Paul III., 1534—1549, hauptsächlich auf der Wahrung der Machtstellung des Papsttums bedacht, neigte in seiner Politik bald zu Frankreich, bald zum Kaiserreich (ÖNB).

Bild unten links:

Ludwig II., König von Ungarn, 1516 auf den Thron gekommen, fand beim rivalisierenden Adel gegen die Türken wenig Unterstützung. Sein ungarischer Heerbann — angeblich von den Truppen Johann Zápolyas, die verspätet auf dem Kampffeld eintrafen, im Stich gelassen — unterlag den Türken 1526 in der Schlacht bei Mohacs. Ludwig ertrank auf der Flucht (ÖNB).

Bild unten rechts:

Johann I. Zápolya, nach Ludwigs II. Tod König von Ungarn, wurde von Suleiman II. in seinen Bestrebungen, ein ungarisches nationales Königtum zu errichten, unterstützt. Als „Gegenkönig" und Gegenspieler Ferdinands betrieb er eine sehr undurchsichtige Politik, indem er den 1538 in Großwardein mit Ferdinand geschlossenen Erbvertrag zu hintertreiben versuchte (ÖNB).

„Schön ist es, — und wie ein kleines Brüderlein von eurem Stefansturm."

Der Wiegand lachte: „Ist auch so, in der Tat! Hat derselbe Meister geschaffen, der Wiener Dombaumeister Hans Puchsbaum. Und doch ist das hier bloß ein Grenzstein. Freilich einer von ganz besonderer Art. Denn die Straße, die hier den Burgfrieden von Wien verläßt, führt nicht nur ans Meer und nach Venedig und ins Welschland, sondern auch nach Krain und Slawonien und weiter in die türkischen Länder hinein, wenn du willst, bis nach Konstantinopel. Und es ist schon viel auf dieser Straße auf uns zugekommen, Reichtümer und Güter sowohl als auch Feinde und Not."

Ich mußte schauen und sinnen: Was ist das für ein Land? — Seit Hunderten von Jahren liegt es im Kampf mit dem, was da drüben fern im Osten sich duckt und droht. Und es zerbricht daran nicht, sondern im Gegenteil: — aus diesem Kampf heraus wachsen ihm die Kräfte, daß es alles Schöne und Edle in sich zu höchster Vollendung reifen läßt. — Und stehen nicht viele solche Säulen hier im Land?

Gegen Süden schweifte der Blick über viele Meilen hinweg. Ganz eben zog sich das Land bis an den Fuß der Berge: weite Felder, von kleinen Gehölzen unterbrochen, und dazwischen eingestreut viele Dörfer. Freilich: Dörfer waren es gewesen. Jetzt qualmte es, soweit man schaute, stellenweise züngelten noch Flammen, und da war kein Dorf, das nicht ganz oder zum guten Teil zerstört war. Wie viele mochten da draußen erschlagen zwischen und unter den Trümmern liegen?

Da stieß einer einen Ruf aus und zeigte hinaus, halb rechts. Dort sprengte ein Schwarm Reiter über die Felder, kleine graue Punkte, — und dahinter kamen immer mehr zwischen den brandgeschwärzten Mauern eines Gutshofes hervor. Die Augen brannten uns, und unsere Herzen klopften. Aber was konnten wir schon tun? Ja, wenn sie auf uns angeritten gekommen wären, — da hätten wir den Igel gebaut, wie wir es gelernt haben, und sie in unsere Spieße rennen lassen!

Nun erscholl auch hinter uns Rasseln und Stampfen, und wie ich in die andere Richtung schaute, aus der wir gekommen waren, sah ich eine wogende Reitermasse die Landstraße heransprengen. Fast hätte mich der Schrecken überkommen, auch das wären Türken, — aber gleich darauf erkannte ich: das waren ja die gepanzerten Lanzenreiter, die uns beigegeben waren. Und an ihrer Spitze ritt der Brabanter Marquis, der freilich jetzt, mit Helm und Küraß, viel weniger freundlich ausschaute.

Die Reiter hielten auf der Anhöhe, der Marquis und der Weinwurmb wechselten ein paar Worte, dann galoppierten sie mit eingelegten Lanzen querfeldein den Hang hinunter. Uns klopfte das Herz, Geschrei brandete auf: „Zeigt es ihnen — gebt es ihnen!" — Aber auch die Türken bemerkten nun, was da herankam, wendeten blitzschnell, — und als unsere Reiter das Feld vor dem Dorf erreicht hatten, waren jene verschwunden. — Geordnet, aber dadurch um vieles langsamer, rückten die Unsrigen nach.

Eine Stunde später waren die Panzerreiter wieder bei uns. Der Marquis hatte den Helm abgenommen, sein Gesicht war grau, und jede Fröhlichkeit war daraus gewichen. — „Was ein smutzige Krieg das, — diable! — Wenn du willß packen die Feind, un' er echappiert dir ßwischen die Finger, wo du greif nak ihm. — Un' dann du komm' in ein Village, wo er is gewest, — un' du finß klein Kinder drinnen un' aufgespießen auf Saunfähle —." — Er schwieg. — Dann leise: „Wo ist ein Gott in 'immel un' laß das ßu?"

Er wandte sein Pferd und ritt gegen Westen davon, und seine Reiter folgten ihm, schweigend und finster wie er selbst. —

Da es bereits zu dämmern begann, ließ der Hauptmann sammeln, und wir traten den Heimmarsch an. Wir zogen jetzt gleich hinunter gegen das Tal der Wien, um dann auf der bayrischen Landstraße in die Stadt zurück zu marschieren. Dort, wo im sogenannten Gatterhölzel das kaiserliche Jagdschloß liegt, erreichten wir den Fluß.

Das war wieder recht traurig, was wir hier zu sehen bekamen. Der Wienfluß ist in dem heurigen regenreichen Jahr vielmals über seine Ufer getreten, und so ist jetzt die Straße über weite Strecken ein einziger Sumpf, in dem alles erbärmlich stecken bleibt. War also da jetzt ein Gewimmel von Wagen und Pferden und Menschen, ein Gejammer und Geschrei, — und auf all dem lag die Angst vor den türkischen Streifscharen, welche man nur mehr wenige Meilen entfernt wußte. — Wir erzählten, wie unsere Reiter die Akindschi jenseits des Wiener Bergs verjagt hätten, — aber es gelang uns nicht, die Angst und Aufregung zu dämpfen.

Hier irgendwo mitten drin mußte wohl auch des Meister Ellingers Familie stecken. Und als ich den und jenen nach ihnen fragte, sagte mir auch wirklich eine Frau, ja, die seien eine Stunde vor ihnen aufgebrochen. Ob die Jungfer Annerl und der junge Wispeck auch dabei gewesen wären, wollte ich wissen. — Nein — und soviel sie erfahren hätte, wären die überhaupt in der Stadt geblieben.

Wie wir uns nun wieder in Marsch setzten, da hörte ich aus einer Menschengruppe ein jämmerliches Kinderweinen, das mir sehr bekannt vorkam. Ich drängte mich durch die Leute, und wirklich: da stand der kleine Michel, abgerissen und schmutzig vom Kopf bis zum Fuß und herzzerreißend schluchzend und wimmernd.

„Micherle!" rief ich, — „wo kommst denn du her?" und packte das Bübel und hob es hoch.

„Ja, was machst denn du da? — Wo ist denn deine Mutter?"

„Foort!" wimmerte der Michel und begann wieder zu heulen.

„Die müssen ihn verloren haben in dem Getümmel", mischte sich einer der Umstehenden ein, „können ihn ja mitnehmen, — aber wie findet der dann wieder zu seiner Mutter!“

„Aber ja!“ rief ein anderer dazwischen, ein bärenstarker Mann, — „setzt ihn auf meinen Wagen! — Und schauen wir, daß wir rasch von hier weiterkommen!“

Da war mir plötzlich, als ob es in mir riefe: Nein! — Und ohne lang zu überlegen, sagte ich: „Ist nicht Not, Herr. Ich kenn den Vater, ist der Meister Ellinger, — ich bring das Bübel schon heim!“ — Und dann, zu dem Michel: „So, — und ich bin jetzt dein Rössel, und du bist einer von der kaiserlichen Reiterei und galoppierst in die Stadt hinein zum Vater.“

In der Stadt angekommen, stieg ich zuerst noch einmal auf unseren Wehrgang beim Kärntner Tor hinauf. Drüben in den Vorstädten war das Lodern und Flackern der Flammen erstorben, und nur mehr düsterrotes unheimliches Glosen lag zwischen den schwarzen Mauerstümpfen.

Noch immer rumpelten einzelne Fuhrwerke beim Tor hinaus. Gespenstisch war es, wie die Schattengestalten der Wagen, Rösser und Menschen drüben zwischen den Gluten verschwanden, — ganz so, als lauere da draußen die Hölle, um ihre Opfer zu verschlingen.

Dann ging ich heim. Das Haus war wie ausgestorben, denn mit des Meisters Frau und Söhnen waren auch die alte Kathrin, die junge Magd und der Stoffel, der Hausknecht, fortgezogen. Den Michel hatte schon der von Moranville wohlbehalten abgeliefert. Ich erwartete, der Meister werde verärgert sein, daß es mit dem Kind nicht nach Vorhaben gegangen war, aber er tat nichts dergleichen. Im Gegenteil: als der Michel dann erschien, um Gute Nacht zu sagen, da packte ihn der Meister plötzlich, riß ihn an sich und herzte ihn, wie ich es bei dem strengen Mann nicht für möglich gehalten hätte.

Auch sonst schien mir der Meister irgendwie verändert — weniger fest und selbstsicher. Das mag daran liegen, daß von den Wiener Bürgern und Zunftmeistern, auf die der Ellinger so große Stücke hielt, fast alle geflüchtet sind und ihn allein gelassen haben. Der Buschhausen hat uns heute erzählt, daß von den viertausend gemusterten wehrfähigen Wiener Bürgern ganze drei- oder vierhundert auf ihren Posten geblieben seien, — also kaum jeder zehnte! Auch von den zwölf Ratsherren der Stadt sind nur drei verblieben.

„Es mag wohl einst so gewesen sein“, hat der Hauptmann nachdenklich hinzugesetzt, — „daß die Bürger selbst tapfer ihre Mauern geschützt haben. Aber mit wachsendem Besitz und Wohlleben nimmt offensichtlich der kämpferische Geist ab. So ist denn heute das Kämpfen des Landsknechts alleiniges Vorrecht geworden, so wie das Geschäftemachen dem Bürger seines. Und es darf kein Bürger sich beklagen, wenn unsere Leute dem Stolz des Bürgers nun den Standesstolz des

Soldaten gegenüberstellen. Gebe Gott, es komme eine Zeit, in der jeder Bürger wieder zugleich Soldat ist!“

Ich wäre neugierig gewesen, ob der Ellinger ihm darauf etwas zu antworten gewußt hätte. Es kam aber heute zu keinem Gespräch dieser Art mehr, denn das Abendessen verlief sehr still. Das Annerl, das auch dabei saß, war um nichts weniger gedrückt und einsilbig als ihr Vater.

Als wir danach noch schweigend beisammen saßen, erschien ein mir fremder Mann und vermeldete, er habe einen Brief vom Junker Wispeck abzugeben. Ich sah, wie das Annerl dabei bleich wurde.

Der Meister erbrach das Siegel, las, — um seine Lippen kam ein bitterer, verächtlicher Zug.

Er reichte mir das Papier: „Da, — ich bitt Euch, lest es laut vor!“

Und da las ich nun: „Hochverehrter Meister. — Etwelcher neu hinzugekommener Besorgungen im Gewerb meines Vaters wegen sehe ich mich genötigt, die Stadt doch zu verlassen. Ich werde mich bemühen, dabei auch Eure geschäftlichen Belange nach bestem Können zu fördern. Wenngleich ich nun sicher hoffe, daß Euch und Eurem Hauswesen in der nächsten Zeit keinerlei Unbill widerfährt, so wäre es mir dennoch ein Herzensbedürfnis gewesen, Euch, verehrter Meister, und insonderheit der Jungfer Annerl mit Rat und Hilfe zur Seite zu stehen. Wenn ich nun leider in Hinblick auf jene höheren geschäftlichen Überlegungen, auf diese Ergötzlichkeit verzichten muß, so hoffe ich, in Bälde Euch und Eurer Familie wieder mit meinen Diensten aufwarten zu können. Bis dahin werde ich nicht ablassen, Eurer und vor allem der Jungfer Annerl unablässig im Herzen zu gedenken.“

Ich ließ das Blatt sinken. — Das Annerl saß drüben, stumm und wie aus Wachs geformt, — und sie tat mir rechtschaffen leid.

„Welch schöne Worte!“ sagte der Meister, und sein Mund wurde ganz schmal und scharf. — „Sagt, Konrad, könnt Ihr auch so schöne Briefe schreiben?“

„Nein! — Das kann ich nicht! — Aber dafür anderes. — Womit man in Kaufmannskreisen freilich weniger Gewinn erzielt. — Und was Eurer Ansicht nach daher wohl weniger wertvoll ist!“ sagte ich.

Aber der Meister Ellinger antwortete nichts.

Am 22. Septembris

Gestern sind die ersten türkischen Renner und Brenner vor der Stadt erschienen. Wie Zugvögel des Todes sind sie zwischen den Ruinen der Vorstädte aufgetaucht und ausgeschwärmt. Am Abend sind dann neue Feuersäulen draußen im Land aufgestiegen, diesmal schon weiter gegen Westen hin, bis zu den Hängen des Wiener Waldes.

Und in der Nacht haben die Akindschi das Kloster von Sankt Theobald überfallen und angezündet. Von den Mönchen sollen an die hundert erschlagen oder in den Flammen umgekommen sein, der Rest wurde gefangen fortgeschleppt; nur ein Dutzend etwa hat sich in die Stadt retten können. War ein großes Jammern und Wehklagen draußen, daß wir es bis in die Mauern herein gehört haben.

„Das haben die jetzt davon!" hat der Pater Heinrich geknurrt, — „alles dem Lieben Gott überlassen und selber nur zuschauen wollen! — Hätt' sich von denen jeder rechtzeitig um so ein Streitkölbel umgeschaut, dann wär es ihnen besser ergangen!"

„Sind aber doch alle jetzt Märtyrer geworden für Gott und Christi Glauben?" warf der Wigand ein.

„Ha, — Märtyrer! — Wie ich den Herrgott kenn, hat der jetzt mehr Freud über einen, der drei Türken den Schädel einschlägt. Wenn wir jetzt nichts anderes hätten als Märtyrer, dann läg des Kaisers und Christi Sach sehr im argen!"

Die Arbeiten an den Stadtmauern werden auch angesichts des Feindes fortgesetzt. Und es müssen jetzt alle heran, ob jung oder alt, Männer wie Frauen, die verbliebenen Stadtbürger ebenso wie die Leute aus den Vorstädten und Dörfern. Da schaffen sie Steine und Erde herbei, da schaufeln sie die Gräben frei, hier erhöhen sie die Wälle und schützen sie mit Planken und Palisaden, und dort flicken sie die Mauerrisse mit Steinen und Mörtel und stützen alles inseitig mit Balken und Pfählen ab. Und in der Stadt selbst werden die hölzernen Dächer abgedeckt, die Feuerbottiche gefüllt, Leitern, Eimer und Feuerhaken bereitgestellt, und was derlei Arbeiten noch mehr sind; weiß man doch, daß die Türken mit glühenden Eisenkugeln in die belagerten Städte schießen, um so Feuersbrünste zu entfachen und die Einwohner damit zur Verzweiflung und zur Übergabe zu treiben.

Heute nun sind die ersten Abteilungen vom eigentlichen türkischen Heer vor der Stadt erschienen und haben zwischen der Landstraße und der Wieden ein Lager aufgeschlagen. Von der Mauer aus können wir es gut sehen. Ein großmächtiges Zelt steht in der Mitten; darin muß wohl ein Pascha hausen, wie die Türken ihre Herzöge oder Grafen nennen. — Sie halten sich bis jetzt von den Mauern fern, warten wohl ab, bis sie alle Kräfte gegen uns gesammelt haben.

Am 23. Septembris

Den ganzen Tag über sind heute die türkischen Heeresabteilungen anmarschiert gekommen. Ihr Lager reicht jetzt schon von der Donau bis ins Tal der Wien und bis auf den Wiener Berg hinauf. Sie haben gleich begonnen, rings um das Lager Gräben und Schanzen anzulegen und darauf ihr Feldgeschütz aufzustellen, von dem man an die dreihundert Stück gezählt hat. Sie werfen auch unmittelbar vor den Stadtmauern Schanzen auf, sicher wohl, um hier ihr Belagerungsgeschütz in Stellung zu bringen. Zwei von den Schanzen liegen gerade uns vor der Nase: die eine auf dem Wall beim Ladislausturm, die andere bei der Heiligengeistmühle nächst dem Spital.

Freilich: wenn uns das Verdruß schafft, was sie da draußen tun, so mag es denen selbst auch keine rechte Freude bereiten. Es hat die Nacht über heftig geregnet, ist jetzt kalt und feucht und nieselt noch in einem weiter. Und wenn wir den Türken nun zuschauen, wie sie da drüben in dem zähen, schmierigen Lehm herumwühlen, so fühlen wir uns auf unseren wohlgedeckten Wehrgängen recht behaglich und geborgen. So ist uns das üble kalte Wetter nun wahrhaft ein lieber Bundesgenoß geworden, daß wir uns über jeden Regentropfen freuen.

Während wir so recht geruhsam den Türken zuschauten, hörten wir auf einmal weit links von uns in der Gegend des Stubentores Kampflärm mit Geschrei und Büchsenknallen. Der Hauptmann Weinwurmb, der eben die Runde machte, belehrte uns, fünfhundert kaiserliche Reiter machten dort einen Ausfall.

„Was ist eigentlich der Zweck“, fragte ich den Valentin, als der Hauptmann gegangen war, „daß man solche Ausfälle macht? — Ist das nicht Mutwillen, wo der Feind uns doch so überlegen ist, und wir uns hinter den Mauern viel besser schützen und wehren können?“

Der Valentin schüttelte lachend den Kopf. — „Schau“, sagte er, „für den Sultan wär’s doch auch am einfachsten, er bliebe in seinem Lager sitzen und wartete, bis wir nichts mehr zu fressen haben und uns freiwillig ergeben, — oder nicht?“

„Nein, das wohl nicht. Denn da könnt er schön lang warten, jedenfalls bis in den Winter hinein, und das wird er sich wohl überlegen. Außerdem kann er nie wissen, ob nicht eines Tages ein Entsatzheer auftaucht und zusammen mit uns ihn in die Zange nimmt.“

„Sehr richtig! Der Sultan wird also versuchen, die Stadt mit Gewalt zu zwingen. Er wird trachten, unsere Befestigungen zu zerstören, sie mit Geschützen zu zerschießen, Gänge vorzutreiben, Minen springen zu lassen und dergleichen mehr. Es ist dies aber alles langwierig und bedarf vieler Arbeit. Je mehr wir nun die Türken dabei stören, desto besser bleiben uns unsere Mauern und Türme erhalten, desto weniger kann er sie erstürmen und desto eher muß er unverrichteter Dinge wieder abziehen.“

„Werden also viele Ausfälle gemacht werden?“

„Sicherlich! — Alle zwei, drei Tage, vielleicht an manchem Tag auch gleich ihrer etliche. Der Türk soll nie zur Ruhe kommen, richtig müd und mürb muß er werden!“

„So werden wir auch bald mit dabei sein bei so einem Ausfall?" fragte ich voller Kampfbegier und doch mit klopfendem Herzen.

„Ei freilich!" lachte der Valentin, — „laß dir nur Zeit! — Wirst dich nicht zu beklagen haben über lange Weile!" —

Eine Stunde später erreichte uns die betrübliche Nachricht, daß unsere Reiter bei ihrem Ausfall in einen Hinterhalt geraten seien. Etliche sind getötet worden oder gefangen, darunter auch der Graf Hans von Hardegg, welcher den Ausfall angeführt und sich dabei zu weit vorgewagt hatte. —

Wien, am 25. Septembris

Gestern und heute ist das Lager des türkischen Heeres immer mehr angewachsen: von Sankt Theobald auf der Laimgruben bis ins Tal von Sankt Ulrich, dem Burgtor gegenüber; aber die Hauptmasse liegt Aug in Aug mit uns vor dem Kärntner Tor. In der Schanze beim Ladislausturm haben sie vier Feldschlangen aufgestellt, und in der anderen bei der Heiligengeistmühle sind auch einige Stücke. Sie haben auch schon hier und dort ein Geschütz abgefeuert, wohl bloß, um zu versuchen, ob die Stücke auch gut trügen bis herüber zu den Mauern.

Draußen in den Feldern und zwischen den Häuserruinen sieht man überall Türken herumwimmeln; an die Mauern heran getrauen sie sich aber noch nicht. So sind heute ein paar Fähnlein von den Unsrigen nochmals in die Vorstädte hinaus und haben überall dort Feuer gelegt, wo beim ersten Mal die Häuser noch nicht richtig gebrannt haben. Sollen, alles in allem, in den Vorstädten an achthundert Behausungen zerstört worden sein, von Adeligen wie von Bürgern, Kirchen wie Klöster. Daneben hat sich auch allerhand Gelichter in den Vorstädten herumgetrieben, aus dem Stadtvolk und von den Flüchtlingen, und hat gestohlen und geplündert, bis der Salm mitten in der Stadt auf dem Lugeck einen Galgen hat aufrichten lassen und verkünden, daran solle jeder gehängt werden, der sich an fremdem Eigentum vergreife.

Während von Süden und Osten die Türken heran gerückt sind, ist zur selben Zeit von Westen und Norden der Rest des Reichsheeres in die Stadt gezogen. Die letzten Abteilungen sind heut gerade noch vor den Augen der Türken beim Salztor drüben an der Donau hereingekommen. Freilich, es ist dieses ganze Reichsheer nun doch um etliches kleiner, als der Salm zuerst vermeint hat, und zudem ist viel liederliches Gesindel darunter, ohne alle Erfahrung und Kriegszucht und schlecht bewaffnet und versorgt, maßen die Reichsstände eben wieder einmal beim Werben und Rüsten gespart und geknausert haben.

So stehen jetzt alles in allem kaum 20.000 Bewaffnete in der Stadt.

Das ist wenig, wenn man bedenkt, daß die Mauer rundherum gut eine halbe Meile lang ist. Und dann ist auch zur Gewißheit geworden, daß die welschen Schiffsleute, die unsere Flottilla auf der Donau sollten bemannen, nicht kommen werden. Die sind noch immer in Linz und haben dort denen vom Reichsheer mit vielen Worten auseinandergesetzt, was alles sie noch zurüsten müßten, und sich bei Gott und allen Heiligen noch nicht auf die Weiterreise machen könnten. — So hat der Salm nun Befehl gegeben, die schönen Schiffe teils zu verbrennen, teils zu versenken, auf daß sie den Türken nicht in die Hände fallen.

Sind die Welschen aus Italien also ausgeblieben, so waren dafür beim Reichsheer etliche Fähnlein Hispanier, Reiter sowohl als Fußvolk. Von denen hab ich nun schon viel gehört, vornehmlich freilich Übles. — Wilde Gestalten sind das, mit schwarzen Haaren und brennenden Augen, und wenngleich sie nachlässig und zerlumpt gekleidet sind, so geben sie sich, als wären sie allesamt und sonder Fürsten und Grafen.

Und als ich nun gestern abend zu meinem Quartier kam, da stand doch wahrhaftig einer von denen ihren Offizieren vor dem Haus, neben einem Troßwagen, von dem ein paar Knechte eben etliche reichbeschlagene Koffer und Reisetruhen abluden.

„He, Kerl!" rief er mich an. — „Liegst du hier im Quartier?" — Er sagte es fast in reinem Deutsch, so daß ich mich sehr verwunderte.

Er war ein schlanker, sehniger Mann, nicht eben groß, — mit schmalem, fahlem, fast gelblichen Gesicht, einem spitzen schwarzen Kinnbart und Augen wie Kohlen.

„Nun, — kannst du nicht reden? — Oder verstehst du mich nicht?" fragte der Hispanier scharf und ungeduldig.

„Ja, — ich bin hier im Quartier im Haus des Meisters Ellinger."

„Dann geh und sag dem Meister, seiner Majestät des Königs von Hispanien Kapitän, Don Rodrigo Sanchez de Aguilar y Inestrellas, werde bei ihm Quartier beziehen!"

Was hat der mit mir herumzukommandieren, dachte ich mir, als ich bereits unterwegs war, seinen Worten zu gehorchen. — Don Rodrigo Sanchez de Aguilar y Inestrellas, — wie das klang! Vielleicht ist es ganz in der Natur, daß ein Volk, das solche Namen trägt, auch so anmaßend und hochfahrend sein muß wie diese Hispanier. Kapitän, — und, das ist soviel wie bei uns ein Hauptmann. — Nun, wir werden ja bald sehen, ob hinter diesem stolzen Namen und Titel auch sonst noch was steckt.

Der Meister Ellinger war wenig erfreut über die neue Ehre, die da seinem Haus widerfuhr. Und er hätte zu anderen Zeiten wohl sich widersetzt oder zumindest scharfe Worte gebraucht; — aber jetzt ist es, als wäre ihm im Inneren etwas gerissen oder gebrochen. So hat er sich dann nicht einmal gewehrt, wie der hispanische Kapitän das leergewordene Schlafzimmer der Meisterin für sich in Beschlag nahm und nebenan ins Gesindezimmer drei seiner Knechte steckte.

Als ich danach in der Eßstube saß und auf den Meister wartete, trat der Hispanier ein. Er maß mich von oben bis unten und sagte dann zum Ellinger, der hinter ihm nachgekommen war: „Ich bin es nicht gewohnt, mit gemeinen Knechten zu Tisch zu sitzen!"

In mir kochte es; — am liebsten hätte ich ihm frei heraus gesagt, was ich von ihm hielte und von seinem Benehmen. Aber das wäre mir wohl übel bekommen. So beherrschte ich mich, stand mit geballten Fäusten auf, verneigte mich kurz vor ihm und sagte:

„Sehr wohl, mein Herr Kapitän. — Und so hoff ich denn, daß wir einander bald auf den Mauern im türkischen Kartaunenfeuer begegnen, wo es für einen Offizier seiner hispanischen Majestät keine Schande mehr bedeuten dürfte, einen gemeinen Knecht neben sich zu haben!" — Und ich wollte an ihm vorbei zur Tür hinaus.

„Halt, Amigo!" pfiff der Hispanier, und er schien mir reichlich erstaunt und verblüfft, aber nun nicht gerade feindselig.

„Wenn ich so etwas bei uns daheim zu hören bekomme", sagte er nach einer Weile, — „so verwundert's mich nicht. — Bei euch hier hingegen wundert's mich schon sehr!" — Und dann, kurz, hinwerfend: „Setz dich wieder hin!"

Nein, — für solche Gnaden dank ich! — „Herr Kapitän, — ich möchte Eure Güte und Herablassung nicht mißbrauchen und Euch daher meine entwürdigende Nachbarschaft vorerst doch ersparen!" So sagte ich und mühte mich nicht sehr, meinen Hohn zu verbergen.

Der Hispanier zog die Augenbrauen hoch. — „Setz dich hin!" sagte er nochmals, ganz leise und scharf.

Da setzte ich mich. Und ich glaube, ich habe mehr seinen Augen gehorcht als seinen Worten.

So saß ich also nachher beim Essen zwischen dem Meister und dem Don Rodrigo, dem Annerl gerade gegenüber, — aber es wurde nichts weiter geredet als ein paar leere Worte, wie sie unter gebildeten Leuten allezeit üblich sind und doch nie etwas besagen. —

Das war gestern am Abend gewesen, — da hatte noch keiner geahnt, wie sehr einen Tag später Verzweiflung und Schmerz in demselben Hause herrschen sollten.

Es sind zusammen mit dem Reichsheer auch immer noch vereinzelte Flüchtlinge die Donau entlang in die Stadt gekommen, welche den Akindschi entgangen waren. Und wie wir heute um Mittag wieder auf der Mauer gestanden sind, kam auf einmal eine Frau und erzählte aufgeregt, es wären unter den zuletzt noch Gekommenen auch etliche aus der Stadt Wien selbst, und zwar von denen, die vor wenigen Tagen erst die Stadt verlassen hätten. Denn hinter dem Rieder Berg, im Tullner Feld schon, sei der ganze Flüchtlingszug von den Akindschi eingeholt und niedergemetzelt worden.

Mir griff es kalt ans Herz: des Meisters Ellinger Familie; — mußte die nicht auch unter denen gewesen sein? — Ich sagte es dem Valentin.

„Bleibst da!“ entschied der, „und wart ab! — Ich will einmal den Wigand ausschicken, der soll uns Nachricht bringen.“

Gar nicht lange, so war der Wigand schon wieder da, bleich und verstört, und die Worte wollten ihm kaum aus dem Mund.

„Zwischen Tulln und Traismauer ist es geschehen. — Viele tausend liegen dort erschlagen, Bürger mit Frauen und Kindern, Priester, Mönche, Nonnen. — Die Ellingerischen sind auch unter denen; der Hausknecht, der Stoffel, ist dem mit Not entgangen. — Er ist jetzt da.“

Ich fürchtete mich heute vor dem Nachhausekommen. Was sollte ich zu denen sagen, — zum Annerl — und zum Meister? — Daß dessen kalte und nüchterne Überlegung die Hauptschuld an dem Unglück trägt, — das zu sagen, war jetzt doch nicht der rechte Augenblick.

Aber als ich zu meinem Quartier kam, stand nur der Stoffel in der Hauseinfahrt mitten in einem Kreis aufgeregter Nachbarn und erzählte ihnen seine Erlebnisse:

„Tot, — tot — alle tot! Die Meisterin — die drei Buben — die Kathrin — und der Kasper, der Roßknecht, — nur die Mechtild, die junge Magd, die haben sie davon geschleppt. Mir haben sie eine über den Grind gedroschen, da —“ — und er zeigte auf den blutverkrusteten Verband auf seinem Kopf. — „Aber das war mein Glück. — Hab mich unter den Wagen fallen lassen und so getan, als ob ich tot wär, und da haben sie sich um mich nicht mehr geschert. — Und wie sie endlich weg waren, bin ich auf und davon, der Donau zu, — bis mich unsere Kriegsleut zusammengeklaubt und mitgenommen haben.“

Der Stoffel war ein kleiner vierschrötiger Bursche, nicht gerade der Schönste und wohl auch nicht der Klügste, aber ein braver Knecht; wie er jetzt dastand und ihm die Tränen über die Wangen rannen, wollte mir selbst schier das Heulen ankommen.

„Hat sich denn niemand gewehrt gegen das Mordgesindel?“ stieß einer der Zuhörer heraus, — „müssen doch genug der Unseren gewesen sein, und Männer in Menge dabei!“

„Aber nein, — gezittert haben sie und gejammert. Viele sind auch querfeldein davon gerannt, aber die Türken auf ihren flinken Pferden haben sie bald eingeholt und sie niedergehauen, wo sie gerade waren.“ — Und er schlug in Grauen die Hände vor die Augen.

„Und der Junker Wispeck? — Ist der auch tot?“ fragte ich.

Der Stoffel starrte mich an: „Der Junker Wispeck? — Der war ja gar nicht bei uns.“ — Doch dann dämmerte ihm ein Erinnern auf: „Ach ja, — der hat uns spät am Abend noch überholt, bei Purkersdorf irgendwo, er ist zu Pferd gewesen. Hat uns auch noch beruhigt, der Türk wär noch weit und alles sicher. Hat gemeint, er wolle nicht auf der Reichsstraße bleiben, sondern hinter Purkersdorf über die Berge weiterreiten. — Der wird gewiß gut durchgekommen sein."

Am 26. Septembris

Jetzt ist die Stadt ringsum völlig eingeschlossen. Die Türken haben ihr Lager über den Alser Grund und Sporkenbühel nach Norden hin bis an die Donau ausgedehnt, auf dem Strom sind ihre Schiffsleute, die Nassern, mit einer großen Flottilla dahergekommen, haben die Brükken und den Tabor bei der Wolfsau in Brand gesteckt und uns so auch auf der Wasserseite abgeschnitten. Das türkische Lager ist freilich nicht ein einziger Ring, vielmehr sind es sechzehn einzelne Zeltstädte, — jede mit Wall und Graben umzogen, und dazwischen freies Land. Es sprengen aber allezeit Berittene hin und her, und so dürfte es nur schwer einem gelingen, sich aus der Stadt hinaus zu schleichen. Der Sultan selbst soll draußen in Simmering sein Lager haben, die Donau abwärts, und man kann, wie sie uns erzählen, vom Stubentor aus weit draußen sein riesiges rotseidenes Zelt erkennen.

In der Stadt hat der Salm die Mauern jetzt in sechs Quartiere eingeteilt, auf daß bei der Verteidigung alles geordnet und klar zu überschauen sei. Das erste Quartier reicht vom Roten Turm an der Donau zum Biberturm und davon weiter über das Stubentor bis an die Kärntner Vorstadt. Hier im Stubenviertel, wo sich das breite sumpfige Tal des Wienflusses wie ein natürlicher Burggraben vor der Mauer hinzieht, ist offenkundlich die sicherste Ecke der ganzen Stadt, und so hat man dieses Stück mit einem Teil der Reichstruppen besetzt, welchen der Pfalzgraf Philipp selbst befehligt. Daran anschließend, an der Kärntner Vorstadt und über das Kärntner Tor hinaus bis zu den Augustinern, stehen wir, der Eck von Reischach mit seinen sechs Fähnlein, die allesamt im Land Österreich ob und unter der Enns angeworben sind. Daran schließt sich dann, im Bereich der Burg und des Burgtores, der Abel von Holneck mit sechs steirischen Fähnlein. Von dort bis hinüber zum Schottentor steht der Leonhard von Fels mit sieben Fähnlein vom Alten Haufen, alles altgediente Kriegsleute aus des Kaisers Erblanden. Mit ihnen soll ein Teil der Wiener Bürgerwehr beim Schottentor auf den Mauern aufgestellt werden. Dann folgt, vom Schottentor bis über den Judenturm hinaus zum Werdertor, der Reinprecht von Ebersdorf mit zwei Fähnlein Landsknechten, — es ist dies das Aufgebot aus dem Land unter der Enns wie auch das Fußvolk, das die Städte gestellt haben, — und mit den Hispaniern, und zuletzt, wo die Gefahr wieder geringer wird, vom Turm im Elend zur Donau hinunter und bis zum Roten Turm, den Ring beschließend, der Ernst von Brandenstein mit den böhmischen Hilfsvölkern und der Wilhelm von Wartenberg mit dem Rest des Reichsvolkes. Oberster Befehlshaber in der ganzen Stadt ist der Graf Niklas Salm, und ihm zur Seite steht als obrister Feldhauptmann sein Schwager, der Wilhelm von Roggendorf. — Das alles hat uns der Hauptmann von Buschhausen erklärt, wie er bei uns auf dem Wehrgang vorbeigekommen ist. Mit der Verpflegung, hat er uns erzählt, stünd es nun etwas besser, zumal es in letzter Stunde noch gelungen sei, aus dem Marchfeld über die Donaubrücken ein paar große Fuhren Getreide und Mehl wie auch etliches an Vieh herein zu bringen. Jetzt freilich sei an Nachschub nicht mehr zu denken, denn seit zwei oder drei Tagen umkreisen die Renner und Brenner die Stadt und fangen unweigerlich ab, was noch unterwegs ist. Zur Not kommt dann und wann ein reitender Bote durch.

Von den Häuptern der Bürgerschaft sind nur der Bürgermeister Wolfgang Treu, der Stadtrichter Paul Pernfuß und drei Ratsherren geblieben. Denen obliegt es jetzt, in der Stadt die Ordnung aufrecht zu erhalten und dafür Sorge zu tragen, daß die Verwundeten gepflegt und betreut werden. Mehr Mut als die Stadtväter haben schon des Kaiser Beamte gezeigt: denn es ist nicht nur der Statthalter Georg von Puchheim und der Landkanzler Niklas Rabenhaupt von Sucha zurückgeblieben, sondern auch der Vizedom Max Beck von Leopoldsdorf, und neun Kriegs-, Regiments- und Kammerräte.

Am 27. Septembris

In der Stadt herrscht nun eine Ruhe, daß man sich darüber verwundern könnt. Ist auch zu verstehen: wer jetzt noch hier ist, muß bleiben und aushalten, ob er will oder nicht, und er muß sich damit abfinden. Es sind die Menschen jetzt also auch in ihrem Inneren gefaßter und ruhiger als noch vor ein paar Tagen. Mag auch sein, weil die ärgsten Angstmacher und Unruhestifter fortgezogen und die Beherzten und Standhaften geblieben sind. Weiß jeder, daß die Ruhe bald ein Ende haben wird, wenn der Feind zu stürmen anhebt.

In vielen Herzen herrscht heut Kummer und Trauer über liebe Angehörige, die in den vergangenen Tagen aus der Stadt geflüchtet sind und die man nun, sofern man nicht auf Wunder hofft, verloren geben muß. Kann mich freilich dabei eines harten Gedankens nicht erwehren: Wenn wir hier auf Posten stehen und ihn nicht verlassen dürfen noch wollen, dann soll wohl ein Bürger der Stadt, die wir verteidigen, ebenso auf seinem Posten stehenbleiben. Die nun ihren Posten verlassen haben, die hat Gott durch die Türken mit Weib und Kind geschlagen, draußen auf dem Tullner Feld.

Es war vielleicht nicht gut, daß ich eben solche Gedanken im Kopf trug, als mir der Meister Ellinger zum erstenmal wieder begegnete. Denn so konnte ich ihm gar nicht recht aus dem Herzen Zuspruch leisten. Redete vielmehr nur so mit gesuchten und gedrechselten Worten herum. Er sah mit seltsam starren Augen an mir vorbei und sagte, als ich verstummte, — und seine Stimme klang wie von weit her:

„Konrad, — erklärt mir, wie das kommt! — Ich bin Handwerker, Kaufmann, Bürger; — Ihr wart Student und seid jetzt Kriegsknecht. — Ihr habt andere Ansichten als ich, gönne es jedem, daß er sich die Welt auslegt, wie er will. — Aber, Konrad, — eines ist mir doch gewiß: daß ich nicht nur mehr gelernt und mehr erfahren hab im Leben und daher auch klarer und richtiger denk als Ihr und die anderen, — daß ich nur von dem ausgehe, was so klar und sicher ist wie das Einmaleins. Denn die ganze Welt ist nichts als ein riesiges Rechenexempel, und wenn es einen Gott gibt, dann ist er der größte Rechenmeister! Daher ich also nicht träume wie andere, sondern denke! Klar in Gedanken füge, wie es ist und sein muß, — wo ihr alle im Nebel bloß dem nachjagt, von dem ihr wünscht, daß es sein sollte. — Und nun, — wie ist es möglich, daß einem einer dann plötzlich einen Strich durch die ganze Rechnung macht und sagt: falsch!"

„Meister Ellinger, — es mag wohl sein, daß Ihr wirklich so klar und richtig gedacht habt. Aber mit dem Denken kommt Ihr nur an die eine Seite der Welt und des Lebens heran, die andere Seite aber müßt Ihr fühlen. Das ist zwar dann oft weniger klar — aber dem zum Trotz nicht weniger wahr. — Meister, Ihr habt wohl bisher auf Euern Kopf zu viel vertraut und darüber versäumt, in Euer Herz zu horchen."

Er schwieg — lange. — Dann kam es ganz leise aus ihm heraus: „Hab ich überhaupt — ein Herz?"

„Indem Ihr so fragt, zeigt Ihr bereits, daß Ihr eines habt!"

Er streckte mir die Hand hin: „Ich dank Euch, Konrad! — Ihr meint es gut mit mir, besser als ich es bei Euch verdient habe. Aber ich muß das alles doch wohl mit mir allein ausmachen." —

Es traf sich, daß ich kurz danach auch dem Annerl begegnete, und auch zu ihr wußte ich nichts Rechtes zu sagen, wenn auch aus anderen Gründen.

Aber sie schnitt mir mein Gestammel ab: „Konrad", sagte sie unter Tränen, — „ich dank Euch!"

„Was — wofür?" stotterte ich sehr erstaunt.

„Daß Ihr uns den Michel bewahrt — wieder geschenkt habt."

„Aber das war doch gar nichts! Da hätte jeder andere an meiner Stelle nicht anders gehandelt."

Das Annerl winkte mir wieder ab, ich sollte schweigen. — „Der Vater hat einmal gesagt, das mit dem Schutzengel wär ein Unsinn, den gäb's nicht. — Aber jetzt hab ich erlebt, wie der Michel einen Schutzengel gehabt hat. Ich — ich hab geglaubt, — ich hätt auch einen Schutzengel. — Aber ich bin's wohl gar nicht wert!“ — Und dann brach sie in hemmungsloses Schluchzen aus.

Und ich hätte ihr so gern gesagt: „Annerl, laß mich doch auch der deinige Schutzengel sein!“ — Und hätte ihr gezeigt, wie warm und fest ich sie bergen und schützen wollt. — Und war doch wieder nur der dumme Konrad, der dastand und sich vor seinen eigenen Worten fürchtete. — Mein Gott, — werd ich mich vor den ersten Türken am Ende auch so fürchten, wenn es nun ernst wird?

Wien, am 28. Septembris 1529

Nein! — Ich hab mich nicht gefürchtet vor den Türken! — Bin ein rechter, braver kaiserlicher Landsknecht! Am heutigen Tag hab ich es mir und den anderen gezeigt. — Aber ich will mir Mühe geben, alles der Reihe nach zu schildern, wie es geschehen ist.

Gestern am Abend noch ist der Valentin zu uns herüber gekommen: „Haltet euch nach Mitternacht bereit! — Wollen dem Türken morgen in aller Herrgottsfrüh zum Tanz aufspielen, daß ihm schwindlig werden soll! Eure Spieße laßt daheim, kriegt dafür was anderes. — Und du, Konrad, komm mit; — kannst mir noch helfen.“

In einer schwach erleuchteten Toreinfahrt stand ein Troßwagen, von dem klappernd und scheppernd abgeladen wurde; ein Feldwaibel stand dabei, und auch den Hauptmann Weinwurmb hörte man hinten irgendwo rumoren. Jetzt kam er hervor, sein Gesicht glühte.

„Ha, — Höller, — bist da, — ist gut, die andern drei warten schon. — Und du, Schreiberlein, kannst auch mitkommen.“

Er stapfte uns voraus durch einen Gang, dann waren wir in einer niedrigen Stube, in der drei Rottenführer standen, die ich schon gut kannte: der Jörg Spannbogen, der Jost Aichenpichler und der Rote Hannes, — wie er wirklich heißt, weiß ich nicht. Sie redeten alle sehr laut und lachten schallend, und das war wohl nicht bloß, weil ein großer, dickbäuchiger Krug voll rotem Wein in der Runde umging.

„Jetzt haltet die Mäuler und putzt euch die Ohrwascheln!“ donnerte der Weinwurmb. — „Also: eh der Morgen graut, geht's los! — Das Türkenlager bei der Kirchen von Sankt Ulrich, — ihr kennt es alle. — Der Pascha von Semendria sitzt drin, heißt es. — Das fallen wir an! — Zwei Fähnlein von des Abel von Holneck Knechten und das unsrige. — Hispanische Lanzenreiter tun auch mit, zwei Abteilungen. — Und jetzt paßt auf!“

Er nahm ein Stück verkohltes Holz vom Kamin und begann auf der weißen Wand mit ungefügen Strichen zu zeichnen: „Hier ist das

Burgtor, wo wir herauskommen — hier der Ottakringer Bach, der bei Sankt Ulrich vorbei fließt — hier die abgebrannte Kirchen im Dorf — und hier ist das türkische Lager — Kreuztibidomine! — so stimmt das aber nicht, da wär ja das Lager grad an der Stadtmauer, das gibt's ja nicht, — der Teufel soll's holen! — He, du, Schreiberling, — steh nicht da und schau dumm, — mach's besser!"

Die anderen lachten, aber ich nahm die Kohle und zeichnete alles noch einmal, wie ich es im Gedächtnis hatte. — Jetzt lag das Türkenlager wirklich ein gutes Stück weit von der Stadt.

„Hm — ist gut! — Also: von da kommen wir — die Lehne herauf, geradewegs auf das Lager zu. — Will heißen: nicht alle, nur ein Fähnlein. Die anderen liegen hier im Tal auf der Lauer. Und die hispanischen Reiter stehen da hinter dem Hang, die sieht der Türk vorerst auch nicht. Später dann wird er sie schon sehen. Und verspüren auch! Laßt euch nur Zeit! — Also: ihr vier da mit euren Rotten habt euch inzwischen schon vorher im Tal am Lager vorbei geschlichen und steht ihm jetzt im Rücken. — Und dann heben wir es mit Gott an! — Der Türk, wenn er das eine Fähnlein herankommen sieht, wird vermeinen, mit so einem schwachen Feind würd er leicht fertig werden, und wird aus dem Lager herauskommen. Sobald er das aber tut, fallt ihr von hinten ins Lager ein und haust darin wie die Wildsäu im Krautgarten! Der Türk muß vermeinen, hinter ihm ging die Welt unter. Das wird ihn hübsch aus der Ruh bringen, — und in dem Augenblick fallen ihn von der Seiten her auch noch die aus dem Tal an, — und die Hispanier geben ihm den Rest!"

Er ergriff den Weinkrug, soff mit einem Zug aus, was noch drin war, und schmetterte ihn dann mitten in meinen wohlgezeichneten Plan hinein, daß die Trümmer durch die Stube flogen.

„Und das soll nicht der einzige Plutzer sein, den ich dabei in Scherben hau, — so wahr ich der Weinwurmb bin und mir Gott helfe, Amen!" — Und droben an der Wand, just aus dem Lager des Pascha von Semendria, troff es rot und dunkel herunter. —

Draußen beim Troßwagen wurden Hellebarten ausgegeben; die sollten wir an Stelle der unhandlichen Spieße tragen. Der Valentin drückte mir fünf Stück in die Hand, für meine Quartiergenossen, damit marschierte ich heimzu.

Ich fuhr als erster aus meinen unruhigen Träumen auf, als kurz nach Mitternacht einer uns holen kam. Stockfinster war es draußen, als wir durch rieselnden Regen und glucksende Lachen zu unseres Fähnleins Sammelplatz beim Augustinerkloster marschierten; nicht einmal die Fackeln wollten brennen; sie qualmten und glosten nur und leuchteten keine drei Schritt weit.

Ungeduldig und erregt standen die Knechte auf dem Platz, unterdrückt und halblaut nur redend, als wäre Gefahr, daß uns der Türk hier schon hört und erkennt. Dann ging es auf, an der Burg vorbei, bei einem engen Ausfallpförtchen neben dem Burgtor hinaus, — ein schmaler schwankender Steg über den Stadtgraben, — und nun standen wir drüben — im Ungewissen — am Feind. Schwer und drohend lag die Finsternis auf uns, — und war doch, wenn man's recht bedachte, unsere Verbündete und Beschützerin.

Der Valentin kam vorbei: „Einer hinter dem andern!" raunte er. — „Wie die Gäns! — Und knapp beisammen bleiben, daß wir uns nicht verlieren. — Wenn einer einen Muckser macht oder einen Schepperer, dem brech ich das Genick!"

Wir stapften ins Dunkel hinaus; — unvorstellbar, wie einer hier überhaupt den Weg finden konnte. Aber der Valentin hatte uns erzählt, wir hätten ein paar Burschen aus Sankt Ulrich bei uns, als Führer und Späher, die hier jeden Schritt kannten.

Wie pfundschwere Gewichte hängte sich der klebrige nasse Lehm an die Schuhe; schon sickerte uns das Regenwasser ins Genick und über die Schultern bis auf die Haut, aber in mir glühte es derart, daß ich der kalten Nässe kaum gewahr wurde. — Dann tauchte schwarzes Buschwerk vor uns auf, Bäume, — ein Wasser murmelte neben uns, — das mußte wohl der Ottakringer Bach sein.

Wir standen, — lauschten, jede Faser in uns angespannt, fiebernd, —nichts. — Dann, halb links vor uns auf der Höhe, der gedämpfte Klang einer fremdartigen menschlichen Stimme, — das mochte ein türkischer Postenruf gewesen sein. — Und dann wieder Stille.

Nach einer Weile von vorn ein leises Zischen, als Zeichen, daß es weiter ging. Augehölz war um uns; wir schlichen uns zwischen nassen Stämmen dahin, stolperten über glitschiges Wurzelwerk, wanden uns durch triefendes Weidengestrüpp, planschten hie und da auch bis zum Knie ins Wasser, — aber immer nur weiter und ja keinen Laut! Ein Toter lag plötzlich vor unseren Füßen, seltsam starr und fremdartig, — und noch einer; — ja, auch hier waren den Türken Menschen unserer Art in die Hände gefallen wie überall im Land. Die Zähne schlugen mir klappernd. — Hatte ich Angst? — Nein — das war es nicht! — Vielleicht die kalte Nachtluft?

Dann ging es nach links einen steilen Hang hinauf; es war ein elendiges Rutschen in dem seifenglatten ausgetretenen Lehm, und bis wir oben ankamen, lief uns der Schweiß in Strömen.

Ruinen jetzt vor uns, ausgebrannte Häuser, ein Kirchturm, — mehr zu erahnen als zu sehen, aber doch schon als schwarze Schatten vor dem Grau der ersten Dämmerung hervortretend.

Wieder der Valentin: „Wir sind gleich da, — jetzt geht's auf's Ganze! — Aufpassen wie die Luchse! — Und ja ganz still!"

Vor uns, neben dem zerstörten Dorf, eine dunkle langgestreckte Masse, daraus, noch undeutlich, herauswachsend viele Spitzen wie

Turmdächer: — das türkische Lager mit den Zelten. Langsam schieben wir uns drauf zu, nun nicht mehr hintereinander, sondern breit ausgeschwärmt. Neben mir der Valentin und dahinter zwei Schützen mit großen Armbrusten. —

Und da — richtig ein Schreck ist es, obwohl wir alle schon drauf warten —, da geht urplötzlich drüben jenseits des Lagers ein Höllenlärm los: Geschrei, Brüllen, Getöse durcheinander, vereinzeltes Büchsenknallen. — Schon wird es auch im Lager lebendig, — Rufe klingen auf, für uns unverständlich, Hornsignale; das Getümmel zwischen den Zelten schwillt an, — etwas wie Ordnung kommt hinein, dann verliert es sich allmählich hinüber zu, wo das allgemeine Gelärme immer lauter wird.

Wir haben uns inzwischen an den Lagerwall herangearbeitet, kauern geduckt hinter Gesträuch und Erdhaufen. Jetzt erscheinen oben auf dem Wall zwei Männer, mit spitzen Mützen, geschwungenen Bögen und großen Köchern, — türkische Bogenschützen. Scharf zeichnen sie sich als schwarze Schattenrisse gegen den grau gewordenen Morgenhimmel ab. — Werden sie uns bemerken? — Aber ihre Aufmerksamkeit richtet sich nach der anderen Seite, wo das Kampfgetümmel wogt.

Und da: Neben mir ein zweifaches schrilles Schwirren und Zischen, — und die beiden da oben werfen die Arme in die Luft und purzeln kopfüber vom Wall herunter. — Im selben Augenblick gellt rings um mich helles Geschrei auf: „Her — her!", — links und rechts springen sie auf, — und ich stürze mich mit nach vorne, platsche in den Graben, — man versinkt bis über die Knöchel im Brei und kommt kaum vom Fleck, — und dann ist der Wall da, — klebriger, rutschiger Lehm auch hier, — ich finde keinen Halt, nicht für die Füße und nicht für die Hände, — aber hinauf muß ich! — Ich muß! — Schnell, schnell! — Mit Knien und Ellbogen verspreize ich mich, — die Hellebarte, — ihr Schaft gibt mir Halt, — jetzt geht es! — Keuchend zerspringt mir fast die Brust, — hurrah, — oben! — Und drüben hinunter, — ich bin drinnen, — bin im Türkenlager!

Neben mir, rechts, links, weiter drüben, springen andere herunter. Der Jörg Spannbogen ist auf einmal da: „Nicht stehenbleiben, — weiter! — Aber haltet euch zusammen! — Und immer nur drauf los!"

Vor uns Zelte, — drin ein Gewirr von Stroh und Kleidungsstükken und Gerät, wie es eben bei überstürztem Aufbruch liegenbleibt. — Daneben Lagerfeuer, schwelende, qualmende Flammen, — aber doch — Flammen! — Schon reißt der Jörg Brände heraus, — wirft sie in die Zelte, hiehin, dorthin, — ich mache es ihm nach, — schon lodert das Stroh auf, schlagen Flammen aus den Öffnungen.

Dann ein freier Platz vor uns; links und rechts kommen unsere Knechte zwischen den Zelten hervor, sammeln sich, — und da — von links — da laufen Menschen auf uns zu — in fremdartiger Kleidung — Türken! — Wir packen die Hellebarten fester, greifen an die Schwerter, — aber die dort prallen selber vor uns zurück, — flakkernde Angst steht in ihren Gesichtern, Verzweiflung heult auf, — und da sehe ich hinter ihnen geschwungene blanke Waffen, höre vertrautes Landsknechtsgeschrei, sehe des Roten Hannes baumlange Gestalt blindwütig einhauen, — und ehe wir noch bei ihnen sind, liegen die Türken zuckend vor uns über den Platz verstreut. Es sind wohl keine Krieger gewesen, weil sie sich gar nicht gewehrt haben, sondern nur Troßknechte oder Fuhrleute oder Köche, — abscheulich eigentlich, solche Menschen abzuschlachten wie das liebe Vieh; — aber wie machen denn die es, — mit unseren Frauen und Kindern!

Auch von rechts her kommt jetzt Geschrei — „Allah — Allah!" hören wir, — Allah — so nennen die Türken ihren Gott. — Ja, jetzt Herrgott, zeig, daß du der unsere bist und der stärkere! — Und dann sind sie vor uns, kommen zwischen den Zelten heraus, — ein verzerrtes Gesicht, gerade auf mich zu, ein geschwungener Säbel, — und ich komme erst wieder richtig zum Besinnen, wie der Kerl unter mir auf dem Boden liegt und ich ihm die Spitze meiner Hellebarte aus dem Leib ziehe. Nebenan sind zwei über den Jörg hergefallen, hauen auf ihn ein, der Jörg wehrt sich mit dem Schwert, schon rinnt das Blut, — da bricht der eine Türk in die Knie, meine Hellebarte im Rücken. Der zweite stutzt, einen Augenblick bloß, — aber das genügt, daß ihm der Jörg das Schwert in die Gurgel rennt.

Zwischen herabtropfenden Blutsträhnen grinst mir der Jörg zu: „Hast brav gemacht, Federfuchser, — dank dir!"

Wieder sammeln sich etliche Landsknechte um uns, wieder rennen wir vor, stolpern über Erschlagene; — Türken sind vor uns, — fliehen, — verschwinden; — wieder flammen Zelte auf; — Geschrei und Getümmel vor uns, hinter uns, neben uns.

Dann bin ich auf einmal auf einem großen offenen Platz; Wagen und Pferde stehen herum, auch ein paar Geschütze; — in der Mitte aber, auf einer langen Stange ein seltsames Gebilde: goldglitzernd und buntfarbig; von der Spitze weht und wallt es herunter, — ja — das ist doch wahrhaftig ein Roßschweif, von dem man erzählt, daß die Türken ihn als ein Feldzeichen haben wie wir eine Fahne!

Ein Trompetensignal schmettert hinter mir auf. — Da ist auf einmal wieder der Valentin Höller, — allein. — „Valentin", schrei ich. — „Das dort holen wir uns!" — und zeige auf den Roßschweif.

Der Valentin zögert; — „eigentlich müßten wir jetzt umkehren; — unser Fähnlein bläst zum Sammeln." — Und dann: „Los! — Hin! — Aber schnell!"

In langen Sätzen hasten wir über den Platz, zwischen Karren, Körben und Fässern, stoßen von denen im Laufen eines um, schwarzes Zeug rieselt heraus. — „Höll und Teufel", schreit der Valentin, —

„das ist ja alles Pulver! — Eine Lunten, wenn da wär!" — und er beginnt hastig in dem Kram herum zu wühlen.

Ich bin schon bei dem Feldzeichen, packe die Stange, stemme mich dagegen, rüttle, hänge mich mit vollem Gewicht daran, — sie biegt sich, langsam, — Herrgott, — es muß doch gehen! — Und dann ein Krach und ich liege rücklings im Brei, das abgebrochene Holz in den Händen. — Rasch jetzt das ganze seltsame Zeug heruntergerissen und vorn in mein Wams gestopft. — Ich sehe, wie der Valentin mit einem brennenden Scheit zu den Fässern rennt. — Und dann sehe ich mit erstarrendem Blut, wie es drüben und links zwischen den Zelten lebendig wird, — Türken, in Waffen, — und immer mehr.

„Valentin, — renn!" schrei ich und hetze auf ihn zu, — aber der steht eiskalt und seelenruhig mit seinem Brand neben den Pulverfässern. — Jetzt bin ich bei ihm. — „Valentin, — wir sind verloren, wenn wir nicht rennen!" — „Laß dir Zeit!" brummt der und starrte auf das qualmende Scheit und auf ein Stück schwarze Schnur in seinen Händen. — Da — ein Zischen und Qualmen, — der Valentin schmeißt den Brand im Bogen weg. — „So — jetzt rennen wir!"

Schon haben uns die Türken bemerkt, laufen auf uns zu, von drei Seiten, — viele sind der Feinde, werden uns den Weg abschneiden, — da — als hätte mir eine Riesenfaust einen Hieb in den Rücken versetzt, so schleudert es mich nach vorn, der Länge nach in den Schlamm.

Wir rappeln uns auf, schauen zurück: — Qualm liegt über dem Platz, Trümmer, verstreut, wohin man schaut, — losgerissene Pferde rasen scheuend mitten hindurch, — ein paar Türken taumeln heulend herum, andere verschwinden drüben hinter den Zelten.

Der Valentin packt mich. — „Jetzt los, und nichts wie weg!"

Mitten zwischen den brennenden Zelten rennen wir; — da ist schon der Wall, — und wir sind oben und auch schon drüben. —

Unsere Kameraden sind wieder um uns. — Gewimmel und Rufen; — und was ist das: da hält doch der Rote Hannes wahrhaftig ein riesiges Kameltier neben sich am Halfter!

„Gott sei Dank, daß ihr nur wieder da seid!" sagt der Jörg. — „Haben schon das Kreuz gemacht über euch, weil ihr nicht gekommen seid. — Aber was habt ihr denn da drinnen eigentlich noch angestellt?"

Der Valentin grinst: „Ach, — uns haben die nur so derbarmt, — weil es sie immer so friert; — da haben wir ihnen bloß noch ein bissel untergeheizt!"

Und dann schaut er mich an: „Ja, Konrad, — was heulst denn? — Ist dir um die Türken leid, was du abgestochen hast?" — Aber ich gebe ihm keine Antwort. — Es würgt mich nur und wühlt in mir. — Denn jählings ist es mir bewußt geworden, was ich da heut eigentlich erlebt habe. — Nicht das Hauen und Stechen, das Blut und die Toten, die Gefahr um das eigene Leben. — Nein, etwas ganz anderes noch: Wie das ist, wenn man ein Mann ist, und hat Männer neben sich, — und weiß: die stechen neben mir, und ich kann mich auf sie verlassen wie auf Eisen bis in den Tod hinein, — und die verlassen sich auch auf mich. — Und ich weiß: Ja, das ist gut, — die können sich auf mich verlassen! — Ich bin grad so ein Mann wie sie alle! — Aber das sage ich denen jetzt nicht; — die könnten ja doch nicht verstehen, wie einem über so was die Tränen kommen können. — Denen ist das längst Alltag und selbstverständlich geworden.

„Jetzt auf aber!" läßt sich der Rote Hannes vernehmen, — „schauen wir, daß wir von hier wegkommen!"

So setzten wir uns also in Bewegung und kamen durch die Ruinen des Dorfes wieder ins Tal. Ein Stück weiter unten stiegen wir zur Höhe hinan, und da kamen wir eben noch zurecht, zuzuschauen, wie die hispanischen Lanzenreiter die aus dem Lager herausgekommenen Türken das Laufen lehrten. Es waren die Hispanier aber die Schnelleren, und des Hauptmann Weinwurmb blutrünstiges Wunschbild ging schauerlich in Erfüllung.

Ohne daß noch etwas Besonderes vorgefallen wäre, rückten unsere Fähnlein in leidlicher Ordnung wieder beim Burgtor ein. Die hispanischen Reiter machten den Beschluß, schwärmten vor dem Tor umher und deckten uns vor nachfolgenden türkischen Scharen. —

In der Stadt ging es um wie in einem Bienenhaus; es summte aber jetzt nicht von Angst und Kummer, sondern von freudiger Erregung. So viel nun zu überschauen ist, sind an die dreihundert Türken erschlagen geblieben, während wir knapp zwanzig Mann verloren haben. Und es sehen darin alle einen guten Anfang unserer Verteidigung. — Das Kamel des Roten Hannes haben sie in der ganzen Stadt herumgeführt wie auf einem Jahrmarkt, und es sprach sich auch herum, was der Valentin den Türken zuletzt noch mit dem Schießpulver angetan hat, und auch ich mit meinem erbeuteten Roßschweif bin in aller Munde gekommen. Und es hat der Eck von Reischach deswegen uns drei noch am späten Abend zu sich rufen lassen. — „Ich hab mir von meinen Leuten nichts anderes erwartet, — bin zufrieden mit euch!" hat er gesagt. — „Hoff, ihr werdet noch mehr von dieser Art tun!"

Dann hat er mich scharf angeschaut: „Du bist doch der Studiosus, — derjenige, der mir den Plan gezeichnet hat, — wie? — Hast mir also hübsch rasch beweisen können, daß du nicht nur mit der Feder umzugehen verstehst." Es war mir, als schwebte ich im siebenten Himmel. — Und es hat mein Wohlbehagen noch vermehrt, daß ich unter den Offizieren, die um den Eck versammelt waren, auch den Don Rodrigo Sanchez de Aguilar bemerkt hatte.

Auf dem Heimweg aber fragte mich der Valentin: „Du, sag, —

der Schwarze, — das war doch dein Hispanier?" — „Ja", sagte ich, — „der Sanchez de Aguilar."

„Weißt du, daß der die Lanzenreiter angeführt hat, die uns heut beigegeben waren? — Und, du, — der muß nicht schlecht umgerührt haben! — Mir hat's der Hauptmann selber erzählt. Der Weinwurmb ist beim Angriff mit ein paar Knechten abgedrängt und umzingelt worden und hat schon nicht mehr geglaubt, daß er davon kommt. Waren wohl hundert oder mehr Türken um ihn. Da sieht das der Sanchez de Aguilar, sprengt mit einem Dutzend Reiter heran und haut den Weinwurmb mit seinen Knechten heraus, — stell dir das vor: mit einem Dutzend gegen hundert Türken oder mehr!"

Da war mein Stolz rasch wieder zusammengeschrumpft.

29. Septembris

Bin heute früh recht verschlafen auf die Mauer gestiegen, wo wir wieder auf Posten zu wachen hatten. Bin aber bald recht munter geworden, denn es geschieht jetzt allerlei, was einen kräftig aufwecken kann. Die Türken verhalten sich noch recht still, man merkt aber, wie sie Übles im Schild führen. Sie haben sich in der Kärntner Vorstadt zwischen den Mauern und Ruinen eingenistet und beginnen nun an allen Ecken und Enden zu graben. Freilich, es behindern die noch stehenden Gemäuer den Blick, ist aber nicht zu übersehen, wie hier und dort Erdhügel aufwachsen. Was sie mit ihrem Wühlen vorhaben, ist mir noch nicht recht klar, — ist aber auf jeden Fall nichts Gutes für uns, und es kann einem recht unbehaglich werden bei dem, was die Knechte so alles erzählen und mutmaßen.

Es wollen die Unseren da aber auch nicht bloß zuschauen, sondern den Türken nach Kräften ihre Arbeit sauer machen. Und da wir nicht ständig ausfallen können, muß in der Zwischenzeit die Arkelei das Ihrige tun. Gerade auf dem Kärntner Turm neben uns stehen ein halb Dutzend schwere Stücke, und da hört jetzt das Blitzen und Krachen und Qualmen schier nicht mehr auf. Die Stückmeister und ihre Knechte werken, daß ihnen der Schweiß in Strömen über die rußverschmierten Gesichter rinnt, und etliche Burschen kommen kaum nach, ihnen Kugeln und Pulver über die engen Stiegen hinauf zuzutragen. Und wir starren jeder abgeschossenen Kugel nach und drükken die Daumen, daß sie auch gut treffe. Um Mittag ist dann drüben wirklich mit gewaltigem Gepolter ein großer Mauergiebel zusammengestürzt, unter dem die Türken eifrig an der Arbeit gewesen sind. War ein großes Rennen und Wehklagen danach. — Freilich, was nützt das, wenn daneben noch dreißig andere Löcher gegraben werden, an die unsere Geschütze nicht heran können.

Können uns die Türken im Augenblick mit ihren Gängen und Minen noch nicht zu Leib rücken, so werden uns ihre Handbüchsen jetzt schon sehr lästig. Mit denen halten sie sich nämlich, bloß einen Steinwurf von der Stadtmauer weg, hinter dem Ruinenwerk der abgebrannten Häuser versteckt. Wenn einer von uns den Kopf unvorsichtig in die Luft streckt, knallt und brummt es gleich, und etliche Knechte sind auf solche Weise schon zu Schaden oder gar zu Tod gekommen. Den türkischen Schützen aber können wir nichts anhaben, denn sie liegen zu gut gedeckt.

Das Schießen vom Kärntner Turm hat bis in die Nacht hinein angehalten. Hat uns gewundert, warum die türkischen Feldschlangen auf den Schanzen keine Antwort gegeben haben; vielleicht wegen des Regens, da wird denen da draußen wohl das Pulver naß.

Gegen Abend hat dann weit links drüben ein großes Lärmen angehoben, hat sich immer weiter zu uns herüber gezogen, mit Schreien und Krachen, bis vor uns in die Kärntner Vorstadt hinein. Ich bin da just nicht selber auf der Mauer gestanden, hab mir aber nachher von einigen erzählen lassen, wie die Unsrigen mit zweieinhalb tausend Mann einen Ausfall gemacht hätten, beim Stubentor hinaus und über die Wien und dann bis in die Kärntner Vorstadt hinüber, wie sie hier viel türkisches Volk von hinten überrascht und niedergemacht hätten, und um's Haar der Ibrahim Pascha selber ihnen in die Hände gefallen wäre, der die Hauptarmee des Türkenheeres uns gegenüber anführt. Auch hätten sie etliche Gräben und Stollen gesprengt und viel Kriegsgerät erbeutet oder vernichtet. Erst als türkische Reiterei gegen sie angestürmt sei, hätten sich unsere Leute zurückgezogen. Und es wären bei all dem nur ein paar wenige von den Unseren getötet oder versehrt worden. Da herrschte wieder großer Jubel bei uns. —

Als ich am Abend heimkam, stand in der Hauseinfahrt das Annerl, völlig verstört.

„Annerl, — was ist Euch?“ fragte ich.

„Ich — ich fürcht mich so. — Das Schießen —“

Ich lachte, lauter wohl, fröhlicher, als mir selber zu Mute war: „Aber Annerl, — das sind doch unsere eigenen Geschütze!“

Sie schaute mich an, als verstünde sie mich nicht. — „Aber — die anderen — die haben doch auch Geschütze, — viel mehr sogar, — und werden auch schießen, — in die Stadt hinein, — auf uns!“

Ich nahm ihre Hände: „Annerl, — seid gescheit! — Euch kann gar nichts geschehen! — Wenn es arg wird, geht Ihr hinunter in den Keller; dort seid Ihr sicher und geborgen, und wenn der Türk mit Hundertpfündnern schießt. — Alles andere überlaßt getrost uns Männern!“

„Und — wie — schützt dann Ihr Euch?“

„Wie ich mich schütze?" sagte ich, und es kam müd und traurig heraus, — „nun, — ich hab's gezeigt, gestern!" — Betont gleichgültig und kühl sagte ich es und erwartete, damit wieder ihren Abscheu vor allem Kriegführen herauszufordern.

„Habt — Ihr — Ihr — selber — Türken erschlagen?" fragte sie, stockend, lauernd schier, schien mir, — wie gierig.

Was fragst du so, dachte ich mir, — denkst dir wieder, wie ich ein schlechter Kerl bin, und wie abscheulich des Kaisers ganzes Kriegsvolk mit mir? — Und sehr kühl warf ich hin: „Ja, — zwei!"

Aber sie schwieg. — Und dann, mit einer ganz fremden, fernen Stimme, sagte sie: „Einen — für die Mutter, — und einen — für den Martin! — Konrad, jetzt müßt Ihr noch zwei erschlagen: einen für den Hans und einen für den Peter. — Und dann einen für die Kathrin und einen für den Kasper und einen für die Mechthild. — Und noch einen — und — und — tausend müßt Ihr erschlagen — und — alle, — alle, die das getan haben, — alle, — erschlagt sie, — erstecht sie, — erwürgt sie, — verbrennt sie!" — gellend schrie sie es hinaus.

Mir wurde angst und bange — war sie wahnsinnig geworden? — „Annerl, — so bleibt doch ruhig! — Wie soll ich Euch denn verstehen? — Wo Ihr doch sonst immer —"

„So seid doch still!" kreischte sie, — „nichts sollt Ihr verstehen! — Immer nur verstehen, — verständig sein! — Hab mich immer als eine brave und kluge Tochter bemüht, Verstand zu zeigen, — ist ja alles so klar gewesen und hat so vernünftig geklungen, was sie mir gesagt haben, — der Vater — und der Ruedlieb — und — und — ist jetzt alles nicht wahr, — ist alles so grauenhaft unverständlich und unsinnig und fürchterlich! — Konrad, — was soll ich denn tun, — ich find mich nimmer zurecht auf der Welt!"

Und dann lag sie an meiner Schulter und schluchzte und wollte nimmer aufhören. — Und ich umfing ihren zuckenden und bebenden Leib, spürte selig ihre Nähe, — in heißen Schauern überlief es mich, — und war doch zugleich todunglücklich. — Da hielt ich nun in meinen Armen, wonach ich mich in meinen rauschigsten Träumen gesehnt, — und wußte nicht, was ich mit diesem zerbrochenen und verzweifelten — und doch so lieben Häufchen Elend anfangen sollte.

Sacht strich ich ihr über den blonden Scheitel, über die Locken, die ihr auf die Schultern fielen, — was hätte ich jetzt mehr tun sollen? — Dann schaute sie mir auf einmal in die Augen, fremdartig starr: „Konrad, — laßt mich jetzt gehen! — Die Mutter Gottes soll Euch schützen, — weiter schützen!" — Und damit entwand sie sich mir und eilte die Treppe hinauf.

Am 1. Octobris 1529

Es geschieht Merkwürdiges und Erstaunliches, wo einer auch hinschaut. — Draußen um die Stadt wird der Würgegriff der Türken immer enger. Nachdem schon vor ein paar Tagen ihre Reiterei in die Schottenau eingedrungen war, haben sie auf anderen Inseln hinter der Stadt zwischen den Donauarmen gestern im Handstreich die Wache an der Schlagbrücken beim Biberturm ausgehoben und die Brücke selbst zerstört; so ist die Stadt jetzt rundherum bis auf die Mauern eingeschlossen und von allem abgeschnitten.

Damit aber nun, was in der Stadt an Verpflegung vorrätig ist, eingeteilt und gerecht zugemessen werden könne, hat der Salm anbefohlen, alles an Mehl, Fleisch, Schmalz, Wein und Salz aufzunehmen. Schließlich steht jedem Kriegsknecht neben zwei Gulden Monatsgeld nach dem Artikelbrief noch eine gebührende Mundverpflegung zu, als da ist im Tag ein halb Pfund Fleisch, eine halbe Maß gesottene Hirse und zwei Brote, — und es ist ein einfaches Exempel, auszurechnen, was alles von Nöten sein wird, wenn die Belagerung einmal ein paar Wochen lang dauert. Wein und Brot hat der Salm zum größten Teil beschlagnahmen lassen und auch gleich die erste Fuder Wein ausgeteilt. Das hätte er freilich nicht tun sollen. Denn es ergab sich, daß jede Rotte fünfzehn Achter Wein zugeteilt bekam. Und, wie es bei Kriegsleuten schon so Brauch ist, dachte nun ein jeder: wer weiß, was kommt, und was ich heut genossen habe, nimmt mir morgen keiner mehr weg, — und so gossen sie alle, was sie an Wein gefaßt hatten, eilends in sich hinein. Es währte keine halbe Stunde, da war des Kaisers ganze Armada in der Stadt Wien volltrunken. In allen Häusern und Höfen, auf den Gassen und Plätzen hörte man Singen und Grölen, Lärmen und Schreien; da hielten sie große Ansprachen oder haderten und wetterten wider einander, gerieten da und dort auch schon sich in die Haare, daß es blutige Nasen und blau geschlagene Augen gab. Was ihnen an Weibern in den Weg kam, das belästigten sie gröblich, mochten die ihnen nun willig sein oder nicht; den Bürgern schlugen sie mit den Spießen die Fenster ein und waren nur mit Mühe abzuhalten, sogar in die Kirchen einzudringen und dort Unfug anzurichten.

Am ärgsten ging es auf dem Platz bei den Augustinern zu, wo der Wein ausgeschenkt worden war. In der Mitte stand der Hauptmann Weinwurmb vor einem großen Faß. Vor sich hatte er eine Anzahl leer getrunkener irdener Krüge. — „Arrrkelei — gebt Feuer!" brüllte er, packte einen großen Zweimaßkrug und schmetterte ihn gegen den Fußboden. — „Und — und — wi-wir haben noch — noch schwereres Geschütz! — Hat — hat uns alles — alles unser frumber Kaiser Ma-Ma-Maximilian geschaffen! — Dem Ma-Maximilian zur Ehr — kaiserliche

Arkelei — geeebt Feuer!" — Und der nächste Maßkrug zerbarst krachend in Scherben.

Der Jörg Spannbogen und der Jost Aichenpichler torkelten vorüber, eng umschlungen, so daß einer den anderen stützte. — Der Gilg Osterman war mit zwei drallen Troßdirnen in einen Planenwagen gekrochen, aus dem nur mehr unterdrücktes Kirren und Grunzen drang, und der Wigand saß davor inmitten einer Pfütze und weinte still vor sich hin. Dunkel stand ringsum in Lachen der verschüttete Wein wie rotes Blut.

Mitten in dem scheußlichen Gewimmel stand auf einmal der Hauptmann von Buschhausen vor mir und schaute mich mit finsteren Augen scharf an:

„Konrad, — gut, daß du Maß gewahrt hast! — Eine schöne Schweinerei das! — Wenn der Türk das riecht und jählings gegen uns was unternimmt, dann Gnade uns Gott! — Rasch, — wir müssen sammeln, was noch auf zwei Beinen aufrecht stehen kann, und hinauf damit auf die Mauern! — Und doppelt scharf aufpassen in dieser Nacht! — Lauf gleich zu und versäum dich nicht lang!"

Ich stob davon. — Drei, vier traf ich unterwegs, die noch einigermaßen bei Vernunft waren, und nahm sie mit. Es dunkelte schon stark. — Oben im Wehrgang stießen wir auf eine große dunkle Gestalt: der Pater Heinrich war es, mit geschultertem Streitkolben.

„Ha — no!" knurrte er, — „all's was recht ist! — Aber mach was, da unten! — Da bist als geistlicher Hirt völlig am End! — Mußt warten, bis die morgen ihren Rausch ausgeschlafen haben. — Aber dann!" — Und seine Augen glommen bösartig durch die Finsternis. — „Vorderhand stell ich mich halt dort hin, wo ich noch was tun kann."

Und der Pater ist die ganze Nacht über wie ein braver Landsknecht neben uns gestanden, hat scharf beobachtet und Meldung gemacht, so als wenn er auch das gelernt hätte. — In der Früh dann, wie es hell geworden ist, hat er die Ärmel aufgekrämpelt und seine Kutte gerafft: „Sodale, — und jetzt gang ich predigen!" — und ist die Treppe mit viel Geräusch hinunter gestapft.

Ich hab mir seine Predigt nicht anhören können, — soll aber gewaltig ausgefallen sein wie Pech und Schwefel über Sodom und Gomorrha und soll zu dem leiblichen Katzenjammer der Leute noch etlichen seelischen hinzugefügt haben.

War auch sonst ein unruhiger Tag. Beim Schottentor haben die Unsrigen mit dreihundert Mann einen Ausfall gemacht, haben aber nicht viel ausgerichtet. Und den ganzen Tag hat das Geschützfeuer angehalten, nur daß jetzt mehr und mehr auch die türkischen Kartaunen zu spielen beginnen.

Wie ich heimgekommen bin, ist mir das Annerl entgegen gelaufen, in Unruhe, wie mir schien. — „Wart Ihr wieder bei dem Ausfall?"

„Nein, — nicht einmal gesehen hab ich was davon."

Sie atmete tief und schwer: „Konrad, — ich hab solche Angst gehabt."

„Aber Annerl", sagte ich, sanft und beruhigend, — „ich hab Euch doch schon gesagt, Ihr braucht Euch bloß in den Gewölben aufhalten, wenn sie schießen. Dort seid Ihr ganz sicher."

„Ach nein!" sagte sie, — „nicht wegen mir hab ich Angst gehabt; das hab ich jetzt verwunden, — aber — nur — wegen — Euch."

„Wegen mir? — Annerl?"

„Ja, — wegen — wegen — dir!"

Und dann war es so, wie ich es mir im Träumen oft ausgemalt: sie lag an meiner Brust, und ich hielt sie, als wolle ich sie zu Tode drücken, — und ich küßte sie, rauschig und ohne Aufhören; — es war, als wollte alles in diese Umarmung und in diese Küsse hineinströmen, was ich an stürmischem Leben in mir spürte, — und was vielleicht in wenigen Stunden oder Tagen schon für immer verlöschen muß.

Als ich endlich, halb von Sinnen und betäubt, sie losließ, da sah sie mich mit unendlich glücklichen Augen an.

„Konrad", flüsterte sie, — „mir ist, als hätt ich bis jetzt geschlafen — und geträumt dabei nur, — manchmal wohl schön, — aber sonst häßlich und drückend, — aber es ist alles nicht wahr gewesen; — und erst jetzt hättest du mich aufgeweckt."

Und wieder umschlangen wir einander, als wollten wir nicht mehr eines vom anderen lassen.

Wien, am 2. Octobris 1529

Es ist mir heut den ganzen Tag gewesen, als ob ich im Himmel wär. Was da um mich war an Krachen und Rumoren, das klang mir wie Posaunen und Pauken von Engelscharen und konnte mir nur das Herz noch mehr schwellen machen und den Mut noch steigen. Überall sah ich des Annerls liebes Gesicht, — sogar die heilige Maria auf unserer Regimentsfahne hatte auf einmal ihre Züge.

Und war doch, was man von der Mauer aus sah, gar nicht so arg fröhlich. Das Graben und Schießen ging so hin den ganzen Tag. Haben jetzt schon uns hübsch schleichen und ducken gelernt oben auf den Wehrgängen, denn mehr als einmal hat es in nächster Nähe eingeschlagen, daß die Steinsplitter surrend uns um die Ohren geflogen sind.

Auf dem freien Feld und in der Kärntner Vorstadt war den ganzen Tag ein Laufen und Drängen von vielem türkischen Volk. Waren wohl keine richtigen Soldaten des Sultans; zerlumpt und ohne alle Ordnung wimmelten sie umher; werden welche von den Akindschi gewesen sein, die man nun, wo das freie Land ringsum verbrannt und verheert ist, vor die Stadt geholt hat, auf daß sie hier die gemeinen Arbeiten verrichten. Da haben sie lange Leitern herangeschleppt, wie solche zu einem Sturm auf die Mauern dienlich sind, andere trugen Balken und Pfähle herbei und große Bündel von Astwerk, mit dem sie wohl die Gräben ausfüllen wollen, wenn es ernst wird. Hin und wieder hat eine Kugel aus unseren Geschützen mitten hinein geschlagen, daß ein paar von den Mordbrennern nicht mehr aufgestanden sind. Dann war große Verwirrung draußen und viel Geheule. — Aber was nützt das, wenn für zehn Erschlagene alsbald hundert Neue da sind.

Es wird jetzt freilich nicht nur draußen vor der Mauer gegraben und geschanzt, sondern auch herinnen. Der Baumeister Tscherte ist da mit einem Schwarm von Flüchtlingen, Bürgern und Bauern, die reißen das Straßenpflaster auf, schachten in die Tiefe und führen aus all dem so gewonnenen Material an Steinen, Erdreich und Gebälk einen neuen Wall auf, entlang der Mauer, etwa einen halben Steinwurf weit von ihr gegen die Stadt zu entfernt. Sollten die Türken die Stadtmauer zum Einsturz bringen und durch die Bresche herein brechen, so sollen sie an diesem Wall anrennen, daß man sie hier auffangen und zugleich zu beiden Seiten von der Mauer her anpacken kann.

Aber unsere Schanzbauern graben auch Stollen und Gänge unter die Stadtmauer selbst. „Wollen wir die türkischen Schanzen unterwühlen und in die Luft sprengen?“ fragte ich den Meister Tscherte.

Der lachte: „Nein, — so großer Dinge unterfangen wir uns doch nicht. Wollen nur das, was von den Türken her unter der Erde auf uns zukommt, bei Zeiten erkennen, um ihm einen würdigen Empfang zu bereiten. — Wie, wollt Ihr wissen? — Haha! — Haltet nur Augen und Ohren offen, dann werdet Ihr bald allerhand sehen und hören, worüber Euer Herz lachen wird!“ —

Hab mich, als wir abgelöst wurden, recht beeilt, nach Hause zu kommen. Dabei bin ich dem Meister Ellinger begegnet. Ich hätt dem jetzt gern aus vollem Herzen Trost zugesprochen; — aber der Ellinger hat nur schwach gelächelt und mir die Hand gedrückt, — und dann war er nicht mehr zum Vorschein gekommen.

Wenn man also vom Eigentümer des Hauses nun nichts hört und sieht, so führt sich der Sanchez de Aguilar ganz so auf, als wär er hier der Herr und Besitzer. Hat auf heute abend eine große Gasterei angesetzt, in des Meisters guter Stube, und dazu allerhand Offiziere geladen, hispanische sowohl als auch deutsche und andere. Und hat dazu alles aufgescheucht, was er im Haus an Leuten gefunden, um dem mit Vorbereitungen zu dienen; seine eigenen Knechte und den Stoffel und das Annerl und zuletzt mich auch noch. Hätt mir freilich keine größere Freude machen können, als mich ausschicken, dem Annerl zu helfen.

Wie ich dann, mit einem Stoß Broten beladen, die Treppe herauf gekommen bin und auf einmal der Hauptmann von Buschhausen vor mir gestanden ist, hat der doch recht erstaunt dreingeschaut, den Kopf geschüttelt und mich mitkommen geheißen. Hat mich geradewegs zu dem Sanchez de Aguilar hingeführt und zu dem gesagt:

„Gestattet, Herr Bruder, eine Bitte: dieser Euer Hausgenoß ist zwar bis anher bloß ein gemeiner Landsknecht, aber an Gelehrsamkeit und Geschick manchem über und hat zudem, wie Ihr wohl wißt, vor Wien uns das erste türkische Feldzeichen erobert. Wollet also die Gunst haben und auch ihn heut an Eurer Tafel dulden."

Der Hispanier hat die Mundwinkel etwas verzogen, aber doch kurz genickt, sicher bloß, um gegen seinen geladenen Gast sich nicht unhöflich zu zeigen. Und so hat mich der von Buschhausen bei der Tür hinein geschoben in das Speisezimmer. Da stand eine Gruppe junger Herren, und einer in ihrer Mitte erzählte eben lachend:

„Wahrhaftig genau vor vier Tagen war's, da hat der Sultan einen Herold geschickt drüben zum Stubentor, mit einem Brief an den Salm, des Inhalts, er, der Sultan, werde von da ab am dritten Tag mit seinem Kriegsvolk in der Stadt frühstücken. — Na, und da hat ihm heut der Salm Antwort zukommen lassen, es wäre das gute Frühstück nun kalt geworden, und wie schad das wär, wo der Sultan sich doch vor der Stadt kalte Füße geholt hätt."

In das allgemeine Gelächter tönte die Stimme des Hispaniers; er bat seine Gäste zu Tisch; ich kam bescheiden zu unterst an der langen Tafel zu sitzen, neben dem von Wigstein, einem jungen schlesischen Landedelmann, der in unserem Regiment ein Locumtenent ist.

Was mir bei alledem am meisten behagt hat, war, daß das Annerl beim Auftragen mithalf und den Gästen vorlegte und einschenkte. Sie kümmerte sich vor allem um die, welche am unteren Ende der Tafel saßen, — und mehr als einmal fanden sich dabei unsere Hände.

Hab auf solche Weise am Anfang gar nicht acht gehabt, was die anderen rund um die Tafel alles geredet haben, nahm nur so mit halbem Ohr wahr, daß das Gespräch zeitweilig recht hitzig wurde, und schreckte daher plötzlich aus meiner Versonnenheit auf, als der Wigstein neben mir mit der flachen Hand auf die Tischplatte schlug und unwillig, wenn auch noch beherrscht, ausrief:

„Nehme es mir keiner übel, — aber weshalb, zum Teufel, müßt Ihr Herren aus Hispanien uns immer zu fühlen geben, wie ihr uns minder achtet! — Es ist das ein Ding, das uns hart wider die Ehre geht. — Sind wir nicht Gefolgsleute eines und des selben Herrn, kämpfen wir nicht für den selben Glauben und für die gemeinsame Sache mitsammen gegen den selben Feind!"

Ich sah, wie etlichen von den Hispaniern die Röte ins Gesicht stieg, und erwartete, es werde jetzt heftige Worte geben. Aber da stand der

Sanchez de Aguilar selbst auf und gebot Stille, mit einer höflichen und doch zugleich herrischen Bewegung der Hand.

„Die deutschen Herren, die ich heute an meinem Tisch versammelt zu sehen die Ehre habe“, sagte er und verbeugte sich knapp ringsum, — „sind mir genugsam Beweis, daß es auch hier zu Lande treffliche Männer gibt, deren Ehr und Tugend über allem Zweifel steht. — Dennoch und trotzdem“ — er setzte langsam Wort für Wort —, „dennoch gibt es gute Gründe, deretwegen ein Hispanier mit Recht mehr Stolz und Selbstbewußtsein empfindet als jeder andere!“

„Hoho, — was heißt Recht!“ brandete es auf, — „mehr Stolz soll haben, wer besser ist, — und das müßt ihr uns erst beweisen!“ — „Über Welsche und Mohren und derlei Menschenzeug mögt ihr die Nase rümpfen, aber nicht über uns Deutsche, — wir sind euch zumindest ebenbürtig!“ — „Wir sind das Reich des Kaisers, — ihr bloß das Land eines Königs, — wer ist da besser!“ — „Besser? — He! — Mehr Geld und Gold habt ihr als wir, das wohl! Aber das haben die Juden auch! — Potz Hagel!“ — das war der Weinwurmb gewesen, der noch jedes Getümmel überschrie.

Wieder die kurze Handbewegung des Sanchez de Aguilar, jetzt wie ein zuckender Schwerthieb; — und tatsächlich verstummten alle. Die Stimme des Hispaniers blieb leise und ruhig: „Darf ich meinen Companiero, Senjor Colonel Conde de Molina, bitten, die Frage zu beantworten; — mir als dem Gastgeber geziemte es sich wohl nicht, meinen Gästen Unliebsames frei heraus zu sagen.“

Der Angeredete, ein älterer Mann mit einem hageren kahlen Asketenkopf, der mir eher zu einem Priester als zu einem Offizier zu passen schien, besann sich kurz.

„Seht, ihr Herren: euer Heiliges Römisch-Deutsches Reich ist seit Urbeginn groß und stark dagestanden, hat sich durch die Zeiten aller Feinde erwehren können und seine Macht ringsum kräftig kund getan. — In Hispanien war das völlig anders. Da hat alles damit begonnen, daß die Muselmanen — die nämlichen, die jetzt hier vor den Mauern der Stadt Wien wüten — unser Land erobert haben und das Volk grausam unterdrückt und zerschlagen. Es sind damals nur ein paar kleine Grafschaften übrig geblieben, die sich nicht dem Sarazenenjoch gebeugt haben, droben irgendwo in den Bergen. Und aus diesen kleinen Grafschaften heraus haben wir Hispanier, zäh und unermüdlich, Schritt für Schritt, die Heiden wieder aus dem Land getrieben. Es hat das Jahrhunderte gebraucht, — und hat uns keiner dabei geholfen!“

Der Sanchez de Aguilar unterbrach ihn nun: „Ja, — so ist das gewesen bei uns: ein halbes Jahrtausend ein Heldenkampf ohne Pause und ohne Ende — wider eine fremde Welt ohne Gnade und ohne Frieden! — Das ist die Historia unseres Volkes: — die Reconquista, die Wiedereroberung unserer heiligen hispanischen Heimaterde. Viele meiner Ahnen haben dafür ihr Leben hingegeben. Just in dem Jahr, da ich geboren bin, haben die Heiden uns auch Granada zurückgeben müssen, — den letzten Fleck hispanischen Bodens, der noch unter ihrem Joch gestanden war."

Der alte Colonel de Molina nickte: „Und heute ist unser Land nicht nur frei, es ist das mächtigste und reichste ringsum, es sind ihm die Erdteile jenseits des Meeres untertan, und es gehorcht ihm der Weltkreis, so daß in unseres Königs Ländern die Sonne nicht mehr untergeht. — Zeigt mir nun ein Volk, das diesem Vergleichbares vollbracht hätte, — und sagt mir damit, ob irgend jemand sonst einen Grund hätte, stolz zu sein gleich uns!"

Gemurmel stieg in der Runde auf, Rufe — erregt und verwundert, — ärgerlich und zweifelnd zum Teil auch.

„Wie aber war das möglich, werdet Ihr fragen", rief in das Stimmengewirr hinein der alte Colonel, — so nennen die Hispanier einen Obristen, — „nun, ich kann es euch sagen: weil ein jeder von uns allezeit dort gestanden und bis zum letzten Blutstropfen stehen geblieben ist, wo ihn sein Graf, sein Herzog, sein König — wo ihn Gott hingestellt hat. Daß ein jeder von uns zuerst Hispanier ist und dann lang nichts anderes — daß die Sache des Landes und des Königs zuerst jedermanns eigene Sache ist, — das ist die Ursache unserer Größe und damit unseres Stolzes!"

„Wie aber", fuhr er fort, — „wie aber ist es bei euch im Römisch-Deutschen Reich? Was denkt und tut da ein jeder? — Ihr versteht, daß ich darüber aus Feingefühl vor euch Herren nicht weiter reden will, — dürft wohl auch nicht von Nöten sein. — Was aber das Ärgste ist: nicht daß sie untereinander hadern und sich bekämpfen, — das mag noch hingehen. Aber nein: nur um gegen ihren Nachbarn, gegen ihren Standesgenossen oder auch gar gegen den Kaiser und das Reich kleinliche krämerische Vorteile zu haben, tun sich die einen mit dem König von Frankreich zusammen und die anderen mit der Republik Venedig, diese mit den Schweden und jene mit dem Zapolya oder gar mit dem Sultan. Und jeder will fremde Herren im Land haben und fremdes Kriegsvolk, nur um mit ihnen den anderen zu zwingen und zu erniedrigen, — der doch die selbe Sprache spricht und des selben Reiches Glied ist wie er selber. Ist's ein Wunder, wenn das Reich darüber zerfällt und eine Beute wird für jede fremde Gier!"

Wieder Murren, — aber diesmal schier wie ratlos, — und doch auch wieder zornig aufbrandend; — da stand, ehe noch ein unbedachtes Wort fallen konnte, der Hauptmann von Buschhausen auf:

„Herr Obrist, — es tut mir weh im Herzen, daß ich Euch im Grund nicht zu widersprechen vermag. Allein, bedenket eines: Ihr Hispanier lebt fast wie auf einer Insel, rings vom Meer umschlossen, und auf der einen Seite, wo Ihr mit unserem Kontinent zusammenhängt, trennt euch ein himmelhohes Gebirg von allen anderen. Ein Volk, das so abgeschlossen und zusammengefaßt wohnt, kann leicht sich seiner Eigenart besinnen, geschlossen und einig werden und es auch bleiben. Was dann über ein solches Volk kommen mag, das kommt sichtbarlich von außen her und macht die Eintracht nur noch stärker. — Nun aber seht euch unser Deutsches Reich an: wie ist das vielfältig und vielspältig in seinen Landschaften: rinnt ein jeder Fluß in eine andere Richtung, schaut ein jeder Gau nach einer anderen Seite. Und denen, die ringsum sitzen, denen ist es ein leichtes, von allen Seiten hereinzudringen, — es muß gar nicht sein so sehr mit Waffen und Kriegsvolk als mit eines jeden Geist, mit seinem Geld und seinem Gift. — Das soll nicht entschuldigen, aber immerhin mancherlei erklären.

Dann aber: Ihr sagt selbst, Herr Bruder, daß auch euer Land einstmals vom Feind völlig überrannt worden ist. Wie kann das nur möglich sein? Doch wohl nur so, denk ich, daß auch bei euch in Hispanien ehedem Uneinigkeit und Verrat geherrscht haben. Grade so wie vor drei Jahren bei Mohatsch der Sultan seinen Sieg gar nicht so sehr seinen eigenen Waffen zu verdanken hatte als der Uneinigkeit und Verräterei in den Reihen des Hungarnkönigs."

Nun schwiegen alle nachdenklich, — und aus dem Schweigen wuchsen die Worte des deutschen Hauptmanns: „Vielleicht stehen wir jetzt erst dort, wo ihr in Hispanien vor Jahrhunderten gestanden seid, — am Anfang! — Vielleicht hat all das Schwere um uns, das wir da jetzt durchstehen und überwinden müssen, von Gott den Sinn, uns zu läutern und zu härten. So wie auch der Stahl erst rein und hart wird, wenn er geglüht und gehämmert wird!"

Der von Wigstein war aufgesprungen: „So fordere ich euch alle auf: Trinken wir diesen Becher auf den — Sultan! — Daß er die Flamme und der Hammer sei, das Reich zu Stahl zu schmieden!"

Bild rechts:
Titelseite des von Peter Stern von Labach verfaßten Berichtes über die Belagerung Wiens im Jahre 1529, gedruckt von Niclas Meldeman, Nürnberg, 1530 (H. M. d. St. W.).

Bild umseitig:
Im Föhrenwald zwischen Weikersdorf und Bad Fischau werden die vom Gefechtsfeld Leobersdorf-Enzesfeld in Richtung Wiener Neustadt flüchtenden Akindschi vom niederösterreichischen Verteidigungsheer unter ihrem Obristen Feldhauptmann Hans Katzianer von Katzenstein gestellt und endgültig vernichtet.
Holzschnittfolge Ostendorfer (Alb.).

Warhafftige handlung/

wie vnd welcher massen der Türck die Stat Ofen vnd Wien belegert/ Erstlich durch Kön. Mayt. zu Hungern vnd Behem/ ꝛc. Kriegs Secretari/ Herrn Peter Stern von Labach kürtzlich begriffen vnd beschrieben/ Nachfol=gend durch Nicolaum Meldeman/ Bürger zu Nürenberg/ mit mehrer anzeigung/ was von tag zu tag sich zuge=tragen hat/ aus angeben deren/ so von anfang mit vnd dabey gewesen sind/ gemehrt vnd erlengert/ im Jahr

1530.

MARCHGRAF
RAISIG ZEVG

HEIT DER NEVSTAT

Warhafftige handlung Wie vnd welchermassen der Türck die stat Ofen vnd Wieñ belegert/Erstlich durch Kü. Ma. zů Hungern vnd Behem ꝛc. kriegß Secretari/herrn Peter Stern von Labach kürtzlich begriffen vñ beschriben. Nachuolgend durch Niclausen Meldeman burger zů Nürẽberg mit merer anzeigũg was von tag zů tag sich zutragen hat/auß angge-ben deren/so von anfang mit vnd dabey gewe sen sind/gemert vñ erleüttert/sampt einer cō-trafactur der stat Wieñ außgangẽ. 1530.

Der von Buschhausen lächelte: „Und eines noch: bauen wir das Reich, so zimmern wir damit eine Heimstatt allen Völkern des Abendlandes. So wie ihr Hispanier und wir Deutschen nun Landsleute und Brüder geworden sind, seit die deutsche Kaiserkrone und die hispanische Königskrone auf einem und dem selben Haupt ruhen, so leben im Schutz des Reiches neben all den vielen deutschen Stämmen auch Flamänder und Wallonen, Burgunder und Friauler, Mährer und Krobaten und noch manches andere Volk. Und kann jeder dabei ungestört seiner Art treu und sich selber beständig bleiben."

Der Conde de Molina hob den Becher: „Darf ich Euch Bescheid tun, Companiero Capitan! Und ich will Euch etwas erzählen, was Ihr noch nicht wissen werdet: daß sich die hispanischen Granden beider Reiche im Anfang mit Erbitterung dagegen gestellt haben, daß ihr König sich zum Römisch-Deutschen Kaiser sollt erwählen lassen. Einem hispanischen König, so sagten sie, müsse es genügen, Herrscher über Kastilien und Leon, über Aragon und Sizilien zu sein; über diese Würde hinaus gebe es keine höhere. Was hätte das Kaisertum schon mit Hispanien zu tun? Der König aber hat mit Worten erwidert: Gott habe Länder und Reiche geschaffen und ihnen Fürsten und Könige als Herrscher gegeben; er habe aber auch die kaiserliche Würde begründet und sie an den Auftrag gebunden, oberhalb der Reiche und Länder die großen Aufgaben der gesamten Christenheit wahrzunehmen: die Einheit des Glaubens im Innern und die Beschirmung gegen alle von außen drohenden Ungläubigen. Daher also die Würde des Kaisers höher stehe als die eines jeden Königs, selbst eines hispanischen. So ist aus einem hispanischen König Carlos unser aller Kaiser Karl geworden, der heute selbst in hispanischen Urkunden seinen Kaisertitel dem hispanischen Königstitel vorsetzt. — Ihn mit Recht voransetzt; — das sage Euch heute ich, — ein hispanischer Grande!"

Erregtes, freudiges Getümmel: „Auf das Wohl des Carolus!" — „Auf Kaiser und Reich!" — „Auf das Weltreich Kaiser Karls!" — „Daß es ein Reich Gottes auf Erden werde!" —

Spät in der Nacht geleitete ich noch den Hauptmann von Buschhausen und den Locumtenenten von Wigstein in ihr Quartier. Ich war nun doch so sehr mitgerissen worden von all dem, was ich gehört hatte, daß ich zuletzt mich selber und das Annerl völlig vergessen hatte.

Bild links:
Folgeseite des von Peter Stern von Labach verfaßten Berichtes über die Belagerung Wiens im Jahre 1529, gedruckt von Niclas Meldeman, Nürnberg, 1530 (H. M. d. St. W.).

Am nächsten Morgen traf ich das Annerl mit verweinten Augen: — „Konrad, — was bist gestern fort gegangen und hast mich gar nimmer angeschaut? — Hast mich denn nicht lieb?"

Ich war wie als den Wolken gefallen. — „Aber, Annerl, — wenn die hohen Herren schon mich kleinen Niemand an ihren Tisch sitzen heißen, so kann ich die doch nachher nicht einfach stehen lassen und mich trollen; — muß mich ihnen behilflich zeigen. Und dann, — das, was da gestern geredet worden ist, — das war ja so ungemein bedeutsam, nicht nur für mich, — für uns alle, auch für dich!"

Sie schaute mich verständnislos an: „Was kann denn schon bedeutsam sein für mich, außer daß du bei mir bist?" fragte sie dann leise.

„Aber schau, — wir leben doch jetzt mitten in einem Krieg um Leben oder Tod, — und ich bin Soldat, — und sie erwarten von mir wohl mehr als von manchem anderen. — Da kann ich nicht immer bei dir sein!"

„So bleib jetzt bei mir!"

„Nein, — gerade jetzt geht's nicht! — Annerl, so sei doch gescheit!" bat ich voll Ungeduld, denn drüben bei den Augustinern hörte ich schon seit geraumer Zeit die Trommeln brummen und rumpeln, die unser Fähnlein und Regiment zum Sammeln riefen.

Ich zog sie an mich: „Annerl, — du kannst mir's glauben: wenn ich auch des Kaisers Landsknecht bin, und meine Pflicht gegen ihn an erster Stelle stehen muß: dort, wo die Pflicht aufhört, fängt meine Lieb zu dir an, — und die hört nirgends mehr auf. — Und wenn dieser Krieg erst vorbei und meine Pflicht als Soldat von mir genommen ist, — dann wird überhaupt nur mehr meine Lieb da sein!"

Aber ich glaube, das Annerl hat meine Worte gar nicht verstanden. — Da hab ich sie rasch geküßt und bin davon.

Auf unserem Sammelplatz erfuhr ich, daß es auch heut wieder einen Ausfall gelten sollt. Diesmal beim Kärntner Tor in die Vorstadt hinaus. Haben wir uns also, an die tausend Mann stark, bereit gestellt, und dann, während die Unseren mit Mörsern und Kartaunen und Handbüchsen gefeuert haben, was das Zeug gehalten hat, ist die Schlagbrücke rasselnd und polternd niedergegangen, die Torflügel sind aufgerissen worden, — und bei allen Öffnungen zugleich sind wir hinaus und in die Vorstadt. Unser Fähnlein war ganz rechts draußen.

Wir sind am Anfang recht gut vorwärts gekommen. Ein paar von den verhaßten türkischen Büchsenschützen haben wir in den Gemäuern überrascht und erschlagen; dann sind wir, während die neben uns die Feinde aus den Ruinen des Frauenhauses hinauswarfen, gegen die Schanze beim Ladislausturm vorgerannt und wollten die Geschütze zerstören. Was sich uns an Türken entgegenstellte, das stachen wir mit den Spießen über den Haufen oder jagten es in die Flucht. — Dann aber, vor der Schanze, wurden die Feinde um uns rasch immer mehr, und wir mußten uns ihrer hart erwehren.

„Wir müssen zurück zum Tor!" brüllte der Weinwurmb, — „ehe sie uns in den Rücken kommen und uns von der Stadt abschneiden!"

Das war nun leichter gesagt als getan. Wohl schlossen wir uns zum starrenden Igel zusammen, wohl schwang der Rote Hannes seinen riesigen Flamberg und schlug uns Schritt für Schritt eine Gasse, — aber schneller als wir waren die Türken. — Schon drängten sie sich zwischen unserem Haufen und denen beim Frauenhaus.

„Wehrt euch, Knecht!" knirschte der Weinwurmb. — „Wehrt euch eurer Haut! — Kann sein, es ist das letztemal! — Da hast, du Sultanshund!" — Und mit einem gewaltigen Hieb spaltete er einem pockennarbigen Scheusal, das ihn anspringt, den Schädel.

Die Türken drängen uns zwischen die Gemäuer, schon behindern uns in der Enge die Spieße mehr, als sie uns nützlich sind. Wir lassen sie fallen, greifen an die Schwerter. Der Rote Hannes brüllt auf einmal auf, der Flamberg entfällt ihm, er taumelt, — sie nehmen ihn in die Mitte. — Ein langer dürrer Kerl sticht mit einer Lanze nach mir, verfehlt mich, — bloß das Wams reißt krachend auf, und ich spüre das Eisen kalt über meine Schulter fahren, — und ehe der andere es zurückreißen kann, hat er mein Schwert im Bauch, daß er aufgurgelnd hintüber fällt. — Rutschender Schutt unter unseren Füßen, — hinauf und hinunter, — wer stolpert und fällt, ist verloren. — Mein Federhut ist weg, von einem Hieb fortgefetzt. — Da hast du dafür! — Was, du lebst noch! — Und hier, — und noch einmal — und, — zack, tief, — aah, tust keinem Christenmenschen mehr was zu Leide!

Durch das Getümmel hindurch sehe ich, wie die drüben vom Frauenhaus sich schon fast bis zum Kärntner Torturm durchgeschlagen haben. — Und da, — was ist das! — Ein vielstimmiger Schrei, Schreck und Wut und Verzweiflung! — Jetzt sehe ich es auch: die Torflügel sind geschlossen, die Schlagbrücke hochgezogen. Und davor ist schon alles voll Türken. — Die sollen nicht beim Tor hinein, — ja, — aber — wir sind noch heraußen! — Und da schreie auch ich auf in Grauen und Angst, und auch die um mich brüllen auf, so, daß sogar die Türken einen Atemzug lang erschrocken stocken und, Übles wähnend, sich etwas zurückziehen.

Der Weinwurmb hat sich als erster gefaßt: „Aus der Vorstadt hinaus und übers Feld hinüber zum Burgtor! — So schnell wie möglich!"

Rasch, rasch nur, ehe sich die Türken besinnen und uns nachsetzen! — Da ist der Vorstadtwall, — hinauf, — und hinüber, — und übers Feld, in hellen Haufen, zwei-, dreihundert Klafter noch, — ob es uns gelingen wird? Auf einmal sind kaiserliche Reiter vor uns, winken, schreien, in einer uns unverständlichen Sprache. — Und dann ist der Marquis von Moranville da: „Lauft ihr ßu, — wir 'alten die Feind auf!"

„Weiter, weiter, ihr faulen Mehlsäck!" treibt uns der Weinwurmb an. — „Keinen Augenblick dürfen wir verlieren!" — Mit keuchenden Lungen erreichen wir das Burgtor, — hinein — gerettet! — Draußen verklingt das Getümmel des Reiterkampfes. —

Zerschlagen an Leib und Seele schlichen wir zum Kärntner Tor. Ich getraute mich kaum auf den Wehrgang hinaufzusteigen und durch die Scharten in die Vorstadt zu schauen. Aber da war gar nicht so viel zu sehen. Tote lagen herum, — Türken, — Unsrige, — wüst durcheinander, verstreut und in Haufen. — Ich war selbst verwundert, wie wenig mich das jetzt rührte.

Der Weinwurmb ging durch die Wehrgänge, dunkelrot im Gesicht, Schweißperlen auf der Stirn. „Verfluchte Höllenschweinerei! Mir fehlt fast das halbe Fähnlein. — Der Jost Aichenpichler ist weg, der Jörg Spannbogen, der Veit Rothmesser und der Lange Lipp; — dem Roten Hannes haben sie zwei Finger abgehauen, — das wird er überstehen, ist aber vorderhand zu nichts mehr zu brauchen. — Und hat keiner den Wolf Schwertner gesehen und den Niklas Baldauf und den Peter Nürnberger?" — Verzweifelt schnaufte er wieder weiter.

Freilich, dieser und jener tauchte wieder auf. Etliche waren doch noch beim Kärntner Tor durch ein kleines Nebenpförtchen geschlüpft, andere bis zum Stubentor gelaufen und dort eingelassen worden. Der Jörg Spannbogen stand auf einmal vor uns, als wäre nichts geschehen; bloß daß er um den Kopf neben dem dünnen Verband von neulich noch neu einen dickeren hatte, nach der anderen Seite herum.

Dann war der Hauptmann Weinwurmb wieder da; sein Gesicht war fahl und verstört. — „Den von Moranville haben sie vom Pferd gestochen, — die Hunde!"

Mir griff es kalt ans Herz: — „Ist — ist er denen in die Hände gefallen?"

„Nein, — das nicht, — aber — —" Der Hauptmann verstummte, würgte, redete nicht weiter, — und ich fragte auch nicht mehr.

„Bei Sankt Michael haben sie ihn aufgebahrt", murmelte er dann.

Aufgebahrt — bei Sankt Michael. — Ich hatte den kaum näher kennen gelernt, — und jetzt auf einmal merke ich, wie gern ich ihn gehabt hatte. — Der erste von denen, die mir im Herzen nahe gekommen waren. — Wer würde nun aller folgen?

Kam nicht viel dazu, meinen trübsinnigen Gedanken nachzuhängen. Denn das Krachen und Donnern und Einschlagen war heute ärger noch als am gestrigen Tag, nur daß es jetzt vornehmlich von den Türken her kam. Es war, als wäre denen durch unseren mißglückten Ausfall der Kamm geschwollen, und sie wollten nun den Spieß umkehren. Schlag auf Schlag krachte gegen die Mauern und den Torturm, schon begann hier und dort das Mauerwerk zu bröckeln und zu klaffen. — Da, — jetzt schlugen aus den Luken des Turmes Flammen, — auch aus dem Dach züngelte und qualmte es, — die Stückmeister und ihre Leute flüchteten, — Schreie gellten, „Wasser — Wasser!“ — Dann war auf einmal der von Buschhausen da mit einer Schar Knechte, sie trugen volle Eimer und lange Stangen, Haken und Beile, — ein Laufen und Hasten und Werken war, ungeachtet der einschlagenden Türkenkugeln, — und nach einer Weile konnten wir aufatmen: — sie waren der Flammen Herr geworden. Gut, daß von dem vielen Regen und Nebel alles Holzwerk feucht geworden ist, und jetzt nicht recht brennt.

Vom Kärntner Torturm schossen sie nun wieder brav hinüber. — Draußen machten sich die Türken daran, neue Sturmleitern und Balken und Reisigbündel herbeizuschaffen. — Jetzt und jetzt erwarteten wir, es werde das große Stürmen anheben, — aber Stunde auf Stunde verrann, und es wurde doch nichts daraus. — Nur saugt einem dieses endlose drückende Warten und Lauern mehr Kraft und Ruhe aus der Seele, als wenn es draußen im Getümmel drauflosgeht. — Aber vielleicht wollen uns die Türken auch nur mürbe machen, daß sie uns dann umso leichter übermannen können.

So mußten wir den ganzen Tag unter Waffen bleiben, wo wir hingestellt waren. Erst spät in der Nacht, als das Schießen aufgehört hatte, hat uns der Eck abziehen lassen.

So bin ich denn die finstere Treppe von der Mauer herunter getappt, müd und zerschlagen. — Und ging — wohin? — Nach Hause? — Zum Annerl? — Nein. — Herz und Hirn waren mir wie tot, — und die Füße trugen mich, ganz von selbst, in die entgegengesetzte Richtung, — zur Michaeler Kirche.

Dunkelheit erfüllte den Raum, — nur vorne beim Altar ein paar Kerzen, — dort, wo er lag. — Er war, wie man in Domen alte Ritter findet, aus weißem Marmorstein gehauen, auf dem Deckel ihrer Grabmäler ausgestreckt liegend. Sein Gesicht war gelöst und friedlich, fast spielte ihm sein vertrautes fröhliches Lächeln noch immer um die Lippen. — Ich hatte ein ernstes, finsteres Gesicht erwartet, — so wie damals, als er in dem Dorf am Wiener Berg die ermordeten Kinder gefunden hatte; — aber das eigene Sterben hatte er leicht genommen.

Ich bin lang daneben gestanden. Es war mir, als müßt ich Totenwache halten, — Totenwache für den da und für alle, die sich wie er so für das Reich hingeben. —

Dann bin ich doch nach Hause geschlichen. Beim Hintertürchen hinein und in unsere Schlafkammer, — hab mich ins Stroh verkrochen. — Tot und leer um mich alles. — Die vier Gesellen, die sonst neben mir geschlafen hatten, wo mochten die jetzt liegen? —

Waren mir aber kaum die Augen zugefallen — oder dünkte mir

das nur so kurz? —, als mich schon wieder einer derb rüttelte: „Auf — Konrad — auf — rasch!"

Das war des Wigands Stimme: „Mach dich gleich auf, wir müssen wieder auf die Mauer! — Der Feind stellt sich draußen, als ob er stürmen wolle!"

Ich fuhr hoch, griff hastig nach meinem Kram. — „Wie spät ist es denn?"

„Mitternacht ist vorbei."

Wir hasteten durch die finsteren Straßen — wohlbekannt der Weg jetzt schon —, und dann standen wir wieder oben im Wehrgang.

Auf dem Kärntner Turm hatten sie ein paar große Pechpfannen ausgehängt, und deren flackernder roter Schein geisterte über das wirre Trümmerfeld draußen, ließ die Schatten tanzen und springen. — Am Rand des Lichtkreises war undeutlich ein Gelaufe und Gedränge von Menschen, aber es war nicht auszunehmen, was sie taten.

Zäh verrann die Zeit von Stundenschlag zu Stundenschlag. Im Stehen und Sitzen wären wir eingeschlafen, wenn uns nicht immer wieder etwas anderes aufgescheucht hätte: ein Postenruf der Türken, die Schritte der Rundwache, ein Aufprasseln der Pechpfannen. — Langsam dann begann es zu dämmern, — schärfer spähten wir hinüber zum Feind. Doch dort war es wieder ruhig geworden. Aber etwas anderes fiel uns nun auf: lange Stangen steckten jetzt da drüben im Boden, eine neben der anderen, eine dichte Reihe lang — so weit man links und rechts hinausblicken konnte. — Am oberen Ende trug jede der Stangen ein kugelförmiges Gebilde. — Was mochte das nun wieder sein? — Feldzeichen? — Oder neuartige Belagerungsmittel? Feuerwerkskörper vielleicht oder dergleichen.

Neben mir spähte der Valentin durch die Scharte, sein Gesicht wurde immer härter und finsterer. Die Zähne begannen ihm zu knirschen. — „Herrgott noch einmal, — ihr verfluchten dreckigen Schweinehunde!" — Was meinte er? — Ich starrte hinaus, — und — jetzt — „Valentin! — das sind doch —?"

„Ja!" knirschte der. — „Das sind Köpf! — Die Köpf von unseren Leuten! — Das pflegen die Türken gelegentlich so zu machen, wenn sie welche gefangen haben. — Ha, was meinst, Konrad, — täten sich die unsrigen zwei Kürbis auch ganz gut ausnehmen in der Reih, — wie?" Es sollte wie Scherz klingen — und würgte ihn doch hörbar in der Kehle.

Wie es nun allmählich heller wurde, erkannte ich da draußen auch manch ein vertrautes Gesicht, wie wohl die alle arg mit Blut und Schmutz besudelt waren: den Gilg Ostermann, — den Geiervogel, — den Niklas Baldauf, — den Sepp Vogelauer, der mit mir beim Meister Ellinger in der Schlafkammer im Stroh gelegen war. —

„Konrad", sagte der Valentin, — „da hilft nur eines: hart werden!"

— Und nach einiger Zeit: „Auf jeden von denen da draußen drei Türkenschädel, — so wollen wir's halten!"

War aber vorläufig nichts zu machen mit Türkenschädeln, denn alsbald hub denen ihr Geschütz wieder zu blitzen und zu donnern an, als sollte die Welt untergehen. Sie hatten es jetzt vor allem auf unseren Torturm abgesehen: Schuß auf Schuß schlug dort ein und richtete bald auch erheblichen Schaden an; das Dach brach ganz zusammen, eine Zinne stürzte ein, bei einem Geschütz blieb der Stückmeister mit zwei Knechten tot liegen. Es mußten die bald alle ihr Feuer einstellen und sich verziehen. Aber dann kam der Meister Tscherte mit Zimmerleuten, sie trugen dicke Bohlen und Balken und bauten eine starke Brustwehr daraus. Außen hängten sie prall gestopfte Strohsäcke daran und übergossen sie mit Wasser, daß sie die Kugeln lind abfingen und zugleich nicht Feuer fingen, — und bald war es so weit, daß unsere Geschütze wieder mitreden konnten.

Wir sahen, wie die Türken ihr Graben und Minieren emsiger als je zuvor betrieben. Aber zum Sturm setzten sie nicht an, wiewohl sie unablässig ihre Leitern hin und her schleppten und einige Male damit auch bis an die Mauer heran kamen.

Am Vormittag rückten Leute vom Abel von Holneck an, uns für einige Zeit abzulösen. Wir stellten uns unten an der Mauer auf, und der Eck von Reischach besah uns.

„Gerupft haben sie uns ja hübsch artig", meinte er zu seinen Hauptleuten. — „Aber noch leben wir!" Und dann zu uns: „Jetzt heim, — habt euch etwas Ruhe wohl verdient. Und am Abend nach dem Vesperläuten seid ihr alle wieder auf unserem Sammelplatz. — Werden sehen, was wir dann weiter machen."

Todmüde schleppte ich mich heim. — In der Hauseinfahrt kam mir das Annerl entgegen, hing mir am Hals, schluchzend und jubelnd.

„Konrad, — mein lieber Konrad, — daß du nur wieder da bist, — daß ich dich nur wieder hab!"

„Du weißt ja gar nicht, wie schrecklich das war! — Jeden Schuß hab ich gehört, — und immer denken müssen: das gilt jetzt dir! — Und was die Leut, die Nachbarn und so, — was die alles erzählt haben! — Und du bist nicht zurückgekommen, — und am Morgen warst du wieder nicht da. — Ach, Konrad — Konrad!"

Ich war auf einen Sessel gesunken, — wußte nicht, — sollte ich mich freuen? — Oder nur mich umfallen lassen.

Das Annerl schaute mir ins Gesicht, erschrak: „Konrad, — Konrad, — was hast denn? — Wie schaust denn aus? — Was fehlt dir?

„Gar nichts, Annerl, — ich bin nur müd, — so müd."

Und sie löste mir die Schuhe und den Gürtel, sie brachte mir einen heißen Trunk, lief hin und her, in fliegender fieberfreudiger Hast. —

„Konrad, — ich hab dir ein Lager bereitet, — aber nicht drunten im Stroh, — in der Gästekammer!"

Ich weiß gar nicht mehr, wie ich hingekommen und ins Bett gefallen bin. — Weiß nur, daß es unnennbar schön war, zu wissen: — ein lieber Mensch ist bei dir und will dich hegen und dir helfen. —

Es war schon dämmrig, als ich wieder die Dinge um mich wahrnahm. — Da war eine liebe, warme Hand in der meinigen, — und auf meinem Mund ein paar heiße Lippen, — es mußte wohl ein Traum sein. — Ach, träumen, — immer so weiter träumen!

Und dann, mitten in das sanfte Schweben hinein: Glockengetön!

Ich fuhr auf: „Annerl, — das Vesperläuten! — Ich muß wieder fort!"

Sie starrte mich an, mit aufgerissenen Augen, in denen langsam wieder Tränen zu perlen begannen. — „Konrad", sagte sie dann leise, — „ich will tapfer sein, — weil du auch immer so tapfer bist."

Unser Regiment war an den drei Seiten des Platzes in Ordnung und Waffen angetreten; in der Mitte stand der Obrist, und um ihn die anderen Offiziere, der von Buschhausen, der Weinwurmb, der von Wigstein und noch etliche.

„Meine lieben Kriegsknecht", hub der Eck an. — „Es währt diese Belagerung erst wenige Tage, und ihr habt gleichwohl schon Schweres durchgestanden. Was uns noch bevorsteht, mag ein jeder sich selber ausmalen. — Gleichwohl: ein altes Weib und nicht ein kaiserlicher Soldat ist, wer nicht zu Gott und zu sich selber Vertrauen genug hat, für die gute Sache auch das Härteste hinzunehmen. Kommt jetzt bloß darauf an, ob den längeren Atem wir haben oder der Türk. Lang kann sich der diese Belagerung nicht leisten, so spät im Jahr, bei diesem Wetter, das von Tag zu Tag rauher und kälter wird. Zwei Wochen, denk ich, — wenn wir die durchhalten, ist der Sultan am End."

Er redete eine Weile leise mit den Offizieren, dann hub er nochmals an: „Da bei euch hier und dort schon allzu große Lücken klaffen, wollen wir die nun zustopfen. — Von den wehrfähigen Wiener Bürgersleuten, die in der Stadt geblieben sind, haben sich etliche jetzt freiwillig gemeldet; die wollen wir auf die Fähnlein aufteilen."

Ein Wink des Obristen, ein Ruf eines Feldwaibels, dann erschienen in der offenen Seite unseres Geviertes etwa ein halbes Hundert Bürger, vornehmlich junge Leute.

„Eine starke Rotte bekommt gleich Ihr, Hauptmann Weinwurmb, — habt ja bis anher auch die meisten Verluste erlitten."

Der Obrist sonderte etwa anderthalb Dutzend von den Männern aus und ließ sie zum Weinwurmb treten. — Ich merkte, daß er viel getrunken hatte, denn sein Gesicht war noch dunkler gerötet als sonst, und es machte ihm Mühe, sein Schwanken zu bemeistern.

„Hohoho, — solchene knieweiche Bürschlein — und in meinem Fähnlein! — Na, weit hab ich's gebracht!"

Da stand der Eck vor ihm, mit finsterem Gesicht. — „Herr Bruder: Euer scharfes Schwert schätze ich zu aller Zeit, — Euer nicht minder scharfes Maulwerk indes schätz ich weder sonst noch jetzt! — Soll uns heut ein jeder willkommen sein, wes Art und Herkunft der auch immer sei."

Der Weinwurmb knickte sichtbar zusammen.

„Was habt Ihr zur Zeit noch an Rottmeistern in Eurem Fähnlein?" fragte ihn der Obrist.

„Den Jörg Spannbogen und den Valentin Höller, dann den Wolf Schwertner und den Veit Rothmesser, und dann noch den Kunz Eisenpeiß und den Hansen Schicketanz."

„Das sind also alle? — Nun, viel ist das nicht. — Was tun jetzt mit den Bürgersleuten hier?"

Der von Buschhausen trat auf ihn zu, redete leise zu ihm. Dann richtete der Eck seinen Blick zu uns herüber, seine Augen wanderten unsere Reihe entlang, blieben an mir hängen. — „Konrad!" — mich riß es zusammen, ich trat vor.

„Er hat sich schon mehrmals wohl bewährt", sagte der von Buschhausen. — „Was ihm an Alter und Erfahrung noch fehlt, das macht er an Geschick und gutem Mut wett."

„Kenn ihn selber", nickte der Eck. Dann schaute er mich scharf an: „Nun gut denn: Sollst du von heut ab Rottmeister sein, und die Bürger dort dir untergeben. — Aber daß ich keine Weichheit und Nachlässigkeit bei euch merk! — Krieg ist Krieg, und mag einer sonst sein, was er will, — sobald er in Waffen und unter der Fahne steht, hat er sich in allem allein als ein Soldat zu verhalten."

Und dann, zu den Bürgern: „Ihr könnt jetzt heimgehen. Morgen in der Früh laßt ihr euch im Zeughaus Waffen geben und danach seid ihr wieder hier. — Und — ich will euch halten, als ob ihr seit altersher schon brave Landsknecht in meinem Regiment gewesen wäret!"

Grüßend hob er seinen Federhut, wandte sich und ging davon.

Als auch die Bürger sich verlaufen hatten, stand nur mehr der Pater Heinrich da.

„Und was wollt jetzt Ihr noch?" knurrte der Weinwurmb spinnengiftig.

„Ha no, — zu welchem Fähnlein und zu welcher Rotte gehör jetzt ich?"

„Zu gar keinem! — Ihr seid Regimentskaplan! — Predigen dürft Ihr überall!"

Da brauste aber der Pater gewaltig auf: „Gar nichts da mit Kaplan und Predigen! Gehör ich zum Regiment, hab ich wohl auch die selben Rechte wie alle anderen, — und hab ich daher zu wissen, wo ich hingehör in Reih und Glied, wenn das Regiment an den Feind geht!“

Der Hauptmann war verblüfft, er versuchte einzulenken. Zuletzt schlug er dem Pater einen Handel vor, es möge dem gestattet sein, auf den Wällen und Wehrgängen mitzuhalten oder auch, falls der Türk in die Mauer einbräche; wenn es aber einen Ausfall oder eine Feldschlacht gelte, sollte er daheim bleiben. — Dem wollte der Pater indes gar nicht sich fügen.

Da aber wurde es nun dem Weinwurmb doch zu viel: „Pater!“ brüllte er den an. — „Im Beichstuhl und von der Kanzel mögt Ihr mir auch was sagen, — aber vor dem Feind, da hab nur ich was zu reden, — und der Obrist! — Und jeder andere hat zu parieren, und wenn er der Erzbischof wär oder der Papst persönlich!“

Da stand der Pater bolzengerade, schluckte ein paarmal und sagte kein Wort mehr. Und wiewohl er den Hauptmann um gute anderthalb Haupteslängen überragte, war er vor dem wie ein Schulbub, der vom gestrengen Lehrer abgekanzelt wird. —

Ich aber stand daneben und war wie im Traum: Rottmeister! — Zum Rottmeister hatte mich der Eck gemacht! —

Wien, am 5. Octobris 1529

Der Wigand war es wieder, der mich, noch in finsterer Nacht, holen kam. „Schnell auf und hinaus! — Die Stadtmauer will einstürzen!“

„Wo?“ — „Bei Sankt Clara! — Das ist gleich rechts vom Kärntner Tor, in unserem Bereich!“

Schon eilte ich durch die Gassen, andere liefen links und rechts, aus den Seitengäßchen heraus, in Hast und Erregung alle.

Dann standen wir an der Mauer: „Wo ist es?“ — „Was soll sein?“ — „Wo ist die Mauer am Einstürzen?“ — „Hier stürzt keine Mauer ein! — Seht selber nach!“ — „Aber sie haben uns doch geholt deswegen!“ — „Die Bürgersleut sehen wieder einmal Gespenster rundum, — und machen die Kriegsleut auf die Letzt auch noch verrückt. — Geht wieder heim und legt euch noch einmal auf’s Ohr!“

Aber wir blieben nun doch da, denn es dämmerte mählich. Es hatte unser Auflauf an der Mauer solchen Lärm verursacht, daß es auch die Türken vernommen, und ihnen anscheinend der jähe Schreck in die Glieder gefahren ist. Denn jetzt gellten draußen aus allen Lagern Hornrufe, und bald darauf sahen wir alles in Waffen ausrücken und erkannten daraus, daß die eines Ausfalls unseres Kriegsvolks gewärtig waren. Darob erhob sich bei uns großes Gelächter und laute Fröhlichkeit. — „Mögen nur stehen da draußen, bis ihnen die Füße krumm werden." — Und als es dann gar wieder fein zu regnen begann, kannte unsere Vergnügtheit keine Grenzen.

Dann kamen auch unsere Bürgersleute an: bunt bewaffnet und ein wenig linkisch standen sie da. Ich holte mir meine Rotte zusammen. Da stand zu meinem Erstaunen auch der Stoffel dabei und grinste mich an: „Ist nur, — wenn mir wieder ein Türk über den Weg kommt; — jetzt zeig ich's dem besser als damals auf dem Tullner Feld!"

Sonst sind es vornehmlich Handwerks- und Kaufmannsgesellen, auch ein Stadtschreiber ist dabei und ein Student, der Hans Früeauff, der mir nicht übel gefällt.

Hab mich bei ihm in gewisser Weise entschuldigt für das, was der Hauptmann gestern gesagt hat.

„Der Weinwurmb, der ist ein grober Klotz, zumal wenn er trunken ist, hat aber gleichwohl eine brave und gute Seele; — ihr dürft ihm nicht übel nehmen, was er so zwischendurch zusammenredet."

Der Hans Früeauff winkte ab. — „Kann ihm's sogar nachfühlen, wenn er so denkt und spricht. War ja nicht gerade rühmlich, was ihr da mit unserer Bürgerschaft erlebt habt, ehe es losgegangen ist. — So ist's eben, ob das nun Stadtbürger sind oder Kriegsleut, Pfaffen oder Bauernvolk, — allemal sind Lumpen darunter, und wer oberflächlich hinschaut, sieht nur die und macht alle mitsammen schlecht. — Kommt aber nicht auf die paar Schlechten an, sondern auf die paar Guten!"

Das hat er mir aus dem Herzen gesprochen. Und es hat sich dann gezeigt, daß der Hans Früeauff nicht nur gut zu reden, sondern, als ein Studiosus, auch einiges vom Fechten versteht, und so ist er mir also sehr von Nutzen. —

Ist heut im übrigen ein recht friedlicher Tag geworden. Die Türken sind vor lauter Stehen und Warten nicht viel zu was anderem gekommen, und auch ihre Geschütze haben sanfter getan. So hat uns der Weinwurmb bald wieder in unsere Quartiere geschickt.

Es tat mir wohl nach den durchstandenen schweren Tagen, daheim mich vom Annerl umsorgen zu lassen. Sie hatte im Ofen ein Feuer von prasselnden Scheitern entzündet, mir allerhand Leckerbissen aufgetischt, und nun saß sie zu meinen Füßen auf einem Schemel, an meine Knie geschmiegt.

Unvermutet schaute sie zu mir auf und fragte: „Konrad, — was wirst machen, wenn der Türk abgezogen ist?"

Ich lachte: „Na was denn? — Dich heiraten natürlich!"

Sie strahlte glückselig. Und dann plauderte sie eifrig los: „Ja, — und dann bleibst du hier in Wien, nicht wahr? — Der Vater hat dich recht liebgewonnen, ich merk's, — wird dich sicher in sein Gewerb nehmen, — verstehst doch eine Menge vom Kaufmannsgeschäft! — Ja, — und dann sitzen wir jeden Abend so beieinander."

Ich mußte mir gestehen, auch ich konnte mir im Augenblick nichts Schöneres vorstellen. — Aber wie ich es so eine Weile bedachte, drängten sich andere Gedanken vor.

„Ich weiß nicht, — ich glaub, ich taug aber doch nicht dazu. — Schau: es gibt Leute, die sind für den Kaufmannsstand geschaffen, die sind dabei glücklich und zufrieden und bringen es auch zu was. — Aber ich? — Ich bin dem Oheim in Steyr davongelaufen — und würde es auch in Wien dabei auf die Dauer nicht aushalten."

Das Annerl schaute mich verständnislos an, — entsetzt schier. — „Ja, — aber, — was willst denn dann sonst machen?"

„Weißt du, was mein Obrist zu mir gesagt hat, damals, wie die Belagerung noch nicht einmal angehoben hat? — Wenn wir beide, hat er gesagt, — wenn wir das, was jetzt kommt, gut überstehen, dann meldest dich nachher wieder bei mir. — Ja, Annerl, so hat er gesagt. — Und weißt du, was das bedeutet?"

„Nein!" — Sie schaute mich riesengroß an.

Wie sollte ich ihr das nun sagen? — War es mir doch selber noch recht unklar, — fühlte ich es nur halb bewußt.

„Annerl, — diese Belagerung jetzt, — wenn wir die durchstehen, — damit allein ist ja noch nichts getan. — Das können wir in zwei oder drei Jahren wieder haben, und wer weiß, wie es dann ausgeht."

Angst stand in ihren Augen: — „Konrad, — dann ziehen wir miteinander weg von Wien, — nach Linz, — oder nach Regensburg. — Wir haben dort überall Verwandte und Befreundete. — Wir können dort überall unterkommen, — es wird schon gehen, wirst sehen!"

Etwas wie Ärger spürte ich in mir aufsteigen. — „Ich will aber gar nicht vor den Türken davonrennen", stieß ich hervor, härter vielleicht, als ich wollte. — Aber wie ich dann in ihren Augen wieder Tränen aufsteigen sah, reute mich schon meine Heftigkeit.

„Schau, Annerl, du bist ein Weib, ein Mädchen, — du kannst das wohl nicht so verstehen wie wir; — aber du mußt es mir glauben! — Eine Zeit ist das, die von uns verlangt, daß Großes geschieht. — Und siehst du: — da irgendwo zupacken dürfen, daran mitarbeiten, — beitragen können, daß das große Werk geschieht, — das ist es, was mir das Leben erfüllt. — Da müssen wir, was wir so an kleinen persönlichen Wünschen haben, dem schon unterordnen."

„Du sollst aber bei mir bleiben!" flüsterte sie unter Tränen.

„Annerl, — willst du auch mit mir gehen, — wohin es immer sein soll, — durch dick und dünn?"

„Frag nicht so viel!" schluchzte sie auf. — „Bei dir will ich sein, immer und überall, — sonst gar nichts!"

Es dünkte mich besser, nicht weiter darüber zu reden. — Mögen wir einmal abwarten, wie das alles jetzt für uns ausgeht.

Das Annerl hatte sich bald wieder gefaßt. Jetzt sprang sie auf; „Ich will dir was zeigen!“ rief sie. — „Was Schönes, — was dir gefallen wird.“

„Was denn gar?“

„Meinen Schmuck!“

Sie brachte ein zierliches Kästchen, — eine welsche Arbeit, wie mir dünkte, — und öffnete es mit einem goldenen Schlüsselchen. Das war darin ein Blinken und Leuchten auf dunklem Samt!

„Das da hat mir der Vater aus Venedig mitgebracht, — und das ist von meinem Oheim in Regensburg, — und das da —“ sie stockte ein wenig, — „ich kann es dir ja ruhig sagen: das hat mir der Ruedlieb Wispeck gegeben.“ Sie betrachtete das glitzernde Ringlein in ihrer Hand. „Schön ist es eigentlich schon, — obwohl ich an den Kerl gar nicht mehr denken mag, — wo ich jetzt dich hab!“

Ich hatte nur halb auf ihre Worte gehorcht, denn ein anderes Schmuckstück fesselte meine Aufmerksamkeit. Ein Anhänger war es: zwei winzige Menschengestalten standen darin eng beisammen; ihre Gewandung, seltsam altertümlich, war aufs feinste aus Silber und buntem Schmelzfluß gebildet, und um sie herum schlang sich zartes goldenes Rankenwerk.

„Ach das!“ sagte da das Annerl, halb verlegen und halb verächtlich. — „Das ist ein uraltes Stück, noch von meines Vaters Großmutter, — aber es gefällt mir nicht, — ist gar so altmodisch.“

Ich wollte ihr widersprechen, aber das Annerl ließ mich gar nicht viel überlegen und redete in einem weiter:

„Was glaubst du, was die Goldschmiede heutzutage für schöne Dinge fertigen! — Ist ein ganz neuer Geschmack das, kommt alles aus Italien her. Der junge Wispeck war auch zwei Jahr drunten, in Florenz und in Venedig und in Bosnien. Unsere Leut hier, die wissen ja gar nicht, was schön ist, hat der Wispeck damals allen erzählt.“

Ich war verstummt. — Der Stefansdom stand mir vor Augen. — Ob die drunten in Italien so was auch zustande brächten?

Aber das Annerl merkte nichts von meinen Gedanken. — „Du mußt überhaupt einmal zu dem alten Wispeck hin, dem Ruedlieb seinem Vatern, und dir anschauen, was der alles in seinem Lager hat. — Ein Stück ist darunter, das gefällt mir besonders gut. Da ist in der Mitten ein großer runder Stein, der ist schwarz und weiß, und darein ist ganz prächtig die Frau Venus eingeschnitten, — du, wenn ich das so trag, da vorn auf der Brust an meinem Festtagskleid, — wie eine Prinzessin muß ich da ausschauen. — Du, das Stück wünsch ich mir! — Ich wünsch mir's, — sagen wir — zu unserer Hochzeit!“

Sie schaute mich lächelnd an und war unsagbar lieb dabei, — und doch ekelte es mich im selben Augenblick vor diesem ganzen Gespräch.

„Annerl“, sagte ich leise und zog sie sacht an mich, — „ist denn das alles überhaupt wichtig? — Ich meine, jetzt, wo der Türk vor der Stadt liegt, und draußen an den Mauern unsere Männer erschlagen werden und auf dem Land Frauen und Kinder, — und wir selber nicht wissen, ob wir morgen noch leben?“

Das Annerl entwand sich mir, schaute mich fassungslos an: „Ha — aber — wozu führen wir denn diesen ganzen Krieg, — wenn nicht, daß wir nachher wieder in Frieden und Sicherheit weiterleben können und uns an unserm Leben freuen. — Und da gehört so was doch dazu!“

„Meinst du?“ sagte ich. — Sonst nichts.

Es war wohl gut, daß es just in diesem Augenblick an der Tür klopfte, und auf unseren Ruf der Valentin Höller eintrat.

„Bei dir hab ich's leicht, wenn ich dich brauch!“ grinste er herausfordernd, — „weiß alleweil, wo du zu finden bist.“ Dann wurde er ernst: „Ist wichtig genug, daß ich dich nicht erst lang suchen muß. — Höre: Morgen wird ein Ausfall gemacht wie noch nie einer, — mit achttausend Knechten! — Der Pfalzgraf hat heut um's Vesperläuten alle Hauptleut zu sich gerufen und auslosen lassen, welche Fähnlein mitmachen sollen. Wir sind natürlich dabei! — Schlaf dich ordentlich aus und treib keinen Unfug heut nacht!“ — Er zwinkerte mir bedeutungsvoll zu und drückte sich zur Tür hinaus.

Achttausend Mann! — Das ist fast die halbe Besatzung von Wien! — Wenn das, was der Pfalzgraf da vorhat, gelingt, dann können wir den Türken schon gehörig Abbruch tun. — Wenn es mißlingt, arg mißlingt, — nun — dann hing wohl das Schicksal der Stadt nur mehr an einem dünnen Faden.

Dem Annerl sagte ich das freilich nicht, tat ihr gegenüber vielmehr zuversichtlich. — Aber die Lust, mit ihr noch weiter über Schmuck und derlei Dinge zu plaudern, war mir vollends vergangen. Und auch das Annerl redete mit einem Mal nichts mehr.

Am 7. Octobris

Drüben an der Donauseite der Stadt, auf dem freien Platz unterhalb des steilen Hanges sind wir angetreten, dort, wo in Friedenszeiten die Frachtkähne ausgeladen werden, und wo oben der feingliederige Turm von Maria Stiegen über das Gedräng der Giebel und Dächer hinauswächst. — Es war große Unruh und Kampfbegierde bei allen, und wir konnten es kaum erwarten.

Den Ausfall hat der Wilhelm von Roggendorf angeführt, des Salm

Schwager. Der hat uns kundgetan, welcher Art sein Plan sei: Es gelte, die Türken aus ihren Schanzen und Gräben vor dem Kärntner- und Burgtor zu werfen. Da ein solches von der Stadt her nicht mehr gelungen sei, sollte es nun von der Seiten und von hinten her unternommen werden, wir also sollten, um die zu täuschen und zu verwirren, fast um die halbe Stadt herum marschieren. Es hinge alles von unserer Schnelligkeit ab, daß wir unseren Auftrag erfüllt hätten, ehe die unseren Plan durchschauen und in Ordnung sich gegen uns stellen könnten. Denn wir müßten zurück sein, bevor uns die Türken den Rückzug abschneiden konnten. Der dichte Nebel war unserem Vorhaben günstig.

Durch das Salzturmtor marschierten wir hinaus, ein Fähnlein nach dem anderen. Vor der Stadtmauer auf der Donaulände ordneten wir uns neuerlich. Drüben, über dem Fluß, verschwamm das Augehölz im kalten Nebel. Von Türken war nicht zu sehen.

„Die hüten sich, hier aufzutauchen!“ sagte einer von den Brandenstein'schen Knechten, die hier auf der Mauer standen. — „Der Turm im Elend da macht ihnen das Leben allzu sauer. Ist ein treffliches Bollwerk und wohl bestückt.“

Rufe der Hauptleute, Schwenken der Fahnen, dann setzte sich unser Heerzug in Bewegung. Dick und schwer und grau lag überall der Nebel, verschluckte Au und Strom und Land draußen und machte zu unserer Linken die aufragenden Mauern und Türme der Stadt zu einem drohenden, finsteren, unerklärlichen Ungeheuer; — wie mag es wohl den Türken zumute sein, wenn sie, fern ihrer gewohnten warmen, hellen Sonne, diesem kalten, düsteren, verderbendrohenden Ungeheuer zu Leibe rücken müssen! — Nein, — ich beneide sie nicht!

Nun ging es den Hang hinauf, der die Niederung der Donau begrenzt; — just auf seiner oberen Kante steht die Kirche Unserer Lieben Frau auf den Stiegen. Man hat das Gotteshaus dort hingebaut, haben sie uns erzählt, daß es weit auf den Strom hinaus schauen kann, denn die Gottesmutter soll die besondere Beschützerin der Donauschiffer sein. — Jetzt mag die Muttergottes dort droben auch uns frommen Landsknechten ihre schützende Hand leihen!“

Links tauchten Mauern auf, zerstörte Häuser, — die Vorstadt vor dem Schottentor war es, die gleich der Kärntner Vorstadt auf des Salm Geheiß niedergebrannt worden war, nur daß sich hier die Türken noch nicht hineingenistet hatten. Vor dem Sankt-Jörgen-Turm, der die Vorstadt gegen das freie Feld abgrenzt, standen ein paar Vorposten.

Etwa die Hälfte unseres Wege hatten wir schon hinter uns, und nichts war noch vorgefallen. Jetzt freilich wich jählings der Nebel, und offen lag das Land vor uns. Da mußten uns die anderen auch bemerkt haben, — denn schon erklang Hörnerruf, zuerst vereinzelt, dann immer mehr. Rechts oben bei Sankt Ulrich wurde es lebendig.

Bei der Vorstadt vor dem Burgtor stießen wir auf die ersten Türken. Eine Streifschar war es wohl nur, und sie ergriffen gleich vor uns die Flucht. Aber von Sankt Theobald herunter sahen wir sie jetzt in Ordnung anrücken, und vor uns gegen das Tal des Wienflusses zu zeigte sich auch Reiterei.

„Verwünscht!“ knurrte der Weinwurmb, — „die sind rascher über uns als wir in der Kärntner Vorstadt.“

Und so kam es auch. Anstatt geradeaus weiter zu marschieren, mußten wir umschwenken, daß uns die von Sankt Theobald und von Sankt Ulrich her nicht in der Flanke faßten.

Heute erlebte ich es zum ersten Mal, wie es ist, wenn ganze Heerhaufen aufeinander schlagen. Hatten freilich weder die Türken noch wir genügend Zeit gehabt, uns richtig in Ordnung zur Schlacht aufzustellen, und so war alsbald alles ein gewaltiges Getümmel.

Wir vom Eck von Reischach waren diesmal ziemlich als die letzten im Zug marschiert und kamen daher auch nicht gleich in den Kampf. Und der Eck hielt seine Leute gern noch abseits zurück, daß eine Reserve da sei, wenn die Unsern wo zu hart in Bedrängnis gerieten oder ein neuer feindlicher Haufe sich zeigen sollte. So konnten wir also für's erste noch zuschauen wie bei einem schauerlichen Theaterspiel. Das wogte eine Weile heftig hin und her, auf und ab. Die Fähnlein vom Reichsheer hielten sich wacker, ja die steirischen Knechte des Abel von Holneck drängten die Haufen des Pascha von Semendria sogar gegen Sankt Ulrich hinauf zurück. Aber dann sahen wir, wie dazwischen, von der bayrischen Landstraße her, neue türkische Haufen in dichten Scharen sich in die Schlacht warfen, wie sie die Fähnlein des Alten Haufens von der Seite her anfielen, und wie denen ihr Obrist, der Leonhard von Fels, in arge Not geriet.

„Auf sie los, alles was Spieß hat!“ rief der Eck von Reischach und trat ins vorderste Glied. — Wir senkten die Spieße und Hellebarten, die Trommeln huben an zu dröhnen, die Pfeifen gellten auf, und in raschem Schritt ging es querfeldein auf die Türken los. Und nun faßten wir sie von der Seite.

Was soll ich schildern, wie es jetzt kam. Ist jedesmal neu und doch immer dasselbe. Kommen Hiebe und Stiche allemal anders und zielen doch immer auf dein selbes Leben. — Bloß daß diesmal der Eck selbst neben uns kämpfte. Und ragt er sonst um Haupteslänge über alle, so stieß jetzt sein Schwert um Armeslänge weiter in die Türken hinein und schuf Luft wie ein Sturmwind im Wald. Fielen ihn die Türken freilich alsbald von allen Seiten an, und er mußte sich nach links und rechts und vorn zugleich wehren. — Da — was ist das? — Ein Hieb hat ihn in die Seite getroffen, — wohl scheint er unverletzt, aber Riemenzeug hängt wirr auseinander, — ja — und jetzt hängt sein Brustharnisch schief an ihm herab, — zerrt schwer, — behindert ihn, läßt ihn nicht ausholen; — schon haben es die Türken erspäht, — sie stürzen von allen Seiten auf ihn, — packen ihn, — sie wollen ihn lebend fangen! — Nein! — Das darf ihnen nicht gelingen! — „Den Obristen! — Den Obristen haut heraus!" — Wie von einer unsichtbaren Hand nach vor geworfen, so stürzen unsere Reihen den Türken entgegen, doppelt hart und wild schlagen die Schwerter, stechen die Spieße, dreschen die Hellebarten. — Jetzt sind wir beim Obristen, — rechts und links wutverzerrte Türkenfratzen, blinkende Klingen dazwischen, spritzendes Blut, Krachen, Heulen. — Ein Landsknecht reißt seinen Dolch heraus, stürzt auf den Obristen los, — ein heftiger Schnitt, — noch ein paar Riemen fetzen auseinander, der Harnisch fällt zwischen das Gewimmel der stampfenden Füße, — und der Obrist streckt sich, läßt das Schwert über dem Kopf kreisen, — und fällt aufs neue in die Türken wie Hagelschlag in die Kornfelder. — Da weichen sie zurück, — wir haben wieder Luft! — Auch der Leonhard von Fels hat seine Leute wieder gesammelt, — aber von drüben, von der Kärntner Vorstadt her und von der Wieden, kommt es in unübersehbaren Wellen heran, — Türken, so weit wir schauen können.

Pfeifensignale, Trommelgebrumm, — das Zeichen zum Rückzug. — Geordnet, geschlossen, — nur den Türken nicht Gelegenheit geben, uns jetzt noch anzukommen. Wir halten uns nahe der Stadtmauer, und von dort her feuern Handbüchsen und Kartaunen in die dichten Haufen unserer Verfolger, reißen Lücken hier und dort, bringen sie in Verwirrung und hemmen ihren Marsch.

Hart bedrängt, aber in guter Ordnung erreichen wir das Salztor und rücken in die Stadt ein, dieweil der Turm im Elend Feuer speit und den Türken die Lust benimmt, sich bis zur Donaulände vor zu wagen. — Nachher wird Heerschau gehalten und festgestellt, daß unsere Fähnlein im allgemeinen recht gut davon gekommen sind. Nur vom Alten Haufen ist der Hauptmann Wolf Hagen mit etlichen Rottmeistern und einer Anzahl Knechten den Türken in die Hände gefallen. — Die wird wohl keiner von uns lebendig noch einmal sehen.

Am Nachmittag stand ich mit meinen Leuten wieder auf dem Wehrgang und schaute zu, wie die Türken draußen gruben und die Unseren herinnen. — Und als der Meister Tscherte wieder einmal vorbeikam, konnte ich mich nicht verhalten und fragte ihn wieder.

Er lachte: „Nun, daß Ihr vor Neugier noch platzt, das kann ich doch nicht auf mein Gewissen laden. — Kommt also einmal mit!"

Mit einer Fackel tappte er mir voraus, in einen Gang hinein, der sich gegen die Stadtmauer hin ein Stück absenkte. Wir kamen nicht weit, an die vierzig Klafter vielleicht. Zwei Männer arbeiteten am Ende mit Hauen und Schaufeln und schufen einen etwas erweiterten Raum. Herr Tscherte gebot ihnen einzuhalten und still zu stehen.

„Hört Ihr was?"

„Nein!"

„Ihr müßt Euch erst daran gewöhnen. — Könnt auch das Ohr an die Wand legen, dann geht es besser."

Da, — wahrhaftig, da war etwas zu hören: — ein Schlurfen und Kratzen und Scharren, — irgendwo — rundum — unfaßbar.

„Das — das — sind —?"

„Ja, ganz richtig!" lachte der Baumeister, — „das sind sie, die Türken! — Und wenn man Übung hat, kann man aus diesen Geräuschen allerhand heraushören: wo sie graben, ob sie hastig arbeiten und mit vielen zugleich oder ob sie sich Zeit lassen — ob ihr Gang groß ist oder klein, ob sie gerade drauflosgraben oder eine Kammer ausbauen, — ist fast so eine Wissenschaft wie das Goldmachen."

„Und wo sind diese da jetzt?"

„Sind noch ein Stück weit weg, da drüben, halb links, und etwas höher als wir. — Drüben auf der anderen Seite vom Kärntner Tor sind sie uns schon viel näher, — dort wird es bereits brenzelig!"

„Aber was können wir, — was könnt Ihr dagegen tun? — Nur wissen: jetzt kommen sie, — jetzt kann's jeden Atemzug losgehen, — fröhliche Himmelfahrt! — Das allein macht doch noch nicht zufrieden!"

„Soll es auch nicht! Wir können schon noch mehr, mit Gottes und der heiligen Barbara Hilfe." Er war ernst geworden. — „Junker Konrad", sagte er dann, — „Hut ab vor euch draußen auf dem Feld und in der Schlacht. — Aber es gibt anderes, das bedarf vielleicht noch mehr Mut und Gottvertrauen und scharfen Geist, — und die anderen sehen es bloß nicht, weil alles sich im Finstern tief unter der Erden abspielt. — Aber davon erzähl ich Euch ein andermal!"

Ich stand aber noch nicht lang wieder auf der Mauer, als es drüben jenseits des Tores, zwischen Sankt Johannes und Sankt Jakob, einen gewaltigen Donnerschlag tat und gleich darauf noch einen. Feuer zuckte auf wie ein Blitz aus Gewitterwolken, gewaltiger Qualm erhob sich, stechend und beklemmend, Steine polterten, trommelten wie Hagelschlag nieder, — Rufe, Schreien — Rennen — Sturmglocken. — Zugleich begannen die türkischen Geschütze zu schießen wie toll.

Der Weinwurmb schnob heran: „Sie haben drüben die Mauer gesprengt! — Ihr bleibt alle hier, paßt schärfer auf als je! — Was weiß einer, ob die Hunde hier nicht auch was vorhaben!"

War eine schwere Stunde, die wir da jetzt durchmachten, qualvoller zu ertragen, als wenn wir selber mitten im Gefecht gestanden wären. Türkische Hornsignale und Kommandorufe vernahmen wir vor der Mauer, dann das heisere Wutgebrüll der heidnischen Horden; — Heilige Jungfrau, — jetzt war das schon innerhalb der Mauern! — Krachen und Knallen, Schreie und Brüllen von allen Seiten. — Und wir mußten stehen, — durften gar nicht hinschauen, mußten auf der Wacht sein, — denn konnte nicht im nächsten Augenblick bei uns dieselbe Hölle losbrechen!

Dann, — durften wir den Ohren trauen? — Das Getümmel schob sich langsam wieder aus dem Mauerbereich hinaus, verlor sich draußen in der Vorstadt. — Ja, — wirklich, — das Unheil war abgewehrt!

Dann war der Weinwurmb wieder da, mit funkelnden Augen.

„Wenn ich der Weinwurmb nicht wär, ich möcht der Buschhausen sein! — Leut, der hat sich mit seinen Knechten nicht schlecht hinein gelegt. — Hättet ihr sehen müssen! — Ist aber gar nicht so leicht gewesen. — Der Türk hat gemeint, jetzt, wo er endlich einmal ein Loch hat in der Mauer, müßt er auch gleich durch und in die Stadt hinein. — Haha, — gar nicht! — Kurz und gut, — abziehen haben sie wieder müssen — mit einem Tritt im Hintern! — Die Mauer schaut freilich gut aus!"

Bin dann hinüber gegangen und hab mir das selber angeschaut. Die Stadtmauer war an zwei Stellen je auf ein paar Klafter weit eingestürzt, in wüsten Gebirgen lagen Schutt und Steine, Gebälk und Pfosten und anderes Trümmerzeug vom Wehrgang ragte heraus.

Aber schon regten sich Hunderte Hände geschäftig, den Schaden zu beheben: dicke Pfosten, Pfähle und Stämme schleppten sie heran, rammten sie draußen, einen neben den anderen, in Schutt und Erdboden, verflochten sie mit Weidenruten, verstrebten und verspreizten sie hier und dort, häuften dahinter Erde und Steine und Schutt, — und als ich nach etwa zwei Stunden wieder kam, war da bereits so etwas wie eine Schanze oder ein Bollwerk im Entstehen.

Der Meister Tscherte eilte von einem zum anderen, lobte hier, bemängelte da, gab dem einen genaue Anweisungen und eiferte den anderen an. Als er mich sah, entschuldigte er sich fast:

„Das da haben wir leider nicht verhindern können; — müssen eben auch jedes Mal aufs neue erst unsere Erfahrungen sammeln. — Das nächste Mal, so Gott will, werden wir den verdammten heidnischen Maulwürfen schon rechtzeitig das Genick brechen!"

Wir mußten die Nacht über wieder auf den Mauern bleiben, denn man konnte nicht wissen, ob die Türken nicht nochmals einen Sturm gegen uns versuchen wollten. Es blieben also starke Trüpplein auf den Wehrgängen und an den Scharten, und die übrigen durften sich bloß in den Turmgewölben auf aufgeschüttetem Stroh zum Schlafen legen. War aber ein unruhiger Schlaf, denn der Lärm innerhalb wie außer der Stadtmauer nahm die ganze Nacht kein Ende.

Es ging auf den Morgen zu, und ich saß mit dem Valentin in einer Nische; wir waren wieder einmal ins Reden gekommen. Zuerst hatte er mich gehänselt, wie ich es so rasch zu Rang und Würden gebracht hätte, — ein Rottmeister, wenn auch derweil bloß ein bürgerlicher

Wiener Stadtrottmeister, meinte er, — und ob ich da schon meine Meisterprüfung abgelegt hätte. — Aber dann wurde er ernst.

„Nein, — ich mein es schon ehrlich: du wirst es im Leben zu was bringen. Und ist auch gut so, und muß von Gott so vorgesehen sein, daß es Leute wie du zu was bringen, — wenn die Welt nicht ganz zum Teufel gehn soll. — Du hast nicht nur, was du brauchst, im Kopf und an den Händen, du bist auch ein anständiger und guter Kerl und dir im Herzen bewußt, was du willst, — mehr als im Kopf vielleicht. — Du wirst deinen Weg schon finden! — Dann mögen die Türken so einen wie mich ruhig erschlagen, — ist nicht so viel Schad drum!"

Ich wollte ihm widersprechen, aber er ließ mich nicht zum Reden kommen: „Schau, — was weißt denn du schon von mir. — Ich hätt auch was lernen und studieren sollen, und hab es dann auch aufgegeben, — aber nicht aus Not, sondern weil's mir bloß nicht gefallen hat. — Dann bin ich zu den Kriegsleuten, — aus Abenteuerlust — oder aus Überdruß vor dem anderen. Und hab mich so dann durchs Leben getrieben, — hab auch seine süßen Früchte genommen, wo sie eben gehängt sind, ohne mir viel den Kopf darüber zu zerbrechen. — Andere sind noch schlechter gewesen als ich, ja, gewiß, — aber . . ." — Er verstummte.

„Was redst für Unsinn!" fuhr ich ihn an, — „weiß mir keinen unter allen denen hier, der mir lieber wär und den ich mehr acht als dich! — Hast Zahnweh heut oder Herzenskummer oder was? — Wenn du's überschlafen hast, morgen früh, bist wieder vernünftig und hast eine bessere Meinung von dir selber!"

Aber er schüttelte den Kopf.

Es hatte zu dämmern begonnen, und ich war aus dem Turmgewölb hinaus auf den Wehrgang getreten. Just die Zeit ums Morgengrauen ist die gefährlichste; da ist man steif und schlaftrunken, der andere aber sieht schon zur Not und kann, so er einen Erfolg erzielt, diesen danach bei vollem Licht so recht nützen. Haben wir das selbst schon einmal so geübt, so sollte den Türken an uns nicht ein Gleiches gelingen.

Langsam wurde es heller, bekamen die Dinge da draußen deutlichere Gestalt. Aber es war alles wie immer. — Plötzlich stand der Valentin neben mir, schob mich von der Scharte weg. — „Laß mich hinaus schauen! — Ist besser jetzt, ich schau! — Ich hab schärfere Augen!"

Meinetwegen! — Ich lehnte mich daneben in die Nische, die Augen fielen mir zu. — Gestern der schwere Ausfall, — und dann die unruhige Nacht, — fast ohne Schlaf. —

Draußen in der Vorstadt fiel ein Schuß.

Ich öffnete die Augen wieder, — erstarrte, — „Valentin!" — Ich schrie es in Schrecken, — „was ist mit dir?" — Er lag zusammengesunken neben der Scharte.

Ich stürzte auf ihn zu, riß ihn hoch, — Blut sickerte über sein Gesicht — aus einem kleinen runden Loch mitten in der Stirn, — seine Augen waren starr wie opalene Kugeln, sahen mich an und durch mich durch — in die Weiten der Unendlichkeit. —

Was bin ich für ein Stümper! — Was hab ich mich unterfangen, ein Diarium zu schreiben, aus dem dereinst einmal vielleicht andere lesen sollen, was ich in dieser Zeit erlebt habe! Denn was ist das schon, wenn ich da schreibe von Gesprächen und Kampfgetümmel und Mädchenküssen. Was ist das gegen Augenblicke wie diesen? — Und just das zu schildern, was ich jetzt im Herzen verspürte, geht über alle meine Kraft. — Weiß ich doch gar nicht, was ich nun gedacht und gesagt habe, und wie sie den Valentin fort getragen haben, und ich allein auf dem Wehrgang zurück geblieben bin. — Ach, schieß doch noch einmal her, schrie es in mir auf, und ich streckte den Kopf durch die Scharte hinaus, — aber der drüben wollte nicht mehr. — Und dann kam mir in Erinnerung, was der Valentin in der Nacht zu mir gesagt hatte, und es wurde mir bewußt, daß ich den Toten und sein Andenken wenig ehrte, wenn ich jetzt mein Leben sinnlos aufs Spiel setzte. Da trat ich wieder zurück in Deckung.

Kam aber den ganzen Tag nicht von meinen Gedanken an den Valentin los. — Das, was er mir da gesagt hatte, war das nicht mehr gewesen als ein bloßes Philosophieren und Herzausschütten? War das nicht wie ein Vermächtnis, wie ein Auftrag? Ein Auftrag, den freilich nicht der Valentin allein mir hinterlassen hatte. So viele frißt der Krieg, Gute und Schlechte, Niedrige und Hohe. Solche, die stumpf sind und gemein wie Vieh, die keine Lücke hinterlassen, wenn sie auf einmal nicht mehr da sind, und bei denen nichts zurück bleibt, was auf einen anderen wartet, daß er es übernehme und vollende. Aber es sterben auch andere, — solche, die wohl im Grab keine Ruhe finden, wenn sie nicht wissen: das, was ihr Herz und ihr Hirn bewegt hat, das hat ihnen ein anderer aus den erkalteten Händen genommen, pflegt es weiter und bringt es zum Vollenden. — Was kommt da an Last und Pflicht solcher heiliger Aufgaben zusammen auf die Schultern der — vielleicht so wenigen — Guten und Starken, die übrig bleiben!

Bis zum späten Nachmittag mußten wir in Waffen und auf den Posten bleiben. Es wird das nämlich so gehalten, daß unter der Zeit, wenn weder die Türken bedrohlich werden, noch wir selber etwas zu unternehmen gedenken, nur ein paar kleine Häuflein auf den Mauern stehen, die wechselweise abgelöst werden. Wenn aber Gefahr droht, wenn Trommeln oder Sturmglocken sie rufen, dann sammeln sich alle, müssen unter Waffen und beisammen bleiben, an der Mauer oder wo sonst man sie der Voraussicht nach am besten wird benötigen.

Der Baumeister Tscherte war unter unserem Wehrgang bei einem

Stollen beschäftigt. Als er mich sah, rief er mich: „Wollt Ihr was sehen? — Dann kommt herunter, — aber eilt Euch!"

Er zog mich bei seinem Loch hinein, wir mußten uns an die Wand drücken, denn uns entgegen kamen Männer, die in Körben und Butten Erdreich hinaus schleppten. So weit wie gestern etwa, das heißt, nein, — ging es da nicht weiter? War nicht vor uns, hinter einem schmalen Schlupf, eine verstürzte Höhle? Und standen nicht da, wo die Schanzbauern jetzt vorsichtig da. Erdreich wegstachen, merkwürdige Fässer, eines am anderen? — Ich wollte dem Meister Tscherte die Fakkel aus der Hand nehmen, um besser zu sehen.

„Untersteht Euch!" rief der erschrocken. — „Wißt Ihr, was das ist? — Bestes türkisches Pulver ist es!"

Mir wurde ungemütlich. — „Aber — das kann doch dann —"

„Verliert darob bloß nicht die Ruhe, — hahaha! — Und jetzt trollt Euch rasch wieder fort; hier ist jeder Augenblick kostbar."

War mir oben auf der Mauer dann freilich auch nicht viel wohler zumute. — Was geschah da unter unseren Füßen? Und was stand uns bevor? —

Eine Stunde mochte so vergangen sein oder auch zwei, da trieb der Baumeister unten alles auseinander und kam die Treppe herauf, — Fröhlichkeit funkelte aus seinen Augen, — Freude, die mir nicht ganz frei von Bosheit schien.

„So, jetzt will ich auch einmal der Ruhe pflegen!" — Er wischte sich mit dem Ärmel über die Stirn. — „Haben die Herren nicht einen Trunk für mich?"

Ich vermeinte vor Unruhe zu zerspringen. — Was tat der so, als ob nichts wäre, — wo wir doch gerade über der türkischen Pulverkammer saßen, und die Lunte vielleicht schon brannte.

Akkurat in dem Augenblick war auf einmal ein Zittern unter unseren Füßen in der Mauer, ein leichtes Beben, — dann schlug mit Donnergrollen eine lange Flamme aus dem Stollen heraus, in den mich heute der Meister Tscherte hineingeführt hatte, — und dann versank alles in dicken scharfstickigem Qualm, daß wir nach Atem ringen mußten.

Es währte eine geraume Weile, bis wir wieder richtig schauen konnten. Der Baumeister strahlte mehr noch als zuvor, wenngleich sein Gesicht arg mit Ruß verschmiert war. Aber außer dem Ruß und dem Staub lag und stand sonst alles wie vorher.

„Was war das? — Meister Tscherte, bei Gott, — sagt uns, wie Ihr das getan habt!"

„Nun, — mit Satans List und Tücke ist dabei nichts geschehen." —

Aber nun erklärte der Baumeister schon selbst: „Wenn einer mit einer Mine etwas sprengen will, so muß er zu dem eine Kammer wohl zurüsten und mit Pulver füllen und das mit einer Lunten zünden.

Nützt ihm das aber alles noch gar nichts, solang er den Gang offen läßt, maßen die Kraft des Pulverfeuers dann dort ausfährt, wo ihm am wenigsten Hindernis entgegensteht. Muß also einer zuvor um die Pulverkammer alle Gänge wieder mit Erdreich dicht füllen und gut feststampfen. Und dieweil der Türk so handelt, können wir uns von der anderen Seiten an die Pulverkammer herangraben und, was der Türk vorn zumacht, heimlich hinten wieder aufmachen. Schlagt das Feuer halt dann bei uns heraus, und können die Händ wir uns dran wärmen."

„Und wie trefft Ihr so genau hin und wißt die Zeit und alles?" fragte ich.

„Mit Gottes Hilfe gelingt's — und sind wir fertig und wieder heraußen, ehe der Zündfunken am Pulver ist."

„Daß es so was gibt!" brummte der Jörg Spannbogen anerkennend und schüttelte ungläubig staunend den Kopf.

„Ja, — man lernt das mit der Zeit. — Bin selber lang genug mit Kriegsleuten herum gezogen und auch bei den Bergleuten hab ich es eine Zeitlang versucht. Kann einer sich nie genug umtun und nie zu viel lernen im Leben!"

Der Pater Heinrich war die ganze Zeit stumm daneben gestanden und hatte durch eine Scharte hinaus gestarrt. Nun ließ er sich vernehmen:

„Und jetzt möcht ich bloß denen da drüben ihre saudummen Gesichter sehn!" —

Es ist so den ganzen Tag über kaum Zeit zum Besinnen gewesen. Erst am Abend, als ich meinem Quartier zu ging, überfiel mich wieder der ganze brennende Schmerz. War das nicht der Weg, den ich so oft zusammen mit dem Valentin gegangen war?

Seltsam, der Gedanke, jetzt zum Annerl zu gehen, machte mir geradezu Unbehagen. Würde mich die denn verstehen? — Oder — mußte nicht vielmehr gerade sie mir nachfühlen können, was nun in mir vorging? Hatte sie nicht eben selbst erst genug Kummer und Jammer der gleichen Art erfahren, mit ihrer Mutter, ihren Brüdern? — Unbegreiflich empfinde ich es manches Mal, wie wenig ihr davon anzumerken ist. Ist es nur die leidenschaftlich aufgebrochene Liebe zu mir, die allen Gram über den Verlust ihrer Angehörigen übertäubt? Oder lebt sie immer nur im Augenblick, schwankend jeder Regung des Gemütes, jedem äußeren Anstoß sich hingebend? — Aber — ist das nicht wiederum vielleicht die einzig richtige Lebensart in dieser wilden und wirren Zeit? — Bloß: wenn es auch so wäre, — ich selber vermag es nicht, — ich kann mich nicht treiben lassen, weder von dem Strudel der Dinge um mich noch von meinem eigenen Herzen! — Und ich spüre mit dem schaudernd die Kluft, die mich immer wieder von diesem Menschen trennt, der mir gleichwohl doch alles im Leben bedeutet,

— die Kluft, über die nur unsere Liebe eine schwankende goldene Brücke baut. —

Wien, am 8. Octobris

Wir Landsknechte haben heut einen guten Tag gehabt und uns in unseren Quartieren pflegen können. Das Annerl war überglücklich, daß ich für sie ganz allein da war und sie mir an Liebe und Fürsorge alles abgelten konnte, was sie die vergangenen Tage an Angst und Sorge um mich ausgestanden hatte.

Nachher hab ich sie dann begleitet, wie sie einiges zu besorgen hatte. Sind die Waren jetzt auch recht rar und bescheiden geworden, so wird doch noch dieses und jenes feilgeboten. Der Hans Früeauff freilich hat mir erzählt, daß in den Speichern und Kellern noch Vorräte genug aufgestapelt lägen, aber die meisten Händler hielten das Ihre geflissentlich zurück, um dafür desto höhere Preise zu erzielen.

Gleich in der nächsten Gasse haben wir beim Wachszieher Kupffer etliche Lichter eingekauft. Dabei fiel mir auf, daß das Annerl mit ganz seltsamen Geldstücken bezahlte, wie ich solche noch nie gesehen hatte. — „Kennst du denn die noch nicht?" fragte sie erstaunt. Ich besah es mir: ein kleines rohes viereckiges Silberplättchen, drauf das Kreuz mit den Wappen von Österreich, Hungarn, Böheim und Kastilien, den vier fürnehmsten Ländern des Kaisers, so wie es ja auch auf unseren gewöhnlichen Sechsern zu sehen ist, auf der Rückseite aber eine Inschrift: „Türk belegert Wien 1529."

„Was soll denn das?" fragte ich erstaunt.

„Das hat der Salm erst vor drei Tagen schlagen lassen", erklärte das Annerl eifrig.

„Aber wozu soll denn das nun gut sein? Taugt nun unsere gemeine Münze nicht mehr?"

„Darin liegt's nicht, aber das bare Geld ist schon fast ganz verschwunden."

„Wie kann's denn verschwinden, wenn die Stadt rings abgeschnitten ist, besser als es je zu Friedenszeiten möglich wär?"

„Ei, in der Stadt ist's ohnehin geblieben, aber umlaufen lassen sie es nimmer."

„Ja, zum Teufel, wer läßt denn nun das Geld nicht mehr umlaufen? — Und wo steckt es denn jetzt?" rief ich aus.

Statt des Annerls antwortete mir der Meister Kupffer. „Das ist's", — sagte er grinsend und klopfte auf einen Beutel, der ihm am Gürtel hing. Und dann fuhr er fort: „Mit Verlaub, — wo wenig Ware ist und viel Käufer, da steigen die Preise."

Nun ja, — ich überdachte es mir. — Aber wenn alle die Händler und Krämer jetzt ihre Waren zu so hohen Preisen verkauften und um dieses Geld dann später wieder zum gewohnten billigen Preis neue Waren einhandelten, dann heimsten sie doch einen ungeheuerlichen Gewinn ein. Und keinen sehr ehrlichen, mochte mir scheinen. Ich sagte das auch dem Meister Kupffer frei heraus.

„Oho!“ lachte der, — „wieso auch? — Mit Verlaub, Herr Soldat, Euer Handwerk ist der Krieg und das meinige der Handel.“

„Ist aber schon ein Unterschied“, grollte ich, „ob einer den Feind von seinen Mitbürgern abwehrt und sein Leben einsetzt oder ob ein anderer eben diesen Mitbürgern das Geld abnimmt!“

„Ei, so denkt Ihr! — Wohl: Wenn Ihr nicht wäret, käm der Türk über uns. Was aber, wenn wir nicht wären, wir Händler und Meister? Was dann! Dann bräucht der Türk erst gar nicht zu kommen, dann hättet ihr alle miteinander in der ganzen Stadt nichts zu essen und nichts anzuziehen. Seht Ihr's! Ist also, mit Verlaub, unser Gewerbe gut und ehrenhaft, nicht weniger als das Eure. Nur: Wir brauchen das Geld dazu wie Ihr Euer Schwert und Euren Spieß.“

Ehe ich noch etwas entgegnen konnte, zog mich das Annerl aus dem Laden: „Fang nicht mit den Leuten zu streiten an, sind ohnehin nicht gut auf euch Kriegsleut zu sprechen.“

Ich gab ihr keine Antwort. — Was hätte ich auch sagen sollen? — Wieviel der Meister Kupffer, wenn man's überschlagend berechnete, also wohl an der Kugel verdient hat, die dem Valentin in die Stirn gefahren ist. Oder an des Gilg Ostermanns Kopf, der noch immer draußen in der Kärntner Vorstadt auf der Stange verwest? — Ob das wohl zu allen Zeiten so sein muß, daß die einen den Schädel hinhalten und die anderen daran ihren fetten Gewinn haben?

Der schöne Spaziergang mit meiner Liebsten war mir schon wieder rechtschaffen verleidet. Das Annerl versuchte mich aufzuheitern, führte mich zu einem Buchladen und erzählte mir stolz, in der Stadt Wien würden schon seit mehr als vierzig Jahren Bücher gedruckt. Dann zeigte sie mir auf dem Kohlmarkt das Haus, wo der Schneidermeister wohnte, der ihr das blausamtene Feiertagskleid gemacht hatte. — „Und mein Hochzeitskleid lassen wir auch von dem machen, gelt?“ flüsterte sie und schmiegte sich an mich. Da mußte ich lachen und war wieder fröhlich.

Wir waren mittlerweile auf die Höhe des Schottenklosters gekommen. Wie wir nun auf den Platz vor der Kirche hinaustraten, war vor uns alles dicht gedrängt voll Menschen; an wallenden Federhüten und aufgerichteten Spießen erkannte man, daß da vorne etliches Kriegsvolk in Ordnung angetreten war, aber was da eigentlich mitten auf dem Platz vor sich ging, vermochten wir nicht zu erkennen. Da plötzlich klang von dort ein schauerliches Gebrüll auf, gellend und markerschütternd, überschlug sich und erstarb zu einem Wimmern und Röcheln, das im Gemurmel der Menge unterging.

Das Annerl war totenblaß geworden, aber auch mir schlug das Herz vor Entsetzen. — „Was ist hier los, — was geschieht da?“ fragte ich die Umstehenden.

„Ei, gemetzgert wird, Blut gibt’s!“ grinste ein zerlumpter einäugiger Kerl, — „will das schöne Fräulein wohl näher treten? — So was gibt’s nicht alle Tage zu sehen.“

„Halt dein Maul!“ fuhr ich ihn an, daß er sich duckte und verdrückte. Dann packte ich den nächstbesten Bürger am Wams: „Sagt Ihr mir, was hier vorgeht!“

„Nun, — was soll schon sein? — Zwei Männer werden gevierteilt!“

„Gevierteilt? — Warum denn?“

„Sollen es mit den Türken gehalten haben, heißt es; — weiß ich’s?“

Eine stattliche Frau mischte sich ein: „Ist ganz in Ordnung, daß denen so geschieht! Ein Mörder wird gehenkt, — das ist so gut Recht und Brauch. Was aber sind solche, die dem Sultan unsere Stadt in die Hände spielen wollen? — Tausendfache Mörder sind sie, heimtückische Meuchelmörder der ganzen Stadt! — Gehören daher tausendfach gehenkt! — Einmal vierteilen ist viel zu gelind!“

„Ja, — aber wie haben die denn das eigentlich angestellt?“ begehrte ein aufgeregt zitterndes Weiblein zu wissen.

„Es ist dem Salm aufgefallen“, erklärte ein älterer Ratsherr, — „der Sultan müßt wohl wissen, wo dieser und jener schwache Punkt in der Stadtbefestigung wär, weil er gerade dort sich so besondere Mühe gäb mit Minen und Geschütz. Es konnten das aber die Türken nicht wohl selber von außen erkennen. Und unlängst nun bei dem großen Ausfall haben sie etliche Türken gefangen, und einer von denen hat ausgesagt, es kämen dann und wann welche aus der Stadt heimlich zum Sultan und brächten ihm Nachrichten. Er hat sogar gewußt, wo die immer hinaus schlichen, nämlich bei einem kleinen Ausfallpförtel neben dem Judenturm. Hat der Salm dort also ganz im stillen welche in den Hinterhalt gelegt. Und in der heutigen Nacht haben sie richtig die zwei da abgefangen, wie sie eben hinaus wollten. Es haben sich bei ihnen sogar etliche Zeichnungen und Aufschreibungen gefunden, so daß sie nichts leugnen konnten.“

Beifälliges Gemurmel jetzt in der Runde. — „Es ist zwar zu befürchten, daß die beiden nicht die einzigen Verräter in der Stadt sind“, meinte einer, — „es werden sich’s die anderen aber vielleicht nun doch überlegen, ob sich des Sultans Dukaten lohnen, wenn sie sehen, wie so was ausgehen kann.“

Bald darauf klang das gräßliche Todesgeschrei zum zweiten Mal auf. Und während die anderen die Hälse reckten und nach vorne drängten, zog ich das Annerl rasch aus dem Gewimmel fort.

Wien, am 9. Octobris

Es ist mir heut schon in aller Früh nicht ganz wohl zumute gewesen. Weiß selber nicht, war der Nebel schwerer und düsterer als sonst, oder was es anderes war, das da dumpf drohend in der Luft lag. Und es deuchte mir, als ob auch von den anderen manch einer heute unruhiger und besorgter war als sonst. Sogar der Hauptmann Weinwurmb ist immer wieder den Wehrgang entlang geschnauft und hat geknurrt, wir sollten nur ja auf der Hut sein. Auch der Meister Tscherte kam dann vorbei, mit recht sorgenvollem Gesicht. Er sei da von seiten der Türken etwas im Gange, raunte er mir zu, drüben bei Sankt Clara, aber er werde nicht klug daraus und wisse daher auch nichts Rechtes dawider anzuwenden. —

Um die Mittagszeit hat die türkische Arkelei mit einem Mal zu schießen begonnen, als sollte die Welt untergehen. Ich bin mit dem Pater Heinrich, dem Hans Früeauff und noch ein paar von meinen Leuten knapp am Kärntner Torturm gestanden, just neben einer großen Bombarde, die hinter einer Brustwehr aufgestellt war. Wir konnten uns dort gut decken, wenn die türkischen Stückkugeln wieder und wieder gegen die Mauer schlugen, aber zwischendurch spähten wir unermüdlich scharf hinaus, vermeinten wir doch, jetzt und jetzt müßten die Türken zum Sturm ansetzen. — Aber sie kamen nicht.

Die Mauer freilich bröckelte mehr und mehr ab unter der Wucht der Geschosse; Sprünge begannen sich an einigen Stellen aufzutun, wurden breiter. — Wie lange würde es dauern, und die erste Bresche würde klaffen.

„Ha — no, Bresch, Loch!" knurrte der Pater neben mir. — „Loch in der Mauer; — wird der Herrgott schon das Loch zuhalten mit zwei Fingern. — Kann freilich sein, daß des Herrgotts zwei Finger dann Rottmeister Konrad und Pater Heinrich heißen."

Krachen und Rumpeln, — Rieseln, Staub; — nebenan auf dem Turm ist an einen halben Klafter weit das Mauerwerk herab gestürzt. Ein Stückknecht ist halb verschüttet, flucht und schreit und ruft um Hilfe. Wir laufen zu ihm; Büchsenkugeln fauchen durch das Loch herein, schlagen klatschend ins Gemäuer. —

Und dann ist es auf einmal, als wollte sich die Erde unter uns auftun. Der ganze Turm beginnt zu zittern und zu schwanken, und zugleich mit einem aufbrüllenden Donnerschlag wirft es mich in eine Ecke, daß mir schier Hören und Sehen vergeht. Krachen und Brechen ringsum, Poltern und Stürzen, — das ist das Ende! — Doch nein, — ich stehe ja schon wieder auf den Beinen! — Aber was ist denn los, — ich reiße die Augen auf: Qualm und Gewölk um mich, beißend scharfer Pulverdampf und wogende Schwaden von Mörtelstaub, dicht, undurchdringlich; es benimmt mir Sicht und Atem, — Luft! — hinaus auf den Wehrgang, bevor ich hier im Turm ersticke! Ich taste mich vor, zwei, drei Schritt, — da liegt das Geschütz, umgestürzt, auf den zerbrochenen Trümmern seines Gestells, — und dahinter — nichts! — Die Mauer — ist weg, — und der Wehrgang, — wo oben noch der Wigand gestanden und der Weinwurmb und die anderen alle. — Um Gottes Willen, — wo sind sie? — Dort, irgendwo aus der Tiefe Stöhnen und Jammern, Klage- und Hilferufe. Ich stehe da, zitternd und starr, kalten Schweiß am Leib, — was soll ich nur tun? —

Staub und Qualm werden dünner, lichter, verziehen sich langsam. Schon kann ich undeutlich erkennen, was alles geschehen ist. Auf gut zehn Klafter oder mehr ist die Mauer gesprengt. Draußen der Stadtgraben ist halb zugeschüttet, während der neue Graben auf der Innenseite ziemlich freigeblieben ist. Der Wehrgang ist drüben noch ein Stück weit hinunter gestürzt; ein paar Landsknechte kriechen zwischen den Trümmern hervor, humpelnd und wankend, ein paar andere stehen oben, auf den übrig gebliebenen Pfosten, winken und rufen und schreien, — schreien, — immer lauter, — aber das Geschrei kommt ja gar nicht von dort drüben, — das kommt ja, — Heilige Jungfrau! — das kommt von draußen der Mauer, — das sind die Türken!

Und was ich da nun sehe, läßt mir vollends das Blut erstarren. In dichten Massen wälzt es sich draußen heran, wohl geordnet gleichwohl und mitgerissen von ihren Offizieren, die mit geschwungenem Krummsäbel ihnen voran stürmen. — Jetzt haben sie den Stadtgraben erreicht, über Schutt und Blöcke, Balken und Sparren quillt es vor wie eine brodelnde dunkle Woge, — jetzt sind sie auf der Stadtmauer, — da stockt ihre Bewegung: — vor ihnen, drei Klafter tief oder mehr, geht es senkrecht hinunter zum inneren Graben. Hier kommen sie nicht weiter. — Büchsenkugeln schwirren auf einmal aus den Häusern hinter dem Graben, schlagen klatschend in das Gedränge der Türken, Schmerzensschreie gellen auf und heiseres Wutgebrüll; Unruhe kommt in ihre Reihen, — wollen sie wieder zurück? — Nein! — Da: — einer ihrer Offiziere schreit etwas, deutet mit dem Säbel zu uns herauf. — Wahrhaftig: hier können sie ja weiter, — hier seitwärts steigt das Mauerwerk an der Bresche steil zum stehengebliebenen Turm an, aber doch nicht so jäh, daß man es nicht stürmend erklettern könnte. Und sind sie erst hier heroben auf dem Turm, dann gehört ihnen das ganze Kärntner Tor und dann die ganze Stadt Wien!

Hilf Gott! — Ein paar Atemzüge noch, und sie sind da! — Und wo sind die anderen? — Liegen hinten im Turm, — betäubt, — erschlagen vielleicht? — Schon sind die Türken auf halber Höhe zu mir, — es geht langsamer, als sie wohl gedacht, unter ihren Füßen rutscht und kollert der Schutt, immer wieder fallen sie hin, rappeln sich wieder auf, hasten weiter, — ihr Keuchen höre ich schon, sehe ihre aufgerissenen Augen, ihre gefletschten Zähne. —

Da fällt mein Blick, verzweifelt umher irrend, auf das zusammengebrochene Geschütz vor mir. Und jählings durchzuckt es mich, daß ich aufschreie: „Hans, — Pater, — Stoffel, — zu miiir! — Schnell, helft, — so kommt!" — Und wahrhaftig: da taucht einer auf, und noch einer, und ein dritter, — weiß ich wer es ist, ich sehe nur mehr die Türken. — „Da, — das Stück!" kreische ich und stürze mich drauf los, und die anderen sind im Augenblick hell wach und neben mir dran, verstehen mich, ohne daß ich mehr ein Wort zu sagen brauche. — Wir wuchten und drücken, daß es uns schier die Brust zersprengt, — pfui Teufel, wie ist das Trum schwer! — Rasch, einen Balken drunter und anheben, — alle zugleich, — verflucht, Pater, Ihr müßt mehr zu mir her drücken! — und noch einmal: — hooo-ruck — hooo-ruck! — Und mit einmal beginnt sich das Geschütz von selber zu bewegen und zu drehen, — keinen Augenblick zu früh, denn schon tauchen dahinter schreiend und säbelschwingend die ersten Türken auf. — Wir springen zurück, — polternd und rumpelnd, langsam erst und dann immer schneller, sich drehend und überschlagend und wie ein wildes Tier um sich hauend, rast das schwere Geschützrohr die steile schräge Fläche hinab, mitten in die dicht geschart andrängenden Türken hinein, die nicht vor noch zurück können. Die einen können sich draußen über den Stadtgraben retten, — ein guter Teil aber wird von dem Geschütz erschlagen und zermalmt und von dem Schwall mitgerissenen Schuttes begraben. Unten stiebt alles in wilder Flucht auseinander und über die Trümmer in den Stadtgraben hinaus.

Totenstill wird es, wie das Rohr endlich unten zur Ruhe kommt. Keuchend und zitternd stehen wir droben und können es noch gar nicht fassen, daß wir vorerst einmal gerettet sind. — Wir suchen hastig unsere Waffen zusammen. Von meiner Rotte ist keinem was Ernstliches zugestoßen, — jetzt verteile ich die Männer hinter den stehengebliebenen Mauerresten, dort, wo der Aufstieg am schmalsten ist, und wir die größte Aussicht haben, einem neuen Ansturm zu widerstehen, — zumindest eine Zeitlang.

Aber es geht wieder einmal besser als gehofft. Noch hat sich der Türk nicht zum nächsten Angriff gestellt, da wird es hinter uns im Turm lebendig; Stufen, Bohlen und Gewölbe dröhnen von einem Gewimmel hastiger stampfender Schritte. Dann steht einer vor mir, dem unter einem schön gezierten welschen Eisenhelm ein roter Fuchsbart lodert. — „Gut habt's das gemacht mit dem Stuck! — Hab von der Arkelei bis anher nicht viel gehalten, — aber zum Schmeißen ist sie doch recht tauglich, wie man sieht, — hehehe!" — Und dann schreitet er hin und her, und Kriegsvolk wimmelt um uns in Leder und Eisen und flucht und grinst, und alle paar Atem lang haut mich einer auf die Schultern und nennt mich Bruder, — und ich lehne halb von Sinnen an der Mauer und muß mich krampfhaft aufrecht halten. Dem Pater und dem Hans und den übrigen geht es nicht anders.

Und die Türken stürmen zum zweiten Mal gegen uns. Aber jetzt stoßen sie schon auf eine wohl geordnete Abwehr. Denn auch drüben, jenseits der Bresche, ist viel Kriegsvolk aufgezogen, und wie sie mir zwischendurch erzählen, ist der Niklas Salm selbst dabei und leitet den Kampf. Der bei uns, mit dem roten Bart, ein Obrist, nennt sich der Hans Katzianer.

Dann greifen die Türken zum dritten Mal an, kommen jetzt mit Sturmleitern, lassen sie zum inneren Graben hinunter und klettern wie die Katzen in die Tiefe, ungeachtet der Büchsenkugeln, denen sie ein leichtes Ziel bieten, — aber unten im Graben treffen sie auf so erbitterten Widerstand, daß die meisten von ihnen erschlagen liegenbleiben.

Die Türken haben dann noch drei- oder viermal gestürmt; — ich weiß es selber nicht genau; — hab auch dabei nicht mehr viel zu tun bekommen, dieweil des Katzianers Knechte allzu hitzig und wütig dreinhieben. — Um die Abenddämmerung war alles wieder ruhig. Die Türken hat dieser Tag wohl an die tausend Mann gekostet, wogegen bei uns nur etwa zwei Dutzend geblieben sind, — diejenigen auf der gesprengten Stadtmauer freilich nicht mitgerechnet.

Bin heut schon recht zerschlagen und zitterig an Leib und Seele heim gekommen. Das Annerl war mehr verstört als je; das machte aber nicht nur die Angst, die sie heute meinetwegen gelitten, sondern auch der Schrecken, den sie am eigenen Leib ausgestanden hat. Die Türken haben nämlich, zugleich als sie so wütend gegen unsere Mauern feuerten, auch zum ersten Mal mit glühend gemachten Eisenkugeln in die Stadt herein geschossen. Und so waren um des Meister Ellingers Haus an mehreren Stellen Brände ausgebrochen. Da war es wieder ein Glück, daß alles Holzwerk von dem vielen Regen dermaßen feucht ist; so hat das meiste bald gelöscht werden können, zumal der Ellinger, ungeachtet des Schießens, alles zusammentrieb und aufbot, was Hände zum Zupacken hatte. Er hat freilich nicht verhindern können, daß doch einige Häuser bis auf den Grund abgebrannt sind.

Auch ist bekannt geworden, daß die Türken ihre Minen nicht bloß unter die Stadtmauern treiben, sondern dort und da selbst weit in die Stadt hinein. Da herrscht nun große Furcht unter den Bürgern, denn sie sehen auf einmal die Gefahr, daß, durch einen geheimen Gang gekommen, die Feinde jählings mitten unter ihnen stehen könnten. Man kann aber vor lauter Gerede und Gerüchten darüber nichts Näheres mit Sicherheit erfahren.

Am 10. Octobris

Auf dem Platz vor der Augustinerkirche hat uns heut der Obrist antreten lassen, um zu sehen, was von uns noch übrig wär. War freilich nicht mehr arg viel. Außer dem Weinwurmb ist auch der von Wigstein tot und ein guter Teil der Rottmeister; und die übrigen liegen in Wunden darnieder. Der Jörg Spannbogen hat seinen dritten Hieb über den Schädel abbekommen und liegt nun im Kloster zu Sankt Clara, gleich neben der Stadtmauer, und ist noch immer nicht zu sich gekommen. Sie haben dort ein Notspital eingerichtet, da das Bürgerspital draußen in der Kärntner Vorstadt ja nur mehr ein Trümmerhaufen ist, in dem die Türken hausen. Ist freilich das Kloster zu Sankt Clara auch bereits zu klein geworden, so daß man die Verwundeten in etlichen benachbarten Bürgerhäusern unterbringen mußte. Dort liegen nun auch der Peter Nürnberger und der Hans Schicketanz, die mit dem Wehrgang in die Tiefe gestürzt sind und sich Arm und Bein gebrochen haben. Auch der Veit Rothmesser ist dort, mit einem türkischen Pfeil in der Schulter. Alle anderen sind erschlagen oder verschüttet. So bin also als einziger Rottmeister vom ganzen Fähnlein just ich übrig geblieben; freilich ist auch von den Knechten nur mehr ein rundes Dutzend da, und das macht eben wieder eine gute Rotte.

Der Eck von Reischach hat uns aber auch angezeigt, daß auf die Mauern um das Kärntner Tor nun etliches wohl bewährtes Kriegsvolk gestellt werden solle, das anher noch nicht richtig im Kampf gewesen ist. Die Hispanier, die bis jetzt zwischen dem Schottentor und dem Turm im Elend gestanden sind, sollen die Mauer gegen das Burgtor hin besetzen. Hab dort droben auch bereits den Don Sanchez de Aguilar herumstolzieren sehen, in schwarzseidenem Wams und schön geschlitzten Puffärmeln, so als stünd er nicht im Krieg, sondern auf einem Tanzfest vor schönen Frauen. Nach der anderen Seite hin aber, um den Kärntner Torturm, soll der Katzianer mit seinen Leuten stehen. Wir selber werden dazwischen und dahinter die neu aufgeworfenen Wälle und Schanzen besetzt halten, für den Fall, daß der Feind wieder über die Mauer herein kommt.

Wir hielten heute einen neuen Sturm schier für sicher, denn die Türken haben vom frühen Morgen an schon wieder gegen den Turm und die Mauer zu schießen begonnen, und um die Mittagszeit war die Mauer rechts von der großen Bresche auch schon am Zusammenbrechen und mußte einwendig mit Balken und Pfählen gestützt werden. Wo gestern die Lücke gesprengt worden ist, dort ist der Meister Tscherte gestanden und hat neue Brustwehren aufführen lassen. Sie haben dort auch etliche kleine Geschütze hingestellt und drum herum mit Erdreich gefüllte Weinfässer aufgebaut; das gibt eine fürtreffliche Deckung.

Es ist dann nach Mittag das Schießen doch allmählich wieder abgeklungen. Und sind wir solcher Art nicht nur dazu gekommen, uns zu beruhigen, sondern auch mit unseren neuen Kameraden zur Rechten und zur Linken Bekanntschaft anzuknüpfen. Mit den Hispaniern weiß ich mir nichts Rechtes anzufangen, wiewohl ihr Kapitän jetzt mit mir schon viel freundlicher ist als am Anfang. Hab mich daher mehr an des Katzianers Leute gehalten. Das ist ein recht bunter Haufen; welche darunter sind aus der Steiermark und welche aus Krain und der Windischen Mark, daneben sind aber auch andere mit einer Sprache, von der ich kein Wort verstehe. Die sind ein sonderbares Volk, bedächtig und hitzig durcheinander, wild und fremdartig anzuschauen, doch alleweil freundlich und guter Laune. Zuletzt fand ich einen, der konnte halbwegs Deutsch. Wie er heiße, fragte ich ihn.

„Niko Melintschewitsch."

„Und wo kommst du her? — Wo ist deine Heimat?"

„Chajmat? — Was willst? — Großvater ist mir noch gewesen in Bosnien, Vater in Slawonien. Sind bajde tot, — totgeschlagen von Türk. — Ich jetzt bin da, in Betsch, in Wien ihr sagt es. — Viellajcht mich wird schlagen tot Türk da. — Und wenn nicht mich schlagt tot, — Gott allajn wajß, wo werden wohnen, — viellajcht da draußten."

Bilder rechts:
Oben:
Ratisbona — die freie Reichsstadt Regensburg um 1515, neben den anderen Reichsstädten, wie Augsburg, Worms und Speyer, Tagungsort mancher bedeutender Reichstage, auf denen zwischen den rivalisierenden Fürsten oft um die gegen die Türken zu stellenden „Reichskontingente" gefeilscht wurde.
Georgius Bruin, Civitates Orbis Terrarum, 5. Bd. (K. A.).

Unten:
Konstantinopel, die Hauptstadt des türkischen Reiches und Sitz der türkischen Sultane, im 16. Jahrhundert. Auf dem unteren Bildrand die Porträts türkischer Herrscher.
Georgius Bruin, Civitates Orbis Terrarum, 1. Bd. (K. A.).

Bilder umseitig:
„Prospect der Stadt Wien, Mitternacht-Seits unter König Ferdinando I. und zur Zeit erster Türckischer Belagerung."
Kupferstich nach Mathias Fuhrmann, „Erste Türcken Belagerung ... An 1529", mit Buchstabenerklärung, historisierend.
Die Stadtmauer in ihrer geraden Führung, lediglich durch wenige Tortürme verstärkt, bot den türkischen Angreifern nach Artilleriebeschuß oder Minensprengung günstige Einbruchsmöglichkeiten (H. M. d. St. W.).

RATIS BONA
RVDOLPHO
II·D·G·ROM·IMPERAT·SEM·AVG
HVNGARIAE ET BOHEMIAE REGI,
ARCHIDVCI AVSTRIAE, DVCI BVRGV.
SACRVM.
OCCIDENS

BYZANTIVM NVNC CONSTANTINOPOLIS
PERA

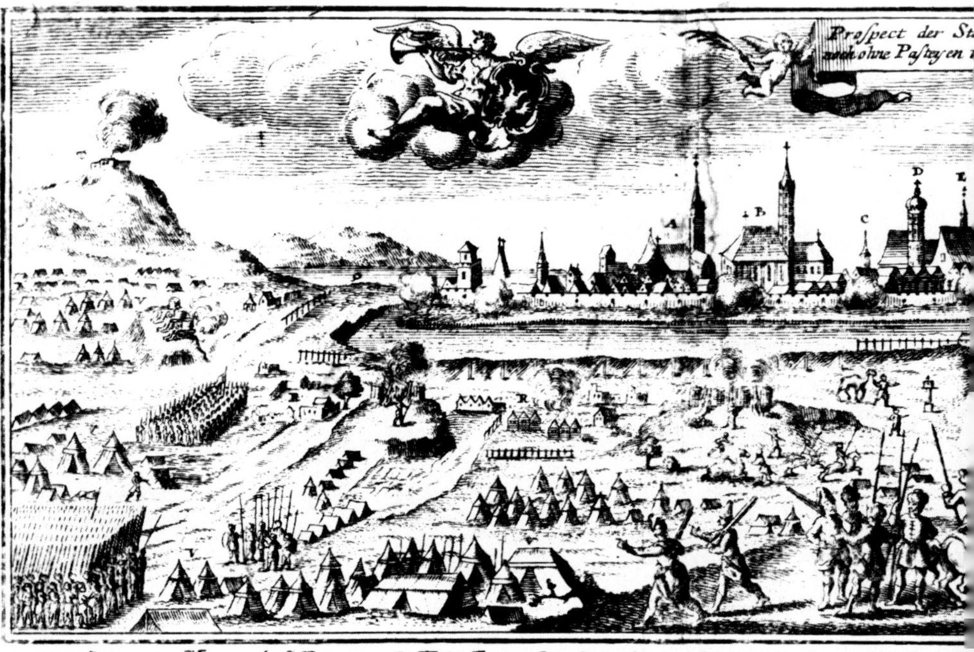

A. Zun Schotten. B. Minores. C. S. Pongratz. D. Unser Frauen Kirch. E. Zu den Weißen Brüdern. F. S. Mic
Hieronymus. N. S. Tohann. O. S. Clara. P. Cærner Thor und Thurn. Q. Die Donau. R. Die abg

A. Stuben-Thor. B. Die Prediger. C. S. Iacob. D. Collegium Vniversale. E. S. Laurenz. F. S. Hiero
Peter. N. S. Ruprecht. O. S. Michael. P. Kayserliche Burgk. Q. Zu den Weißen Brüdern. R. Bey
Z. Saltz-Thor. a. Roth-Thurn. b. Schlag-Bruck. c. In unterm Berd. d. In oberm Berd. e.

P. Fuhrman del.

ayserliche Burgk . H . S . Stephans Kirch . I . S . Dorothea . K . S . Augustinus . L . Himel Pforten . M . S .
stædte . S . Der Wien - Flus . T . Der Gallenberg . V . Das Türckische Lager . X . Die Türckische Attaque .

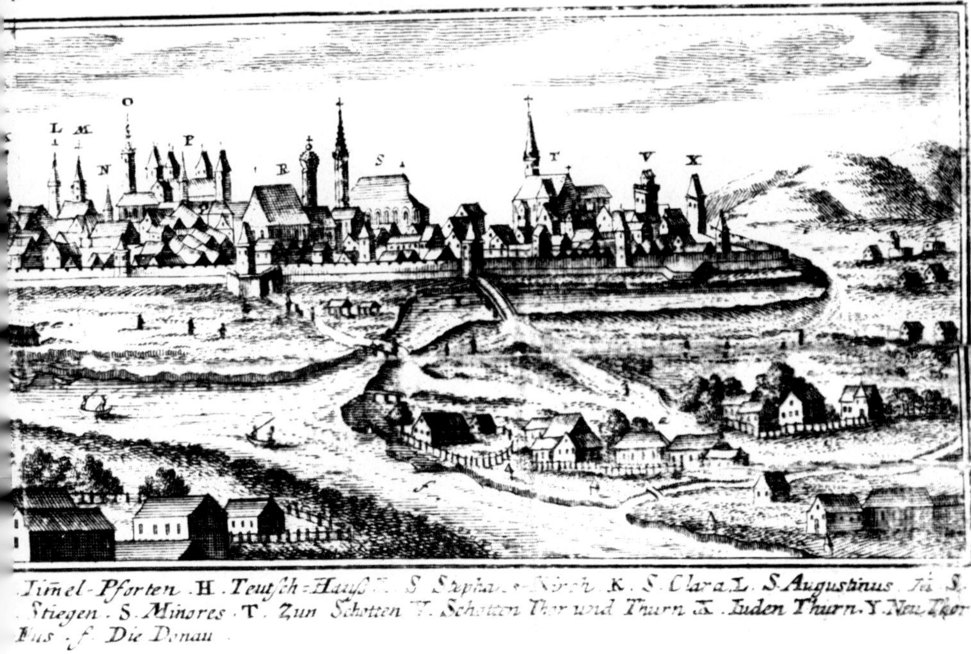

. Himel - Pforten . H . Teutsch = Hauß . I . S . Stephans - Kirch . K . S . Clara . L . S . Augustinus . M . S .
. Stiegen . S . Minores . T . Zun Schotten . V . Schotten Thor und Thurn . X . Iuden Thurn . Y . Neu Thor .
Flus . f . Die Donau .

CAROLVS ARCHIDVX AVSTRIÆ, DVX BVRGVNDIÆ &c

Obyt Anno 154

Er deutete irgendwohin nach Osten. Ich schaue ihn fragend an.

„Ja, du mir kannst glauben es, — Menschen wie ich, Brüder, — sie wohnen jetzt schon chier in dajne Land, da über Dunav, — alles Uskoci, Davongelaufene, ausgetrieben von Tataren aus Chajmat. — Da chast du Chajmat, — überall ist und nirgendswo."

„Aber ich meine: was bist du für ein Landsmann?"

„Chrwat", erwiderte er, — und jetzt klang mit einem Mal so etwas wie Stolz aus seiner Stimme. Nun, von denen — wir nennen sie wohl Krobaten — habe ich doch schon einige Male gehört. Aber mein krobatischer Kamerad wurde traurig und verbittert.

„Was sag ich dir, Chrwaten wohnen in dajnen Land? — Nix wohnen! — Gewohnt chaben! — Einer ist gekommen gelaufen von dort

Bilder links:
Oben links:
Erzherzog Ferdinand von Österreich wurde 1521 von seinem Bruder, dem späteren Kaiser Karl, mit der Verwaltung der österreichischen Erblande betraut und erbte damit auch die Hauptlast der Türkenabwehr. 1526 zum König von Ungarn und Böhmen gewählt, huldigten ihm 1527 auch die kroatischen Stände. Ferdinand sah seine Hauptaufgabe in der Sicherung Ungarns gegen Johann Zápolya, dem Vasallen Sultan Suleimans II., und gegen die Türken.
Holzschnitt von Lukas Cranach d. Ä., mit dem österreichischen, ungarischen und böhmischen Wappen (ÖNB).

Oben rechts:
Unter Erzherzog Karl von Innerösterreich (1564—1590) kam es zur ersten Organisierung der Militärgrenze. Er schuf den innerösterreichischen Hofkriegsrat in Graz. Die 1579 gegründete Festung Karlstadt trägt seinen Namen und wurde bald zum Zentrum der damaligen Grenzinstitution.
Stich um 1590 (ÖNB).

Unten links:
Niklas Graf Salm-Reifferscheidt, 1526 Obrister Feldhauptmann „wider die turckhen" in Ungarn. 1529 als Oberbefehlshaber der Truppen König Ferdinands mit dem Schutze Wiens betraut, führte er die Verteidigung der Stadt gegen Suleimans II. Riesenheer mit ebensolcher Umsicht wie Tapferkeit. 1530 starb Salm auf seinem Gut bei Marchegg nach einer beim Hauptsturm am 14. Oktober 1529 erlittenen Verwundung.
Punktierstich von Franz Stöhr (ÖNB).

Unten rechts:
Philipp Pfalzgraf bei Rhein und Herzog in Baiern, ein Verwandter Kurfürst Friedrichs II. Ihm war 1529 als Obristen über zwei Regimenter Reichsvölker der Schutz der Wiener Stadtmauer vom Rotenturm- bis zum Kärntner Tor anvertraut. Philipp wehrte den zweiten Sturm der Türken ab und zählte zu den tapfersten Verteidigern Wiens (ÖNB).

und chat erzählt, türkische Schiffsleut, Nassern, der Teufel chat sie gemacht, sie chaben geschlagen tot alle oder fort geschleppt. — Nirgends wir chaben Ruh und Fried, — immer der Türk kommt chinter uns cher, — immer wir müssen lassen alles und fort laufen wie Bettler."

Leise fügte er hinzu, und Tränen standen ihm in den Augen: „Und ist doch so schön, wenn chast du ein Acker und Garten und kleine Chaus und Kuh und Weib und Kinder."

Und dann packte er mich plötzlich, schüttelte mich und zischte heraus: „Aber wenn Türk nicht uns laßt leben in Chaus und auf Acker, dann wir leben auf Mauern und Schanzen, — da, — chier, — und überall, — wo kommt er! — Und wenn nicht er uns laßt Pflug und Spaten, wir werden chaben Spieß und Schwert!"

Plötzlich, ebenso unvermutet, umarmte er mich: „Du auch chier stehst auf Schanz. — Bist Bruder! — Komm cher da!"

In einer Höhlung in der Mauer lag allerlei Gerümpel; darin kramte er und brachte eine seltsame Flasche ans Licht, rund und flach und mit buntem Leder kunstvoll umflochten. Er öffnete sie liebevoll, wischte mit der Hand über die Öffnung und bot sie mir zum Trunk. — Ei Teufel, wie brannte das höllisch scharf, daß es mir das Wasser in die Augen trieb.

Der Niko Melintschewitsch lachte schallend: „Du nicht das kennst? — Seer gutt is! — Schljiwowitza! So wie Großvater noch chat gemacht in Bosnien, viele Jahr ist cher."

Er trank mir zu: „Schiwio! — Sollst leben! — Daß wir zusamm den Türk werfen chinaus, — aus Chajliges Römisches Rajch und aus Slawonien und aus Bosnien und aus alle Länder, wo sind brave Christen!"

Er ließ sich auf einen Mauerstumpf nieder. „Komm, Brate, daß du bei mir sitzest! — Ich dir will erzählen, wie war es zuchaus. — Wajl du chast gefragt mich um das."

Er sah an mir vorbei in die Ferne, als wolle er Bilder aus weiter Vergangenheit emporholen. — „Meine Großvater schon war erschlagen lang bevor, — meine Vater dann, wie war ich vier Jahr alt, — mein Mutter auch. — Weiß nicht mehr, wie war das, — nur Schreien und Rennen und Feuer, — und Leute von Dorf, Nachbar, Bruder liegen auf Straße und rühren sich nicht und sind ganz rot. — Und dann ist Baba gewesen da, gute, alte mir, und reißt mich fort, — und dann immer nur laufen und laufen, und ganz arm und müd und blutige Füße und nichts zum Essen. — Und dann fremde Dorf, irgendwo in Bergen, — und fremde Leut, aber waren auch arm und blutig und in Fetzen und reden gleiche Sprache und sind dir Brüder. Dort wir sind geblieben, viele Jahre. Baba chat gesponnen und kranke Leut gesund gemacht und Vieh. Und ich chab Ziegen gechietet und später gearbeitet auf Acker mit Pferde. — Ja, — und dann ich chabe gechabt eine kleine Keusche — und die Ljubica war auch im Dorf — und — und —"

Er schluckte ein paarmal, nahm wieder einen Zug aus der Schnapsflasche, —

„Ja — und dann war der Türk auf eine Mal wieder da! — Draußen in ebene Land am Fluß, da sind sie alle paar Jahr gewest. Ins Gebirg sind sie nur seltener gekommen. — Aber chat genügt auch das! — Ja — und dann war alles aus, — alles weg. — Nix Ziege — und nix Keusche — und nix Baba — und nix Ljubica. — — Ja, Brate, — was will Gott von uns?"

Er schwieg eine Weile, dann fuhr er fort, seltsam ruhig: „Bin ich dann durch die Wälder chinunter nach Gradischka, — dort waren grad kaiserliche Reiter, — chaben auch gesagt Bruder zu mir und chaben mich mitgenommen und gesetzt auf ein Pferd und mir gegeben Pallasch in Chand, — ja —" — Wieder schwieg er.

„Brate", sagte er dann, — „nicht ist es leicht zu leben als ein Reiter ohne Zuchause und ohne Menschen, was chaben dich lieb; — aber, bogami, — ein Waffen chaben, — dreinchauen dürfen, — nicht immer nur ducken und warten, bis kommt der andere und schlagt tot dich! — Brate, — ich bin gern dem Kaiser ein Soldat!" —

Gegen Abend hat uns der Eck wieder nachhaus geschickt und uns geraten, wir sollten uns gut ausschlafen, denn morgen würd es gewißlich einen heißen Tanz geben.

Daheim ist das Annerl lang neben mir gesessen und hat mich bei den Händen gehalten, und ich merkte, daß sie neben ihrer Angst und ihrem Kummer noch etwas auf dem Herzen hatte, — etwas, was ihr schwer über die Lippen kam.

„Konrad", begann sie, — „weißt du, was die Leut in der Stadt von dir reden? — — Daß wir es in vielem dir zu verdanken hätten, daß wir den Türken jetzt nicht in der Stadt haben."

Mir schmeichelte das wohl, zumal aus des Annerls Mund, — aber gleichwohl, — was sollte das?

„Was hätt ich denn schon sonst tun sollen, Annerl? — Stehen bleiben und glotzen? Oder davonrennen?"

Das Annerl schwieg mit gesenktem Kopf. — Dann, mit einem Ruck, richtete sie sich auf und schaute mich an, und in ihren Augen standen Liebe und Sorge zugleich mit Trotz und Herausforderung:

„Konrad, stieß sie hervor, — „hast jetzt nicht genug getan? — Bleib doch jetzt hier, — bei mir, — geh nicht mehr hinaus! — Sollen doch jetzt die anderen das Ihrige tun!"

„Annerl, — was denkst du denn da?" stotterte ich, rechtschaffen verwirrt, — „da wär ich doch ein ehrloser Davonlaufer, — und es brächte mich so was bloß an den Galgen oder in die Spießgassen."

„Aber Konrad, — es kann doch ohnehin nur mehr zwei oder drei Tag lang währen. Der Sultan, haben sie heut überall in der Stadt erzählt, denkt schon ernstlich daran, die Belagerung aufzuheben. Dem Salm haben es Kundschafter hinterbracht aus dem Türkenlager, und gefangene Türken haben es selber auch gesagt. — Es ist gewiß wahr!"

„Es wird der Sultan immerhin, ehe er abzieht, alles daran setzen, die Stadt im letzten Augenblick doch noch zu nehmen, und wird daher jeder von den Unsrigen jetzt draußen auf den Mauern und Schanzen nötiger sein als je zuvor."

„Aber nein! — So arg kann's gar nicht mehr werden! Die Türken sollen ja schon allen Mut verloren haben. Leiden ja auch schon Hunger und haben Mangel an aller Notdurft. — Allerhand Krankheiten sollen bei ihnen auch schon umgehen von der Kälte und der Nässe. Die werden sich schon nicht mehr viel trauen. Werden halt noch hier und dort ein bissel schießen. — Und, Konrad, — soll dich jetzt, wo ohnehin schon alles entschieden ist, noch so eine Kugel treffen? — Konrad, — so bleib doch da, bei mir!" —

Es klopfte, und in der Tür erschien der Don Sanchez de Aguilar. — „Entschuldiget, mein Fräulein, wenn ich störe!" verneigte er sich vor dem Annerl, — „und auch Ihr, Junker Konrad! — Aber es sind wichtige Dinge, die keinen Aufschub dulden. Der Salm hat Kundschaft, daß der Sultan morgen noch einen ganz schweren Sturm ansetzen wird, vom Stubentor bis zum Burgtor. Es wird da also wohl die Entscheidung fallen. Und müssen wir daher alles aufs gewissenhafteste vorbereiten. — Hört also: Der Kapitän von Buschhausen hat von seinem Fähnlein vier Rotten abgegeben, die sollen Euch unterstellt sein, auf daß Ihr mit ihnen den inneren Wall hinter der großen Bresche stärker besetzet. Und ich werde meine Panzerreiter, so weit ich ihrer nicht unabdinglich auf der Mauer bedarf, hinter dem Wall als Reserve bereit stellen. Da ist nun noch einiges zu besprechen, was wir uns an Ort und Stelle besehen müssen. — Wollet also unverzüglich mit mir kommen!"

Das Annerl war gleich mir aufgestanden und lehnte totenblaß und mit weit aufgerissenen Augen an der Wand. Ich drückte ihr hastig einen Kuß auf die Stirn. — „Annerl, ich komm noch einmal!" flüsterte ich ihr zu, dann folgte ich dem Hispanier hinaus in die Nacht.

Draußen ging alles rasch und einfach. Der Sanchez de Aguilar hatte die Dinge schon wohl geordnet, und auch ich war mir bald klar, wie ich meine Leute müßt verteilen und aufstellen. — Längs der Mauer brannten Wachtfeuer, die hispanischen Reiter standen und saßen daran, matt funkelte der Flammenschein auf ihren Waffen und Kürassen. Als mich der Kapitän zu ihnen führte, riefen und lärmten sie mir zu, nannten mich Don Conrado und Hermano aleman, deutscher Bruder, — das andere verstand ich nicht, aber es war kein Zweifel, daß es herzlich und ehrlich gemeint war. Und ich mußte ihnen die Hände schütteln und mit ihrem dunklen, schweren, süßen Wein ihnen Bescheid tun. — Mochten sie sonst unnahbar und anmaßend gewesen sein, — jetzt, wo der gemeinsame Feind vor uns stand und der gemeinsame Tod, waren wir Brüder, und alles andere war wie hinweggewischt.

„Findet Euch zur rechten Zeit ein!“ sagte der Kapitän. — „Wäre gut, wenn es noch bei Nacht geschähe.“ — Er streckte mir die Hand hin: „Bis morgen, mein Herr!“

Dann eilte ich heim. — Das Annerl saß zusammengesunken auf der Bank, dort, wo ich sie verlassen hatte. Als sie mich sah, zuckte eine wilde selige Freude über ihr Gesicht:

„Konrad, — daß du nur wieder da bist! — Und jetzt bleibst du bei mir!“

„Annerl, ja — ich bleib schon noch eine Weile bei dir; — ist ja noch Zeit.“

Sie fuhr zurück; — jählings stand wieder das jagende Entsetzen in ihren Mienen: „Was heißt das, — eine Weile?!“

„Ja, schau, hinaus muß ich ja doch wieder. Hast doch selber gehört, wie es steht, — und was gerade von mir verlangt wird.“

Sie war so bleich geworden, daß ich erschrak.

Und plötzlich stürzte sie auf mich zu, umklammerte mich, so wild, daß ich ihre Finger schmerzhaft in meinem Fleisch spürte.

„Konrad, — das alles, — der Türk und die Mauern und der Salm und der Sultan und der Hispanier, — das ist ja alles gar nicht wahr, ist ja gar nicht da! — Und wenn morgen die Stadt zugrund geht und die ganze Welt, — jetzt sind wir zwei da, nur wir zwei, und gehören zueinander! — Konrad, — da bin ich, — so nimm mich doch. — Diese eine Nacht bleib bei mir!“

Sie umschlang mich, preßte sich an mich wie von Sinnen, daß ich jede Faser ihres Leibes spürte in brünstiger Leidenschaft. — Was war das, was da heiß lodernd in mir hoch stieg? — War es der schwere hispanische Wein, — oder war es mein ungekühltes, unerfülltes junges Blut? — Wahrhaftig, — war das in den vergangenen Nächten nicht schon öfters über mich gekommen? — Es war wohl nicht gut, mit der Liebsten unter einem Dach zu wohnen. — Aber warum auch, zum Teufel! — Bin ich ein Mönch oder bin ich ein Soldat? — War es nicht gut und billig, was das Annerl da von mir forderte, — und von Gott gewollt in einer Zeit wie dieser?

Stille, in der nur des Mädchens Atem zu hören war. — Und dann, gedämpft — Turmuhrschläge — von den Augustinern herüber — zehn — elf — zwölf — Mitternacht! — Ich erschrak; — so spät war es schon! — Und plötzlich hörte ich die Stimme des Sanchez de Aguilar: Findet Euch zur rechten Zeit ein! — Die hispanischen Reiter sah ich mit einem Mal, die an der Mauer Wache hielten, — und dann war die Bresche vor mir, — ein schwarzes, unheimlich dräuendes Höllentor, — bewegte es sich nicht dahinter, blinkten nicht Waffen im Feuerschein, — war das nicht Gemurmel, aus dem sich heisere Allah-Allah-

Rufe lösten? — Und wieder die Stimme des Sanchez de Aguilar: Wäre gut, Ihr kämet noch bei Nacht.

Da rang ich mich mit einem Ruck los. Und ich muß wohl furchtbar ausgesehen haben im Gesicht, denn ich merkte, wie das Annerl vor mir erschrak.

„Annerl, — es darf nicht sein, — darf nicht sein gerade heute! — Bet zur Muttergottes, daß sie dich schützt und mich, — daß ich wieder zu dir zurück komm! — Danach wollen wir einander gehören für immer."

Das Annerl hatte die Augen gespenstisch weit aufgerissen, rang nach Atem, schwankte, — dann ließ sie sich auf die Bank fallen, schlug die Hände vor's Gesicht, sank in sich zusammen.

„So laßt du mich also auch im Stich, — grad so — wie der —" — ein Würgen und Schluchzen, — und dann, plötzlich hart und fremd, bösartig, feindselig: „Geh hinaus, zu denen, die dir lieber sind als ich! — Geh! — Geeeh! — Was willst denn noch von mir, du?!"

Da ging ich. Und war mir auf dem Weg nach Sankt Clara hinüber nicht, als müßt ich bei jedem Schritt umkehren? — Was war das denn? War ich von Sinnen, daß ich der Liebsten diesen Schmerz antat und mir selber auch? Oder war das die Versuchung des Satans, von der ich so oft erzählen gehört hatte? — Der Marienpfennig meiner Mutter stand plötzlich vor meinen Augen, und hastig griff ich unter mein Wams, ob er noch dort wäre. Ob ich ihn wohl hätte dem Annerl geben sollen? — Aber ich verwarf den Gedanken gleich wieder; — nein, — eben um meiner Mutter willen muß ich den jetzt, heute, bei mir behalten. — Morgen werde ich ihn dem Annerl geben, gleich morgen, — wenn der Sultan endgültig abgeschlagen sein wird.

Ich fand an der Mauer alles, wie ich es verlassen hatte. Bloß ruhiger waren die Hispanier geworden, lagen, in ihre Mäntel und Kotzen gehüllt, um das Feuer, starrten in die Flammen oder schliefen. Ich wollte es ihnen gleich tun, fand aber keinen Schlummer. Ist aber nicht die Unruh um mich, vor und hinter der Mauer, die mich wach hält, sondern mein eigenes Herz.

Bei den Augustinern in Wien, am 20. Novembris 1529

Ist etliche Zeit vergangen seit damals, da ich in diesem Büchel zuletzt geschrieben. Und wär es in der Tat um ein Haar zu Ende gewesen mit dem ganzen Diarium. — Und muß ich meine Gedanken schier mit Gewalt zwingen und ordnen, daß ich den Faden dort wieder find, wo er mir damals abgerissen.

Ja, — also am 11. Octobris ist das gewesen. — Hab dann in der Nacht noch etwas geschlafen, an einem Lagerfeuer der Hispanier. Unruhig und wirr hab ich geträumt; — war aber wohl nicht der Ruch um mich von Feuerqualm, von nassem Erdreich und Moder und faulem Stroh, was mich immer wieder aufschrecken und nach Atem schnappen ließ, sondern das Gewirr in meinem ganzen Herzen.

Bin daher schon vor Morgengrauen wieder auf gewesen, und nicht lang danach haben auch die Sturmtrommeln angehoben, das Kriegsvolk zusammen zu rufen. Bald hab ich meine Leut um mich gehabt, auch die vier Rotten des Buschhausen, und hab allen Anweisung gegeben. Vor uns, auf den Trümmern der Mauer, zwischen den aufgerichteten Schanzen und Palisaden, hat der Buschhausen den anderen Teil seines Fähnleins aufgestellt. War aber einzusehen, daß sie dort den Türken nicht lang würden Widerstand leisten können, zumal vor ihnen draußen der Stadtgraben jetzt vollends verschüttet war und kein Hindernis mehr bot.

So würde es also in der Hauptsache an uns liegen, den Feind aufzuhalten. Hier standen außer den Schanzen und Gräben auch noch allerhand Mauerreste von niedergerissenen Häusern; die boten uns ein brauchbares Bollwerk. Und wenn der Türk erst einmal an uns wäre, so war es abgesprochen, sollte er herzhaft von beiden Seiten her angepackt werden. Dann links droben am Kärntner Torturm standen welche von unserem Regiment und der Katzianer mit seinem Fähnlein und rechts auf der Mauer die Hispanier. Der Sanchez de Aguilar ist dann auch zu uns herunter gekommen.

„Seht, Junker Conrado", sagte er und wies lächelnd zum Turm hinauf, wo sich droben unseres Regimentes Fahne im aufkommenden Morgenwind bauschte, — „Ihr habt die heilige Himmelsjungfrau auf Eurem Banner, — und ‚Santa Maria' ist der Kampfruf der Unseren; — wie sich das gut zusammenfügt!" — Da mußte ich wieder an meiner Mutter Marienpfennig denken, mit dem ich nun just in der Mitte stand.

Ich hatte nicht viel Zeit zum Nachsinnen. Denn ehe es noch recht hell wurde, begannen die türkischen Geschütze schon zu feuern. Es ging das meiste vorläufig wohl gegen die Mauer und auf die Bresche vor uns, und wir bekamen nur gelegentlich eine verirrte Kugel in die Nähe, die keinen Schaden tat. Es war aber auch schon schauerlich genug, zusehen zu müssen, wie es immer wieder einmal in die Leute vor uns in der Bresche einschlug, daß hier und dort einer zuckend liegenblieb. Es durften die aber ihre Posten nicht verlassen, denn allzu nahe lauerten die Türken und hätten wohl die Bresche im Sturm früher erreicht, als die Unsrigen von hinten wären dorthin gelangt.

Um die achte Stunde mochte es dann gewesen sein, als die Türken zum ersten Mal vorbrachen. Sehen konnten wir vorläufig nichts außer aufwallendem Staub und Pulverqualm, — und wie dann dort das Getümmel immer wilder wurde, war erst nicht zu entscheiden, was nun die Türken waren und was die Eigenen. Lange wogte es hin und her, aber zuletzt konnten die Knechte des Buschhausen der Feinde Herr werden.

Ruhe, — eine Pause zum Sammeln der Kräfte. Dann hub wieder die türkische Arkelei zu feuern an, und es währte nicht lange, so gellte neuerlich draußen Sturmgeschrei auf, wütender noch und lauter als zuvor. Und wilder und härter war der Angriff, dichter noch die Reihen der Stürmenden. Und nun konnten die Kriegsknechte vor uns nicht mehr standhalten: — mit einem Mal waren in der Mitte nur mehr wimmelnde Türken; hauend und stechend wehrten sich unsere Knechte nach allen Seiten, — was noch lebte, zog sich nach beiden Seiten gegen die Mauer zurück, barg sich hinter den Wällen und Verhauen.

Und nun haben wir die Türken Aug in Aug vor uns, auf Steinwurfweite. Sie ducken sich hinter Blöcken und Pfählen, verkriechen sich in unsere Schanzen, zwischen die Palisaden und Weinfässer. Büchsenknallen flackert auf, herüben und drüben, Pfeile zischen und Armbrustbolzen. Zum Zerreißen gespannt jeden Nerv und jede Sehne, kauern wir hinter unseren Mauertrümmern.

Dann ist wieder Lärmen und Getümmel draußen, Rufe werden laut, wie wenn man Vieh antreibt, „Ileri — ileri!", — und dann sehen wir, wie drüben zwischen den türkischen Soldaten Menschen gebückt angehastet kommen, die große Reisigbündel schleppen. Aber — mir stockt das Herz — das sind ja Menschen unserer Art, — Bauern, Bauernweiber, halbwüchsige Kinder. Dahinter erst tauchen wieder Türken auf, brüllen, schlagen mit Peitschen auf die Hastenden ein, treiben sie nach vor und wieder zurück, — und immer neue kommen, immer mehr Reisigbündel fliegen im Bogen in den Graben, — schon türmen sie sich zu Haufen, füllen den Graben an! — Da: — zwei, drei Bauern sind den Reisigbündeln nachgesprungen, wollen zu uns herüber entkommen, — Wutgeschrei bei den Türken, — Pfeile zischen, — einer nach dem anderen von den Flüchtigen bricht zusammen, kollert in die Tiefe.

Und da springen auch schon die Türken! — In ganzen Wellen kommen sie herab, wie eine verheerende Sturmflut über einen geborstenen Damm bricht. Schon ist der Graben ein einziges Gewühl von Menschen und Waffen, — schon sind sie vor uns, — jetzt gilt's! — Jetzt drauf und dran! — „Her — her — heeer!" —

Was im einzelnen jetzt alles geschehen ist, dessen kann ich mich nicht mehr entsinnen. Ich weiß nur, daß ich noch nie zuvor ein so erbittertes Hauen und Stechen erlebt habe. — Und daß ich zuletzt rauschig und schwindlig und nach Atem ringend dagestanden bin und es nicht hab fassen können, daß ich noch lebe, — und daß auf einmal keine Türken mehr vor mir waren. — Nun: der Katzianer hatte mit seinem Fähnlein von der Mauer herab einen Ausfall gegen die Bresche geführt, desgleichen hatte der Buschhausen seine versprengten Leute gesammelt und war in den inneren Graben eingedrungen, und so sind sie alle den Türken in die Seite gefallen, haben vielen von ihnen den Rückweg abgeschnitten und die anderen gezwungen, sich zu verziehen, ehe es ihnen ebenso erging.

Um mich herum sah es freilich schauerlich aus. Erschlagene Türken, in Haufen übereinander, dazwischen unsere eigenen Knechte, tot, mit klaffenden Wunden. Blutlachen, hier und dort und überall, — mengten sich mit Staub und Schutt zu dunklem Brei. — Von denen, die noch lebten, war kaum einer, der nicht verwundet war.

„Der Hans — der Hans Früeauff — wo ist der?“ fragte ich hastig. Einer wischte sich das Blut aus den Augen: „Den haben sie zurück geschleppt, — ist ihm, glaub ich, eine Hand abgehauen worden.“ — „Um Gottes Willen — lebt er noch?“ — Achselzucken. —

Der Pater stand zwischen uns, seine Kutte war zerfetzt. „Meine Brüder!“ keuchte er. „Noch nie waren wir dem Himmel näher als jetzt. Wollen daher aller irdischen Not nicht achten und einzig mehr tun, was Gott von uns fordert!“ Blut rann ihm von den Armen, als er sie nun zum Himmel hob: „Vater unser, — Dein Wille geschehe! — Was immer Du uns auferlegst, Du sollst uns nicht schwach finden. — Wir wollen es halten wie die heiligen Männer im Feuerofen und im Angesicht des Todes Gott preisen und Lob singen!“

Und mit mächtigem Baß stimmte er an: „Großer Gott, wir loben dich!“ — Der Landsknecht neben mir, knurrte zwischen den Zähnen, spuckte aus, fluchte, und dann fiel er rauh und laut und mißtönend in des Paters Gesang ein.

Plötzlich stand der Meister Pankraz Ellinger vor mir, verstört, aber gefaßt. — „Was wollt Ihr hier?“ fuhr ich ihn barsch an. — „Konrad“, sagte er, — „reiht mich in Euer Fähnlein ein, — bitte!“

Ich war erschüttert: „Meister, das geht nicht! — Ihr sucht doch nicht einen sinnlosen Tod. Einen solchen würdet Ihr aber finden, wenn Ihr, ohne jede Erfahrung und Übung im Kriegshandwerk, in einen solchen Kampf gerietet. — Meister Ellinger, — um Eurer Kinder willen, — gehorcht diesmal doch der Vernunft!“

Der Ellinger gab keine Antwort, bückte sich nach der Hellebarte, die der Hand eines erschlagenen Landsknechts entfallen war, und stellte sich damit breitbeinig neben den Toten.

„Meister, — so stellt Euch zumindest nicht hier in die vorderste Reihe, — bleibt dort bei dem Gemäuer, bis wir Euch brauchen.“ Und als er sich nicht vom Fleck rührte, schrie ich ihn an: „Ho, — hier hab ich zu befehlen, — weg von da! — Reiht Ihr Euch in meine Rotte, dann habt Ihr auch dort zu stehen, wo ich es will!“

Da schlich sich der Ellinger gesenkten Hauptes dahin, wo ich es ihm gewiesen hatte.

Drunten im Graben wimmelte der Meister Tscherte mit seinen Leuten umher. Sie gossen Pech über die Reisigbündel und zündeten sie an allen Enden an. Bald qualmte und züngelte es vor uns auf, benahm uns den Atem und den Ausblick, hinderte aber auch die Türken vorläufig an einem weiteren Sturm. — Hinter uns scholl Rumpeln und Rasseln, Ächzen und Fluchen. Dort stellten sie ein paar Feldschlangen und Falkaunen auf und richteten sie auf die Bresche hin.

„Duckt euch, wenn's pfeift!" lachte ein wüster Stückknecht, — „müssen euch knapp über die Köpf schießen, — paßt auf, daß wir euch dabei nicht die Haar scheren! — Aber wenn's ernst wird, müssen die Kartaunen dem Feind grad so von vorn in die Augen schauen wie der Mann den Weibsbildern; — sonst zwingst beide nicht!"

Das Geschützfeuer der Türken lag jetzt vor allem drüben, jenseits des Kärntner Torturms. Sturmgeschrei und Kampflärm schollen herüber, — dann klang auch das wieder ab. — Der Sultan Soliman leitete heute in persona den Sturm seines Heeres, raunten sich die Knechte zu, — hier irgendwo beim Kärntner Tor müsse er sein. — Herrgott, — den wenn man zu fassen bekäme! — Und als dann die Leute des Buschhausen drunten in einem Gewölb unter der Mauer ein halb Dutzend türkischer Soldaten aufstöberten, die beim Sturm von ihrer Truppe abgekommen waren und sich hier verkrochen hatten, da wurden die unter Triumphgeheul mit Hieben und Fußtritten hervorgezerrt, — und ehe es die Offiziere noch hindern konnten, fielen die Kriegsknechte von allen Seiten in maßloser Erbitterung über die Gefangenen her und rissen sie buchstäblich in Stücke.

Drüben, hinter dem Schleier der Rauchschwaden, war auf einmal wieder Gewimmel von Türken. — Genaueres erkannte man nicht. — Dann plötzlich flammte es auf, — ein ohrenbetäubendes Krachen, — und ein Steinhagel kam bis zu uns herüber geflogen.

„Verwünscht!" stieß der Hauptmann von Buschhausen hervor, der eben neben mir stand. — „Die sprengen, was von der Mauer noch steht, in den Graben."

Unter dem herabstürzenden Schutt verlosch das brennende Astwerk; noch schwelte und qualmte es hier und dort, aber dazwischen wurde der Blick wieder frei. Wahrhaftig: die Mauer war uns gegenüber ein gutes Stück niedriger geworden, und große Schutthaufen füllten den Graben fast bis oben. —

Und da sind die Türken wieder! — Abermals quellen sie wie ein höllischer Strom über die Bresche, springen in den Schutt hinunter, — von neuem kommt die Woge in Bewegung. —

Und da sind sie wieder vor mir! — Keuchend, brüllend springen sie mich an, — einer — drei — zehn! — Vor mir, um mich blitzende krumme Säbel, wutverzerrte Gesichter, — aufgerissen quallende Augen, — ich schlage und steche mitten hinein, — blindlings, — jetzt ist ja doch alles zu Ende. — Ein schwerer Schlag trifft mich an der Stirn, warm spüre ich es herabrinnen, — aber nein! — noch wehr ich mich! — zum Teufel mit euch! — Herrgott, verlaß mich nicht!

Da — siedend heiß und stechend weh fährt es mir durch die Brust, daß ich aufschreien muß und nach Atem schnappen. Ein Rauschen und Dröhnen ist in meinen Ohren, — schwer werden mir die Glieder, ich kann — das Schwert nicht mehr heben, — jetzt ist es wirklich aus! — Herr Gott, sei mir gnädig! — Ich will ja noch nicht sterben!

Um mich die Türken, sie versinken im wogenden Nebel, — und darüber sehe ich auf einmal nur mehr unsere Fahne auf der Mauer, — sie flattert und bläht sich, — schwebt auf mich zu, — zu mir herab, — aber es ist nicht die Fahne, — es ist die Himmelsjungfrau selbst, — sie kommt mir zu Hilf! — Ich kann ja nicht so sterben, hab ja den Pfennig von meiner Mutter bewahrt! — Heilige Maria, hilf!

Und da, — mitten in dem Dröhnen und Tosen um mich ein neuer Klang, — kaum kann ich ihn noch vernehmen, — aber doch — es kommt etwas heran, — stürmende Tritte, Getümmel, Geschrei — Geschrei: „Santa Maria! — Santa Maria!" —

Santa Maria — Heilige Mutter Gottes — — Mutter! —

Und dann ist nur mehr Nebel und Wogen und Rauschen und Brausen, — und ich schwimme darin, schwebe — bin aufgelöst — zerflossen. — Finster ist es um mich und kalt.

Rote und gelbe Sterne schweben vor mir in der Nacht, drehen sich, werden zu feurigen Rädern. — Und dann sind mit einem Mal wieder Türken da! — Da, — der eine, — den kenn ich doch, — dein Gesicht vergesse ich nicht so bald! — Springst du mich schon wieder an, du Hund? — Du bist doch tot, — tot! — Kerl, ich erschlage dich zum zweiten Mal! — Aber ich habe ja kein Schwert, — Oh, — ich kann mich ja nicht wehren, nicht rühren, — bin wohl gefesselt!

Sonderbar, — mit einem Mal sind die Türken weggewischt, und über mir schweben im Dunkel steinerne Löwen und Gewölberippen, wie in einer Klosterkirche. Und Glockenläuten ist um mich, dröhnend, immer lauter. Das ist nicht bloß eine Kirche oder zwei, — das sind die Glocken in der ganzen Stadt! — Hilf Gott, — das ist Sturm, — Sturm! — Der Türk greift an, — von allen Seiten greift er an! — Auf — Alarm!

Aber wie ich schreien will und aufspringen, schlagen wieder Nebel und Gedröhn über mich zusammen.

Dann ist auf einmal der Pater Heinrich über mir, — ist er's wirklich? — Ist's nicht wieder ein Türk? — Ich will's ja gar nicht wissen, — möcht ja nur liegen und schlafen! — Aber ich kann's nicht, — es sitzt mir etwas auf der Brust, bohrt mir Stacheln und Spitzen ins Fleisch und in die Knochen. — Ist es die Drud? — Und die Zunge liegt mir wie ein hartes Leder im Mund, verdorrt und verschwollen, — Wasser — Wasser! — Ich verdürst! —

Einen Becher spür ich an den Lippen, kühl und lind, — und kühl und feucht legt es sich auch auf meine Stirn. Wohl wird mir und leicht. Und da steht der Pater wieder vor mir, und neben ihm ein großer schlanker Mann in einem langen schwarzen Rock, und der schaut mich ernst und schier verzweifelt an und murmelt: „Moriebit!"

Und da hör ich den Pater ganz deutlich sagen: „Herr Medicus! Zum ersten haltet den Mund, denn dieser da versteht auch Lateinisch. Zum zweiten heißt es nicht moriebit, sondern morietur. Und zum dritten wird er nicht sterben! Dafür werd zusammen mit dem lieben Herrgöttle schon ich sorgen!" —

Weiß nicht, wie lang ich so gelegen bin zwischen Schlafen und Wachen, zwischen Leben und Tod. Hab mit der Zeit gemerkt, daß ich wirklich in einem Gewölb unter Steinrippen lieg; es ist bei den Augustinern, wo sie auch ein Hospital eingerichtet haben. Und daß um mich viel andere Knechte liegen, alle verwundet, die einen leichter und die anderen schwerer. Manch einer davon ist schon wieder fort gegangen oder gehumpelt, manch einen haben sie auch hinaus getragen, stumm und starr. Ich aber lieg noch immer hier. Ist auch eine langwierige Sache, so ein Stich in die Brust, knapp am Herzen vorbei. Kann mich jetzt zur Not mühsam aufrichten, mehr noch immer nicht. Aber vom Sterben redet wenigstens niemand mehr. Ist wohl wirklich neben dem Herrgott vor allem dem Pater Heinrich zu danken, der mich gepflegt hat bei Tag und Nacht wie eine Mutter ihr Kind.

Auch das Dröhnen der Glocken in der ganzen Stadt, das ich damals in meine Fieberträume hinein gehört habe, ist wahrhaftig gewesen. War aber kein Sturmläuten, sondern ein jubelnder Dank an Gott und alle Heiligen, daß der Sultan ist abgezogen. Der hat damals noch drei Tage lang gestürmt, und in der Nacht vom 14. zum 15. Octobris hat er noch einmal mit allen Mitteln versucht, bei unserem Kärntner Tor in die Stadt zu kommen. Zur selben Zeit hat er aber schon angefangen, seinen Troß für den Rückzug auf den Weg zu schicken.

Es sind freilich in diesen drei Tagen noch viele der Unseren gefallen. Und der Salm ist beim Gegensturm am 14. am Schenkel schwer verwundet worden und liegt nun auch siech danieder. So ist die allgemeine Freude nicht ohne schmerzliche Trübung geblieben.

Vor ihrem Abzug haben die Türken noch ihrer Wut über ihre erfolglosen Mühen freien Lauf gelassen, haben in Brand gesteckt, was sie nicht fortschleppen konnten, haben die gefangenen Priester und alten Leute ins Feuer geworfen und an die tausend Frauen und Kinder niedergehauen. Noch mehr Gefangene freilich haben sie mit sich fortgeschleppt. Auch viele Kinder haben sie mit sich geführt. Hab mir erzählen lassen, daß die Türken die gefangenen Christenknaben in eigenen Häusern zu Soldaten des Sultans erziehen, und dieser daraus seine besten und gefährlichsten Truppen wider uns aufstellt, welche sie die Janitscharen nennen.

Es hätten nun die Unseren wohl dem abziehenden Heer des Sultans nachjagen und einigen Abbruch tun können; waren ihrer aber wohl zu wenig übrig geblieben oder auch waren sie zu sehr erschöpft. Bloß der Katzianer ist den Türken mit etlichen deutschen Reitern und hungarischen Hussern nachgesetzt, hat, wie Gespenster auftauchend aus Regenwehen und Nebeltreiben, die Nachhut der Feinde überfallen, hat eine Anzahl von ihnen erschlagen und zwei Kamele und etliche Pferde erbeutet. Vor allem aber konnte er dabei viele Gefangene, Männer, Frauen und Kinder, befreien und heimführen.

Das Entsatzheer aus dem Reich freilich, unter dem Pfalzgrafen Friedrich, siebentausend Mann stark, ist erst am 20. Octobris in Wien eingetroffen, zusammen mit der böhmischen Reiterei. Sind sehr scheel angesehen worden, weil sie der Stadt keine Hilfe gebracht hatten. Es redete der Pfalzgraf sich aber auf den Auftrag seiner Herren, der Reichsfürsten, hinaus, die ihn streng verhalten hätten, sich mit den Türken in keine offene Feldschlacht einzulassen. Weshalb es ihm jetzt auch nicht verstattet sei, die abziehenden Türken zu verfolgen.

Zwei Tage nach dem Aufbruch des Sultans ist bei uns der erste Schnee gefallen. Und ist leicht auszumalen, was das türkische Heer nun auf seinem Rückzug noch wird zu erleiden haben. Wahrhaftig — so bald werden die nicht wieder kommen! Und wenn, — bis dahin gebe Gott uns die Kraft, daß wir besser gerüstet sind!

Am 1. Decembris 1529

Es wird noch seine gute Weile dauern, bis ich wieder so weit bei Kräften bin, daß ich rechtschaffen herumgehen kann. Ist freilich jetzt, wo es draußen stürmt und schneit, herin im Kloster wohl auszuhalten.

Langeweile leide ich wenig. Hab mir aus des Klosters Bibliotheca etliche belehrende Schriften beschafft und ergötze mich an denen manche Stunde.

Zwischendurch hab ich oftmals Besuch. Es sind ja alle meine Gesellen, so weit sie noch am Leben sind, in den Hospitälern ringsum versammelt, und da haben sie nicht weit zu mir. Als erster war der

Jörg Spannbogen da. Trägt drei flammend rote Narben über die Stirn, — und darunter hat er frecher hervor gegrinst als je zuvor. Er hat sich auf den Rand meiner Bettstatt gesetzt und gleich nach dem Weinkrug gelangt, den mir der Pater vorsorglich hingestellt hatte.

„Jörg", sagte ich, — „was ist draußen los in der Welt?"

„Hm, — nicht viel. — Daß der Salm und der Roggendorf nun doch alles zusammengekratzt haben, was sie noch an Leuten erwischen konnten, und damit nach Hungarn hinein sind, den Türken nach und dem Zapolya seinem Anhang, — bis Gran oder so etwas."

„Der Salm? — Liegt der nicht verwundet?"

„Ha, was glaubst! — Stehen kann er wohl noch nicht allein, aber zu Pferd sitzen schon — und das genügt!"

„Und wie ist es ihnen ergangen?"

„Weiß ich's? — Hätt ja gern mitgetan, haben mich aber nicht lassen, — haben nur Reiter genommen, — solch hochnasiges Volk, — und ein paar Regimenter, die noch unter der Fahne gestanden sind. — Die nehmen den Türken jetzt ihre goldenen Zechinen ab und ihre glatten Weiber, — und unsereiner hat wieder einen Dreck!"

„Na, tröst dich bis zum nächstenmal; — da ziehen wir dann alle miteinander nach Hungarn.

Auch der Rote Hannes ist aufgetaucht, hat mir seine Hand gewiesen, an der nur mehr zwei Finger stehen. Er war ganz verzagt. — „Was wird aus mir werden? Spieß kann ich keinen mehr tragen, nicht einmal eine Hellebarte. Vorderhand, über den Winter hin, wollen ja noch die Klosterbrüder für uns sorgen, — aber was ist dann, wenn das Frühjahr kommt? — Du hast's ja gut, Bruder Federfuchser, — kannst allezeit wo als ein Schreiber unterkriechen. Aber was soll unsereiner? — Betteln gehn — oder eine dicke Wittib ehelichen?"

Der Peter Nürnberger kam auf zwei Krücken angehumpelt, der Hans Schicketanz und der Veit Rothmesser; manchmal versammelten sich alle zugleich an meinem Lager, zumal es sich herumgesprochen hatte, daß bei mir allezeit ein Krug Wein und etliche schmackhafte Brocken zu finden wären. Und ich freute mich über sie, denn ich merkte wohl, sie kamen ja doch nicht nur des Fressens und Saufens wegen. Schließlich brachten sie sogar ihre Würfel und Karten mit und huben ein Dreschen und Schwadronieren an, bis der Medicus erschien und sie mit einem Donnerwetter hinaus warf.

Dann kam einmal auch der Hans Früeauff. Er war sehr bleich und dünn, und an Stelle seiner rechten Hand war ein dick umwundener Stumpf. Aber er lächelte tapfer. — „Zur Jurisprudentia reicht es immer auch so noch. Kenn manchen gelahrten Doctor, der hat wahrhaftig zwei linke Händ; da werd ich's mit dieser einen auch noch zuweg bringen. — Immer noch besser so, als ich müßt jetzt mit beiden Händen auf einer türkischen Galeere rudern."

Ich fragte dann auch nach dem Meister Ellinger — und bangte vor der Antwort.

Der Hans schwieg — und sah zu Boden. Dann, nach einer Weile, leise: „Der Stoffel ist auch tot. — War ein braver Knecht. — Sie haben ihn neben seinem Herrn gefunden und beide zusammen begraben."

„Und sein Bub, — der Michel?"

„Ach, — der ist wohlauf! — So ein Kind hat's gut; versteht ja von all dem noch nichts richtig."

Nur nach dem Annerl fragte ich nicht. Es wunderte mich wohl, daß der Hans nicht von selbst von ihr zu reden anfing, wo er doch wissen mußte, wie es zwischen ihr und mir gestanden. — Warum kam sie aber auch nicht selber?

Am 7. Decembris

Der Hans kommt nun öfters zu mir und erzählt mir mancherlei, was sich draußen in der Stadt zuträgt. Wie nun die geflüchteten Bürger nach und nach wieder zurück kämen, sie aber in Ungnaden aufgenommen würden. Des Herzogs Statthalter, der Georg von Puchheim, habe verlautet, jeder, der davongelaufen sei, müsse nun zehn Gulden Strafe zahlen, aus welchem Geld die Festungswerke der Stadt wieder in Stand gesetzt werden sollen. Auch werden die Ratsherren in der Stadt neu gewählt, wobei aber keiner der Geflohenen mehr zu Amt und Würden gelangen dürfe. Darüber ist viel Gejammer und Gezeter unter den Bürgern, es trauen sich die aber nicht aufmucken aus Angst vor dem Kriegsvolk, das noch in Wien liegt. Die Landsknecht haben nämlich, nachdem der Sultan abgezogen war, sich als Herren der Stadt gefühlt, und der Salm hat's ihnen drei Tage und drei Nächte lang nicht verwehrt. Haben sie sich also aus der Bürger Schränken und Kellern und Betten geholt, was sie sich redlich verdient zu haben glaubten, für ihr wackeres Ausharren auf den Mauern. Das ist den Bürgern gewaltig in die Glieder gefahren. Auch mit den Landständen unter der Enns ist der Erzherzog streng ins Gericht gegangen. Es hat sich nämlich herausgestellt, daß, von einigen wenigen abgesehen, sie alle saumselig und böswillig gehandelt hätten, sie seien nicht mit der gehörigen Zahl Reisiger auf den Kriegsschauplätzen erschienen und nur darauf bedacht gewesen, ihre eigene Haut zu wahren. Es hat daher der Landtag in Wien auch den Landständen hohe Geldbußen auferlegt. —

Wo ich nun allmählich wieder zu gehen lerne, nimmt mich der

Medicus oft mit auf seinen Wegen und zeigt und erklärt mir mancherlei; da lern ich nun allerhand aus der Medizin und Chirurgie und Arzneikunst, was alles ja mit dem Kriegshandwerk mannigfach verknüpft ist. Der Medicus hat, wie mir dünkt, mehr an Kranken und Siechen selbst studiert als auf der hohen Schule, ist auch selbst schon als ein Feldscher mit im Krieg gewesen, als einer der ersten. Es ist ja noch gar nicht lang her, da waren beim Kriegsvolk bloß Quacksalber und Possenreißer zu finden und im besten Fall ein paar barmherzige Mönche, und es lag daher vornehmlich in Gottes Hand, ob einer, der verwundet oder krank wurde, genesen sollte oder zugrund gehen. Erst der Kaiser Maximilian hat dafür Sorge getragen, daß bei seinen Landsknechten jedes Regiment einen Medicus habe und jedes Fähnlein einen Wundarzt, denn, so sagte der Maximilian, es hat schon mancher ehrliche Gesell sterben oder erlahmen müssen, der, hätt er nur einen rechtschaffenen und geübten Meister Chirurgus gefunden, am Leben und bei geraden Gliedern geblieben wäre.

Wie wir nun gestern in einem entlegenen Flügel des Augustinerklosters gekommen sind, da sah ich dort den Don Sanchez de Aguilar liegen. Ich erschrak, denn ich glaubte, das da vor mir wäre ein Toter. Das Gesicht war nur mehr hautüberzogene Knochen, fahl und gelb. Dann schlug er aber die Augen auf, und als er mich erblickte, lächelte er; — aber es war ein gemachtes Lächeln, wie auf einer Maske, — so als ob kein lebendiger Mensch dahinter wäre.

„Treffen wir auch hier wieder zusammen, Junker Conrado!" sagte er. — Auch seine Stimme klang wie gesprungenes Glas.

Der Medicus wollte mich beiseite ziehen, aber da waren meine Blicke schon die Gestalt des Hispaniers entlang geglitten bis zu seinen Beinen, — seinen Beinen? — Was war das? — Er hatte ja keine Beine mehr!

Der Kapitän war meinen Blicken gefolgt, verzog das Gesicht, machte eine schwache wegwerfende Handbewegung: „No importa nada. — Eine türkische Stückkugel", — dann blieb er wieder stumm.

Der Medicus winkte mir, und ich folgte ihm. — „Bei dem muß ich staunen", sagte er — „Müßte schon längst tot sein. — Ist, als ob etwas in ihm wär, was ihn noch nicht in Frieden sterben läßt. — Was der aushalten muß, — nicht vorzustellen! — Und hab nie einen Laut von ihm gehört, nie ihn eine Miene verziehen gesehen."

Am 13. Decembris

Der Hans Früeauff ist wieder da gewesen und hat mir berichtet, was er an Neuem erfahren. Der Eck von Reischach und der von Buschhausen, beide am Leben geblieben, sind wieder im Land ob der Enns und bereiten neue Werbungen vor; es soll nun doch, nachdem der Schreck allen Herren tüchtig in die Glieder gefahren, mehr getan werden für die kaiserliche Armada. — Ob der Eck mich überhaupt noch wird brauchen können, — ob ich jemals wieder kräftig genug sein werde für den Soldatenstand?

Und wie der Hans Früeauff nun, mich zu erheitern, allerlei von den Bürgern erzählte, — da unterbrach ich ihn mit einem Mal:

„Sag, — Hans, — und des Ellingers Tochter, — das Annerl, — was ist mit der?"

„Hm, — die Jungfer Annerl Ellinger, —" er schaute in die Ecke, stockte, — „ja, du weißt doch wohl, daß der Ruedlieb Wispeck damals heil davongekommen ist. — Und nun ist er zurückgekehrt, — hm — und —" Er stockte wieder. — War aber auch gar nicht mehr nötig, daß er weiter erzählte.

Weiß Gott da stieg es jählings in mir auf, heiß und bitter, daß mir das Würgen kam.

„Wenn wenigstens eine verirrte Türkenkugel sie getroffen hätte!" stieß ich hervor. — Ja: dann hätte ich getrauert um sie mein Lebtag, und sie wäre mir gewesen wie eine Heilige.

Aber schneller, als die Bitternis gekommen, war sie wieder verflogen. — War denn all meine Liebe und Leidenschaft zusammen mit meinem Blut verströmt, damals draußen auf der Schanze? — Sollte ich dem Annerl zürnen? — War ich nicht selbst schuld, daß es nun so gekommen ist, daß sie sich jetzt wieder anderswo hin geflüchtet hat? Hab ich sie nicht selber von mir gestoßen, just in dem Augenblick, da sie mich am nötigsten gebraucht hätte?

Der Hans wollte mich trösten: „Konrad", sagte er und rüttelte mich sacht an der Schulter, — „schau, nimm's nicht so schwer! — Wär ja doch nicht die Rechte für dich gewesen. — Weiß Gott, was dir da an Enttäuschungen erspart geblieben ist."

Er hatte wohl recht. War ich nicht selbst mit dem Annerl immer wieder an eine Grenze gekommen, wo sie mir mit einem Mal fremd und unverständlich wurde, — und das eben dort, wo die Dinge mich am tiefsten zu bewegen begannen? —

Ich bin dann, als der Hans gegangen war, zum Sanchez de Aguilar hinüber, um auf andere Gedanken zu kommen. Ein Feuer von mächtigen Scheitern loderte und prasselte im Kamin neben seinem Lager, aber seine Hand, die er mir mühsam entgegen hob, war gleichwohl eisig kalt wie von einem Toten. Trotzdem erschien er mir heute besser beisammen als neulich.

„Ja, — kalt ist es in Eurem Land" sagte er leise, — „kalt und finster. — Bei uns daheim, in Aragon —"

Schwer kamen ihm die Worte von den Lippen: „Kennt Ihr Spanien? — Nein? — Ist ein hartes Land: Stein — und Dorn — und Blut! — Glauben und kämpfen! — Aber —" — Er schloß die Augen und lächelte.

„Ich hatte gehofft, ich werde einst in der Kapelle von Inestrellas liegen — wie mein Vater. — Und nun, — von meinen Brüdern ist der eine in Flandern begraben und der andere in Mexiko und der dritte liegt irgendwo vor der maurischen Küste auf dem Meeresgrund. — Ja, — unser Reich ist groß geworden."

Es war, als ob er mit sich selber spräche, und ich dachte nicht daran, ihn zu unterbrechen.

„Groß wird das Reich — und rundet sich. — Schlagen wir die indianischen Teufelsanbeter und Menschenschlächter in Mexiko — oder wehren wir die muselmanischen Länderverwüster und Kindermörder vor Wien, — im Osten wie im Westen stehen wir wider die Mächte des Satans — und dazwischen halten wir schützend das Reich der Christenheit, — das Reich des Königs und Kaisers —"

„Konrad", hub er dann von neuem an, — „ich glaube nicht, daß sich Gott wegen uns einzelnen kleinen Menschlein viel Mühe gibt — Gott ist größer als unsere armselige Alltäglichkeit. — Aber ich glaube wahrhaftig und fest, daß Gott diese unsere Welt formt und sich mit in ihr offenbart, — groß und klar und hart. — Und so kann es kein Zufall sein, wenn er just in dem Augenblick unser Spanisches und euer Deutsches Reich zusammenschweißt, da euch die Heiden des Ostens an die Kehle springen und wir drüben die Heiden des Westens niederwerfen. Wir allein können uns Indien so wenig zu eigen machen, wie ihr allein euch der Türken erwehren könnt, — vereint vermögen wir beides — und noch viel mehr! — Und das — das will Gott!"

Er schwieg und lag da, tief atmend, — sammelte neue Kraft, um weiter zu sprechen.

„Und es ist auch kein Zufall, daß just dieser Karl jetzt unser König und euer Kaiser ist. — Was ist er? — Ein Spanier? — Ein Deutscher? — Ein Burgunder? — Von seinen Ahnen war der eine dies und der andere jenes. — Er selbst, aufgewachsen in Flandern, fühlt sich im Herzen vielleicht dort am meisten daheim, — ein Niederländer also? Nein: das alles ist er und mehr noch: — er ist das Reich selbst. Und er, — er allein wohl von allen weiß den Weg, den das Reich in dieser Zeit notwendig gehen muß. — Konrad, — das müßt Ihr erkennen und müßt daran glauben, — so wie Ihr an Gott glaubt! — Ja: gebet Gott, was Gottes ist, und dem Kaiser, was des Kaisers ist! — So wie der Kaiser selbst, so müssen auch seine Völker erkennen, was diese Zeit von uns verlangt, — was Gott in dieser Zeit von uns fordert!"

Wieder Stille, — ich wagte nicht, sie zu stören.

„Einst, vor vielen hundert Jahren, war ein Kaiser, der alle Lande der Christenheit unter seiner Krone vereint hat, von Rom bis zum

Nordmeer und vom Ebro bis weit ins Ungarland hinein, — unser Aragon war Grenzmark seines Reiches wider die Sarazenen und Mauren, so wie euer Österreich seine Grenzmark war wider die Hunnen und Tataren. Und es war in seinem Reich Frieden und Ordnung, nach außen aber Macht und Glanz, davor alle Feinde zurückschreckten. Karl hat jener Kaiser geheißen, — und euer Volk erzählt sich heute noch, er sei gar nicht gestorben, sondern säße irgendwo in einem Berg und warte der Zeit, da er wieder kommen solle. — Märchen, — gut für das Volk, — nicht für unsereinen. Und doch: der Kaiser heißt wieder Karl, — ist nicht die Zeit gekommen?"

Ich fühlte mich wie berauscht von den Worten des Hispaniers, so groß und gewaltig klang das alles, — und trotzdem, — mußte ich nicht zweifeln daran, — verzagen nach all dem, was ich in den letzten Monaten erlebt und gesehen hatte?

„Don Rodrigo", sagte ich und suchte vorsichtig die Worte, um ihn nicht zu kränken oder zu erregen, — „aber, — ist nicht die Christenheit heute zerrissener und uneiniger als je zuvor? — Wie soll da just in unserer Zeit einer das Reich neu aufrichten?"

Der andere lächelte: „Wenn ein Kind geboren wird, geht's der Mutter elend. Was soll das neue Reich also nicht auch seine Geburtswehen haben? — Wollt Ihr aber wissen, wie der Kaiser selbst darüber denkt? — Häresien — so hat er gesagt — müssen sein und müssen mit der Zeit wie Krankheiten überwunden werden. Das soll heißen: es ist des Kaisers Wille, daß nicht Menschen und Bücher verbrannt, sondern aufklärende Schriften ernsthafter Gelehrter verbreitet und ausgesandt werden. Daß man nicht die Lutheraner verfolgen und ausrotten, sondern bloß den Luther in persona unbeachtet und vergessen lassen solle, — daß aber auch die Kirche an Haupt und Gliedern gereinigt und erneuert werden solle, überalterte Formen und Gedanken aufgegeben, und durch alles das der Weg geebnet werde, auf dem die Abgewichenen ohne Gewalt in die Gemeinschaft der heiligen Kirche zurück geführt werden können. Vordringlichste Aufgabe ist es dem Kaiser, eine gereinigte und geeinigte christliche Kirche zu schaffen, als Fundamentum für ein gereinigtes und geeinigtes Reich."

„Aber denkt an die anderen, — denkt an Frankreich, an Venedig! — Ist nicht sogar der Papst dem Reich feind?"

„Frankreich", meinte der Hispanier bitter, „hat das Glück und Unglück, daß es wohl geborgen inmitten der Christenheit liegt. Daher dort auch nicht das Bedürfnis ist und der Wunsch, das ganze Abendland möge ein großes und starkes eigenes Reich werden. Aber ist nicht der ewige Kampf Frankreichs wider uns mehr ein Kampf um das Reich als ein Kampf gegen das Reich? Ist Frankreich nicht aus demselben einen großen alten Kaisertum hervorgegangen, dessen anderer Teil Deutschland geworden ist, — jenes Deutschland, aus dem ein neues

Heiliges Römisches Reich erwachsen ist, ein neues Reich des Kaisers? — Daß der Franz, der König der Franzosen, sich so dringlich um seine Wahl zum Kaiser bemüht hat, — was anders steckt sonst als tiefster Grund dahinter? Freilich: bewußt wird denen das wohl kaum, — weshalb sie keine Bedenken tragen, sich billiger Vorteile wegen jederzeit mit dem Erbfeind jenes Reiches zu verbrüdern, nach dem sie sich heimlich sehnen.

Was aber den Papst betrifft: nun, — niemand wird uns Spaniern nachzusagen wagen, wir seien schlechte Christen und Katholiken. Dennoch: waren es nicht wir, die zusammen mit euch Deutschen unter eurem Frundsberg vor zwei Jahren den Papst in seiner eigenen ewigen Stadt gezüchtigt haben? Denn auch der Papst kann sich versündigen wider die göttliche Weltordnung, und es ist dann Sache des nicht minder von Gott in sein Amt gestellten Kaisers, diese Ordnung wieder herzustellen."

Nun merkte ich erst, wie sehr ihn das Gespräch angestrengt hatte. Schweißperlen glänzten auf seiner bleichen Stirn. Schon wollte ich mich leise entfernen, da griff er hastig nach meiner Hand, hielt mich fest, — und es war wieder das Lächeln der Maske auf seinen Zügen.

„Wißt Ihr, was unser Kaiser Karl als sein Symbol sich erwählt hat? — Zwei Säulen, von einem Band umschlungen. — Die Säulen des Herkules, sagen sie, das Tor des Ozeans. — Nein! — Unser Spanisches und euer Deutsches Reich, — das sind die Säulen! — Und das Band, — gebe Gott, daß es allezeit stark sei und nicht zerreiße, — das Band, es müssen Menschen sein wie Ihr und ich. — Der Kaiser allein vermag das Reich nicht zu vollenden, — er braucht Helfer, — viele!"

Wieder verstummte er. — Und dann — leise und mühsam — preßte er heraus: „Wollt Ihr bald wieder kommen, Conrado. — Ich — ich hätt Euch noch manches zu sagen."

Draußen traf ich den Medicus und erzählte ihm, wie es mit dem Sanchez de Aguilar nun offenbar doch besser würde, da er so lebhaft spräche und sich ereifere. Aber der Medicus wiegte nur bedenklich den Kopf. Ihm gefalle das nicht, sagte er; es käme jetzt so plötzlich und grundlos. Ehe das Licht verlöschte, pflegte es aufzuflackern.

Und gestern in der Früh kam der Medicus zu mir, hastig und bedrückt: „Ihr sollt zu dem hispanischen Herrn, — eilt Euch!" stieß er hervor. Und dann murmelte er noch: „Daß Ihr noch zurecht kommt!"

Ich sah gleich, daß es mit dem Sanchez de Aguilar zu Ende ging.

„Conrado", lispelte er unruhig, — „seid Ihr hier? — Ja? — Ich seh Euch schlecht, — kommt näher! — Ich muß leise sprechen. — Konrad, — das Reich, — der Kaiser —" — seine Gedanken schienen sich zu verwirren. — Aber dann straffte er sich, und seine Augen wurden klar, als tauchten sie aus fernen dunklen Tiefen empor.

„Conrado, — das mit den beiden Säulen, — die unsere steht am

Meer und die eurige inmitten des Landes. Wir greifen hinüber, nach Indien, schützen das Reich ringsum zur See, — so wie ihr mit dem Heer den Feind zu Land wehrt. — Konrad, ich sehe den Tag, da wir die türkische Flotte irgendwo im Mittelmeer vernichten, — gerade so wie ihr die türkische Armada irgendwo in Ungarn!"

Das Lächeln der Maske war von seinen Zügen verschwunden; — jetzt strahlten seine Augen tief von innen her in glücklicher Zuversicht, die gar nicht mehr von dieser Welt zu sein schien. — Aber dann kam wieder das Harte, Trotzige über ihn.

„Konrad, — nur das darf nicht mehr geschehen, was wir jetzt erlebt haben: daß der Türk das Reich überrennt, daß er erst mitten im Land, an der Hauptstadt erst, mit Not aufgehalten wird. Wir dürfen den Feind auch nicht in eine Stadt hinein lassen, um dann gerade noch deren Burg zu halten, — das nähme kein gutes Ende. — Draußen, vor der Stadt müssen wir ihn schon zum Stehen bringen, — ehe er noch herinnen unsere Kinder erwürgt und unsere Kirchen verbrennt. Dort draußen vor der Stadt müssen wir wider ihn unsere Wälle und Schanzen bauen und besetzen. — Und, Konrad, — versteht Ihr mich? — Das müßt ihr auch mit dem Reich tun: Geht hinaus, ins Vorfeld, — baut dort Wälle und Schanzen, — an denen der Ansturm der Feinde zerbricht!"

Eine plötzliche Schwäche schien ihn zu überkommen. Er preßte die Zähne zusammen, mühsam und zitternd erhob er die Hand, deutete, — irgendwo gegen Osten und Süden. — Leise, mühsam kam es noch einmal:

„Geht, — da draußen — *baut dem Reich einen Wall!*"

Dann, — er stieß es heraus, — hastig, hart, ungeduldig: „Und nun — laßt mich allein! — Und betet für meine arme Seele!"

Das war gestern gewesen. Und heute haben sie ihn begraben. Auf dem Gottesacker zu Sankt Michael, dort wo auch der Marquis von Moranville liegt und der Valentin Höller, der Hauptmann Weinwurmb und der von Wigstein, der Niko Melintschewitsch und der Mert Harttung und viele andere. — Ich möchte ihnen allen einen Grabtempel aufrichten, so wie man es jetzt liebt, in welscher Manier, auf vielen Säulen. Jede Säule müßte ein anderes Wappen tragen, von Österreich und Schwaben, von Schlesien und von Brabant, von Aragon und von Kroatien und noch viele mehr. Und die steinerne Kuppel, die sich darüber wölbt und von allen Säulen zusammen getragen wird, die müßte der Adler des Reiches bekrönen, mit Zepter und Schwert, — so wie er auch auf dem Domturm zu Sankt Stephan steht. — Ich bin kein hoher und reicher Herr, daß ich so was wirklich könnte erbauen lassen; — es steht der Tempel bloß in meinem Herzen.

1530

Wien, am 10. Martii 1530

Mein Gespräch mit dem Don Sanchez de Aguilar, — seine letzten Worte, — wieder ist das ja ein Vermächtnis geworden, ein Auftrag, heiliger, gewaltiger und schwerer als alles andere bisher. — Ist es nicht Sinnbild und Gleichnis, daß er, ein Hispanier, mir dieses Erbe hinterlassen hat, mir, einem deutschen Menschen aus dem Land Österreich? Beginnt nicht für uns hier und jetzt, was sich in seiner Heimat schon vollendet hat: der Kampf an der Grenze, gegen den Erbfeind, den es nun aufzuhalten und zurückzuwerfen gilt!

Hab eine gute Weile nun nichts geschrieben in diesem Büchel. — Was hätt ich auch sollen? Daß der Winter lang ist und dunkel und kalt, — ich hab's noch nie so empfunden wie jetzt hinter den dicken Klostermauern. Käme der Hans Früeauff nicht alle Wochen einmal und der Pater Heinrich, es wäre verzweifelnd öde und eintönig um mich. Denn meine Gesellen haben sich alle schon verlaufen, sind wohl auch hier und dort untergeschloffen in der Stadt, oder haben sich bereits auf die Wanderschaft begeben und betteln sich durchs Land, bis sie wieder irgendwo eine Werbetrommel klingen hören.

Am 14. Martii

Nun ist der Pater Heinrich auch fortgezogen. Mit umgeschnalltem Brotsack und langem Wanderstecken ist er zu mir gekommen, um Abschied zu nehmen. Mir war recht bang zumute, und, um das nicht zu zeigen, fragte ich ihn neckend:

„Ei, und wo habt Ihr denn Euren schönen Streitkolben hingetan?"

„Den hab ich wieder abgegeben im Zeughaus, wo er hingehört", erwiderte er ernsthaft. — „Hat seine Sache brav gemacht für diesmal durch Gottes Willen in meiner Hand. Hab ihn nun noch sauber geputzt und mit Wachs eingesalbt, daß er keinen Rost ansetze. Wird schon wieder die Zeit kommen, wo derlei benötigt wird. — Aber jetzt ist kein Feind innerhalb des Reiches Grenzen, hat sich euer Regiment verlaufen und braucht keinen Feldkaplan, — jetzt muß ich wieder ins Land hinaus. Hab dort in Frieden Aufgaben, die nicht minder wichtig sind als die eurigen im Krieg."

„Werden wir uns wiedersehen?" fragte ich bedrückt.

„Das wollen wir dem lieben Gott überlassen, der uns ja doch alle am Schnürl hält wie der Puppenspieler seine Figuren. Wenn es dem gut dünkt, wird er schon unser beider Fäden wieder auf eine Weil zusammenknüpfen."

Aber ich sah, daß doch auch ihm gar nicht so leicht und fröhlich zu Mute war, wie er mir gegenüber tat.

„Wenn Ihr einmal einen braucht, der Euch mit einer rechtschaffenen Dirn zusammengeben oder Euch ein Kindel taufen soll, dann laßt nach mir ausrufen im Land: — dann komm ich Euch gewiß!"

Damit preßte er mir die Hände wie mit einem Schraubstock — und dann stapfte er mit wehender Kutte hinaus und davon.

Möcht es ihm ja gern nachtun. Aber der Medicus will mich noch nicht lassen. — Und wohin soll ich denn ziehen?

Am 16. Martii

Jetzt hat sich's mit einem Mal geklärt, wohin ich zieh: heim, — zur Mutter, zu meinen Geschwistern, — fürs erste.

Denn heut ist der Eck von Reischach selber bei mir gewesen. War ja bis jetzt draußen im Reich, drum hab ich so lang nichts von ihm hören können.

„Ich pfleg zu meinem Wort zu stehen", hat er gesagt, — „und nun haben wir also beide die Belagerung überlebt, — ich ja wohl etwas besser als du, — aber auch du wächst dich, wie ich höre und nun auch sehe, wieder rechtschaffen aufgleich."

Ich nickte eifrig.

„Nun, — willst du bei mir bleiben?"

Und ob ich wollte! — Hatte ich nicht den ganzen langen finsteren Winter auf diese Frage gewartet?

„Du hast dich wohl bewährt vor dem Feind", fuhr der Eck fort, — „hast auch vieles erfahren vom Kriegshandwerk und wirst, was dir noch fehlt, leicht hinzulernen können. — Leute deiner Art sind uns allezeit von Nöten. — Gut also, — sollst von Stund an mein Leutnant sein!"

Ich war aufgesprungen, — und muß wohl glühend rot geworden sein, denn der Eck belustigte sich sichtbarlich an mir.

„Und — und — was gebt Ihr mir nun zu tun? — Wo soll ich hin? — Was befehlt Ihr mir?"

„Zum ersten: daß du dich wieder setzest: — und zum zweiten: daß du wieder völlig zu Kräften kommst."

Gehorsam setzte ich mich.

„Also: — Hast noch Anverwandte, — eine Mutter? — Ja, — gut! — Zu der ziehst du jetzt, heilst dich völlig aus und kräftigst dich. Hier ist etliches an Dukaten, desgleichen läßt du dich auf meine Kosten neu gewanden, wie es einem Offizier meines Regiments geziemt. Auch ein Pferd und neue Waffen bekommst du von mir. — Zwei Reiter geb ich dir als Geleit mit, daß du bequem und sicher heimzu reisest. Und über ein Jahr werd ich dir einen Boten zugehen lassen, wann und wo du dich mir zu stellen hast."

Er war aufgestanden — „Bis dahin — gehab dich wohl und Gottes Segen!"

Wien, am 31. Martii 1530

Wie mein Obrist angeordnet, ließ ich mir vom Meister Zwiebäck ein Gewand anmessen, aus rotbraunem feinen Tuch, nicht prunkvoll, aber vornehm. War mir alles recht, wie der Meister es zurichtete. Bloß wie er anfangen wollte, mir zu erzählen, — was nun in des Meister Ellingers verwaistem Haushalt sich zutrüge, da hieß ich ihn barsch schweigen. — Was geht's mich an!

Mehr als an der Kleidung noch hab ich an den Waffen mein Gefallen, die der Eck selber für mich ausgesucht hat. Ein gutes schweres Faustrohr ist es und ein Degen, glatt und handlich und fein geziert; — wo hätt ich mir vor einem Jahr gedacht, daß mir je einmal so etwas gehören würde.

Und morgen soll es auf die Reise gehen!

Sankt Pölten, den 2. Aprilis

Ist freilich ein recht trübseliger und bedrückender Weg, der, nun schon zwei Tage weit, hinter uns liegt. Vom Kärntner Tor weg — an dem bereits wieder wacker ausgeflickt und neu gebaut wird — glich das Land einer Wüstenei. „Hier ist das Dorf Penzing gestanden — das war Hütteldorf — das ist Purkersdorf gewesen" — so ließen meine beiden Begleiter immer wieder einmal ein paar Worte fallen — sind selber, wohl gegen ihr sonstiges Wesen, einsilbig und schweigsam geworden auf diesem Ritt. Es ist das meiste ja völlig verbrannt, was so an hölzernen Bauernhütten in den Dörfern gestanden ist. Zwischendurch ragt hier und dort, gespenstisch und leer, das Gemäuer einer Kirche oder eines Pfarrhofes, eines Landgutes oder eines kleinen Schlößchens. Über Land, ja, da grünt und sprießt es allenthalben voll Saft und Kraft, als wolle die Natur mit neuem Leben vergessen machen, was hier geschehen ist. Aber allzu bald tauchen die nächsten Ruinen auf, säumen wieder schwarze Aschenhaufen den Weg, — zu dicht gereiht standen hier die Dörfer längs der bayrischen Landstraße, auf der die Hauptmacht der Renner und Brenner ihren Weg genommen hat. Es sollen von ihnen im Land unter der Enns insgesamt an die hunderttausend Menschen erschlagen oder verschleppt worden sein.

Wir kamen durch Dörfer, da lagen noch jetzt halb verwest die Leichen zwischen Schutt und Asche. An anderen Orten wieder waren die geflüchteten Bewohner schon zurückgekehrt, standen bereits wieder ein paar notdürftige Holzhütten, gingen die Leute daran, zu ihrem gewohnten Leben zurückzufinden. — Hier und dort zog ein Bauer die ersten Furchen durch zerstampftes Ackerland, — und die schwarz und schwer aufbrechenden Schollen dufteteten nicht mehr nach Blut und Brand, sondern nach Erde und Brot.

Das feste Wasserschloß von Pottenbrunn war das erste Gebäude, das wir an unserem Weg unzerstört fanden. Und nun, in St. Pölten, sind wir zum ersten Mal wieder in einem erhalten gebliebenen Ort. Es haben sich ja die Renner und Brenner bloß überall an das offene Land gehalten, wohl bewehrten festen Plätzen, Städten und Burgen, sind sie gewöhnlich ausgewichen.

Hier im Einkehrgasthof am Wiener Tor wurden meine beiden Reiter wieder gesprächig. Es hatten sich auch etliche Bürger um uns gesammelt, vor denen wollten sie sich aufspielen, zumal sie dann auf den einen oder anderen Umtrunk hoffen durften.

Ob die Herren auch in der belagerten Stadt Wien gewesen wären, fragte jemand.

Nein, meinte der eine von den Reitern, der jüngere, Kilian mit Namen, ein baumlanger Kerl; er sei in Kloster Neuburg gelegen.

Kloster Neuburg, — ei ja, — man habe davon gehört, — daß hätte sich ja wacker wider die Türken gewehrt.

„Ha, — was heißt, hat sich gewehrt? — Wir haben gewehrt, — wir allein! — Sind gerade noch zurecht in die Stadt gekommen, bevor die Türken da waren. Der Melchior Lamberg, was unser Hauptmann war, hat gleich gesehen: das Ganze läßt sich nicht mehr halten, — die Oberstadt mit dem Kloster, — sind schon die Türken gekommen mit Pechkränzen und Brandfackeln. Das war auch ein Feuer! — Die ganze Unterstadt, die Bürgerhäuser, das Franziskanerkloster, — alles zum Teufel! Und dazwischen Türken, so weit ihr gesehen habt, in der Stadt und durch die Weingärten hinauf in die Berge und auf der anderen Seite hinunter bis in die Auen an der Donau. — Was glaubt ihr, wie da die ehrbaren Bürgersleut die Hosen voll gehabt haben, — haha! — Ja, wenn wir Kriegsleut nicht wären! — Und wer zahlt den braven Kriegsleuten jetzt einen Trunk? — Bedenkt euch nur nicht zu lang, sonst kann ich nicht weitererzählen.

Ja, ihr Leut, das könnt ihr euch gar nicht vorstellen, wie es da jetzt zugegangen ist. So bin ich dort gestanden auf der Mauer, — da, mit der Rechten, hab ich einen in der Luft gewürgt, mit der bloßen Hand, — und mit dem Schwert in der Linken daweil drei abgestochen, — und zwischendurch zweien einen Tritt gegeben, daß sie mitsamt der Sturmleiter über den Berg hinuntergeflogen sind. Zu mir hat der Lamberg gesagt: Kilian, nach je zwei oder drei Dutzend eine kleine Pause; mußt dich verschnaufen auch zwischendurch."

Die Zuhörer saßen mit aufgerissenen Augen und Mäulern; — auch die ihm nicht zu glauben schienen, hüteten sich, Zweifel merken zu lassen.

„Und — und wie ist es weitergegangen?"

„Wie soll's schon gegangen sein, wenn wir die Stadt verteidigt haben? — Abgezogen sind die Türken jämmerlich, just am selben Tag, da sie auch von der Stadt Wien abgelassen haben. Ist also der Melchior Lamberg zu Kloster Neuburg kein geringerer Feldherr und Kriegsheld gewesen als der Niklas Salm zu Wien! — Und trinken wir dahero jetzt dem Melchior Lamberg zu, und daß mir keiner einen Tropfen drin läßt!"

Sein Kamerad zupfte ihn am Ärmel: „Geh, Kilian, erzähl weiter, — sind ja alle schon gespannt, was noch gekommen ist."

„Erst füllt mir den Krug wieder! — So! — Also, — freilich ist es noch weiter gegangen. — Der Lamberg also hat gesagt: Haben uns die Bürger und die Pfaffen gern gesehen in ihrer Stadt, wie die Türken davor gestanden sind, — ei, so werden sie es nun, wo der Türk vertrieben ist, umso lieber tun. — Hei, Leute, — das war eine Lust! Jeden Tag von einem anderen Tisch Gesottenes und Gebratenes, jeden Tag in einem anderen Keller vom Besten getrunken und in einem anderen Bett geschlafen, — haben die Bürger wohl gewinselt und gebettelt, — he, was wollt ihr, haben wir gesagt, — was glaubt ihr, wie der Türk erst mit euch verführe! — Dankt es Gott und eurem heiligen Leopoldus, daß jetzt bloß wir da sind!"

„Und warum seid ihr zuletzt doch hinaus aus der Stadt?"

Der Kilian lächelte gönnerhaft. — „Ei, es haben sich darum die Landstände selbst an den Lamberg gewandt und zuletzt sogar der Erzherzog persönlich. Haben uns freilich, ehe wir abzogen, zuvor noch etliches an Abschiedsgeschenken geholt, von den Bürgern wie von ihren Frauen und Töchtern. — Haben ihnen, wie es sich geziemt, dafür auch allerhand Gegengaben zurückgelassen; — werden freilich", — er zählte an den Fingern — „von heut ab gerechnet erst in so etwas drei Monat sichtbar werden, — hahaha!"

Unterwürfig stimmten die Zuhörer in sein Gelächter ein. Aber sie hielten die Köpfe eingezogen.

Pöchlarn, am 3. Aprilis 1530

Tags darauf im Weiterreiten bin ich mit meinem anderen Begleiter ins Gespräch gekommen, dem Albrecht. Ist ein älterer, bedächtiger Mann, wie man solche unter den Reitern nicht oft findet.

„Warst du etwa in Kloster Neuburg mit dabei?"

„Nein, Herr!" sagte er und lächelte, — „ich hab keine solchen Heldentaten vollbracht. Hab aber, dünkt mir, bei einer nicht minder wichtigen Aufgabe mit geholfen. Ich bin drüber der Donau bei Korneuburg mit auf der Lauer gelegen. Der Graf Julius von Hardegg hat dort an die tausend Bauern aus seinen Dörfern gesammelt und mit denen den Strom und die Furten bewacht. Weiter stromauf, bei Stockerau und Tulln, sind in gleicher Weis die Kuenringer mit ihren Bauern gestanden. Wir waren unserer nur wenige, aber haben es doch verhindern können, daß die Türken das Land drüber der Donau grad so zur Einöde machen wie hier herum. Ein paarmal haben sie es ja versucht, sind aber kräftig abgeschmiert worden. — Freilich, wären nicht die paar entschlossenen Landherren gewesen, die solches auf eigene Faust unternommen haben, — der Pfalzgraf Friedrich, diese Schlafmütze, mitsamt seinem Reichsheer wär in Krems sitzen geblieben und hätt zugeschaut, wie rings um ihn das Land in Flammen aufgeht."

„Aber war das Reichsheer nicht doch viel zu schwach, als daß es was Rechtes hätte unternehmen können?"

„Nun ja, — fett war das nicht, was man uns da aus dem Reich geschickt hat; — ganze siebentausend Mann, und viel zu spät gekommen auch noch dazu. Aber immerhin: — was hätt einer wie der Salm damit immer noch angefangen! — So aber: — da hat sich der Friedrich nur alleweil auf die Verbote seiner Herren herausgeredet. — Wär der Ungnad nicht gewesen, es wäre überhaupt nichts geschehen."

„Wer ist der Ungnad?"

„Ist ein Landadeliger, hier herum daheim. Der Erzherzog hat ihn dem Pfalzgrafen beigegeben; als landeskundlichen Ratgeber, hat es geheißen, — in Wahrheit wohl aber, daß er jenem Feuer unter dem Hintern macht. Hat freilich auch nicht arg viel erreicht, und das Wenige bloß auf eigene Faust. Daß er Späher und Vorhuten auf dem Bisamberg aufgestellt und mit der belagerten Stadt Wien Verbindungen aufgenommen hat durch Kundschafter und Boten, daß er ringsum bei den Landadeligen Geschütze und Waffen hat auftreiben lassen, daß er sich um ein allgemeines Landesaufgebot bemüht hat. Ist auch nur auf des Ungnad Betreiben geschehen, daß der Pfalzgraf zuletzt doch mit ein paar Abteilungen die Stadt Korneuburg besetzt und damit verhindert hat, daß die Renner und Brenner zwischen Bisamberg und Donau ins Land unter dem Manhartsberg hereingebrochen sind."

Gegen Abend kamen wir nach Melk an der Donau. Auch hier war alles niedergebrannt, nur das burgartige Kloster hoch über dem Markt stand unversehrt. Aber die Patres Benediktiner erklärten uns unfreundlich, sie hätten keinen Platz, Gäste zu beherbergen. So ritten wir weiter in die Nacht hinein, und es wurde spät, bis wir endlich wieder auf eine Stadt stießen, die durch ihre Mauern vor den türkischen Mordbrennern bewahrt geblieben ist.

Enns, am 5. Aprilis 1530

Weit ist unser Ritt noch so dahin gegangen durch wüstes Land und tote Dörfer. Erst in den Strengbergen sahen wir wieder dort und da unzerstörte Gehöfte. Freilich sind die Akindschi auch hier noch durchgezogen, wollten sie doch noch weiter in die Täler der Ybbs und Enns, um Getreide zu beschaffen, dessen das Belagerungsheer vor Wien von Tag zu Tag bedurfte, und das sie in dem ausgebrannten Land rings um die Stadt nicht mehr fanden. Aber an der Enns ist das Landesaufgebot von Oberösterreich gestanden, hatte auf dem steilen jenseitigen Ufer Verhaue und Schanzen aufgerichtet und ließ die Türken nirgends über den Fluß. Es war mir also, da wir nach langem Ritt endlich in der Ferne über dem Ennsfeld hoch aufragend die Mauern und Türme der Stadt Enns erblickten, als wäre das vor mir eine Gralsburg der Christenheit, — der Markstein an der Grenze des Landes, das von den Türken nicht mehr betreten und verwüstet worden war.

Freilich: wer weiß, ob die Türken bei ihrem nächsten Kriegszug nicht auch diese Grenze überrennen werden!

Vöcklabruck, am 7. Aprilis 1530

Enns, — das war der Ort, wo ich meine Laufbahn als Soldat des Kaisers begonnen, wo ich zum ersten Mal vor dem Eck von Reischach in Reih und Glied seines Regiments gestanden bin. — Wo sind sie alle geblieben, die damals vor und neben mir gereiht waren? — Tot? —

oder in alle Winde verweht. — Nur ich war wieder da — und ich war nun desselben Eck von Reischachs Leutnant.

Von Enns ab war das alles mit einem Schlag anders, keine Schutthaufen und Ruinen. Die Bauern ackerten und säten, die Kinder spielten und tollten wie eh und je, und über das ganze Land goß Gottes Sonne ihr golden-warmes Licht. Die Wälder rauschten im Atem der Ewigkeit, blanke Wolken segelten darüber im strahlenden Himmelsblau, und in der Ferne standen geheimnisvoll leuchtend die Mauern und Zinnen der Berge. — Wie ist unser Land doch schön!

Und drüben, — fern im Osten — sitzt der Türk! — Viele, viele Meilen weit, — wohl; — aber welche Entfernung, welche Hindernisse sind für ihn schon unüberwindlich! — Wie lang, und er wird wiederkommen. — Und mit einem Mal hatte ich wieder die Stimme des Sanchez de Aguilar im Ohr: „Geht hinaus, ins Vorfeld, — baut dort dem Reich Wälle und Schanzen, an denen der Ansturm des Feindes zerbricht!“

Ich wandte mich im Sattel und schaute zurück, dorthin, wo die weißen Wolken segelten. Ich erinnerte mich der Stunde, wo wir damals, aus dem Wiener Wald heraustretend, zum ersten Mal in die endlose Weite des Ostens geblickt hatten. Ich erinnerte mich, was mir der Niko Melintschewitsch erzählt hatte, der aus jenem Land stammte.

„Da draußen baut dem Reich seinen Wall!“ — Aber ist das, was der Salm zusammen mit dem Katzianer und anderen Helfern da drunten an der Windischen Grenze verrichtet haben, nicht ohnehin schon der Grundstein für diesen Wall? — Freilich: — viele werden daran noch zu bauen haben.

Und plötzlich rang es sich mir aus dem Herzen wie ein Gebet: „Herr Gott, — laß mich mitarbeiten, — mitbauen an dem Wall für das Reich!“

1532

Krems, am 20. Junii 1532

Mehr als zwei Jahre sind nun vergangen, seit ich zum letzten Mal in meinem Diarium geschrieben. Aber nun, wo sich neuerlich Geschehnisse vorbereiten, nicht geringer vielleicht als damals anno 1529, nun, denk ich, sollt ich doch wieder zur Feder greifen.

Denn wieder rüstet der Sultan zum Krieg gegen den Kaiser. — Und mehr noch als damals wissen wir, was da für uns und unser Land auf dem Spiele steht.

Nun, ich will kurz berichten, was seither alles geschehen ist.

Hat sehr friedlich und beschaulich angefangen damals nach all den Schrecken und Nöten. Als ich nach Salzburg heimgekommen bin, wie war da alles so heimelig wohlvertraut und doch zugleich fremdartig. Als wär ich nicht mehr derselbe, als der ich einst fortgezogen. — Hatte sich aber nicht auch die Welt um mich geändert? Die Mutter: ihre weißen Haare und die Sorgenfalten in ihrem guten, braven Gesicht, — hatte ich die früher bloß nicht gemerkt? Und meine Schwester Gertrud, — war die schon früher so ein hübsches Fräulein gewesen, oder fiel auch das mir bloß erst jetzt auf? Meine jüngeren Brüder freilich waren Rangen wie zuvor, schauten aber nun fast mit Ehrfurcht zu mir auf und konnten sich in der ganzen Stadt nicht genug mit mir brüsten.

Ja, — es war schön daheim in Salzburg. Noch stand die alte graue Bischofsburg drohend und schützend zugleich über dem gedrängten Häusergewimmel der Stadt, noch rauschte der türkisene Fluß an ihrem Fuß vorbei, noch bekränzten die Berge ihre Häupter mit den funkelnden Diademen ihrer Schneefelder, — und über all dem hinweg segelten im Blau des Himmels die Wolken — in der Ferne — nach Osten!

Nach Osten! — Ja: dort gehöre ich jetzt hin, dort brauchen sie mich! — Vielleicht wäre ich wirklich schon geritten, wenn mich nicht des Obristen Befehl gebunden hätte, ein Jahr lang daheim zu bleiben. So blieb ich, — und es war schön. Von Woche zu Woche spürte ich Gesundheit und Kraft in mir wachsen — für künftige Aufgaben.

Für das, was ich mir von meinen Dukaten erspart hatte, ließ ich von einem durchreisenden Meister ein Bildchen von mir malen, kaum größer, als ein Taler mißt. Ich schenkte mein Bildchen meiner Mutter, wollt wenigstens im Abbild bei ihr bleiben, wenn sie mich selbst schon so bald wieder hergeben muß, — weiß Gott für wie lang.

Von draußen aus der Welt kamen nur selten Nachrichten, und die waren nicht eben ergötzlich. Daß es den Unsrigen nur mit Mühe gelungen war, den Zapolya und seinen Anhang aus den angrenzenden Teilen von Hungarn zu vertreiben, aber auch das nur bis Gran und Stein am Anger, daß der Salm im Mai auf seinem Schloß in Marchegg verstorben ist, daß im Sommer darauf der Kaiser den Niklas Juritschitsch und den Josef von Lamberg zum Sultan nach Konstantinopel geschickt hat, damit sie Verständigung und Frieden brächten, sie aber ohne Erfolg wieder heimgeschickt worden sind, daß dann später im Herbst ein Heer von zehntausend Mann unter dem Wilhelm von Roggendorf mit der Belagerung der Feste Ofen begonnen, sie aber nach drei Wochen wieder jämmerlich hat aufgeben müssen, daß die Türken mittlerweile zu mehreren Malen in Krain und Kärnten eingefallen sind, — und derlei noch mehr eben.

Im Monat Aprilis des Jahres 1531 ist dann eines Tages ein kaiserlicher Reiter vor meiner Mutter Haus gestanden mit einem Brief des Eck von Reischach an mich. Damit hub für mich eine Zeit an, wohl voll Unruhe und Beschwernis, aber doch herrlich schön. Hab mit Aufträgen aller Arten landauf, landab reiten müssen, von Salzburg bis ins Hungarische hinein, dann wieder hinauf in die Steiermark oder auch nach Mähren und Böhmen. Es hat mich der Eck von Reischach aber mit Bedacht überall herumgeschickt, denn, so meint er, in dieser Art des Krieges könnt ein Offizier gar nicht genug lernen, nicht bloß, wie man die Haufen in Ordnung und Gevierte stellt und die Büchsen und Feldstücke verteilt, sondern auch von Land und Leuten, und wie die Berge und Täler, die Felder und die Gewässer beschaffen seien. Denn, so sagte er, jetzt gäbe es kein Schachspielen mehr auf dem Schlachtfeld, wie es sonst wohl oft üblich sei, hier nun müßten wir vielmehr immer und überall dem Feind widerstehen und mit allem, was wir da hätten, nicht nur mit Spießen und Schwertern und Kartaunen, sondern auch mit unseren Wäldern und Sümpfen, Felsen und Flüssen.

Es ist freilich vorerst nichts geworden mit dem Kriegführen, denn der Kaiser und der Erzherzog haben mit dem Zapolya und dem Sultan dann doch einen Waffenstillstand geschlossen auf ein Jahr und länger. Dem Zapolya war es wohl sicher nur darum, sich in Ruhe neuerlich rüsten zu können. — Aber auch bei uns nützt man nun die Zeit. Und sitz ich deswegen hier in Krems, wo viele Fäden zusammenlaufen und es wieder einmal viel zu tun gibt, mit Briefen hin und her und mit langen Zahlenreihen.

Krems, am 10. Julii 1532

Am 1. Mai dieses Jahres ist der Waffenstillstand abgelaufen, — und schon kommt die Kunde, daß der Sultan in Hungarn stehe, und sein Heer langsam gegen unsere Grenzen vorrücke. Zweimalhunderttausend Mann soll es diesmal stark sein, und dreihundert Kanonen soll er mit sich führen. Sein erstes und vornehmlichstes Ziel wird wohl wieder die Stadt Wien sein, denn die sperrt ihm als Riegel den weiteren Weg nach dem Westen. Nun sind die Mauern der Stadt in den zwei Jahren tüchtig verstärkt worden, und es liegt auch mehr Kriegsvolk darinnen. Immerhin: wenn der Sultan diesmal früher im Jahr anrückt, im Sommer noch, wo ihm Wetter und Frost nicht zusetzen, — kann sein, daß es dann doch wieder ein hartes Ringen geben wird, dessen Ausgang bei Gott steht.

Es mag freilich so kommen, daß der Herrgott dann unser einziger Bundesgenoß ist, dieweil es hier auf Erden mit solchen schlecht steht. Daß Frankreich wieder den Türken Vorschub leistet, das sind wir schon gewohnt. Aber auch die protestantischen Fürsten im Reich sollen sich nun gegen den Kaiser verschworen haben, ja sogar auch der katholische Kurfürst von Bayern. Dem hat dafür der Zapolya die Hälfte von allen österreichischen Ländern versprochen, die er, der Zapolya, würde erobern. Aber daß ein deutscher, ein christlicher Fürst, — daß der so eines Judasgeschäftes überhaupt fähig ist, — und daß nicht das ganze Reich gegen einen solchen aufsteht und ihn züchtigt!

So ist es schier zu verwundern, wie es der Kaiser trotz allem doch zuwege bringt, ein neues Heer aufzustellen. Aber alle Boten, die aus dem Reich kommen, erzählen es in gleicher Weise: nicht nur in den österreichischen Ländern, in Böhmen und Schlesien, auch in Westfalen und Franken, in Lothringen, in Burgund und in den Niederlanden, überall gehen die Werbetrommeln, sammeln sich die Regimenter, und ziehen die Heerhaufen der Donau zu. Hier um Krems herum sollen sie alle zusammentreffen und dann den Strom hinunter dem Sultan

Bild rechts:
Vienna obessa Solimanno anno domini 1529.
Das türkische Feldlager vor Wien mit überaus lebendigen Szenen des Lagerlebens.
Im Hintergrund die von der Südseite aus aufgenommene Stadt, die Stadtmauer noch ohne Basteien und Ravelins.
Lavierte Federzeichnung von Barthel Beham (H. M. d. St. W.).

Bild umseitig:
Belagerungsszene, Wien 1529.
Federlithographie nach Albert Rr. von Camesina (H. M. d. St. W.).

Obsessa a Solimanno anno domini 1529.
Behem.

Albert Camesina, fec 1850

entgegen rücken. Auch Hispanier sind wieder viel im Land. Der Kaiser selbst will diesmal die Armada führen. — Ich muß oft an den Sanchez de Aguilar denken und an sein gläubiges Sterben. — Ob da jetzt etwa die Erfüllung seines Traumes anhebt?

Am 15. Julii

Tag für Tag rücken nun neue Regimenter von Süden, Norden und Westen an, sieht man immer mehr Kriegsleute in der Stadt und der Umgebung. Freilich, die Bürger und Bauern werden dessen nicht froh; das Kriegsvolk hat keinen guten Ruf, und allzu viel erzählt man sich, was anno '29 hier herum im Land noch nach dem Abzug der Türken geschehen ist. Aber was wollen die Leut; haben nur die Wahl zwischen dem größeren und dem kleineren Übel.

Mit den ersten Truppen aus dem Reich ist auch der Hauptmann von Buschhausen nach Krems gekommen. Ich hatte erfahren, daß er in der Oberstadt neben der Burg Quartier bezogen, und eilte noch am späten Abend zu ihm.

„Du hast dich gut herausgewachsen", lachte er und musterte mich wohlwollend, — „und es ist mir eine Freude, daß ich dich als Kamerad aufs neue begrüßen kann, noch dazu wieder in deinem eigenen Land! Ach, ich kann dir nicht sagen, wie wohl es mir tut, wieder hier zu sein; — wenngleich meine Wiege nicht an der Donau, sondern am Rhein gestanden ist." — Er reckte sich und holte tief Atem. — „Hier ist alles weiter, freier, größer, — und wär es auch nur deshalb so, weil hier die Gefahr näher und härter ist."

„Ja" nickte ich, — „das fühlt man wohl besonders stark in einer Stadt wie Krems, das sich mit dem Rücken gegen Westen hin an die schützenden Waldberge lehnt, die Stirn aber hinaus reckt nach Osten, in die weite Ebene, — dem Strom nachblickend, der irgendwo dort hinzieht, in die unendliche Ferne."

Bin dann noch in den vergangenen Tagen viel mit dem von Buschhausen beisammen gewesen und hab mir von ihm mancherlei erzählen lassen, was sich in der Zwischenzeit hat zugetragen draußen im Reich.

Bild links:
Türkische Sturmtruppen versuchen durch eine Bresche in die Stadt einzudringen, werden aber von Fähnlein des Reichsheeres unter Graf Niklas Salm und Eck von Reischach zurückgewiesen (—).

Krems, am 25. Julii 1532

Heut hat uns der Eck von Reischach zu einer Besprechung in sein Quartier befohlen. Ich traf dort manchen alten Bekannten, aber auch viele neue, denn der Eck hat sein Regiment erst in den letzten Tagen voll aufgestellt und nach Krems gebracht. Es lag eine große Spannung und Unruh in uns allen, wußten wir doch, daß es nun bald wieder ins Feld gehen werde. Vor einer Woche schon hat die Armada begonnen abzurücken, und nun marschierten Tag für Tag neue Regimenter aus der Stadt hinaus und längs der Donau ostwärts.

Auf dem Tisch ist wieder die große Karte gelegen, die ich schon von Wien her kenne.

„Meine Herren und lieben Brüder!“ hat der Eck zu reden angehoben, „dem Obristen Feldhauptmann von Bemelberg liegt daran, daß nun jeder von euch Bescheid weiß, wie die Dinge liegen.“

Er straffte sich, fuhr über das Blatt: — „Der Sultan kommt mit seiner Hauptmacht diesmal nicht längs der Donau herauf, sondern von Slawonien. Er steht zur Zeit bei Stein am Anger. Wird wohl hier und dort von festen Plätzen etwas aufgehalten werden, aber gleichwohl in zwei oder drei Wochen vor Wien stehen. Unsere Armada marschiert eben dort hin. Vor der Stadt stellen wir uns bereit, die Festung im Rücken, wollen wir den Sultan zur Feldschlacht herausfordern. Er ist uns diesmal bloß zwei- oder dreifach überlegen, — was könnten wir uns schon günstiger wünschen. Entscheidend wird sein, daß wir die Hauptmacht geschlossen beisammen halten. Ist daher nicht möglich, dem Sultan schon in Hungarn entgegenzutreten, noch auch, ihm den Eintritt ins Land unter der Enns zu wehren. — Was das bedeutet, für das Volk in den Dörfern, wißt ihr.“

Schweigen ringsum; auch der Eck war sehr ernst und hart geworden. — „Wir können's nicht ändern. Immerhin: die Bauern sind gewarnt, wissen, was ihnen droht, aber auch, wie sie dem entgehen und Leib und Leben retten können. Ist also nicht unsere Sach. Können wir nun die Renner und Brenner im flachen Land nicht an ihrem Treiben hindern, so soll ihnen wenigstens im Gebirg nicht freie Hand gelassen werden. Zu diesem Zweck übernehmt Ihr, Hauptmann Schertlin von Burtenbach, einen Teil der Reiterei, bleibt aber vorerst noch hier in Krems und haltet Euch bereit.“

Der Angeredete, ein großer stattlicher Mann mit kurzem breitem dunklem Vollbart, nickte schweigend. Der Eck fuhr fort:

„Es wird nun von Nutzen sein, wenn wir uns in Erinnerung rufen, wie sich die türkischen Akindschi vor drei Jahren verhalten haben, da wir jetzt wohl ähnliches erwarten dürfen.“

Er zeigte auf die Karte: „Seht her alle! Es sind damals an die

30.000 Mann gewesen, marschierten in drei wohlgeplanten Heerscharen. Die eine, längs der Donau, ist bis Krems gekommen und hat dort und da ohne Erfolg versucht, den Strom zu übersetzen. Die Hauptmacht unter dem Mihaloghlu ist von Wiener Neustadt entlang der Triesting, Gölsen, Traisen und Pielach bis nach St. Pölten und Melk vorgedrungen, ebenso eine dritte Abteilung über den Wiener Wald. Von Melk ist ein Teil weiter ins Ybbstal und bis Steyr an der Enns; wie sie dort haben umkehren müssen, haben sie sich geteilt. Die eine Hälfte ist auf demselben Weg zurück, den sie gekommen, die andere das Ennstal hinauf gezogen bis in die Steiermark. Und ist dort von den steirischen Bauern vernichtet worden. Merkt euch das: vernichtet von den Bauern im Gebirg mit Sensen und Dreschflegeln!"

„Brüder", sagte er, — „wir werden nicht verhindern können, daß die Türken in dieses Land hineinkommen. — Aber wir wollen, mit Gottes Hilfe, verhindern, daß sie wieder herauskommen!"

Es wurde danach noch viel abgesprochen, über die Ordnung und Ausrüstung des Regiments, und dabei erfuhr ich auch, daß ich nach des Obristen Befehl nun bei den Reitern des Hauptmanns Schertlin bleiben sollte. Und so sehr mich auch die Trennung vom Eck und zumal vom Buschhausen betrübte, war ich im Innern doch recht zufrieden. Denn es zieht mich dieses Mal gar nicht so sehr nach Wien, als in die Berge und nach den Abenteuern, die unser dort warten.

Ich begleitete auch heute den Hauptmann von Buschhausen auf seinem Heimweg. — Die Gassen um uns waren erfüllt von Lärm und Getümmel; man konnte vermeinen, in einer vom Feind eroberten Stadt zu sein. Unruhe und Unfrieden hatten sich zu einem Hexentanz gesteigert; angsterfüllte, aufgescheuchte Menschen liefen kopflos hin und her. Dutzende von Häusern sind in der Stadt schon abgebrannt durch den Mutwillen der Soldaten, an die hundert Häuser sollen geplündert worden sein, Bürger erschlagen und Frauen genötigt. Ringsum sind die Dörfer weit und breit gebrandschatzt, als ob nicht des Kaisers Heer hier läge, als Retter aus Türkennot, sondern der Sultan selbst mit seinen Rennern und Brennern.

Vor uns ging ein Fenster klirrend in Trümmer, feines Tafelzeug flog im Bogen heraus; drei, vier betrunkene Knechte balgten sich darum im Straßenkot. Aus der nächsten Hauseinfahrt scholl eine Weiberstimme schrill und zeternd, ging in angsterfülltes Kreischen und Heulen über; Gepolter und Gebrüll mischte sich darein, bluttriefend wankte ein Mann heraus, verfolgt von einem Schwall welscher Flüche.

Ich hatte nach meinem Degen gegriffen, aber der Hauptmann hielt mich zurück: „Nicht unbesonnen sein, Konrad! Du kannst hier das Unheil nur noch größer machen. — Zwei, drei Tage noch, dann hat die Stadt wieder ihren Frieden."

Aber ich merkte, daß er selbst nur mühsam seine Ruhe bewahrte.

„Wir sind den Hispaniern und ihren Hilfsvölkern gegenüber leider machtlos. Mit Vernunft und Güte ist bei denen nichts auszurichten, und Gewalt dürfen wir nicht anwenden, ist uns streng untersagt. — Im übrigen sind die Hispanier selbst lange nicht die Ärgsten. Sind zwar ein leidenschaftliches, anmaßendes und gewalttätiges Volk, doch werden sie gemeiniglich von ihren Offizieren in eiserner Zucht gehalten. Übel aber sind die welschen Hilfstruppen aus den hispanischen Nebenlanden in Italien, aus Mailand und Montferrat, Sizilien und Apulien und vor allem gar aus Neapel. — Aber was wollen wir tun? — Wir brauchen die Hispanier bitter nötig. Du hast ja selbst erlebt, wie sie im Kampf sich bewähren."

„Wieviel Hispanier sind denn zur Zeit in Krems?" fragte ich.

„Etwa achttausend, eingeschlossen die Kriegsvölker aus Italien."

„Du lieber Himmel! — Und die ganze kaiserliche Armada?"

„Das Reichsheer allein fünfzigtausend, — und gut gerüstet."

„Und woher kommt denn nun auf einmal das Geld dafür?"

Der von Buschhausen lachte: „Womit bezahlt man am besten? — Ich meine: welche Art Münze nimmt man am liebsten?"

„Doch Gold, — Dukaten und Zechinen und Gulden."

„Richtig! — Und wo gibt es das meiste Gold? — Das sagenhafte Goldland, — wo liegt das?"

„In Westindien, Mexiko und so."

„Sehr gut! — Und wem gehört Westindien und Mexiko?"

„Dem König von Hispanien!"

„Sehr richtig! — Und damit in Einheit der Person dem Deutschen Kaiser. — Ja: es ist hispanisches Gold, mit dem diese Armada gegen den Sultan bezahlt wird, — nicht ausschließlich wohl, aber zum größten Teil. Von Jahr zu Jahr reichlicher fließen jetzt die Quellen jenseits des Ozeans."

Erst als wir am Sängerhof vorbei über dem engen winkeligen Gewimmel der Giebel und Bögen und Treppen die Stufen zur Stefanskirche hinaufstiegen, verklang auch das Getriebe und Gelärme unter uns. Die Sonne war schon untergegangen, blaugraue Schleier hingen über dem Strom, Dämmerung verhüllte das enge Tal im Westen und ließ im Osten die weite Ebene geheimnisvoll verschwimmen. Wir waren oben vor der Kirche an der Mauerbrüstung stehengeblieben. Rosenrot verfärbten sich die Wolken über uns, glühender, roter flammte der Himmel im Westen.

Leise, wie träumend, kamen die Worte von den Lippen des Hauptmanns: „Klarer, heller sind hier alle Farben als droben im Norden, — und doch wieder zarter und milder als unten in Welschland."

Und über eine Weile des Schweigens:

„Konrad, — was weißt du schon von dem Land, darein du geboren und zuhause bist! Alle Gegensätze prallen hier aufeinander, von Nord und Süd, von Ost und West, — und verschmelzen zu Harmonien und großen Schöpfungen. Ist dies nicht wahrhaft ein Land der Mitte wie kein zweites? Von Gott vorbestimmt, Mittelpunkt, Schwerpunkt zu sein eines großen Geschehens. — Was hat Gott noch mit diesem Land vor, daß er es so schlägt und so erhöht, so prüft und so segnet?"

1. Augusti

Mein neuer Hauptmann, der Sebastian Schertlin von Burtenbach, gefällt mir wohl. Er ist ein rauher Geselle, wie alte Landsknechtführer eben zu sein pflegen, aber es steckt bei ihm überall der fröhliche Schalk dazwischen, und hinter allem hat er einen hellen Kopf und ein warmes Herz. Er soll vom Bodensee her stammen und ist Hauptmann über das Kriegsvolk, das die Reichsstadt Augsburg dem Kaiser gestellt hat, ist demnach wohl auch selber ein Schwabe, man merkt's ihm aber kaum an, denn seine Sprache ist ein Gemisch aus allen Landen und Gauen des Reichs. So redet eben einer, der von Jugend auf unter des Kaisers Fahnen landauf, landab herumgezogen ist.

Der Schertlin hat mich rufen lassen: „Wie lang lungerst denn du jetzt schon in Krems herum? — Was, drei Monat. — Pfui Teufel! — Na, wird höchste Zeit, daß wir dir deine eingerosteten Glieder wieder schmieren. Kriegst zwei oder drei Dutzend leichte Reiter von mir, mit denen reitest du von jetzt ab auf Kundschaft, nach Wien hinunter und so. Ich brauch das. Ist nicht gut, nur sitzen und warten."

Tags darauf hab ich draußen in Rohrendorf meine Reiter übernommen. Was war das aber für eine seltsame Gesellschaft, sahen einer Räuberbande mehr gleich als einem Trupp kaiserlicher Soldaten. Grobes Wollzeug, abgewetzt, geflickt, hier und dort auch in Fetzen, struppige Pelzmützen, mit Federn besteckt, dazwischen knallrotes Tuch, um den Leib oder Kopf geschlungen, drei oder vier Messer ein jeder im Gürtel, und über gewaltigen Schnauzbärten braungebrannte Gesichter mit blitzenden Augen. — Bloß einem merkte man es an, daß er sich mit Sorgfalt herausgeputzt hatte nach Art der deutschen Reiter, und diesen einen kannte ich: der lange Kilian war es, mein alter Reisebegleiter. Vertraulich blinzelte er mir zu, als wollte er sagen: Seid ohne Sorge, Herr; jetzt kann Euch nichts mehr geschehen, wo ich da bin!

Aber die anderen? — Ich schaute sie der Reihe nach an, etwas ratlos wohl, denn der Kilian fühlte sich bemüßigt, mich aufzuklären: „Sind alles Krowoden bis auf drei", sagte er und zog die Mundwinkel herab, — „der Katzianer hat sie zusammengeangelt da drunten, irgendwo in der gefehlten Gegend, und bei uns jetzt wieder verloren."

Nun, — mochten sie auch ein wildes Volk sein, aus ihren Augen sprachen Mut und Treu. — Ich werde mit ihnen schon zurechtkommen.

Ob sie etwas bedürften oder wünschten, fragte ich. Unverständliches Gemurmel, dann schob sich einer vor, ein großer stämmiger strohblonder Bursch, grinste verlegen, kratzte sich hinter dem Ohr.

„Gospodine, — wir nicht chaaben ein Geld, — aaber wir chaaben viel große Durscht!"

Das hätte ich mir wohl denken müssen. Ich gab dem Kilian einen Taler und trug ihm auf, zwei kleine Fäßchen zu besorgen, eines von rotem Wein und eines von gebranntem Zwetschkenwasser, auf daß die Leute bekämen, was sie von daheim gewohnt waren und was ihnen zustand, als würdiger Willekumm.

„Wo seid ihr zuhause?" fragte ich den, der mich angeredet hatte. — „Ihr seid aus Slawonien und Kroatien, höre ich; aber das Land ist wohl groß?"

„Da, — jest! — Is säär groß! — Und is säär verschieden, wo waren wir zuchause. — Da der Lujo Medweditsch, er ist aus der Planina, von Gebirge, ganz oben, is säär viel Wald dort und chat viel Bären, — chier der Mirko Sinjanin, er kommt aus der Lika, weit is weg, is särr cheiß und viel Steiner und Schlangen, — und dort der Bogdan Zsavitsch, er ist aus der Posavina an der Sava, wo is alles voll Wasser und Sumpf, — und da der Petar Draganitsch, er ist gekommen gar aus Serbien, wo sitzt der Türk, Chund verdammter, krätziger, räudiger!"

„Und wie heißt du selber?" unterbrach ich ihn.

Er warf sich an die Brust: „Ja sam Janko Ptakowitsch, Gospodine!"

„Und wo kommst du her?"

„Aus kleines Dorf bei Warasdin, — oh, is säär schään dort, — und brave Leut, — und schänne Mädchen, — oh!" — er verdrehte genüßlich die Augen, wurde aber gleich darauf ernst: „Wenn nicht grad kommt Türk und brennt nieder und schlagt zusammen alles."

Roter Wein und Zwetschkenschnaps taten bald ihre Wirkung, aber ich glaube, es ist nicht bloß darum, daß mir dünkt, meine Leute wären vom Fleck weg mit mir durch's Feuer gegangen.

Am nächsten Morgen, ganz zeitig schon, bin ich dann mit ihnen ausgeritten, ins weite Tullner Feld hinaus. Hei, da zeigten meine kroatischen Burschen, daß sie nicht nur zu saufen verstehen, sondern auch zu reiten. Ich werde in beidem noch etliches von ihnen zu lernen haben!

Wien, am 8. Augusti

Zum ersten Mal auf Kundschaft! Über Traismauer und Herzogenburg und dann quer durch den Wiener Wald sind wir geritten. Überall sind die Bauern des neuen türkischen Einfalls gewärtig, verhalten sich aber ruhiger und gefaßter als vor drei Jahren. Mag sein, daß das nahe starke Reichsheer ihnen ein wenig den Mut stärkt, mehr aber, glaube ich, ist es, daß sie diesmal rechtzeitig ihre Vorkehrungen treffen konnten. Denn wohl sieht man die Männer überall auf den Feldern arbeiten, die Dörfer aber sind meist leer, Frauen und Kinder, das Vieh und alle bewegliche Habe schon irgendwo in den Bergen und Wäldern versteckt. Auf allen Höhen sahen wir wohlgeschlichtete Reisigstöße für die Kreidfeuer, Späher, Kundschafter und Boten begegneten uns zu jeder Stunde, — das ganze Land liegt auf der Lauer.

„Scharfe Sinne sind für uns jetzt wichtiger noch als scharfe Waffen", sagte ein junger Jäger, den wir bei Neu-Lengbach trafen. „Wir haben unser blutiges Lehrgeld nicht umsonst bezahlt; — wir haben gelernt, auf der Hut zu sein und acht zu geben, — auf die Türken sowie auf unsere eigenen Leute."

„Wie meinst du das?" fragte ich.

„Nun, — vor drei Jahren haben hier und dort Einheimische mit den Akindschi gemeinsame Sache gemacht. Wohl, zum Teil waren das arme Teufel, Gefangene, die man unter Martern dazu gezwungen hat. Meist sind es aber Untertanen gewesen, die aus blindem Haß gegen ihre Grundherren und alle Obrigkeit so gehandelt haben. Sie haben den Mordbrennern abseits in den Bergen gelegene, versteckte Siedlungen verraten und ihnen wehrlose Menschen in die Hände gespielt. Gegen derlei reißendes Wolfszeug in Menschengestalt wehren wir uns nun rechtzeitig! — Seht da hinüber: da haben zweie vorgestern am Abend im Wirtshaus aufgetrumpft, unter dem Sultan könnt es auch nicht übler kommen als unter ihrem gnädigen Herrn, dem Abt von Heiligenkreuz; sie für ihren Teil wären mit dem Tausch zufrieden und für alles zu haben, wenn dabei für sie ein Vorteil heraus käme. — Mag sein, es war nur unsinniges Geschwätz, — wer kann das wissen? — Aber sicher ist sicher. — Die zwei werden uns nicht mehr an die Türken verraten."

Ich folgte seinem ausgestreckten Arm. Da stand vor uns an einer Weggabel eine mächtige Eiche, und an ihren weit ausladenden Ästen hingen zwei stumme schlaffe Gestalten. — Mich schauderte. — Aber war das nicht immer noch ein besserer Anblick als ein verbranntes Dorf mit erstochenen Frauen und aufgespießten Kindern?

„Die Zeit ist hart, Herr!" sagte der Jäger, — und schritt querfeldein der nächsten Anhöhe zu.

Gegen Abend kamen wir nach Wien. Ich meldete mich beim Stadthauptmann und bekam Quartier nahe dem Stubentor zugewiesen. Wie vertraut war mir alles auf dem Ritt durch die Stadt, die Gassen und Plätze, Mauern und Türme, — und doch schon wieder fremd und unwirklich geworden hinter den Schleiern der Zeit.

Sollte ich nicht in Wien alte Bekannte besuchen? — Ich tat's und ging — auf den Michaeler Friedhof. — Hätte ich wohl damals vor drei Jahren gedacht, daß gerade ich, unter all den vielen ringsum, als einziger heute wieder hier stehen würde und wieder — oder noch immer — mit dem Schwert in der Hand. Und plötzlich überkam es mich: wenn ein guter Christ zu den seligen Abgestorbenen beten darf, dann darf wohl ein Soldat ein gleiches auch vor seinen brav im Kampf gebliebenen Kriegsgesellen tun. Ich kniete nieder an dem Grab, vor dem ich eben durch Zufall stand, — was weiß ich wer da drunten lag, griff nach der feuchten kühlen Erde, und es war mir, als ginge daraus ein Strom von Kraft auf mich über. Im Rauschen des Windes und der Bäume schienen unsichtbar um mich Reihen und Glieder zusammenzutreten, Fußvolk und Reiterei, Trommeln zu brummen und Fahnen zu knattern. Des Pater Heinrich seltsame erste Predigt damals im Feldlager kam mir in den Sinn: mochten die Türken ihren Raubzug einen heiligen Krieg nennen, — wahrhaftig heilig war jetzt unser Krieg! Und wer darin focht und fiel, stand Gott im Leben und Sterben am nächsten.

Wundersam gekräftigt verließ ich den Gottesacker, schlenderte zur Stadtmauer und an ihr entlang zum Kärntner Torturm hinüber. Die Mauer war wieder aufgebaut, stärker und höher als zuvor. — Wie doch die Wunden seltsam rasch vernarben und verwachsen!

Auf wohlvertrauten Wegen gelangte ich wieder in die Stadt hinein. Lag da nicht ganz nahe rechts drüben das Haus, — wo? — Mag sein; — was ging's mich an? — Ich hatte besucht, was mir heute noch am Herzen lag. — Der Stefansdom, — ja, — aber der war jetzt geschlossen. Die Not war noch nicht so groß, daß man auch zur späten Stunde betete. — Der Hans Früeauff war als ein fahrender Student über Land weggezogen, erfuhr ich. — Seltsam leer dünkte mir die große Stadt.

Krems, am 11. Augusti

Ich habe in Wien noch mancherlei erfahren über die Kriegslage. Der Sultan hat sich mit seinem ganzen Heer vor die kleine Festung Güns gelegt, das ist am Rand der hungarischen Ebene, wo unsere Berge anfangen. Er will sich wohl den Rücken frei machen für weiteres Vorrücken. In Güns sitzt der Niklas Juritschitsch; der hat ganze zehn schwere deutsche Reiter und fünfundzwanzig hungarische Hussern neben siebenhundert aufgebotenen Bauern; das hab ich von einem erfahren, der selber von Güns als Kurier gekommen ist. Es kann also nur wenige Tage dauern, bis die Feste gefallen ist. Mit den Rennern und Brennern müssen wir jetzt jeden Tag rechnen.

Den Rückweg haben wir nördlich der Donau genommen, über Korneuburg und Stockerau, wo nun überall herum unsere Armada liegt.

Kaum waren wir nach Krems zurückgekehrt, schickte mich der Schertlin schon wieder los. — „Mich soll der Teufel holen, wenn das noch lang so friedlich weitergeht! — Reit zu, — reit ruhig über Wien ein Stück dem Sultan entgegen, aber laß dich nicht erwischen von ihm!"

Wien, am 15. Augusti

Wir haben diesmal den Weg über Tulln und Kloster Neuburg genommen. Das war ein Gehen und Fahren auf unserer Landstraße, wie ich selten noch erlebt habe: Bauern auf der Flucht, Haufen von Fußvolk, das auf Wien zu marschierte, dazwischen Reiter und immer wieder Reiter, einzeln und in Haufen.

In Wien erfuhr ich, daß es dem Sultan wider alles Erwarten bis jetzt nicht gelungen ist, die Festung Güns zu nehmen, und er daher mit seinem Heer noch dort festliegt. Genaueres war freilich nicht zu erfahren. Die Akindschi sollen bereits über Ödenburg in die Gegend von Wiener Neustadt eingebrochen sein und das flache Land unsicher machen, kann sein bis knapp vor Wien.

Ich will daher morgen, die Ebene meidend, durch den Wiener Wald nach Süden reiten, ob ich dort vielleicht irgendwo auf die Akindschi stoße oder zumindest sichere Nachricht über sie erlangen kann.

Mag also sein, daß es morgen wieder zum Kampf kommt. — Nun, — was kann es schon viel werden, verglichen mit dem, was ich bereits erlebt habe? —

Krems, am 18. Augusti

Es ist wieder einmal gutgegangen!

Früh am Morgen sind wir aufgebrochen. Beim Gatterschlössel — die Türken haben es vor drei Jahren niedergebrannt — sind wir am Rand der Waldberge nach Süden und dann hinter dem Dorf Rodaun ins Gebirg hinein. Ich ließ den Janko Ptakowitsch mit ein paar anderen vorausreiten, folgte mit dem Großteil meiner Leute; der Kilian mit dreien machte den Beschluß. Von den Seiten her, aus den Wäldern, drohte uns keinerlei Gefahr; wir konnten rasch dahinreiten. Eintönig zog sich das Tal gegen Westen. — Sollten wir nicht linker Hand über den langgestreckten Bergkamm; — dort drüben, weiter im Süden, mußten doch die Akindschi sein, falls sie überhaupt schon bis hieher gekommen waren. Wir fanden auch bald einen Fußpfad, bogen ab, tauchten im Laubwald unter. Als der Weg steiler wurde, ließ ich absitzen. Langsam, einer hinter dem anderen, stapften wir bergan.

Um die Mittagszeit hatten wir die Höhe des Bergrückens erreicht. Nach links stieg der Kamm weiter an; dorthin ging ich mit ein paar meiner Männer.

Weithin wogte vor uns das Gelände, Welle hinter Welle, immer höher ansteigend. Wald — Wald, so weit man schaute, — bergendes Versteck für die gejagten Menschen des Landes, drohende Gefahr für den eingedrungenen Feind. — Hier sollte uns der Türk nur kommen!

Da stieß der Medwjeditsch neben mir einen überraschten leisen Schrei aus und deutete hinaus, gegen Südwesten. Dort stand über dem Tal, fern und undeutlich in Dunst und Mittagsglast, eine Rauchsäule. Und wie wir schärfer spähten, erkannten wir kleinere, dünnere Schwaden. Ob das schon brennende Dörfer und Höfe waren oder nur unsere Warnfeuer? Ich versuchte, mich zurechtzufinden: — das mußte die Gegend des Klosters Heiligenkreuz sein.

„Dort drüben stinkt's!“ brummte der Kilian, — „und nicht bloß von Feuerqualm. — Ich mein, wir gehen einmal hin und schauen uns das näher an!“

Wir eilten zurück zu unseren wartenden Gesellen und ritten in einer steilen Schlucht den Berg hinunter. Einsam und still tat sich vor uns ein Talgrund auf, saftige Wiesen, ein murmelndes Bächlein, — ein Märchenfrieden wie im Paradies; — und drüben, eine Wegstunde vielleicht, brannten Dörfer, Häuser, Kirchen, — wurden Menschen gemordet.

Plötzlich, nach einer Wegbiegung, vor uns, hoch aufragend auf steilem Felsen, eine Burg. Klein, grau, verwittert, mochte sie schon uralt sein, Hunderte Jahre, zur Zeit der alten Ritter erbaut.

Ich ließ meine Krobaten im Wald zurück und ritt mit dem Kilian allein zur Burg hinüber. Nach einigem Verhandeln rasselte eine schmale Zugbrücke nieder, und wir wurden eingelassen. Ein enger und finsterer Hof nahm uns auf, von offenen Laubengängen nach welscher Art umzogen, ein malerischer Anblick wohl ansonsten, aber jetzt ein beklemmendes Wirrwarr, ein Gewimmel von Männern, alt und jung, Frauen und Kindern, Karren und Säcken, Ballen und Körben.

Wir erfuhren, daß wir in der Burg Wildegg waren. Auf meine Bitte wurde ich zum Burgherrn geführt: ein alter Mann, die hohe Gestalt schon leicht gebeugt, weiß der Bart und das schüttere Haupthaar, aber die Augen noch klar und fest. — Ja, sagte er, die Akindschi wären in der Gegend von Heiligenkreuz, aber sichere Nachricht sei ihm noch nicht gekommen.

„Ich mach mir nicht viel Sorgen vorderhand. Wahrscheinlich verirren sich die Mordbrenner gar nicht bis zu uns. Und wenn schon: Hab zwar nur ein Dutzend Knechte bei mir, mit Hakenbüchsen und derlei Gerümpel aus Großvätertagen, aber für dieses Gesindel reicht das immer noch. Wenn man denen erst richtig die Zähne zeigt, ziehen sie den Schwanz ein und verkriechen sich.

Seht euch die Leute da an: die wissen schon, warum sie sich hier verkrochen haben. Sind gut drei Dörfer jetzt bei uns versammelt, Sittendorf, Sparbach und Dornbach, wie vor drei Jahren auch schon."

Er führte mich durch die Burg. Stroh war in den Gängen und Stuben aufgeschüttet, dichtgedrängt lagerten darauf die Menschen, Kinder wimmelten und kletterten dazwischen herum, balgend und lachend und kreischend, aus den unteren Gewölben scholl Muhen, Meckern, Schnauben und Stampfen, und über allem lag ein Brodem nach Schweiß und Unflat, nach saurer Milch, Zwiebel, altem Brot und nassen Hadern, dumpfig und scharf, daß man schier nach Atem ringen mußte. Aber was tat das schon wirklich? — Die alle wollten überleben, Türken und Tataren zum Trotz, — und sie werden leben!

Nach kurzem Abschied ritten wir weiter. Ein breites Quertal öffnete sich vor uns, ein Dorf, — menschenleer auch dieses bis auf ein paar Wach- und Spähposten am jenseitigen Ortsausgang; — dann nahm uns wieder der schützende Laubwald auf.

Mitten im Wald trafen wir auf Menschen, ein paar Männer und eine Frau, Grauen und Entsetzen in den fahlen Gesichtern. Es war schwer, sie zu vernünftigem Reden zu bringen. Soviel erfuhr ich schließlich doch, daß eine Schar Akindschi heute in den frühen Morgenstunden Heiligenkreuz überfallen und angezündet hatte und alles niedergemacht, was ihnen in die Hände gefallen war. Ganz überraschend war das gekommen; man hatte zuvor bloß Nachricht gehabt, daß die Türken an Wiener Neustadt vorbei in das Triestingtal eingedrungen und darin geradeaus nach Westen vorgerückt seien. Da hatte man sich in Heiligenkreuz in Sicherheit gewähnt.

Wir rieten den Bauern, nach Wildegg zu gehen und sich dort aufnehmen zu lassen, dann zogen wir vorsichtig weiter. Vor uns aus dem Tal scholl von Zeit zu Zeit undeutliches Lärmen und Schreien, und der Wind brachte Brandgeruch durch die Bäume. Schließlich lichtete sich der Wald. Ich saß mit ein paar von meinen Reitern ab, und wir schlichen uns vorsichtig an den Waldrand hinaus. Vor uns lag ein weites offenes Talbecken; dichte Rauchschwaden hingen darüber, und in der Mitte, — ja, wirklich, das war Heiligenkreuz, das Kloster inmitten seiner Höfe und Wirtschaftsgebäude. Es war ein Anblick zum Erbarmen: hier und dort schlugen noch züngelnde Flammen aus Fensterhöhlen und Dachgebälk, sonst qualmten nur mehr die Trümmer, und verkohltes Sparrenwerk starrte zwischen öden Giebelmauern. Auf der Wiese vor uns lagen verstreut regungslose Gestalten, in schwarz-weißen Kutten oder in grauer Bauernkleidung; das waren die Bewohner des Klosters, die nicht mehr rechtzeitig das bergende Dickicht des Waldes erreicht hatten. Um die brennenden Gebäude drunten lagerten Akindschi. Die Kerle schienen sich sehr sicher zu fühlen.

Ich überschlug es mir: die da drunten waren gut ihrer hundert und mehr; da hatte ich mit meinen knappen dreißig Gesellen keine Aussicht, wenn ich sie über's freie Feld angriff. Aber gar zu gern hätte ich mir ein paar von ihnen gefangen; — weiß Gott, was an wichtigen Neuigkeiten aus denen herauszubekommen wäre.

Der Ptakowitsch war mittlerweile auf einen Baum geklettert. Jetzt kam er wieder herunter, deutete nach links und rechts: „Da du sehen: Straße da und dort, und nix von Türken drauf. Aaber chinten, in schmales Tal mit viel Wald, dort kommen und gehen."

So mußte es sein: Die Akindschi waren wohl auf dem kürzesten Weg gekommen, und das konnte nur der Fahrweg sein, der von Süden her aus dem engen waldigen Talgraben heraus trat. Schon hatte ich einen Plan, schon zogen wir los.

Ein Stück zurück in den Wald hinein, dann im Bogen links weit ausholend, rasch ins Dickicht hinein, immer leicht nach rechts uns haltend. Nur weiter, bevor die ganze Horde von Heiligenkreuz aufbricht! Dann geht es wieder steil in einen Graben hinunter, — mühsam kommen die Pferde weiter, rutschen, zittern und schnauben. Nun stößt der Ptakowitsch vorne einen leisen Pfiff aus: da ist der Fahrweg: schmal und vielfach gekrümmt zieht er sich durch das enge schattige Tal hin, wie geschaffen für unser Vorhaben. Ich teile meine Leute in zwei gleich starke Trupps, ich mit dem einen hier, der Kilian mit dem anderen dort. Größere Gruppen wollen wir unbehelligt vorbeiziehen lassen, eine kleinere, wenn sonst die Luft rein ist, zwischen uns fassen und abfangen. Keiner darf dabei entkommen, und der eine oder andere soll unbedingt lebend gefangen werden.

Dann verschwindet alles hinter Sträuchern und Bäumen, und jeder Laut erstirbt. Eine gute Stunde mag vergangen sein oder mehr. Sind wir am Ende umsonst hieher gekommen? Zu dumm wäre es, wenn die jetzt alle miteinander nach der anderen Seite davonzögen! Aber ich glaub es nicht; es sind ihrer zu wenig für einen größeren Zug; werden wohl, mit Beute beladen, den Weg zurückreiten müssen, den sie gekommen sind. —

Da zischt der Ptakowitsch leise, reckt den Kopf und hebt den Finger. Richtig: von hinten, von Süden her, hört man jetzt Pferdegetrappel. Eine kleine Reitergruppe wohl nur. Wir starren auf die Wegbiegung drüben, wo der Kilian mit seinen Leuten auf der Lauer liegt. Das Getrappel wird lauter, dann tauchen sie auf: vier — acht — zehn Männer, in ihrer Mitte einer in reicher Kleidung auf einem prächtig geschirrten Rappen. — Ei, Vogel, du kommst uns gerade recht!

Dann geht alles blitzschnell. Jählings bricht hinter den Reitern der Kilian mit seiner Schar aus dem Gebüsch. Die Türken reißt es herum, sie wollen sich zur Wehr setzen, wie sie aber die Übermacht erkennen, — wenden sie ihre Pferde und sprengen davon, — gerade auf unser Versteck zu. Und dann sind wir auch schon über ihnen. Ehe sie noch begreifen, sind vier oder fünf niedergehauen, der Reichgekleidete ist, wiewohl er sich zu wehren sucht, rücklings vom Pferd gerissen, und die übrigen flüchten kopflos in den Wald hinein, drei, vier flinke Krobaten hinter jedem her; — keiner entkommt.

Über die Leichen der Türken fallen die Krobaten her, reißen alles herunter, was sie an Waffen oder sonstigem Wertvollen finden, dann fangen sie die herrenlos umhergaloppierenden türkischen Pferde zusammen. Außer dem Vornehmen haben sie noch zwei Akindschi lebend erwischt; bei meinen Leuten hat es nur ein paar leichte Schrammen abgesetzt. Die Gefangenen werden gebunden und geknebelt auf Pferde gesetzt, der Edle läßt alles mit unbeweglicher Miene über sich ergehen, etwas wie überlegene Siegessicherheit auch jetzt noch in den Augen.

Nun dränge ich zum Aufbruch. Wir reiten nicht den Weg, den wir gekommen sind, sondern jenseits des Talgrabens bergan in den Wald hinein. Wieder holen wir weit nach links aus, überqueren die Landstraße, und dann geht es, auf schmalen verwachsenen Fußpfaden, auf Karrenwegen oder auch völlig weglos immer weiter ins Waldgebirge hinein.

Irgendwo in diesem endlosen Gewirr von schattig grünen Tälern und Bergen haben wir genächtigt. Ich versuchte, unsere Gefangenen zu verhören, wollte mich meiner Krobaten als Dolmetscher bedienen, aber die beiden Akindschi stießen nur unzusammenhängende zischende und bellende Worte heraus, und der Vornehme schwieg beharrlich.

Anderntags ist es weitergegangen, bis wir bei Neu-Lengbach wieder die Landstraße erreichten. Zwei meiner Leute, die leidlich deutsch sprechen, hab ich als Melder mit einem Brief nach Wien geschickt, mit den übrigen bin ich auf schnellstem Weg nach Krems zurück.

Der Schertlin hat Augen gemacht, wie wir gekommen sind! — „Ich werd närrisch!“ hat er gesagt, — „da laßt man so einen Grashupfer aus, — und er fängt einem gleich beinah den Sultan persönlich! Na, jetzt geh einmal und pfleg den Leib; deine Leut sollen sich's auch gut gehen lassen. Das Weitere überlaß mir!“

Da bin ich nun aber neugierig!

Am Nachmittag hat mich der Schertlin holen lassen, war bester Laune: — „Na, gelüstet's dich nicht nach Neuigkeiten? — Weiß deren jetzt eine Menge! — Hast einen guten Fang gemacht, du!"

„Sicher bin ich neugierig! Aber wie habt Ihr die Gefangenen zum Reden gebracht? Und wie sie verstehen können?"

„Gar nicht schwer gewesen, Leut, die türkisch verstehen, gibt's überall in der kaiserlichen Armada, warum nicht auch unter meinen Reitern? So einer kommt weit herum und lernt dabei oft allerhand."

„Ja, — und?"

„Na, — fangen wir es von unt herauf an, hab ich mir gedacht. Hab deine zwei Akindschi also zuerst einmal windelweich prügeln lassen und dann mit den Köpfen nach unten aufhängen. Da haben sie schön brav geplaudert, was sie gewußt haben. War aber blutwenig. Hab sie also zuletzt umdrehen lassen, Füße nach unten. Werden keinem Christenmenschen mehr was zuleide tun." — Er zuckte die Achseln.

„Und der Vornehme, — was habt Ihr mit dem getan?"

„Ei, den hab ich freilich ganz anders traktiert, — hahaha!" Er prustete los. — „Weißt du, was ein Bärenfang ist?" fragte er ganz unvermutet, — „so, — nein? — Weißt nicht? — Also paß auf!

In der Früh bin ich zu dem Wischiwaschi hin, oder wie das heißt, was er sagt, daß er ist in des Sultans Heer, und hab ihm aufs artigste meine Aufwartung gemacht. Das will heißen: ich hab meinem Dolmetscher, dem versoffenen Serbiaken, dem Milan Karamatschkowitsch, gesagt: seif ihn ein, hab ich gesagt, den krätzigen Aasgeier, den schief Schauenden; — wenn er uns erzählt, was wir von ihm wissen wollen, kriegst du eine Kanne Schnaps von mir! — Alles weitere hat dann schon der Milan besorgt.

Also, der Wischiwaschi ist zuerst hochnäsig gewesen wie ein Kardinal. Mich hat's schon in den Fingern gejuckt, ob ich ihn nicht auch verprügeln soll, und da hat ihm der Milan gesagt, es wäre mir eine Ehre, von der ich noch meinen Enkeln und Urenkeln erzählen würde, wenn er, der Räuberhäuptling, sich von mir zum Mittagessen einladen ließe. Das hast nämlich gut gemacht, daß du dem Schuft nichts zu fressen gegeben hast. — Und dann hat der Milan den Bärenfang gebracht. — Weißt noch immer nicht, was das ist? — Hahaha! — Also merk's: das ist dickes Honigwasser mit recht viel Gewürz drin und noch mehr Branntwein. Das Zeug ist so klebrig süß und schmeckig, daß du vom Branntwein gar nichts merkst; — außerdem: je mehr du davon säufst, desto größer wird dein Durst. Der Milan hat den Krug so beiläufig hingestellt. Der Wischiwaschi hat auf seinem Sitz hin und her zu rutschen angehoben und dann hat er sich erkundigt, was das wär in dem Krug. Ach, hab ich gesagt, das tränken bei uns bloß eigentlich die alten Weiber und die kleinen Kinder, — eigentlich nichts für Männer und schon gar nicht für Soldaten, — aber wenn er es verkosten wolle — ?

Konrad, — da hättest jetzt dabei sein sollen! — Also: er hat das Zeug gekostet und immer wieder gekostet. Zuletzt war der Krug leer und der Kerl sternhagelvoll. — Und was glaubst, was der alles zu erzählen angefangen hat! Alles natürlich nur, um aufzutrumpfen und uns Angst zu machen. Sind doch alles alte Märchenerzähler; — aber so weit kenn ich mich schon aus, was ich davon glauben darf und was nicht. — Na, wir wissen jedenfalls jetzt ganz schön Bescheid.

Also, genug geschwätzt, — paß auf! Wie du ja weißt, ist der ganze Räuberhaufen oben bei Wiener Neustadt ins Gebirg und im Triestingtal nach Westen. Zu uns getrauen sie sich her, haben genug Wind gekriegt vom Reichsheer und von all dem, was zur Zeit im Tullner Feld steht bis herauf nach Krems. Die Donau werden sie diesmal also hübsch meiden, ebenso auch die bayrische Landstraße bis St. Pölten, wo hispanisches Fußvolk liegt. Sie wollen erst weiter im Westen so richtig anfangen und haben vor, alles Land bis weit über die Enns zu verheeren, bis nach Linz oder Wels oder gar bis Salzburg.

Damit bezwecken sie verschiedenes: zum ersten wollen sie das Reichsheer in der Flanke und im Rücken beunruhigen, dann ihm die Verbindung mit Bayern und dem Reich abschneiden, weiters die Lebensmittelvorräte im Land ob der Enns vernichten oder wegnehmen. Sind gar nicht so dumm, diese Halunken, wie sie ausschauen. — Das hat mir der Wischiwaschi gesagt: schneller als unsere Pfeile noch ist der Schrecken, der uns vorauseilt. Das heißt auf gut deutsch: unsere Leut' hier im Land haben vor dem Gesindel viel mehr Angst, als ihnen zusteht, und arbeiten durch ihre Kopflosigkeit nur den Akindschi in die Hände. — Ich denk, ich laß den Wischiwaschi doch noch draußen vor dem Wiener Tor aufhängen, damit es ein jeder sehen kann: der ist auch nicht mehr als ein Räuber und Wegelagerer und verreckt genau so am Galgen. — Ja, so will ich's machen, — wird vielleicht heilsam kräftigend wirken auf die Gemüter des Volkes!"

„Aber wir sind noch nicht zu Ende. Die Akindschi wollen nämlich nicht bloß das Land ob der Enns verwüsten, sondern auch die Alpentäler, vor allem überall dort, wo Eisen verhüttet und verarbeitet wird. Wollen damit die wichtigsten Waffenschmieden im Land auf Jahre lahmlegen. — Ich staun nur immer, wie die genau Bescheid wissen über alles bei uns."

„Und was machen wir nun?"

„Kommt schon, kommt schon! — Eilboten nach Wien und Linz sind schon unterwegs, desgleichen Kundschaftertrupps in die Gegend von St. Pölten und Melk, daß wir es gleich inne werden, wenn die

Akindschi dort auftauchen. Um die in Oberösterreich mach ich mir nicht viel Sorge; es steht ein starkes Landesaufgebot an der Enns, und längs des Flusses sind über dem steilen Ufer überall Schanzen und feste Verhaue angelegt. Glaub kaum, daß die Türken dort jetzt mehr ausrichten werden als vor drei Jahren.

Anders ist es mit den Gebirgstälern unter der Enns. Der Teufel soll's holen, daß wir zu wenig Leute haben, um die Täler mit ordentlichem Kriegsvolk zu sperren. So wird alles auf die Einheimischen kommen, die Bauern und Bürger. Die sind zwar, wie wir gehört haben, nicht in üblem Stande, — trotzdem wird's hart auf hart gehen."

Plötzlich schaute er mich scharf an: „Hättest du Lust, dorthin zu gehen?"

„Ja — ja, gern!" stammelte ich erregt, ohne viel zu denken.

„Sehr gut!" nickte der Schertlin. — „Irgendwen muß ich ja jetzt auf jeden Fall hinschicken, und da dünkst du mir recht gut dafür. Am besten gehst nach Waidhofen; das ist der wichtigste Ort in der Gegend und hübsch in der Mitten gelegen. Ich geb dir zu deinen Krobaten noch ein paar schwere deutsche Reiter, — so viel ich halt hab. Groß ins Feld ziehen kannst damit nicht, wird aber auch nicht nötig sein. Geh den Leuten dort mit gutem Rat an die Hand, und wenn's hart kommt, kannst dich vielleicht doch recht nützlich machen mit deinen paar Mannsleut: Es kommt in den Bergen mehr als sonstwo oft auf den einzelnen an.

Und noch eines: leg dich erst einmal in die Vorstadt Zell ins Quartier. Die gehört zur Herrschaft Gleiß und ist damit landesherrlich. Die Stadt selber, über dem Fluß, gehört dem Bischof von Freising; der Erzherzog hat aber auch dort überall seine Finger drin, und da gibt es immer wieder Reibereien und Unfrieden deswegen. Laß dich aber in gar nichts ein; wenn erst der Türk vor den Mauern steht, dann ist's ja doch völlig einerlei, ob kaiserlich oder bischöflich. — Außerdem: der Willibald von Pyrhing, der Pfleger von Zell, ist mir von alter Zeit her wohl bekannt. — Nun, der wird in den langen Jahren wohl ganz wüst geworden sein unter seinen wilden Männern aus dem Wald, — haha! — Nun, ich wünsch dir viel Vergnügen mit ihm!"

Zell bei Waidhofen, am 23. Augusti 1532

Vom Morgengrauen bis in die Nacht hinein sind wir im Sattel gesessen. Es wäre freilich unsere Eile noch nicht nötig gewesen, denn auf der ganzen Reise hieher, der Donau und der Ybbs entlang, war von den Akindschi nirgends etwas zu spüren. Die Hauptarmee des

Sultans soll ja dem Vernehmen nach immer noch vor Güns liegen. Immerhin sammeln sich überall in den Städten und Märkten, Burgen und Schlössern die Bauern aus der Umgebung, und aller Orten auf unserem Weg haben wir sie eifrig am Werk gesehen, Befestigungen zu verstärken und Schanzen anzulegen.

Die Dämmerung sank schon herab, als wir in das schmale waldige Tal der Ybbs einritten. Immer enger wurde es um uns, steiler, bedrükkender wuchsen die Berghänge empor, lauter, zorniger murrte und toste der Fluß. Etwas dunkel Drohendes schien im Land um uns aufzustehen, emporzusteigen aus den schwarzen Wäldern und Schluchten in den fahl und brandrot zerfetzten Himmel hinauf. Und doch: war all dieses Unheimliche, das düster Bedrohliche des Landes nicht wieder für uns, seine Kinder, ein bergender Schutz? Wie mochte es den Steppenreitern einer fernen fremden, endlos weiten lichten Welt zumute sein, wenn sie erst in diese dunkle Talschlucht eindrangen?

Es war schon volle Nacht, als vor uns Lichter aufglommen, schwarze Mauern und Türme aus dem Dunkel emporwuchsen, gewaltiger und bedrohender noch als die Wälder und Felsen. Unser Ziel war erreicht: Waidhofen.

Ein verschlossenes Tor, Postenrufe, Waffenlärm und Fackelschein; nach etlichen Fragen und Antworten wurden wir nach dem Schloß von Zell gewiesen; das lag jenseits des Flusses mächtig und klobig, einem riesigen schwarzen Felsquader ähnlicher als einem Bau von Menschenhand. Männer traten uns in den Weg, groß und breit und ungeschlacht auch sie, mit wild wuchernden Bärten unter wettergegerbten Gesichtern; im flackernden Licht der Fackeln blitzten Waffen seltsamer Art auf, Senseneisen und Morgensterne und riesige Äxte.

„Bruder, — ich möcht kein Türk sein und denen da in die Händ fallen“, hörte ich des Kilians Stimme aus dem Dunklen brummen.

„Wer seids ös? — Und was wollts ös? — Ha?“ — Drohend und mißtrauisch kam es heraus.

„Ich will zum Pfleger Willibald von Pyrhing.“

Schweigend stapfte mir einer voraus, — und dann stand ich in einer niedrigen, breiten gewölbten Halle, zuckende Fackeln warfen ihren Schein auf eisenbeschlagene schwarze Truhen, auf lange Reihen von starrenden Hellebarten und Spießen.

Eine Tür ging knarrend auf, ein Mann trat in die Halle. Wenn man von den wüsten Waldmenschen da draußen Haupthaar und Bart etwas striegelte und ihn nach Herrenart kleidete, — so müßte der dann wohl aussehen.

„Ich bin der Pyrhing! — Und du?“ — Mißtrauisch knurrte er es.

Ich nannte meinen Namen und Auftrag und vergaß nicht, hinzuzufügen, daß mich der Hauptmann Schertlin hieher gewiesen hätte. Des Pflegers Mienen hellten sich auf.

„So, — hamm, — der Schertlin schickt dich! — Dann bist wohl kein Schlechter nicht. Nicht so ein Windhund, so ein hispanischer, der sich einbildet, weil er draußen in der Welt herumflaniert, ist er besser und klüger als wie unsereiner, der was nie aus seinem Loch herauskommt. — Mir taugt's ganz gut da, — wünsch mir nur, der Türk kommt auch wirklich und beißt sich die Zähnd aus an meinem Schloß!"

„Nun, — ich hoff das in gleicher Weis, und da möcht ich Euch dabei eben Gesellschaft leisten und Euch ein wenig behilflich sein, den edlen Gast würdig zu empfangen."

Ein schiefer Blick von unten herauf traf mich — „So? — Glaubst? — Hamm! — Brauchen tu ich dich ja nicht dazu! — Aber wenn'st jetzt schon da bist!"

„Was sind das eigentlich für Leute, mit denen Ihr hier im Schloß haust?"

„Was soll'n s' schon sein? — Holzknecht halt! Hab ich aufboten und gewaffnet. — He, — was, — da schaust! Sind keine so geschniegelten Laffen wie bei euch in der Armada. — Aber, wenn die wo hinhauen, — mein Bruder! Bäum umschlagen, so hoch wie die Kirchturm, jahraus, jahrein, — das ist was anderes als wie Kartenspielen und Weiberdrucken. Und so ein Türkenschädel haut sich immer noch leichter auseinander als ein ellendicker Kloben."

„Wie ist das aber nun, — Ihr seid doch wohl nur für das Schloß und den Ort Zell zuständig? — Und wie ist es mit der Stadt?"

Der Willibald von Pyrhing verzog das Gesicht, als müßt er Essig trinken. — „Die müssen sich natürlich ihre eigene Suppe kochen, die Geldsäck da drüben! Darf ich doch auch in Friedenszeiten nur mit Bewilligung des Stadtrichters in Waidhofen eingreifen. Wir haben uns ja ganz schön gestritten deswegen, aber — wie haben sie nur gesagt: ein hoher Rat müsse darauf bestehen, in Angelegenheit des städtischen Kriegswesens seine Selbständigkeit zu wahren. Dabei verstehen die alle miteinander vom Kriegführen so viel wie ich vom Kinderwickeln oder vom Orgelspielen. — Ja, — weißt, was sie mir für ein Recht gelassen haben? — Allgemeine Dispositiones darf ich machen. — Da stellst dir jetzt was drunter vor, — ha? — Oder was!"

„Wer aber plant die Stadtverteidigung nun eigentlich wirklich?"

„Der Rat der Stadt natürlich, — hast es ja schon gehört! — Der Erhard Wild, der Stadtrichter, der hochnäsige Tropf, hat die Oberleitung. — Na, jedenfalls, — du mit deinen Leuten bleibst bei mir herüben in Zell und tust, was ich anschaff!"

Nun, ich werde ja sehen, was der Alte noch kann außer Poltern und Knurren. Zu allgemeinen Dispositiones jedenfalls scheint er mir nicht ungeschickt. Sein erstes war nämlich, daß er meine Reiter und Krobaten ins Schloß gelegt hat, nicht zu den Holzknechten in den Wirtschaftshof. Denn, so meint er, wenn die erst eines getrunken haben, heben sie unweigerlich an, einander die Schädel einzuschlagen.

So haben sich meine Leute also drunten in der Halle behaglich eingenistet, auf hingeschüttetem Stroh, und ihr Gelärme und Gepolter schallt bis in mein Stübchen herauf, denn sie feiern den neuen Ort nach altem Brauch mit Trinken, Singen und Würfelspielen.

Ich aber will morgen in die Stadt Waidhofen hinüber und sehen, wie die Lage von dort aus sich darbietet.

Zell, am 24. Augusti

Über dem steilen Ufer des tief eingeschnittenen schäumenden Flusses ragen die Mauern, Türme und Giebel von Waidhofen. Es ist ein eigenartiger Anblick, wie da so eine stolze und feste Stadt mitten zwischen den hohen Berghängen gleich selber wie ein vielzackiges Felsgebirge emporwächst. Man merkt es ihr an, daß es etwas Besonderes um sie ist: eine Stadt, wo jeder Zweite Eisen hämmert, muß wohl als ganze etwas von der Art des Eisens abbekommen: hart und zäh und fest.

Bin am Vormittag hinüber, mich den Stadtvätern im Rathaus vorzustellen. Ich hatte die Zeit so gewählt, daß die Beratung, deretwegen sie sich versammelt hatten, schon zu Ende war. Nun empfingen sie mich höflich, wenngleich zurückhaltend, — wie jeden wohl, der von Zell herüberkommt. Ich erklärte ihnen, ich sei von meinem Feldhauptmann bloß geschickt, die Verteidigung des Schlosses Zell zu unterstützen, doch wolle ich, zur Förderung einer guten Zusammenarbeit, mich auch über die kriegerischen Maßnahmen in der Stadt belehren lassen.

„Ach, was reden wir so viel über alles das!“ polterte ein dicker rotbäckiger Bürger, — „Ihr werdet sehen, es wird nicht anders sein als vor drei Jahren! — Bis die zu uns kommen, haben sie sich längst müd gelaufen, ihre Packtaschen mit Beute vollgestopft und ihren Mut abgekühlt.“

„Ihr müßt nämlich wissen“, erklärte mir ein anderer, der sich mir als Stadtschreiber und Notarius Hans Neubinger vorgestellt hatte, „damals haben die Akindschi wohl draußen auf der Heide übel gehaust, Neumarkt, Blindenmarkt und Amstetten niedergebrannt und auch das Ybbstal bis zu uns herauf verwüstet; an die Stadt haben sie sich aber nicht heran getraut. Sind bloß in ehrfurchtsvollem Abstand vorbeigezogen, etliche haben auch mit Brandpfeilen über die Mauer geschossen, — einen Sturmangriff haben sie wohlweislich nicht gewagt.“

„Ist freilich zu bedenken, Freund Tezl“, warf sein Gegenüber ein, „daß es diesmal vielleicht härter kommen wird. Die Akindschi, nun mit Land und Leuten bereits bekannt, gehen jetzt sicher nach einem festen und gutdurchdachten Plan vor."

„Das stimmt wohl, und wir haben davon schon sichere Kundschaft!" mischte nun ich mich ein, setzte aber gleich hinzu: „Freilich haben wir ihnen diesmal auch mehr entgegenzusetzen." Und ich berichtete vom Reichsheer und den hispanischen Truppen und den Reitern des Schertlin. Auch ist mir knapp vor unserem Abmarsch in Krems bekanntgeworden, es seien nun auch Boten an den Katzianer abgegangen, der mit seinem Kriegsvolk aus Innerösterreich und von der slawonischen Grenze zur Zeit in der Steiermark steht: er solle von dort unverzüglich ins Land unter der Enns vorrücken und die Akindschi von Süden her fassen.

„Ja, — ja, — aber bedenket nur", warf ein weißhaariger Alter mit zitternder Stimme ein, — „um was die uns immer noch an Zahl über sind: kommen ja zehne von denen auf einen der unsern!"

„Ha no, Vater Apfelbäck, — was schwätzet Ihr da au für Zoig!" fuhr ihn sein Nachbar an, — ich wunderte mich über seine schwäbische Redeweise, — „wieget au oiner vo uns so viel wie zehne vo dene!"

„Das dürfte wohl stimmen", pflichtete ich ihm bei, „zudem können wir unseres Vorteils so recht gewahr werden, wenn wir hinter den Mauern in Verteidigung liegen oder auch draußen geschickt uns Wald und Berg zu Nutze machen. Bedenkt auch weiter, daß wir den Akindschi nicht nur mit unserer Arkelei voraus sind, sondern auch in allen anderen Feuerwaffen!"

„Wohl, wohl, — auch in unseren bürgerlichen Schützengesellschaften halten wir jetzt schon seit Jahren die Schießübungen nicht nur mit der Armbrust, sondern auch mit dem Handrohr ab", warf ein schlanker hakennasiger junger Mann voll Eifer ein.

„So ist es!" nickte der Neubinger, — „der Mathes Perntner hat recht!"

„Ja, unsere Schützengesellschaft müßt Ihr Euch einmal ansehen!" ereiferte der Mathes weiter, — „so was könnt Ihr selbst in Eurer Armada suchen! Jedes wehrfähigen Bürgers Ehre ist es, mit dabei zu sein. Und seit im Frühsommer die Nachricht vom Einfall der Türken in Hungarn gekommen ist, seitdem üben wir uns fleißiger als je zuvor."

„Ja, — und ich, der Herr Stadthauptmann Hans Berkhaimer, ich laß euch am Sonntag vormittag mit Spieß und Handrohr exerzieren, daß euch die Knochen weich werden, und ihr mich allemal zum Teufel wünscht! Aber dafür braucht ihr euch auch jetzt im Feld weder vor dem Freund noch vor dem Feind zu schämen!" — Es war ein gewichtiger rotgesichtiger Mann, der das aus einer Ecke hervorrief.

„Ja", meinte der Neubinger wieder, „die Stadt läßt sich ihre Wehrfähigkeit etwas kosten. Früher hat, ad exemplum, jeder Bürger sich selber rüsten müssen, — seit einigen Jahren nun ist auch das Sache der

Stadtgemeinde. Und nun ist die Bürgerwehr nicht nur eine wohl geordnete, sondern auch zünftig bewaffnete Truppe worden, so gut wie nur irgendein Kriegsknechtshaufen des Kaisers auch."

„Wie stark ist denn die Bürgerwehr zur Zeit?" fragte ich.

„Etwa hundertachtzig Mann. — Außerdem haben wir die Handwerker aus den beiden Vorstädten als Verstärkung der waffenfähigen Stadtbürger zur Kriegsausbildung mit herangezogen. Auch die Flüchtlinge aus der Umgebung, Bauern und Schmiede, rüsten wir aus. Und dann hat die Stadt noch zwanzig Söldner angeworben. Macht alles in allem mehr als fünfhundert Gewaffnete."

„Und wer ordnet und befehligt alles das?"

„Unser Stadtrichter, der Erhard Wild. — Ist leider just heut in Linz, der besagten Söldner wegen. — Aber darf ich Euch hier den Ratsbürger Sebastian Zeisl vorstellen, die rechte Hand des Stadtrichters sozusagen in allen Belangen."

Und da juckte es mich doch, nun zu fragen: „Ei, so sagt mir nun bloß noch, Meister Zeisl, warum verteidigt Ihr nicht Waidhofen und Zell in einem, nach einem gemeinsamen Plan und unter einem gemeinsamen Befehl? Sind doch nur zwei Hälften ein und derselben Stadt, hüben und drüben. Und ginge doch alles viel einfacher und sicherer."

Da hatte ich in der Tat in ein Wespennest gestochen! — „Oho, seid Ihr dazu hieher geschickt worden? — Das täte euch Erzherzoglichen wohl so passen: haben wir euch erst einmal in unseren Mauern, dann können wir zusehen, wie wir euch wieder los werden! — Wir Bischöflichen haben uns wider Hungarn und Türken besser gehalten als mancher Landesherrlicher! — Wer hat die Mauern und die Türme um die Stadt gebaut? — Die Bürger und der Bischof! — Ist also auch denen ihre Sache, sie zu halten, und soll niemand sonst dabei etwas dreinzureden haben!"

Es war offensichtlich nutzlos, darüber weiter zu streiten: Auch hier begann schon wieder das alte hundertfältige Unheil und Übel des Reiches, daß ein jeder überall zuerst seine eigenen kleinen Vorrechte und Freiheiten, Vorteile und Gewinne sucht. Bloß daß man hier, angesichts der gemeinsamen Gefahr, sich im Augenblick der Entscheidung doch über alles Trennende hinweg finden und einigen würde.

Der Hans Neubinger wandte sich wieder an mich: „Es geht auf Mittag. Darf ich Euch zum Mahl einladen und nachher durch die Stadt führen, damit Ihr alles betrachten könnt, was Euch am Herzen liegt?"

Gern nahm ich die Einladung an. Im strahlenden Sonnenlicht lag vor uns der Untere Stadtplatz, als wir aus den schattigen Gewölben des Rathauses traten. Mächtige Bürgerhäuser säumen zu beiden Seiten den langgestreckten Platz, mit hohen stolzen Giebeln. Wohlhabenheit spricht aus ihnen und Bürgerstolz, Kunstsinnigkeit und Handwerksfleiß. Jedes Haus schier birgt hier eine Werkstatt, in der man Eisen bearbeitet, — aber welche Mannigfaltigkeit in dieser Betriebsamkeit! Hier sitzt der Sensenschmied neben dem Messerer, der Feilenhauer neben dem Nagelschmied, der Hufschmied arbeitet Tor an Tor mit dem Panzerstricker, dem Plattner und dem Zirkelschmied. Und der hell schwingende Klang von hundertfach schlagendem und geschlagenem Eisen fließt zusammen und erfüllt wie Glockengeläute die Luft, steigt aus den Gassen und Höfen und schwimmt stolz und jubilierend um die Giebel und Türme.

Wir waren durch ein schmales Gäßchen auf den Oberen Stadtplatz gelangt, und nun blieb der Stadtschreiber vor einem hohen Haus stehen: „Hier ist mein Heim; — wollt Ihr eintreten!"

Der Stadtschreiber führte mich in einen geräumigen, dunkel getäfelten Speisesaal, in dem schon einige Männer in reicher bürgerlicher Kleidung beisammenstanden. Etliche davon waren mit uns im Rathaus gewesen, einen anderen erkannte ich als den Schwertfegermeister Burkhart aus Steyr, den ich in früheren Jahren oft gesehen, freilich dabei nicht persönlich näher kennengelernt hatte.

„Einer von unseren Nachbarn", stellte ihn mir der Stadtschreiber lächelnd vor.

Des Stadtschreibers junge hübsche Hausfrau war inzwischen mit ein paar Mägden in den Saal gekommen und hatte sich an dem langen Tisch zu schaffen gemacht, und nun duftete es von dort aus Schüsseln und Pfannen so verlockend, daß es ihr keine große Mühe kostete, die Gespräche der Männer zu unterbrechen und zum Essen zu bitten.

Nach dem Mahl brachen wir auf. Der Meister Burkhart schloß sich uns an. — „Hab wenig Lust, jetzt nach Steyr zurückzukehren. Haus und Werkstatt sind bei meinem Weib in guten Händen. — Mich juckt das Fell, die Türken auch einmal persönlich kennenzulernen. — Und wer weiß, ob sie auch bis Steyr kommen."

„Fangen wir gleich bei unserem schwächsten Punkt an, drüben beim Ybbstor!" schlug der Hans Neubinger vor. Der Weg dorthin war nicht weit: den Oberen Stadtplatz entlang und dann um ein paar Ecken, und wir standen vor der Stadtmauer. Dahinter rauschte und schäumte der Fluß.

„Es ist jetzt schon über vierzig Jahre her, seit das große Hochwasser war", erklärte uns der Stadtschreiber, — „aber die Schäden davon sind heute noch nicht ganz behoben. Vor drei Jahren, als die Türken anrückten, hat man wohl allerlei ausgebessert, aber — nun, geht nicht zu streng ins Gericht mit den bürgerlichen Meistern und Handelsherren; sitzen eben oft arg auf ihren Geldsäcken und wollen dann die Feuereimer erst kaufen, wenn das Dach schon brennt."

Wir sahen es: die Mauer längs des Ufers war arg verfallen und verwahrlost; bloß das Ärgste war mit Palisaden und Schanzpflöcken einigermaßen geflickt.

„Ist freilich kaum zu befürchten", versuchte der Neubinger zu entschuldigen, „daß uns daraus jetzt Schaden erwächst. Wie sollten die Akindschi auch vom Fluß her kommen, ohne alle Schiffe, ohne Brükkengerät und ohne irgendwelche Belagerungsmaschinen. Die gefährdete Seite ist zweifellos hier nach Süden zu, zwischen den beiden Tälern. Daher wir auch hier alles zusammengezogen haben, was wir in den letzten Monaten an Befestigungsarbeiten leisten konnten. Wie Ihr seht, sind auf dieser Seite die Türme und die Hochmauern gut im Stand, und hier steht auch das meiste von unseren Geschützen. Das Ybbstor mit seinem festen Turm deckt uns dabei die linke Flanke, und drüben tut ein Gleiches das neue Spital mit seiner Kirche. Das liegt zwar schon außerhalb der Stadtmauer, wir haben es aber gleichwohl bewehrt und in die Befestigungen einbezogen, da es sich sehr empfiehlt, an jenem wichtigen Eckpunkt ein Vorwerk zu haben."

Ich staunte, wie verständig und sachkundig der Stadtschreiber von derlei kriegerischen Dingen sprach, wie ein alter Feldhauptmann schier. Wieder lachte der Meister Burkhart, als ich meine Verwunderung äußerte. „Es sind unter unseren Bürgergeschlechtern nicht wenige, aus denen dieser oder jener eine Zeitlang unter den Fahnen gestanden ist. Da rechnet es sich jede Patrizierfamilie als Ehre an, wenn einer ihrer Söhne als Stadthauptmann dem Kaiser ein Fähnlein ins Feld führt. Das ist so gekommen, seit der Maximilian das Kriegsvolk wieder zu einem ehrlichen und geachteten Stand gemacht hat."

Ein paar hoch beladene Planenwagen rumpelten und knarrten an uns vorbei durch das Tor in die Stadt hinein, Rindvieh und Pferde folgten nach, von kläffenden Hunden umringt.

„Es ist ein Mandat an die Landbevölkerung der Umgebung ergangen", sagte der Stadtschreiber, „sie solle sich nach Möglichkeit samt aller fahrenden Habe in die Stadt flüchten. Die Hausbesitzer in der Stadt sind verhalten, die Flüchtlinge aufzunehmen und ihnen Obdach zu geben. Wie sie denn auch Feuerlöschgeräte und Wasser bereit halten müssen, Lebensmittel und Wein einlagern und dergleichen mehr. — Ihr wißt ja, Junker, was da alles zu besorgen ist, wenn der Feind im Land steht, und eine Belagerung droht."

„Wollen wir jetzt ein Stück die Stadtmauer entlanggehen!" schlug der Neubinger vor. Wir stiegen zum Wehrgang empor und gingen hinüber zur Spitalskirche, vorbei an Schießscharten und Pechnasen, Pulverkammern und Geschützständen. Zwei Männer in geschlitzten Wämsern und breiten Federhüten begegneten uns und meldeten dem Stadtschreiber.

„Vorerst sind bloß unsere Söldner auf den Mauern", erklärte uns der im Weitergehen. — „Die Bürgerwehr bezieht ihre Posten erst, wenn Alarm gegeben wird."

„Und wie geschieht das?"

„Bei Tag durch Rauchzeichen, bei Nacht durch Feuer. — Seht da drüben den kahlen Höhenrücken. Ihr erkennt oben neben dem großen Gehöft das vorbereitete Reisigwerk. Es steht Tag und Nacht ein Späher dort oben. Gleiche Posten sind rings in der Gegend verteilt, nach genauem Plan, die Berge entlang bis nach Wien und nach der anderen Seite bis in die Steiermark. Wenn es ernst wird, soll die Bevölkerung zudem durch Schüsse und Glockenläuten alarmiert werden."

Wir waren an der Spitalskirche vorbeigekommen, nun bog die Mauer ab und zog sich am Hang eines schmalen Talgrabens nach Norden. Nicht lang, und wir standen vor der Burg. Die liegt auf einem steil aufragenden Felssporn, dort wo der enge seitliche Talgraben sich mit dem Tal der Ybbs vereinigt. Altersgraues Gemäuer, trutzig und schwer, mit einem gewaltigen hohen Turm in der Mitte. Zu beiden Seiten stürzen die Mauern in die Tiefe, gehen in gewachsene Felswände über, an deren Fuß sich rauschend und schäumend die Wasser brechen. Hier ist wahrhaftig kein Feind zu fürchten.

Der Stadtschreiber schaute mich nicht ohne Stolz an: „Ich hoff, Ihr seid, ungeachtet einiger Schönheitsfehler, zufrieden mit unserer Stadt, will sagen mit ihren Kriegsvorbereitungen."

Nun, ich mußte mir gestehen, daß ich sehr angenehm überrascht war nach dem, was mir der Pfleger von Zell vorher gesagt hatte. Freilich: wie viele kleine Händel und Schwierigkeiten mochten den guten, aber rauhen und plumpen Alten verärgert und verbittert haben und sein ungerechtes Urteil verständlicher machen.

„Also auf gute Zusammenarbeit und Kriegsbruderschaft!" — Der Stadtschreiber schlug ein.

„Und ich bin auch dabei! — Im Namen der Stadt Steyr und ihrer Bürgerschaft! Und als Abgeltung sozusagen für den vielen Stapelzins, den ihr uns immer zahlen müßt!" lachte der Meister Burkhart und legte seine Hand auf die unseren.

Am 26. Augusti

In der Stadt ist nun doch einige Unruhe zu verspüren, wenn auch kaum etwas von Angst oder Kopflosigkeit. Mehr und mehr werden die Flüchtlinge, schon stehen auf dem Oberen und Unteren Stadtplatz in langen Reihen die Wagen und Karren der Bauern. Auf den Festungswerken sieht man Geschützmeister und Stückknechte an der Arbeit; sie überprüfen die Falkaunen und Hakenbüchsen, schaffen hier und dort noch ein Geschütz aus dem Zeughaus auf einen Turm. Die Wachtposten an den Toren und auf den Wehrgängen sind verdoppelt, und einige bewaffnete Trupps liegen ständig arlarmbereit in der Nähe des Rathauses. Und vor der Stadt draußen, ybbstalabwärts auf dem Rabenberg, ist eine Schar Bauern am Werk, eine Schanze aufzuwerfen, die das Tal sperren soll.

Was mich selber betrifft, so hab ich noch nicht viel getan, aber gleichwohl hat sich mein Ruhm in der Stadt schon arg verbreitet. Ist allerdings bei Gott nicht mein Erfolg, sondern der des langen Kilian. Der fällt jeden Abend mit ein paar Kumpanen von einem Wirtshaus ins andere und hält dort den staunenden kleinen Leuten aus der Stadt gewaltige Ansprachen. Und dabei kommt es dann heraus, daß jetzt die Waidhofener keinerlei Angst zu haben brauchten, denn wo nun sowohl er, der Kilian, als auch der Junker Leutenant Konrad ihre Stadt verteidigen hülfen, hätten die Türken überhaupt keinerlei Aussichten mehr.

Mir ist das keineswegs lieb, zumal mir meine Leute auch sonst mancherlei Ärger bereiten. Da sind die schweren Reiter, die sich an zwielichtiges Weibszeug heranmachen; — da sind die Krobaten, die heute Eier braten, morgen Hühner und dann wieder Gänse, kein Mensch erfährt woher, aber auf dem Markt war ein großes Gezeter, die kaiserlichen Reiter hätten Eier gestohlen, es habe sie zwar niemand dabei erwischt, aber nur sie könnten es gewesen sein. Dann wieder gab es am Abend in einer Schenke in der Wasservorstadt Streit und Schlägerei, und der Ptakowitsch brach dabei einem Handwerksburschen zwei Rippen und etliche Zähne, bis die anderen sich zuletzt ermannten, mit Übermacht über unsere Krobaten herfielen und ihnen die Köpfe blutig schlugen. So wird es mir nicht leicht gemacht, das gute Einvernehmen zwischen der Waidhofener Bürgerschaft und der kaiserlichen Armada zu bewahren. — Der Willibald von Pyrhing wenigstens läßt mich zufrieden, und mich dünkt, er ist froh, daß nun ich das undankbare Amt des Vermittlers zwischen Zell und Waidhofen übernommen habe.

Heut hab ich mich auch beim Stadtrichter Erhard Wild vorgestellt. Der ist ein stattlicher Mann, scheint mir auch umsichtig wie nicht bald einer, aber, bei Gott, es scheint, den reitet gewaltig der Hochmutsteufel. Es ist nicht viel herausgekommen bei unserer Unterhaltung. Verärgert bin ich wieder fortgegangen.

Im Vorraum der Ratsstube hat mich dann der Neubinger abgefangen und ist zuletzt damit herausgerückt, dem Stadtrichter sei es sehr unlieb, und er wünsche es in keiner Weise, daß ein Kaiserlicher sich in die Angelegenheiten der Stadtverteidigung einmische. Doch, fuhr er dann gleich begütigend fort, er, der Stadtschreiber und die ganze Bürgerschaft würden mir sehr dankbar sein, wenn ich mich der Männer aus der Umgebung annähme, die jetzt mehr und mehr in der Stadt zusammenströmten. Starke und mutige Burschen seien da wohl genug dabei, aber eben ohne militärische Zucht und Erfahrung.

Mir war es recht, denn ich hatte keine Lust, mich dem Wild stillschweigend unterzuordnen, — mir aber kann es nur nützen, wenn ich außer meinen Reitern auch noch etliches Fußvolk zur Verfügung habe, und sei es auch ein wilder Haufen von Bauern.

Der Neubinger geleitete mich zu einer Gruppe von Höfen neben der Burg, wohin man die jüngeren wehrhaften Leute aus der Umgebung eingewiesen hatte. Bei der Toreinfahrt standen ein paar stämmige Burschen in Loden und Leder; einer wies eben auf die Vorteile seiner Waffe hin:

„Selbes Senseneisen hab ich so bogen: — bald er mich anspringt, der Türk, schneid't er sich selber die Gurgel ab!" hörte ich ihn erklären. Die Umstehenden nickten anerkennend.

Ein paar Mädchen mit fliegenden Zöpfen drängten und stießen sich lachend durch, beladen mit Körben voll Brot. — „Selbes Eisen borg ich mir hernach aus, Peter, — bald du mich wieder einmal anspringen willst!" rief eine — und: „Gilt schon, Gundl! — Ich spring schon! — Glaubst gar, ich fürcht mich!" scholl es zurück. Kreischend verschwanden die Mädchen im Torweg.

Ich trat in den Hof. Über einem mächtigen prasselnden Feuer drehte sich etwas Großes am Spieß, — als ich näher schaute, erkannte ich, es war ein Hirsch. Wie bekamen den doch die Bauernburschen, — derlei ist doch Herrenwild? Ein schwarzgelockter hagerer Kerl mit dunklen Fuchsaugen schien meine Gedanken erraten zu haben: „Wohl, — ist ein feines Wildpret das! — Jetzt schert sich kein Herr und kein Hund, was droben im Wald geschieht! — Ist schon was wert, wann der Türk im Land steht, — und ein Tropf, wer das nicht nützt!" Er zog ein blankes breites Messer aus dem Gürtel, stach in das Fleisch, — „ist bald gar, — könnt gleich mithalten, Herr", grinste er.

„Gern, — aber zuvor erzähl mir, wer du bist und woher du kommst. — Wenn wir schon zusammen wider die Türken ins Feld ziehen wollen, sollten wir doch zuvor einander kennenlernen."

„Ho, — ich bin der Kaspar Henegger!" rief der Schwarze. — „Daheim bin ich überall, wo es Feichten zum Kohlenbrennen, Sterz zum Essen und Madeln zum Drucken gibt! — Und, Herr, daß Ihr es wißt: — Feichten und Sterz und Madeln gibt es bei uns genug — und so welche!" — Er schnalzte mit Zunge und Fingern.

„Schon gut, — der Braten schmort dir an, — paß auf! — Erzähl mir lieber du da was!" wandte ich mich an einen anderen; es war ein großer kräftiger blonder Bursche, der ruhig und schier etwas linkisch und schüchtern dabei stand.

„Ich bin der Michel Perger vom Petersberg aus der Grüßau. Der

Hof ist in den Bergen; so Gott will, kommt der Türk nicht dahin. Der Vater hat droben hoch am Schwarzkogel die Almhütten, dorthin ist die Mutter mit den kleinen Geschwistern. — Aber, Herr, — nur mich verstecken und warten, bis der Türk wieder fort ist, das taugt mir nicht. Drum bin ich da."

„Wohl!" sagte ein anderer; älter wirkte er und erfahrener. „Ich bin der Gotthard Ennsmann vom Hof Furtenreith in der Opponitzer Pfarr. Was ist das für ein Leben, wenn du alle paar Jahr mitten in der besten Sommerszeit Korn und Habern liegen und stehen lassen mußt und dich verstecken oder wie ein Kriegsknecht im Land herumstreunen! — Nein, — die heidnische Brut, die höllische, die muß jetzt einmal ausgeräuchert werden! — Schläg müssen die kriegen, daß ihnen das Wiederkommen für lange Zeit vergeht!"

„Das gebe Gott! — Aber jetzt sagt mir noch: sind alle aus euren Dörfern und Einschichten hieher nach Waidhofen gekommen, ich meine alle Männer, die Waffen führen können?"

„Ah wo!" rief einer, — „die Angsthasen und die Narrischen, die sind grad daheim blieben!"

„Was soll das heißen?"

„Alsdann: die sich nur verstecken, mit Weib und Kind und Vieh und Gesind, irgendwo im Wald oder in den Höhlen oder auf den Almen. Sich verstecken, mit den Knochen klappern und Rosenkranz beten: Alle heiligen Nothelfer steht uns bei, wo wir selber uns in der Not nicht zu helfen wissen. — Oder nicht trauen!"

„Wirst wohl recht haben. — Aber wer sind die Närrischen, von denen du redest, daß sie auch daheim blieben sind?"

„Ja, das sind diejenigen, welche glauben, sie könnten mit ein paar Mannder der Türken in einem offenen Dorf Herr werden oder gar auf freiem Feld. Unser Amtmann in Hollenstein ist so einer, und unser hochwürdiger Pfarrer der zweite. — Wißt: ich bin der Michel Hueber von Oberhinterstein im Hollensteiner Amt, — die möchten, daß wir alle im Dorf uns sammeln, in einem unbewehrten Dorf! — Ha: wenn die Wölf kommen, wer bleibt da freiwillig und allein die Nacht über im Wald? — Ein Narr wär das! — Und grad so ist's jetzo!"

„Gut also, — dann seid ihr alle zusammen hoffentlich diejenigen, die sowohl Mut haben als Verstand zugleich, wie es für einen Kriegsmann vonnöten ist. — Wie viele seid ihr?"

„Es wird nicht viel auf ein Hundert fehlen", sagte der Gotthard Ennsmann, — „und es werden unser von einem Tag auf den anderen mehr."

„Und wer wird euch führen?"

Gemurmel ringsum, Rufe brandeten auf, — abschätzende Blicke trafen mich. Da gebot der Gotthard Ennsmann der Schar Schweigen.

„Herr, der Stadtschreiber Neubinger hat Euch zu uns gebracht, wir haben es gesehen. Und vorher hat er uns angesagt, er wollt uns einen Offizier von den Kaiserlichen schicken. Der seid also wohl Ihr. So wird's nun auch recht sein. Ist alleweil am besseren, es schafft einer uns an, der das Kriegshandwerk versteht."

„Gut!" sagte ich, — „soll's so sein! — Und jetzt schneidet endlich den Hirsch an, bevor er uns noch verbrennt!"

Am 29. Augusti

Ich hatte drei von meinen Reitern mit Meldung an den Schertlin nach Krems geschickt; gestern abend sind sie wieder gekommen mit etlichen Nachrichten. Der Juritschitsch in der Festung Güns hält sich dem Vernehmen nach noch immer gegen das Hauptheer des Sultans. Jedenfalls liegt solcherart das türkische Heer noch weit entfernt von der Stadt Wien. Dagegen sollen Scharen von Akindschi schon zwischen Sankt Pölten und Ybbs in den Vorbergen ihr Unwesen treiben, getrauen sich aber nicht bis an die Donau, zumal der Schertlin einen Teil seiner Reiter nach Melk und Herzogenburg gelegt hat.

Ich habe mittlerweile die Stadt Waidhofen und ihre Befestigungen gründlich kennengelernt, bin auch in der Umgebung umhergeritten, die Täler hinein bis nach Ybbsitz, Opponitz und Gaflenz und auf die Höhen vor der Stadt, vor allem auf den Sonntagsberg, von dessen bekrönendem Kirchlein man schier endlos weit ins Land hinausschaut. War ein Bild des tiefsten Friedens, was ich von dort sah. Noch trübte, so weit der Blick ging, kein graues Rauchgeschwele den tiefen blauen Himmel, nur schneeweißes Gewölke wuchs und stieg über das gleißende Hügelland, — und darunter flimmerten goldgelb und braunrot die Felder, selig in der Gnade ihrer Reife der Ernte entgegenwartend, — ahnungslos, daß doch ein ganz anderer Schnitter als sonst ins Land gekommen ist.

Mit meinen neuen Gefolgsleuten verbringe ich einen guten Teil des Tages. Hab mir zum ersten ihre Waffen zeigen und daran einiges ändern lassen. Dann habe ich alle hinaus auf das Feld vor der Stadt geführt, und etliche von meinen schweren Reitern müssen die Bauersleute nun in allerhand Künsten und Finten des Spießfechtens unterweisen. Es ist eine Freude, zu sehen, wie die Mannschaft, so schwerfällig sie auch am Anfang erschienen ist, sich rasch und geschickt darein findet. Einige von den Bauern und vor allem von den Sensenschmieden sind freilich schon vor drei Jahren bei den Rotten mitdabeigewesen, die hier und dort im Vorland von Waidhofen eine Schar Akindschi aus dem Hinterhalt überfallen und aufgerieben haben. Stolz auf ihre Erfahrung können die jetzt nicht genug davon erzählen.

„Im Ödgraben drin seind etlan zwei Dutzend kommen, haben die Ortsmühl verbrennt und den Müller erschlagen. Dann sind sie weiter. Aber wie sie droben in den Wald kommen sind, und 's ist schon dunkel worden, da ist ihnen der Schiech angangen, und sie sind umdreht. Während dem haben wir unten bei der Mühl die Brucken zerhackt, daß die Türken durch den Bach haben müssen. Jetzt war's aber schon auf die Nacht, — und wie die Türken grad im Wasser sind, — ihre Rösser haben gar nicht voran mögen auf den glitscherten roglerten Steinern, — da sind wir mit einmal aus dem Wald außi, von allen Seiten, und über die Türken her. — Ist keiner heimkommen."

Noch lieber, scheint es mir, hören sie es aber, wenn ich ihnen etwas erzähle, vor allem von Wien. Die Männer und Burschen können nicht genug zu hören bekommen von der Belagerung und den Kämpfen mit den Türken; die Frauen und Mädchen, die sich dann oft dazu gesellen, wollen lieber von der Kaiserstadt hören, wie dort die Leute schön gekleidet sind, wie es auf den Gassen und Marktplätzen zugeht, von der Pracht der Bürgerhäuser, den vielen Kirchen, vom Stefansdom und der kaiserlichen Burg.

„Ja, wie kann denn das überhaupt alles in so einer Stadt Platz haben", fragte eines der Mädchen voll ungläubigem Staunen.

„Ah, was glaubst, Gundl!" belehrte sie der Michel Perger eifrig, „wie groß, daß Wien ist!"

„Sicher", sagte ich, „die Stadt Wien ist so groß, daß du dich beeilen mußt, wenn du zu Fuß in einer Stunde rund um die Mauer kommen willst. — Und drin steht ein Haus neben dem andern, sind drei, vier oder mehr Stockwerk hoch, — und drüber recken sich die Türme auf, um und um, viel höher noch, — und ganz über allem hinaus der Stefansturm, schlank wie ein Fichtenbaum; — wenn ihr den Waidhofener Pfarrkirchturm drei- oder viermal übereinander stellt, ist der Stefansturm alleweil noch der höhere. — Und Leut wohnen in der Stadt Wien, so viel wie in allen Herrschaften hier rundum zusammen, in Waidhofen und Gleiß und Ybbsitz und Lunz, — oder noch mehr."

Die Zuhörer rissen Augen und Mäuler auf, und dann fragte einer: „Ja, — aber — wo haben denn die vielen Leut dann ihr Vieh?"

Ich mußte lachen: „Die haben überhaupt kein Vieh; ein kleines Obstgärtlein hinter dem Haus, wohl, — aber sonst, — höchstens der eine oder andere irgendwo draußen einen Weingarten, und den hat er meistens verpachtet. — Sie leben eben alle vom Handel und von ihrer Handfertigkeit, soweit sie nicht Beamte oder Bedienstete des Kaisers oder der Stadt oder irgendeiner großen Herrschaft sind."

Nun schwiegen die anderen, — und in das Schweigen hinein seufzte auf einmal die Gundl: „Mein, — ich glaub schier, ich tät Angst haben, wann ich mitten in so einer großen Stadt müßt leben!“

Ich sah sie an. Sie war ein schönes und wohlgestaltetes Geschöpf, anmutig trotz aller Kraft, die in ihr stecken mochte. Die blonden Zöpfe lagen wie schwere goldene Ketten aus reifem Korn auf ihren Schultern. — Menschen dieser Art gedeihen wohl wirklich besser zwischen Himmel und Bäumen und Felsen als zwischen Mauern und Dächern. — Ich ließ meine Blicke über die Burschen wandern; noch glühten ihre Gesichter, funkelten ihre Augen von dem, was ich ihnen von den Kämpfen um Wien erzählt hatte, und in allen Mienen stand die Begier, ähnliche Dinge zu erleben und zu vollbringen. —

Am 1. Septembris 1532

Jetzt ist die Stadt Waidhofen im vollen Zustand der Verteidigung. Alle Schanzen und Geschütze sind bereit, und auf dem Pfarrkirchturm, dem höchsten Punkt der Stadt, wachen immerfort Beobachtungsposten: Zwei Mann, der Klingenschmied Nußpamer und der Schleifer Paurnwirt, lösen einander dort oben Tag und Nacht ab. Sie sollen durch Glockenläuten jede Annäherung eines Feindes an die Stadt anzeigen.

Ich habe meine Bauersleute in Rotten aufgeteilt und ein paar Ältere und Erfahrenere ihnen als Rottenführer vorgesetzt, den Gotthard Ennsmann, den Lambrecht Stubner, den Andre Karlsgrabner — er ist der Gundl ihr Vater — und noch ein halbes Dutzend. Die Burschen sind ausgelassen und guter Dinge; lägen und ständen nicht an allen Ecken und Enden Waffen, man könnte schier glauben, es gälte ein Kirchweihfest und nicht einen Kampf auf Leben und Tod. Es liegt den Burschen wohl das Raufen und Dreinschlagen seit Urzeiten tief im Blut, — und daß es diesmal nicht gegen ihresgleichen geht, gegen die aus dem Nachbardorf, sondern gegen den Erbfeind aller Christenheit, das ist nur angetan, den Reiz des Abenteuers zu mehren.

Ich selber fühle mich dabei mitten in all dem fröhlichen Getümmel oft recht einsam und verlassen. Ist eigentlich keiner da, mit dem ich so recht aus vollem Herzen reden könnt, daß er mich auch ganz versteht. Die Bürger drüben, — ja, mancher ist mir recht lieb geworden, der Stadtschreiber Neubinger und der Meister Burkhart, der Ulrich Eysele, der wackere Schwabe, oder der Wolf Huber, der beste Späher und Kundschafter aus der Bürgerwehr. Es sind tapfere und ehrliche Männer, sicherlich, aber bleiben in allem doch immer kühl rechnende und abwägende Kaufleute. — Meine Krobaten, — wohl es sind brave Burschen, und ich kann mich auf sie verlassen; sie werden mit mir und für mich durchs Feuer gehen. Ich verstehe jetzt auch schon leidlich, mich mit ihnen zu verständigen, hab manches gelernt von ihrer Sprache, aber es ist doch immer nur vom Alltäglichen die Rede.

Vielleicht stehen mir in dieser Zeit meine Bauernburschen noch am nächsten, und fühle ich mich in ihrer Gesellschaft am wohlsten. Ist das, weil meines Vaters Vater selber noch ein Bauer gewesen ist? — Oder was sollte es sonst sein?

Ich bin heute schon zeitig nach dem Burghof gegangen, wo sich die Bauernmannschaft immer sammelt. Die Karlsgrabner Gundl saß auf einem Schemel, vor sich einen großen Korb mit Lauchstengeln, und putzte mit flinken Händen das Blattwerk.

„Mir scheint, du hast Übung drin, — Essen zurichten für einen Haufen Leut!“ sagte ich und blieb bei ihr stehen.

Sie blickte zu mir auf, — ihre Augen waren blau und dunkel und tief, — so mochte ein See ausschauen irgendwo hier in den Bergwäldern. — Dann lachte sie und nickte.

„Wohl! — Wir sind bald zwei Dutzend Leut daheim auf dem Hof, — die fressen schon was zusammen!“

„Wo ist denn euer Hof?“

„Auf der Rottenmauer, drenter'm Oisberg, ganz hoch droben über'm Tal. — Der Ähnl hat noch im Karlsgraben herenter'm Berg gehaust, hat seinen Nam von dort mitbracht. — Aber das ist eine wüste Gegend dort, und wachst schier gar nichts wie Wald.“

„Und euer jetziger Hof?“

„Auf der Rottenmauer meint Ihr? — Ja, dort ist's schon viel besser. Die Sonn scheint bald das ganze Jahr. Aber kalt ist's schon auch bei uns, weil's halt gar so hoch droben ist. Bald das halbe Jahr liegt der Schnee.“

„Was macht ihr denn da gar, den ganzen langen Winter?“

„Ja, no, allerhand schon: spinnen und weben und den Mannerleuten ihr Zeug flicken.“

„Und was machen die Männer?“

„Die sind draußen im Holz. Bloß, bald es gar zu wüst weht und schneit, müssen sie auch daheim bleiben. Da tun sie dann halt schnitzen und Körbel flechten.“

„Eigentlich müßt das schön sein“, sagte ich nach einer Weile, — „so in einer festen warmen Stuben sitzen, — und du flickst mir den Rock, und ich schnitz dir einen schönen Kochlöffel dafür.“ — Ja, so sagte ich — und wußte mit einem Mal nicht, hatte ich das nun im Scherz gemeint oder im Ernst.

Der Michel Perger stand auf einmal neben mir, schüchtern und bescheiden wie immer, — oder stand da nicht etwas auf dem Grund seiner Augen, was ich darin noch nicht kannte, — halb Traurigkeit schien es und halb Zorn.

„Der Herr Stadtschreiber schickt mich. — Er läßt Euch fein bitten, Ihr mögt gleich zu ihm kommen.“

Verwünscht, — was wollte denn der gerade jetzt von mir? Wohl wieder irgendeine Schreiberei, überflüssig wie alles dergleichen! — Ich stand unschlüssig. Der Michel aber setzte sich neben die Gundl auf den Türstaffel, zog sein Messer aus dem Gurt, langte in den Korb und begann Lauchstengel zu putzen. — Da ging ich. — Hätte ich mich etwa auch dazusetzen und Lauch putzen sollen? — Als kaiserlicher Offizier vom Regiment des Eck von Reischach!

Es war in der Tat nur eine belanglose Aktenfuchserei, deretwegen mich der Neubinger hatte rufen lassen. — Genau so hatte ich es mir vorgestellt!

Als nach einer guten Stunde Hin und Her etliche Schriftstücke aufgesetzt waren, und der Neubinger seinen Streusand darüber geschüttet hatte, beeilte ich mich, nach dem Schloßhof zurückzukehren. Aber es war sowohl die Gundl verschwunden als auch der Michel mitsamt dem großen Korb.

Am 2. Septembris

Nun wartet die ganze Stadt. Es ist nicht nur der schwüle Spätsommer, in dem die letzten schweren Gewitter drückend in der Luft liegen, — es ist in jedem einzelnen von uns.

Bin am Vormittag wieder auf den Sonntagsberg hinaufgeritten, wußte selber nicht, warum. — Hab meine Bauern hinausgejagt auf das Feld an der Ybbs, tat so, als ob der Türk schon wahrhaftig vor der

Bild rechts:
Die „Schanzbauern“ der Regimenter, Vorläufer der Sappeure, hatten Mauern und Basteien auszubessern und zu verstärken, Gräben, Wälle und Schanzen anzulegen, Schießlöcher und Minengassen zu graben. Aber auch „Marketender und Handelsleut und alles fahrende Volk, das sich beim Troß herumdrückt“, wurde „zum Schanzen getrieben“, wie auch alles „Landvolk aus den umliegenden Dörfern“.
Kriegsbuch des Leonhart Fronsperger, 1596 (K. A.).

Bilder umseitig:
Türkische Greueltaten.
Neudruck eines seltenen Holzschnittes aus der Sammlung des k. k. Feldzeugmeisters Ritter von Hauslab. Gezeichnet von Hans Schrott (H. M. d. St. W.).

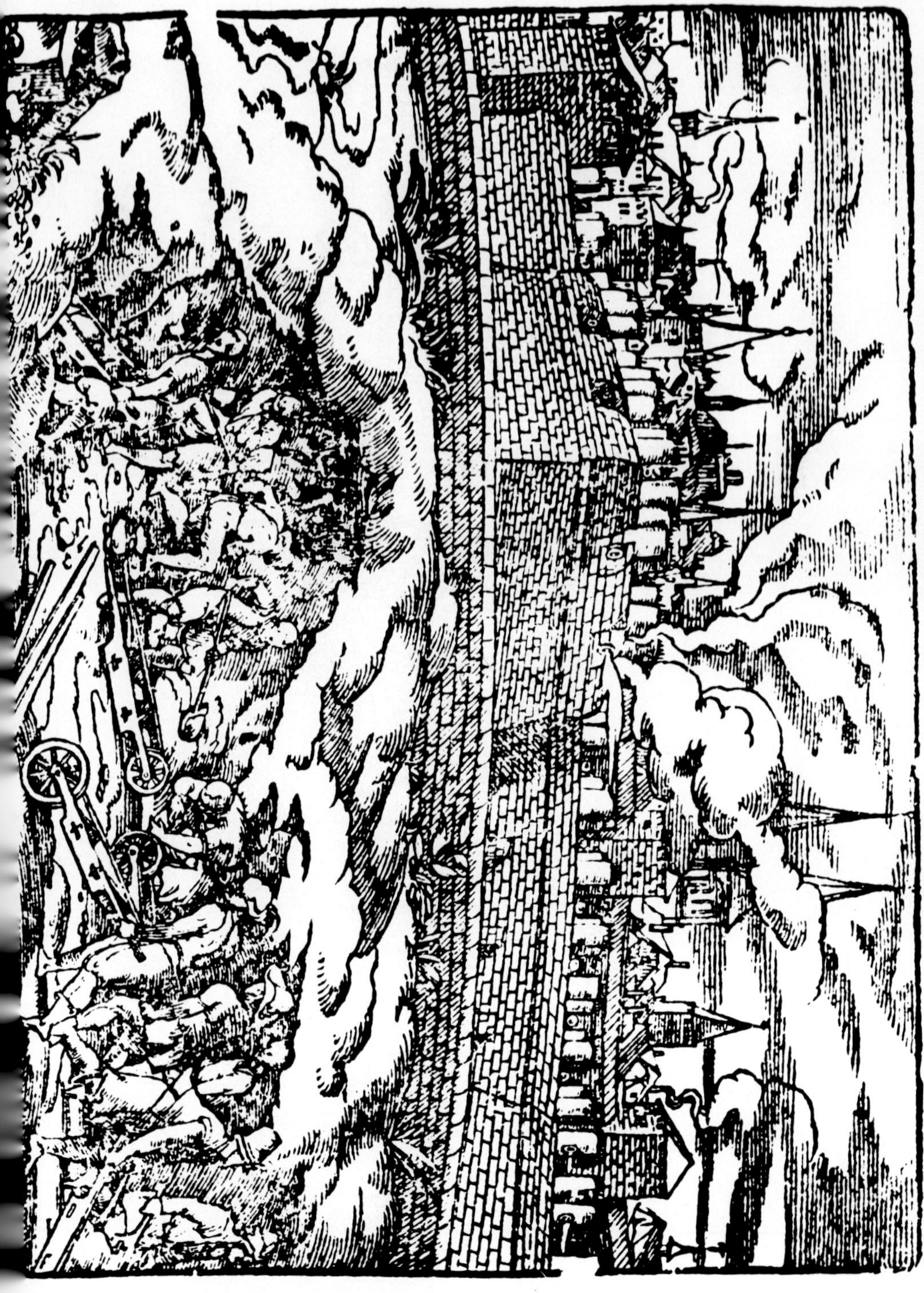

Neudruck ei

aus der Sammlung St. E

Wiener culturhistorische Bilderbogen.

Gezeichnet v. Hans Schrott.

Verlag v

…en Holzschnittes

F. Z. M. Ritter von Hauslab.

No 1.

…uchhändler.

Lith. Inst. v. F. Köke, Wien.

Stadt stünde, wollte sehen, ob die Mannschaften auch geziemend rasch unter Waffen und in der Ordnung stünden. — Dann hinüber nach Zell und dasselbe mit meinen Reitern! — Ich hätte wohl zufrieden sein können mit ihnen und konnte es doch nicht und war zuletzt unruhiger als je zuvor. — Ich wollte einen Bericht niederschreiben an den Schertlin und zerriß über ein kurzes das Papier wieder; — was gibt es auch schon zu berichten?

Zuletzt ging ich wieder nach Waidhofen hinüber und zur Burg hinauf. Es war wohl Zufall, daß ich im Hof wieder die Karlsgrabner Gundl traf. Sie stand an einem großen Bottich voll heißem Wasser und wusch und bürstete vielerlei Geschirr und Gerät. Hätte ich ihr diesmal behilflich sein sollen? — Nein, das ging wohl schon gar nicht an! — Aber unser unterbrochenes Gespräch konnte ich wohl fortsetzen.

„Sag, — wenn euer Hof so ganz hoch droben am Berg liegt, — da ist doch wohl kaum Gefahr, daß die Türken bis zu euch hinauf kommen?"

„Nein, — das wohl kaum!" sagte sie.

„Und warum bist du dann hier?"

Sie schwieg eine Weile. — „Der Vater ist ja auch herunter gekommen und meine drei älteren Brüder. — Und von den Burschen rundum — der Rigler Andre — und der Prandstetter Sepp — und der Heigl Thomas — und — und — der Perger Michel — und — und —"

„Und wo die Buben fortziehen, da leidet's die Madeln auch nimmer daheim!" ergänzte ich — und wußte wieder nicht, ob ich über meine Worte lachen sollte oder mich ärgern.

Die Gundl strich sich verwirrt mit der nassen Hand über die erhitzte Stirn. — „Ich — ich muß jetzt in die Kuchl!" — Und sie schlüpfte an mir vorbei zum Seitentürchen hinein. Just im selben Augenblick sah ich bei der vorderen Tür den Michel Perger mit einem großen Korb voll Scheiterholz hineinkeuchen, — und mit einem Mal wußte ich, daß ich auf den Burschen richtig eifersüchtig bin!

Bild links:
1529 — der Türk' im Land! Akindschi, das heißt „Überschwemmer", das Volk nannte sie „Renner und Brenner", führen Gefangene mit sich. Hals- und Handfesseln verhindern Flucht und Gegenwehr. Zeichnung von Karl Alexander Wilke (ÖBV).

Wahrhaftig, — der Kirchweihrummel in der Burg wird immer schöner! Gestern waren auf einmal Musikanten da: zwei mit Fiedeln, einer mit einer Posaune und etliche mit Zinken und Querpfeifen. — Von irgendwo aus der Burg brachten sie dazu eine große Landsknechtstrommel, und schon erklang der Hof von fröhlichem Pfeifen und Geigen, Flöten und Brummen.

„Tanzen! — Wir wollen tanzen! — Spielt uns was auf!“ rief es dort und da, immer stürmischer. Kräftige Fäuste packten zu, Bänke und Tische wanderten in die Ecken, schon war die Fläche des Hofes freigelegt, holten sich die Burschen ihre Mädchen zum Tanz.

Geruhsam schaute ich zu; ich verstehe nicht, nach Bauernart zu tanzen, und hatte auch keine Lust, es hier vor aller Augen erstmalig im Leben zu versuchen. — Und es blieb mir nicht verborgen, daß sich der Michel Perger fast jedesmal die Karlsgrabner Gundl zum Tanz holte, und sie es nicht ungern zu leiden schien.

Wieder einmal verklang die Musik. — Und in die plötzliche Stille hinein schlug des Kaspar Henegger höhnisches Lachen:

„Und unser Herr Junker Leutnant versteckt sich in der Ecke und tut wie ein schüchternes Mönchlein! — He, wißt Ihr nicht, daß der Herrgott die Weiberleut drum um die Mitten herum dünner gemacht hat, damit dem Mann dort das Zupacken leichter wird? Ihr seid der erste, der mir glauben machen will, er hielte nichts vom Tanzen!“

„Hoho, — gilt nicht! — Nur keinen Rückzug! — Steht einem kaiserlichen Offizier schlecht an!“ — schrie der Henegger.

Der Kerl wurde mir langsam widerlich. Aber er schien die ganze Menge angesteckt zu haben, denn alles tobte und schrie jetzt ringsum: „Einen Tanz, — ja, Herr Junker, — einen Tanz! — Wir wollen Euch tanzen sehen! — Holt Euch eine Dame!“

Und da stand ich plötzlich vor der Gundl. Ich weiß nicht, ob ich in diesem Augenblick glühend rot war oder totenbleich oder ganz wie sonst, — ich weiß nur, daß ich in Wahrheit nichts tat, sondern mich nur von irgend etwas lenken, treiben ließ. Und die Gundl mit starren, weiten Augen ließ sich von mir führen, — willenlos auch sie. Aber wie nun ihre Hand in der meinigen lag, da schien nun mit einem Mal nicht nur diese geheimnisvolle treibende Kraft von mir auch auf sie übergegangen, sondern auch alles andere, was in mir, in meinem Wesen lag.

Die Geige setzte ein: dunkel schmelzend strömten die Töne, — Töne voll wonniger Trunkenheit. Die Gundl folgte mir wie im Traum, wie gelenkt von geheimnisvollen unsichtbaren Fäden. Das Geigenspiel schlug um, wurde werbender, lockender, drängender. Ich umfaßte sie, näher kamen wir einander, schmiegsamer, inniger, bewegter wurde unser Drehen und Gleiten. Längst war alles um uns versunken, die Burg und die Bauern, die Stadt und die Türken, — nur mehr die Geige war da, die Gundl und ich.

Da plötzlich verlosch das Spiel, — jählings abgeschnitten im höchsten Jubelrausch. — Starr, — bewegungslos verhielten wir mitten auf dem Platz. — Ja, — undeutlich, in weiter, weiter Ferne, war wieder Rufen und Murmeln und Lärmen, — ich merkte es wohl, aber es war nicht wirklich, denn da waren hundert gläserne Mauern dazwischen und um uns herum, und in der Mitte standen wir beide und hielten uns umfangen. — Ich fühlte es: — wir zitterten in der Furcht, einander loszulassen.

Dann war auf einmal eine rauhe feste Stimme neben mir, aber ich verstand nicht, was sie sagte. Und ich schaute in ein bärtiges, verstaubtes, sonnenverbranntes Gesicht unter einem verbeulten Eisenhelm, Augen blitzten auf mich, ungeduldig und wohl etwas erstaunt und ärgerlich. Und dann fielen die gläsernen Mauern, langsam eine nach der anderen, immer rascher, — und da stand der alte Albrecht vor mir und sagte, wohl schon zum siebenten Mal: „Herr, ich hab wichtige Nachricht vom Hauptmann Schertlin von Burtenbach; — könnt sein, es ist eilig."

„Wieso, — was ist?" stammelte ich, noch immer sehr verwirrt.

„Nun, — so bald wird keiner mehr durchkommen, denk ich. Die Türken hausen erbärmlich in der Gegend von Ybbs. Bin geritten wie der Satan, hätt es aber gleichwohl kaum geschafft. Hab vor ihnen müssen mitsamt dem Pferd über die Donau schwimmen, sonst wär es aus und geschehen gewesen mit mir. — Da ist der Brief vom Schertlin; ich hoff, Ihr könnt ihn noch lesen."

Ich nahm das Schreiben; der Brief, zerknittert und eingerissen, war in der Tat nur schwer mehr zu lesen. Ich begann ihn, Wort für Wort, zu entziffern. Bald wurde ich aufmerksamer, gespannter. Was da stand, war wissenswert und bedeutsam genug!

Zuvörderst erfuhr ich von der Feste Güns, daß der Juritschitsch, nach achtzehn fehlgeschlagenen türkischen Sturmangriffen, und weil seine Lage hoffnungslos geworden war, in den letzten Tagen des Augusti, gegen Zusicherung eines ehrenvollen Abzuges mit seiner gesamten Mannschaft den Platz dem Sultan übergeben hätte. Nun aber sei der Sultan glücklich so spät im Jahr dran, daß er offenbar fürchtet, er käme in den Winter und es würde ihm vor Wien wieder so ergehen wie vor drei Jahren. Hat sich daher, so viel durch Kundschafter festzustellen war, mit seiner Hauptmacht in die Steiermark gewendet, was wohl bereits den Anfang seines Rückzuges bedeutet.

So weit die Nachrichten, und nun kamen die Aufträge an mich. Es ist anzunehmen, daß die Akindschi — an die zwanzigtausend Reiter —, die zur Zeit noch im Viertel ober dem Wienerwald sich herumtreiben, sobald sie erst vom Abzug des Sultans erfahren, eilends ihm nachziehen werden, irgendwo durch die Gebirgstäler nach Osten hin. Denen soll ich nun mit meinen Reitern auf den Fersen bleiben und bei guter Gelegenheit an den Schertlin nach Krems oder besser noch gleich an die Hauptarmee vor Wien Nachricht senden, denn man gedenkt, die Akindschi irgendwo zwischen dem Wienerwald und dem steirischen Gebirg abzufangen und ihnen aufs Haupt zu schlagen.

Das alles ist nun wahrhaftig sehr bedeutungsvoll, wenn auch im Augenblick noch keineswegs eilig. Denn da die Akindschi, wie von 1529 her bekannt, ihre Nachrichten vom türkischen Hauptheer recht spärlich und spät bekommen, ist voraus zu sehen, daß sie vorerst noch weiter nach Westen vorrücken werden, wahrscheinlich also auch bis nach Waidhofen. So werde ich also gut tun, mit meinem Häuflein noch hier zu bleiben und bloß durch ausgeschickte Späher die Akindschi zu überwachen. Das will heißen, da der Stadtrichter Wild am heutigen Tag Kundschafter nach Amstetten ausgesandt hat, so brauche ich mich vorderhand nur um die Gegend von Gresten und Scheibbs zu kümmern und kann im übrigen meine Reiter beisammen halten.

Ich blickte auf, schaute um mich, — geistesabwesend auch jetzt wieder. Die schwierige Entzifferung des Briefes, die aufregenden Nachrichten, die verantwortungsvolle Überlegung hatten mich nicht weniger gefangengenommen und entrückt wie vorher das andere.

Das andere, — was? — Ach ja, — der Tanz! — Ich war aufgesprungen, — wo war die Gundl? — Ich blickte im Hof umher, hastig, — suchend, — wütend, — der Michel Perger war auch weg!

Der Albrecht stand noch immer neben mir, wiewohl er vor Müdigkeit kaum mehr das Schwanken bemeistern konnte. „He!“ sagte ich zu den Umstehenden, — „gebt dem jetzt gleich was Anständiges zu essen und einen kräftigen Trunk. Und dann bereitet ihm ein gutes Lager, damit er sich wieder ordentlich erfängt!“

Ich schüttelte dem Albrecht die Hände: „Dank dir, Alter! — Bleibst jetzt bei mir! Kann dich brauchen!“ — Dann war ich weg.

Wo war die Gundl? — Ich stürmte in die Küche, — nichts! — hinaus in die Hinterhöfe, — hier auch nichts! — Was tat ich eigentlich? — Hatte meine Raserei einen Sinn? — Hatte ich ein Recht, so wütend zu tun, bloß wegen dieses einen Tanzes? — Recht hin, Recht her, — mit diesem Tanz war sie mein geworden, — halb mein, — und jetzt sollte sie es ganz werden! — Nein! — Nicht einem anderen gehören, — so einem Stillen, Braven! — Wer bin ich denn, daß sie mir einfach davonlaufen darf!

Ich fragte hier und dort, nach der Gundl und auch nach dem Michel. Aber niemand konnte mir Antwort geben. Zuletzt stand ich wieder in der Küche, — leer war der weite Raum jetzt, — wie tot. —

Da ließ ich mich auf einen Schemel fallen und vergrub das Gesicht in den Händen.

Plötzlich streifte mich ein Luftzug, ein Knarren hörte ich. Ich blickte auf: die kleine Tür neben mir war aufgegangen, und darin stand — der Michel. Stand still und schaute mich an, traurig und fast mitleidig. — Ich war aufgesprungen. — „Was willst du da!" stieß ich heraus; meine Fäuste ballten sich.

„Ich such die Gundl, — schon seit bald zwei Stund, — so wie Ihr, Herr."

Er suchte die Gundl! — So wie ich! — Und fand sie ebenso wenig, — hatte sie so wenig wie ich!

Mir war, als hätte mir einer einen Kübel kaltes Wasser ins Genick gegossen. Da hatte ich in den innersten Winkeln meiner Seele schon erwogen, ob ich diesen Nebenbuhler erwürgen, erstechen oder sonst was sollte, — und jetzt stand der gute, brave Kerl vor mir, — und hatte offenbar noch so etwas wie ehrliches Mitleid für mich übrig, bloß weil ich meinen Seelensturm weniger zu bemeistern und zu verbergen wußte als er.

Und da konnte ich nicht anders, ich brach in ein schallendes Gelächter aus.

Der Michel starrte mich ganz erschrocken an, wähnte gewiß, jetzt sei ich verrückt geworden. — Und nun hatte ich mich wieder in der Gewalt. Jetzt gab es aber nur mehr ein Geradeaus aufs Ziel.

„Du, — jetzt sagst du mir auf der Stell: wie steht es zwischen dir und der Gundl?"

Der Michel zuckte hilflos die Achseln, schwieg.

„Also was heißt: ich weiß es nicht? — Sag mir: hast du sie gern?"

„Wohl, — sehr!"

„Kann ich dir nachfühlen, geht mir auch so. — Und sie, — hat sie dich auch gern?"

Wieder das verzweifelte Achselzucken.

Wir schwiegen beide lang. In mir wühlte und arbeitete es, — und im Michel wohl ebenso. Dann gab ich mir einen Ruck:

„Werden sehen, was der Türk über uns beide für ein Urteil spricht. — Und bis dahin wollen wir Kameraden sein und nicht schlecht zueinander!"

„Und daß du siehst, wie ich mich nicht drück vor selbigem türkischen Urteil: — ich reit heut noch auf Kundschaft aus, hoff, ich komm bis Gresten oder gar bis Scheibbs und stoß auf die Akindschi! — Wenn du die Gundl aufspürst, dann sag ihr das! Und richte ihr einen schönen Gruß aus! — Mit Gott also!" —

Ich hab ein Trüppchen tüchtiger und beherzter Reiter zusammengestellt, zwei deutsche Kürassiere und den Kilian und dann den Janko Ptakowitsch mit noch drei Krobaten. Den Wolf Huber habe ich mir vom Stadtrichter als ortskundigen Führer ausgebeten. Mit denen allen bin ich gegen Abend losgeritten. Unruhig ist das Land jetzt auch in der Nacht: immer wieder lagen Dörfer auf unserem Weg, leer und verlassen die einen, voll von argwöhnischer Wachsamkeit die anderen; — geheimnisvolles Bewegen war hier und dort im Wald, — Postenrufe kamen aus der Finsternis, — dann wieder streifende Trupps, auf Kundschaft gleich uns, — aber von den Türken keine Spur. Wir sind bis Scheibbs und ein Stück darüber hinaus gekommen, und da ich bald wieder zurück sein wollte, sind wir zurück auf demselben Weg in einem geritten und waren in aller Herrgottsfrühe wieder in Waidhofen.

Hat so unser Ritt auch keinerlei kriegerischen Erfolg oder Erkenntnis gebracht, so hat er mir selber doch gut getan. Wem die kühle Nachtluft beim Reiten den Leib bis einwendig durchblast, dem lüften sich Herz und Hirn aus und kühlt sich das Blut ab. — Ich muß jetzt an andere Dinge denken als an Liebesabenteuer!

Aber wie wir dann endlich die Stadt vor uns gesehen haben, da hab ich doch wieder nichts anderes im Kopf gehabt, als daß da drin irgendwo die Gundl sitzt, und ich ja jetzt Zeit hätt, sie in Ruhe weiter zu suchen.

Bin also geradewegs ins Waidhofener Schloß, und der Zufall hat es diesmal gefügt, daß mir als erster der Michel begegnete.

„Nun, — wo ist die Gundl? — Hast sie schon gefunden?"

„Ja, — ist im alten Bürgerspital."

Ich erschrak. — „Um Gottes willen, — ist ihr was zugestoßen?"

„Ah wo, — arbeiten tut sie dort. Der Wild ist doch zugleich auch Spittelmeister, und da hat er nämlich gemeint, wo das neue Bürgerspital doch außer der Mauer liegt und daher vor dem Feind vielleicht nicht sicher, müßten wir auch ein Hospital in der Stadt herin haben. Und läßt er daher jetzt das alte Bürgerspital, das aufgelassene, rasch ein bissel herrichten. Dazu hat er heut in der Früh Bauerndirnen holen lassen, und die Gundl ist gleich mit hinüber."

„Und du gehst nicht hinüber zu ihr?"

Er wurde verlegen, bekam einen roten Kopf. — „Herr, — wenn sie was von mir wollt, dann käm sie wohl selber."

„Tropf du! — Trauen tust dich nicht! — Dann bist selber schuld, und geschieht dir recht!"

Und ich ließ ihn stehen und stapfte in meinen schweren Reiterstiefeln hinüber zum alten Bürgerspital. Das ist ein recht verwahrlostes Gemäuer an der Stadtmauer über dem Rettenbachgraben; schaut alles in allem einer alten Raubritterburg ähnlicher als einem Siechenhaus.

Aus dem Gebäude tönte Klopfen, Hämmern und Sägen von Tischlern und Zimmerleuten. Die Feldwaibelstimme der alten Babel, der Küchengewaltigen vom Schloß, schallte über den Hof, Mägde mit Besen und Fetzen und Wasserschaffen liefen hin und her; — als sie meiner ansichtig wurden, starrten sie mich mit offenem Mund an, stießen sich wohl auch hinter meinem Rücken kichernd und kudernd an.

Ich hatte die Gundl bald entdeckt; sie kniete auf der Stiege und bürstete mit heißer Lauge die Holzstufen. Sie schrak zusammen, als sie mich sah, stand rasch auf und wischte die Hände an ihrer Schürze ab.

„Schon wieder so fleißig!“ lachte ich, als ob alles wäre wie sonst.

„Daß Ihr nur wieder gut zurück seid?“ sagte sie leise und schaute auf ihre Schürze, als ob es dort Wunder was zu sehen gäbe.

„So?“ sagte ich laut und herausfordernd.

Da schlug sie die Augen zu mir auf; — Angst und Freude, Zuneigen und Abweisen, Unsicherheit und Qual, — das alles stand in ihrem Blick, wechselte ab wie Wetterleuchten.

„Hast leicht Angst gehabt um mich?“

„Ja — ja, recht arg!“ — und gleich setzte sie aber hinzu: „Hat man nicht um jeden Angst, den man draußen vor den Mauern weiß in solchen Zeiten?“ — Aber klang das nun auch ehrlich? — War das nicht Versteckenspielen?

„Wirst um den Michel auch Angst haben?“

Sie schaute mich starr an, schier entsetzt. — Warum nur? — Über meine Zumutung? — Oder weil sie wirklich solche Angst um den Michel hatte, schon jetzt?

„Du, Gundl“, fing ich ganz woanders an, — „sag doch ‚du‘ zu mir!“

Sie schüttelte leise den Kopf: „Nein, — das tät sich nicht gehören. — Ihr seid der Herr, — und ich die Bauerndirn.“

Und als sie verlegen schwieg, redete ich auf sie ein, drängender, leidenschaftlicher: „Du, Gundl, — ich schwör es dir: — nie hab ich je noch eine beim Tanz im Arm gehalten, mit der ich so eins geworden, so zusammenverschmolzen bin, so gespürt hab, daß wir einander zugehören!“

Wieder starrte sie mich entsetzt an: „Nein, — nein! — Der Tanz gestern, — so was ist eine Sünd!“ Ihre Augen füllten sich mit Tränen.

„Konrad“, sagte sie dann leise, — „quält mich doch nicht so. — Seht, Ihr seid brav und rechtschaffen, und der Michel ist es auch. — Aber Ihr sollt Euch eine Bürgerstochter freien oder auch ein Edelfräulein. — Es geht nicht gut und ist wider Gottes Ordnung, wenn sich nicht gleich zu gleich fügt.“ Und dann, nach einer Weile, während ich verzweifelt nach Worten suchte, mit denen ich ihren Starrsinn umbiegen könnte, — noch leiser: „Aber ich weiß wohl selber gar nicht, was ich eigentlich will.“

Nun, — das hörte ich gar nicht ungern! — Ihre Tränen hatten meinen Zorn ohnehin längst wieder weggeschmolzen. — Sollte ich ihr dasselbe sagen wie gestern dem Michel, von dem Urteil, das die Türken über uns sprechen sollten? — Nein, das würde sie nur ängstigen.

„Wir wollen es bis auf weiteres dem lieben Gott überlassen!“ —

Das war wohl das gleiche mit belangloseren und freundlicheren Worten gesagt. — Und die Gundl war mir dankbar dafür.

Waidhofen, am 5. Septembris 1532

Die Türken kommen!

Heut gegen Abend sind die Berittenen von der Bürgerwehr, die der Stadtrichter Wild auf Kundschaft ausgeschickt hat, zurückgekommen. In Hast sind sie in die Stadt gesprengt, auf schweißflockigen Pferden. Ich war eben auf dem Rathaus und vernahm so unter den ersten ihre Nachrichten. Die Akindschi sind überraschend im Ybbsfeld aufgetaucht, an Neumarkt und Blindenmarkt vorbei gezogen, stehen jetzt wohl schon bei Amstetten. Sollen ihrer mehr als zehntausend sein, und ihr Anführer der selbe Kasim Beg, der schon anno '29 die Verwüstungszüge ins Viertel ober dem Wienerwald geleitet hat.

Schon krachten Böllerschüsse auf den Mauern, wimmerten und dröhnten schauerlich die Sturmglocken. Hastend trafen die bewaffneten Bürger im Hof des Rathauses ein, einzeln erst, dann in kleinen Trüppchen, sammelten sich, aufgeregt schwatzend und gestikulierend. Auch der Erhard Wild und der Hans Neubinger erschienen nun.

Die Bürger hatten sich umständlich in Rotten geordnet. — „Seht", sagte der Neubinger, der sich wieder zu mir gesellt hatte, — „so ist das bei uns in der Stadt: jede Rotte stellt zugleich eine bestimmte Zunft dar. — Aber entschuldigt mich; — ich muß jetzt meines Amtes walten."

Das Rufen und Murmeln, das Rasseln und Klappern der Waffen hatte sich beruhigt. Jetzt trat der Stadtschreiber vor, entfaltete feierlich eine Pergamentrolle und begann Punkt für Punkt die Kriegsordnung zu verlesen. Wie bei einem rechtschaffenen Landsknechtsregiment war das. Und wie die Bürger dastanden, breitspurig und aufrecht, und die Fäuste um Spieße und Schwerter geballt, sah man es ihnen an, daß sie ehrlich und ernstlich gesonnen waren, ihre Kriegsartikel zu achten und zu halten und dies alles nicht als abenteuerliche Spielerei zu nehmen, sondern als harte Wirklichkeit und als heilige Pflicht.

Der Stadtschreiber hatte geendet, rollte sein Pergament sorgsam wieder zusammen. Der Stadtrichter Wild gab nun bekannt, daß von Stund ab alle Tore der Stadt geschlossen und versperrt zu bleiben hätten. Auch sollte von jetzt an die Bürgerwehr mit einem Teil ihrer Mannschaft die Wachtposten auf den Mauern und Türmen ständig besetzt halten, ihr übriger Teil aber jederzeit daheim alarmbereit sein. Dann teilte der Stadtrichter, unterstützt von zwei Gehilfen, den Rotten ihre Abschnitte an der Stadtbefestigung zu.

„Achtet wieder“, raunte mir der Neubinger zu, — „wer im Rat vorne steht, tut dies auch im Kampf: Wo’s am gefährlichsten ist, zwischen dem Ybbstor und der Spitalskirche, stehen die Messer-, Klingen- und Sensenschmiede auf der Mauer; — Schuster, Schneider und Hutmacher stehen hinten beim Schloß!“

„Wohl, — recht so! — Hab es anderswo ja leider auch schon umgekehrt erlebt!“ erwiderte ich.

Mit einem Mal hörte ich die Stimme des Meisters Burkhart hinter mir: „Wie schön und nützlich wär es, wenn die auf dem Reichstag zu Regensburg es auch so hielten! — Was könnten die hohen Herren Reichsfürsten nicht alles von einer bescheidenen kleinen ehrsamen Bürgerschaft zu Waidhofen lernen!“

„Freund Burkhart“, sagte der Neubinger, — „ich dank Euch für dieses Wort! — Und bitt Euch dafür einiges von dem ab, was ich wider Euch, will sagen wider Eure Stadt Steyr schon gelästert habe.“

„Schon gut!“ lachte der Burkhart und gab dem Stadtschreiber einen freundschaftlichen Stoß in die Rippen, wie ein solcher unter Ratsbürgern wohl sonst nicht üblich ist; — aber jetzt waren die alle ja mit einem Mal keine Ratsbürger mehr, sondern Kriegsgesellen!

Mit klingendem Spiel marschierte die Bürgerwehr ab. An ihnen vorbei sprengte ich nach Zell hinüber. Einen Teil meiner Reiter schickte ich auf die Beringmauer des Schlosses als Wachtposten, — will mich doch lieber nicht zu sehr auf die Wachsamkeit der herrschaftlich gleißischen Holzknechte verlassen. Freilich war ich dabei wieder in Nöten, denn die Krobaten haben, meine Abwesenheit nützend, des Willibald von Pyrhings Weinkeller aufgebrochen und sich gewaltigen Mut angetrunken. Welcher Mut jetzt nur sehr schwer zu bändigen war. Ich drosch zuletzt mit der flachen Klinge auf verschiedene struppige Schädel, und das wirkte einigermaßen ernüchternd.

Als ich nach Waidhofen zurückkehrte, standen bereits Wachtposten der Bürgerwehr auf der Ybbsbrücke und in der Wasservorstadt, und ich fand nur mehr beim Ybbstor Einlaß. Die Dämmerung war hereingebrochen, auf den Höhen rings um die Stadt loderten gespenstisch die Feuerbrände, vereinzelt hasteten noch Bewohner der Vorstädte und Bauern aus der näheren Umgebung der bergenden Stadt zu.

Auf dem Oberen Stadtplatz begegnete mir der Meister Wolf Huber. — „Ich such Euch eben“, sagte er, — „der Stadtrichter wünscht, daß Eure Bauern die Schanze auf dem Rabenberg besetzen.“

Die Bauern hatten sich im Burghof versammelt; Lagerfeuer flackerten und prasselten hier und dort. Ich schickte zwei Rotten unter dem Befehl des alten Andre Karlsgrabner hinaus zur Schanze. Die übrigen hieß ich, sich im Burghof weiter bereit zu halten, — an Schlafen war ohnehin nicht mehr zu denken.

Gegen Mitternacht ritt ich die Viertelmeile hinunter bis zur Schanze.

Der Andre Karlsgrabner hatte alles mit Umsicht geordnet und die Wachen aufgestellt.

Am 6. Septembris

Der Kriegszug hat hübsch übel angefangen!

Der Vormittag ist hingegangen mit Warten und Rätselraten. Der Wild hat gleich am Morgen neuerlich Kundschafter ins Ybbsfeld ausgeschickt. Das Wetter hatte über Nacht umgeschlagen; schwer und niedrig hing nun das Gewölk ins Tal herein. Ich bin in meiner Unruhe hin und her geeilt, war jetzt bei meinen Reitern im Schloß Zell, dann bei den Bauern in der Waidhofener Burg, dann draußen bei der Schanze und dann wieder auf dem Rathaus bei der Bürgerwehr.

Gegen Mittag eilte mir der Neubinger entgegen: „Der Stadtrichter möcht Euch dringend sprechen, Junker!"

Was wollte er wohl von mir? — Ich traf ihn in der kleinen Ratsstube. Er hatte offenbar schon auf mich gewartet, fuhr auf mich zu: „Junker, ich brauch Euch jetzt und Eure Reiter!"

Ei, kommst du mir so, dachte ich mir, — weisest mir erst die Tür und möchtest dann über mich verfügen! — „Habt Ihr Euch nicht scharf dagegen verwehrt, daß ich mich irgendwie in Eure kriegerischen Unternehmungen einmische?"

Ich sah, wie es in ihm wühlte und arbeitete. Plötzlich straffte er sich, schien größer zu werden:

„Junker, — dort ist der Türk, — und hier sind wir, — wir alle! — So — bitt ich Euch: — helft mir jetzt!"

Ich konnte ermessen, was es für diesen Mann bedeutete, solche Worte zu finden. Hastig streckte ich ihm beide Hände hin: „Verzeiht, — ich — ich wollte, — — was wünscht Ihr, daß ich tue?"

Er schlug ein, kurz, hart; — dann legte er los:

„Soeben sind meine Kundschafter zurückgekommen. Auf der Heide draußen wimmelt es von Akindschihaufen. Neumarkt sollen sie niedergebrannt haben, keiner weiß was Bestimmtes, und ist auch von den Höhen aus nichts Sicheres auszunehmen bei diesem Wetter. Jedenfalls: an den Markt Ulmerfeld — ist nicht ganz drei Meilen von hier — haben sie sich bis jetzt nicht herangetraut; der Ort ist gut befestigt und zudem noch durch eine Burg verstärkt. Sie lagern daher zur Zeit auf halbem Weg irgendwo zwischen Ulmerfeld und Amstetten.

Und nun, Junker, — Ihr wißt doch, was diese Akindschi für ein Volk sind! — Gefährlich nur, wo man vor ihnen flüchtet oder auch sich ihnen planlos entgegenwirft. — Nun aber, denkt: sie lagern, zerstreuen sich hierhin, dorthin, fühlen sich sicher! — Jetzt sie überfallen, das Lager, nach gutem Plan, — von mehreren Seiten zugleich anpacken, — nichts leichter, als sie jetzt zu vernichten!

Nur: bis ich mit meiner Bürgerwehr zu Fuß hinmarschiert bin, dauert es viele Stunden, und die Akindschi sind zuletzt doch gewarnt, fallen uns im offenen Land gar noch in den Rücken. Auch möchte ich die Stadt nicht entblößen; — weiß Gott, was noch alles daherkommt aus anderen Richtungen. — Und Berittene habe ich selber zu wenig."

„Meister Wild, — also: wann soll ich wo gestellt sein und mit wieviel Reitern?"

„So bald als möglich, hier vor dem Rathaus, — und je mehr, je lieber! — Aber ich bin noch nicht zu Ende. Ihr wißt ja noch gar nicht, was ich eigentlich von Euch will. — Hört also zu!

Es liegen überall in den Dörfern und Märkten draußen bewaffnete Bauernscharen. Nur: die haben alle jetzt den Kopf verloren, und es fehlt einer, der sie sammelt und anführt. Ihr habt ja jetzt schon Erfahrung im Umgang mit solchem Volk: holt Euch die Leute, aus Ulmerfeld, aus Neuhofen, aus Kematen, aus Aschbach und den kleinen Orten dazwischen. Ihr bekommt leicht ein paar hundert zusammen. Es ist viel Wald dort, und so könnt Ihr die Mannschaften unbemerkt irgendwo sammeln und mit ihnen auf geheimen Wegen gegen die Akindschi vorrücken. Ein halbes Dutzend gut berittener Bürger kann ich Euch mitgeben, als ortskundige Führer für Eure verschiedenen Trupps."

Keine halbe Stunde später standen meine Reiter aufgesessen und marschbereit auf dem Unteren Stadtplatz. Die Kürassiere reckten und rührten sich im Sattel, daß Rüstung und Waffen nur ja recht rasselten und klangen, wohl wissend, wie solches Getöse auf das umstehende Volk großen Eindruck macht. — Und wahrhaftig, es drängten sich viele Menschen auf dem Platz, Bürgersleute wie Bauern.

Einen Augenblick ließ ich meine Blicke suchend über das Gewimmel irren, hoffte doch, die Gundl zum Abschied irgendwo darunter zu finden, doch da schmetterte der Stadttrompeter das Aufbruchssignal, — und schon ritten wir los und zum Schilchertor hinaus.

Rascher als damals am Abend, als wir in das Tal eingeritten waren, zogen jetzt die waldigen Höhen und Hänge an uns vorbei. — Ein paar einschichtige Häuser hier und dort, ein Weiler dann und wann, eine öde Mühle, ein Einkehrgasthaus an der Straße, — alles verlassen. — So kamen wir, nach einer knappen Stunde, nach Kematen an der Ybbs.

Aber auch das Dorf war völlig leer, wie ausgestorben. — Verwünscht, das fing gut an! — Dann stöberte der Nagelschmied Laurenz Zeisel, unser Führer, ein uraltes zahnloses Weiblein auf, das offenbar bei der allgemeinen Flucht vergessen worden war.

„Wo sind die Leut aus dem Dorf?"

„O mei — o mei — ein so ein Unglück!"

„Ja, Mutterl, — ist gut, — aber wo eure Bauern sind, eure Männer, wollen wir wissen!“

„Ja — die sind alle fort.“

So ging das geraume Zeit. Bis wir endlich herausbekommen hatten, daß die Dorfbewohner sich nach dem festen Aarturm geflüchtet hatten. „Den kenn ich“, sagte der Zeisel, — „liegt droben im Wald.“

Es half nichts, — wir mußten uns trennen. Der Albrecht sollte mit einem Teil unserer Leute über Biberbach auf Aschbach zu rücken, der Kilian mit anderen über Arbetsbach und Gunersdorf nach Oehling, ich wollte mit dem Rest jenseits der Ybbs die Gegend von Ulmerfeld und Neuhofen erkundigen. Um fünf Uhr sollte sich alles im Wald am Weinsberg oberhalb von Kröllendorf sammeln; dann war immer noch Zeit, vor Einbruch der Nacht das Lager der Akindschi zu erreichen.

Ich ließ ein paar Krobaten vorausreiten, folgte mit der übrigen Schar. Drüben, auf einer Anhöhe, lag Allhartsberg. — Gottlob, wir sahen: da waren Leute droben. Aber als wir in den Ort kamen und sie aufforderten, mit uns gegen Ulmerfeld zu ziehen, da wollte keiner mitgehen. Ob wir denn nicht wüßten, daß die Akindschi schon über Neuhofen hinaus ins Gebirg eingedrungen seien? Wahnsinn wäre, was wir da vorhätten; auf eins — zwei stünden uns die Türken im Rücken!

„Und da sollen wir jetzt mit euch gehen und uns draußen auf der Heide erschlagen lassen, und hinter uns zündet uns der Türk das leere Dorf an! — Nein, — wir bleiben da, — und wenn es hart kommt, haben wir droben die Kirche, — die ist uns sicher wie eine Burg!“

In der Tat: wie die uralte Kirche da hoch oben auf dem Berg aufwuchs, mit den Friedhofsmauern rundum, mit Schießscharten, Pechnasen und Rundtürmen, mochte sie schon seit Jahrhunderten den Dorfbewohnern gegen manche feindliche Schar Schutz geboten haben.

Also ritten wir rasch weiter, um nicht noch mehr Zeit nutzlos zu vertun. Wir kamen bald nach Kröllendorf, einem offenen Ort am Rand der Ebene. Wenige Menschen nur trafen wir an, und auch die in höchster Erregung flüchtend. Wir sollten um Gottes willen umkehren; draußen gegen Ulmerfeld zu sei alles voll Türken, — sie kämen schon, stünden schon vor dem Dorf!

Sehr glaubhaft klang mir das nicht. Weit drüben sah man dort und da Rauchschwaden, — aber das war wohl noch eine gute Wegstunde weit entfernt. Also rasch hinüber ins nächste Dorf! — Leer auch hier alles. — Mittlerweile begann es fein und scharf zu nieseln. Die Reiter fluchten, auch ich fühlte mich nicht sehr behaglich, — aber: war das nicht nach aller Erfahrung das beste Wetter zum Türkenjagen? — Herrgott, — wenn wir nur wenigstens an hundert Leute zusammenbrächten! — Mit drei Dutzend Reitern allein ist eben doch nichts zu machen!

Vom Ortsende spähten wir angespannt voraus: dort drüben lag Ulmerfeld, friedlich und offenbar noch unbehelligt. Sollten wir geradewegs drauf zu reiten? — Der Ptakowitsch zupfte mich am Ärmel: „Wir nicht auf Straße, — da in Baach, — Türk uns nicht sieht da, — aber wir sehen gut!“

Sehr richtig! — Wir tauchten im Bachgraben unter; langsam, mit schmatzenden und planschenden Hufen, zogen die Pferde über nassen Wiesengrund und durch grüngischtende Wasserrinnen dahin, die Krobaten immer voraus und seitlich ausgeschwärmt.

Rechts von uns lag Neuhofen. Wir fanden dort den resoluten Pfarrer mit zehn oder zwölf Männern; sie waren als Wachen zurückgeblieben. Von den Akindschi hatten sie noch nichts gesehen. — Nach einigem Verhandeln waren sie bereit, mitzuhalten. Nun, — immerhin ein Anfang, wenn auch ein sehr bescheidener! — Auf einem Fahrweg hinten herum brachen sie nach Kröllendorf auf.

Wir zogen weiter den Bach entlang; zu unserer Linken stieg das Gelände wieder etwas an, von Wald bekrönt. — „Ist der Epachwald“, sagte der Zeisel, — „dahinter muß wohl irgendwo das türkische Lager sein, wenn es so ist, wie der Wild berichtet hat.“

Weiler hier und dort, — aber alles leer. Allmählich beschlich mich gelinde Verzweiflung. — Jetzt war das aber schon alles einerlei, — jetzt wollten wir schauen, ob wir nicht wenigstens das Türkenlager entdeckten. — Der Wald nahm uns wieder auf, wir saßen ab, durch das dichte Jungholz zu reiten ging hier nicht. Dann war der Ptakowitsch wieder da: „Gospodine, — du nicht gut. — Du immer mit Füße so machen: paatsch — paatsch, — und mit eiserne Waffen scheppern. Türk das chört, auch wenn schlaft ihm sich. — Du bleib da, und wir schon machen das. — Wir die Ferd auch lassen da.“

Wenig schmeichelhaft war das, aber er mochte recht haben: mit ihm und seinen Leuten kam ich im Anschleichen doch nicht mit. Ich versammelte meine beiden Kürassiere und die drei von der Bürgerwehr um mich und ließ die Krobaten ziehen. — Leise rieselte der Regen durchs Gezweig, Dämmerung setzte ein. Mißmutig steckten die Pferde die Köpfe zusammen; wir Männer versuchten, durch Stampfen und Umherlaufen uns etwas zu erwärmen, — so lautlos es eben ging.

Es mochte eine halbe Stunde vergangen sein, da war Knacken und Treten vor uns im düsteren Gehölz, — gemurmelte Worte wurden hörbar, — „Za vraga!“ — „Ti svinjo! Prokletim ti mati!“, — das kannte ich schon gut, — das war nicht türkisch!

Dann stand der Ptakowitsch vor mir, grinsend, — wartete, bis seine Mannen beisammen waren, — und, wahrhaftig, — da brachten sie doch drei Fremde mit in langen Pluderhosen und zerfetzten Turbanen, um und um gebunden und mit Tüchern vor dem Mund.

Na schön! — Türkisch konnte keiner von uns, es war also im Augenblick mit den dreien nichts anzufangen. — „Janko, habt ihr das Lager gefunden?“

„So ist, Gospodine! — Chaben säähr gefunden. — In Dorf ist!"
„Wie viele Türken sind etwa drin?"
„Oh — mnoogo! — Viele!"
„Und was machen sie?"
„Chaaben Angst!"
„Wieso weißt du denn das?"
„Weil sitzen alle in Dorf und nicht gehen cheraus. Chaben nur Wachtpost. Aber Wachtpost auch chaaben Angst, weil sind viel kalt und nichts sehen nicht von vielem Regen und Nebel."

Was konnte ich mir angenehmere Nachricht wünschen? — Nur, — was hatten wir davon?

„Glaubst du, — hätte es einen Sinn, wenn wir das Dorf angreifen, so wie wir jetzt sind?"

Der Ptakowitsch wiegte den Kopf. — „Das nicht ist gut. Zu wenig wir sind Leute. — Aber wir noch können fangen Wachtpost!" — Ich sah, wie ihm lüstern die Finger zuckten.

Doch das wäre jetzt sinnlose Zeitverschwendung gewesen. So rasch wir konnten, ritten wir zurück und nach Ulmerfeld hinüber. Darin lagen ein knappes halbes Hundert bewaffneter Männer. — Ja, meinten sie, — wenn wir zumindest noch einmal so viel zusammen brächten, — aber auch nur dann! — dann würden sie gern mithalten gegen die Akindschi. — Jetzt war es aber höchste Zeit, nach Kröllendorf zurückzukehren. In gestrecktem Galopp jagten wir dahin; die Gefangenen, zwischen je zwei Krobaten an die Sättel gebunden, mußten laufen.

Als wir in Kröllendorf einritten, hörte ich schon von weitem den Kilian gottslästerlich fluchen. Er hatte auch allen Grund dazu. Ihm war noch viel weniger Erfolg beschieden gewesen als mir; kein einziger Bauer war seinem Werben und Wettern gefolgt. — Der Albrecht hatte aus Biberbach und Krenstetten je zwei oder drei Dutzend Leute nach Kröllendorf geschickt, aber die waren nie angekommen; sind sicher unterwegs bald wieder umgekehrt. Hingegen war dem Albrecht zuletzt auf dem Rückweg bei Aschbach eine wohl in die Irre geratene türkische Streifschar über den Weg geraten; die Unseren hatten die Überraschten blitzschnell angegriffen, über den Haufen geritten und zusammengehauen. Ein rundes Dutzend Türken war gefangengenommen worden und etliche gefangene Bauersleute befreit.

So blieb uns also jetzt nichts anderes mehr übrig, als den Heimmarsch anzutreten. Wenn auch nicht durch unsere Schuld, so war das Ganze doch ein durchaus verfehltes Unternehmen geworden. —

Der Erhard Wild sparte nicht mit Worten des Dankes, konnte aber seine Enttäuschung auch nur mühsam verbergen. Ich saß lange noch bei ihm und mußte ihm alles genau berichten.

„Vielleicht hätte ich mir denken sollen, daß es so kommt", meinte er dann nachdenklich, — „da drunten ist das Land zu fruchtbar."

Und als ich ihn verständnislos anschaute: „Ja, — ich glaube, im Gebirg hättet Ihr bei den Bauern besseren Erfolg gehabt. — Es ist sonderbar — oder vielleicht doch verständlich —, daß die Menschen dort am härtesten sich um ihr Leben wehren und am zähesten ihre Heimstatt verteidigen, wo die Umwelt ihnen dieses Leben am härtesten und die Mühen des Alltags um Heim und Habe am zähesten werden läßt." —

7. Septembris

Recht friedlich hat der Tag begonnen; — war kaum zu glauben, daß drei Meilen von uns der Türk stehen sollt. — Als ich nach Waidhofen hinüberkam, fand ich auf dem Oberen Stadtplatz einen großen Menschenauflauf. Der Stadtrichter hatte unsere Gefangenen von gestern auf dem Platz dem Volk zur Schau gestellt. Wenn unsere Bürger und Bauern aus der Nähe zu sehen bekämen, was für abgerissene Zigeuner und Haderlumpen diese Akindschi sind, so könnte das zur Hebung von Mut und Siegeszuversicht nur dienlich sein, meinte er.

Ich beeilte mich, an dem Gedränge vorbei zur Burg zu kommen. Ich gestand es mir ein: ich hoffte, wieder die Gundl zu treffen.

Heute fand ich das Mädchen in der Vorhalle neben der Küche. — Einen Augenblick lang stand ich auch jetzt unschlüssig, — dann setzte ich mich rasch neben sie. Nach einiger Zeit hub ich an: „Du, Gundl, — weißt du, daß mein Großvater noch ein Bauer war?"

Sie schaute mich an, keineswegs erstaunt. — „Und Eure Mutter, — wo ist die her?"

„Die ist eines Salzschreibers Tochter aus Hallein."

Sie nickte: „Seht Ihr es!"

„Wieso? — Was soll das heißen?"

„Daß es immer nur die Männer sind, die ausfliegen, — in die Welt hinaus und immer höher hinauf. — Den Weibern ist von Gott bestimmt, daß sie sitzen bleiben, wo sie sind."

Wieder staunte ich, wie sie das sagte, — aber hatte sie nicht recht?

Sie aber redete weiter: „Seht: Euer Vater war ein Bauernsohn und ist Amtmann geworden. — Ihr, als Sohn eines Amtmanns, seid Offizier, werdet bald ein Hauptmann sein, einmal wohl gar ein Obrist. — Euer Sohn wird vielleicht ein Graf werden oder mehr noch. — Wenn ich einen Sohn haben werde, der wird vielleicht auch so einer wie Ihr, — so ein Starker, Tapferer, Großer, — einer, der weiß, was zu geschehen hat, was er will und was er muß, dem alle anderen folgen, — der auf einem weißen Roß den anderen voran reitet und den Feind schrecklich schlagt und verjagt! — Ich werd stolz auf ihn sein, werd ihn schier verehren, und zugleich wird mir weh um ihn werden."

„Gundl?“ sagte ich, und es war mir, als wollte es mir das Herz sprengen, — „sag: soll das heißen: so wie um mich?“

„Ja!“ sagte sie schlicht und ruhig, — „nur, — ich — ich gehör nicht in Eure Welt. — Ich gehör auf einen Hof in den Bergen.“

„Gundl“, sagte ich plötzlich, „könntest du dir vorstellen, daß ich ein Bauer werd?“

„Wohl, — glaub schon, daß Ihr das könntet. — Aber recht wär's nicht. — Bauern sind viele, — und so wie Ihr wenige. Euch hat der Herrgott auf einen anderen Weg geschickt, — weiß nicht, was Ihr noch werdet vollbringen müssen, — versteh zu wenig von solchen Dingen, — nur: es wird was Größeres sein als ackern und mähen.“

Wer hatte so ähnlich zu mir gesprochen? — Der Valentin Höller war es — damals auf dem Kärntner Torturm in Wien —, ehe ihn die Türkenkugel traf. — Dachte ich wirklich daran, seinem Vermächtnis ungetreu zu werden? — Nein, das wollte ich nicht, — aber ich wollte die Gundl jetzt in die Enge treiben, sie stellen wie ein edles Wild.

„Und wenn ich, angenommen, einmal ein Bauernmädchen so lieb gewänne, daß ich zu ihr spräche: entweder du gehst mit mir hinaus in die Welt, oder ich bleib bei dir als ein Bauer! — was dann?“

Die Gundl hielt den Kopf gesenkt, schwieg; — ich konnte ihr Gesicht nicht sehen. — Ich wartete. —

Und da plötzlich, — mitten drein: Glockenläuten, Gebimmel von den Türmen, — ein Böllerschuß, — noch einer! — Und aufbrandende Unruhe im Hof draußen. — Der Türk! — Verflucht!

Ich war mit ein paar Sätzen im Hof bei meinem Pferd und gleich darauf unten beim Rathaus. Dort erfuhr ich, die Akindschi stünden beim Gerstl, eine knappe Meile unterhalb der Stadt. Ich scheuchte meine Reiter auf, sprengte mit ihnen hinaus zur Schanze. Wohl konnte man dort, wegen der vielfältigen Krümmung des Tales, nicht bis zu dem Weiler sehen, — aber dicker grauschwarzer Qualm lag da vorne im Tal, und die Schwaden zogen an den Hängen entlang.

Ich stellte meine Reiter im Wald oberhalb der Schanze bereit. Sollten die Akindschi mit Übermacht kommen und sich etwa gar der Schanze bemächtigen, so konnten die Reiter ihnen danach von oben herab in die Flanke fallen und waren trotz geringerer Zahl im Vorteil.

Aber es geschah vorläufig gar nichts, und kein Türke ließ sich blikken. Ich wollte mit meinen Reitern bis zum Gerstl vorfühlen; vielleicht, daß die Schar der Akindschi nur klein war und leicht zu überwältigen, — aber der Wild wollte mich nicht ziehen lassen. Erst als die Dämmerung schon näher rückte, durften wir reiten.

Wir fanden beim Gerstl alles verlassen; zwischen qualmenden Brandruinen lag zerschlagener Hausrat. Wir ritten ein Stück weiter, stießen noch auf drei verbrannte Häuser, — aber die Akindschi waren verschwunden. Ist wohl nur eine kleine Streifschar gewesen, und die

Hauptmasse ist weitergezogen, der Enns zu. — Am Ende kommen sie da gar nicht zu uns ins Tal herein; — ich wär rechtschaffen enttäuscht!

Am 8. Septembris

Der Vormittag verging wieder in gespanntem Warten.

Da, gegen Mittag, wieder Dröhnen und Wimmern der Glocken. — Ich eilte aufs Rathaus, drängte mich durch ein Gewimmel von aufgeregten Bürgern nach der kleinen Ratsstube.

„Gut, daß Ihr auch da seid!" rief mir der Stadtrichter entgegen, — „so Gott will, bekommt auch Ihr bald Arbeit, die Euch ansteht. — Es sind soeben Flüchtlinge von Ybbsitz eingetroffen."

„Von Ybbsitz? — das ist doch —"

„Wohl, — das ist im Gebirg! — Dacht ich mir's doch, daß es hinten herum losgehen wird."

Er wandte sich an die ringsum sich drängenden Bürger: „Also hört: die Akindschi sind in der Nacht auf heut über die Berge nach Ybbsitz. Vermutlich haben sie den Weg über Neuhofen und Sankt Leonhard genommen, jedenfalls sind die Leute in Ybbsitz erst im letzten Augenblick gewarnt worden. Die Türken haben am frühen Morgen im Ort geplündert und ihn dann an allen Ecken angezündet. Und bald danach schon sind ihre Vorhuten das Kleine Ybbstal heruntergekommen; die Flüchtigen haben mit knapper Not noch vor ihnen die Brücke bei Gstadt erreicht. Bin nun neugierig, wie es dort weitergehen wird; es haben sich nämlich die Schmiedeknechte von dem Welschhammer in der Schütt dort festgesetzt, zusammen mit etlichen Bauern von den umliegenden Höfen, und wollen die Brücke und den Weiler halten. — Macht Euch jedenfalls gleich bereit mit Euren Leuten, Junker!"

Bis ich meine Reiter von Zell herübergeholt und sie hinter dem Ybbstor ausfallbereit gesammelt hatte, war schon wieder neue Nachricht eingetroffen. Die Akindschi hätten, sicher aus Angst vor den Schmieden und Bauern, die Brücke bei Gstadt umgangen und etwas unterhalb davon den Fluß an einer Furt überschritten; nun lagere bereits ein Teil auf den Kreilhofer Feldern, etwa eine halbe Meile vor der Stadt, die übrigen streiften durch die Gegend.

„Wollt Ihr nicht mit herauf kommen?" rief mir der Wild zu, der eben die steile Holztreppe zum Torturm emporkletterte. Schon war ich bei ihm, andere folgten. — Da, — ein Blitz und ohrenbetäubendes Krachen, — Pulverdampf füllte das Gewölbe; — wir stürzten an die Scharten, spähten hinaus. Vor uns, am Rand der Vorstadt, qualmte es an einer Stelle, und dahinter sahen wir ein paar Türken eilig davonreiten. Sonst war aber das Feld draußen leer.

„Kann nur ein kleiner Vortrupp gewesen sein", sagte der Wild, — „nun, — daß wir auf der Hut sind und scharf zu schießen verstehen, haben sie da jetzt immerhin ausgekundschaftet!"

Weiter draußen im Tal begannen nun auch Rauchwolken aufzusteigen, hier und dort, — wurden größer und dichter.

„Verfluchtes Gesindel! — Brennen nach altem Brauch die ganze Gegend nieder! — Wird jetzt Zeit, daß wir was unternehmen! — Herr Junker, — die Ehre, als erste mit dem Feind vor den Mauern der Stadt handgemein zu werden, müßt Ihr jetzt schon uns Bürgern lassen. — Aber haltet Euch immerhin mit allem, was Ihr habt, bereit!"

Er rumpelte die Stiege hinunter, und bald danach marschierten unter seiner Führung an die siebzig oder achtzig Bürger beim Ybbstor hinaus, bewaffnet mit Spießen und Handbüchsen und gefolgt von einigen kleinen Feldschlangen und Falkaunen. Sie verschwanden zwischen den niedrigen Häusern der Vorstadt, und dann sah ich hier und dort, wie sie sich draußen in Rotten ordneten und aufstellten.

Vor ihnen zog sich die schmale Talebene hin, immer noch ganz leer. — Aber nein, — waren da weit vorne nicht dunkle bewegte Massen? — Kamen langsam näher? — Ja, wahrhaftig, — Reiterscharen waren das, fast die ganze Breite des Tales füllend. Es mochten gut tausend Reiter sein, die da herankamen. — Mich überlief ein Schrecken: wenn sie im Ansturm sich auf das Häuflein der Bürgerwehr stürzten, waren die da nicht rettungslos verloren? Dann war aber ein großer, ja sogar der stärkste Teil der Verteidiger vernichtet, und zudem saßen die Akindschi dann auch schon in der Vorstadt, auf Steinwurfweite vor der Stadtmauer. — Anderseits: wenn der Wild jetzt noch seine Leute zurücknahm, dann merkten das die Akindschi sicherlich und konnten die Weichenden rücklings überrennen, noch ehe die sich hinter die Stadtmauer in Sicherheit bringen konnten. — Die Lage war jählings gefährlicher geworden, als wir soeben alle noch gedacht hatten.

Ich jagte den Kilian nach der Burg: alles, was an Landleuten zu greifen war, sollte sich unverzüglich in Waffen auf dem Oberen Stadtplatz bereitstellen.

Das Gewimmel der Türken draußen war nun zum Stehen gekommen, schob sich hin und her; es schien, als ob sie sich ordnen wollten. — Oder zögerten sie etwa gar, anzugreifen?

Nebenan, links und rechts von mir im Wehrgang, hantierten die Stückknechte an den Kartaunen; in gleichgültiger Ruhe machten sie ihre Geschütze zum Kampf bereit.

Nun waren die Reiter draußen wieder in Bewegung geraten, — geschlossener, gleichmäßiger, wenn auch schier etwas zögernd, schob sich ihre Masse weiter vor, näher und näher. Schon unterschied man Gesichter, Panzer, geschwungene Krummsäbel.

Der Stückmeister war neben mich getreten: ein wüster Kerl, mit einer seltsam verkrümmten Nase und wild stechenden Augen. — Jetzt streckte er den Arm weit vor, mit abgespreiztem Daumen, spähte mit schiefem Kopf prüfend darüber hinweg zum Feind hinaus, murmelte unverständliche Worte. — Was tat er? — Eine Beschwörung?

„Wann der Reiter auf dem Pferd halb so hoch ist wie mein Daum breit, dann ist's Zeit! — — Ein Kleines noch! — — Noch einen Atem lang! — Macht euch bereit, Gesellen!" — Die Knechte hoben die Spieße mit den brennenden Lunten. — „Geeebt — Feuer!"

Ein Knistern, ein Zischen, — dann — Blitz und dröhnender Knall, daß die Mauern erzitterten; — gleich darauf links nebenan noch einmal, — und rechts drüben — ein betäubender Höllenlärm. — Dann Stille. — In Pulverdampf gehüllt, blieb mir schier der Atem aus. Nun hörte man auch draußen von der Vorstadt her dumpfes Abfeuern der Feldgeschütze und helleres Krachen von Handrohren, und zugleich begannen alle Trommeln ihr Rasseln und Dröhnen.

„Laadet aufs neu!" scholl des Geschützmeisters Stimme.

Ich stand an der Scharte und starrte voll Unruhe hinaus; — was war da vor der Stadt geschehen? — Langsam lösten sich die ziehenden Schwaden, gaben den Blick frei, — und ich schrie auf vor begeisterter, befreiender Freude. Der Feuerschlag der Arkelei, von allen Türmen und Mauern fast im selben Augenblick, hatte meisterhaft sein Ziel getroffen: wo ich die Akindschi zuletzt gesehen hatte, da lagen jetzt, wirr über das Feld verstreut, Pferde, Menschen und Waffen, — reiterlose Tiere sprengten scheu und irr quer über die Felder, Türken, denen das Roß unter dem Leib zusammengebrochen war, rannten um ihr Leben den davongaloppierenden Haufen nach.

„Die sind schneller als wir!" knurrte der Geschützmeister. — „Ein zweiter Schuß erreicht sie nicht mehr." War aber nichts dergleichen mehr nötig.

Mit klingendem Spiel marschierte bald darauf die Bürgerwehr beim Ybbstor herein, — in die Stadt, die im Freudentaumel kochte. — „Daß dir die aber auch so schnell ausreißen." So hörte ich einen wohlbeleibten Meister zu seinem Nachbarn sagen. Aber der lachte: „Ja, — braucht bloß der Hund richtig die Zähne blecken und bellen, — schon rennt der Strauchdieb davon!"

Der Wild schickte ein paar Reiter hinter den flüchtigen Akindschi her. Bald waren sie wieder da: die Türken brächen in Hast ihr Lager ab und verzögen sich nach dem Sattelgraben, berichteten sie.

„Nach dem Sattelgraben? — Hm, — da ziehen sie wohl über den Grasberg und drüben weiter auf Gaflenz und Weyer zu. — Kann freilich auch sein, sie wenden sich anders herum und kommen beim Rettenbachgraben heraus; — dann haben wir sie wieder vor der Stadt, bloß auf der anderen Seite", — überlegte der Wild.

„Warten wir nicht zu lang, — setzen wir ihnen nach, — verlegen wir ihnen den Weg. — Sie sind jetzt auf dem Rückzug, — und in den engen Tälern können wir sie gut fassen!" — riet ich ihm.

„Ihr habt recht! — Also dann: die Bürgerwehr besetzt zur Sicherheit die Wasservorstadt und die Leiten; — alle Berittenen sammeln sich ohne Verzug auf dem Unteren Stadtplatz!"

Rotten der Bürgerwehr, Bauernhaufen, Reiter, an die hundert Berittene waren bald um uns versammelt, Bürger unter dem Stadthauptmann Hanns Berkhaimer und meine Schar; auch der Meister Burkhart hatte sich uns angeschlossen. Schon setzte sich der Zug in Bewegung, sprengte zum Spitaltor hinaus auf die Weyrer Landstraße.

„Herr Hauptmann, — diesmal laßt den Vortritt mir!" rief ich dem Berkhaimer zu und ritt an ihm vorbei mit meinen Panzerreitern und Krobaten an die Spitze vor.

„Ich darf wohl mit?" fragte der Burkhart.

„Wenn Ihr gut zu reiten versteht!"

Rasch trabten wir dahin. Bald verengte sich das Tal. — Da plötzlich, — erst rochen wir es nur, dann sahen wir die Schwaden. — Vorsichtig noch ein Stück weiter, — eine Biegung, dahinter öffnete sich das Tal ein wenig, und vor uns lag ein brennendes Gehöft.

„Ist der Hartbichl!" sagte der Hauptmann Berkhaimer, der zu uns vorgeritten war. — „Hier zur linken Hand seht Ihr den Sattel, das ist der Grasberg, — da sind sie herüber."

„Ob noch welche beim Gehöft sind?"

Vorsichtig pirschten wir uns den Waldrand entlang näher. Und da sahen wir schon die Türken! Ihre Nachzügler hatten sich wohl beim Hartbichlhof zu lang verweilt; jetzt hasteten sie auf ihren kleinen struppigen Pferden ihrer Hauptmasse nach. — Aber ihre Reittiere waren zu schwer bepackt, — schon hatten wir sie erreicht.

Schwerter und Krummsäbel blitzten, — Roßgestampf, Rufe und Schreie. — Aus dem Tal heraus kamen hier wie dort neue Reiter, — unsrige und Türken, — das Scharmützel wuchs an, wogte hin und her, — über den ganzen Talboden hin wurde bereits gekämpft.

Neben mir der Albrecht, der Kilian, der Burkhart, meine übrigen Gepanzerten: — wie ein Keil stoßen wir ins Tal hinein vor, — wohl ein Dutzend Türken oder mehr haben wir schon überwältigt. — Da: neben der Mühle dort sind welche! — Auf sie los! — Wie ein Hagel fallen die Hiebe, hiehin und dorthin. — Schwer getroffen stürzt vor mir ein schlitzäugiger Kerl aus dem Sattel, — noch einer, — der Rest flüchtet, — — nein, sie sammeln sich vor der Mühle, — verflucht, hinter dem Haus kommen noch mehr hervor! — Wo ist auf einmal der Albrecht mit den Panzerreitern? Nur der Kilian und der Burkhart sind neben mir, — und um uns werden die feindlichen Reiter immer mehr!

„Meister Burkhart! — Zu uns her! — Wir müssen hinüber zu den anderen!" — Aber der hört nicht, schlägt sich verbissen mit einem Türken herum. Da, — jetzt hat es den Burkhart erwischt, — er taumelt. — Los, — zu ihm! — Im Sprung will ich dem Türken mein Schwert in die Seite rennen, aber der weicht mit einem jähen Ruck knapp aus, daß ich ins Leere stoße, daß ich um ein Haar gestürzt wäre und mir das Schwert entfällt.

Ich reiße mein Pferd zurück, ziehe mein Faustrohr. Hinter Blitz und Knall sehe ich den Türken rücklings vom Pferd stürzen, — die anderen stutzen, verhalten einen Augenblick.

Jetzt nur rasch fort, ehe sie sich wieder fassen! Ich packe des Burkharts Pferd beim Zügel und reiße es mit mir, während der Meister sich krampfhaft daran festklammert; der Kilian hinter uns deckt uns mit geschwungenem Schwert und fürchterlichem Gebrüll gegen die andrängenden Akindschi. — Aber bald lassen die von uns ab: sie haben bemerkt, daß hinter ihnen ihre Genossen vor den hereinbrechenden Krobaten in kopfloser Hast davonstieben.

Der Meister Burkhart blutet heftig von der Stirn, doch scheint ihn der Hieb zum Glück nur gestreift zu haben. An uns vorbei jagt der Berkhaimer mit den Bürgern. Ein paar Nachzügler nehmen sich des Meisters Burkhart an. Dieser Sorge bin ich los, — aber wo nehme ich nun rasch eine passende Waffe her? — Ich reite zur Mühle zurück, suche, — nichts zu finden; — weiß Gott, wo das Schwert hingeflogen ist.

Da kommt der Berkhaimer auf der Straße zurück, lachend, einen gewaltigen krummen Türkensäbel schwingend.

„Ich denk, für's erste ist es genug! Wir haben dort vorn noch einen ganzen Gefangenentransport erwischt, an die vierzig Bauersleut und Marktbürger aus der Ybbsitzer Gegend. Aber zu weit wollen wir uns nun nicht vorwagen."

Trüppchenweise trafen die Reiter ein, brachten türkische Säbel und Streitkolben, Schilde und Helme, Bögen und Köcher; war keiner ohne Siegesbeute geblieben. Andere Reiter sammelten die Pferde der erschlagenen Türken; siebzehn zählte ich, mehr noch mochten uns entlaufen sein. Von den Unsrigen sind bloß einige wenige leicht verwundet. Die befreiten Gefangenen freilich erzählten, daß ihrer zuvor an die dreihundert gewesen seien; sie wüßten nicht, was mit den übrigen geschehen sei, und befürchteten das Schlimmste.

Dann bewegte sich unsere Schar heimzu. — Unser Einritt in die Stadt Waidhofen glich schier dem Triumphzug eines römischen Heeres.

Nachdem ich zusammen mit dem Berkhaimer dem Stadtrichter Bericht gegeben hatte, ging ich wieder einmal nach der Burg, um auch meinen Bauern von den Ereignissen des Tages zu erzählen. Ich freute mich, daß unter den Zuhörern auch die Gundl saß.

Als wir danach noch im Hof um das Feuer beisammensaßen, erschien der Meister Burkhart, einen wohlverschnürten länglichen Packen unter dem Arm tragend. Ein mächtiger Verband schlang sich um seinen Kopf, noch war sein Gesicht bleich und sein Gang etwas zitterig.

„Junker Konrad!“ hub er an. — „Nun ist noch der geschäftliche Teil der heutigen Begebenheit ins reine zu bringen.“

Ich schaute ihn erstaunt und verständnislos an, er aber lachte.

„Ihr habt mir durch unverzagten Mut und handfestes Zupacken einen großen Dienst erwiesen. Ihr seid Soldat, — Mut und Zupacken gehört zu Eurem Handwerk, — also habt Ihr an mir gehandelt, wie es Eure Zunft verlangt. Ihr erlaubt nun, daß ich Euren Dienst in gleichem Maß vergelte, und, da ich, wie allgemein bekannt, von Zunft ein Waffenschmied bin, hab ich Euch mitgebracht, was ich zur Zeit noch an Ware verfügbar habe.“

Er begann den Packen aufzuschnüren, und daraus kamen zwei Schwerter zum Vorschein, — das eine geziert mit der Mutter Gottes, das andere mit dem Kaiserwappen und dem Gekreuzigten.

„Wollt Euch also davon nun auswählen, welches Euch besser gefällt; — es gehört dann Euch.“

„Wo denkt Ihr hin, Meister!“ wehrte ich ab. — „Einem jeden anderen wäre ich ebenso beigesprungen und um bloßen Gotteslohn.“

Aber der Burkhart ließ das nicht gelten: „Papperlapapp! — Für Gotteslohn arbeite ich selber nicht in meiner Werkstatt. — Zudem habt Ihr dabei Euer altes Schwert eingebüßt, — um meinetwegen! — Ist also nur gut und billig, wenn ich Euch für den Schaden Ersatz biete. — Hab dabei mein Leben alleweil dann noch sehr wohlfeil erkauft.“

Nun, gut, — er mochte recht haben. — Bloß fiel mir jetzt die Wahl schwer. Die beiden Schwerter waren einander wahrhaft ebenbürtig. Ich wog und wendete sie, — und konnte mich nicht entschließen. War aber dabei doch weniger wegen Gewicht und Form und Schärfe als wegen des Bildes darauf. Da war eine Stimme, die sagte: Nimm das mit der Mutter Gottes; das wird dich besser schützen und dir Glück bringen! — und eine andere: Nimm das mit dem Wappen des Kaisers; damit wirst du Kaiser und Reich besser dienen!

Die Gesellschaft um mich, Burschen und Mädchen, waren verstummt, warteten gespannt. Und plötzlich sagte ich zum Michel Perger, der nahe vor mir stand: „Welches tätest du dir aussuchen?“

Der Michel überlegte einen Augenblick, dann wies er auf die Waffe mit der Mutter Gottes.

„So nehm ich das andere!“ sagte ich schroff und griff nach dem Schwert mit dem Wappen. Und spürte mit einem Mal, wie etwas hart wurde in mir, — so als ob ich jetzt über mich selber ein Urteil gesprochen hätte, — als hätte ich mich an einem Scheideweg nicht bloß für eine Waffe, sondern für ein ganzes Leben entschieden.

Am 9. Septembris

Die Akindschi, deren Nachhut wir gestern beim Hartbichlhof zersprengt haben, sind weiter über Gaflenz und Weyer gezogen. Der Wild hat durch Kundschafter von ihrem Weg erfahren, und heut in der Früh sind wir, an dreihundert Mann, vorwiegend von der Bürgerwehr, ihnen nachgeritten. Des Wild Plan war, zusammen mit den waffenfähigen Männern aus Gaflenz und Weyer die Türken zu stellen und zu schlagen. Aber wir holten die Türken nicht mehr ein, fanden überall nur qualmende Ruinen und erschlagene Landleute, und was wir an Einwohnern auftrieben, war alles völlig verschreckt und verstört und dachte nicht daran, sich uns anzuschließen und mit uns vereint den Feind zu verfolgen, der sich, wie wir hörten, über den Sattel, genannt Saurüssel, wieder ins Ybbstal verzogen hatte.

Solcherart waren die Ereignisse nicht dazu angetan, unsere Gemüter aufzuheitern. — Am Abend saß ich dann mit einigen Meistern von der Bürgerwehr in der Ratstrinkstube beisammen; wir wollten uns den Ärger mit ein paar Kannen Wein hinunterspülen.

„Weiß Gott!" knurrte der Messerschmiedemeister Stefan Kränkl, „bei uns hier im Ybbstal weist man dem türkischen Gesindel die Fäuste und die Spieße, — und siehe da: sie reißen aus, wo wir sie zu fassen bekommen! Und rundum im Land gehen die Leut an der eigenen Angst zugrund, und lassen sich abschlachten wie die Schafe."

„Nit allemal!" widersprach ihm der Ulrich Eysele. — „Die in der Steiermark haben vor drei Jahren den Türken ganz schön zugesetzt."

„Kommt vielleicht eben nicht nur auf die Leut an", meinte der Sensenschmied Pfefferl nachdenklich, — „sondern vorweg auch auf den, der sie anführt. Und kann einer über unseres Stadtrichters Stolz und Starrsinn sagen, was er will, — einen Besseren für den Oberbefehl könnten wir uns nicht wünschen."

Als hätte er damit ein Zauberwort ausgesprochen, so ging in diesem Augenblick die Tür auf, und der Erhard Wild trat ein.

„Sind schon wieder neue Akindschi im Tal!" rief er.

Wir waren aufgesprungen: — „Wo, — wo? — Und wieviel?"

„Wohl mehr als dreitausend diesmal, — und lagern wieder draußen auf den Kreilhofer Feldern. Sind wohl auf demselben Weg gekommen wie die gestern."

„Dann nichts wie auf und hinaus und los auf sie!" rief der junge Mathes Perntner.

„Geduld! — Nur nicht übereilt! — Diesmal wollen wir nach wohlbedachtem Plan handeln, auf daß uns der Erfolg desto sicherer sei!"

„Habt Ihr schon einen Plan?" — „Laßt hören, — laßt hören!" schwirrte es von allen Seiten durcheinander.

„Horcht also zu: Wenn wir die Türken im Tal von beiden Seiten her anpacken, werden sie wohl wieder gegen den Grasberg hin ausweichen. Haben wir sie aber erst einmal dort droben und im Wald, so nimmt es leicht einer der Unsrigen mit einem Dutzend von denen auf. — Dazu nun nehmt Ihr, Herr Hauptmann Berkhaimer, hundert Männer von der Bürgerwehr und den Handwerkern, marschiert noch in der Nacht hinten herum über den Weißenbachgraben und den Grubberg nach Gstadt, zieht dort alles an Euch, was Ihr an Hammerschmieden und Bauern noch vorfindet, und haltet Euch bei Morgengrauen bereit. Ich werde mit den übrigen bewaffneten Bürgern und einem Teil der Bauern — an vierhundert Mann, denk ich, werden es sein — am frühen Morgen aus der Stadt ausrücken und das Lager der Akindschi von vorne angreifen. Ihr kommt von Gstadt her und fallt denen in den Rücken. Jetzt werden sie wohl auszureißen beginnen, und es bleibt ihnen nur der Weg über den Grasberg. Nun seid aber Ihr, Junker Konrad, mit den übrigen Bauern und Schmieden wie auch mit Euren Reitern von hinten herum dort hinaufgestiegen und habt Euch an guter Stelle in den Hinterhalt gelegt. Die Akindschi müssen Euch also geradewegs in die Hände laufen. Solltet Ihr aber merken, daß sie sich im Tal verhalten und nicht ausweichen, so kommt Ihr mit Euren Leuten durch den Sattelgraben herunter und fallt die Türken auch noch von der Seite an. — So kann nichts fehlgehen!" —

War das ein aufgeregtes Getümmel nachher, ein Summen und Rumoren in der ganzen Stadt. Pechpfannen und Fackeln auf allen Plätzen und Gassen, eilende, rufende Gestalten hieher und dorthin, Rosseschnauben und Waffenklirren. Und ich mitten drin hin und her.

Meine Bauern und Hammerschmiede habe ich angewiesen, sie sollten sich um die dritte Stunde nach Mitternacht zum Aufbruch bereithalten; auch meine Krobaten müssen diesmal zu Fuß ausrücken. Sogar die Holzknechte aus dem Schloß in Zell nehme ich mit!

Bild rechts und umseitig:
Die Ereignisse der Jahre 1529, 1532, 1540 und 1541, aufgezeichnet in der Türkenchronik, im erweiterten dreiteiligen Kriegsbuch des Leonhart Fronsperger, gedruckt in Franckfurt am Mayn, 1596, von Johan Feyerabendt (K. A.).

Türckische Belegerung der statt Wienn So es den vergangen Herbst/inn disem XXiX. Jare verschinen/vnd ergangen hat.

Die Jarzal der Türckischen Key=
ser/vnd die Jarzahl jhrer Regierung. Item/ die Tür=
ckischen König vnd Keyser/dauon man zusagen weiß/auch
die Züg der Teutschen wider sie.

1.

Ottman hat regiert acht vnnd zwentzig Jar / ist gestorben nac
Christi Geburt/1325.

2. Orcham sein Sohn/hat etliche Stätt den Griechischen Keysern a
gewunnen/nach dem sie vneins durch einander waren / zween vmbs Keyse
thumb kriegten / hat regiert 22. Jar / ist gestorben nach Christi Geburt / a
man zalt 1350.

3. Amyrath/König Orchans Sohn/ hat regiert 23. Jar/ ist von den Griechen so vnein
waren/in Europam hinüber von jnen geordnet worden / hat die Statt Callipol vnd Andrin
pol gewonnen/als man zalt nach Christi Geburt 1369. Ist nachmals in die Syrmen vnd Bu
garey / in die Landt vnter der Sauw gefallen / hat die Fürsten erschlagen / ist gestorben Ann
Christi/ 1373.

8 Baiazeth der ander Türckisch Keyser / hat mit seinem jüngern Bruder mit name
Zysim/ vmb das Keyserthumb krieget/ Zysim must weichen/ flohe zu den von Rodis / darna
zum Keyser Friderich/zu letzt gehn Rom/ist wol vier Jar im ellendt in der Christenheit gew
sen/ vnnd ist jhm vergeben worden / Sein Bruder der Türckisch Keyser/ gab Hydrunt de
Hertzogthumb von Calabrien wider / hieß sein Volck wider abziehen/ das thet im abzug gro
sen schaden/ gab auch andern Christlichen Fürsten vnd Häuptern/ järlich ein grosse Summ
Gelts/daß sie sein Bruder herauß hielten/ Da solt man geholffen haben/aber das heilig Ge
war dem Bapst / den Cardinälen/ den von Rodis/ dem Vngerischen König/ lieber dann d
Krieg/ hat den Venedigern Modon/andere mehr Stätt/ Landt vnd Leuth/ abgewonnen/ v
viel Volck auß Friaul weg geführt hat mit Keyser Maximilian Friedt gehalten/ Maximili
hat seine Bottschafft bey jhm gehabt/den vom Thurn/ vnd andere mehr/ hat 31. Jar regier
ist gestorben Anno/ 15.2.

1494. Hatt König Carl der pückicht auß Franckreich/etliche Wahrsager/ die sagten j
er würd König von Neapolis/ Sicilien vnd Jerusalem/vnd Keyser zu Constantinopel werde
zog mit grossem Volck gen Rom vnd Neapolis/ must jhm Bapst Alexander den obgenande
Zysim geben/ der starb vnderwegen/ zog König Carl wider heym/ starb deß nechsten Jars da
nach gähling.

Kurz und unruhig war der Schlummer dieser Nacht; fröstelnd und steif sammelten sich noch in tiefer Finsternis die Scharen im Burghof. Die alte Babel schenkte heißen Wein aus, — da wurden wir rasch munter.

Bei Fackellicht ging es danach zum Spitalstor hinaus; wieder war der Wolf Huber unser Führer. Länger zog sich jetzt zu Fuß der Weg; zwei gute Stunden brauchten wir bis auf die Höhe des Grasberges. Nun dämmerte es bereits, — aber es war eine neblige, schwere Dämmerung, in der sich das Licht nur mühsam durchzuringen schien.

„Gutes Jagdwetter — auf derlei edles Wild!“ lachte der Huber.

„Nein, — ist keine schöne Jagd, — auf solches reißendes Raubzeug!“ knurrte der alte Andre Karlsgrabner, der mit uns an der Spitze stapfte. — „Aber ein blutnotwendig Ding!“

Mählich wandelte sich der flache weite Bogen des Sattels zur engen Schlucht. Dichter, düsterer Wald nahm den Pfad auf, Buschwerk und Unterholz verfilzte sich links und rechts. Schmal und steil wand sich der Weg zwischen Dickicht und bemoosten Stämmen hinab.

Ich rief die Rottenführer der Bauern und Schmiede zusammen, wies ihnen die Räume, in denen sie sich mit ihren Leuten beiderseits des Weges an den Hängen in den Hinterhalt legen sollten. Zwischen Geäst und Gestrüpp schloffen die Bewaffneten, tauchten in Dickichten unter. Dann wurde es ruhiger, still.

Mit dem Wolf Huber, dem Janko Ptakowitsch und dem Sima Malinowitsch ging ich noch ein Stück weiter den Graben hinab. Hinter einer Krümmung, wo man den Weg ein gutes Stück weit überschauen konnte, verbargen wir uns seitab. Das Ybbstal draußen mochte nicht mehr fern sein.

Warten. — Dünne Nebel brauen um die reglosen Zweige. — Rascheln, kaum hörbar. — Eintöniger Tropfenfall. Langsam drang mir die feuchte Kälte durch Lederzeug und Gewand, kroch in die übernächtigen Glieder. — Gut zwei Stunden mochten wir jetzt bereits auf der Lauer liegen.

Aus dem Tal herauf war nun schon seit einiger Zeit ein unbestimmbares Getön zu vernehmen, ein Murmeln und Brummen und Rumoren — nun aber wurde es lauter, jetzt, viele Stimmen, Rufen und Schreien —, und darein, deutlich zu hören, Knallen und Krachen, — vereinzelt, dann immer zahlreicher! — Nun mischten sich auch dumpf aufbrüllende Schläge von Geschütz dazwischen. — Das war eine rechtschaffene Feldschlacht, was da zu uns herauf klang!

Das Warten wurde nun zur Qual. Hin und her wogte draußen vor uns das Lärmen, Tosen und Schreien, wurde lauter — und wieder leiser. — Wie stand der Kampf? — Wie wendete er sich? — Würden die Türken auch kommen? — Oder hielten sie sich im Tal, und warteten wir hier oben vergeblich? — Ob ich nicht weiter vorfühlen sollte? — Oder wenigstens ein paar Krobaten aussenden? —

Da, vor uns drunten im Graben, — Stimmengewirr, Rufe, — Huftritt jetzt und kollernde Steine. — Wahrhaftig, sie kamen! —

Wir warteten noch, bis wir die ersten um die Wegkrümmung auftauchen sahen. Es waren Berittene: bunte Turbane, nickende Federbüsche, — dahinter Fußvolk, dicht hervorquellend. — Dann hasteten wir, im Gebüsch gedeckt, hinauf zu unseren Leuten.

„Daß sich keiner rührt, bevor ich das Zeichen gebe! — Erst wenn es bei mir knallt, dann ihr alle drauflos!" — so hatte ich allen eingeschärft.

Nun kauerte ich hart neben dem Weg zwischen Staudenwerk an einen Felsen gepreßt; der Wolf Huber stand neben mir hinter einem Buchenstamm, sein großes Handrohr in einer Astgabel aufgelegt.

Das Murmeln und Rufen, das Klappern und Klingen der Waffen kam näher. — Da, — die ersten Reiter! — Mißmutiger Grimm in ihren Gesichtern, — Angst! — Schon waren sie an uns vorüber, jetzt wimmelte der Weg von Fußvolk: zerlumptes Gesindel, einer den anderen stoßend und drängend, so keuchten sie den steilen Pfad hinan.

Nun kam eine Schar Gefangener; mit Stricken aneinander gebunden, riesige Lasten im Genick schleppend, ächzend und japsend, von Hieben und Stößen unbarmherzig vorwärtsgetrieben. — Dann wieder Reiter, auf kleinen struppigen Pferden, — und wieder Fußvolk in dichten ungeordneten Haufen.

Die Spitze des Zuges mußte nun bald bei unseren zu höchst aufgestellten Bauern angelangt sein; — es wurde allmählich Zeit! — Eben kam wieder ein Trupp Berittener, in ihrer Mitte einer in rotseidener weiter Gewandung, ein höherer Anführer offenbar.

Schon glomm neben mir die Lunte am Handrohr; der Wolf Huber schaute auf mich, — jetzt gab ich ihm das abgesprochene Zeichen, — und — jetzt —!

Gewaltig krachte der Schuß, wie von einem Geschütz; der Schall fing sich zwischen den Stämmen, schien von allen Seiten zugleich zu kommen. — Von neuem jetzt Blitz und Knall und Pulverdampf, aufquellend hier und dort, aus Dickicht und Geklüft; dazwischen suchten sich schwirrende Armbrustbolzen ihr Ziel. Dazu ringsum aus Busch und Fels und Gräben hundertfältiges schauerliches Gebrüll.

Ich war mir von Anfang an klar gewesen, daß wir, trotz des günstigen Geländes, viel zu schwach an Zahl waren, um die ganze Masse der Akindschi gleichmäßig an allen Stellen angreifen zu können. Aber schon bot sich uns durch die Fügung des Augenblicks eine günstige Gelegenheit: wo eben vor uns die Kugel des Wolf Huber ihr erstes Ziel gefunden hatte, waren die Reiter in jähem Schrecken auseinandergestoben. — Und wo der Rotseidene in seinem Blut lag, war das feindliche Fußvolk durch eine breite Lücke auseinandergerissen.

Dort stürzten wir uns hin. Der Gotthard Ennsmann und der Lambrecht Stubner mit ihren Bauern faßten die im Graben hinaufhastende vordere Schar von beiden Seiten; ich warf mich mit meinen Krobaten und der Rotte des Andre Karlsgrabner auf die von unten herauf Nachkommenden. Diese wußten nicht, wo aus, denn der Rückweg war ihnen verlegt durch ihre in dichten Scharen nachdrängenden Genossen.

Ich habe nun wohl schon manch einen Kampf erlebt, bei dem Kriegsvolk gegen Kriegsvolk gestanden ist, und es ist dabei oft wahrlich scharf und hitzig genug zugegangen. Dennoch hätte ich nie für möglich gehalten, was ich hier nun erlebte: was diese sonst so bedächtigen und schwerfälligen Bauern und Schmiede an Ungestüm und blindwütiger Kraft zeigten, daß man schier vermeinte, nicht Menschen, sondern wilde Tiere fielen über einen Gegner her.

Da war der Mathes Heigl, ein Sensenschmied aus dem Schwarzenbachgraben bei Opponitz. Der ist ohne Waffen gekommen, nur mit seinem schweren Vorschlaghammer. Und es mag sein, daß sein absonderliches Gewaffe eben den Türken besonderen Schrecken einjagte, denn wo immer ich den Hammer auf- und niedergehen sah, da flohen und verdrückten sich alle, und keiner wagte Widerstand.

Neben dem Heigl werkten ein paar von den Holzknechten aus Zell. Wahrhaftig, — ihre Äxte gingen auf und ab, als ob da bloß Bäume abzuasten oder Buschwerk auszuschlägern wäre. Einer von ihnen bekam einen türkischen Streitkolben seitlich ins Gesicht; — er verhielt sich kurz, spuckte Blut und Zähne von sich, — dann hob er geruhsam die Axt aufs neue und drosch unverändert weiter.

Die Krobaten waren beiderseits des Tales im Wald verschwunden. Einen Steinwurf weiter unten war der Weg ganz von dichtem Gebüsch gesäumt; dort drängten sich die Türken in heillosem Durcheinander. Plötzlich tauchten neben ihnen aus dem Dickicht der Ptakowitsch und drei andere auf, fuhren unter die Akindschi wie der Marder in den Hühnerstall, hieben und stachen, — und bis jene sich gefaßt hatten, waren die vier Krobaten wieder verschwunden. Und als die Türken nun, blindwütig Rache schnaubend, in das Gebüsch eindringen wollten, — da war wie ein Blitz in ihrem Rücken der Sinjanin mit einer Handvoll seiner Gesellen, richtete ein noch ärgeres Gemetzel an als zuvor der Janko Ptakowitsch. — Ein Häuflein Türken, das von der Hauptmasse abgedrängt worden war, hatte die Waffen weggeworfen und war ins Gebüsch geflüchtet. Sie liefen geradewegs dem Medwjeditsch und seiner Schar in die Hände. Wir hörten ihre schrillen Angstschreie, — dann wurde es dort allmählich totenstill.

Vor uns hatten sich die Akindschi nun doch einigermaßen ermannt und begannen ernstlicheren Widerstand zu leisten. Schon hatten mehrere der Holzknechte und Bauern Verletzungen abbekommen.

Aus der Tiefe des Tales kamen ohne Unterlaß neue Massen den Weg herauf; — nun drangen sie schon beiderseits des Weges in dichten Scharen in den Wald ein. Die Krobaten zogen sich zurück, und auch wir mußten weichen. Wo der Weg sich etwas verbreiterte, sammelten und ordneten sich die Türken. — In unserem Rücken, am oberen Ende der Talschlucht, toste und rumorte der Kampf, — wie würde er ausgehen? — Würden unsere Bauern der Feinde Herr werden? — Davon hing auch für uns alles ab.

Jetzt nur dem Feind nicht zu viel Zeit lassen! — Ich rief die Bauern zusammen, sammelte die stärksten um mich, — und wir brachen jählings aufs neue gegen die Akindschi vor. Wie ein eiserner Keil, mit einem starrenden Bündel von Spießen und Senseneisen an der Spitze, fuhren wir in ihre dichtgedrängte Masse hinein, rissen sie auf; Schwerter und Dolchmesser, Morgensterne und Hellebarten weiterten die Lücke nach beiden Seiten. Aber der Feinde um uns wurden mehr und mehr, wieder mußten wir uns hart zur Wehr setzen.

Ein blutüberronnenes Gesicht neben mir, — der alte Andre Karlsgrabner, — aber noch wehrt er sich verbissen. — Neben ihm der Michel Perger, bedächtig und gewissenhaft wie sonst führt er seine Waffe. — Der Peter Haselsteiner sinkt zu Boden, — liegt, — nein, er kriecht zwischen uns auf allen Vieren nach hinten. — Da, — jetzt ist auch der Michel gestürzt! — Türken sind über ihm, drängen vor, — rechts, — links, — Krummsäbel, Streitäxte und Spieße überall!

Dort liegt der Michel, — und hier stehe ich! — Stehe! — Das Urteil Gottes! — Habe ich so gedacht? — Ich weiß es nicht. — Weiß nur, daß plötzlich etwas in mir aufschrie: nein! — So nicht! — Das darfst du jetzt nicht zulassen, — gerade das nicht und du nicht! — Und da schien das gute Schwert des Meisters Burkhart mit einem Mal Zauberkräfte bekommen zu haben.

Drei, vier Türken links und rechts, — hier stürzt einer, da noch einer, — Geheul, — verzerrte Fratzen, — jählings klafft ein kahler Schädel auseinander, rot spritzt es mir entgegen. — Und jetzt ist wieder Luft um mich. — Und da liegt der Michel, — er lebt? — Rasch ihn packen und in Sicherheit bringen, ehe sie wieder kommen! — Der Andre Karlsgrabner faßt mit an und der Kaspar Henegger. Blut überall, glitschig und warm und klebrig. — Rasch nur, rasch, — weg!

Da, — verflucht! — Ein jäher stechender Schmerz in meiner linken Schulter. — Ein Pfeil! — Der Schmerz wird rasend; — der Boden unter meinen Füßen wird weich, gibt nach. — Um Himmels willen, — nur jetzt nicht schwach werden! — Sie brauchen mich ja alle! — Jetzt muß ich bleiben! — Was rauscht es so um mich? — Was wird es so dunkel? — Laßt mich sein, ihr! — Weg, weg, — schert euch bloß um die Türken, — sie werden gleich wieder da sein! — —

Zum Teufel, — was brennt mir so scheußlich im Mund, — ich ersticke schier dabei! — Ich reiße die Augen auf, — Baumwipfel über mir, und Köpfe, — und mitten drin des Janko Ptakowitsch Stimme, sehr besorgt und zugleich in ehrlicher Empörung:

„Chärr Junkär Lajtenant ist säär krank! — Ich ihm geben Schljiwowitza, und äär spuckt ihn wieder chinauß!"

Ich will mich aufrichten, — ach verwünscht, — die Schulter! — Schon wird es mir wieder schwarz vor den Augen. — Aber dann geht es, — ich kann mich sogar bewegen, — es schmerzt bloß heftig.

Plötzlich bin ich wieder hellwach: „Was ist? — Was steht ihr alle hier herum? — Wo sind die Türken?" Wie komme ich überhaupt hieher, — auf eine kleine Lichtung mitten im Wald?

Der Mathes Heigl beugt sein schwarzes Teufelsgesicht über mich: — „Herr! — Zum ersten bleibt Ihr mir jetzt ruhig liegen! Ist das Wichtigste, bald einer eine Wunden hat! Das müßt Ihr mir glauben; ich bin ein alter Schmied und versteh mich, Vieh und Leut zu kurieren. — Zum zweiten habt Ihr jetzt eine gute Stunde lang einen toten Mann gespielt. Derweil haben wir die Sach selber ohne Euch in Ordnung gebracht. — Zum dritten müßt Ihr Euch hier noch eine Weil geduldigen. Ihr seht, es liegen noch allerhand andere brave Mannder hier herum. Und es sind bereits Wagen und Pferde aus Waidhofen unterwegs, euch alle heimzuholen. — Zum vierten, und das ist das Wichtigste: mit Euch ist nicht arg bös; nur etwas viel Blut ist Euch ausgeronnen. In einer Wochen könnt Ihr wieder tun, was Euch beliebt."

Wie er gesagt hatte, so geschah es auch. Pferde kamen mit bequemen Sätteln, darauf verluden sie uns und brachten uns ins Tal. Zwischendurch erfuhr ich auch, wie der Kampf im Wald ausgegangen war.

Der Ptakowitsch hatte vom Hang herab gesehen, wie ich verwundet worden war, und sich sogleich mit seiner ganzen Schar den Akindschi in die Flanke geworfen. Dadurch waren diese in Verwirrung geraten, und die Unsrigen hatten Zeit gewonnen, die Verwundeten in den Wald zu schaffen und sich weiter oben wieder zu sammeln. Mittlerweile hatten aber die Bauern und Schmiede im oberen Teil des Grabens die Türken völlig aufgerieben und nun kamen sie in eiligem Lauf den Weg herunter zu Hilfe. Vor diesem neuen Ansturm nun brach der Widerstand der Akindschi völlig zusammen. Sie versuchten verzweifelt, talabwärts sich zurückzuziehen; dies führte aber zu einem fürchterlichen Gemetzel, zumal nun auch der Wild mit seiner Bürgerwehr vom Ybbstal her in den Graben eingedrungen war, und die Akindschi sich schließlich von allen Seiten angegriffen sahen.

Einem guten Teil von ihnen war es freilich noch gelungen, nach dem rechten Talhang hin auszubrechen und über den Glatzberg den benachbarten Pöllgraben zu erreichen, in dem sie dann in Richtung auf Weyer abgezogen sind. An die zweihundert Gefangene waren von den Akindschi zuvor noch abgeschlachtet worden, weitere hundert, aus der Gegend um Aschbach und Seitenstetten, konnten noch lebend gerettet werden. Unübersehbar soll die Menge der Beute wie auch die Zahl der Pferde sein, die man den Türken abgenommen hat.

Das alles erzählte mir der Lambrecht Stubner, während er beim Abstieg neben mir her ging und mein Pferd am Halfter führte. Ich hörte alles, aber bloß wie aus weiter Ferne, fühlte mich elendig matt, und als wir endlich unten beim Hartbichlhof angekommen waren, sank ich fast aus dem Sattel. Hier legten sie uns auf etliche Karren, und dann ging es, qualvoll rumpelnd und stoßend, auf Waidhofen zu.

Es war schon heller Tag, als ich mich wieder fand, in einem weichen Bett unter sauberem Linnen, und die Wunde frisch verbunden.

Ich hatte mein Frühstück eben beendet, da kam der Erhard Wild zu mir herein.

„Ich muß eben rasch einmal nach Eurem Befinden sehen; — doch wie mir scheint, kann ich beruhigt sein. — Bin nicht schlecht erschrokken gestern, wie sie Euch so bleich und still hereingebracht haben."

„Wo liege ich jetzt eigentlich?" fragte ich.

„Im alten Spital neben der Burg. Das neue Bürgerspital draußen ist ja jetzt gestopft voll. Wir haben die gefangenen Landsleute dort hinein gelegt, die wir den Türken abgenommen haben; sind jämmerlich heruntergekommen und wund und krank die meisten noch dazu.

Ja, es war schon gut, daß ich diesen alten Fuchsbau hier herinnen auch noch hab einigermaßen in Ordnung bringen lassen. Die Kämpfe bisher haben uns zwar, Gott sei Dank, keinen einzigen Toten gekostet, aber ein halbes Hundert Verwundete. Das braucht Platz! Euch hab ich, wie Ihr seht, ein Sonderstübchen verschafft, zwar nicht geräumig, aber wohnlich. Gleich nebenan liegen etliche von Euren Leuten; habt also nicht weit, sie heimzusuchen. Der alte Karlsgrabner ist auch darunter, hat sich zur Pflege und Wartung seine Tochter herübergeholt, und ich hab sie angewiesen, sie möge sich auch um Euch kümmern. — Aber nun pflegt Euch und werdet mir bald wieder ganz gesund!"

Ich bin wohl gleich danach wieder eingeschlafen. Und ich träumte sonderbar und verworren, von Türken und mancherlei fremdartigem Kriegsvolk, und ich war mitten drinnen, wurde von dem Getümmel mitgerissen wie von einer Sturzflut, — und mit einem Mal stand die Gundl vor mir, und ich wußte: sie kann mich halten, sie allein. Jetzt streckte sie mir die Hand entgegen, — und da griff ich danach.

Da schlug ich die Augen auf — und hielt wirklich die Gundl an der Hand. Sie stand an meinem Bett, glühend rot, und blickte zu Boden.

„Ich — ich — wollte Euch nur die Decke glattstreichen, — und — Ihr habt so schrecklich gestöhnt, — ach, ich bin so erschrocken, — ich hab schon geglaubt, Ihr sterbt. — Aber ich bin ja so froh, daß Ihr lebt!"

Sie verstummte. — Ich hatte wieder die Augen geschlossen. — Ach, rede doch weiter, wollte ich bitten — irgend etwas —, daß ich bloß deine Stimme höre.

„Willst du schon wieder an die Arbeit?" fragte ich, als ihre Finger zu zucken begannen.

„Ja, Konrad, — Junker. — Was glaubt Ihr, was es jetzt alles zu tun gibt! Unser drei Mädchen sind wir hier, und das ganze Haus voll Versehrter. — Und was die alle brauchen und haben wollen!"

Ich tat, als wolle ich auftrumpfen: „Und ich brauch eben jetzt dich und will dich haben! — Erzähl mir wenigstens: wie geht es deinem Vater?"

„Es geht. — Er hat einen Hieb über die Stirn bekommen, ist aber nur die Haut aufgeschlagen. Danach ist er freilich noch arg in den Schenkel gestochen worden. Aber es wird sich auch wieder ausheilen, hat der Wundarzt gesagt."

„Und der Michel?"

„Ist schwer über den Kopf geschlagen, hat es aber ausgestanden. Könnt zur Not schon wieder alleinig gehen, ist aber noch arg schwindlig. Muß jetzt viel liegen und schlafen, hat der Wundarzt gesagt."

„Hat er dir was erzählt?" forschte ich.

„Nein, — er kann sich ja an überhaupt nichts erinnern. — Aber der Vater hat es mir erzählt, wie Ihr über die Türken gekommen seid und Euer Leben eingesetzt habt für den Michel seines, und es sonst verloren gewesen wär." — Sie stockte, setzte nach einer Weile leise hinzu: „Der Michel ist jetzt in Eurer Schuld."

Ach, was hätte ich der Gundl jetzt nicht alles sagen wollen, — wenn nur nicht alles so schwer gewesen wäre. — Die Erschöpfung, — das verlorene Blut, — schon wurden mir wieder die Glieder schwer und weich.

„Jetzt muß ich aber gehen!" stammelte die Gundl verwirrt, entwand mir sacht ihre Hand und drückte sich zur Tür hinaus. Und dann bin ich wieder in einen langen und tiefen Schlaf versunken.

Es waren geschäftige Hände um mich gewesen, denn als ich endlich wach wurde — die Dämmerung lag bereits in meinem Kämmerchen —, da stand auf dem Tisch neben meinem Bett ein Krug mit einem Strauß bunter Blumen und daneben eine Schüssel mit Brot und gebratenem Fleisch nebst einer Kanne kräftigen Weines.

Ich langte wacker zu. Und fühlte mich danach mit einem Mal so gekräftigt und ermuntert, daß ich versuchte, mich aufzurappeln. — Wirklich, — es gelang, wenn auch noch etwas mühsam. Ich kleidete mich an und, schön langsam, tappte ich hinaus auf den Gang und der Nachbartür zu, hinter welcher Stimmengewirr hervortönte.

Es war ein langer, niedriger gewölbter Saal, an dessen Längsseiten Strohsäcke dicht aneinander gereiht waren, und darauf lagen und saßen allerhand Mannspersonen, fröhlich und lebhaft die einen, stumm und reglos die anderen.

„Oho! — Der Herr Junker! — Immer mitten unter den Seinigen, — wenn's not tut, auch im Siechenhaus!“ begrüßte mich lachend der Michel Huber vom Oberhintersteinerhof. Seine rechte Hand war dick mit blutgetränktem Leinen umwunden.

Was ich hier sah, waren fast alles blessierte Bauern und Eisenschmiede: Da lag der alte Andre Karlsgrabner, hübsch still und bleich, daneben der Peter Haselsteiner, den ein Pfeil in den Fuß getroffen hatte, der Michel Perger mit nassen Tüchern auf dem Kopf und der Martin Rigler, den sie in die Schulter gestochen haben.

„Jetzt ist was los!“ lachte der Michel Huber, — „jetzt hat das langweilige Zuwarten ein End!“

„Vorläufig lassen wir es uns einmal hier im Spittel auf Kosten der Waidhofener Geldsäck gutgehen!“ grinste der Martin Rigler. — „Sind nicht knauserig, das muß man ihnen lassen. Der Erhard Wild selber schaut streng darauf, daß nichts verabsäumt wird; — wozu ist er auch Spittelmeister!“

„Ei, hier haben wir ja unseren Freund!“ scholl es da von der Tür her, und herein kamen der Burkhart und der Neubinger, dieser den Kopf, jener den Arm verbunden. — „So kommen wir also wieder zusammen als eine Runde Spittelbrüder!“ — Der Schwertfegermeister war seinem angeschlagenen Schädel zum Trotz bei bester Laune.

„Was ist denn Euch geschehen?“ fragte ich den Stadtschreiber.

„Hab einen Stich in den Arm bekommen, — ist aber nicht des Aufhebens wert.“

„So seid Ihr auch hier im Spital?“

Der Burkhart schmunzelte: „Junker, — wenn Ihr erst einmal so eine Eheliebste habt wie unser Freund Neubinger, dann werdet Ihr es vorziehen, Euch in Euren eigenen vier Wänden pflegen zu lassen.“

Der Neubinger wurde verlegen, was ihm nicht übel anstand, — aber der Meister Burkhart redete in einem weiter:

„Ja, — da sitzt Ihr hier in Eurem Siechenhaus und versäumt dabei die bedeutendsten Ereignisse unseres Saeculums. — So was wie gestern abend habt Ihr bestimmt noch nicht erlebt.“

„Was hat es denn da gar wieder gegeben?“

„Ei, so habt Ihr gar nichts davon gehört?“

„Ich hab geschlafen, — freilich recht unruhig.“

„Das kann ich mir denken, haha! — Also hört: die Hammer- und Sensenschmiede, wo sie doch den hervorragenden Teil zu unserem Sieg beigetragen, haben noch spät in der Nacht einen Triumphzug abgehalten. Der Mathes Heigl hat den Zug eröffnet. Der hat doch droben im Sattelgraben mit seinem Vorschlaghammer zuletzt einen türkischen Aga mitsamt seinem Roß erschlagen. Das hat dem Heigl Ruhm und

Ehre eingebracht, und darum hat er am Abend bei dem Umzug hoch zu Roß den großen Zunfthumpen der Sensenschmiede vorangetragen. Hinter ihm sind die bürgerlichen Bruderschaften in Ordnung und Waffen aufmarschiert, mit allen Fahnen, voran die Gottleichnamszeche der Messerer, darauf die Johanneszeche der Sensen- und Klingenschmiede und hinterher die anderen, schön nach Rang und Stand. Dahinter haben sie alles im Zug mitgeführt, was den Türken abgenommen worden ist an Waffen, Feldzeichen und derlei Zeug. Und da waren unter anderem nun auch Musikgeräte aller Sorten, weiß Gott seltsame Flöten und Pfeifen und Hörner, fremdartige Trommeln und blecherne Deckel zum Zusammenschlagen und derlei Lärmwerkzeug mehr. Und auf dem allen haben sie zu ihrem Aufmarsch Musik gemacht, — ich sag Euch: schön war's ja nicht, aber schaurig laut! — Und der Heigl hat vor dem Rathaus verkündet, von heut ab wollten die Schmiede der Stadt und Landschaft Waidhofen jedes Jahr auf den Tag genau einen solchen Umzug halten, zum ewigen Gedenken für Kinder und Kindeskinder. — Herr Neubinger, — da steht Eurer schönen Stadt noch allerhand bevor!"

„Sicher!" lächelte der, — „aber vorläufig haben wir noch andere Sorgen. Des Wild Kundschafter sind wieder unterwegs gewesen, und nun haben wir genauere Nachricht, wie sich der ganze Einfall der Akindschi vollzogen hat. Sie sind wieder in mehreren Abteilungen gegen Westen vorgerückt. Die Hauptmacht ist von Amstetten durch die Heide und über Aschbach und Seitenstetten auf Steyr zu, ist aber vor der Stadt auf ein paar Fähnlein kaiserlicher Harnischreiter gestoßen, die aus der Steiermark herübergekommen sind, und vor denen schleunigst ausgerissen. Eine andere Abteilung ist über die Strengberge nach Enns, hat dort wohl die befestigte Brücke im Sturm nehmen können, ist aber am drüberen Ufer so hitzig empfangen worden, daß sie bald wieder hat umkehren müssen. Die alle und noch andere kleinere Scharen haben sich dann, wie sie erkannt haben, sie kommen nach Westen hin nicht weiter, nach Süden in die Berge geschlagen, zu uns her. Das haben wir ja dann selber miterlebt. Jetzt haben sich die alle, wie es scheint, im oberen Ybbstal zwischen Opponitz und Lunz vereinigt. Die Bauersleute sind wohl in die Wälder und auf die Almen geflüchtet, aber was an Ortschaften und Höfen drunten im Tal liegt, muß wohl alles als verloren angesehen werden. Jedenfalls brennen dort drüben Nacht für Nacht die Alarmfeuer auf den Bergen."

„Und warum zieht ihr nicht mit der Bürgerwehr hin und verjagt sie?" fragte ich ungeduldig.

„Es geht nicht. Für das Fußvolk ist es zu weit, Reiter haben wir zu wenig, — und dann wissen wir ja nicht, was bei uns hier noch alles nachkommt."

Waidhofen, am 12. Septembris 1532

Früh am Morgen war heut schon der Stadtrichter Wild bei mir.

„Möcht Euch rasch über das Wichtigste unterrichten", hat er losgelegt. — „Also: die Akindschi ziehen sich das Ybbstal hinauf zurück. Bin gestern abends noch mit einigen Berittenen auf Kundschaft gewesen. Ist also zu vermuten, der Kasimbeg hat nun erfahren, daß der Sultan von der Belagerung der Stadt Wien Abstand genommen hat und mit seinem Heer in die Steiermark abgeschwenkt ist. Und er beeilt sich nun, den Anschluß an die türkische Hauptmacht zu finden."

„Da müßte er doch dem Katzianer gerade in die Hände rennen!"

„Das glaub ich leider nicht. Denn so weit ich die Dinge übersehe, ist der Katzianer wieder in die Steiermark zurückgegangen. Das wird wohl auch nötig sein, denn wer stünde sonst dem Sultan entgegen, wenn der sich mit seinem Hauptheer etwa vor Graz legen wollte. Der Katzianer soll immerhin an dreitausend Reisige unter sich haben!"

„So steht dem Kasimbeg und seinen Horden jetzt der Weg in die Obersteiermark frei, — und sie können dem Katzianer in den Rücken fallen?" fragte ich erregt.

„Das nun wohl auch wieder nicht. — Die Leute vom Gallensteiner Landsturm, aus Admont und Eisenerz haben die Grenzpässe allenthalben mit Schanzen und Verhauen gesperrt und wohl besetzt."

„Da muß der Kasimbeg doch dann quer durchs Gebirg und kommt irgendwo bei Wien oder Neustadt heraus, — und — und — läuft dem Reichsheer geradewegs vor die Nase!"

Ich fieberte, — ich war aufgesprungen! — Verflucht! — Daß ich jetzt so zugerichtet war! — Zu Pferd sollte ich jetzt sitzen und reiten, reiten, — zum Schertlin oder zum Pfalzgrafen oder gar zum Kaiser selber, — denen vom Reichsheer Meldung erstatten, — die entscheidende, wichtigste Meldung in diesem ganzen Feldzug! — Keiner von denen wußte jetzt so gut wie ich Bescheid über die Wege und Absichten der Türken, keiner konnte so wie ich beobachten und voraus berechnen, wann und wo sie aus den Bergen herauskommen würden. — Hatte mir der Schertlin das nicht besonders aufgetragen? —

Der Wild erriet meine Gedanken. — „Regt Euch jetzt nicht auf, — pflegt Euch noch zumindest zwei Tage. Übermorgen, wenn Ihr Euch wieder bei Kräften fühlt, und der Wundarzt nichts dagegen einzuwenden hat, mögt Ihr in Gottes Namen reiten."

Ich ließ den Chirurgus auf der Stelle holen. Der besah sich gründlich meine Schulter: sie ist noch geschwollen, beginnt aber schon zu heilen. „Schont Euch immerhin im Augenblick noch!" meinte auch er, — „aber wenn Ihr bald wieder reiten wollt, dann lungert nicht den ganzen Tag im Bett herum, sondern geht zwischendurch ein paar Stunden lustwandeln. Auf daß Euch die Kraft und Übung des Leibes nicht ganz schwindet. Ihr sollt aber nicht allein ausgehen, — für den Fall, daß Euch eine Schwäche überkommt", meinte der Chirurgus noch, — „ich werde Euch jemanden zur Begleitung schicken."

Bald darauf trat die Gundl in meine Kammer. Ich hatte es erwartet. — Nun, sie mußte mich doch führen und stützen in meiner Schwäche. Aber ich fühlte mich nun gar nicht mehr schwach!

Wir schlenderten, schweigend noch, an der Pfarrkirche vorbei zum Schilchertor hinunter.

„Ihr habt viel getan", sagte die Gundl nach einer Weile im Gehen, — „für uns und für das ganze Land, — Ihr und Eure Gesellen alle."

„Aber Gundl, — wenn wir Soldaten gegen den Feind kämpfen, — ist unser Beruf und Tagwerk das, — und wir bekommen bezahlt dafür."

Aber sie schüttelte sanft den Kopf: „Nein, — wißt Ihr, Konrad, — wie ich noch ein Kind war, und der Großvater noch gelebt hat, da hat der uns oft erzählt von den alten Helden, — von ihren großen Taten und Abenteuern. — Hab da immer für mein Leben gern zugehört und mir alles fein gemerkt. — Aber, daß es so Leute auch heut noch gibt und daß sie mitten unter uns leben, — und daß ich einmal selber —" — Sie verstummte.

Sie meinte alles so tiefernst und ehrlich und einfach.

„Gundl, wo denkst du hin! — Du, wenn du vielleicht mich meinen solltest? Ein paar notige Rauber hab ich abgetan, ja, — und dann hat schon einer mich selber erwischt, und aus war's!"

Aber sie lächelte nur, schüttelte leise den Kopf, vermied meinen Blick und schaute träumend ins Land hinaus.

Wir waren zwischen den Häusern der Vorstadt ins Freie getreten, ein Stück folgten wir der Straße, dann stiegen wir den Wiesenhang hinan.

„Macht Euch das Steigen nicht etwa Beschwer?" fragte die Gundl und faßte meinen Arm fester.

„Ach, Gundl, — daß du dich so sorgst um mich, ist zwar nicht nötig, — aber schön ist es, — wunderschön!"

Und sie litt es, daß ich sie an mich zog und sie küßte.

„Gundl", sagte ich, — „hast du mich lieb?"

„Ja!" sagte sie leise, — „sehr!" — Und dann: „Ich weiß nicht, wie das über mich gekommen ist. — Ich weiß nur eines: ich — gehör jetzt — ganz — dir!"

„Und wirst du mit mir gehen?"

„Ja!" — Und dann, ganz leise, — und mit einer stillen Angst darin: „Aber — wohin?"

Ja — wohin? — Quälende Unrast stieg plötzlich in mir auf. — Wohin? — Wußte ich's denn? — Wohin ging ich selbst? — Nach

Hungarn, nach Böheim, nach Slawonien oder noch weiter? Oder nach Burgund oder nach Welschland, — wie es eben der Zufall des Krieges erheischt? — Ach, — im ganzen Reich bin ich zu Hause und doch nirgends! Ich verwünschte jetzt dieses Leben ohne Heim und ohne Ruhe, — und hab es doch liebgewonnen in den Jahren, — dieses Leben im Sattel, im Gezelt und auf den Straßen, zwischen gepanzerten Reitern und Feldgeschützen, unter Spießen und blanken Klingen, — unter flatternden Fahnen. — Aber jetzt?

„Gundl, — jetzt bin ich hier bei dir, — zwei Tage lang! — Und dann bring ich dich nach deines Vaters Hof. — Und dann —"

Ja, — was dann?

„Wirst du mit mir kommen, — überall hin, — wohin ich auch gehen werd?"

„Ja!" sagte sie. „Und ich weiß jetzt auch, daß ich ganz zu dir gehören will und alles tun, was du willst."

Sie sagte das fest und schier hart wie ein Kriegsknecht, der seinen Eid auf die Fahne ablegt, — und es war etwas darin, was mir weh tat.

Ich will ganz dir gehören und alles tun, was du willst! — Zwei Tage lang! — Oh, ich wußte, wie es jeder andere an meiner Stelle halten würde in diesen zwei Tagen, — mit gutem Recht wohl, — mit dem Recht des Krieges und mit dem Recht des Lebens! Und jählings durchzuckte mich heiß der Gedanke, welches Glück es für mich wäre, wenn ich wieder weit weg irgendwo in fremdem Land stünde und ich wüßte, daß mir hier in diesen Bergen ein Sohn heranwüchse. — Ja: für mich wäre das höchstes Glück; — aber für die Gundl? — Hieße das nicht doch bloß sie nehmen und dann an meinem Weg liegen lassen; — weiß Gott, wann ich denn wiederkommen würde und ob überhaupt jemals wieder.

Wir waren aus dem Wald auf die freie Höhe hinausgetreten; tief unter uns wand sich das Tal der Ybbs, schon in Schatten des nahen Abends, aber um uns leuchtete es noch golden warm. Vorne in einer Mulde, dem Berghang angeschmiegt und vom Wald wie schützend umgeben, lag ein Weiler: ein paar Höfe, um ein Kirchlein geschart.

„Wie heißt der Weiler?" fragte ich.

„Konradsheim!"

„Wirklich?"

„Ja, — wahrhaftig!"

Ich wollte mich auch freuen darüber — und konnte es nicht.

„Ich wünschte, es wäre wirklich mein Heim! — Ich hätt einen Bauernhof hier, und nichts sonst auf der Welt ginge mich was an!" stieß ich hervor.

„So darfst du nicht reden! — Schau: die alten Helden, die haben auch nicht als Bauersleut auf einem Hof in den Bergen sitzen dürfen."

„Und glaubst du nicht, daß sie dabei glücklicher gewesen wären?"

Sie dachte nach. — „Das weiß ich nicht, — mag aber schon so sein."

„Und ich? — Willst du nicht, daß ich glücklich bin?"

Sie schmiegte sich an mich, flüsterte: „Ja, — ich will es! — Und ich will alles dazu tun, was ich kann."

Opponitz, am 13. Septembris

Früh am nächsten Morgen erschien der Stadtrichter Wild wieder in meiner Stube. Er betrachtete mich prüfend, dann hub er an: „Und wie steht's mit Euch, will sagen: mit Eurer Wunde?"

„Danke, — es wird zusehends besser; — morgen oder übermorgen hoff ich —"

„Ja, das ist es eben!" fiel mir nun der Wild ins Wort: „Die Akindschi ziehen sich rascher zurück, als wir gedacht haben. Eben sind Kundschafter zurückgekommen, die haben in Göstling, in Lunz und Gaming keinen Feind mehr vorgefunden. Wohl: Verirrte und Versprengte sind noch hier und dort in den Wäldern und Seitengräben, aber der Kasimbeg mit seiner Hauptmacht hat es offenbar sehr eilig. — Und da wollt ich Euch fragen: Könntet Ihr nicht heut schon aufbrechen? Ich hab gehört, Ihr wollt noch Leute aus dem Opponitzer Amt heimgeleiten; das kostet Euch ohnehin noch gut einen Tag, wenn es Euch auch am Wege liegt."

Ich war im Herzen tief erschrocken. Der heutige, — der zweite Tag! — Hatte ich nicht von ihm geträumt, mir ihn schon ausgemalt? — Aber war anderseits nicht vielleicht gerade dieser eine Tag entscheidend für das, was mein Auftrag war? — „Ja, ich will, daß du glücklich bist." — So hatte sie gestern zu mir gesagt. — Dann nickte ich, stumm, hart; — ich hatte als Soldat einen Befehl vernommen.

„Ich will Euch an die Hand gehen, damit Ihr Euch noch schonen könnt", sagte der Wild. — „Ich rufe Eure Reiter zusammen und die Bauern und stelle Euch Packpferde zur Verfügung."

Langsam, endlos lang verstrichen die Stunden. — Wie waren sie doch gestern verflogen, als die Gundl bei mir war! — Jetzt kam sie nicht. — Freilich: sie mußte sich um ihren Vater kümmern und um dessen Habseligkeiten und um weiß Gott was noch alles. Die Gundl hatte ja immer zu tun, zu arbeiten, — gestern, unsere Wanderung, — das war das erstemal, da ich sie nicht geschäftig gesehen hatte.

Kommen und Gehen war im Haus und auf dem Hof. Etliche Bauern aus der Gegend von Hollenstein und Göstling wollen sich uns anschließen, darunter auch der Michel Perger. Und der Meister Burkhart kam und fragte, ob er noch zwei oder drei Tage bei uns mithalten könne, ehe er wieder zu Werkstatt und Kaufladen zurückkehrte. Mir war es recht.

Drunten auf dem Hof sammelten sich meine Krobaten und Panzerreiter. Frauen und Mädchen drängten sich dazwischen, und die Reiter hatten alle Hände voll zu tun, das Gesottene und Gebratene in ihre Satteltaschen zu verstauen, das ihnen jene rasch noch zusteckten. Auch die Bauern waren da; den Andre Karlsgrabner, der noch nicht gehen kann, verluden sie in eine von zwei Pferden getragene Reisesänfte, die anderen harrten zu Fuß oder zu Pferd des Aufbruchs.

Mittag war schon vorbei, als wir uns endlich in Bewegung setzten. Die halbe Stadt gab uns das Geleit bis zu den Kreilhofer Feldern. Dann ging es weiter ins Tal hinein. Ich war zuerst an der Spitze geritten, vor meinen Reitern her; nun verhielt ich mein Pferd, ließ den ganzen Zug an mir vorbei und wartete, bis die Gundl kam. Sie schritt zu Fuß, hinter der Sänfte ihres Vaters.

„Komm zu mir herauf; ich nehm dich vor mich in den Sattel."

Die Gundl schaute mich bittend an, machte aber keine Miene, meiner Einladung zu folgen. — Da stachelte ich mein Pferd und jagte wieder nach vorn zu meinen Gepanzerten. — Hätte ich es nur nicht getan; — ich wurde den ganzen langen Ritt nicht mehr froh.

Gegen Abend kamen wir nach Opponitz. Das liegt nahe der Ybbs, in einem kleinen Seitengraben, durch eine Krümmung vor dem Haupttal verborgen, und die Türken sind daher daran vorbeigezogen, ohne es zu zerstören. Die Einwohner sind zum Teil schon zurückgekehrt. Und siehe da: wo die gemeinsame große Not und Gefahr geschwunden ist, beginnt alsbald der kleine Neid und Eigennutz: wir bekamen, nach langem Hin und Her, nebst manchem bösen Wort alle zusammen nur ein schlechtes Nachtlager auf Stroh im Pfarrhaus.

Als wir abgepackt hatten, fing ich draußen im Hof die Gundl ab, umarmte und küßte sie heftig; — ich war glücklich, daß ich meinen Zorn und Stolz überwunden hatte.

„Gundl, — bist du mir bös?"

Sie zögerte. — „Nein, — du hast es ja nicht bös gemeint." — Und dann: „Laß mich nur jetzt bei dir sein!"

Männer kamen vorbei, mit hellen Fackeln; — ich ließ die Gundl los; — dann wieder Dunkelheit; — ich tastete mich zu ihr, zog sie wieder an mich.

„Gundl", flüsterte ich, „morgen schlafen wir auf deines Vaters Hof, — dort werden sie uns schon in Ruhe lassen."

„Ja!" hauchte sie zur Antwort, — und es war mir, als ob sie leise schauerte.

Die Gundl wollte entwischen, — ich griff nochmals nach ihr, preßte sie an mich, — spürte mit einem Mal ihren Mund heiß an meinem Ohr: „Ich hab dich lieb, Konrad!" — und weg war sie. —

Schwarzensee im Wiener Wald, am 16. Septembris 1532

In Opponitz haben uns am Morgen diejenigen von den Bauern verlassen, die ihre Höfe um den Ort herum haben, und die über den Sattel auf der Kripp ins Ybbstal hinüber nach Göstling hin ziehen wollten. Auch von meinen Reitern habe ich den größten Teil unter dem Befehl des Albrecht auf demselben Weg losgeschickt; sie sollten das Ybbstal hinauf und nach dem Erlauf- und Pielachtal hin auskundschaften, und im Lauf des nächsten Tages wollten wir in Lunz wieder zusammentreffen. Es war also nur mehr ein kleines Häuflein, das nun den schmalen Pfad im Karlsgraben bergan zog: der Andre Karlsgrabner mit der Gundl und seinen beiden Söhnen, ein halbes Dutzend Bauern, unter ihnen der Michel Perger, der Meister Burkhart, und dann ich mit dem Janko Ptakowitsch, dem Cvetko Suditsch und dem Nikowitsch. Ich ließ den Suditsch mein Pferd nachführen und ging zu Fuß neben der Gundl.

Der Graben, der anfangs noch recht breit und offen war, verengte sich nach einer Weile zu einer finsteren Schlucht, zugleich tauchte der Pfad im dichten Fichtenwald unter. Es war ein Wald, wie ich einen noch nie im Leben gesehen hatte. Keine Axt schien diesen Wald noch je berührt zu haben; wo einer der riesigen Stämme gefallen war — mehr als einmal lag einer quer über den Weg —, da blieb er liegen und bot, vermodernd und zerfallend, eine Niststätte für neues Pflanzengerank.

„So hat wohl das ganze Land hier herum ausgeschaut, damals, wie der große Kaiser Karl vor tausend Jahr die ersten Bauern hergerufen hat“, hörte ich hinter mir den Michel Perger zum Meister Burkhart sagen. —

Steil und wild, in zahllosen engen Kehren, wand sich der Weg durch das Dickicht über Wurzelwerk und Gestein den Talhang hinan. Mühsam und vorsichtig stiegen die Pferde; auch die Menschen verstummten.

Dann war verfallenes Gemäuer neben uns; Buschwerk grünte wuchernd zwischen Resten von Bruchsteinwänden; Schlingkraut und Blattgewirr wand sich um schwarz verfaultes niedergebrochenes Gebälk.

„Das ist dem Großvater sein Hof gewesen“, sagte die Gundl. — „Er hat's nimmer erhalten können; der Boden hat von Jahr zu Jahr weniger getragen.“

Ja: der Wald war groß und gewaltig und unbarmherzig. Er nahm sich in einem Menschenalter zurück, was tausend Jahre Mühe und Plage ihm abgerungen hatten. Er würde das ganze Land wieder zur wilden Einöde machen, wenn es die Menschen nicht ohne Unterlaß immer wieder aufs neue sich erkämpfen und erarbeiten. Auch der Türk würde das

Reich verschlingen und zur Einöde machen, wenn seine Menschen es sich nicht immer wieder aufs neue erkämpfen und sichern. — Bauern hier und Soldaten dort; — wie standen sie doch auf gleichem Posten, der eine mit dem Pflug und der andere mit dem Schwert.

Die Gundl unterbrach meine Gedanken: „Der Reitsteig geht hier über den Sattel hinüber, aber ich weiß einen Fußweg droben auf dem Kamm und über die Höh. Der ist viel schöner. Willst nicht mit mir dort gehen? Wir treffen mit den anderen dann daheim auf dem Hof wieder zusammen, ist nicht mehr arg weit bis dahin."

Ich folgte ihr nur zu gern. Nicht weit, und der Pfad trat aus dem Wald heraus; vor uns zog sich weit hin ein sanft gewellter Bergrücken. Wir hatten einander an der Hand gefaßt und wanderten über den weichen Rasenboden dahin, gerade der Sonne entgegen, die vor uns schon tief am Himmel stand.

„Gelt, da ist's schön heroben!" sagte die Gundl. „Ich bin gern auf dem Berg, — ich mein, man spürt's schier, daß man da heroben dem Herrgott um ein Stückerl näher ist."

Über ein kurzes hatten wir eine offene Anhöhe erreicht; vielleicht war es die höchste Stelle des ganzen Bergzuges. Freier noch und weiter als bisher ging hier der Blick ins Land hinaus.

„Da drüben der steile Hang", hub sie nach einer Weile an, „das ist die Rote Mauer. Und drunter, wo im Wald die große Lichtung ist, dort siehst du den Rottenmauerhof, wo ich daheim bin. Und da drüben, da schaust du über den Saurüssel ins Land ob der Enns, bis auf Großraming und Losenstein; — du, Konrad, glaubst nicht, daß man von da aus dem Erzherzog sein ganzes Land übersieht?"

Ich zog sie fester an mich und sagte nur: „Du bist lieb, daß du dich über so was so freust."

„Ja, gelt, — und dumm bin ich auch, — denkst dir jetzt?"

Da war ich ganz ernst: „Nein, — du bist nicht dumm, — du bist sogar sehr klug. — Das ist, weil du immer nur dein Herz sprechen läßt, — und das kann bei einem Menschen wie dir nie irren."

Aber dann begann ich ihr doch zu erzählen von der Welt draußen, und wie groß und weit diese Welt sei. Ich erzählte ihr von Wien und von Hungarn und Slawonien, und wie wir dort draußen den Wall gegen die Türken aufbauen sollten, daß die nie wieder bis hieher, bis

Bild rechts und umseitig:
Die Ereignisse der Jahre 1529, 1532, 1540 und 1541, aufgezeichnet in der Türkenchronik, im erweiterten dreiteiligen Kriegsbuch des Leonhart Fronsperger, gedruckt in Franckfurt am Mayn, 1596, von Johan Feyerabendt (K. A.).

Selim/der dritte Türckisch Keyser/hat Egypten/Syrien/Arabien gewunnen/zween
Soldan erschlagen/hat regiert 7. Jar/ist gestorben als man zahlt nach Christi geburt/1519.

Zyleman der viert/vnd jetziger Türckische Keyser hat den Christen abgewunnen Grie-
isch Weissenburg/Rodiß/vnd den Vngerischen König erschlagen/die Statt Ofen geplün-
ert/Jetzt ist er diß als man zahlt von Christi geburt/1529. Jahr/widerkommen/hat Vnger-
andt/ein theil Osterreich/eingenommen/vnd ligt für Wien in Osterreich nun in die fünffte
Wochen/Wo ist jetzt der heiligste Vatter der Bapst/der Christlichste König auß Franckreich?
aß sie nach jhren grossen Tittel vnd namen nicht helffen retten? Wirt der arm gemein Christ
ämerlich ermordet/Mann/Weib/Kindt/Junges vnd Alts/wer mag vnd kan/der fleucht dar-
on/muß Landt raumen/all sein Haab vnd Gut verlassen/Es gehen die Männer jhrer Wei-
er jrr/die Weiber jhrer Männer/Vatter vnd Mutter müssen ins elendt/wo seyn die Ketzer-
eister? Ich meyn sie haben vnglaubige im Land gnug/ziehens jetzt dran/Mit den armen Leu-
n vnd vnschuldigen Büchern/so nit reden/können sich nicht wehren/niemandts nichts thun/
önnen sie wol Kriegen vnd fechten/da seyn sie Löwen/aber gegen den Türcken seyn sie lauter
asen/Also gehet er auch/Gott geb daß es wol gerath/vnd sich jedermann besser/keiner den an-
ern veracht/vnd trewlich zusammen sitzen/wil man der lehr Christi vnsers Herren nicht fol-
en/so folge man dem Teuffel.

Ist auff dißmal gegen dem Türcken vor Wien auch nichts außgericht werden/die
riegßleut so zu Wien in der Belägerung lagen/dorfften nicht hinauß/so lagen die Obersten

Ff iij Feldt-

eldthauptleuth/sampt dem Reysigen Zeug zu Krembs/dorfften nicht wol vor die Statt/die-
eil erwürgt man das arm Volck auff dem Landt.

Anno 1532. hielt Keyser Carl der fünfft deß Namens/ein Reichßtag zu Regenspurg/gleich
demselbigen Jar kam der Türck wider in Vngern/mit grosser Kriegßrüstung vnd Volck/
meinung Wien vnd das gantze Osterlandt einzunemen/Aber hochgenanter Keyser/sampt
len Ständen deß Röm. Reichs/verordneten zu Roß vnd Fuß ein vnsägliches Volck wider
n Türcken zu ziehen/vnd kam also das Volck zu Wien alles zu hauffen/kam auch gar viel
olck dem Keyser zu wolgefallen/jhr viel auff jhrn eigen kosten/auß Hispanien/Italien/auß
ch Burgundien vñ andern Flecken/auß dem Niderlandt/rüsteten sich auffs allerbest zu Roß
d zu Fuß/kam auch der Keyser vnd sein Bruder Ferdinandt/Römischer/Vngerischer vnd
öhemischer König/in meinung wider den Türcken zuziehen/lagen sampt dem Kriegßvolck
ehr dann zwey Monat zu vnd vmb Wien/auff dem Landtvolck vmbringt/was sich der Key-
bedacht/oder was für heimliche Practick darein kam/er vrlaubt das Volck alles/ließ ein jeg-
hen ziehen wohin er wolt/zog er denselbigen Herbst in Welschlandt gen Mantua/warde also
r nichts außgericht/dann ein wenig Husern vnd Tatern so auff die Steurmarck streifften/
urden von den Teutschen erschlagen/sonst war gar nichts außgericht/war aller vnkosten vnd
sten verloren/vnd wann wirs verstehen wöllen/so kriegt der Türck das Reich wol so hart/als
ann er gleich mitten darin lege/Aber Gott strafft vns also.

Anno 1537. hat ein Türckischer Wascha König Ferdinandts Kriegßvolck in der Wi- dischen Marck erlegt. Im Jar 1540. erobert der Türck mit gewalt Castellnouo/ welches jh Carolus das Jar zuuor abgetrungen hette. Anno 1540. vbergaben die Venediger dem Tü- cken vmb frieden zu erlangen/ die feste Statt Neapolis in Romania/ dergleichen Maluasi- Anno 1541. ward Königs Ferdinandts Kriegßvolck vor Ofen von einem Türckischen W- scha erlegt/ mit verlust gar viel köstlichs Geschütz vnd Munition/ alsbaldt kam darauff d Türckisch Keyser in eigner Person/ hielt König Hansen Witfrauw vnd Son nit was er jn ha zugesagt/ nam Ofen ein/ besetzts mit Türcken/ verschickt König Hansen vnmündigen Soh sampt seiner Mutter/ ꝛc.

Damit auch nichts/ was zu einem rechten Christlichen Zug wider den Türcken dienstlic vergessen/ vnd allhie außgelassen werde/ denn sonsten wenig erfunden/ die so Christlich/ als d Ehrwirdige hohe Mann D. Martinus Luther seliger/ daruon geschrieben/ als hab ich se Christliches bedencken/ darinn er vnderricht gibt/ wie man wider den Türcken kriegen soll/ a len frommen Christlichen vnd Teutschen Kriegßleuten/ vnnd andern/ die sich wider den Er feindt deß Christlichen Glaubens zugebrauchen vermeinen/ zum besten auch nit antrucken la sen/ in ansehung/ daß solches bedencken ausser seinen Tomis sonst nicht funden wirt/ Auch nit jedermans fug oder vermögen sie zu kauffen/ Der Christliche Leser wölle jhm die mühe vnd arbeit gefallen lassen/ vnd alles zum besten vermercken.

Ende dieses Buchs deß ehrwirdigen Herren M. Johannis Auentini.

Vo

ins Herz unseres Landes kämen. — „Und siehst du, — daran möcht ich mitarbeiten, das ist mein größter Wunsch, — und du sollst mir dabei helfen."

Sie schwieg — und nickte, — und es sah wieder sehr gehorsam und tapfer aus. Aber nach einer Weile fragte sie doch, — und es war ein leises angstvolles Zittern in ihrer Stimme:

„Sag, — Konrad, — gibt es da draußen in Hungarn und in Slawonien auch so einen Wald wie bei uns und solche Almen?"

Ich wollte sie beruhigen — und doch nicht belügen.

„Ich weiß das nicht recht. — Ich denk schon, — aber halt anders als hier."

Sie schwieg, hatte mich verstanden, deutlicher als ich geredet hatte.

Ich blickte um mich: das brauende graue und gelbe Gewölk war höher gestiegen, hatte die Sonne erfaßt, schien sie langsam in die Tiefe zu ziehen. Aus dem Tal und dem Wald kamen Nebelfetzen, strichen vor uns über die Höhe. — Jählings fröstelte es mich.

„Gehen wir, — es wird spät!" sagte ich. — Wir schritten weiter, in die immer dichter und dunkler werdenden Nebel hinein.

„Gundl, — morgen um diese Zeit bin ich schon weit weg von dir."

„Ja, — ich weiß es."

„Was wirst du tun?"

„Ich werd warten, bis du wieder kommst. — Und werd derweil immer an dich denken."

„Und wenn ich wegginge und dir sagte, daß ich nie wieder komme, ganz bestimmt nie wieder?"

Zitterte ihre Hand in der meinen? Stand Erschrecken in ihren Zügen, Angst? — Ich konnte es nicht erkennen. Aber als sie redete, war ihre Stimme ruhig und fest wie immer.

„Ich würde auch dann immer an dich denken, — dich nie vergessen — und meinen Kindern und Enkelkindern noch von dir erzählen."

Bald hatten wir den Hof erreicht. Undeutlich wuchsen aus dem Dämmerlicht die Bauten, schwer und klobig alles, dunkel von Wind und Wetter. Über wuchtigen groben Grundmauern aus rauhem Bruchsteinwerk stiegen schwarze Blockwände empor, geduckt und trutzig, und weit sprang darüber das mächtige schindelgedeckte Dach vor.

Wir traten in die große Wohnstube. Kaum drang mehr Tageslicht durch die kleinen Fensterchen; hinten loderte auf dem gewaltigen offenen Herd ein flackerndes Feuer, und an den Wänden steckten in geschmiedeten Ringen ein paar Kienspäne. Die Männer saßen ringsum längs der Wand auf der Bank; nahe dem Feuer hatten sie auf einem Schragen den Andre Karlsgrabner gebettet, den der lange mühevolle Ritt recht hergenommen hatte: daneben spannen einige Mägde im Kreis um eine uralte weißhaarige Frau, die Großmutter der Gundl.

Das Knistern und Knacken der brennenden Scheiter, das Schnurren der Spinnräder, das gedämpfte Scharren und Schnauben des Viehs aus dem nahen Stall, das alles mischte sich zu einer leise summenden Melodie, welche die Stille nicht zerriß, sondern nur seltsam deutlich werden ließ.

Der herbe harzige Rauch des Herdfeuers wölkte zur Decke empor, zog sich an ihr durch den ganzen Raum, bis er zuletzt den Weg bei einem Loch über der Tür hinaus fand. Glänzend schwarz waren von ihm die Balken und Pfosten gebeizt. Wie sich meine Augen an das flackernde Zwielicht gewöhnt hatten, erkannte ich an dem mächtigen vierkantigen Mitteltram, der die Decke trug, seltsame Zeichen eingeschnitten, halb verwischt von Alter und Ruß. Hundert und mehr Jahre mochten die schon hier stehen, denn so lang, hatte mir die Gundl erzählt, waren die Vorfahren ihrer Mutter schon auf dem Rottenmauerhof gesessen.

In der Mitte des Trams löste sich ein kreisförmiges Gebilde heraus, mit gekrümmten Speichen, wie ein im Wirbel sich drehendes Rad anzuschauen. Ich war nahe herangetreten, bemühte mich, Einzelheiten zu erkennen; da sagte der Michel hinter mir: „Das ist die Sonn, Junker!"

Die Sonne? — Ich wußte mit dieser Erklärung nicht viel anzufangen. Der Michel merkte das wohl, denn er redete weiter:

„Alles hängt dem Bauern an der Sonn und ihrer Kraft: ob das Traid wachst und reift oder verkommt, ob das Vieh und die Kinder gedeihen oder verderben, ob unser Tagwerk Nutz bringt oder Not. — Wohl: an Gottes Segen liegt's, — aber Gott wirkt's allemal durch die Sonn. Und wer da selbiges Radel einkerbt, der bindet die Sonn an sein Haus und damit den wahren Segen Gottes. Und ist darum das Zeichen da so wichtig als wie der Weihbrunn dort neben der Tür."

Ich mußte wieder staunen. — Was waren das für Worte? — Und wie fügte sich hier alles zusammen und in eines: die Berge und die Wälder draußen, das Haus und der Raum und die Menschen darin und all ihr Handeln und Denken und Reden! — Stand das alles noch in unserer Zeit, — in dieser ruhelosen Gegenwart? — Oder war es nicht aus jeglicher Zeit herausgenommen, — war alles das, Berg und Wald und das Blockhaus und die Leute darin, nicht ein Stück Ewigkeit, seit tausend und mehr Jahren schon so gewesen und bestimmt, in die Jahrhunderte so zu bleiben?

Hatte nicht die Gundl schon einmal so geredet, damals, vor langer Zeit, bei einem unserer ersten Gespräche? Woher nahm ich das Recht, vor Gott und mir selber, einen Menschen aus diesem bergenden Ring der Ewigkeit heraus zu nehmen, mit mir zu ziehen, in unsere wirre Zeit und in die laute große Welt hinein, — und ihn zuletzt, — wer konnte es wissen? — einsam und schutzlos darin stehen zu lassen?

Und plötzlich wußte ich klar, was ich schon lange immer wieder dumpf gefühlt hatte: ich darf es nicht! — Mit einem Mal faßte mich Angst, — Angst vor mir selber, vor dem, was ich nun tun würde, — tun mußte!

Wie betäubt ging ich hinaus, lehnte mich an die rauhe Hauswand; — es war klarer geworden und kühler; hinter dem milchigen Dunst mußte irgendwo der Mond stehen. — Herrgott, ja, — klar und kalt soll es nun auch in mir werden, — sonst gar nichts!

Leise Schritte neben mir, eine Hand griff nach der meinen: „Konrad, — was ist dir?"

Ich gab mir einen Ruck, — und erschrak vor meiner eigenen Stimme, so rauh und spröde war sie mit einemmal: „Gundl, — ich werde dich nicht mit mir nehmen — und ich werde auch nie wieder kommen, — und das ist gewiß wahr, — und niemand kann es ändern!"

Ich erwartete Entsetzen, Verzweiflung, Weinen, Klagen, — aber nichts dergleichen geschah. Bloß der Druck der Hand wurde fester, inniger. — Und dann kam ihre Stimme, warm und ruhig, wie eine Mutter zu ihrem Kind spricht:

„Konrad, — ich hab das geahnt, — gewußt. — Hab bloß so getan, vor mir selber, als glaubt ich's nicht. — Du kannst nicht bei mir bleiben, und wenn ich mit dir ging, würdest du nicht glücklich dabei."

Dann, nach einigen bangen Atemzügen: „Wann brecht ihr auf?"

Ich überlegte. — Jetzt in der Nacht war nichts zu machen; in den Bergen kämen wir nicht weiter, und drunten im Tal, — wer weiß, was da noch für Überraschungen auf uns lauerten.

„Morgen früh vor Tagesanbruch!"

Ein leiser Seufzer, — wie aus Erleichterung. — „So ist noch eine Nacht dazwischen!"

Wieder Schweigen, — Stille, die auf etwas wartete, — dann sagte sie: „Und in dieser Nacht soll alles, das Land und der Hof und das Haus, und was darin ist, dein Heim und Eigen sein, — und du sollst es in Besitz nehmen, so, daß du es dein ganzes Leben nicht mehr verlieren kannst."

Sie führte mich durch die Scheunen und Getreidekammern; in die Ställe gingen wir, wo ich den schweren Pferden die breiten Rücken tätschelte und den Kühen die samtenen Stirnen kraulte; dann traten wir hinaus an den plätschernden Brunnen, unter die gewaltige schwarze Krone der Hauslinde, — im Hausgarten naschten wir von den letzten süßen Beeren, und ich brach die Sterne der Astern und steckte sie der Gundl in ihr Brusttuch.

Und weiter führte mich die Gundl; wie im Traum folgte ich ihrer Hand, — durch enge Gänge und über steile Holzstiegen, — irgendwohin. — Und dann war nur mehr bergende Dunkelheit um uns und süßer Duft von altem Holz und fernes Wipfelrauschen, — und wir versanken ineinander, löschten aus in den dunklen Fluten der Glückseligkeit. —

Waren Stunden vergangen? — Ich wußte es nicht, als ich jäh erwachte. — Noch duftete das Holz, noch rauschten draußen die Baumwipfel, — noch hielten mich weiche Arme eng umschlungen, fühlte ich einen warmen Leib an den meinen gepreßt.

Sacht und leise entwand ich mich meiner Fesseln, — dann, rasch griff ich nach meinem wirr herumliegenden Zeug, machte mich marschbereit. Schon begann der Himmel leicht grau zu werden.

Ich wandte mich nicht mehr um, als ich aus der Stube trat. — Überkam es mich nicht auch so schon heiß und weh? — Nur nicht viel denken jetzt an das, was war! — Nur denken an das, was sein wird! — Ob ich den Weg wohl besser durch das Erlauf- und Pielachtal nehmen soll oder oben herum über die steirischen Berge? — Nein, das würde zu viel Zeit kosten, und wer weiß, ob ich die Türken da im Auge behalten könnte. — Also am besten geradewegs hinter ihnen drein! — Kalt und hart muß ich jetzt sein, kalt und hart, — nur an die Türken denken und an meinen Auftrag. — Und sollte in mir drinnen irgendwo zwischen Panzer und Eis noch mein Herz klopfen, so mochte es das nur, — mochte es zehren von dieser einen Nacht!

Drunten in der Stube war schon Bewegung und Aufbruch. Auf dem Herd prasselte in einer großen Pfanne der Sterz, Milch dampfte, meine Krobaten stopften im Vorraum ihre Packtaschen, und auch der Meister Burkhart machte sich reisefertig.

Der Michel kam eben zur Tür herein mit einer Last Brennholz, warf die Knorren neben dem Herd ab. Mir war einen Augenblick lang seltsam bedrückt zumute. Hatte ich an ihm nicht übel gehandelt? Ihm weggenommen, was ihm gebührt hätte und was, wenn das Schicksal mich nicht über seinen Weg geführt hätte, allein sein gewesen wäre? — Aber nein, — ich fühlte mich ohne Schuld! — Und dann: hatte ich ihm nicht das Leben gerettet und dabei das meinige aufs Spiel gesetzt? Hatte sich nicht droben im Sattelgraben mein Blut mit dem seinigen gemischt? — Blutsbrüderschaft; — sowas gibt es weit drunten in den krobatischen Bergen, der Mirko Sinjanin hatte mir das einmal erzählt. — Waren der Michel und ich nicht Blutsbrüder geworden in der Stunde der höchsten Not? Wo nun einer des anderen Leben und Lasten, Freuden und Leiden mitzutragen hatte? — Ich ging und er blieb; — ging ich nicht für ihn hinaus in die Welt, in den Kampf, — und blieb er da nicht für mich hier zurück in den Bergen?

Mit einem Mal stand ich vor ihm: „Michel, — weißt du, daß du mir dein Leben verdankst?"

„Ja, Junker, — das weiß ich! — Ich verdank Euch mein Leben und bin schuldig, es für Euch zu geben, wenn Ihr es fordert."

„Wolltest du also dein Leben so führen, als ob ich selber hier bliebe, und du stündest bloß an meiner Stelle?"

„Ja, Junker, — ich will es!" — es klang wie ein Schwur.

Ich wandte mich an den Meister Burkhart: „Habt Ihr noch das zweite Schwert, Ihr wißt doch, das mit der Mutter Gottes? — Ja? — Dann bringt es mir auf der Stelle! — Hier sind die sieben Taler, die es kostet."

Der Meister holte aus seiner Packtasche das Schwert; ich nahm es, drückte es ebenfalls dem Michel in die Hand.

„Und das hier sollst du haben und führen und dich damit wehren, wenn wieder einmal ein Feind ins Land kommt, und ihr aufgeboten werdet, Eure Frauen und Kinder und Heimstätten zu schützen. — Hast dir dieses Schwert einmal selber gewählt, sollst daher auch dieses haben, — und die Mutter Gottes drauf soll dich schützen."

„Und", — ich holte tief Atem; es fiel mir nicht leicht, — „was ich dir zuletzt gebe und anvertraue, ist — die Gundl!" —

Mit einem Ruck drehte ich mich um, rief nach dem Vorraum hin, lauter als nötig war: „Janko, Stepane, Cvetko! — Sattelt die Pferde! — Auf, — wir reiten, — auf der Stelle!" —

Fort, — fort, — weit weg, — nur rasch, ehe es mich überkommt, und ich wieder weich werde. — Wie ist der Mensch doch schwach, — gerade dann, wenn er sich besonders stark erzeigen will.

Schon am frühen Vormittag waren wir in Lunz. Bei der Kirche trafen wir auf einige von unseren Reitern, der Albrecht war auch in der Nähe. Er war erstaunt, uns so bald schon zu sehen.

„Wir haben uns gestern tüchtig nach allen Seiten umgesehen", berichtete er. — „Eine Schar von Akindschi ist von hier aus über Langau und Neuhaus ins Steirische eingebrochen und hat den Markt Maria Zell niedergebrannt; wir haben sie dann aus den Augen verloren. Die Hauptarmee ist aber, hinlänglich geschlossen und in Ordnung, durch das Pielach- und Traisental abgezogen und jetzt vielleicht schon im Wienerwald. Wir müssen uns eilen, daß wir sie noch erreichen und überholen können."

Eine Viertelstunde später ritten wir schon wieder alle dahin, in das nebel- und regenverhangene Tal hinein. Der kalte nasse Wind frißt sich durch Koller und Wams immer tiefer, — bis ganz zu innerst. — Und irgendwie tut das jetzt gut. —

Reiten und immer weiter reiten. — Dunkel aufragende Berghänge, — düstere Wände des Waldes, starr und fremd, — dann und wann geschwärzte Brandruinen neben der Straße, verloschen schon und erkaltet, — Erschlagene im Straßengraben, besudelt und entstellt, — achtlos weggeworfene Beute, die beim raschen Ritt hinderlich geworden sein mochte. Selten einmal lebende Menschen, angstvoll und mißtrauisch, die ersten, die zu ihren verwüsteten Heimstätten zurückkehrten, nachdem sich der Schrecken verzogen hatte. Sie konnten uns nichts sagen, außer daß die Türken vor zwei, drei Tagen hier durchgekommen waren, und das wußten wir selbst schon.

In kleinen Trüppchen erwarteten uns hier und dort unsere Reiter, die der Albrecht vorausgeschickt hatte; bald waren wir alle wieder beisammen, — aber einen Türken hatte keiner noch entdeckt.

Kurze Rast zwischen Trümmern von Mauerwerk, die uns wenig Schutz bieten gegen den kalten Wind, — um ein mühsam qualmendes Feuerchen von nassem Holz, — pappiges feuchtes Brot zwischen den Zähnen und ein scharfer Schluck Brantwein hintennach, — und wieder auf die Pferde und weiter, immer weiter, Stunde auf Stunde.

Am nächsten Tag sind wir im Tal der Traisen. Niedriger und sanfter werden die Höhen, breiter und offener das Tal. Gestern, erfahren wir, sind hier noch Türken umhergestreift.

Vorsichtiger reiten wir jetzt, mit Spähern voraus. Endlich vor Hainfeld entdecken wir die ersten vereinzelten Nachzügler der Akindschi. Wir verdrücken uns von der Straße und lassen sie ziehen; wichtiger, als ein paar Versprengte abzutun, ist es jetzt, den Kasimbeg in Sicherheit zu wiegen, seine ganze Hauptmasse beisammen zu behalten und geschlossen in die Falle rennen zu lassen.

Hinter Hainfeld teilte ich meine Schar. Der Albrecht sollte mit den Panzerreitern weiter den Akindschi auf den Fersen bleiben, sich aber in keinen Kampf einlassen. Ich schlug mich indessen mit den Krobaten nach links in die Berge des Wienerwaldes und dann ins Tal der Schwechat hinüber. Aber hier war nichts von den Türken zu spüren, sind wohl heuer überhaupt keine durchgekommen.

So haben wir uns heute wieder mehr nach der Triesting hin gehalten, sind quer über die Berge geritten und zuletzt hoch ober dem Tal auf einem Wiesenhang aus dem Wald gekommen. Es war ein guter Ausblick von dort, und wir sahen das ganze Tal voll von Türken, die geruhsam des Weges zogen, hier und dort auch rasteten und in den Häusern an der Straße ihr Unwesen trieben. Es hatte den Anschein, als ob sie in der Nähe ein Lager hätten. Das wollen wir morgen auskundschaften und dann unverzüglich davon dem Pfalzgrafen Nachricht bringen, oder wen sonst wir als ersten von den Kaiserlichen oder von den Reichstruppen finden. Die Ebene ist ja nicht mehr weit, und so will ich hoffen, daß wir auch der großen Armada nahe sind.

Hier in Schwarzensee, einem kleinen Dörfchen mitten im Wald, haben wir wenigstens endlich einmal ein gutes Dach über den Kopf und ein warmes Essen in den Leib bekommen und können unsere Kräfte sammeln.

Leobersdorf, am 19. Septembris 1532

Vor Tagen schon sind wir aufgebrochen. Ich hatte meine Reiter in drei Gruppen geteilt, und von drei verschiedenen Seiten her haben wir uns durch die Wälder gegen das Tal der Triesting hin vorgepirscht.

Es war, wie ich es vermutet hatte. Oberhalb des Marktes Pottenstein, wo das Tal sich weitet, war ein großes Türkenlager. Die Zahl der Feinde war schwer abzuschätzen, ich meine aber, es waren an die zehntausend; auch sahen wir viel Vieh und Gefangene. Anscheinend wollten sich die Akindschi hier eine Zeitlang verhalten, denn an mehreren Stellen sahen wir sie vor dem Lager Wälle und Schanzen aufwerfen. Auch hatten sie auf den Höhen ringsum zahlreiche Wachtposten aufgestellt, aber dank der Geschicklichkeit der Krobaten blieben wir denen allen unbemerkt. Ich vermutete, der Kasimbeg wollte hier abwarten, bis alle seine Streifscharen wieder zu ihm gestoßen wären, und zugleich in Ruhe erkunden, wo er wohl am sichersten aus dem Gebirge herauskäme. — Nun, diese Suppe wollten wir ihm kräftig versalzen!

Sobald wir uns alle am verabredeten Orte wieder gesammelt hatten, ritten wir los, in scharfem Traben ostwärts. Bald weitete sich das Tal, die Berge traten zurück, — vor uns im Frühdunst: die Ebene! — Auf der Straße plötzlich ein Trupp Reiter, — Lanzen, Wimpel, — Harnische und Eisenhauben, — Kaiserliche!

Schon waren wir bei ihnen: „Wo finden wir den Pfalzgrafen?"

Die deuteten: „Geradeaus und dann nach rechts hinüber, — in Leobersdorf sitzt er, — ist nicht mehr weit!"

Schon galoppierten wir los. Sie riefen uns noch lachend nach: „Hoho, Brüder! — Brecht euch nicht Hals und Bein! — Habt ihr am Ende den Kasimbeg persönlich gefangen und fürchtet nun, er kommt euch wieder aus, daß es euch so pressiert?" — Und ob wir ihn hatten!

Das Land flog an uns vorbei, die Pferde schäumten. — Dann vor uns ein größerer Ort, — das mußte Leobersdorf sein!

„Wo ist der Pfalzgraf? — Rasch, rasch!" — Wimmelnde Menschen um uns, Spieße, Hellebarten, Harnische, — Fahnen und Rosse und Wagen und Feldgeschütz, — Fußvolk und Reiterei. — „Wo geht es zum Pfalzgrafen? — Zum Pfalzgrafen!" — Einer weist mich an den anderen. Meine Krobaten habe ich verloren; ich drängte mich durch ein Gewühl von Tuch und Leder und Eisen, von wallenden Federn und bunter Seide, von blinkenden Harnischen, Schwertern, Degen. —

Und dann stehe ich vor dem Pfalzgrafen Friederich. Ein großer stattlicher schöner Mann. Die sorgsam gepflegten kastanienbraunen Locken wallen ihm fast bis auf die Schultern. Seine Miene, seine Gesten sind vornehm und erhaben, — viel zu erhaben. Dieses weiche, etwas gedunsene Gesicht vor mir verrät Hang zu Wohlleben und Ausschweifung; der prächtig ziselierte, reich mit Gold und Silber eingelegte Brustharnisch, die Feldbinde von Goldbrokat und scharlachroter Seide können nur mit Mühe die quellende, wenig passende Fülle seines Leibes verbergen.

Das also ist der oberste Feldherr des Reichsheeres! In diesem Augenblick wurde mir manches erklärlich an der kläglichen Rolle, welche dieses Reichsheer vor drei Jahren bei der Verteidigung von Wien gespielt hatte. — Ich weiß, daß der Kaiser dem Pfalzgrafen wenig wohlgeneigt ist. Aber wer mag aller dahinterstecken, daß dennoch just diesem das große Heer in die Hand gegeben ist? —

Im Hintergrund des Raumes stand ein zweiter Mann. Den Pfalzgrafen überragte er fast um Hauptеslänge und ansonsten schien er das gerade Gegenteil von ihm: hager und sehnig, rauh und wettergegerbt, unbewegt und stumm. Das war der Konrad von Bemelberg, der Obrist über das gesamte Fußvolk des Kaisers.

„Nun, — was habt Ihr uns gar zu vermelden, — so eilig und ungestüm?“ fragte der Pfalzgraf gedehnt und zog die Brauen hoch.

Ich berichtete in geziemender Form, was wir ausgekundschaftet hatten, und versäumte nicht, hinzuzufügen, ich hielte die Gelegenheit für günstig, die Akindschi jetzt abzufangen, solange sie noch in dem Talkessel gleichsam eingesperrt wären und zudem offenbar keine Ahnung von der Nähe unseres Heeres hätten.

„Schon gut!“ winkte der Pfalzgraf ab, — „Euer Eifer ehrt Euch, junger Mann; — indes, was jetzt zu geschehen hat, überlaßt Ihr besser erfahreneren und berufeneren Männern. — Zudem ist mir, was Ihr da erzählt, ohnehin schon so ziemlich alles bekannt.“

Damit war ich entlassen. Auf der Straße umringten mich Offiziere, in stürmischer Neugier. Jetzt sah ich manch ein bekanntes Gesicht, den Buschhausen, den Schertlin.

„Was ist?“ — „Was gibt es?“ — „Was bringst du, Bruder?“

Ich berichtete nochmals, hastig. —

„Ist doch toll!“ platzte einer heraus. — „Da sitzt der Kasimbeg eine knappe Meile vor unserer Nase, und wir haben keine Ahnung davon, hören immer bloß, der Türk stecke irgendwo im Wienerwald!“ — „Ja, — gestern erst hat der Pfalzgraf dringend Reisige und Fußvolk, soviel deren aufzutreiben waren, von Wien gegen Baden zu marschieren lassen. Und hat dazu erklärt, sicheren Nachrichten zufolge zöge der Feind durch das Tal der Schwechat, und sein Ausbrechen aus dem Gebirg wäre also mit Gewißheit dort zu gewärtigen!“

Ich war erstaunt. — „Aber der Pfalzgraf hat mir doch gesagt, daß ihm das alles bekannt sei, was ich ihm gemeldet habe.“

Schallendes Gelächter ringsum. — „Was dem schon bekannt ist! — Ist's auch ein Wunder? — Vor lauter Angst, es könnt unversehens was daherkommen, hält er krampfhaft die Armada auf einen Haufen beisammen. — Blind und taub sitzt das Reichsheer hier herum!“

„Der Sultan mit seiner Hauptmacht ist uns ja glücklich durch die Finger gerutscht; — aber jetzt wird unser schöner Friederich nicht mehr auskneifen können. Hat diesmal sowohl vom Kaiser wie vom Reichstag klaren Auftrag, die Akindschi im Land unter der Enns anzugreifen und zu vernichten, wo immer er sie trifft.“

„Nur gut, daß der Bemelberg bei ihm ist. Der wird wie gewöhnlich die Plage haben, und der Pfalzgraf hintennach davon die Gloria.“ — „Hauptsache immerhin, daß wenigstens jetzt irgendwas wirklich geschieht!“ — „Ja, ja, — so ist es!“

„Meine Herren! — Die Schenke ist gleich dort drüben“, legte sich des Schertlins Donnerstimme über das Gewirr. — „Wollen wir also gehen und einen trinken auf den Bemelberg!“

Wir saßen aber noch nicht lang um die Tische, da erschien ein Bote: „Wo ist der Hauptmann Schertlin von Burtenbach? — Der Hauptmann möge sich zu Dero Gnaden dem Pfalzgrafen begeben!“

„Hab ich mir's doch gedacht!“ — Der Schertlin stand auf: „Brüder, — es geht los! — Na, dann also!“ — Und er trank seinen Humpen leer und schritt geräuschvoll aus der Stube.

Aufgeregt schwirrte es durcheinander: „Ihr werdet sehen, der Schertlin kriegt was Besonderes zu tun!“ — „Hat doch keiner wie er Erfahrung und Geschick im kleinen Krieg, so um Busch und Hecken herum.“ — „Also, dann schenkt ein! — Auf den Schertlin!“ —

Eine halbe Stunde danach stand der also Gefeierte wieder unter uns: „Ho, — Brüder, — eine Kanne Roten! — Das wird ein Spaß!“

„Was war?“ — „Was ist?“ — „Was hast du vor, Herr Bruder?“

„Also laßt es euch in Ruhe erzählen: Der Pfalzgraf hat mir also zuerst das alles erklärt, was wir eben zuvor schon von unserem Freund Konrad gehört haben. Dann fragte er mich, ob ich es wohl übernehmen wollt, mich an den Feind anzuschleichen, ihn im Rücken zu fassen und nach dem Ausgang des Tales zu drängen. — Na, ob ich wollte! — Wieviel Kriegsknechte ich dazu bedürfte, will der Pfalzgraf wissen, und ich meine, mit vier Fähnlein würde es wohl angehen. Da hebt der zu jammern an, wie er soviel Leut nicht entbehren könnt, und will mit mir handeln wie ein Binkeljud. Na, ich hab mich zuletzt mit dreimal hundert Doppelsöldnern zufrieden gegeben.“

Er zog einen gewaltigen Schluck aus seinem Humpen, seine Augen, in der Runde kreisend, blieben an mir hängen: „Ho, — Konrad, was ist? — Du bist ja zur Stund noch dein freier Herr mitsamt deiner krowotischen Gesellschaft; — willst du da nicht mitmachen?“

„Nichts lieber als das! — Sollen wir uns gleich bereitmachen?“

„Nur keine Hast! — Werden uns hüten, vor Einbruch der Finsternis ans Werk zu gehen. Die Nacht soll unser bester Verbündeter sein!" —

So brachen wir also erst um die achte Abendstunde alle mitsammen von Leobersdorf auf, geführt vom Marktrichter Veit Grill. Der Weg, den wir in dunkler Nacht zurücklegten, war lang und beschwerlich. Über eine Stunde ging es zunächst einmal auf der Straße ins Tal der Triesting hinein. Bei dem Dorf St. Veit bogen wir nach rechts ab auf die waldige Anhöhe des Kreitberges. Dort stießen wir auf kaiserliche Landsknechte; es war die Schar des Hauptmanns von Oberstein, die hier auf Feldwache lag, nun aber sich uns gleich anschloß. Dann ging es weiter, durch dichtes Holz, auf einem Höhenrücken dahin und allmählich immer höher hinauf.

Allmählich waren wir vorsichtiger geworden, schlichen uns leiser dahin; ein paar Krobaten hatten wir als Späher vorausgeschickt. Wir mußten nun wohl bald auf der Höhe von Pottenstein sein.

Plötzlich ein Schatten vor uns, — der Nikowitsch. — Er deutet uns, still zu sein. Fernab im Tal gedämpftes Rufen. — Dann vor uns plötzlich ein Rascheln und Knacken, ein Stampfen und Keuchen — und dann wieder Stille. — Schritte nähern sich, — wir fassen die Waffen fester, — aber dann sind es doch unsere Krobaten, die etwas geschleppt bringen; — einen überrumpelten türkischen Vorposten.

Der Schertlin zieht sich mit dem Gefangenen zurück, der Milan Karamatschkowitsch zottelt hintennach. Erregtes Flüstern und Murmeln dringt herüber. — Nach einer Weile höre ich halblaut rufen: „Konrad, — bist du da?" — Und dann ist der Schertlin bei mir und erzählt: „Der Hund hat zuerst nicht recht reden wollen, da haben wir ihn ein wenig mit dem Dolch an der Kehle gekitzelt, und das hat ihn recht gesprächig gemacht. Es sollen an die elftausend Mann drunten im Tal stehen, und sie wissen nicht, wo hinaus. — Wir wollen uns die Sache einmal höchstpersönlich beschauen. Komm mit! Der Marktrichter Grill führt uns. — Der übrige Haufen soll derweil hier warten!"

Zu dritt schlichen wir uns weiter, auf und ab durch Dickicht und Hochwald. Auf einer weiten Blöße sahen wir unter uns tief das schwarze Tal und darin zahlreiche kleine Feuer. Es mußte das Lager sein, das ich heute am Morgen schon gesehen hatte, nur war es möglicherweise seither noch größer geworden.

Als wir wieder bei unserer Schar angelangt waren, schickte der Schertlin einen Boten an den Pfalzgrafen zurück: „Meld ihm alles, was bisher geschehen ist, und sag ihm, daß ich hinter dem Feind her wär. Ich gedächte, den Bären aus dem Loch zu treiben, und würde mit Gottes Hilfe gegen Anbruch des Tages zum Angriff schreiten."

Sodann gab er Befehl, weit ausgeschwärmt durch das Holz weiter vorzurücken.

„Soll ich nicht wieder die Krobaten als Vorhut vorausschicken?" fragte ich.

„Ist nicht nötig! — Es werden meine Leut zuletzt noch eifersüchtig, wenn ich allen Ruhm dir mit deinen Krowoten überlasse." —

Hätte der Schertlin nur auf mich gehört! — Wir waren erst ein paar hundert Schritte gegangen, da waren ein paar Kriegsknechte überraschend auf feindliche Vorposten gestoßen und hatten in vorschnellem Eifer auf sie Feuer gegeben; jetzt rannten die Türken mit großem Geschrei die Höhe hinab, dem Lager zu. Dort wurde es sofort lebendig. Wir hörten das wüste Geschrei der Aufgeschreckten, dann gewahrten wir, wie eine feindliche Schar mit Fackeln sich der Höhe näherte, auf welcher wir standen.

An einen Überfall war nicht mehr zu denken, vielmehr mußten wir selbst binnen kurzer Zeit eines feindlichen Angriffs gewärtig sein. Am hellen Tag wären wie verloren gewesen oder hätten uns fluchtartig zurückziehen müssen, — aber der Schertlin, der schlaue Fuchs, hatte nicht umsonst die Nacht zu unserem Schutz gewählt.

„Auf, alle! — Eng beisammen bleiben, damit wir einander nicht verlieren! — Und nur weiter, so rasch wir können!" rief er uns zu, dann hasteten wir auf dem Weg weiter gegen Westen und standen bald ein gutes Stück hinter dem Türkenlager.

Der Schertlin ließ sammeln. — „Wir steigen jetzt hinunter ins Tal, verteilen uns auf der Lehne und im Grund. — Und wenn dann das Zeichen kommt, nichts wie Lärm! Jeder von euch muß brüllen für zehne, — daß die Türken wähnen, nicht vierhundert, sondern viertausend stünden in ihrem Rücken!"

Wir schlichen uns den Hang hinab und auf die Wiesen hinaus. Hier und dort, zwischen Hecken und Gehölzen, in Gräben und hinter Heuschobern stellte der Schertlin je ein paar Mann auf. Schon wurde es grau, waren Büsche und Bäume zu unterscheiden. Jetzt waren wir im Talgrund, — hier die Straße; — der Schertlin verteilte seine letzten Trüpplein dichter, schickte einige hinüber zum Bach und auf den jenseitigen Hang; im dämmernden Nebel verschwanden die Männer.

Dann war es soweit. Ein Schuß krachte, irgendwo drüben an der Straße. Gleich darauf hier und dort einer, den Hang hinauf und hinüber zum Bach, — und Geschrei brandete auf, hin und her über das Tal, — gellendes Pfeifengetön, Trommelrasseln, Waffenlärm, immer lauter und wilder, — und wieder Krachen und Brüllen. Hin und her hasteten unsere Knechte, schrien, schossen und rumorten, daß die Türken glauben mußten, das ganze Tal in seiner Breite wär erfüllt von einer übermächtigen Masse kaiserlicher Truppen, sie selbst aber seien in der Flanke und im Rücken von überlegenen Feinden bedroht.

Zu sehen war nicht viel, denn der Morgennebel lag dick im Tal. Aber zu hören war dafür mancherlei vor uns: Rufen, Trappeln und

Rumpeln, Hornsignale und laut gellende Befehle. — Offenbar sammelten sich die Akindschi und brachen in Hast ihr Lager ab.

Der Schertlin schickte einzelne Scharfschützen vor; sie mußten, wo sie Türken auftauchen sahen, auf sie gezieltes Feuer geben. Auch die Armbrustschützen ließ er vorgehen. Der Rest der Mannschaft drängte mit wüstem Geschrei näher und näher. Die Verwirrung der Türken wuchs, mehr und mehr. Schon merkten wir, wie sie in großer Unordnung, ja in voller Flucht das Lager verließen und in Richtung gegen Berndorf dem Ausgang des Tales zustrebten.

„Hoihoo!" gellte des Schertlins heiseres Gebrüll. — „Die Hasen laufen richtig! — Auf sie jetzt und ihnen nach! — Her — Heeer!" — Ich renne mitten auf der Straße vor, ein Dutzend Leute neben und hinter mir. Aus dem Nebel voraus löst sich ein Gewirr von Schanzen und Zelten und Karren, — dunkle Schattengestalten dazwischen, verschwinden in jagender Hast. — Weiter, weiter! — Wimmelndes Getrappel von Hufen vor uns, Schreien, Getümmel, — wieder Schüsse links und rechts, in den Nebel hinein. — Und wir rennen und brüllen und rennen weiter, immer den Türken nach.

Häuser an der Straße, — der Markt Pottenstein. — Auf dem Marktplatz stoßen wir auf ein Trüppchen Akindschi; — sie hetzen in wilder Hast davon, lassen alles liegen und stehen. — Ihnen nach! — Jammerschade, daß wir keine Pferde haben. —

Jetzt tauchen vor uns auf der Straße gedrängte Massen von Fußvolk aus dem Nebel. — „Alles zu mir!" brüllt der Schertlin. — „Her — heeer!" — „Carolus und Ferdinand!" gellt unser Schrei im Chor; — drei, vier Büchsenschützen haben wir noch bei uns, — jetzt kracht ihre Salve mitten in das Gewimmel hinein, zugleich brüllen wir auf, stürzen uns nach vorne; — die vor uns rennen um ihr Leben; — die Straße ist übersät mit Waffen und Geräten, Beuteln und Packen, — herrenlose Pferde jagen uns in die Quere, — die Krobaten fangen sie im Flug zusammen, schwingen sich in die Sättel, sind im Nebel verschwunden.

Der Ort Berndorf liegt hinter uns, eng wird das Tal. Wenn wir aufatmend kurz verschnaufen, ist es uns, als ob weit vorne nun auch Getümmel und Lärmen und wirres Geschrei zu vernehmen wäre, — immer lauter würde. Das muß am Ausgang des Tales bei Hirtenberg sein. Ob da wohl das Reichsheer jetzt das Tal und die Straße abgeriegelt hat und die Türken in Empfang nimmt? — Wir wollen es hoffen!

„Konrad!" ruft der Schertlin mir zu, — „schau, daß du ein Pferd bekommst, und reit zum Pfalzgrafen nach Leobersdorf, oder wo du ihn eben findest, und melde ihm, was bisher geschehen ist!"

Ich pfeife meinen Krobaten, — einer bringt mir ein Pferd, dann galoppieren wir den Weg bergan. Droben auf der Anhöhe halten wir uns im Wald nach Osten zu. Rasch kommen wir vorwärts. Bald merken wir, daß zu unserer Rechten drunten im Tal eine heftige Schlacht entbrannt ist: donnernd rollt das Getöse von abgefeuertem Geschütz und mischt sich mit tausendfältigem Schreien und Lärmen.

Vor Leobersdorf trafen wir auf dichte Massen kaiserlichen Fußvolks und erfuhren, der Pfalzgraf stünde mit der Hauptmasse seines Heeres bei Hirtenberg am Ausgang des Triestingtales in heftigem Kampf mit den Türken. Wir ritten in die angegebene Richtung. Hier lag der Nebel weniger dicht, und wir erkannten schon von weitem das schauerliche Gewühle. Rechts oberhalb unseres Weges auf dem steilen Hang am Waldrand stand die schwere Arkelei, Geschütz an Geschütz, — über fünfzig Stück konnte ich zählen, — und spie unablässig mit Donnerkrachen Tod und Verderben gegen den Engpaß, wo das Tal sich öffnete.

Bald hatten wir den Pfalzgrafen gefunden, der, umgeben von einem Gefolge glänzender Herren, mitten im Dorf Hirtenberg sich aufhielt. Er maß meiner Meldung sichtlich keine besondere Bedeutung bei, war vielmehr in großer Besorgnis, denn, wie ich hörte, drängten die Türken mit großer Macht aus dem Tal heraus, und es war zu befürchten, daß die Unseren zurückgeworfen würden, und der Feind jählings in Hirtenberg erschiene.

„Laßt sofort die Wege erkunden, auf denen wir seitlich ausweichen und gegen Vöslau und Baden retirieren können!“ hörte ich den Pfalzgrafen erregt rufen.

Ich erfuhr dann von anderen, daß heute schon eine Stunde vor Tag sich das ganze Heer hinter dem Dorf Hirtenberg aufgestellt hatte, und zwar beiderseits des Flusses, auf daß dem Feind kein Ausweg bleibe. Dort, wo die Straße hart an der Triesting eine Wendung macht, erweitert sich das Tal plötzlich zur Ebene. Als nun die Türken auf ihrem überstürzten Vormarsch an dieser Stelle anlangten und die zum Kampf aufgestellten Reihen der Kaiserlichen vor sich sahen, waren sie von jähem Schrecken erfaßt worden. Unfähig, stehen zu bleiben — da sie von der nachfolgenden Masse unaufhaltsam weitergeschoben wurden —, hatten sich Reiterei und Fußvolk, nach rechts abspringend, in den Bach geworfen, um jenseits an der bewaldeten Berglehne des Jauling Schutz zu finden. In diesem Augenblick hatte unsere Arkelei in die sich drängenden Massen zu feuern begonnen und die allgemeine Verwirrung zum Hexenkessel gesteigert. Auf beiden Seiten der Triesting wälzten sich nun die ratlos daherrennenden Akindschi vorwärts, auf dem rechten Ufer mit solcher Gewalt, daß unsere dort aufgestellten Truppen, von dem Schwall erfaßt, nicht Raum zum Angriff fanden. Die schlesischen Reiter, die, zum Einhauen kommandiert, vor dem Dorf Enzesfeld aufgestellt waren, sahen sich plötzlich von dichtem

Getümmel umgeben und konnten nur, indem sie sich zurückzogen, sich mühsam wieder ordnen. —

Was wartete ich noch zu? — Ich rief meine Krobaten zusammen und sprengte mit ihnen los, querfeldein nach Süden. Erlengebüsch vor uns, — dann die Triesting, — hinein in vollem Ritt! — schnaubend und spritzend kletterten die Pferde drüben wieder heraus. — Hinter uns, auf der linken Seite des Tales, hatte sich ein erbitterter Kampf entsponnen; Fußvolk stand dort gegen Fußvolk, aber die Unseren wehrten die Türken und drängten sie, wie es schien, wieder gegen das Tal zurück. Hingegen hatte sich vor uns auf der südlichen Talseite der Strom der türkischen Reiterei schon weit in die Ebene hinaus ergossen.

Das Gewimmel verschob sich gegen Osten; — sollte es den Türken wirklich gelingen, in die Ebene auszubrechen? — Meldereiter jagten an uns vorbei, verschwanden hinter uns gegen Hirtenberg und Leobersdorf zu. — Da: drüben, zur Linken, sammelten sich große Reiterscharen! — Hin zu denen! — Schon stoben wir über Wiesen und Brachen.

Ich traf zu meiner Freude einen Bekannten, den Hauptmann von Auersperg. — „Halt dich nur an uns!“ rief er mir zu. — „Die schlesischen Reiter ziehen sich zum Schein zurück, locken die Türken in das offene Feld vor uns; dort wollen wir sie in die Seite packen!“

Gedränge, — Rossestampfen, Schnauben, — der Boden dunstet, höher steigt die Sonne, blendet das Auge. — Draußen in der Ebene — was ist los? — Buschwerk, Hecken und Hütten verstellen den Ausblick. — Reiter hin und her, Offiziere mit leuchtenden bunten Feldbinden und wallenden Federhüten, — Kürasse blitzen, Lanzen, Pallasche. —

Da, — eine Fahne steigt hoch, — ein Hornsignal schmettert — und noch eines, — jetzt läuft es die Reihen entlang, findet weit drüben Antwort. — Und da geht ein Beben und Rollen durch die Massen der Reiter, — und da jagen wir dahin über das Feld, eine ungeheure, urgewaltige Woge aus Rossen und Männern, aus Panzern und Lanzen und blitzendem Eisen, — ich kann nicht anders, ich muß schreien, brüllen, — und um mich brüllen tausend andere, — Kameraden, Brüder!

Und da sind die Türken! — Schneller als gedacht! — Eben sind noch ein paar Buschreihen und Hecken an uns vorbeigeflogen, ein Gutshof, — Gärten, — und da ist auf einmal ein Gewimmel von Reitern auf dunklen struppigen Pferden, von runden Schilden und bunten Satteldecken, geduckten verzerrten gelbbraunen Gesichtern, Lanzen und Fähnlein und geschwungenen krummen Säbeln. — Und das alles geht unter in einem einzigen ungeheuerlichen tosenden Zusammenprall. —

Ich kann mich gar nicht entsinnen, was im einzelnen ich getan habe. Ich weiß nur von Hauen und Stechen und wütendem Vorwärtsdrängen, — und daß dann die Türken vor uns immer weniger wurden, und zuletzt nur mehr eigene Gesellen um mich herumwimmelten. Unsere Schlachtordnung hatte sich gelockert, der Blick in die Ebene hinaus war wieder frei geworden. Da, vor uns und weit drüben, sprengten türkische Reiter dahin, in wirren Scharen und in kleinen Grüppchen oder auch einzeln und versprengt, — Kaiserliche hinter ihnen, unbarmherzig andrängend und einhauend.

Der Hauptmann von Auersperg hielt neben mir, hatte den Helm abgenommen und strich sich den Schweiß aus der Stirn. — „Laßt die nur rennen!“ lachte er grimmig, — „reiten geradewegs in die Sümpfe von Schönau hinein; — dort sind sie gut aufgehoben! — Wir brauchen uns nicht mehr zu beeilen.“

In gemächlichem Trab ritten wir über das zerstampfte Feld den Flüchtigen nach, vorüber an erschlagenen Türken, verendeten Rössern und verstreuten Waffen.

Den Türken wurden die Sümpfe zum Verhängnis. Wo ihre ermatteten Pferde den Dienst versagten, und die Reiter verzweifelt versuchten, zu Fuß durch den Morast zu entkommen, da waren sie bald eingeholt und erbarmungslos niedergehauen. Manch einer geriet auch in ungangbares grundloses Moor und ging dort jämmerlich zugrunde. Wenigen nur gelang es, in die umliegenden Wälder zu entkommen. —

Das türkische Fußvolk, das versucht hatte, auf der nördlichen Seite des Triestingtales in die Ebene hinaus durchzubrechen, war schon am Ortsrand von Hirtenberg aufgehalten und völlig vernichtet worden. — So hat uns der heutige Tag einen großen Sieg gebracht, den größten vielleicht, den die Unseren je über die Türken errungen haben.

Ein wenig hat es unsere Freude getrübt, daß bekannt geworden ist, der Kasimbeg selber sei mit einem kleinen Teil seiner Reiterei doch dem allgemeinen Gemetzel entgangen und habe sich ins Steinfeld bei Wiener Neustadt geflüchtet. — Nun, — er ist noch nicht daheim! — Etliche leichte Reiterei ist ihm auf den Fersen geblieben, und von der Steiermark her ist der Katzianer im Anmarsch!

Wien, am 26. Septembris 1532

Eine Woche ist seit dem denk- und glorwürdigen Tag vergangen, noch ist der Feind aber nicht ganz aus dem Land vertrieben.

Der Kasimbeg mit dem Rest seiner Reiterei ist damals noch am selben Nachmittag an der Schwarza zwischen Wiener Neustadt und Neunkirchen dem Katzianer geradewegs in die Hände gelaufen, wie der vom Semmeringpaß heruntergekommen ist. Es hat nur mehr ein kurzes Spiel zwischen der Katz und der Maus gegeben. — Ein paar kleine abgesprengte türkische Abteilungen sind dann noch an den folgenden Tagen bei Seebenstein wie auch in der Obersteiermark abgefangen worden. Damit hat, wie es scheint, nicht ein einziger von den Rennern und Brennern, die heuer das Viertel ober dem Wiener Wald betreten haben, das Land wieder verlassen! —

Vier Tage nach unserem Sieg sind der Kaiser Karl und sein Bruder, der König und Erzherzog Ferdinand, in Wien eingezogen und haben auf dem weiten Turnierhof vor der Burg einen großen feierlichen Dankgottesdienst abgehalten, bei dem der Erzbischof von Wien die Messe gelesen hat.

Am Abend dann hat der Kaiser in der Hofburg ein glänzendes Fest gegeben. Ich war auch geladen, weiß aber nicht, warum mir nicht recht froh ums Herz werden wollte. — Wohl stürzte ich mich ins Getümmel der Lustbarkeit, blieb aber seltsam kalt dabei, fern und fremd. Wohl tanzte und scherzte ich mit manchem schönen Fräulein, fing manch einen verführerischen Blick aus schönen Augen, — ließ aber über ein kurzes jede wieder stehen. — Ach, was schwätzt und plappert ihr eingelerntes Zeug, täuscht Klugheit vor und sprühenden Witz, — und wo bleibt über all dem das Herz mit seiner einfältigen aufrichtigen Weisheit?

Wohler wurde mir erst, als ich in einem abgesonderten kleinen Raum ein paar bekannte Offiziere traf und mich zu ihnen gesellte.

Auch der Hauptmann Schertlin von Burtenbach trat ein, wurde lärmend begrüßt: „Hooo! — Ein Lebehoch dem Reichsritter Schertlin von Burtenbach!“ — „Hat sich allbereits herum gesprochen, Herr Bruder, wie der Kaiser dich mit heutigem Dato für deine wackere Tat in den Reichsritterstand erhoben hat.“ —

Der Schertlin wehrte ab: „Der Juritschitsch ist Freiherr geworden, wegen Güns. Hat sich das aber unbezweifelt viel härter und schwerer verdient als ich mit meiner Hasenjagd im Triestingtal.“

„Ja so werden eben jetzt hüben und drüben die Getreuen belohnt!“ rief einer dazwischen, — „habt ihr's schon vernommen: der Sultan hat den Zapolya in Ofen als König von Hungarn eingesetzt. Hat ihm

Bild oben:
Enns. 1529 befand sich vor der Stadt ein großes Feldlager der Reichstruppen, darunter das Regiment Eck von Reischachs.
Georgius Bruin, Civitates Orbis Terrarum, 6. Bd. (K. A.).

Bild unten:
Die „Kayserl. Statt Steyer“, 1529, gleich Enns wichtiger Sammelpunkt kaiserlicher Kriegsvölker.
Topographia Provinciarum Austriacarum . . . , verlegt durch Mathaeum Merian in Franckfurt am Mayn, 1649 (K. A.).

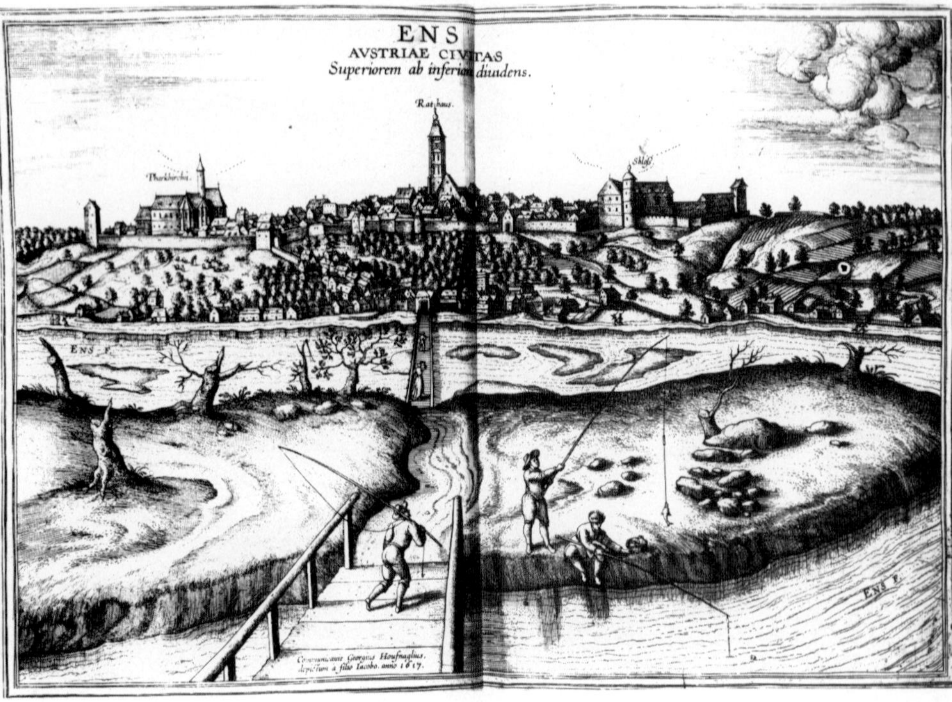
ENS
AVSTRIAE CIVITAS
Superiorem ab inferiori diuidens.
Rathaus.
ENS F.
ENS F.
Communicauit Georgius Houfnaglius.
depictum à filio Iacobo. anno 1617.

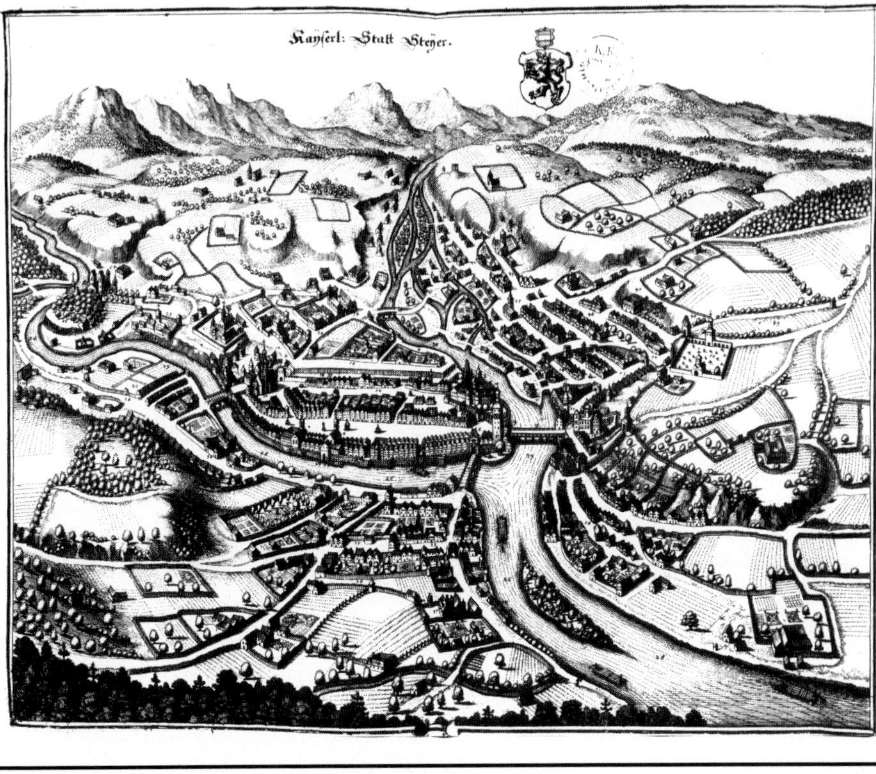
Kayserl: Statt Steyer.

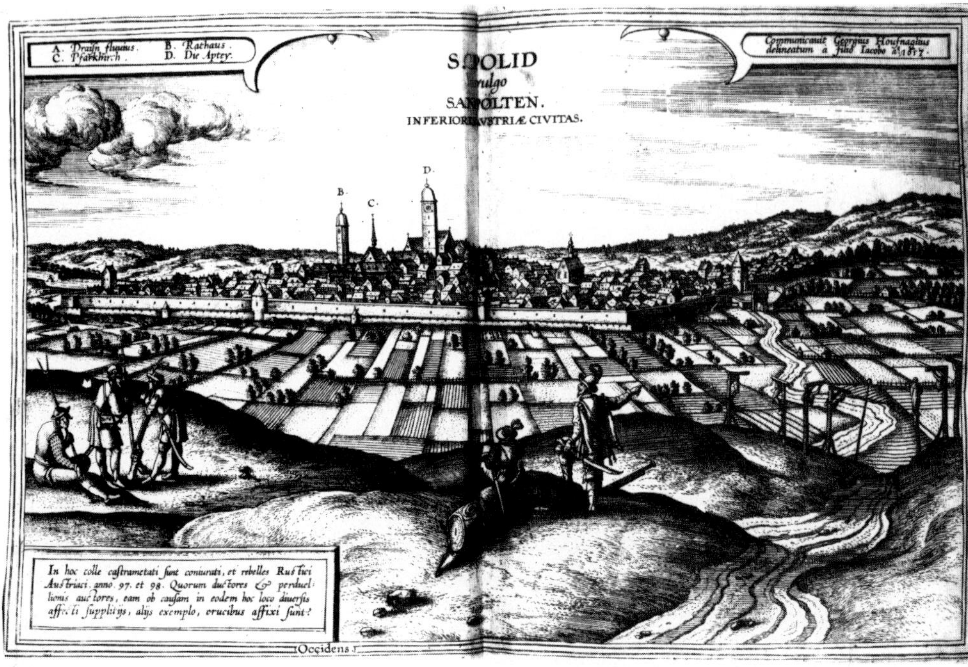
A. Draisn fluuius.
B. Rathaus.
C. Pfarkhirch.
D. Die Aptey.
S. POLID
vulgo
SANPOLTEN.
INFERIORIS AVSTRIÆ CIVITAS.
Communicauit Georgius Houfnaglius delineatum a filio Iacobo A° 1617.
B.
C.
D.
In hoc colle castrametati sunt coniurati, et rebelles Rustici Austriaci. anno. 97. et 98. Quorum ductores & perduellionis auctores, eam ob causam in eodem hoc loco diuersis affecti supplitijs, alijs exemplo, crucibus affixi sunt.
Occidens

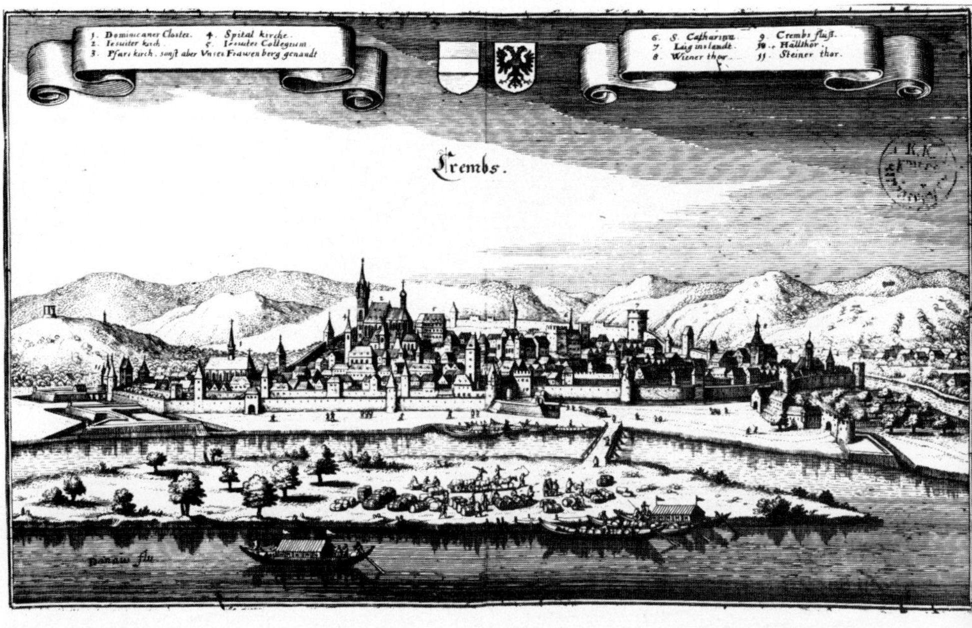
1. Dominicaner Closter.
2. Iesuiter kirch.
3. Pfarrkirch. sonst aber Vnser Frawenberg genandt
4. Spital kirche.
5. Iesuiter Collegium
6. S. Catharina
7. Laig inslandt.
8. Wiener thor.
9. Crembs fluß.
10. Hällthor.
11. Steiner thor.
Crembs.
Danaw flu.

auch gleich eine türkische Leibwache beigegeben, die ihn nicht aus den Augen läßt, und ein Consilium von türkischen Ratgebern, die jenem vorschreiben, was er zu tun und zu lassen hat."

„Was hört man sonst noch vom Sultan?" fragte einer.

„Ist über Friedberg und Gleisdorf an Graz vorbei und weiter über Leibnitz durch die Untersteiermark nach Slawonien abgezogen, indem seine Akindschi das ganze Land beiderseits der Heerstraße bis weit hinein verwüstet haben."

„Hat leicht abziehen und verwüsten, wenn ihn keiner dabei stört! Alldieweil der Herr Pfalzgraf mit seinem Reichsheer in Wien liegen bleibt. Dabei zählt, was zur Zeit an Truppen um Wien liegt, an die neunzigtausend Mann, — mehr als genug, den Zapolya damit noch im Herbst aus Hungarn hinauszujagen, und damit dem Sultan das nächste leichte Wiederkommen zu versalzen."

„Hoho, — dazu hat der Reichstag zu Regensburg dem Herrn Pfalzgrafen keinen Auftrag gegeben! — Und daher tut's der auch nicht!"

„So ist's! — Wißt ihr, was ich den Herrn Reichsgrafen von Fürstenberg zu Regensburg hab dozieren hören: Alles, was des Kaisers Macht schwächt und schädigt, ist für uns reichsständische Herren förderlich und von Nutzen! — Was wollt ihr also?"

„Und warum", fauchte ein alter Obrist, — „warum macht der Kaiser jetzt nicht kehrtum und führt einen Kreuzzug gegen sein eigenes Reich, nicht nur gegen den Herrn Hundsfott von Fürstenberg, sondern auch gegen die Herren Kurfürsten von Bayern und Sachsen und Brandenburg und gegen die Herrn Fürsterzbischöfe von Köln und Mainz und wie Höchstdero reichsverräterisches Gesindel sonst noch heißt!"

Betretenes Schweigen ringsum, Murmeln, — Achselzucken, — zustimmende Rufe vereinzelt bei den Jüngeren.

„Der Kaiser soll dem Reich dienen, nicht das Reich dem Kaiser!" sagte der von Buschhausen. — „Daß das Reich den Kaiser nicht ver-

Bild oben:
St. Pölten. Im Türkenfeldzug von 1529 drang die türkische Hauptmacht der Akindschi unter Mihaloghlu durch das Triestingtal, entlang der Gölsen, Traisen und Pielach bis vor die Stadt.
Aus Civitates Orbis Terrarum, 6. Bd. (K. A.).

Bild unten:
Wie schon 1529 war die Stadt Krems auch 1532 Sammelpunkt kaiserlichen Kriegsvolkes, darunter wiederum das Reischach'sche Regiment.
Topographia Provinciarum Austriacarum . . . , 1649 (K. A.).

steht in dieser Zeit, — nicht verstehen will oder nicht verstehen kann, — das ist das wahrhaft Tragische an unser aller Geschick."

„Wo ist das Reich?" sagte nach einer Weile der von Auersperg leise. — „Draußen Türken und Franzosen, der Zapolya und die Venezianer, — und drinnen Bayern und Brandenburger und Neapolitaner, — alles nagt und wühlt und reißt — am Reich."

„Hier ist es, Bruder!" lachte der Schertlin und drosch ihm dröhnend auf die Schulter. — „Wir Soldaten des Kaisers! — Wir alle, die wir unser Leben jeden Tag aufs neue für des Reiches Größe und Einheit und Herrlichkeit in die Schanze zu schlagen willens sind!"

Wien, am 4. Novembris 1532

Der Feind ist aus dem Land, — und das Reichsheer löst sich auf, zieht heim — so als wär nun alle Gefahr und künftige Not gebannt. — Und keine drei Tagesmärsche von hier, vor des Reiches Haupt- und Residenzstadt, sitzt der Zapolya, des Sultans getreuester Bluthund, und sinnt gewiß Tag und Nacht, wie er es das nächstemal bewerkstelligen könnt, daß sein Einfall mehr Erfolg hätte. — Das ist das Ergebnis dieses für uns im einzelnen so erfolgreichen Jahres!

Trüb und kalt ist es wieder geworden. Man verkriecht sich gern in den Quartieren, trifft sich hier und dort mit Kameraden an einem wärmenden Kaminfeuer, spielt und trinkt und hängt im Gespräch seinen Gedanken nach. Und die sind grau wie der Himmel draußen.

„Was wollt ihr?" fragte der Hauptmann von Auersperg einmal, — „ihr hier an der Donau lebt ohnedies wie in Abrahams Schoß, wenn ihr euch mit uns in der Krainer Mark vergleicht. In den vierzig Jahren, die ich nun auf dieser Welt herumlaufe, — wieviele Male sind die Türken da bei uns daheim zu Besuch gewesen", — er zählt an seinen Fingern, — „fünfzehn — sechzehn — — siebzehn; — ja, — siebzehnmal, wenn ich nicht das eine oder andere übersehen hab. Anno achtundzwanzig sind sie viermal nacheinander gekommen — innerhalb eines Jahres! — Ich hab's aber nur für einmal gezählt. — Und dabei leben noch immer Leute bei uns daheim im Land, — ist mir selber manches Mal unerklärlich, wie das zugeht." —

Der Wall! — *Baut dem Reich draußen einen Wall!* — Warum bauen wir ihn nicht, — bauen ihn nicht stärker, höher?

Ich habe Befehl, hier zu bleiben und zu warten. — Worauf?

1533

Wien, am 15. Martii 1533

Ich hab die Lust an meinem Diarium ganz verloren.

Was will auch einer schreiben, dessen Leben eintönig sich durch die Tage und Wochen und Monate hinschleppt, — der fühlt und sieht, wie rings um ihn die großen Dinge aufsteigen, die Gefahren und Nöte, aber auch die Ziele und Aufgaben, — Aufgaben, welche Männer fordern, — und wenn derjenige dann doch nicht zupacken darf, — nicht einmal, wo er unter des Kaisers Fahnen steht! —

Der Kaiser, den drängen wohl zur Zeit andere Geschehnisse in Hispanien oder in den indischen Ländern jenseits des großen Meeres, und er muß sich im Reich mit halben Lösungen bescheiden. Man erzählt, daß der Kaiser mit dem Sultan und dem Zapolya wegen eines Waffenstillstands unterhandelt. — Was wird dabei schon herauskommen? — Und wenn auch, — wäre nicht gerade dann Grund genug, die Atempause zu nützen? Denn daß der Sultan immer wieder kommen wird, er immer versuchen wird, uns niederzuzwingen, — wer würde daran zweifeln?

Dann und wann einmal, wenn das Wetter freundlicher war, bin ich hinaus vor die Stadt. Hat mir aber nicht wohlgetan: der Frühling hat mich krank im Herzen gemacht und meine Gedanken qualvoll flattern lassen wie Vöglein im engen Gitterbauer.

Wie es wohl jetzt im Ybbstal aussehen mag? — Ob der Wild schon den Grundstein legen läßt in Waidhofen für das neue Rathaus? — Der Lambrecht Stubner wird seinen Hof am Fluß sicher schon wieder aufgebaut haben. — Und rings um den Rottenmauerhof wird der Schnee schmelzen, die Sonne wird immer wärmer scheinen; — sie werden beginnen, die Brachäcker zu pflügen und das Sommergetreide auszusäen, — und — und — verflucht und zum Teufel hinein, — hab ich auf alles das verzichtet, bloß um hier in dumpfen Stuben zu sitzen und mit der Feder zu kratzen und zwischendurch in muffigen kaiserlichen Magazinen Geräte und Vorräte zu überprüfen oder mich mit halsstarrigen kleinlichen Krämern von der Raitkammer um Groschen und Pfennige herumzustreiten!

Seltsam, wie fremd ich mich in der großen Stadt fühle, die ich nun doch schon so gut kenne, in Krieg und Frieden, in der ich längst zu Hause sein könnte. — Fremder und verlorener als je zuvor bin ich hier, seit ich aus den Bergen und Wäldern an der Ybbs hieher zurückgekommen bin.

Wien, am 8. Aprilis

Allmählich bin ich ganz trübsinnig geworden und hab ernstlich erwogen, ob ich nicht von den Kriegsleuten wieder meinen Abschied nehmen sollt. Nichts wäre leichter gewesen als das, wo nun in Friedenszeiten die meisten Regimenter aufgelöst werden, und der Hofkriegsrat nur wenige Offiziere bei sich behält.

Aber gestern ist ganz unvermutet der Eck von Reischach in Wien aufgetaucht und hat mich zu sich geladen. — Und nun sieht mit einem Mal die Welt ganz anders aus. —

„Du bist jetzt schon — wie lang beim Kriegsvolk?" hat er gefragt.

„Knapp fünf Jahre, Herr Obrist."

„Nur zwei davon zählen wirklich: — 1529 und 1532! — Was hast gelernt anno '29?"

Ich überlegte, wie ich's in knappe Worte fassen sollte. — „Daß man einen festen Platz halten kann, auch gegen eine starke Übermacht, wenn darin nur gutes Kriegsvolk unter einem tüchtigen Feldherrn steht, — auch dann, wenn selbiger fester Platz schlecht bewehrt ist."

Der Eck nickte. — „Und anno '32?"

„Daß man die Türken, wenn sie in unser Land eingedrungen sind, überwältigen und vernichten kann, wenn man nur seine Kräfte nach gutem Plan zusammenfaßt und sich das Gelände zunutze macht."

„Gut! — Und was wäre nun das Nächste?"

„Daß man vor den Grenzen des Landes, in Hungarn und in Slawonien, einen — hm — einen Wall baut, welcher die ständigen kleineren Einfälle der Türken an Ort und Stelle abfängt, allfällige größere aber so weit schwächt und verzögert, daß man im Inneren des Landes rascher und leichter ihrer Herr werden kann."

„Sehr gut!" — Wahrhaftig, der Eck lachte! — „Und meinst du, daß ein solcher Wall leicht aufzubauen wär?"

„Nein, — im Gegenteil! — Aber um das eher und kräftiger müßte mit der Arbeit begonnen werden."

Der Eck nickte. — „Ist schon begonnen! — Aber alles noch Stückwerk und daher wenig wirksam."

Plötzlich richtete er sich auf, schaute mich scharf an: „Hättest Lust, hinunterzugehen, nach Slawonien? — Mitbauen?"

Ich fühlte meinen Atem stocken. — Kannte denn der Eck alle meine geheimsten Wünsche?

„Mir scheint, du willst!" lächelte er. — „Dann komm morgen um die gleiche Zeit wieder!" —

Am 9. Aprilis

Nun ist es also entschieden, vielleicht für mein ganzes Leben: es geht nach Slawonien!

Wie ich heut zum Eck von Reischach in sein Quartier gekommen bin, war da in seiner Gesellschaft ein mir unbekannter Mann, schon hoch in den Jahren, aber noch von kraftvoll ragender Gestalt. Vierkantig war sein Kopf, mit schütterem weißen Haar, scharf sprang die mächtige Hakennase vor, und ein gewaltiger eisgrauer Schnauzbart hing ihm über die Mundwinkel herab. Unter den buschigen weißen Augenbrauen blitzten seltsame blaue Augen, kühn und fest und grimmig und zugleich doch voll gemütlicher Güte und fröhlicher Schalkheit.

„Du kennst meinen Gast wohl noch nicht?" sagte der Eck zu mir, — „den Feldobristen Niklas Juritschitsch."

„Der Juritschitsch!" stammelte ich fassungslos.

Der Alte lachte schallend: „Ja, wenn du den meinst, der vergangenen Sommer die Türken vor Güns hat gelehrt das Warten, — ja — der bin ich!"

Auch der Eck lachte. „Bruder, überall hört man erzählen von dir und von Güns, — nur daß du selber davon redest, hab ich noch nie erlebt. — Willst du uns nicht einmal berichten? — Es trifft sich heut eben gut!"

Der Juritschitsch verzog den Mund, schaute zweifelnd den Eck an: „He, was erzählen? — Erzählst du, was hast getan im Krieg? — Und dann was ist's schon viel gewesen vor Güns?"

„Nun eben!" lächelte der Eck, — „wenn's nicht viel gewesen ist, kannst uns also umso mehr erzählen. — Und daß die anderen alle sagen, du bist ein Held, und daß der Kaiser dich deswegen zum Freiherrn gemacht hat, — was besagt das schon."

Der Juritschitsch strich sich den Schnauzbart: — „Haj, — was ist schon ein Held? — Ist bei uns jeder ein Junak, ein Held, — oder er ist kein Chrwat, kein Krobat! — Aber wenn wollt ihr um jeden Preis, — no, — wo soll ich anfangen? — Wißt es ja beide, wie der Sultan wieder gekommen ist, von Belgrad her über Esseg auf Girmend und Stein am Anger. Und hat viermal hunderttausend Mann mitgeführt, so hat's geheißen, und dreihundert Kanonen.

Das ist so gewesen um Anfang Augusti. Bin gesessen mit ganze achtundzwanzig Husser und zehn schwere Reiter auf meiner Burg in Güns, so daß wir waren alle miteinander vierzig Mann, wenn du noch dazu zählst mich selber und den Vojko, was ist gewesen mein Pferdebursch. Und wenn du willst halten mit vierzig Reiter eine Burg und Stadt gegen den Sultan mit viermal hunderttausend Mann, dann du bist nicht ein Junak, ein Held, sondern ein Glupak, ein Dummkopf!

Und ich denk mir: was sollst machen jetzt? Sollst fortlaufen mit deine vierzig Leut und auf Wien hin, wo dem Kaiser jetzt versammelt ist seine große Armada? — No, — da wirst aber das Kraut fett machen! — Aber wer sagt dir denn, daß der Sultan wird auch kommen nach Güns? — Haj, Gott weiß, wahrscheinlich er zieht weiter in der hungarischen Ebene auf Wien hin und vergißt dich hier da mit deine vierzig Helden. Und es kommen nur ein paar von seinem Gesindel und wollen raubern und anzünden. — No, — die schlagst du noch immer zusammen und wenn du nur hast zwanzig.

Also, ich bleib sitzen und wart ab und schick aus ein paar Kundschafter. Und schnell sind sie wieder da und sagen mir: Gospodine, požurimo se, beeilen wir sich, weil es wird Zeit, daß wir verschwinden! — Der Sultan — er schickt sich an, daß er daher kommt mit seinem ganzen Heer von Stein am Anger gerade auf Güns zu!

No, sag ich, ist auch gut! — Packt gleich ein eure Satteltaschen! — Und die Bauern von die Dörfer und die Bürger aus der Stadt, sie sollen rasch mit Weiber und Kinder und Vieh, und was sie können tragen, hinauf in die Berge und Wälder, daß sie dort sicher sind vor den Türken. Und ich laß einen Trompeter herumreiten, der es überall ausruft. Und mach mich mit dem schon fertig, daß ich geh.

Aber was glaubst, was ist dir das Bauernvolk vernagelt! — Haj, gar nicht gehen die hinauf in die Berge, sondern alle herein in die Stadt, mit Weib und Kind und Wagen und Pferd und Rindvieh und Hähndel und Hund und Katz, — und immer mehr und noch mehr, — mnogo, mnogo, — ein paar tausend sind es am End.

So, da steh ich jetzt mit deme als denen ihr Gospodar; — und was soll ich tun? — Geh ich fort und laß die allein, kommt der Türk und schneidet ihnen den Hals ab, und du nicht siehst keinen von denen nie je wieder. — Kann ich das zulassen? — Verfluchte Schweinerei, der Teufel hat sie gegeben und gemacht, — das kann ich nicht!

Mit deme hör ich schon schreien von der Mauer: Der Türk, der Türk! — Er kommt schon, — er ist schon da!

Do vraga, zum Teufel, — sag ich zu meinen Reitern, — packt aus wieder eure Taschen, wir bleiben da!

Mit dem geh ich hin zu den Bauern und sag zu denen: Schweinstreiber ihr, krätzige, krumme, verfluchte! Was habt ihr eingebrockt mir eine Suppe! — Bogami, — wär kein Schad um euch Rindviecher, daß der Türk euch schneidet ab die Köpfe und steckt auf lange Stangen oben auf der Stadtmauer!

Indeme laß ich die Bauern sich hinstellen in Reihe als wären sie Kriegsknechte, und such mir alle heraus, was haben gerade Knochen, und — schau mir her! — es sind siebenhundert. Ich geb ihnen alles, was ich hab an Waffen, Spieße und Hellebarten und Armbrusten und Hakenbüchsen, und dann, mit Gott, fangen wir an den Krieg!

Es hat der Sultan aber, so scheint's mir, geglaubt, weiß Gott was viel in der Stadt sitzt an kaiserlichem Kriegsvolk, und hat Angst gehabt vor dem, wenn er weiter zieht auf Wien zu und das alles hinter seinem Rücken laßt sitzen. Und mit dem hat er sich in seinen gottsverlassenen Heidenschädel hinein gesetzt, er müßt vor allem erst die Stadt und die Burg Güns haben.

No, denk ich mir: wenn du glaubst, was hab ich alles an Kriegsvolk in der Stadt, so glaub das nur weiter! Und laß meine Bauern fest herumrennen und Lärm machen auf dem Wehrgang und auf der Mauer, und die mit den Rohren einmal aus diesem Loch schießen und einmal aus jenem, daß der Türk, wo steht nichts als ein armseliger Sauknecht, muß glauben, es sind fünf kaiserliche Soldknecht. So daß er lieber ist vorsichtig und nicht traut sich zu viel auf einmal.

Ja, — was soll ich euch viel erzählen jetzt, Brüder, wie ist es gewesen? — Dem Sultan sein ganzes Heer hat sich rund um die Stadt gelegt und dann hat er angefangen mit dem Beschießen. Hat zwar nur Falkaunen aufstellen lassen, und denen ihre Kugeln waren nicht viel größer als die Eier, aber was war die Stadtmauer von Güns, die ist nur zwei Ellen dick gewesen, und nach drei Tagen schon war alles hin. Dann hat der Sultan Minen graben lassen, an dreizehn Stellen zugleich. Vier Breschen zuletzt er hat gehabt gelegt in die Mauer. Und dann, so anderthalb Wochen nachdem sie sind gekommen, heben die Türken an mit dem Stürmen. Das war dir schon grauslich, und ich hab nicht mehr viel gegeben für uns alle miteinander. Aber da hast auf einmal auch sehen können, was ein solchenes Bauernvolk von der Grenzen, wenn du ihnen nur gibst in die Hand anständig was zum Dreinschlagen und wenn ihnen einer anschafft, der was versteht vom Krieg, wie die sich wehren wie der Teufel. — Ja: großen Dreck hat der Sultan ausgericht mit seinem Stürmen, am ersten Tag und am zweiten und am dritten. — Bogami, — da haben sie dann ein paar Tag eine Ruhe gegeben, daß wiederum erfangen sie sich. Und dann hat's von neuem angehoben.

So ist's gegangen drei Wochen. Das war nicht mehr schön! — Der Graben voll tote Türken, und der Wehrgang voll Blut, und von Hitz und Sonne, wie es ist im hohen Sommer, hat das gefault und gemacht einen Gestank!

Mit deme die Türken, sie stürmen schon jeden Tag oder auch an einem Tag zweimal. Und meine Leut, so viel noch heil und grad stehen oben auf der Mauer, werden immer weniger. — Und dann, — es ist schon hingegangen gegen Ende Sommer; — dann probieren es die Türken noch einmal. Aber jetzt mit aller Gewalt!

Haben geschossen mit jedem, was haben sie gehabt, alles zugleich, und mit glühende Kugeln, daß Feuer schlagt aus den Häusern, — und war mit deme alles rund herum nur mehr Rauch und Qualm und Staub und Pulverdampf, daß du schier nicht mehr siehst und du nimmer kennst auseinand Freund und Feind. Mit deme zugleich es ist heraufgekommen am Himmel ein schreckliches Donnerwetter mit Wolken, pechschwarz und schwefelgelb, und das braut sich dir zusammen und macht absonderliche Gestalten. Und ich zeige zum Himmel und schrei, — schrei, — daß alle mich können hören:

‚Čudo — čudo — veliko! — Wunder — Wunder, großes! Es ist der heilige Martin selber, der da kommt geritten! — Ist er nicht geboren gleich nebenan in Stein am Anger, und ist er nicht darum der Schutzpatron von dieser Stadt Güns und vom ganzen Land herum! — Wie sollt er da nicht jetzt zu uns kommen, daß er uns hilft und stark macht vor den Heiden! — Und hört ihr nicht, wie er ruft, der heilige Martin: Auf, ihr Brüder, Bauern, Schweinstreiber, — seid mutig und wehrt euch wie der Teufel! Wehrt euch für euch und eure Weiber und Kinder, auf daß der Türk, Hund verfluchter, ihrer sich nicht bemächtigt!‘

Und mit dem es ist ihnen zurückgekommen der Mut, was schon ganz war verschwunden, und sie haben sich auf die Türken gestürzt, haben erschlagen alle, was auf der Mauer schon waren, und hinuntergeworfen die anderen in den Graben mitsamt den Sturmleitern. —

Nachdeme es ist gewesen nichts mehr. Und am nächsten Tag der Sultan schickt einen Boten, daß er mich fragt: Aus welchem Grund machst du, Niklas Juritschitsch, dem großmächtigen Padischah so viel Ungemach und bist ihm nicht zu Gebot und Willen, wie es sind deine Nachbarn und Standesgenossen, der Ferencz Batthyanyi und der Peter Erdödy, die sich dem Sultan ergeben haben mit ihren Festungen ohne Schuß und Hieb, und für die es kein Schaden ist gewesen.

No, — geb ich Antwort, — das ist, weil ich nicht bin ein Haderlump und madjarischer Magnat, den der Türk sich kann kaufen, sondern ein Hrvat, ein Krobat! — Und Gott soll geben dem Sultan, daß er noch wird kennenlernen manchen so einen Krobaten! Dann er wird erleben sein Wunder, aber nicht so ein schönes, wie wir jetzt haben erlebt eines gestern!

Ja, ich glaub, Gott hat gegeben, daß der Sultan mich hat verstanden. Weil er schickt jetzt noch einen Boten, und der fragt mich, ob ich nicht will annehmen die Gnade vom Sultan, daß ich übergeben darf die Stadt und Festung in Ehren und hinausziehen mit allen Waffen und mit allen Leuten, Reitern und Bauern, Männern, Weibern und

Kindern, und keinem soll nicht gekrümmt werden kein einziges Haar.

No, denk ich, Steinerhaufen, zusammengeschossener, was ist jetzt die Festung Güns, ist so und so nicht mehr zu halten lang. — Und so laß ich dem Sultan vermelden: Indeme ich bin ein Christ und sehr fromm und liebe auch meine Feinde, also will ich ersparen dem Sultan den Kummer, daß noch ein paar hundert mehr von seinen besten Leuten werden jämmerlich totgeschlagen von uns, und mit dem bin ich so gütig und gnädig, daß gewähre ich dem Sultan seine Bitte und zieh ich ab mit meinen Leuten unbesiegt als ein Held."

Der Eck von Reischach stieß ihn lachend in die Seite: „Niko, alter Gesell! — Man sieht, du hast schon viel zu tun gehabt mit dem Gesindel, nicht nur als Kriegsmann, sondern auch als Staatsmann."

„Und ist dir für beides gut, wenn du bist ein Krobat!" lachte der Juritschitsch.

„Wieso das?" fragte der Eck erstaunt.

„No, vor drei Jahr im Herbst, wie der Erzherzog uns hat hinunter geschickt nach Carigrad, nach Konstantinopel, als seine Gesandten, den Lamberg und mich."

„Ich weiß von gar nichts!" sagte der Eck, — „erzähl nur munter weiter; bist ja jetzt mitten drinnen!"

„Ja nun, — am Anfang haben die uns eine Woche lang eingesperrt gehalten, nicht viel besser als Gefangene. Daß wir bloß viel rote seidene Polster gehabt haben und fette süße Kuchen und Weiber, halbert nackerte, die uns was getanzt haben; — aber herausgelassen haben sie uns nicht aus unserem Quartier. Dann also, werden wir zum erstenmal zum Großvezir hin geführt. Und dann redet der Lamberg. Deutsch, weil er nicht kann türkisch, und ich kann es auch nicht. Der Lamberg redet schön und redet lang, und der Großvezir, er versteht nicht kein einziges Wort, und der Tumatsch, der Dolmetscher, versteht auch nichts. Dann hebt der Lamberg neu an, und er redet lateinisch. Aber der Großvezir und der Tumatsch, sie verstehen wieder nichts. Jetzt hebt der Tumatsch an und redet französisch. Aber das versteht nicht der Lamberg und ich auch nicht. Ich frag mich: sind wir gefahren von Wien bis Carigrad nur, daß sitzen wir und schauen dumm drein. Mir ist ganz langsam gekommen der Zorn, und mit dem sag ich zum Lamberg, und vor Zorn es rutscht mir heraus auf krobatisch: Kakva glupost! — Do vraga, — što još čekamo? — Hajdemo opet doma! — Was für ein Blödsinn; — zum Teufel, — was warten wir noch? — Gehen wir wieder heim!

Mit dem schaut der Großvezir auf mich und macht große böse Augen und dann er sagt zu mir: Zašto želiš da hajdeš doma, — prije nego što smo se razgovarali? — Warum willst du, daß du gehst nach Hause, ehe bevor daß wir uns noch haben unterhalten miteinander?

Ja, seht ihr, so haben wir damals geredet krobatisch, — denn der

Großvezir ist ein Arnaut aus Serbien, und auch was die Serben, die Raizen reden ist so gut wie krobotisch."

„Also, Konrad", wandte sich der Eck an mich, — „du siehst, worauf es ankommt: lerne beizeiten krobatisch reden!"

„Već sam naučio nešto!" erwiderte ich stolz und eifrig, — „hab schon einiges erlernt, — von meinen Reitern! — Vino und hlijeb und šljivovica und slanina und — do vraga, govno svinjsko prokletim ti mati, — und derartiges eben."

Der Juritschitsch klopfte mir auf die Schulter: „Haj, dobro! — Hast jedenfalls schon aufgeschnappt das Wichtigste, was einer halt so braucht am meisten, — alles andere kommt schon noch."

„Wir sind aber abgeschweift", unterbrach uns nun der Eck. — „So hast du also allerhand wertvolle Erfahrungen als Kriegs- und Staatsmann gesammelt."

Aber der Juritschitsch ging jetzt nicht auf den scherzenden Ton ein. — „War mir alles gleich gut und wertvoll. Vor allem das, was ich schon hab gesagt heut: daß man aus Bauernvolk im Grenzland, wenn die wissen, es geht nicht nur um ihren Kopf und ihren Hals, sondern auch um ihr Heim und Grund und Boden und um ihr Weib und Kind, und man gibt ihnen rechte Waffen und Anführer, die ihre Sache verstehen, — daß man da aus solchen Bauern auf Ja und Nein ein Kriegsvolk kann machen, man könnt sich's nicht besser wünschen! — Und das Bruder, das werd ich mir mitnehmen in Hirn und Herz und werd damit zurückgehen dorthin, wo ich bin hergekommen und zuhaus: an die Grenzen nach Slawonien und Krobatien. Und ich werd nicht Ruh geben, bis daß ich, was hab ich getan in Güns ganz klein, jetzt dort draußen daheim weiter mach ganz groß!"

Und seine Augen strahlten, als sähe er da draußen in fernen Weiten schon sein Werk vollendet, den Traum seines Lebens.

„Ja", sagte der Eck, nun betont nüchtern, — „und da wären wir also nun auch bei dem, weswegen ich dich, Konrad, heute zu mir gebeten habe. Höre also: ich war vor wenigen Tagen erst in Graz und habe dort mit dem Katzianer gesprochen, der ja, wie du wissen wirst, seit des Grafen Salm Heimgang zum Obristen Feldhauptmann in Krain und an der Windischen Grenze vom Erzherzog bestellt worden ist. Nun hat der noch ein paar Fähnlein deutsche Landsknechte bekommen für die ständige Besetzung verschiedener fester Plätze. Es mangelt ihm aber noch an Offizieren. Hättest du also Lust? — Es wäre doch jammerschade, wenn du uns hier in Wien versauertest."

Der Juritschitsch hatte mißmutig die Miene verzogen, als der Eck vom Katzianer zu reden begonnen hatte.

„Ho!" brummte er, — „wenn du dir nur einen suchst für des Katzianers Kriegsvolk in den Städten, da findest du dir bald einen. — Der da aber", — und er wies mit dem Daumen auf mich, — „der da hat, wie du mir hast erzählt, schon im Wald zusammen mit Bauern und Holzknechten und Hufschmieden Krieg geführt und den Türken geschlagen, — der wär mir für was Besseres tauglich! — Aber was kann ich machen gegen den Katzianer, wenn Gott ihn hat geschlagen mit Blindheit und Tollheit!"

Ich starrte ihn an, erstaunt, erschrocken. Der Eck aber sagte ruhig: „Du bist uns eine Aufklärung schuldig. Allezeit schmähst du den Katzianer, — und hat nicht just er sich als einer der besten unter des Kaisers Feldherren erwiesen?"

Dem Juritschitsch schwollen die Adern: „Wie soll einen aber da auch nicht die Wut ankommen, wenn er muß zuschauen, wie es treibt der Katzianer jetzt bei uns an der Grenze! Ich will nicht abstreiten, daß er ist tapfer und kaltblütig; er hat klaren Verstand und scharfen Witz wie nicht bald einer. Wie der Feldzug ist gewesen anno '27 in Oberungarn, damals gegen den Zapolya, — weiß Gott, ob er uns wär auch so gut gelungen, wenn wir nicht hätten gehabt den Katzianer. Daß daneben er ist maßlos von Ehrgeiz und grausam und hinterlistig und immer nach dem Geld her, — was geht mich an das! Bedenklicher schon ist mir, daß nie wir wissen, wem ist er ein guter Freund hinten herum, kann sein auch dem Zapolya oder dem Sultan selber, wenn der ihm verspricht mehr Geld oder mehr Ehr!"

Der Eck runzelte die Stirn: „Du sollst nicht Verdächtigungen aussprechen gegen einen deiner Kampfgenossen!"

Der Juritschitsch knurrte: „Was Verdächtigungen? — Haben sie nicht Boten abgefangen damals mit Briefen an den Zapolya, was der Katzianer ihm geschrieben hat heimlich. Hat sich herausgeredet, es wär gewesen eine List. — Aber, frag ich: List gegen wen?"

Er schwieg, hieb dann unmutig durch die Luft: „Soll sein, wie will! Ein Feldherr ist er, fast wie der Salm, — dafür verzeih ich ihm vieles anderes. — Bloß frag ich: was ist er nutz für die Grenze? Er denkt immer nur an Kriegszüge und Feldschlachten und sonst an gar nichts. — Wer aber bei uns die Grenze will verteidigen und halten, der braucht anderes!"

Der Eck wiegte den Kopf: „Bruder, — was urteilst du scharf!"

„Was scharf?" grollte der Juritschitsch. — „Sag du mir, was nützt es wirklich, wenn wir tun wie der Katzianer: wenn wir den Feind ins Land stoßen, hier und dort und immer wieder, weit hinein dann und wann? Haben wir Glück, so erwischen wir ein paar türkische Regimenter und zerschlagen sie. Und für jeden Türken, den wir erschlagen, schickt der Sultan drei neue; wenn aber bei uns einer bleibt tot, kommt kein anderer. — Unser Land aber, Bruder, — das schützen wir mit dem nicht, das geht uns zugrund dabei! Denn auch der Türk fällt bei uns ins Land, wieder und immer wieder aufs neue. — Wir aber können mit unserem Kriegsvolk, — viel zu schwach ist es ja, — nicht hier sein und dort zugleich und da und da."

„Wie aber könnte man das hindern?" fragte nun ich ganz erregt.

„Haj, das ist es ja eben, was ich immer red und predig, und was dem Katzianer nicht will hinein in seinen Schädel! — Hier Soldaten — und da Bauern, — das taugt anderswo, aber nicht drunten an der Grenze. — Nein: der Bauer muß Soldat werden bei uns und der Soldat Bauer, — Volk von Grenzern, von denen ein jeder ist zugleich ein Bauer und ein Soldat! Jeder Bauer ein Kriegsmann, jedes Dorf eine Burg, das ganze Land ein einziges Festungswerk, — anders ist es nicht zu machen! — In der einen Hand die Haue und in der anderen den Spieß, — heut pflügen, morgen sich wehren, übermorgen säen und übermorgen den Türken überfallen und totschlagen, — nur so kommen wir durch! — Wie ein riesiger Igel muß die Grenze werden, — friedlich und freundlich unter der Zeit, wenn man die Leut gerad einmal in Ruh läßt, — aber wenn ihnen wer an will, — dann rollt sich der Igel zusammen und ist nichts mehr als starrende Stachel, daß dem Raubzeug die Lust vergeht, da hineinzubeißen."

„Indes", fragte der Eck nach einer Weile nachdenklichen Schweigens, — „ist das nicht leichter gedacht und gesagt als getan?"

„Freilich, — freilich! — Nichts ist leicht, was groß ist und gut! — Aber geht alles, wenn du nur willst und zupackst! — Drunten an der Krainer Grenze im Sichelburger Kreis, — dort hab ich es schon versucht vor sechs Jahr; — ist eine besonders gefährliche Ecke dort. Heut stehen mir dort bereits zweitausend bewaffnete Bauern! Flüchtiges Volk war das ehedem, aus Bosnien und aus der Lika und von der Meergrenze, wie Bettler dahergelaufen gekommen, — ja, nennen sich heut noch schlechtwegs die Uskoci, die Davonrenner, — haj, — mir aber laufen sie jetzt nicht mehr davon, so wahr ich bin der Niko Juritschitsch! Sind froh, daß sie jetzt wissen, wo sie stehen und wofür. Sind mir die bravsten Bauersleut und haben doch die größte Freud, wenn dann und wann einmal sie bekommen ein paar von den verhaßten türkischen Hunden vor die Spieße. Die halten dir jetzt die Grenze wie Eisen."

Aber was ist schon das alles? — Ein kleinwinziger Fleck, — und wie ist die ganze Grenze lang und groß! —

Ich mußte mir gestehen: es schien Hand und Fuß zu haben, was der alte Juritschitsch da sagte. — Der Katzianer mochte freilich für das, was er tat, wieder andere triftige Gründe haben. Wie konnte ich das eine und das andere auch recht beurteilen und entscheiden?

Der Juritschitsch schien meine Gedanken erraten zu haben: „Das ist alles nur, weil der Katzianer hat kein Sitzfleisch und keine Geduld! — Ist aber bei uns nichts getan mit Gloria! Der Soldat, der auf Schildwach steht, hat auch keine Gloria von dem! Und ist das Schildwachstehen doch ein blutnotwendig Ding. — Und auf Schildwach stehen wir eben alle da unten an der Grenze, — Schildwach für das Land, für das ganze Reich, für die ganze Christenheit!"

Der Eck nickte: „Du scheinst mir recht zu haben, Bruder. — Nur: hat nun einmal der Erzherzog den Katzianer zum Obersten an der Grenze eingesetzt, so mußt du dich ihm eben fügen, wie es Soldatenbrauch ist. Und ihr sollt nicht zu viel hadern wider einander!"

„Brate!" brummte der andere, — „Bruder, — dir ist leicht reden!" — Und dann schwieg er.

„Nun?" fragte der Eck nach einer Weile und schaute mich an, — „was ist? — Hast du nach allem dem noch immer Lust hinzugehen?"

Der Eck nickte: „Hab mir's gedacht — Also dann morgen früh! — Wär gut, du träfest den Katzianer noch in Graz. Und dann also: viel Glück an der Grenzen!"

Graz, am 15. Aprilis

Wie der Eck von Reischach mich geheißen, so bin ich über den Semmeringpaß ins Steirische hinaufgeritten und war am fünften Tag in Graz. Ich suchte gleich den Katzianer auf. Der ist von einer ganz anderen Art als der alte Juritschitsch, und ich kann es wohl verstehen, daß die zwei hart aneinander sich reiben. Alles ist Unruh und Glut am Katzianer: die scharfen, fast stechenden dunklen Augen, die schlanken, hastigen Hände, sein auffahrendes, heftiges, unruhiges Wesen. — Vielleicht ein wenig unheimlich, daß er mir ist, und doch: ich seh ihn immer noch vor mir, wie ich ihm das erstemal begegnet bin im Augenblick der höchsten Not, im Kampfgetümmel über den Trümmern der eben erst gesprengten Stadtmauer neben dem Kärntner Tor in Wien, Hilfe und Rettung bringend, allen anderen voran. — Nein, — wie sollte nicht auch er mir lieb sein und ich zu ihm rechtes Zutrauen haben.

Der Katzianer konnte sich wahrhaftig selbst noch daran erinnern, wo er mich das erstemal gesehen hatte: „Ist für eine Bekanntschaft ein guter Anfang gewesen das!" lachte er und strich sich den fuchsroten Bart. — „Mußt dich im übrigen gleichwohl vorerst nicht auf rechtschaffene Kriegstaten gefaßt machen. Es kommt nämlich eben die Nachricht, der Kaiser hätt mit dem Sultan und dem Zapolya einen Waffenstillstand abgeschlossen, mit Geltung bis Ostern in vier Jahr. — Verlorene vier Jahr! — Das türkische Gesindel hält sich ja doch nicht daran, uns aber sind die Hände gebunden. Müssen also wieder hübsch kuschen und zuwarten, anstatt zuzuschlagen mit allem, was wir haben an Leuten und Geld und Kriegsgerät, eben alles das in dieses elendige armselige Land da drunten an der Grenzen hineinstecken, wo ja doch nichts dabei herauskommt. War zuviel Unruh und Krieg und Zerstörung, Jahr für Jahr. Und kein Geld! — Aber es nützt nichts; — der Sultan wird alleweil stärker und frecher, — da dürfen wir auch nicht rasten und uns ducken, — müssen tun, was möglich ist, und noch einiges mehr dazu! — Müssen es zuweg bringen, daß wir am Ende dieser vier Jahre — stärker sind als je zuvor! — Daß wir den dann schon jenseits der Grenze angreifen können, früher als er, eh er noch selber bei uns herinnen ist."

Er langte nach Hut und Degen. — „Komm mit! — Schau dich um in Graz; — kann einer nie genug sehen und hören in der Welt!"

Der Katzianer hat sein Quartier in der Burg. Das ist ein altes Gebäu; durch ein Gewirr von winkeligen Gängen, schmalen Wendeltreppen, finsteren weit gewölbten Hallen und schattigen Höfen schritten wir hinaus. — Draußen quirlte und wogte froh geschäftiges Leben in den Gassen der Stadt, auf den kleinen Plätzen und dem weiten bunten Markt vor dem Rathaus. — Graz könnte mir wohl gefallen. Hier in Graz lugen von allen Seiten die Berge und die grünen Wälder in die Stadt, der Fluß rauscht bis in die Gassen herein, und der Wind trägt Heuruch und Harzduft über die Mauern. Und auch die Menschen, dünkt mich, tragen noch etwas an sich von Feld und Wald und Gebirg, als wären es allesamt Bauern in Bürgergewand.

Ich sagte derartiges zum Katzianer. Der lachte spöttisch: „Bauern, — Bürger, — ich halt von beiden nicht viel. Nur auf die Kriegsleut ist Verlaß, und nicht einmal auf die allezeit. — Immerhin, was die Grazer anlangt, zugegeben, die scheinen wenigstens halbwegs zu wissen, worum es geht, — besser zumindest als die in Wien. Kommt das aber nicht davon, daß sie etwa mehr Hirn im Kopf hätten, sondern bloß, weil ihnen der Türk näher auf dem Pelz sitzt und weil er in den vergangenen Jahren viel öfter auf Besuch gekommen ist. — Die Sprach verstehen nämlich deine Bürger und Bauern! — Na, wie dem auch sei: wenn die innerösterreichischen Landständ, die von der Steiermark, von Kärnten und Krain, wenn die nicht wären, dann stünd es mit uns drunten an der Grenze noch viel trauriger."

„Wieso das?" fragte ich.

Der Katzianer lachte, hob die Hand, rieb Daumen und Zeigefinger aneinander. — Und als ich ihn verständnislos anschaute: „Was meinst, was uns am nötigsten ist? — Geld!"

„Und das bekommen wir also von hier?"

„Eben! — Hör zu: Vor zwei Jahren haben die innerösterreichischen Stände einen immerwährenden Kriegsrat einberufen und beschlossen, eine stehende Wehr an der windischen oder auch slawonischen wie an der krobatischen Grenze einzurichten. Die Kosten dafür wollen sie selber aus eigener Tasche tragen."

„Wo wäre so etwas sonst im ganzen Heiligen Römisch-Deutschen Reich heutzutage möglich!“ rief ich begeistert aus.

Der Katzianer bekam sein spöttisches Lächeln nicht los. — „Zum ersten: das stimmt schon. Nebstbei hat dein ganzes Heiliges Römisch-Deutsches Reich seinen Schutz und Nutz von dem. — Zum zweiten: auch die hier tun das nicht aus Liebe zum Reich, sondern bloß, weil sie eben merken: das Wasser steht ihnen schon bis zum Hals.“

„Ist ja im Grund ganz gleich“, setzte er fort, „was hier vor sich geht, — Hauptsache wir sind vorne, und der Türk drüben! — Und da wird was geschehen, bald, so wahr ich der Hans Katzianer von Katzenstein bin! Es hebt ja schon an, weißt du! — Das Land dort drunten an der Drau und an der Sann haben wir früher schon bloß die Grenze genannt, und die Krobaten, die Krajina, was dasselbe ist. Jetzt aber, seit zwei Jahren, heißt es anders: heißt es Confinium militare, Militärgrenze, Vojska Krajina! — Weißt du, was das bedeutet? — Die Grenze ist damit ein Land geworden, — das erste und einzige im ganzen Reich und vielleicht auf der ganzen Welt! — in dem nicht Amtmann noch Pfaff was anzuschaffen haben, sondern nur wir, die Kriegsleut! — Bloß, wie gesagt: ein verlotterter Saustall ist das Ganze noch immer. Fehlt ein fester Plan und ein festes Ziel, — und eine feste Hand über dem Ganzen; — geb Gott, ich hab sie jetzt!“

Wir waren unter solchen Gesprächen vom Marktplatz aus die breite Landstraße hinuntergegangen, zwischen stattlichen Bürgerhäusern. Jetzt standen wir vor einem alten grauen burgartigen Gebäude.

„Hier sind wir, am Zeughaus!“ sagte der Katzianer. — „Hab da allerhand Geschäfte zu erledigen; kannst dich derweil herin umschauen; es wird dir dein Herz lachen machen.“

Über finstere halsbrecherische Treppen kamen wir in ein weites Gewölbe, finster und winkelig: große Gestelle aus Bohlen und Latten versperrten Durchgang und Ausblick, und mannigfaltiges Gerät häufte und reihte sich an den Wänden. Wie sich meine Augen allmählich an das Dämmerlicht gewöhnten, löste sich das scheinbare Gewirr um mich mehr und mehr in Ordnung auf: Waffen waren es, was hier an Wänden und Pfeilern, auf Bänken und Gestellen geschlichtet war, Waffen, — hunderte oder wohl tausende, unüberblickbar. Da lagen, Schaft an Schaft gereiht, Spieße, Hellebarten und Partisanen, da hingen Haudegen und Säbel, gewaltige Zweihänder und Flamberge, daneben sah ich Hakenbüchsen und Faustrohre, und Pulverflaschen, groß und klein, hingen darüber wie Girlanden an Schnüren aufgehängt. Im Nachbargewölbe standen kleine Kugel- und Kreidmörser, Falkaunen und leichte Feldschlangen; Kugeln waren daneben aufgeschlichtet, Stopfer, Wischer, Luntenspieße und anderes Gerät der Stückknechte lag dort; dann sah ich im Weitergehen Harnische, für Fußvolk, Reiter und Rösser, Kettenhemden, Eisenhauben und Feldhelme, Trommeln, groß und klein, Pfeifen und anderes Landsknechtsspiel, — ein Raum neben dem anderen angefüllt bis zum letzten Winkel.

Ein alter Waffenmeister war zu mir getreten. „Noch nie hab ich so ein großes Waffenlager gesehen", sagte ich voll ehrlicher Bewunderung. — „Wie kommt Eure Stadt zu einem solchen Zeughaus, — zu einem solchen wahrhaftigen Schatz in diesen Zeiten?"

Der Alte strich sich lächelnd den wallenden Graubart: „Herr, — wir Steirer haben seit Urzeiten unsere Freude an geschmiedetem Eisen gehabt, — und außerdem wehren wir uns allezeit gern und gut unserer Haut. So erklärt sich, was Ihr hier seht. Da liegt alles, was wir in Kriegszeiten zur Bewaffnung der Bürgerwehr in der Stadt und der Bauern aus der Umgebung brauchen. Und der Türk sorgt dafür, daß es uns nicht untätig verstaubt und verrostet."

„Was?" fragte ich erstaunt. — „Soviel Wehrfähige habt ihr in eurer Stadt?"

„Nein, das nicht. Es liegt hier zur Zeit um einiges mehr an Waffen als wir selber brauchen. Denn von hier geht es weiter an die windische Grenze; was die dort draußen nötig haben, bekommen Sie zum guten Teil von uns, und wir beziehen es wieder aus allen möglichen Waffenschmieden. Nicht nur, daß wir zahlreiche erfahrene und kunstfertige Meister in unserer Stadt Graz selbst haben, auch manch ein Schwertfeger und Plattner in Nürnberg, Augsburg und Innsbruck sendet uns alle paar Monate von seinen Erzeugnissen, ganz zu schweigen von dem, was wir aus der benachbarten Eisenwurzen bekommen."

„Es wächst uns freilich unser Schatz jetzt bald über den Kopf", sagte der Waffenmeister. — „Der alte Fuchsbau ist uns schon hinten und vorn zu eng; es wird bald nötig sein, das Zeughaus neu zu bauen mehrere Stock hoch wie ein Kaufmannsspeicher. — Ja, Herr: unser Rathaus ist klein und bescheiden, und unser Dom auch nicht groß, — aber das größte und reichste Zeughaus zu haben in des Kaisers Landen, das soll der Stolz unserer Stadt Graz sein! — Wir werden nicht vergessen, daß schon unser guter Kaiser Maximilian hier in unserer

Bild oben:
Waidhofen a. d. Ybbs, mit Buchstabenlegende.
1532 kam es vor den Toren der wohlbewehrten Stadt zu einem Gefecht, bei dem es kaiserlichen Kriegsknechten gemeinsam mit der Waidhofener Bürgerwehr gelang, eine starke Akindschi-Streitmacht zu zerschlagen. (K. A.).

Bild unten:
Die Stadt Ybbs mit der Burg Persenbeug sperrt den Eintritt ins Ybbstal.
Beide: Topographia Provinciarum Austriacarum . . ., 1649 (K. A.).

Waidhofen.
A. Pfarrkirche. B. Das Schloß. C. Schilcher thurn. D. Pfarrhofe. E. Statt thurn. F. Alte Rahthauß. G. Das Durl. H. Spittal thor. I. Spittal kirch. K. Ambach. L. Scheßhutten. M. Gottsacker. N. Ybsthor. O. Auf der Leuten. P. Zeller bruck. Q. Zell. R. New Rahthaus. S. Die Ober Statt. T. Die Unter Statt. V. Ybs fluss. W. Im felde. X. Sandt leuten. Y. Khielberg. Z. Vff der Awe.

Yps.
Rahthaus.
S. Laurenz.
S. Michael.
Donaw fl.

Besenbeug.
Donaw fl.

Stadt die Bruderschaft zu Sankt Jörgen gestiftet hat, zur Abwehr der Türkeneinfälle in deutsches Land und zur immerwährenden Verteidigung der Grenzen des Reiches gegen den Erbfeind."

Pettau, am 20. Aprilis

Der Katzianer hat mich bald von Graz weitergeschickt und mir als Begleitung und wegekundige Führer ein paar von seinen Krobaten mitgegeben; unter ihnen fand ich den Janko Ptakowitsch, den Stepan Nikowitsch und den Cvetko Suditsch, die vor Freude außer sich waren über das Wiedersehen. Unterwegs sind wir dann mit einer Schar steirischer Reisiger zusammengetroffen, die dasselbe Ziel wie wir haben: die Stadt Warasdin in Slawonien.

Den Murfluß entlang sind wir nach Süden geritten. Rasch ist die Stadt hinter uns verschwunden, nur der Burgberg, hoch und machtvoll aufragend, hat uns noch lange nachgeschaut. Wie ist dieses Graz doch auch der Stadt Wien ähnlich. Hier wie dort tritt der Fluß aus den Bergen, und, bevor er sich in die weite Ebene verliert, dort, wo die Berge ihn das letztemal einengen, liegt die Stadt, — steinerner Wächter und Späher gegen den Feind draußen in der Ebene, Schützer und Hüter für das Land, das hinter den Bergen liegt. Hier wie dort haben sich die Wellen der Türkenstürme an den Mauern der Stadt gebrochen. — Nur: sie liegen schon mitten in unserem Land drinnen, diese Städte; — wenn der Feind erst vor ihren Mauern zum Stehen kommt, — wieviel Unheil ist bis dahin geschehen!

Es war kein Wunder, daß mir solche Gedanken kamen: allzu bedrückend standen auch hier an der Straße die Zeugen von dem, was sich vor einem halben Jahr erst abgespielt hatte: Trümmer, Ruinen, — zerstörte Dörfer, Märkte, Höfe. — Der Wall, — der Wall! — Ungeduldig wurde ich im Reiten, — zu lang zog sich mir nun jede Meile, — jetzt, wo ich in wenigen Tagen dort stehen sollte, wo wir den Wall bauen wollen, wo er schon im Entstehen ist.

Bild links:
„Wie die gefangenen Christen von den Türcken gehalten und verkaufft ... auf den Marckt geführet ... bey den Türcken gehalten und wie sie gebraucht werden ..."
Kriegsbuch Fronsperger, 1596 (K. A.).

Wildon, — Sankt Margarethen, — Leibnitz, — Ehrenhausen; — unsere Begleiter nannten uns die Namen der Trümmerstätten an unserem Weg, in denen sich nun überall neues Leben zu regen begann. Trutzige Burgen hier und dort auf den Ausläufern des Berglandes, weithin die Ebene überragend. Sie hatten dem Wüten der Renner und Brenner getrotzt, waren oft der Bevölkerung Schutz und Rettung gewesen.

Dann ging es seitab vom Fluß ins Land hinein, bühelauf und bühelab, zwischen freundlichen Hügeln, reich an Wein und Korn und Obstgärten, — auch hier das meiste verwüstet. — Dann Pettau, am Draufluß, eine große feste Stadt, wohl erhalten unter dem Schutz ihrer Mauern und Türme und der gewaltigen Festung, die auf einem kühnen Felsensporn über Häuser und Fluß aufragt. Hier fanden wir gute Herberge. — Es wird wohl für lange Zeit die letzte Stadt sein, in der man unsere deutsche Sprache reden hört, denn die Grenze der Steiermark soll von hier kaum mehr vier Meilen weit entfernt sein.

Warasdin, am 21. Aprilis 1533

Früh am Morgen sind wir weitergezogen. Der Fluß dampfte und braute noch, als wir über die klappernden Bohlen der langen Holzbrücke ritten.

Nach kurzem traten von Süden die Berge an den Fluß heran. Der Janko Ptakowitsch wurde unruhig, begann in freudiger Erregung auf dem Sattel zu wetzen. „Gospodine moj, — das Berg dort ist Kollos, — und am hinteren Seiten ist die Podravina, ist Feld von Warasdin, wo bin ich zuchaus!"

„Wer ist denn dort? — Deine Mutter etwa noch?"

„Ja, — so ist! — Mutter mir liebe! — Oj, Gospodine, — ich schon war viel Jahr nicht zuchause kommen."

„Liegt euer Dorf an unserer Straße?"

„Ja, — liegt, — wo reitest du grad hin auf Stadt Warasdin!"

„Na, dann reit zu und grüß mir deine Mutter!" lachte ich.

Der Janko stieß einen hellen Schrei aus, ließ sein Pferd steigen und verschwand in einer Staubwolke.

Nah kamen jetzt die waldigen Hänge an Fluß und Straße heran. Hoch über dem Fluß tauchte eine gewaltige Burg auf. Einer von den Steirern nannte mir ihren Namen: Ankenstein. — Dann wieder eine Burg hoch oben, mächtiger noch als vorhin, eine zweite drüben, jenseits der Drau. Das sei Sauritsch, sagte der Steirer. Graues wehrhaftes Gemäuer auch an der Straße, Türme, Mauern mit Zinnen und Scharten, den Hang empor und zum Fluß hinunter, ein ganzer Sperriegel über das Tal. Dahinter quer zur Straße ein kleiner Bachgraben.

Eben ritt ich über das Brücklein, da verhielt sich einer von den Steirern neben mir, ein junger Offizier, wenig älter als ich.

„Bruder, weißt du, wo du jetzt stehst? — Hier ist die Grenzscheide zwischen den Ländern Krain und Slawonien: die uralte Grenze zwischen unserem heiligen Römischen Reich Deutscher Nation und dem Königreich Hungarn!"

„Ja, — die Grenze zwischen uns — und der Fremde. — Hier muß er beginnen, — der Wall gegen die Türken!"

Der andere nickte, stumm. — Nach einer Weile hub er wieder an: „Deine Leute haben mir erzählt, daß du ein Studierter bist. — Ich hätt sollen geistlich werden. — Aber wie ich vor sieben Jahren das erlebt hab, was die Türken in unserem Land angerichtet haben und daheim in unserem Dorf, — da hab ich alles liegen lassen und bin zu den Kriegsleuten gelaufen. — Bruder: zu Gott beten, daß er diese Mordbrenner schlage, ist gut; — selber dreinschlagen ist besser!"

Er streckte mir die Hand herüber: „Bruder, — wir wollen gute Freunde werden! — Ich bin der Puchmüllner Rupprecht von Sankt Margareth an der Raab." — Ich schlug ein, — was konnte mir besseres widerfahren in diesem Augenblick, als einen Kameraden zu finden!

Jählings waren nun die Berge zurückgetreten, vor uns breitete sich eine weite Ebene. „Das Draufeld!" sagte der Rupprecht, „die Podravina, wie die Krobaten es nennen, — und mitten drin die Stadt Warasdin."

„Ja", sagte ich in freudiger Spannung, — „die erste krobatische Stadt! — Ich bin schon recht neugierig auf sie!"

Der Rupprecht lachte: „Da wirst dich wundern, Konrad, — wart nur zu! — Aber jetzt schau dir einmal das Land an: die Ebene da draußen so gut wie leer: kein Dorf, kein Hof, so weit du schaust. Aber hier am Rand des Berglands, da drängen sich die Dörfer wie zu einer Kette, eines fast ans andere anschließend: Babinetz — Križovljan — Radowetz — Wratno — Winitza — Ladanje — das geht so dahin, meilenweit. — Warum glaubst du wohl, daß dies so ist?"

Ich brauchte nicht lang zu überlegen: „Nun, — die Ebene ist sicher viel fruchtbarer als das Bergland, — aber auch viel gefährlicher. Aus ihr kommen die Hochwässer der Drau gerade so wie die Türken."

„Richtig! — Und darum baut man die Dörfer an den Rand der Ebene, womöglich schon etwas am Hang hinauf. Kommt der Türk, so ist man schnell im Wald und Bergland verschwunden. Übrigens siehst du oberhalb der Ortschaften auf dem Höhenzug auch einen alten Wehrturm neben dem anderen, als Fluchtort für die Bauern. — Ja,

Konrad, das wirst du noch sehen und erfahren: in diesem Land denkt einer, der ein Dorf oder ein Haus baut von Anfang an, wie er es anstellt, wenn der Türk das nächste Mal kommt, und wie er da sich und die Seinen und seine Habe am besten in Sicherheit bringt."

„Seit wann geht das nun hier schon so, dieser Kampf ohne Unterlaß, dieses Morden und Brennen?" fragte ich nach einer Weile.

Der Rupprecht Puchmüllner besann sich eine Zeitlang. — „Muß schon urlang her sein. In einer alten Chronik hab ich jedenfalls gelesen, daß sie anno 1396 schon einmal durch Slawonien durch bis in die Untersteiermark gezogen sind. Vor rund sechzig Jahren hat dann der Sultan Muhammed das an Kroatien und Slawonien angrenzende Königreich Bosnien sich unterworfen. Sind freilich damals noch weite Teile jenes Landes im Norden und Westen als hungarische Grenzmarken verblieben, denn das Königreich Hungarn war zu dieser Zeit groß und mächtig. Es hat das aber nicht zu verhindern vermocht, daß die Türken damals schon dann und wann in die krobatischen, slawonischen und windischen Länder eingefallen sind, immer häufiger gekommen sind, immer tiefer hineingestoßen haben, nach Krain zuerst und dann nach Kärnten und in die Steiermark und nach Istrien und Friaul; — bis in die Obersteiermark und nach Tirol hinein."

„Hat man denn dagegen nichts unternommen, — ich meine, damals schon, von Anfang an?"

„Versucht wohl. — Schon der Matthias Hunyadi, der Corvinus, der Hungarnkönig, — der also hat schon vor einem halben Jahrhundert Flüchtlinge aus dem Osten mit Grund und Boden belehnt, in der Lika und in der Korbawia, das ist droben im Gebirg, gegen das Meer zu, und von ihnen dafür bloß verlangt, daß sie jederzeit das Land mit der Waffe gegen die Türken verteidigen sollten."

„Und seit wann sind nun die Unsrigen, die Kaiserlichen, hier im Grenzland?" fragte ich weiter.

„Das hat bereits angefangen, seit im Jahre 1521 die Türken alle Grenzmarken im Süden erobert haben mit den festen Städten Belgrad und Schabatz, und Syrmien und das östliche Slawonien furchtbar verwüstet haben, und sie im Jahr drauf ins krobatische Küstenland eingefallen sind. Da hat es der Hungarnkönig Ludwig eben selber eingesehen, daß er der Türken im Grenzland nicht mehr Herr wird, und hat drum die ganzen slawonischen und krobatischen Länder von der Drau bis zum Meer an unseren Erzherzog Ferdinand als seinen Schwager abgegeben. Krobatische Adelige mit dem Banus Berislawitsch an der Spitze sind es gewesen, die den König dazu überredet haben, und den Erzherzog Ferdinand anderseits haben die innerösterreichischen Stände gedrängt, daß er Truppen in die gefährdeten Gebiete schicken sollt. So sind damals schon deutsche Landsknechte als Besatzungen in die festen Plätze in Krobatien und Slawonien gelegt worden, in die

Städte und Burgen und Grenzorte, bis weit nach Bosnien und Dalmatien hinein."

„Und das ist alles nur vom Haus Österreich aus geschehen?" fragte ich, — „ich meine: hat denn das Reich nichts dazu beigetragen?"

„Wie kannst du da nur fragen? — Selbstverständlich, — tausend Söldner hat der Reichstag zu Regensburg zur Unterstützung bewilligt! Weißt du auch, auf wie lang wir diese tausend Söldner bekommen haben? — Auf drei Monate, — drei Monate!"

„Nun ja, — wenn nur wenigstens hier im Land nun alles einig war!" sagte ich etwas zaghaft und hoffte auf Zustimmung.

„Freilich, — natürlich war alles einig. Am Anfang. Was konnten auch die krobatischen und slawonischen Landstände anderes als einsehen, daß solches der einzige Weg war, das Land vor den Türken zu bewahren. Aber sobald sie nur halbwegs Luft gehabt haben, sind auch hier schon wieder die Kämpfe um die Macht zwischen den verschiedenen Adelsparteien ausgebrochen, wobei die einen sich hinter den König Ludwig und unseren Erzherzog gestellt haben und die anderen hinter den Zapolya."

„Das gehört also offenbar hier ebenso zum guten Brauch wie im Reich!" sagte ich bitter.

Wieder ruhig geworden, erzählte der Rupprecht Puchmüllner weiter: „So richtig hat der ganze Hexenkessel aber erst mit dem Jahr des Unheils 1526 zu brodeln begonnen. Die Türken haben damals zuerst die festen Plätze Peterwardein, Ilok und Esseg genommen, und im August kam es dann zu der Schlacht von Mohatsch. Wobei nur noch zu erwähnen ist, daß damals das slawonische Aufgebot unter dem Banus Franz Batthyányi und dem Agramer Bischof Simon Erdödy in der Schlacht brav mitgekämpft hat, nicht aber das krobatische Aufgebot, dieweil dieses, nach dem Vorbild des Zapolya, zu spät gekommen ist. Denn sein Anführer war der Krsto Frankopan, ein undurchsichtiger Patron, wie man sie hierzulande nur zu oft findet."

„Das heißt demnach" sagte ich, „die slawonischen Stände, — also die aus dem Norden, aus der großen Ebene — halten es mit dem Erzherzog, die krobatischen aber — das sind die aus dem Süden, aus den Bergen und vom Meer — haben sich an den Zapolya angeschlossen?"

„Nein, — grad umgekehrt ist es! Das wirst du eben noch erkennen: daß Adel und Landstände sich hier drehen und wenden wie die Windfahnen, — ja, wie draußen im Reich, aber nein, ärger noch."

„Also wie ist es denn nun wirklich?" fragte ich, ganz verzweifelt.

„So weit ganz einfach: beide Parteien sind fast zugleich umgeschwenkt, die slawonischen Stände haben sich nun dem Zapolya angeschlossen, die krobatischen Stände aber sich an den Erzherzog Ferdinand gehalten. Wobei nun — was die Sache noch verworrener macht — die Anführer der Parteien hier wie dort Männer aus dem angesehenen

Geschlecht der Frankopane waren, dort der Gjuro, und hier der Krsto. Und die Kulpa, das Grenzflüßchen zwischen Slawonien und Krobatien, das die Bereiche der beiden Frankopane getrennt hat, ist schier zu einer Kluft zwischen zwei feindlichen Welten geworden."

Mir schwirrte der Kopf; der Rupprecht schaute mich mitleidig an. „Nun", sagte er, — „die Sache ist seither einigermaßen wieder ins Lot gekommen. Auf der Burg zu Cetin, — drüben im Süden, nahe dem Meer, — dort haben sich in den letzten Tagen des Jahres 1526 die krobatischen Grafen und Edelleute, denen die Rettung des Landes noch ein ernsthaftes Anliegen war, zu einem Landtag zusammengefunden. Ich kann dir das genau erzählen, weil daran auch etliche geheime Räte des Kaisers und des Erzherzogs als seine Abgesandten teilgenommen haben, unter ihnen der Katzianer und der Juritschitsch, und diese mich als Schreiber mitgenommen haben. Da erinnere ich mich noch an manchen von den krobatischen Herren: von den Frankopanen war außer dem Georg auf Cetin und Tersat auch der Wolfgang von Brinje dabei, dann der Bischof von Knin Andreas Mischljenowitsch von Uzdole, der Graf Johann Torquat Karlowitsch von Corbavia, der nachmals Banus unserer Länder geworden ist, ferner die Grafen Niklas von Zrin und Stefan Blagaj, der Kaspar Draschkowitsch und, — aber das führt ja zu weit, wenn ich dir die jetzt alle aufzählen wollte. Es sind die alle also am Neujahrstag des Jahre 1527 in der Kirche in Cetin zusammengetreten, und nachdem ihnen des Erzherzogs Abgesandte in dessen Namen feierlich versprochen hatten, daß jener alle ihre Rechte, Privilegia und Gesetze aufrecht erhalten, ihre Länder gegen die Türken verteidigen und ein großes Hilfsheer erhalten wolle, so haben die versammelten krobatischen Stände im Namen des krobatischen Volkes, der Städte und Landschaften des Königreichs Krobatien, den Erzherzog von Österreich, König von Böhmen und nunmehr auch zu Preßburg erwählten König von Hungarn, zum rechtmäßigen, wahren und einzigen König des Königreichs Krobatien erwählt.

Ich war damals noch ein junger Bursch und hab manches noch nicht so recht verstanden, und doch hab ich es im Innern seltsam gewichtig und weihevoll empfunden, daß da in diesem Augenblick nicht bloß unserem Erzherzog irgendeine neue Provinz untertan geworden ist, sondern unser Reich gewachsen ist, nicht nur an Fläche und an Menschen, sondern auch an Sinn und Pflicht und Gewicht. Denn nicht durch Eroberung, durch Kauf oder Erbschaft sind diese Länder an uns gekommen, sondern durch Zusammenstehen in Not und Besinnen auf gemeinsame Gefahr, gemeinsames Heil und gemeinsamen Weg."

„Ja", sagte ich, — „das Reich soll gemeinsam schützendes Dach werden für alle Völker des Abendlandes und der Christenheit!"

Der Rupprecht nickte. — „Freilich, — es ist ein weiter Weg, bis so etwas Wirklichkeit wird. Denn auf die Nachricht von dem Landtag in Cetin sind schon vier Tage später die slawonischen Stände auf der Burg zu Dubrawa zusammengetreten und haben dort als ihren König den Johann Zapolya erwählt. Hatten wir also damit nicht nur zwei von Landtagen in aller Form erwählte und eingesetzte Könige von Hungarn, sondern auch zwei ebensolche von Krobatien und Slawonien."

„Aber heute sind doch, im Gegensatz zu Hungarn, die krobatisch-slawonischen Königreiche wieder vereint in der Hand des Erzherzogs?"

„Ja. — Das heißt: was eben noch übrig geblieben ist davon. Nach dem Landtag von Dubrawa ist der Krsto Frankopan darangegangen, ein Heer zu sammeln, um das kaiserlich-erzherzogliche Krobatien, und was in Slawonien eben noch auf unserer Seite gestanden ist, für den Zapolya zu erobern. Und dabei hat ihn schon im Herbst des selben Jahres, da er Warasdin belagerte, eine tödliche Kugel getroffen. Worauf des Zapolyas Partei, ihres geistigen und militärischen Führers beraubt, klein beigegeben, und ein slawonischer Landtag in Kreutz in aller Form jetzt das Land dem Erzherzog unterstellt hat. Was freilich nicht hinderte, daß die Türken, die allgemeine Unsicherheit nützend, in dem selben unheilvollen Jahr 1527 in die Lika und in die Korbawa eingefallen sind und alle Burgen bis zum Meer hinunter erobert haben, wodurch die Verbindung zwischen Krobatien und Dalmatien nun auf dem Festland unterbrochen ist, und dort drunten am Meer jetzt die Festung Klis als letzter Überrest des ehemals hungarischen Dalmatiens wie eine einsame kaiserliche Insel zwischen dem türkischen Machtbereich und den venezianischen Städten in der Luft hängt."

„Mußt aber nicht wähnen, daß jetzt Ruhe gewesen wäre!" fuhr da der Rupprecht schon wieder fort. — „Denn im Jahr darauf sind die Türken von Bosnien her wieder ins Land eingefallen; die kaiserliche Besatzung von Jajce hat sich müssen ergeben, Banja Luka in gleicher Weise, und ein kleinwinziges Zipfel des Landes mit der Grenzfestung Bichatsch ist allein in unserer Hand geblieben. Und wie nun die Türken im Land waren, sind auch des Zapolyas Anhänger bei uns mit einem Mal wieder wach geworden. Sogar der Agramer Bischof, der Simon Erdödy, ist jetzt zu ihnen übergegangen, — zur Belohnung dafür hat ihn der Zapolya zum Banus ernannt, — und wär nicht der Graf Thun gewesen, der mit seinen hispanischen Soldknechten die Oberstadt von Agram verteidigt hat, so wär im Handumdrehen das Herzstück des ganzen Landes dem Zapolya in die Hände gefallen."

„Nun?" fragte er nach einer Pause, — „raucht es dir jetzt im Kopf? — Du kannst dir aber nun selber ausrechnen, was der Niklas Salm selig, der unter solchen Umständen zum Obristen Feldhauptmann über die slawonische und krobatische Grenze ist eingesetzt worden, was der dabei hat ausrichten können. Zumal er hat überall sonst für den Kaiser ins Feld ziehen müssen, nach Nieder- und Ober-Hungarn und vor Wien und in die Steiermark. — Und das Grenzland hier derweil immer wieder von türkischen Mordbrennerscharen heimgesucht worden ist."

Wir waren unter solchen Gesprächen schon durch einige Dörfer gekommen, — langgezogene Zeilen von niedrigen breitgiebeligen Häusern, aus Lehm gebaut und mit Stroh gedeckt, beiderseits der staubigen Lehmstraße sich hin ziehend. Überall waren uns die Kinder schreiend und jubelnd entgegengekommen, und auch die Erwachsenen waren neugierig unter die Haustüren getreten und hatten uns freundlich begrüßt. Nun ritten wir wieder auf ein Dorf zu, und lauter wurde das Geschrei, das uns entgegenquoll. Bald waren wir so umringt und eingekeilt, daß wir kaum vorwärts kamen und nur mit Mühe die Pferde zügeln konnten. Und da war auch mitten drunter schon der Janko Ptakowitsch.

„Gospodine, — du jetzt chier mußt bleiben, — chier ich bin zuchaus, — chier du bist mein Gast!"

Der Rupprecht Puchmüllner lachte: „Das kannst du ihm nicht abschlagen, — wär arg gegen die Sitten des Landes. — Aber bleib du nur ruhig hier; ich reit voraus und kündig dich in Warasdin an!"

Der Janko hatte schon die Zügel meines Pferdes gepackt und zog es quer über die Straße dem nächsten Haus zu, mit lautem Geschrei und Geschelte die neugierig sich drängenden Buben auseinanderjagend.

„Maknite se! — Gubite se! — Čistite se! — Vrag vas odnio! — Packt euch, — schert euch, trollt euch! — Der Teufel soll euch holen!"

Vor dem Haus stand eine gewichtige Matrone; die Backen glühten und glänzten ihr vor Aufregung, und sie verneigte sich umständlich ein ums andere Mal, während sie vergebens nach Worten rang.

„To je majka moja mila!" sprudelte der Janko heraus, — „Mutter mein, liebes, gutes, — daß nicht gibt eine zweite so gut wie sie auf der ganzen Welt! — Und jetzt, Gospodine, du bist auch ihr Gast wie der meinige, und sie wird sein dir wie Mutter deine eigene!"

Neugierig und verschämt drängten sich hinter ihr in der Türöffnung ein halb Dutzend Mädchen und junger Weiber, und dazwischen und darunter wimmelte es von Kindern jeden Alters.

Ich war auf Jankos Mutter zugetreten, hatte ihr die Hand gereicht und sie mit ein paar wohl gesetzten Worten begrüßt.

Dem Janko dauerte es zu lang: „Gospodine, — du mußt kommen in Chaus, — unter Dach, — zu Cherd!" — Dann scheuchte er das Gewimmel aus der Tür: „Dajte mjesto, mrtvičine! — Požurite se malo! — Macht Platz, faules Weiberpack! — Beeilt euch ein bißchen!"

Weiber und Kinder stoben auseinander; der Janko zog mich bei der Tür hinein, seine Mutter folgte, vor Aufregung schnaufend.

Eng war der Raum und sehr bescheiden, aber doch nicht ohne Zier. Leinentücher, reich bestickt mit roten Blumen und Ranken, Sternen und Knoten, hingen hier und dort an den Wänden, bemalte tönerne Krüge standen neben dem Herd und seltsam beschnitztes Hausgerät.

Jetzt hatte sich die Mutter Ptakowitsch gefaßt und öffnete ihrer Rede Schleusen: „Gospodine Konrade, du bist immer gewesen ein guter Herr meinem Janko; er hat mir alles erzählt, Gott soll dich segnen.“ — Sie schnappte nach Luft. — „Und wie du mir warst ein guter Herr meinem Janko, Söhnchen mir liebem, so sollst du uns sein jetzt unser Gast in unserem Haus, und du sollst es haben bei uns so gut wie mein Janko es gut gehabt hat, wo du ihm bist gewesen Hauptmann im Krieg. Und wir wollen schlachten ein Schwein und ein Schaf und Hühner und Gänse, und du mußt bleiben hier und essen mit uns drei Tage oder länger!“

Ich wehrte entsetzt ab: „Za boga miloga! — Um Himmels willen! — Ich muß in einer Stunde weiter, muß heute noch nach Warasdin!“ — Und als ich in den Mienen der Umstehenden Empörung und Trotz aufsteigen sah und den festen Willen, mich nicht ziehen zu lassen, fügte ich hinzu: „Der Kaiser selber hat es mir angeschafft!“

Da knickte der Janko zusammen, schluckte und nickte: „U redu! — In Ordnung! — Wenn chat der Kajser gesagt es dir, dann du mußt machen es, Bogami! — Du wirst reiten weiter in einer Stunde, und ich werde reiten mit dir!“

Dann stürzte er zur Tür hinaus, seine Mutter hinterher. Im Nu waren sie wieder da, er mit einer gewaltigen Pfanne, sie beladen mit vielerlei Eßbarem.

„Du auch so mußt essen mit uns, Gospodine! — Da sind Eier und Zwiebel und Speck und Brot, — und Janko, mein Söhnchen, mein liebes, wird bringen Wein und Schnaps, — haj, Gospodine, du wirst glauben, du bist daheim bei deiner eigenen Mutter!“

Heftig rumorte sie hin und her; Fett prasselte, Zwiebel dufteten scharf. — Leise war eine junge Frau eingetreten, groß und wohlgestalt, mit ebenmäßigen Gesichtszügen und kraftstrotzenden Gliedern. Einen Säugling hielt sie an der Brust, und drei oder vier kleine Kinder drückten sich um ihre Kittelfalten und nackten Beine. Eine zweite folgte ihr, — eine dritte, — dann kamen ein paar Knaben und Mädchen dazu, und nach und nach füllte sich die ganze Stube.

„Sind das alles deine Kinder und Kindeskinder, Mutter?“ fragte ich und wies auf das Gewimmel.

„Ja, — so ist!“ sagte sie und nickte heftig, vor Stolz strahlend. — „Sind mir Kinder und Enkel, — aber nicht sind alle!“

Sie wurde mit einem Mal ernst, wischte mit dem Handrücken über die Augen: „Mein Dragutin ist tot. Er ist mir gewesen der Älteste und Stärkste von allen und der Tapferste, vor vier Jahr im Krieg mit den Türken ist er geblieben. — Dort, die Mara, — dort hinten steht sie, die Arme, die hat er zurückgelassen als eine Wittib, und hat fünf Söhne von ihm, und sollen werden alle wie ihr Vater. — Und der Vuk, Söhnchen mein liebes, kleines, er ist auch tot. Ist gewesen sechzehn Jahr, aber nicht hat wollen bleiben zuhaus, wie im letzten Jahr die Brüder ihm sind fortgezogen in den Krieg. Und sie sind zurückgekommen und haben mir gesagt: Mutter, unsere liebe, gute: dein Söhnchen Vuk wir können dir nicht bringen heim, denn er ist tot. Er hat gelebt als ein Kind, aber ist gestorben als ein Mann und Held."

„Und deine anderen Söhne?" fragte ich.

Da hellten sich ihre Mienen wieder auf: „Oh, die sind bei mir und brav und stark, der Marko und der Milosch und der Petko und der Jurko. Aber wie Krieg ist gewesen, sind sie alle fortgezogen mit dem Katzijanatz. Und waren weit weg, im Madjarsko und im Stajersko. Und mein Janko ist sogar gewesen beim Kaiser in Betsch und noch viel weiter."

„Und die Frauen und Mädchen? — Alles deine Töchter? — Oder deine Schwiegertöchter?"

„Die Draga und die Ljuba sind meine Töchter, aber sind noch nicht verheiratet. Und das da ist die Jana, sie ist die Frau dem Marko, meinem lieben Sohn, und dort die Zora, sie gehört dem Milosch, und die Zlata hat geheiratet den Jurko, es ist erst zwei Monat her. Und die Anka, was mir ist die älteste Tochter, sie ist bei ihrem Mann drüben in Winitza schon ein paar Jahr lang."

Der Janko lachte fröhlich auf: „Hoj, — jetzt erst gehe ich und hole mir meine Jelitza aus Bilewetz, daß sie mir wird mein Weib! — Wie sollte sie mich nicht wollen, wo ich bin gewesen in Betsch beim Kaiser und ein Held und ich habe erschlagen dreimal dreißig Türken! — Hier mein Gospodin und Hauptmann, er kann es mir bezeugen!"

„Ja!" nickte ich, — „Janko, ein Held bist du gewesen! — Und wenn ich dich nicht bei mir gehabt hätte, damals in dem Waldgraben bei Waidhofen, — wer weiß, ob ich heut noch am Leben wär. — Und wenn du es willst, so gehe ich dir selber als dein Brautwerber nach Bilewetz und hol dir dein Mädchen."

Der Janko strahlte über das ganze Gesicht. — Doch nun mischte sich wieder seine Mutter drein und mahnte:

„Jetzt aber setz dich her, Gospodine, daß du ißt! — Mit hungrigem Leib gedeiht dir nichts! — He, — Marko, Milosche, Petko, Jurko — seid ihr schon da? — Kommt herein und setzt euch zu uns, daß ihr mit unserem Gast eßt!"

Vier junge Männer traten nacheinander in die Stube, hoch und schlank, aber breitschulterig und kräftig, in weiten weißen kittelförmigen Hemden mit rot und blau bestickten Säumen und langen breiten Hosen aus ungebleichtem grobem Leinen, die Füße in kunstvoll aus Riemen geflochtenen und verschnürten weichen flachen Lederschuhen. Bedächtig schoben sie sich durch das Gedränge, grüßten mich, ehrerbietig und etwas verlegen, und ließen sich auf den Bänken nieder. Die Mutter Ptakowitsch stellte die dampfende Pfanne auf ein niedriges plumpes Tischchen, brachte geschnitzte hölzerne Löffel und schnitt von einem riesigen Laib weißen Brotes gewaltige Keile herunter. Dann stand sie still und murmelte ein Gebet. Weiber, Mädchen und Kinder drückten sich in neugieriger Scheu rings um uns an den Wänden.

Es war ein köstliches Mahl. — Und obwohl es ganz anders schmeckte als daheim bei uns, besser hätte es mir auch bei meiner eigenen Mutter nicht munden können.

Während des Essens fragte ich den Janko: „Und dein Vater, — ist der schon gestorben?"

Der Ptakowitsch nickte stumm, und seine Mutter gab für ihn Antwort: „Ja, — ist tot auch er, schon viele Jahre lang. Einmal sind Türken gekommen, wir haben nicht gewußt woher, — und sie waren da, im Dorf. Und der Marko, mein Mann, er schreit: Weib, nimm du die Kinder und lauf in den Wald! Und ich ruf mir die Kinder und nimm sie, — und wir laufen, — und der Marko, mein Mann, er lauft auch, aber hinaus auf die Straße, und der Nachbar Antun und der Matija und der Stanko und noch der und der, rennen hinaus auf die Türken los. — Und wir, ich und die Frau vom Antun und die vom Matija mit unseren Kindern, wir sind den Berg hinauf und durch den Wald hinüber nach Klenovnik in den festen Turm. — Aber die Männer sind alle im Dorf tot geblieben."

Der Janko und seine Brüder nickten schweigend. Dann leckte einer nach dem anderen stumm seinen Löffel rein, erhob sich, brummte ein „Sbogom" und schob sich zur Tür hinaus. Auch die Frauen und Mädchen waren wieder gegangen, nur neugierige Kinder drängten sich noch immer in großer Zahl um uns, verlegen flüsternd und kichernd.

Es wurde doch spät, bis ich mit dem Janko endlich aufbrach. Bei vorgeschrittener Dämmerung erst ritten wir in die Ebene hinaus; ein Wind strich von Osten her, sanft und lau, — und in ihm schwamm ein schwellendes Duften, — und zugleich auch etwas von beklemmender Fremdartigkeit und abenteuerlicher Verlockung. In was für ein Land ritt ich da hinein?

Nach einer guten Weile traten aus der Dunkelheit mit einem Mal Mauern und Türme, immer höher und mächtiger aufwachsend. Dann ein Tor, — Feuerschein, Waffenlärm, Postenrufe. Über eine Zugbrücke ritten wir ein, und einer geleitete uns mit der Fackel in ein enges finsteres Gäßchen an der Innenseite der Stadtmauer entlang weiter. Und wieder ein Tor mit Zugbrücke, dahinter neuerlich Türme und Mauern, noch höher und wuchtiger, — die königliche Burg von Warasdin!

Dann standen wir im Burghof, zwischen lodernden Kienfackeln, und der Rupprecht Puchmüllner trat auf mich zu:

„Bist du aber schnell losgekommen! — Das mußt du ja recht geschickt eingefädelt haben. — So was kann sonst einmal leicht drei oder vier Tage lang dauern. — Für heut bleibst du freilich ungeschoren; ist keiner da außer dem gemeinen Fußvolk. Ein Stübchen hab ich dir im Turm droben bereiten lassen; — merk dir gut, was dir heut träumt. — Die erste Nacht in diesem fremden Land, — das muß wohl bedeutungsvoll sein!"

Warasdin, am 22. Aprilis 1533

Es hat mir gar nichts geträumt in dieser ersten Nacht. Bin auch nicht hiehergekommen, um zu träumen, sondern um zu arbeiten und zu kämpfen.

Aus dem Fenster meines Turmstübchens sehe ich in den Burghof hinunter; eng und winkelig, mit einem Ziehbrunnen in der Mitte. — Landsknechte waren im Hof versammelt; auf wallende Federhüte sah ich hinab, auf breite Spießblätter, Hellebarten und Gleffen, aufgebauschte Ärmel und geschlitztes Tuch. Aus dem Stimmengewirr tönten einzelne Worte heraus, — Worte, wie man sie in Österreich oder in der Steiermark hört.

Drunten im Gedränge traf ich auf den Rupprecht Puchmüllner. — „Kannst gleich mit mir kommen in die Stadt. Ich hab mit dem Richter und den Stadträten einiges zu unterhandeln. Und dann kann ich dir noch verschiedenes zeigen." — Das war ganz nach meinem Wunsch.

Während der Rupprecht sich fertigmachte, hatte ich Muße, mich in der Burg weiter umzusehen. Der Hof, mit großen runden Flußkieseln gepflastert, — der wuchtige Torturm mit den steinernen Wappen über dem Eingang, — die gewölbte dämmerige Wachstube neben dem Tor, in der die Knechte an langen schweren Tischen mit Karten und Würfeln spielten; es war alles wie daheim.

„Brauchst dich nicht zu wundern", sagte der Rupprecht, — „es hat die Burg ihre heutige Form doch von den Grafen von Cilli aus der unteren Steiermark, und das waren Menschen unserer Art, — wie hätten die auch anders bauen sollen? Die Cillier waren noch vor hundert Jahren die mächtigsten Herren hier herum. Danach hat die Burg der Johann Corvin besessen, der Bastard vom König Matthias. Und wie der kinderlos gestorben ist, hat seine Witwe allen den reichen Herrschaftsbesitz an Burgen und Ländereien dem Georg von Brandenburg aus dem Haus Hohenzollern in ihre zweite Ehe mitgebracht. Damit sind die Brandenburger für eine Zeitlang die reichsten und mächtigsten Herren im Land geworden.

Ich fragte weiter: „Und wem gehört die Burg eigentlich heute?"

„Seit des Markgrafen Georgs Tod als heimgefallenes Lehen wieder dem König, das heißt also jetzt unserem Erzherzog. Und sie dient heute als Amtssitz für den Landeshauptmann der Steirischen Mark, zugleich aber auch für den Obristen Feldhauptmann der Windischen oder Slawonischen Grenze, welche man daher auch die Warasdiner Grenze zu nennen pflegt. — Aber gehen wir nun; es wird Zeit!"

Als ich nun mit dem Rupprecht vor das Tor auf die Zugbrücke hinaustrat, sah ich drüben an der Außenseite der Burg neben dem Kornspeicher Scharen von Bauern am Werk; ein Teil schanzte und grub, während andere in Karren Schotter und Steine heranführten.

Während wir noch standen und schauten, löste sich aus einer Gruppe ein stattlicher Mann und kam auf uns zu geeilt. Und jetzt erkannte ich ihn auch, — ein guter alter Bekannter, — der Meister Tscherte!

Da war er auch schon, schüttelte mir beide Hände, schäumte über vor Wiedersehensfreude: „Konrad, — Junker, — daß Ihr da seid! Potz Teufel! — Wie kommt Ihr da her? — Und was macht Ihr hier? — Und Ihr bleibt doch hoffentlich ein Weile bei uns? — Und wie ist's Euch ergangen in der Zwischenzeit?"

„Ein bißchen viel auf einmal fragt Ihr, Meister!" gab ich im gleichen fröhlichen Ton zurück. — „Und müßt doch eigentlich ich fragen! Denn ich bin erst seit gestern abend hier und weiß noch gar nichts, indes Ihr Euch hier schon ganz schön eingelebt zu haben scheint. Ich wußte doch nur, daß Ihr schon seit drei Jahren von Wien weg seid."

„Ach ja! — In des Reiches Haupt- und Residenzstadt wird doch jetzt so gut wie nichts gebaut. So bin ich auf meine alten Tage noch auf die Wanderschaft, war lange in Welschland, vorwiegend im Venezianischen, hab dort viel gelernt, insonderheit über die neue Art, Festungswerke zu bauen, und bin zuletzt hier hängen geblieben, wo ich meine neu erworbene Weisheit gut verwenden kann."

„Wenn in vier Jahren der Waffenstillstand abgelaufen ist, können wir mit Sicherheit damit rechnen, daß wir den Sultan alsbald wieder vor den Mauern haben. Nun ist es zwar den Türken noch nie gelungen, Stadt und Burg von Warasdin zu nehmen, da es einer der stärksten festen Plätze im ganzen Land ist, aber damit ist leider für die Zukunft nichts verbürgt. Zumal wo sich heute die Kriegskunst, insonderheit die Arkelei, schier von Jahr zu Jahr ändert und verbessert, und dieser Bau hier nun doch recht altmodisch ist, wie man ihn eben vor hundert und mehr Jahren geschaffen hat. Damals ist bei einer Belagerung mit Pfeilen geschossen und mit Steinen geschmissen worden, und bei dem war allemal im Vorteil, wer höher oben stand. Drum hat man die Mauern möglichst hoch hinauf gezogen. Ganz anders ist das heutzutage, wenn das schwere Geschütz zu spielen anhebt. Nur gutgefügtes mächtiges Mauerwerk widersteht ihm auf längere Dauer. Das heißt aber, daß man nun alle Befestigungen von Grund auf umbauen müßte. Die Türme müssen niedriger und breiter werden, die Mauern dicker. Dann sollte alles möglichst glatt und rund sein, denn so hält es am festesten zusammen. Schaut Euch nur hier den alten Torturm an: wie mächtig und dick er ist, — ja, — aber vierkantig ist er, — und wenn ich ein türkischer Stückmeister bin und den Turm brechen soll, dann halt ich zuerst immer nur auf die scharfen Kanten hin, und das Mauerwerk dahinter und daneben, das bröckelt dann schon nach."

„Habt Ihr, Junker", fragte er unvermittelt, „schon einmal etwas von einem gewissen Albrecht Dürer gehört?"

„Ja, — sicher — ist ein Reißer und Maler aus Nürnberg, — aber was hat das mit dem hier zu tun?"

„Ei, viel!" lachte der Meister Tscherte, packte mich vorne am Wams und zerrte mich wieder in die Burg hinein, ungeachtet allen Widerspruchs des Rupprechts, der es schon sehr eilig zu haben schien.

Schon waren wir im Burghof zu ebener Erde in einer kleinen gewölbten Stube gelandet, des Baumeisters Arbeitsraum. Der Meister Tscherte wühlte auf dem großen Tisch in einem Berg von Notizen, Skizzen und Rissen und förderte dann ein kleines Büchlein zutage, das er mir in die Hand drückte. — „Etliche Undterricht Zu Befestigung der Stett, Schloß und Flecken" las ich auf dem Titelblatt, und dann: „Von Albrecht Dürer, gedruckt zu Nürnberg 1527." — Ich fand es voll mit säuberlich ausgeführten Werkszeichnungen. Alles waren Befestigungsanlagen, aber nicht von der Art, wie ich sie bisher kennengelernt hatte, sondern so, wie der Meister Tscherte zuvor schon angedeutet hatte.

„Basteien oder Bastionen nennt man so etwas", erklärte der Meister Tscherte, — „und es ist die neueste Erfindung der welschen Festungsbaumeister. In Padua gibt es derlei sogar schon seit mehr als zwanzig Jahren. Daheim in Österreich hat man erst vor kurzem begonnen, so zu bauen."

„Ja", meinte der Meister Tscherte, „ist schon seltsam: da befaßt sich ein begnadeter Künstler mit dem Kriegswesen, und heraus kommt ein gelahrtes Tractatum. Ich hab allerhand daraus noch lernen können. — So ist mir aus dem erst so recht klar geworden, welch mannigfachen Vorteil einer hat, der vor seiner Burg einen ganzen Kranz von Schanzen in das Vorfeld hinaus baut, niedrige flache Werke aus Erdreich, mit etwas Mauerwerk und Palisaden gestützt und geschickt so angeordnet, daß jeweils eines dem anderen Hilfe geben kann mit Feuerrohren und Geschützen. So hält man den Feind schon auf, bevor er an die Mauern selbst herankommt."

Er wies zu den schanzenden Bauern hinüber: „Dort draußen sollen solche Werke hinkommen, — ganz wie es der Meister Dürer darstellt."

Unvermittelt hakte mir nun der Rupprecht den Arm unter: „Meister Tscherte, entschuldigt, — wir kommen bald wieder!" — Und er zog mich aus dem Stübchen durch den Hof und das Tor davon.

Warasdin ist ein Städtchen, wie bei uns daheim eines. Daß die Gassen weiter sind, gerader und regelmäßiger, auch die Häuser und die Tore breiter und niedriger, — nun, — wer die endlose Ebene draußen gesehen hat, der versteht, daß hier alles mehr Platz braucht, keine Enge verträgt. Die Häuser sind fast alle aus Holz gebaut, im übrigen aber nicht viel anders als in der Steiermark oder im Land unter der Enns.

Bald gerieten wir in eine Schar von Bauersleuten, die, schwer beladen mit Körben und Bündeln, der Stadtmitte zuströmten. Ihre Tracht war schlicht, aber kleidsam und schmuck, und für mich seltsam fremdartig. Die Frauen trugen breitärmelige Hemden mit rot gestickten Mustern an Ärmelrändern, Halssaum und Brustlatz, eng am Oberkörper anliegende kurze ärmellose, vorne offene Jacken aus dunklem Wollstoff, faltige Röcke, bestickte wollene Schürzen und Kopftücher. Die Männer trugen zu ihren weißleinernen Hemden und Hosen dunkle Wolljacken oder ärmellose Lederwesten und buntgeflochtene Ledergürtel. Während die Frauen und Mädchen fast alle bloßfüßig waren, trugen die Männer meist schwarze Lederstiefel oder aus Lederriemen geflochtene flache Schuhe. Auch fiel mir auf, daß ein jeder an einem Schulterriemen eine große Ledertasche umgehängt hatte.

„Das ist die Torba", erklärte mir der Rupprecht. „Da kommt alles hinein, was man so unterwegs braucht, Messer, Feuerstein und Zunderschwamm, Brot, Käs, Speck, Knoblauch, Kleingeld, — falls man eines hat, — alte Hufnägel, die man auf der Straße findet, — dann . . ."

„Hör auf! — Sag mir lieber, wo denn die alle hingehen!"

„Das geht alles dem Markt zu", antwortete der Rupprecht. —

Mit dem waren wir bereits auf den Marktplatz herausgetreten, der von lebhaftem bunten Gewühl erfüllt war.

„Das kannst du dir nachher anschauen; jetzt wartet der Stadtrichter schon auf uns!" zog mich der Rupprecht weiter, — „und da ist auch schon das Rathaus."

Wir standen vor einem stattlichen hellen Steingebäude mit breiter Front und zierlichem Türmchen.

„Da staunst du wohl?" sagte der Rupprecht. — „Das haben die Bürger erst vor ein paar Jahren von dem Brandenburger erworben und nach neuestem welschen Geschmack umgebaut. — Ja, — wenn Warasdin jetzt nicht nur die Hauptstadt von Slawonien ist, sondern dazu noch das Centrum Confinii Militaris geworden ist, so müssen seine Bürger auch was beitragen zum Glanz ihrer Stadt. — Aber jetzt komm herein!"

Die Ratsstube, mit dunkelbraunem Holz getäfelt und geschmückt mit Wappen, Fahnen, Zinnhumpen und Waffen, war kaum anders als die in Waidhofen, — und ein Gleiches galt von den Männern, die darin versammelt waren.

Der Rupprecht schwenkte den Hut: „Ich hab meinen Freund mitgebracht, der gleich mir nun bei den Kriegsleuten des Erzherzogs von Österreich und Königs von Krobatien an der Grenze seinen Dienst verrichten wird. — Und darf ich dir nun die Herren vorstellen: hier der Stadtrichter Thomas Huter, — da der Stadtschreiber Niklas Renchl — und hier die Stadträte Daindl, Lochnit und Moor."

Der Stadtrichter streckte mir die Hand entgegen: „Seid mir willkommen, — wie jeder, der aus dem Reich den weiten Weg zu uns findet!"

Ich war völlig verwirrt: „Ich — ich dachte, — ich habe geglaubt, Warasdin wär eine Krobatenstadt, und nun wundere ich mich, daß seine Bürger unsere Sprache sprechen und Namen unserer Art führen."

Der Stadtrichter lächelte. — „Nun, ja, das Land ringsum, das ist krobatisch, zum Teil auch windisch, aber die Städte, — nicht nur unser Warasdin, sondern alles, was mit Mauern, Türmen und Toren im Land steht, — ist deutsch seit Urzeiten. — Seht her!"

Er war an einen Schrank getreten, hatte ein gewaltiges Pergament herausgenommen, ein vergilbtes uraltes Stück mit fremdartiger Schrift und großen anhängenden Siegelkapseln.

„Das ist der Freibrief, den der König Andreas von Hungarn im Jahr zwölfhundertundneun unserer Stadt ausgestellt hat, und es sind darin ihre Vorrechte und Freiheiten als die einer Libera Regia Civitas, einer Königlichen Freistadt, für ewige Zeiten verbrieft und beschworen. Seit damals steht unsere Stadt und ist nicht anders als draußen im Reich ein Nürnberg oder Augsburg oder Straßburg. Die Bürgerschaft ist nur dem König untertan, sie wählt sich selber Verwaltung und Gericht, und Neuaufnahme als Bürger kann nur finden, wer ehrlicher und ehelicher Abkunft und deutschen Geblütes ist."

Er verschloß das Pergament wieder sorgsam.

„Ja, — um aber nun zur Sache zu kommen!" mischte sich der Rupprecht Puchmüllner ein, — „wir wollten doch wegen der Stadtbefestigung einiges absprechen. — Du mußt nämlich wissen", wandte er sich an mich, „die Mauern, Wälle und Gräben, die Tore und Türme der Stadt sind erst vor etwa achtzig Jahren gebaut worden. Gleichwohl ist heute auch das alles schon wieder veraltert und muß verändert und verbessert werden. Nun untersteht die Burg zwar nicht den Bürgern und der Stadtgemeinde, sondern dem König, der sie durch einen Burggrafen verwalten läßt, gleichwohl sind natürlich Stadt und Burg in ihren Befestigungen ein Ganzes und müssen daher auch nach gemeinsamem Plan ausgebaut werden. Wir auf der Burg haben es dabei insofern einfacher, als die Krobaten aus der Umgebung bei uns roboten müssen, sei es als Schanzbauern, sei es als Handwerker. Die Stadtbürger müssen sich die Arbeiter für Geld dingen."

„Nun ja", wiegte der Stadtrichter den Kopf, — „also wie ist das nun? Der Obrist Katzianer hat uns sagen lassen, er will, daß wir den Stadtgraben vertiefen und verbreitern und in einem durch vom Burggraben weg um die Stadt herumführen."

„Das wohl!" erwiderte der Rupprecht Puchmüllner, — „aber wir wollen den schon bestehenden Kanal neben dem Alten Dorf auch breiter und tiefer machen und zugleich einen neuen bauen, der längs der Tschakathurner Landstraße zum Fluß ziehen soll. Damit können wir auch den Stand des Wassers in den Gräben besser regeln."

Damit waren der Stadtrichter und seine Räte zufrieden. Sie verhandelten dann über den Bau eines festen Turmes über dem Drautor an der Nordseite der Stadt, über die Aufnahme eines Wunderarztes, der zugleich Feldscher für die Besatzung der Burg sein sollte, und zuletzt über die Beistellung eines Feldwaibels, der die Schützen der Bürgerwehr ausbilden sollte. Ich merkte, daß der Rupprecht in allem vom Katzianer feste Aufträge bekommen hatte, zugleich aber die Freiheit, wo es nicht um Wesentliches ging, den Bürgern nach eigenem Gutdünken entgegenzukommen und sich mit ihnen auszugleichen.

Endlich waren sie fertig; es mochte noch eine Stunde auf Mittag fehlen. — „Nun lustwandeln wir aber noch ein Stück durch die Stadt!" sagte der Rupprecht, — „hab dir doch versprochen, daß ich sie dir zeig."

Aus dem Rathaustor heraus gerieten wir ins dichteste Marktgewühl. Ein tausendstimmiges Murmeln, Lachen und Rufen schwebte über dem Platz.

„Also, — was begehrt dein Herz? — Alles kriegst du hier zu kaufen, was du brauchst, um glücklich zu sein!" rief der Rupprecht lachend und zog mich zwischen die Reihen der Bauern, die ihre Waren überall auf dem Boden ausgebreitet hatten.

Da gab es nun wirklich nicht nur Zwiebel und Knoblauch, die mir mein Freund vorher angekündigt hatte, sondern auch jede andere Art von Eßbarem, wie es der Bauer erntet oder erzeugt: Eier, Butter und verschiedene Käse; Töpfe voll goldenem Honig standen neben weißschimmernden Speckseiten; zu Bergen gehäuft lagen Bohnen und Linsen, Hirse und Leinsamen; da gab es Mohn und Kümmel, Dill und Fenchel und mancherlei andere Gewürze, es gab Brot und Mehl und geräuchertes Fleisch, Kohl und Salat und junge Gurken und weiß Gott was noch alles. Würdige Bürgersfrauen mit weiten weißen Hauben und mächtigen Körben schoben sich durch die Menge, junge Mädchen mit langen Zöpfen neckten sich mit Handwerksburschen, hier und dort war auch ein deutscher Kriegsknecht in buntem geschlitzten Wams zu sehen. Man prüfte und wählte, feilschte und schwatzte, — hier wurde ein Huhn an den Beinen wägend emporgehoben, daneben kostete einer bedachtsam von Käs und Wein. Das alles aber ging in gelassener freundschaftlicher Ruhe vor sich.

Wir schoben uns durch das Gewühl weiter. Gegen die drübere Seite des Platzes hin traten die Lebensmittel mehr und mehr vor anderen Dingen zurück. Da war einer, der aus Weidenruten geflochtene Körbe und Butten zu verkaufen hatte, daneben einer mit hölzernen Schüsseln und Mulden, Tellern und Näpfen, mit geschnitzten Kochlöffeln und Schöpfern, und ein dritter mit irdenen Töpfen und Krügen. Neben einem fremdartig gekleideten Mann, der allerlei zierlich und reich beschnitztes Gerät feilbot, stand einer mit Rollen von grobem Leinen und ein anderer mit Riemen und Ledertaschen, wieder ein paar Schritt weiter stand eine Frau mit bestickten Tüchern.

„Du hast Glück, daß heute eben Wochenmarkt ist", sagte der Rupprecht, „da kommt hier alles von weit und breit zusammen. Die Töpfer hier beispielsweise sind aus Hungarn, drüber der Drau und der Mur, die Korbflechter dort aus dem Krainischen und der unteren Steiermark. Die schönen Schnitzereien wieder stellt man im unteren Slawonien her und in Serbien; von dort haben sich viele zu uns her geflüchtet und ihre Kunstfertigkeit mitgebracht. — Die dort drüben aber, die Mausefallen feilbieten und blecherne Kohlenroste, das sind Zigeuner, und vor denen mußt du dich in acht nehmen. Sind ein seltsames fremdartiges Gesindel aus dem Morgenland, abgerissen, schmutzig und unehrlich, von allen gemieden und gefürchtet. — Ja, du siehst, Konrad, hier in Warasdin trifft sich alles, was in dem weiten Raum zwischen des Kaisers und des Sultans Residenzen beheimatet ist."

Endlich hatten wir den Marktplatz hinter uns, kamen wieder in stille, verträumte Gassen. — „Hier das Franziskanerkloster mit seiner Kirche", erklärte der Rupprecht, — „hier die Pfarrkirche zu Sankt Niklas."

Dann hatten wir die jenseitige Stadtmauer erreicht, stiegen zum Wehrgang hinauf und wanderten droben dahin. Weit geht hier der Blick über das Flachland, eine Straße läuft aus dem Stadttor schnurgerade in die Ebene hinaus, verliert sich gegen das ferne Bergland hin.

„Dieser Straße verdankt die Stadt Warasdin wohl ihr Dasein", meinte der Rupprecht, und als ich ihn fragend ansah, setzte er hinzu: „Das werde ich dir daheim in der Burg erklären."

Wir wanderten den Wehrgang entlang weiter, durch etliche Türme, vorbei an Kartaunen und Feldschlangen, und standen bald wieder vor der Burg. Der Rupprecht führte mich im ersten Stock in einen großen gewölbten Saal, in dessen Mitte auf einem schweren Eichentisch eine große Landkarte ausgebreitet lag.

„Es mag dir auch aufgefallen sein", hub der Rupprecht an, „daß eine Stadt meist dort steht, wo bedeutsame Wege sich kreuzen, — zumal wenn, wie hier" — er wies auf der Karte kreuz und quer — „der eine über Land geht und der andere dem Wasser folgt. Und diese Landstraße hier, — die ist wohl uralt.

Du siehst, sie kommt aus dem Hungarland, von Raab und Eisenburg und Stein am Anger; hier bei Warasdin geht sie über die Drau und dann über Agram und das Gebirge ans Meer. Sie ist wohl zu allen Zeiten schon bedeutsam gewesen, aber jetzt, so können wir sagen, hängt unser Leben an ihr. Denn sie verläuft nun in ihrer ganzen Länge an der Türkengrenze dahin, und was immer wir über Land schicken müssen an Truppen und Kriegsgerät und Verpflegung, daß es rasch hier und dort an den Feind gebracht werden kann, das muß alles diese Straße nehmen. Der Draufluß aber anderseits ist uns ein wichtiger Nachschubweg für Menschen und Güter aus Innerösterreich.

Ich kann dir aber auf dieser Karte noch mehr zeigen: hier hast du Warasdin, und weiter nach Osten und Süden hin liegen unsere anderen festen Plätze; sind ihrer eine ansehnliche Zahl. — Jetzt aber merk: hier im Norden hast du die Drau, — und hier im Süden Save und Kulpa, — was zwischen beiden liegt, ist die Windische oder die Slawonische Grenze. — Und drüber der Save und der Kulpa beginnt die Krobatische Grenze, die bis zum Meer hinübergeht."

Ich nickte. — „Aber wo verläuft nun eigentlich die Grenze zwischen den Ländern unseres Erzherzogs und denen der Türken?"

„Das hab ich dir doch eben gezeigt, — hier!" antwortete der Rupprecht erstaunt und fuhr mit der flachen Hand noch einmal in weitem Kreis über das ganze Gebiet.

„Nein, — so meine ich das nicht. — Nicht das Grenzland gegen die Türken, sondern die eigentliche Grenze, — die Grenzlinie, — so wie, — wie etwa beispielsweise der Marchfluß die Grenze ist zwischen Österreich und Hungarn."

Da begann der Rupprecht laut zu lachen. „Ei, du liebe Einfalt! — Grenze, — Grenzlinie? — Zwischen den Türken und den Unsrigen? — die ist heute hier und morgen da und übers Jahr einmal vielleicht dort weit drüben und danach wieder ganz herüben. Und das kommt nie zu Ruh, schwingt ewig hin und her wie ein eisernes Pendel, — Bestand hat einzig und allein das Blut, der Brand und der Tod, der über all dem liegt."

„Wie lang ist eigentlich die ganze Grenze von hier bis zum Meer?" fragte ich, — wie mir schien, etwas kleinlaut.

„So sechzig bis siebzig Meilen." — Und nach einer Weile fuhr er fort: „Ich glaub zu wissen, was du dir jetzt denkst, und kann es dir auch erklären:

An die anderthalbtausend Mann deutsches Kriegsvolk haben wir zur Zeit hier in den festen Plätzen liegen, Fußknechte und Reiter; dazu noch ein halb Tausend krobatische Reiter und knappe zweihundert Feldgeschütze. Das ist alles, — und was ist das in den Weiten dieses Landes? — Die festen Plätze können wir zur Not damit noch halten, — aber wie lang? — Sonst aber können wir nichts! Denn lassen wir unsere Truppen verteilt hier und dort im offenen Land, so haben wir nirgends hinreichend Kräfte beisammen, um einen festen Schlag gegen den Feind zu führen. Fassen wir sie aber zusammen, so müssen wir alles übrige Land völlig entblößen und können es nicht hindern, daß der Türk, der uns an Zahl alleweil weit überlegen ist, rundherum einfällt. Es ist eine verfluchte Zwickmühle, in der wir da sitzen. Es kann einfach auf die Dauer nicht so weitergehen. Wenn wir das Land halten und bewahren wollen, brauchen wir zweierlei: einmal eine stehende Wehr überall im Land, in allen Dörfern und auf allen Höfen schier, um den Feind überall und allezeit zu überwachen und aufzuhalten, und dann eine schlagkräftige Truppe in den festen Plätzen, um damit die Türken angreifen und schlagen zu können, sobald sie nur in das Land hereinkommen."

„So ähnlich denkt auch der Juritschitsch!" sagte ich. „Bloß der Katzianer will nichts davon wissen, scheint mir."

Der Rupprecht seufzte unwillig: — „Der Katzianer träumt zu sehr von jenen alten Zeiten, da er mit seinen Reitern den Zapolya gejagt hat, feindliche Regimenter zerschlagen und Festungen gebrochen. So was ist gut und recht in Feindesland. Aber jetzt sitzen wir im eigenen Land. Ist ohnehin nicht mehr viel besser als ein Trümmerhaufen, — aber wir verlieren auch diesen Rest noch, wenn's so weiter geht!"

Mußte einen da nicht wahrhaftig Verzweiflung überkommen? — Mit einem Mal kam mir jener trübe Morgen vor der Wiener Stadtmauer in den Sinn, damals, als mein Leben als Kriegsknecht eben erst angehoben hatte. — Damals hatte mich ein ganz ähnliches Gefühl beschlichen wie jetzt. — Aber ich sah auch plötzlich wieder den Valentin Höller vor mir. — Ja, — ich habe vom Valentin gelernt, — ich werde ihm keine Schande machen! — Ich werde hier stehen, für ihn und wie er!

Warasdin, am 3. Maji 1533

Über eine Woche ist vergangen, und der Katzianer ist noch nicht wieder nach Warasdin gekommen. Ich habe die Zeit genützt, hab mich rings im Land tüchtig umgesehen und kenne es nun schon ganz gut.

Da bin ich durch das Waldgebirge geritten, das sie den Kalnik nennen, tags darauf streifte ich durch die weiten Auwälder an der Drau und drang tiefer und immer tiefer in ihr dämmerig flimmerndes Dickicht ein. Dann stand ich am Ufer, sah den Wassern zu, die zu meinen Füßen ihre braunschäumenden Wirbel zogen, und lauschte dem rauschenden Murmeln und Glucksen der Wellen. — Was erzählst du mir, Bruder Fluß? — Daß auch du aus fernen Tälern kommst, aus Fichtenwäldern und Bergwiesen, und daß du hinausströmst in die Weite des Ostlandes, — ins Unermeßliche, — wohin?

Ich ritt durch das freundliche offene Hügelland des Zagorje mit seinen Weinbergen und Kornfeldern, Flachsäckern und Gemüsegärten, mit seinen weit über Täler und Hügel verstreuten friedlich-freundlichen Dörfern, ritt bis nach dem Paulanerkloster Lepoglava im Tal der Bednja mit seinem mächtigen Gotteshaus, dem uralten Heiligtum des Landes, in dem auch die Gräber der Herren von Cilli sind.

Dann wieder sprengte ich hinaus ins Draufeld, in die Podravina, galoppierte zwischen den wogenden Breiten saftsprießender Weizen- und Gerstenäcker, durch das grüne Gewimmel endloser Hanffelder und über freie Weidetriften, auf denen weit draußen hin und wieder ein einsamer Ziehbrunnen seinen dürren Arm gespenstisch zum Himmel emporreckte; — Leere und Weite und Freiheit ohne Grenzen!

Ich lernte das Land kennen und seine Leute. Überall war ich gern gesehener und freundlich bewirteter Gast. Bei den Hirten am Kalnik aß ich Brot und Schafkäs, bei den Bauern in der Podravina Eierfladen mit Zwiebeln, und bei den Fischern an der Drau am Spieß gebratene Weißfische. Wurde ich hier mit rotem Wein bewirtet, so mußte ich dort beim Zwetschkenschnaps mithalten. Und ich fand überall ein freundliches, bescheidenes und geruhsames, aber auch ein fleißiges, hartes und tapferes Volk.

Neugierig waren sie alle, und ich mußte ihnen viel erzählen: von meiner Heimat, von Wien und von Waidhofen und von unseren Kriegstaten dort überall; und ich erfuhr dafür von dem, was hier die Menschen bewegt: von Bären und Luchsen, von Wölfen und — Türken. — Die Türken, — ja — da verstanden wir einander am besten!

Nicht nur das Land hab ich kennengelernt, auch in der Stadt Warasdin fand ich noch manches Merkwürdiges. Es ist nicht wie daheim in Salzburg oder in Wien oder in Graz, wo die engen alten Gäßchen krumm und wirr durcheinander laufen, und die ganze Stadt gewachsen scheint wie das Dickicht eines Waldes. Dieses Warasdin ist schier als Ganzes eine einzige Schanze, ein gewaltiger Block, viereckig, mit geraden Seiten, als wären sie mit dem Richtschein vorgerissen. An einer Ecke der Stadt liegt die Burg, in ihrer Mitte aber der Marktplatz mit dem Rathaus. Man sieht es der Stadt an, daß sie nicht von ungefähr entstanden ist, geworden allmählich in den Jahrhunderten, sondern daß sie angelegt ist nach gutem Plan von einem Geist, der in die Zukunft voraus sah. — Freilich, wenn ich mich besinne, so erinnere ich mich auch an die eine oder andere Stadt in unseren österreichischen Landen, die nach gleichem Plan gestaltet erscheint: etwa im Land unter der Enns Wiener Neustadt und Marchegg und droben an der Thaya gegen Mähren hin Laa und Retz. Aber immer liegen solche Städte am Rande des Reiches, an der Grenze der feindlichen Fremde gegenüber, und immer sind sie, eingefügt zwischen Burgen und Wachtürmen und festen Plätzen, ein Teil der lebendigen Wehr des Landes. — Viele Jahrhunderte ist dieses Warasdin heute schon alt, — und doch: haben nicht unsere Urvordern, die es gründeten, schon unsere heutige Aufgabe vorausgeahnt?

Und das mag uns wohl trösten, die wir heut in dieser Stadt als in einem wahrhaften Grenzbollwerk stehen und sie und das ganze Land verteidigen sollen.

Am 7. Maji

Gestern bin ich nach Ladanje geritten, traf aber dort den Janko Ptakowitsch nicht daheim an und kam so mit seinem älteren Bruder, dem Marko, ins Reden.

„Du bist doch schon lang verheiratet, hast Weib und Kinder, und einige deiner Brüder auch; bleiben hier zu Lande immer die verheirateten Söhne mit ihren Familien bei ihren Eltern bis ins Alter? Und sitzt so die ganze Sippe auf einem einzigen Hof?"

„So ist es, ja!" nickte der Marko. — „Sie bleiben hier, mit Weib und Kindern, und sind alle zusammen eine Zadruga, eine Hausgenossenschaft. — Anschaffen tut hier nur einer, der Starjeschina, der Hausälteste. Das war mein Vater. Und da ihn die Türken erschlagen haben, sein jüngerer Bruder. Und nach diesem ist es mein ältester Bruder Dragutin geworden. Und seit der aus dem Krieg nicht mehr heimgekommen ist, bin ich es. Und was der Starjeschina befiehlt, das geschieht auf dem ganzen Hof."

„Und die anderen gehorchen ohne allen Widerspruch?" fragte ich ungläubig.

„Sie gehorchen, — denn sie wissen, daß es gut so ist. — Jeden Abend sammelt der Starjeschina alle Hausgenossen um sich und gibt ihnen Anweisungen für die Arbeit des nächsten Tages. Er hört sich wohl ihre Meinung und Ratschläge an und wägt sie gerecht und gewissenhaft, aber die Entscheidung trifft nur er allein."

„Und wie ist es dann mit dem Ackerland und Vieh und Gerät?" fragte ich weiter, — „wem gehört das?"

„Das gehört alles der Zadruga, allen gemeinsam."

„Und wie ist es mit den Dörfern?" fragte ich weiter.

„Im Dorf sind alle miteinander verwandt und verschwägert, und so ist jedes Dorf ein Bratstvo, eine Bruderschaft. Und es steht ihr der Glavar vor, der Dorfhäuptling, den man jetzt auch Richter nennt."

„Und wie geht es dann weiter; — was steht über den Dörfern?"

„Alle Dörfer einer Landschaft zusammen sind eine Župa, eine Herzogschaft. In früheren Zeiten haben sich alle freien Männer einer Župa versammelt und aus ihrer Mitte den Župan gewählt, den Herzog, den man auch Knez genannt hat oder Vojvoda, das ist Heerführer. Denn er war im Krieg und Kampf der Anführer über alle Männer aus der ganzen Župa. Der Župan ist aber auch zusammen mit den Glavari zu Gericht gesessen auf den Dörfern, — und es war jede Župa gehalten, eine feste Burg zu bauen. Auf ihr trafen sich die Häuptlinge zur Beratung, sammelten sich die Bewaffneten vor dem Kampf und suchten die Bewohner der umliegenden Dörfer Schutz vor dem Feind. Die meisten Župen haben aber zwei, drei oder mehr Burgen gebaut. — So verstehst du auch, wieso wir so viele alte Burgen haben hier im Land."

„Und ist das alles nur hier so, in der Gegend von Warasdin, oder auch in anderen Gebieten?"

„Es ist überall so, wo Menschen in unserer Sprache reden, — auch im unteren Slawonien, droben in der Lika, in der Korbawa, und auch draußen am Meer und in Bosnien und in Serbien."

Es ging mir das, was mir der Marko Ptakowitsch erzählt hatte, auch noch im Kopf herum, als ich am Abend mit dem Rupprecht Puchmüllner in einer Schenke in der Stadt beisammensaß.

Zadruga — Bratstvo — Župa, — war das nicht wie Rotte und Fähnlein und Regiment? Stand das alles nicht unter straffem Befehl, ganz anders als bei Bürgers- und Bauernleuten sonstwo?

„Ich glaube, jetzt versteh ich erst, woran der alte Juritschitsch denkt, wenn er hier aus Bauern Soldaten und aus Soldaten Bauern machen will!" sagte ich.

Der Rupprecht nickte: „Ja, — der Juritschitsch ist hier aus dem Land, — der sieht das. — Der Katzianer sieht es nicht und will es wohl auch gar nicht sehen, weil es nicht in seine Pläne paßt Es ist da aber noch etwas. Kriegsknechte anwerben und bei der Fahne halten, kostet viel Geld. Ist hinten und vorn keines da. So daß wir uns hier viel zu wenig Kriegsvolk halten können. — Ganz anders wäre es, wenn wir uns Bauersleute holen und denen sagen: ihr seid jetzt Soldaten. Sold bekommt ihr aber keinen bezahlt für eure Kriegsdienste, — wohl jedoch ein schönes Stück Land zu freiem Eigen! — So ersparen wir uns das ganze Geld. — Und daß uns das herrenlose Land so bald zu wenig wird, brauchen wir nicht zu befürchten."

Wir brüteten eine Weile stumm vor uns hin. Dann hob der Rupprecht den Becher: „Trinken wir eins auf unsere Wehrbauerngrenze! — Ist das einzige, was wir beide vorläufig für sie tun können!"

Warasdin, am 27. Maji

Der Katzianer ist da, schert sich aber vorläufig nicht viel um mich, schickt mich nur dann und wann einmal nach einem der benachbarten festen Plätze; dies und jenes auszurichten, nach Kopreinitz und Belowar, Kreutz und Werbowetz. Dort liegt überall je ein halbes oder ganzes Fähnlein deutscher Kriegsknechte unter einem Hauptmann oder Locumtenenten, sowie einiges an krobatischer Reiterei. Es ist aber die Stimmung unter den Leuten recht niedergeschlagen, manchmal auch schier aufsässig, — und ich kann das nur zu gut verstehen. Ich hab jetzt erkennen müssen, daß das Land um Warasdin und gegen Agram hin, geradezu absonderlich gut erhalten ist für hiesige Verhältnisse. Kommt man aber weiter hinaus, gegen Osten hin, so nehmen Zerstörung und Verwüstung mehr und mehr zu.

Mit diesem und jenem von meinen Kameraden in den Festungen hab ich darüber geredet, auch mit manchem Bauern oder Hirten, und hörte doch immer wieder das gleiche traurige Lied.

Da ist etwa der alte Veit Forhegger, stammt aus Kärnten und sitzt jetzt als Feldhauptmann in der Burg zu Daruwar, droben im Papukgebirge, schon hübsch weit im Osten. Wir sind mitsammen über Land geritten, auf verwachsenen Wegen durch einsame Wälder und Sümpfe.

„Da droben, zeigte der Hauptmann in die Gegend die paar Bettlerhütten, das ist Batinjani. War ein ansehnliches Dorf vor Zeiten; das haben die Türken vor vier Jahren niedergebrannt. Jetzt hausen wenige Familien dort, — heimatlose Flüchtlinge von irgendwo."

„Vor vier Jahren?" sagte ich, — „das war also —"

„Ja, — das war in den Jahren nach der verfluchten doppelten Königswahl von 1527, wo es im ganzen Land drunter und drüber gegangen ist. Dabei ist unsere Gegend, will sagen, das mittlere Slawonien, damals ohnehin noch im Vergleich glimpflich davongekommen. Weiter im Osten, auf Esseg und Djakowo zu, ist aber das Land dermaßen grausam verwüstet worden, daß heut von der einstigen Bevölkerung kaum noch Spuren anzutreffen sind."

Bild rechts:
Die Schlacht am Steinfeld, am 19. September 1532.
Gefechtsskizze von Gertrud Gerhartl (ÖBV).

Bild umseitig:
Kriegszug Kaiser Karls V. gegen die Türken 1532. Das kaiserliche Feldlager bei Korneuburg.
Aus der 1539 in Nürnberg erschienenen Holzschnittfolge von Max Ostendorfer (Alb.).

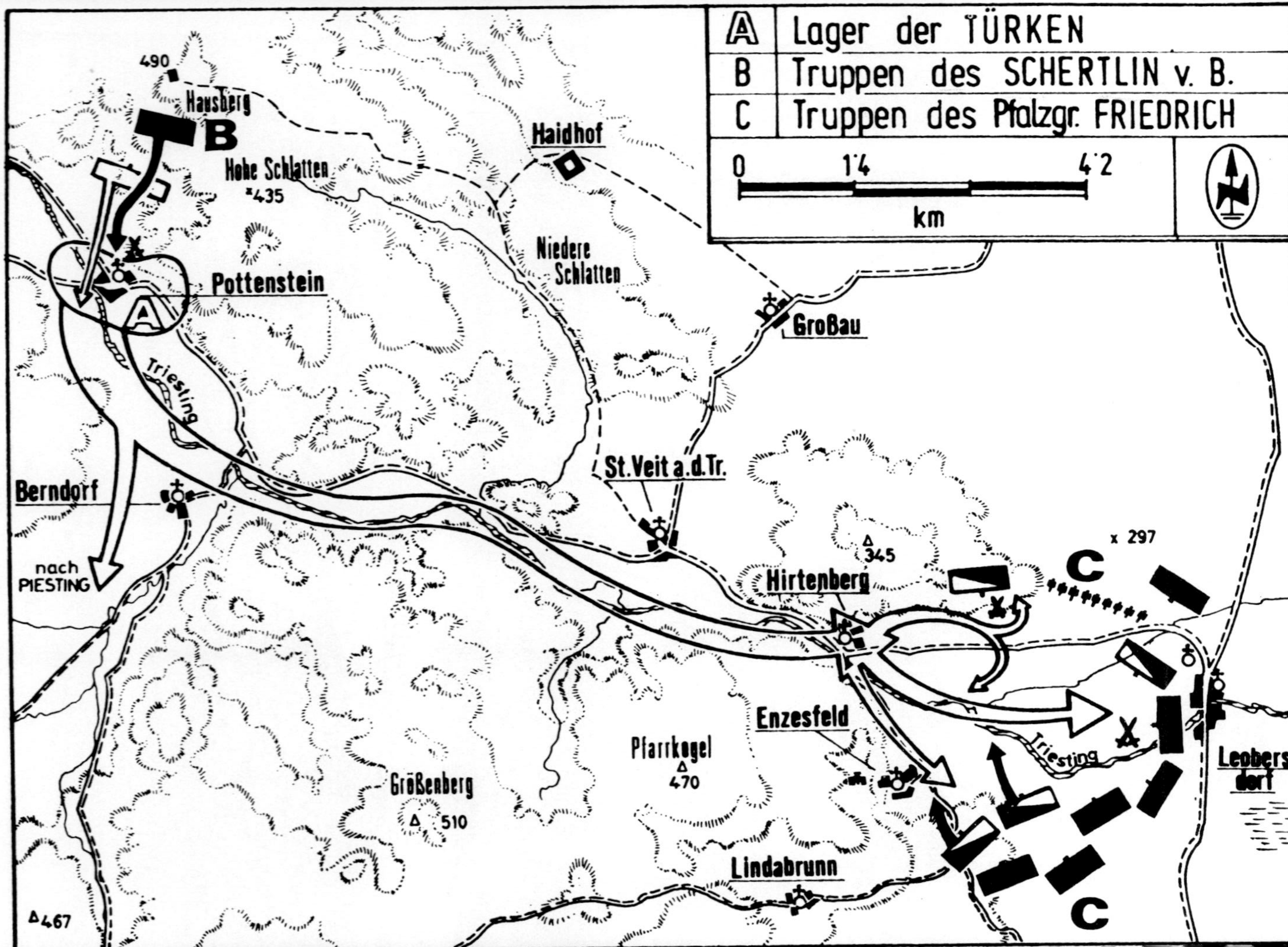

A Lager der TÜRKEN
B Truppen des SCHERTLIN v. B.
C Truppen des Pfalzgr. FRIEDRICH
0
1'4
4'2
km
490
Hausberg
B
Hohe Schlatten
435
Haidhof
Niedere Schlatten
Pottenstein
A
Großau
Triesting
St. Veit a. d. Tr.
Berndorf
nach PIESTING
345
Hirtenberg
x 297
C
Enzesfeld
Pfarrkogel
470
Triesting
Leobersdorf
Größenberg
510
Lindabrunn
C
467

NVSDOR
MARSALTH
KRIES RET
DAS DORFLE
DER FVSKNECT LEGER

PROWNT
II F P · OBERSTEN VELTHARTMANNS GELEGER
DES REICHS LEGER

Friderich von Bayrn
Pfaltzgraff etc

SEBASTIANVS · SCHERTLINVS · EQVES AVRATVS AVG · VINDELIC · MILITVM PRÆF ·
Guintia, magnanimum, Turcæ quando obstitit hosti,
SCHERTLINVM, et monstrant bella sequuta virum.

Ehrenreich sc.

Hans Ungnad von Weissenwolf

Wir kamen auf eine freie Höhe hinaus. — „Dort drüben“, — der Hauptmann wies auf einen benachbarten Rücken, — „Doljani, — das ist erst im vorigen Jahr zerstört worden. Das war, wie des Sultans Hauptheer, nachdem es sich an der Festung Güns den Schädel blutig gerannt hat, sich über die Steiermark hieher nach Slawonien verzogen hat. Unterhalb von Warasdin sind sie über die Drau herüber. Dabei haben sie sich geteilt: der Sultan selbst ist die Drau entlang über Kopreinitz und Werbowetz, und sein Großvezir, der Ibrahim Pascha, über Kreutz und weiter über Gudowetz und Tschesma und dann über Moslawina und Velika Kraljewa zur Sau hin. Haben alles, was ihnen

Bilder links:
Oben links:
Kurfürst Friedrich II., Pfalzgraf bei Rhein, 1529 und 1532 Oberbefehlshaber des Reichsheeres.
Nach einer Zeichnung von Albrecht Dürer (ÖNB).

Oben rechts:
Sebastian Schertlin von Burtenbach, Reichsritter, 1496—1577, wurde 1532 von der Stadt Augsburg mit 500 Knechten „Reichshilfe“ nach Wien entsandt. Conrad von Bemelberg, der Statthalter Kurfürst Friedrichs II. von Pfalz, ernannte den hervorragenden und bewährten Landsknechtführer zu seinem Stellvertreter.
Schertlins kühne Tat bei Pottenstein am 18. und 19. September 1532 war ausschlaggebend für den Sieg der Reichstruppen über die Türken bei Leobersdorf-Enzesfeld (ÖNB).

Unten links:
Niklas Juritschitsch, Reichsfreiherr von Güns, 1532 heldenmütiger Verteidiger eben dieser Festung, war einer der Väter der Grenze. Um 1490 in Zengg geboren, erfuhr er die Türkennot schon von Kindheit an. 1538—1540 Obrister Feldhauptmann der fünf niederösterreichischen, windischen und kroatischen Lande, dann bis 1544 Landeshauptmann der Krain. Seinen letzten Türkenfeldzug erlebte Juritschitsch 1551. Sein Todesjahr ist nicht bekannt.
Stich von Adam Ehrenreich (ÖNB).

Unten rechts:
Hans Ungnad von Weißenwolf, Freiherr von Sonegg, 1493—1564. 1530 zum Landeshauptmann der Steiermark ernannt, focht er 1532 bei Linz gegen die Türken. 1540 als Obrister Feldhauptmann der fünf niederösterreichischen, windischen und kroatischen Lande Nachfolger Juritschitschs. 1554 legte Ungnad aus Glaubensgründen — er war Protestant — seine Ämter nieder und ging außer Landes (ÖNB).

auf ihrem Weg gelegen ist, niedergebrannt und ausgemordet. Alles in allem sollen dabei mehr als fünfzigtausend Krobaten, Männer, Frauen und Kinder, als Sklaven fortgeführt worden sein.“

Schweigend ritten wir weiter. Wieder nach einer Weile deutete der Forhegger abermals: „Und hier drunten, dem Tal hinaus zu, da war das Dorf Lipowetz. Soll eine große Ortschaft gewesen sein, ist aber schon vor einem Menschenalter zugrund gegangen. — Und was besteht heute noch hier auf zwei Meilen im Umkreis? — Ein paar versteckte armselige kleine Ortschaften droben im Gebirg, ganz drinnen im Wald: Schilowatz — Golubinjak — Wrbowatz — Pakrani — Bela — das ist schon alles. — Und wie lang wird das noch sich halten?“

„Ja“, sagte er nach einer Weile. — „Wo kann der Bauer überhaupt noch sein Land bestellen? Hat er einmal seinen Pflug übers Feld geführt, so kommt doch über ein Kurzes wieder eine Schar Mordbrenner, zertrampelt ihm seinen Acker und läßt seinen Hof in Flammen aufgehen. — Aber auch der heimische Adel kann seine Burgen nicht mehr halten, denn wo findet er Brot, um das ständige Fluchtvolk darin zu ernähren, wo Bauersleute, die ihm die Mauern wieder flicken? — Und geht's uns Kriegsleuten besser? — Das Hinterland ist weit weg, den Sold bleibt man uns schuldig, und selbst das Nötigste zu unserem Unterhalt und zur Kriegführung kommt immer seltener über die verwahrlosten und verödeten Straßen bis zu uns. — Immer häufiger taucht der Türk auf, — wohl! — aber immer seltener leuchten die Warnfeuer von den Bergen, denn es ist niemand mehr da, der sie anzündet. Immer seltener läuten die Sturmglocken bei nahender Gefahr, denn die Kirchtürme sind längst zu Schutt gestürzt. — Was bleibt?“

Und nach einer Weile fragte er: „Weißt du, wie das Land droben im Gebirge gegen das Meer zu, die Lika und die Korbawa, von denen in Wien in ihrer Amtssprache genannt wird? — Desertum primum, — Wüste Nummer eins. — Und Desertum secundum, Wüste Nummer zwei, ist das Land an der Una und Kulpa. — Wird nicht mehr lang brauchen, und wir hier zwischen Sau und Drau sind das Desertum tertium!“ —

Es ist mir jedesmal wie eine Erlösung, wenn ich aus solchen trostlosen Gegenden wieder nach Warasdin zurückkomme und durch die Dörfer reite: zu sehen, wie die lebendige Kraft des Volkes hier überreichlich nachwachsen läßt, was dort abgeschlagen wird. — Die Wiegen werden hier nie leer. Wenn das gemeinsame Haus zu klein geworden ist für die Fülle seiner Bewohner, dann baut sich dieser und jener von den Söhnen hinten hinaus eine Hütte daran, und so wird mancher Hof zuletzt selbst schon wie ein kleines Dorf.

Warasdin, am 25. Junii 1533

Vor drei Tagen bin ich in der Stadt dem Janko Ptakowitsch begegnet. Er hat jetzt, da ja vermutlich für einige Zeit Frieden sein wird, seinen Abschied von des Katzianers Reitern genommen, nahm mich gleich beiseite und erzählt mir, es hätte jetzt keine Not mehr, daß ich für ihn als Brautwerber ginge. Seine Mutter und der alte Lukaschitsch, der Vater seines Mädchens, hätten bereits alles ins reine gebracht. Die Jela wäre, als er damals von daheim fortgezogen sei, zwar erst fünfzehn Jahre alt gewesen, aber sie hätte in den Jahren seither sich ganz nach seinem Geschmack herausgewachsen. Er zwinkerte mit den Augen und schnalzte mit der Zunge. In ein paar Wochen schon werde die Hochzeit sein, und da müßte ich natürlich als sein Gast nach Ladanje hinaus kommen.

Und jetzt sei er also in der Stadt und habe schon allerhand eingekauft, was die Jela eben so brauche fürs Heiraten.

Also, ich müsse kommen! — Wenn's so weit sei, würde er eigens einen Boten auf einem Pferd zu mir nach Warasdin schicken!

Am 30. Julii 1533

Vor drei Tagen ist des Jankos Hochzeitsbitter zu mir gekommen und lud mich in wohlgesetzter Rede zu dem Fest ein. Und heut am frühen Morgen schon bin ich nach Bilewetz geritten, wo die Sippe der Lukaschitsch zuhause ist.

Ich fand im Haus der Braut gewaltige Mengen von Dorfvolk versammelt, die sich hier belustigten und gütlich taten. Ein gebratenes Schwein steckte am Spieß, Berge von kleinen süßen Kuchen waren gebacken, und mit Wein und Branntwein wurde nicht gespart. Ich hätte mich in dem Getümmel nie zurechtgefunden, wenn mich nicht der alte Lukaschitsch als einen Ehrengast begrüßt und mir sogleich umständlich alle hochzeitlichen Würdenträger vorgestellt hätte, als da waren: der Kum, das ist der Gevatter, sein Stellvertreter, der Prikumak, dann der Stari Svat oder Hochzeitsvorstand und der Brautführer oder Svadbac und zuletzt der Tschajo, der Possenreißer. Bloß die Braut und der Bräutigam waren noch nicht zu sehen.

Nachdem man noch eine Weile geschwatzt, gescherzt und geschmaust hatte, brach alles auf und zog zur Kirche hinaus. Was an Dorfgenossen nicht im Haus der Braut sich eingefunden hatte, säumte jetzt den Weg und schloß sich unserem Zug an.

Brautführer und Brautführerin gingen nochmals ins Dorf hinein, um die Braut abzuholen. Zur selben Zeit kam von Ladanje herüber mit lautem Singen eine Schar junger Burschen, die den Janko in ihrer Mitte führten, und es war so eingerichtet, daß die beiden Brautleute just vor der Kirchentür einander begegneten.

Die Braut hatte ein prächtiges Hochzeitshemd an, reich bestickt mit Blumen, Sternen und Rankenwerk, und ihre blauwollene Schürze war mit Gold- und Silberfäden eingefaßt. Die Jela ist ein blutjunges Ding, mit den schwellenden Formen frischer Reife und einem fast noch mädchenhaften, lieblichen Gesicht, aus dem ein paar fröhliche Augen blitzen. Ich konnte es verstehen, daß der Janko übers ganze Gesicht strahlte, und, wie er sich herausgeputzt hatte, hätte man sich auch kaum einen stattlicheren Bräutigam vorstellen können.

Die Trauung selbst, in dem winzigen schlichten Dorfkirchlein, war nicht viel anders als bei uns daheim. Nachher kehrte alles ins Haus der Braut zurück und versammelte sich in der Stube. Nun griff die Jela in ihr Hemd und holte einen roten Apfel heraus, den sie dort verborgen getragen hatte. Sie schnitt die Frucht entzwei, reichte eine Hälfte ihrem neuen Gatten, die andere behielt sie selbst. „Slatka je meni jabuka, slatka je tebi. Veran ti meni do smrti, verna ja tebi do smrti!" sprach sie, und es klang wie eine Zauberformel: „Süß ist mir der Apfel, süß ist er dir. Treu sei du mir bis zum Tod, treu will ich dir sein bis zum Tod!"

Dann nahm das Festmahl seinen Fortgang; lauter und fröhlicher noch als zuvor wurde die Unterhaltung gepflogen, reichlicher und gründlicher noch das Essen und Trinken. Es war erstaunlich, was die guten Leute so nach und nach alles in sich hinein brachten, und, wie es mir schien, ganz ohne besondere Anstrengung. Zwischendurch sangen Burschen und Mädchen und tanzten im Reigen, auch trieb man allerlei Scherz und Neckerei.

Nach dem Mittagessen zog alles hinüber ins Nachbardorf Ladanje nach dem Haus der Ptakowitsch, Jelas künftigem Heim. Die Gäste wanderten in fröhlichem Gewimmel zu Fuß die Straße dahin, nur das Brautpaar fuhr auf einem bunt geschmückten Wagen. Vor dem Haus des Gatten tanzten Mädchen einen Reigen und begrüßten mit Sprüchen die Braut und die Würdenträger. Schwungvoll hob der Janko sein junges Weib vom Wagen; den Weg vom Wagen bis in die Stube hatte man ihr mit Leinen und gewebten Wollteppichen belegt. In der Stube angelangt, stellte die Jela sich unter den Deckentram, hob sich auf die Zehen und streckte sich, daß sie mit dem Scheitel an den Balken stieß. Das bedeute, daß sie von nun ab eine Stütze des Hauses sein wolle, erklärte mir der Prikumak, der sich mir zugesellt hatte. Dann setzte sich die Braut auf einen Schemel, nahm ein kleines Kind von einer ihrer Schwägerinnen auf dem Schoß und herzte und küßte es, um damit zu zeigen, daß sie auch eine gute Mutter werden wolle.

Danach wurde aufs neue Speise und Trank aufgetischt: ein Schwein am Spieß, ein gebratenes Schaf und geröstete Nieren, hartgesottene Eier und fetter Käs, und zwischendurch, auf Brettern zu wahren Gebirgen aufgeschlichtet, die Pita maslenica, ein Fladen aus zahlreichen Butterteiglagen mit einer Fülle von Honig, getrockeneten süßen Weinbeeren, Gewürzen und Birnenschnitten dazwischen. Und wieder flossen Wein und gebranntes Wasser von Zwetschken, Kirschen und Birnen. Mit solcherlei Genüssen erlustigten sich die Hochzeitsgäste weiter bis in die Nacht und bis in den nächsten Tag hinein.

Ich aber bin dann bald zurückgeritten nach Warasdin und war wieder einmal seltsam zwiespältigen Sinnes. Bei Gott, ich gönnte dem braven Janko sein wohlverdientes Glück vom Herzen, — und war ihm doch rechtschaffen neidig darum! — Aber liegt nicht mein ganzes Leben noch vor mir? — Ist das Land nicht groß und weit und kann nicht auf tausend Wegen auch mir mein Glück entgegenkommen?

Slatina, am 15. Octobris 1533

Der Katzianer hat mich mit etlichem Kriegsvolk nach Slatina geschickt; das ist weit drunten in Slawonien. Es hat dieser Ort, wiewohl er befestigt ist, bis jetzt keine stehende Besatzung gehabt.

„Geh mit Gott!" hat der Katzianer gesagt, — „denn sonst geht nicht viel mit dir! — Kann dir vorerst nur ein knappes Viertel Fähnlein Fußknechte mitgeben und zwei Dutzend Reiter, dazu drei oder vier leichte Feldschlangen mit Bedienung. Kannst dir ja noch Leute dazu anwerben im Land, wenn du willst, — mußt bloß schauen, wo du noch Leute findest. — Also zieh eben hin in Gottes Namen und schau, was du tun kannst. Viel wird's nicht sein! Richt das verfallene Nest her, so weit es eben geht, und vor allem: sei auf der Hut! — Nicht denken: wir haben einen schönen Waffenstillstand, und da kann der Türk nicht kommen, — so wie es die in Wien tun, die Schafsköpf, die hirnverfaulten! — Der Türk wird nicht so fromm und sittsam sein wie wir, — daher also: immer auf dem Sprung bleiben, — und immer draußen im Land herumhorchen und zum Türken hinüber!"

Bin also mit meinen Knechten losgezogen, — es sind die meisten von ihnen aus der Steiermark und aus Kärnten und dazu noch ein paar aus Hungarn, etliche Windische und anderthalb Dutzend Krobaten. Wir sind auf der großen Heeresstraße marschiert, die von Warasdin ins untere Slawonien führt, immer den Draufluß entlang. — Kopreinitz, Sankt Georgen, Werwetitz, — alle paar Meilen einmal so ein fester Platz, klein, mit dicken niedrigen Mauern und Türmen, und dahinter, eng zusammengedrängt, mehr Hütten als Häuser, die Wohnstätten für das Kriegsvolk und die paar Dutzend Bürger. Je weiter wir nach Osten kamen, desto öder wurde das Land; zuletzt fanden wir nur mehr jeweils rings um die festen Plätze ein paar Dörfer — schier ängstlich sich in Sichtweite der Mauern haltend —, dazwischen aber ist das Land wüst und leer und tot.

Slatina ist nun, seit wir darin liegen, der am weitesten vorgeschobene Posten der Kaiserlichen auf der besagten Heeresstraße. Im Süden, drüber dem Papukgebirge, der befestigte Marktflecken Poschega soll gut bewehrt und besetzt sein. Und zur anderen Seite, an der Drau drunten, liegt die kleine Festung Valpovo, noch ein Stück weiter gegen die Türken zu.

Der Ort Slatina ist in allem so, wie ich es befürchtet habe: verfallen und verkommen, und vornehmlich die Befestigungsanlagen in erbärmlichem Zustand. Maurer und Zimmerleute, um alles zünftig in Stand setzen zu lassen, sind nicht aufzutreiben. Ich lasse also die Bauern aus den wenigen Dörfern in den Bergen Bäume fällen, daß wir Mauern, Türme und Tore, wo sie besonders baufällig sind, wenigstens innen mit gezimmerten Gerüsten verspreizen und abstützen können und außen herum mit Palisaden und Wällen verstärken. Auch will ich draußen vor den Mauern etliche Schanzen aufwerfen lassen, wie ich sie in Warasdin kennengelernt habe.

Gestern bin ich mit meinen Reitern das erste Mal auf Kundschaft ausgezogen, weit gegen Osten hin, — weit ins Land hinaus. Irgendwo dort sitzt der Türk! — Wo? — In Esseg, in Djakowo und Vrpolje? — Oder schon jenseits jener flachen Hügelkette, — hinter diesem Wald da vor uns? — Ewige Unsicherheit, ewige Drohung und Gefahr ist das ganze Land, — ewige grenzenlose Not das Leben darin, — ewiges kühnes Wagnis, hier bestehen zu wollen.

Dann hielten wir uns nach Norden hin, der Drau zu. Auwald nahm uns auf, unheimlich starrendes Dickicht. Kaum war der Weg zu erkennen; trügerischer Morast ringsum, fahlblinkendes schlammiges Wasser hinter Weidengeheck und dichtverfilztem Schlingwerk. Langsam tasteten wir uns hindurch, vorsichtig und behutsam.

Hier in dieser verwirrenden Wildnis von Land und Wasser, zwischen Schilf und Erlen, Tümpeln und Auen, stießen wir auch wieder auf menschliche Behausungen. Fischer sind es, die hier bescheiden ihr Leben fristen, in kärglichen schilfgedeckten Blockhütten, die auf Bohlen und Pfählen über Sumpf und Röhricht schweben. — Jäher Schrekken erfaßte die Bewohner, als sie uns erblickten, ließ die einen in Entsetzen erstarren und die anderen kopflos flüchten. In jedem Fremden sehen sie einen Türken. — Aber als sie erst erkannt hatten, wer wir waren, da kamen sie angelaufen, warfen sich vor uns auf die Knie, küßten uns Hände und Füße: „Kommt ihr endlich, uns zu helfen, uns zu schützen? — Habt Dank, habt Dank!“

Ich redete auf die Leute ein, wollte ihnen Mut zusprechen, — ach, und war doch selbst so mutlos. — Wie soll ich denen hier helfen und sie beschützen: mit ein paar Dutzend Männern in einem verfallenen Steinhaufen, allein und verlassen auf Tagereisen im Umkreis?

Ob ich wohl durchhalten werde, mich behaupten? — Oder ob ich auch eines Tages zugrundegehen werde, spurlos und namenlos, — so wie die draußen in den verfallenen, verwachsenen Dörfern längs der Heerstraße?

Am 3. Novembris

Der Hauptmann von Auersperg ist gekommen. Ich war sehr erstaunt ihn zu sehen, wußte ich doch gar nicht, daß er jetzt auch an der Grenze dient. — „Ich bin in Krain daheim; wo könnt ich meiner Väter Erbe besser schützen als hier in Slawonien?“

In Begleitung des Hauptmanns war der Rupprecht Puchmüllner sowie etliche steirische Reiter. Drei große Planenwagen führten sie mit sich. Der Auersperg hat Auftrag vom Katzianer, in den verschiedenen Plätzen im unteren Slawonien nach dem Rechten zu sehen und zugleich ihnen nach Möglichkeit zuzuführen, was sie den kommenden Winter über benötigten an Waffen und Kleidung, Pulver und Verpflegung. Denn aus dem Land selber ist hier kaum mehr etwas herauszuholen. Geld hat er keines mitgebracht, — obwohl meine Kriegsknechte mit dem Sold seit Monaten im Rückstand sind und darüber schon murren.

„Vertröst sie eben weiter“, brummte der Auersperg verärgert, zuckte dann hilflos die Achseln. — „Davonlaufen wird dir hier schon keiner, — das ist der Vorteil an dieser Gegend.“

Der Auersperg lobte, was ich seit meiner Ankunft hier geschaffen habe, aber ich merkte wohl, er tat es mit halbem Herzen, — mehr, um mir Mut zu machen, als daß er sich viel davon versprach.

„Wieviel Mann hast du jetzt?“ fragte er zuletzt.

„Vierundsiebzig, — die Stückknechte und mich selber mitgezählt.“

„Und wieviel Leute sind sonst noch in der Stadt?“

„Knapp über ein Hundert, kleine Kinder nicht eingerechnet.“

„Und was hast du an Bauern im Umkreis von Slatina?“

„Nun, — das sind überhaupt nur drei Dörfer in den Bergen: Lukawatz, Lissitschine und Kussonje, und die haben alles zusammen, wenn’s hoch kommt, hundertundfünfzig Männer, von Frauen, Kindern und Greisen abgesehen.“

Der Auersperg nickte mit bitter verkniffenen Lippen. — „Ja, das Land wird leer! — Dazu kommt noch“, — er ballte die Faust, — „daß, was uns nicht die Türken totschlagen oder wegführen, uns die madjarischen Grundherren aus dem Land locken.“

„Wie das?“ fragte ich erstaunt.

„Nun, die Nádasdy und die Erdödy und die Batthyanyi und wie sie noch heißen! Haben große Güter in Slawonien, aber auch im westlichen Hungarn zwischen Raab und Leitha und im Land unter der Enns bei Wien. Dort wie da ist das Land jetzt verheert, und fehlt es an Menschen. Aber den Herren Magnaten liegt offenbar nun die Gegend von Wien mehr am Herzen, denn sie überreden oder zwingen wohl auch schon seit Jahren ihre Untertanen aus Slawonien, dorthin auszuwandern. Dort können sie sicher das krobatische Volk gut brauchen, aber uns hier geht jeder einzelne bitter ab.“

„Und läßt sich dagegen nichts tun?“

Achselzucken. — Die krobatischen Adeligen haben sich im Vorjahr beim Erzherzog, als ihrem König, darüber beschwert; — genützt hat's nichts. Wenn erst einmal Slawonien als der Eckpfeiler der Abwehr fällt, dann ist ganz Westungarn auch des Türken.

Am Abend saßen wir in meinem Quartier beisammen. Es ist dies ein winziges Loch in einem krummen niedrigen Steinhaus, das in einen Winkel der Festungsmauer hineingebaut ist. Tisch und Bänke hat mir einer meiner Fußknechte aus Baumstämmen roh zusammengebaut, und zur Beleuchtung hatte ich lediglich trüb schwelende Kienspäne. Aber der Auersperg hatte ein Fäßchen süßen Weines mitgebracht.

„Was willst?“ sagte der Rupprecht, nachdem wir eine Weile stumm vor uns hingebrütet hatten, — „viel anders als dein Slatina schaut das ganze Heilige Römisch-Deutsche Reich nicht aus: kein Geld, — alles verlottert und verkommen, — rundum überall Feind und Not und Gefahr, — und weit und breit keiner, der hilft. Und hier wie dort über all dem einer, der wohl wüßte, wie man abhelfen könnte, und guten Willens wäre, — und nicht durchkommt damit.“

Er hob den Becher gegen mich: „Also, — du und der Kaiser, — sollt beide leben! — Und daß euch euer Werk doch gelingen soll!“

Wieder schwiegen wir alle drei eine Weile, dann sagte der Auersperg: „Sei nur auf der Hut, Konrad, und traue dem Frieden nicht! Drüben an der Sau ist der Türk vor drei Wochen ganz überraschend eingefallen, an die tausend Mann stark. Hat wollen die Festung Kosteinitz nachts im Handstreich nehmen. Das ist ihm zwar nicht gelungen, aber ein halb Dutzend Dörfer drum herum hat er niedergebrannt.

Und wieder schwiegen wir. — Und so gut der Wein war, es gelang ihm nicht, unseren Sinn aufzuhellen.

Slatina, am 20. Novembris 1533

Was ich nicht mehr erwartet hatte, ist nun doch geschehen, obwohl der Herbst schon so weit vorgeschritten ist. Vor acht Tagen war es, da sind auf einmal ein paar junge Burschen vor dem Tor gestanden, Angst und Entsetzen in den Gesichtern: Ja, — draußen, in den Dörfern am Strom, hinter dem großen Auwald, den sie die Jasenitschka Schuma nennen, den Eschenwald, — dort ist der Türk! — Dort brennt und mordet er und fängt die Leute zusammen!

Ich schickte zwei Bauernburschen auf schnellen Pferden nach Werwetitz, — dort liegt mehr Kriegsvolk, — vielleicht daß sie uns welches zu Hilfe schicken. — Aber ich kann nicht drauf warten! — Also lasse ich zwei Dutzend Fußknechte mit dem Geschütz zur Bewachung des Platzes zurück; mit den übrigen und den Reitern breche ich auf, dorthin, wo uns die Geflüchteten führen. — Ach, es geht schrecklich langsam, bis das Fußvolk vom Fleck kommt! — Reiter sollte man haben, nichts als Reiter! — Aber woher die Pferde nehmen; — weit und breit sind keine mehr zu finden hier im Land. — Es wird Abend, — und wir sind weitab noch von den Dörfern, in denen sich die Türken herumtreiben sollen. Bis wir dort sind, werden die Vögel längst ausgeflogen sein! — Wir lagern irgendwo im Wald, — frierend und mißmutig. Im Morgengrauen geht es weiter; ich mit den Reitern voraus.

Dann scheuen plötzlich die Pferde; — vor uns, mitten auf dem Weg, liegt in einer schwarzen Blutlache ein Weib, — heruntergefetzt die Kleider, eine klaffende Wunde in der entblößten Brust, die erstarrten Augen noch in grauenhaftem Schrecken geweitet. — Ein paar Schritte weiter ein Mann, — mit gespaltenem Schädel. — Dann ein Dorf. — Dorf? — Schwelende Aschenhaufen, Blutlachen, Erschlagene. — Die Türken sind längst davon, aber aus ihren Hufspuren erkennen wir, daß sie westwärts weitergezogen sind. — Westwärts, — da stehen sie also jetzt in unserem Rücken? — Oder, wie man's nimmt: wir stehen in ihrem Rücken. — Wo ist auch schon vorne und hinten bei solchem Kampf in Sumpf und Urwald? Einen Vorteil haben wir immerhin dabei: wir kennen uns hier in der Schuma besser aus!

Ich überlegte: wenn die Türken weitergezogen sind, so müssen sie entweder auf demselben Weg hier längs des Flusses zurückkommen oder sich im Bogen zur Heerstraße hin halten und irgendwo in der Nähe von Slatina auf diese stoßen. Denn durch die Schuma selbst führt sonst keine Straße, nicht einmal ein Reitweg, nur verborgene krumme Schleichpfade, gefährlich zu begehen für jeden Fremden. Wahrscheinlich werden sie auf demselben Weg zurückkehren; — und darin liegt für uns vielleicht eine Möglichkeit.

Ich lasse also mein Fußvolk zurück, — es sind ein paar alte erfahrene Rottmeister unter ihnen. Sie sollen sich hier herum irgendwo eine günstige Stelle suchen und sich in einen Hinterhalt legen. Der Sumpf treibt uns die Türken dorthin, wo wir sie wollen. — Wenn aber der Feind einen anderen Weg zur Rückkehr wählt? — Aber was soll ich auch tun; — mit dem Fußvolk türkische Reiter zu verfolgen, ist so und so ein aussichtsloses Unterfangen.

Ich sammle nun meine Berittenen und dringe weiter vor; — dann ist Hundegekläff vor uns und Brandqualm, — das nächste Dorf! — Ich sitze mit ein paar Leuten ab, und zu Fuß schleichen wir an das Dorf heran. Da, — wahrhaftig: — Türken! Wenige nur, — eine Nachhut wohl. Sie sitzen um lodernde Feuer, fressen, johlen und treiben grausamen Scherz mit ihren Gefangenen, die zwischen den Häusern zusammengetrieben sind. Völlig sicher scheinen sich die Türken zu fühlen.

Ich schleiche zurück. Wenige Worte genügen, und meine Leute sind im Bilde. Wir teilen uns in drei Gruppen: je ein paar Mann legen sich an den beiden Ortsausgängen auf die Lauer, ich selbst mit der größten Gruppe schiebe mich wieder nach der Mitte des Dorfes vor.

Dort hat sich nicht viel geändert. Die Türken scheinen Zeit zu haben, sie lassen ihrem Übermut freien Lauf. Sie haben an einer Hauswand eine Reihe junger Männer aufgestellt. Dann holen sie Pfeil und Bogen, — beginnen auf die Burschen zu schießen, — nein, — doch nicht auf sie selbst; — haarscharf neben ihren Leibern, Köpfen und Armen schlagen die langschäftigen Pfeile ins Holz. — Und da fährt dem einen ein Pfeil doch mitten in die Kehle, daß er in schneidender Qual aufschreit, und ein Blutstrahl aus seinem Mund schießt; — dann knickt er zusammen und fällt der Länge nach zu Boden. Die Türken wiehern auf, grölend höhnen und verspotten sie ihren Genossen, der den Fehlschuß getan hat. Um den Getroffenen kümmert sich keiner.

Dafür zerren sie jetzt ein paar Mädchen zwischen die Feuer, reißen ihnen die Kleider vom Leib. Lachen und Grölen um sie, — lüsterne Blicke tasten ihre Körper ab, — schon versucht einer, — offenbar der Anführer der Türkenschar, — die Schönste von den Mädchen zu ergreifen. — Wir haben uns mittlerweile im Schutz der noch stehenden Hütten und Zäune ganz nah herangepirscht.

Da, — mitten hinein in Lachen und Grölen ein krachender Schuß, und der türkische Anführer stürzt rücklings ins Feuer. — Noch ein Schuß und noch einer, — und zugleich tierisch wildes Aufbrüllen aus zehn, zwölf Männerkehlen, wüster und schrecklicher noch als sonst, da jetzt alle unsere aufgespeicherten Gefühle von Wut und Haß sich darin Luft machen. Und mit einem einzigen Satz sind wir mitten unter den Heiden, stechen und hauen, in rasendem Blutrausch. —

Die Überraschung ist völlig gelungen, kaum daß wir auf irgendwelchen Widerstand stoßen. Was nicht erschlagen liegenbleibt, stiebt auseinander, zu den Pferden, aus dem Dorf hinaus, — und stößt dort auf unsere im Wald versteckten Männer. Daß wir nur so wenige sind, kommt den Türken zu unserm Glück gar nicht zu Bewußtsein. Kopflos hetzen sie hiehin und dahin, einigen gelingt es wohl, zu Pferd an unseren Leuten vorbei auf der Straße zu entkommen.

Die Gefangenen sind wie von Sinnen vor überstandener Angst und neugewonnener Lebensfreude, wollen uns Hände und Füße küssen. Aber ich scheuche sie rauh auseinander; — nur jetzt keine Zeit verlieren! — Die befreiten Gefangenen, — an hundert mögen es sein, — sollen zurückgehen zu unserm Fußvolk, bei dem sie vorerst in Sicherheit sind. Auch die erbeuteten Türkenpferde will ich ihnen mitgeben, — aber schon haben sich ein paar von den Burschen auf deren Rücken geschwungen, sich mit den Waffen der erschlagenen Türken ausgerüstet und zu uns gesellt. — Nun, — so ist's mir noch lieber!

In raschem Ritt geht es durch den Wald weiter. Aber nun sind die Türken gewarnt durch die paar Reiter, die uns entkommen sind, und vor dem nächsten Dorf empfängt uns ein Hagel von Pfeilen und Büchsenkugeln. Zugleich werden wir von der Seite her mit Übermacht angegriffen. Hart uns wehrend, müssen wir zurück. Wie wir uns wieder sammeln, fehlen fünf Mann; ein paar andere sind verwundet.

Am nächsten Tag versuche ich, in weitem Bogen auf Schleichwegen durch die Schuma ausholend, die Türken von der Seite her zu packen. Aber ich stoße überall ins Leere. Die wenigen Dörfer, in die wir kommen, sind entweder niedergebrannt und menschenleer oder von den Türken überhaupt nicht berührt worden.

Niemand weiß, wohin die Türken verschwunden sind. Unser Fußvolk kam nach fast einer Woche vergeblichen Wartens unverrichteterdinge nach Slatina zurück, verdrossen und niedergeschlagen.

Zehn Mann hab ich verloren bei meinem Auszug, tot oder abgefangen die Hälfte davon, ernsthaft verwundet und unbrauchbar geworden für längere Zeit die anderen. — Wohl: Türken haben gut drei- oder viermal so viel daran glauben müssen, — aber was macht das denen schon aus? — Und was liegt an Landleuten erschlagen draußen in Wald und Sumpf und in der Asche der Dörfer? Was alles ist wieder davongeschleppt worden an Männern und Frauen und Kindern? Nur einen kleinen Teil davon haben wir retten können.

Ist das Ganze also für mich ein Sieg? — Oder eine Niederlage? — Oder wohl keines von beiden! — Es ist bloß das Leben hier, — der Alltag der Grenze.

Am 5. Decembris 1533

Grau und bedrückend ist der Herbst übers Land gegangen, grauer noch und bedrückender ist der Winter gekommen. Frierend duckt sich das ganze Land, — und selbst die Mauern und Hütten der Festung mit ihren krummen Holzwänden und ihrem buckeligen grauen Steingefüge scheinen sich noch enger zusammenzudrängen als sonst.

Einen Erfolg haben wir wenigstens mit unserem Kriegszug neulich gehabt: am Ende hab ich um siebzehn Pferde mehr besessen als am Anfang. Und von den krobatischen Burschen, die wir aus der türkischen Gefangenschaft befreit haben, sind etliche gekommen, ob sie nicht bei mir bleiben dürften. Sold wollten sie keinen haben, nur Unterkunft und Essen, — und dann und wann einmal ein paar Türken erschlagen, wenn sie wieder kämen. — Was kann ich mir Besseres wünschen? — Mit den Burschen sind auch ein paar Mädchen mitgekommen; sie wollen für uns kochen und waschen und nähen. Ich hab der ganzen Gesellschaft zwei Holzhütten an der Festungsmauer als Quartier angewiesen. Sie sind Gott und mir dankbar, daß sie noch am Leben sind, und dankbarer noch, daß dieses ihr Leben in der nächsten Zeit vielleicht mehr sein wird als immer nur Angst und Gefahr und Todesnot.

Und vielleicht hat ihre Gemütsstimmung schon auf mich abgefärbt, denn auch ich fühle mich jetzt in dem verfallenen dürftigen Steingemäuer hier allmählich immer mehr heimelig und geborgen. Oder macht das nur der große Ofen, den mir zwei von den krobatischen Burschen aus Lehm und Steinen gebaut haben, und in dem jetzt die mächtigen Buchenscheite knacken und summen? — Wohl uns, daß es wenigstens Holz hier im Land gibt, mehr als genug! — Holz, nicht nur zum Verheizen, sondern auch, um Verhaue und Palisaden daraus zu bauen, Brustwehren und Festungstore, — Wachttürme, Brücken, — Bauernhütten und Zäune — und Truhen — und Pflüge.

1537

Warasdin, am 15. Februarii 1537

Ich hab jetzt lang — sehr lang — mein Diarium wieder ruhen lassen; — allzu eintönig, zu arm an Erlebnissen und Begegnungen ist mein Leben in dieser Zeit neuerlich geworden, als daß es mich verlokken konnte, darüber viel zu schreiben. — Ob das sich wohl in diesem Jahr ändern wird, wo der Waffenstillstand mit dem Sultan und dem Zapolya abläuft? — Überall, wo ein paar Kriegsknechte beisammensitzen, dreht sich die Rede nur mehr um das, was jetzt kommen soll.

Was ist geschehen in den Jahren, seit ich aufgehört habe, in mein Büchel zu schreiben? — Nicht viel. — Fast ein Jahr lang bin ich noch in der Einschicht in Slatina gesessen. Im Frühling sind türkische Scharen ins Land eingefallen, ins Gebirg zwischen uns und Poschega, haben im Papuk gehaust; ein halbes Dutzend Dörfer zerstört. — Im Sommer sind sie die Heerstraße entlanggekommen, von Djakowo herauf; ein oder zwei Tausend sind an unseren Mauern vorbeigezogen, weiter nach Westen; gegen Werwetitz zu. Dann sind noch ein paar hundert aufgetaucht, haben sich vor unsere Festung gelegt und wollten sie im Sturm nehmen. Aber wir waren auf der Hut; sind uns ein paar Ausfälle wohl gelungen, und wir haben den Feinden solche Schlappen beigebracht, daß sie Hals über Kopf sich zurückgezogen haben. Den anderen ist es vor Werwetitz nicht viel besser ergangen. — Und im Herbst sind sie auf Schiffen die Drau heraufgefahren, haben die Festung Valpovo umgangen und den Marktflecken Moslawina eingenommen, ausgeplündert und niedergebrannt. Als die türkische Flottilla zurückkam, hatten die von Valpovo ihr Geschütz am Fluß in Stellung gebracht und konnten drei feindliche Schiffe versenken. An eine Verfolgung war nicht zu denken, da wir keine Schiffe haben.

Ein Jahr in Slatina, — und vier türkische Einfälle allein um unseren Ort herum. — An anderen Stellen der Grenze soll es nicht viel ruhiger zugegangen sein. — Ob das, was der Katzianer will, nicht doch das einzig Richtige wäre? — Ein Ende machen mit dem ewigen Sich-Ducken und Zuwarten! — Nicht zuwarten, — hineinstoßen in den Feind, — ihm das Schwert in den Leib rennen! — Wenn wir doch bloß etwas mehr Kriegsvolk hier hätten an der Grenze! —

Dann hat mich der Katzianer auf einige Zeit nach Agram geschickt; ich sollte mich dort um den Nachschub aus Krain und der Untersteiermark kümmern.

Es war damals eine ruhige Zeit, den Türken schien mit einem Mal die Lust zu Übergriffen vergangen zu sein, und es lief das Gerücht, das sei, weil der Sultan weit hinten in Asien sich mit anderen mächtigen Feinden in einen Krieg eingelassen hätte.

Allmählich sickerte dann — Gott weiß, auf welchen Wegen — weitere Kunde durch. Die Perser seien es, die den Türken im Rücken so arg zu schaffen machten. Aber sei das, wie immer es wolle, — der Gedanke, der Gedanke: — Wenn es da dem Kaiser, dem Reich einmal gelänge, mit jenen fernen mächtigen Feinden des Sultans sich zu verbünden, — mit ihnen gemeinsam die Türken in die Zange zu nehmen, so wie es die seit langem schon zusammen mit Frankreich gegen uns betreiben! — Ein abenteuerlich gaukelnder Wunschtraum muß das wohl für uns bleiben, — die Wirklichkeit aber bringt uns wieder einmal das gerade Gegenteil. — Denn im vergangenen Jahr hat der König von Frankreich neuerlich das Reich mit Krieg überfallen, zum drittenmal nun schon. Er rechnet wohl damit, daß der Sultan rechtzeitig mit seinem Kriegszug in Asien zu Ende kommt, damit er, sobald heuer zu Ostern der Waffenstillstand abläuft, das Reich wieder von hinten anfallen kann. Und seine Rechnung wird wohl aufgehen, denn schon beginnen die Türken sich allenthalben zu rühren. Im vergangenen Sommer sind sie bereits wieder in Slawonien eingefallen, zahlreich wie noch nie seit 1532, haben um Poschega an die vierzig Dörfer verwüstet und über sechzigtausend Gefangene fortgeschleppt, ohne daß wir imstande waren, sie dabei zu hindern.

Im Frühsommer vorigen Jahres hat mich der Katzianer wieder nach Warasdin gerufen; er hatte für mich vielerlei zu bestellen und zu besorgen, und ich fand nicht viel Ruhe. Als ich dann zum erstenmal nach Ladanje hinaus kam, den Janko Ptakowitsch nach langer Zeit wieder einmal zu besuchen, da fand ich ihn in großer Freude, denn seine Jela hatte ihm wenige Tage zuvor den zweiten Sohn geboren.

„Janko!“ sagte ich und schlug ihm auf die Schulter, — „wenn das so weiter geht, und deine Buben werden so wie du, dann braucht sich der Kaiser keine Sorgen zu machen um sein Land an der Grenze!“

„Ja, — tako je, — so ist es!“ nickte der Ptakowitsch, jäh ernst geworden, — „und ist auch gut so und nötig! Der Kaiser, — es spricht sich hier so, — er hat jetzt andere Sorgen als um uns.“

„Du hast recht, leider. — Die Franzosen, so hört man, machen ihm hart zu schaffen, in den Niederlanden und anderswo. Und doppelt hart ist es, daß ihm die im Reich wieder einmal in den Rücken fallen. Da haben die protestantischen Fürsten vor sieben Jahren in Schmalkalden — das ist im Thüringer Land — einen Bund miteinander geschlossen. Der Kaiser hat den nicht als ernstliche Gefahr angesehen. Jetzt aber haben sie ihre Masken fallen gelassen und mit den Franzosen sich verbündet. Und es wird der Kaiser seine Armada nun im Reich und im Westen so sehr nötig haben, daß die Grenze auf sich allein gestellt bleiben wird wie seit eh und je."

Daß der letzte Winter verhältnismäßig ruhig vergangen ist, was bedeutet das schon? — Ist es nicht, als hielte der Türk bloß den Atem an, ehe er aufs neue vorbrechen und losschlagen will? — Ob es uns gelingen wird, seinen Hieb aufzufangen? — Oder gar, ihm zuvor zu kommen? — Der Katzianer jedenfalls baut fest darauf.

So ist nun alles wieder voll Unruh und Verwirrung, — um mich, — aber auch in mir. — Jedesmal, wenn ich in Ladanje beim Janko einkehre, mich an seiner bescheidenen Häuslichkeit ergötze, an seiner und seines jungen Weibes Gastfreundschaft und an dem Gekrabbel seiner Nachkommen, — und wenn ich dann wieder davonreite, dann ist eine Stimme in mir, die fragt: warum schaffst du dir nicht auch so ein warmes Nest? — Aber kann ich es denn, — darf ich es, — bei meinem unsteten heimatlosen Leben, — bei allem, was auf mich vielleicht noch wartet? — Und sonst? — Frauenzimmer laufen genug über den Weg, die sich unsereinem gern an den Hals werfen. — Aber das eine einzige Mal, wo ich in meinem jungen Leben bisher die Liebe eines Weibes erlebt habe, das hat mich wohl so sehr geadelt und gefestigt, daß ich es nun nicht mehr entweihen und billig von mir werfen kann noch will. — So gehe ich weiter durch das Leben und fühle mich mitten im rauhen und nüchternen Kriegshandwerk oft wie ein Träumer, der auszieht, irgendeinem Wunder nach.

Graz, am 10. Martii 1537

Mich hat der Katzianer wieder einmal nach der steirischen Landeshauptstadt geschickt. Ich sollte hier fünfzig Arkebusen und zwanzig Faustrohre für ihn in Empfang nehmen, wohl überprüfen und sicher nach Warasdin geleiten.

„Ist erst der Anfang!" hat er lachend gesagt, — „auch Feldschlangen und Falkaunen sollen noch in Menge kommen, bevor wir aufbrechen. — Und vor allem natürlich Leut, — viel Leut! — Doppelt und dreifach so viel, als wir jetzt haben, — mindestens!"

„Aber wo soll der Kaiser die hernehmen, — jetzt, wo er Krieg führt gegen Frankreich? — Wo er uns schon zuvor in Friedenszeiten nichts geschickt hat."

„Das wird eben nun anders!“ klopfte er mir begütigend den Rücken. — „Hispanisches Gold wird hier rollen, und hispanische Regimenter werden marschieren! — War bis jetzt ja nicht möglich, wo dort drüben am Meer überall der Türk gesessen ist, den Hispaniern vor der Nase. — Aber nun sind dem die Nester alle ausgenommen worden, — nun hat der Kaiser in Hispanien die Hände frei bekommen, — aha! — Da schaust? — Weißt noch gar nichts davon? — Wirst es noch erfahren, ein andermal! — So, und jetzt reit zu und bring mir meine Rohre!“ —

Nun, die Waffen habe ich ausgefolgt bekommen, und kann auch wohl zufrieden sein mit ihnen. Von weiteren Sendungen an uns wissen die Leute hier aber nichts. Ich redete dann mit den Waffenmeistern im Zeughaus noch eine Weile über dies und jenes, und dabei erzählte einer, es predige zur Zeit ein fremder Kapuzinerpater in der Stadt, der sich großen Zulaufes erfreue. Ob ich den schon gehört hätte? — Nein. — Aber ich war neugierig geworden, ging hin und fand — den Pater Heinrich.

Das war ein Hallo! — Wie wenn eben zwei alte Landsknechts- und Kriegsgesellen einander unvermutet begegnen.

„Ei, das ist schön, daß du dich wieder einmal zeigst!“ polterte er los, — „ihr da drunten an der Grenzen seid ja so gut wie aus der Welt für unsereinen! — Gut schaust aus, — bist ein richtiger Mann geworden! — Hahaha! — Also, was gibt's? — Brauchst am End wieder einen Feldkaplan? — Oder gar einen Priester zum Hochzeithalten oder Kindstaufen, wie wir es uns ausgemacht haben, damals in Wien?“

„Nein, — leider gar nichts von alledem. Hab nur vernommen, daß Ihr hier predigt über Dinge, die Wissens wert wären. Da hört man, daß Krieg ist in Frankreich und in den Niederlanden, und daß die Hispanier irgendwo auf dem Meer die Türken geschlagen hätten, — aber das alles nur so von ungefähr und ohne Genaueres.“

„Nun ja!“ sagte der Pater voll Eifer, — „alles das mag ja auch Wissens wert sein, trägt sich aber doch bloß am Rand zu. Viel bedeutsamer ist, was bei uns selbst jetzt geschieht, im Reich, — zu geschehen anhebt: Bet zum Herrgott, daß unsere Christenheit im Römisch-Deutschen Reich wieder unter einen Hut kommt, — sich aufs neue fest zusammenfügt, — ehe es dafür vielleicht zu spät ist. — Der Anfang dazu ist jedenfalls gemacht.“

„Bei Gott, — wer sollte das zuwege bringen?“

„Wer sonst als der Kaiser!“ antwortete der Pater. — „Ist es nicht des Kaisers Herzenswunsch und Anliegen all die Jahre schon?“

„Das kann ich mir wohl erklären“, sagte ich, — „denn was sich gespalten hat in Katholisch und Lutherisch, das ist nicht so sehr die Christenheit als vornehmlich das deutsche Volk in des Kaisers Reich.

Den Glauben einigen, hieße also auch das Reich wieder zusammenfügen."

„Ja, richtig, Konrad, richtig!" ereiferte sich der Pater, — „das Reich, das Kaisertum, die Christenheit, — eines baut sich auf dem anderen auf, eines ist so unteilbar wie das andere. Weshalb der Kaiser und seine Freunde bloß nach der einigenden Formel gesucht und sie auch gefunden haben: im apostolischen Glaubensbekenntnis. Wer immer nur sich nach dem halte, dem solle in allem anderen reichlich freie Hand gelassen werden, und über alles das werde man schon zu einem Vergleich mit den Abgewichenen kommen."

„Aber was sagen die anderen Völker des Kaisers dazu, — vor allem die Hispanier?"

„Gerade die sind es, die um des Reiches Einigkeit und Stärke willen den Kaiser unterstützen, sowohl der Erzbischof von Sebilla, der Don Alonso Marique, der höchste unter den hispanischen Kirchenfürsten, als auch der nächste Ratgeber des Kaisers, der Kardinal Großkanzler Gattinara."

„Und was ist bisher dabei herausgekommen?" fragte ich, — „was sagen die anderen im Reich, — und was sagt der Luther selbst?"

„Der ist ein harter Kopf mit enger Stirn. Klammert sich an seine Thesen, — und erkennt und begreift nicht, daß es dem Kaiser um tausendmal mehr geht, — um das Reich! — Ob der Luther wohl je verstanden hat, was das ist, — das Reich? — Wenn er auch das Wort hundertmal im Mund führt. Aber der Stimmführer der Protestanten, der das Volk wirklich in der Hand hat, ist ja gar nicht der Luther selber, sondern der Melanchthon, — und der hat einen weiteren Blick; mit dem wird man reden und sich einigen können."

Ja, zum Teufel, — wer hat denn dann bis jetzt diese ganze Einigung hintertrieben?"

Des Paters Gesicht wurde finster: „Das wird dich wundern: der Gegenspieler des Kaisers ist — abgesehen von verschiedenen deutschen Fürsten, zumal im Norden des Reiches — der Papst in Rom!"

„Ja, um Himmelswillen, — müßt nicht gerade dem als ersten daran liegen, alle Christenheit wieder zu einigen? Würde nicht eben das seine eigene Macht und Stellung gewaltig mehren und erhöhen?"

Der Pater wiegte den Kopf. — „Die Zeit, da geistliche Mächte stärker waren als weltliche, ist längst dahin, — wohl für immer. — Und der Papst befürchtet, ein geeintes Reich könnte ihm vielleicht mehr Nachteil bringen als eine geeinte Christenheit Vorteile!"

Ich aber fuhr auf: „Was aber ist dann nun eigentlich der Papst? Pontifex maximus, — Stellvertreter des Allmächtigen auf Erden, — geistliches Oberhaupt aller Christen? — Oder nur ein Fürst und Landesherr wie hundert andere und nicht besser, sondern eher schlechter!"

Statt einer Antwort fragte der Pater mich: „Weißt du überhaupt, wer Papst war, — damals, wie der Martin Luther in Wittenberg seine Thesen angeschlagen hat?“

„Ist das nicht ein Leo gewesen?“

„Richtig! — Und weißt du auch, welches Spiel dieser Papst Leo zuvor bei der Kaiserwahl getrieben hat mit dem sächsischen Kurfürsten Friedrich, welch selber der Landesvater und Beschützer des Luther ist?“ — Und als ich die Achseln zuckte: — „Nun, — bestochen hat er den, daß er die Wahl des Habsburgers Karl unter den deutschen Fürsten hintertreibe und an seiner Stelle den französischen König Franz auf den Kaiserthron gängle. Der Papst hat als Lohn für solches Unterfangen sogar einen Kardinalshut für den Luther in Aussicht gestellt. Weiß Gott, wie es gekommen wäre, wenn nicht die in den hispanischen Niederlanden, in Flandern und Brabant, und die in den schwäbischen Reichsstädten des Habsburgers Partei gehalten und noch mehr Gold auf die Krämertische der Herren Kurfürsten geworfen hätten. — Nun ja, der Heilige Vater Leo ist ein Medici gewesen, ein florentinischer Krämer, was sonst! — Gott verzeih mir die Sünde, daß ich so von meinem obersten Hirten rede! — Aber kann er auch noch einem Papst verzeihen, der sich um Macht und Geldes willen allemal mit des Heiligen Reiches Feinden verbündet, mit Franzosen und Venezianern und zuletzt gar noch mit dem Zapolya und damit hinten herum allerletzten Endes selbst mit dem Sultan!“

„Wenn ich Euch so reden höre“, sagte ich, „dann wundert's mich nicht, daß der Luther und seine Anhänger gegen den Papst rebellieren.“

„Es rebelliert sich bald in unserer Zeit!“ knurrte der Pater verächtlich. — „Überall gärt und brodelt es, wendet sich das Unten gegen das Oben, — Knechte gegen die Herren, Bürger und Bauern gegen die Fürsten, die Laien gegen die Kleriker, — es braucht gar nicht erst einen Luther dazu! Es ist auch nicht zu leugnen, daß vieles, allzu vieles faul und giftig geworden ist in der Kirche, — nicht nur in Rom, auch bei uns im Reich. — Aber auch gerade das wieder erkennt keiner besser als der Kaiser, — weiß es, daß eine Reform der Kirche wahrhaft notwendig ist, wenn sie bestehen bleiben will, — betreibt es mit aller Macht, — nicht, weil er der Kirche übel will, sondern weil er zutiefst um sie besorgt ist. — Aber du kannst jetzt wahrscheinlich verstehen, wieso der Papst gegen den Kaiser mehr Argwohn als Wohlwollen hegt.“

„Was heißt aber nun Papst? — Der Leo ist doch schon lang verstorben, und eins — zwei — drei andere sind nach ihm gekommen.“

„Wohl, — der erste von denen war gut, der Heilige Vater Hadrian. War ein Flamander aus Brabant und ist vormalen des Kaisers Lehrer gewesen. Hätte, fromm, rein und ehrlich, wie er war, den rechten Mann gegeben für seines großen Schülers Pläne. Bloß: nach kaum einem Jahr ist er gestorben. Und nach ihm haben die römischen Kardinäle gleich wieder einen Welschen zum Papst gemacht; war wieder ein Medici: der Clemens. Der hat gleich wieder die alten Ränke und Schliche angehoben und zuletzt die Franzosen ins Land gerufen, auf daß sie, wie er erklärte, Italien vom Kaiser befreiten. Nun, du weißt ja, wie es ausgegangen ist; anno fünfundzwanzig bei Pavei hat der Frundsberg dem König Franz alle Hoffnung benommen, ein solcherart befreites Italien in die eigene Tasche zu stecken. Was den Papst freilich nicht gehindert hat, weiter gegen Kaiser und Reich den Brand zu schüren, bis zuletzt, drei Jahre nach Pavei, der Kaiser es für nötig ersehen hat, mit seinen deutschen und hispanischen Kriegsvölkern die Ewige Stadt im Sturm zu nehmen und den Papst nebst etlichen Kardinälen gefangen zu setzen. Jetzt erst ist der fromm und zahm geworden und hat auch im Jahr darauf brav den Karl in Bononien zum römischen Kaiser gekrönt."

„Ist das nicht ein verzweifelter Widersinn?" fragte ich. — „Der Kaiser, von Anfang an bemüht, als Schirmherr der Kirche deren Einheit und Reinheit wieder herzustellen — dieser Kaiser muß zuerst das Oberhaupt der Kirche überwinden und demütigen, ehe er an sein großes Werk gehen kann."

„Richtig!" pflichtete der Pater erregt bei, — „nur: inzwischen sind zehn Jahre vergangen, — zehn Jahre, in denen die Flug- und Kampfschriften der Lutheraner den Spalt in Reich und Christenheit zur schauerlichen Kluft verbreitert und vertieft haben."

„Und der Religionsfriede, der vor fünf Jahren zu Nürnberg geschlossen worden ist?"

„Ist kein Frieden, sondern ein wackeliger Waffenstillstand. Ist nicht besser, als der Waffenstillstand, den ihr an der Grenze mit den Türken habt."

Ich mußte aufbrechen. Es war spät geworden, und ich war ganz benommen von dem vielen Neuen, das ich wieder gehört hatte. Der Pater streckte mir beide Hände zum Abschied hin:

„Betet und wachet, hat der Herr Jesus zu seinen Jüngern gesagt im Garten zu Gethsemane. — Wir beide wollen uns in dieser Arbeit teilen: ich will beten, daß der Herr denen das Hirn erleuchte, — und du wache derweilen, daß so lang der Türk nicht über uns kommt. — Dünkt mir schier, du hast dabei nicht nur den schwereren, sondern auch den besseren und wichtigeren Teil. — Das brauchst ja meinen Herren Vorgesetzten nicht zu sagen!"

Warasdin, am 26. Martii 1537

„Bist heut am Abend bei mir! — Kommen noch etliche. — Und einen seltenen Gast hab ich auch! — Wirst dich wundern, was der zu erzählen weiß! — Ist für uns alle höchst lehrreich und nützlich!“ — So redete der Katzianer heute zu mir und rieb sich die Hände.

Am Abend — es war auch der Hauptmann Forhegger zugegen und der von Auersperg, der Rupprecht Puchmüllner und noch ein paar Offiziere — stellte uns der Katzianer einen hochgewachsenen dunkelhäutigen Edelmann vor, der nach hispanischer Art schwarz gekleidet war.

„Der Capitano Federigo de Fregoso aus der Seestadt Jenau, — oder Genova, wie es die Welschen selber nennen, — ein Landsmann also von unseres Kaisers Admiral, dem großen Andrea Doria, — und auch sein Freund und Kriegsgenoß!“

Der Fremde verneigte sich lächelnd: „Ich darf hinzufügen, daß meine Mutter aus Dalmatien gekommen ist, und meine zweite Großmutter aber aus der freien Reichsstadt Augsburg stammte; — weshalb ich mir also schmeicheln darf, zu einem Viertel im hiesigen Land beheimatet und zu einem weiteren Viertel ein Landsmann der hier versammelten deutschen Herren zu sein.“

Er sprach fließend deutsch; kaum daß man aus seinen Worten den Fremdling heraushörte.

„He!“ stieß ihn der Katzianer ungeduldig in die Seite. — „Fangt lieber zu erzählen an; es sind alle schon neugierig!“

„Nun, so will ich denn, auf des Herrn Obristen Geheiß“, — er verneigte sich höflich vor dem Katzianer, — „und wenn die Herren es wünschen, Bericht geben, wie wir den Chaireddin Rotbart aus der Seefestung Tunis in Afrika geworfen haben.“

„Wer ist denn das überhaupt, dieser Rotbart, — wie nanntet Ihr ihn noch?“ fragte der Auersperg.

„Der Chair-ed-din! — Ein Seeräuber übelster Sorte ist er; — aber für den Sultan ist so einer gerade der Rechte, um daraus einen obersten Admiral zu machen.“

„Und wie soll's der zuweg gebracht haben, daß er des Sultans Admiral geworden ist?“ fragte der Forhegger ungläubig.

„Nun, — die Seeräuberei ist ja kein ausgefallenes Gewerbe da unten auf dem Meer zwischen Europa und Asien und Afrika. Da gibt es an der afrikanischen Küste ein halb Dutzend kleine muselmanische Herzogtümer; sind unter sich gerade so uneins und argwöhnisch und haben vor dem Kaiser die gleiche Angst wie vor dem Sultan. Das hat der Chaireddin weidlich auszunützen verstanden. Zuletzt, wie ihn der Fürst von Algier einmal gegen irgendeinen seiner Nachbarn zu Hilfe gerufen hat und ihn zu diesem Behuf in seine Stadt hineingelassen, da ist der Chaireddin einfach drin sitzen geblieben, hat den Fürsten gefangengenommen und sich von Stund ab als Herr des Landes betrachtet. Das hat den Kerl offenbar so berühmt gemacht, daß ihn der Sultan nach Konstantinopel gebeten hat, als obersten Befehlshaber über die türkische Flotte."

„Ich muß schon sagen", knurrte der Forhegger, — „wenn bei uns einer oberster Feldherr werden will, so tut er nicht gerade gut, als Räuberhauptmann anzufangen!"

„Nun ja", fuhr der Fregoso fort, — „der Chaireddin scheint es jedenfalls verstanden zu haben, dem Sultan weis zu machen, er könnte ihm die Herrschaft über das ganze westliche Mittelmeer verschaffen, denn er hat ihm in der Folge eine beachtliche Flotte aufstellen lassen, und mit der ist der Rotbärtige vor zwei Jahren nach dem Westen aufgebrochen. Dabei hat der Chaireddin Befehl erlassen, es seien alle christlichen Schiffe anzugreifen, aus Hispanien und aus Portugal, aus Genova und aus Neapel, die von Malta und die vom Papst, — nicht aber die von Venedig und Frankreich, mit denen der Sultan Freundschaftsverträge abgeschlossen hat. — Nun, — und was hat die türkische Flotte an glorreichen Taten vollbracht? — Sie hat einen von den kleinen maurischen Fürsten überfallen, den Muley Hassan von Tunis, sich seiner Stadt und seines Landes bemächtigt, — und von dort aus hier und da eine Küstenstadt, eine einsame Insel oder dergleichen überfallen, — so wie es eben seit eh und je Seeräuberart ist."

„Was heißt Seeräuberart!" brauste der Rupprecht auf, — „wie es Türkenart ist! — Ob zu Land oder zu Wasser, — es ist hier wie dort das gleiche!"

„Ja", lächelte der Kapitän de Fregoso, — „der Sultan mag sich unter der versprochenen türkischen Herrschaft über das westliche Mittelmeer auch etwas anderes vorgestellt haben, — ist aber nicht lang zum Nachdenken gekommen. Denn der Muley Hassan ist zum Kaiser geflohen und hat ihn um Hilfe gebeten."

„Und, — was hat der Kaiser getan?"

Der Fregoso reckte sich: „Es ist Sache des Kaisers, jedem Bedrängten beizustehen, der sich in seinen Schutz flüchtet! — Umso besser", lächelte er, — „wenn dem Reich aus solcher Hilfe ein Nutzen erwächst. — Und der Muley Hassan war nur ein willkommener Anlaß, endlich einmal heilsam reinen Tisch zu machen in jener Gegend des Meeres.

Seht, ihr Herren: gegen ein solches Seeräubergesindel ist nichts damit getan, wenn man die Städte am Meer ummauert und befestigt und die Schiffe mit Kanonen beschickt. — Nein, — dagegen hilft nur eines: dem Feind nachsetzen, ihn aufspüren in seinen Schlupfwinkeln, ihn auszuräuchern, — und sich selber in sein Nest hinein setzen!"

„Hört gut zu!" ließ sich der Katzianer wieder vernehmen, — „der

Capitano redet vom Meer, — wohl, — könnt aber ebenso gut auch vom Land sprechen. — Aber erzählt weiter, — wie die Flotte des Kaisers ausgeschaut hat und die Armada darauf."

„Ja, — die Flotte, die der Kaiser dem Doria in die Hand gegeben, die hat sich wohl können sehen lassen! — Ich bin selbst zwar kein Seemann, aber mit des Kaisers Fußvolk gezogen. — An sechshundert Segel waren es, und darunter zwanzigtausend Mann, Deutsche und Hispanier, Italiener und Portugiesen, und aus allen Ländern die besten. Und Gott war mit uns von dem Tag an, da wir aufgebrochen sind in Cadiz und in Barcelona, in Genova und in Cartagena.

Auf hoher See haben sich unsere Geschwader getroffen, bis zuletzt das Meer von Schiffen bedeckt war, so weit das Auge reichte. Und eines Morgens ist vor uns die ausgedörrte verbrannte Küste von Afrika aufgetaucht. Da lag auf einem Vorgebirge eine gewaltige Festung, ein riesiger dicker Turm. Und dahinter ging eine Bucht auf, weit und tief, und fern darin wuchs eine weiß schimmernde Stadt empor: — Tunis!

„Nun will ich aber der Reihe nach berichten, was sich zugetragen hat", fuhr der Fregoso wieder fort. — „Der mächtige Turm, den wir schon von fern gesehen hatten, ist die Zitadelle der Stadt; die ‚Kehle' nennen sie die Türken, und wir sagen daher la Goletta zu ihr. Wer in ihr sitzt, hat die Stadt wahrhaftig an der Kehle, denn sie sperrt den Weg von der äußeren Lagune in den inneren Hafen. In diesen Hafen hatte der Chaireddin alle seine Schiffe gebracht, eine unübersehbare Menge; deren Geschütze aber hatte er auf der Goletta aufstellen lassen, und dorthin hatte er auch seine Janitscharen gelegt und seine besten maurischen Bootsmannschaften. Und es ist die Goletta damit zu einem waffenstarrenden und feuerspeienden Ungetüm geworden. Die eigentliche Stadt mit dem Hafen war weniger stark befestigt; hier verhielt sich der Chaireddin selbst mit dem Rest seiner türkischen Truppen, den Mauren und Berbern. Alles zusammen hatte der Feind an fünftausend Mann türkischer Soldaten und dazu noch gut ein Dreifaches an muselmanischen Stammeskriegern, die der Chaireddin aus dem Land Tunesien aufgeboten hatte.

Nun, — die Herren wissen, was eine Belagerung ist. Schwerer noch als sonst wird alles, wenn eine unbarmherzig brennende Sonne darüber strahlt, und es an aller frischer Nahrung und an Wasser mangelt. Kämpfen, wenn Hitze und Schweiß, Salz und Staub die Kehlen dörren — so kämpfen ist schwer. — Und doch traf ich keinen in des Kaisers Armada, der darüber verzweifelte oder gar an Rückzug dachte.

Fünfundzwanzig Tage lang haben wir die Goletta belagert, während wir zugleich im Rücken die Ausfälle des Rotbärtigen aus der Stadt abwehren mußten. Unser Unterfangen wäre wohl, ungeachtet aller bewiesenen Tapferkeit, ohne Erfolg geblieben, wenn wir nicht unsere Schiffe gehabt hätten. Aber so gebot der Doria über etliche gewaltige Karawellen mit hohen Flanken, längs deren ein schweres Geschütz neben dem anderen gereiht stand, so daß wir dem einen feuerspeienden Ungetüm der Goletta von See her genug andere entgegen stellen konnten. Das größte von allen Schiffen aber war die Santa Anna, eine Karake der Johannesritter aus Malta. Die gab dann auch den Ausschlag, als sie, nahe an den Turm herangebracht, eine große Bresche schoß, durch welche die deutschen Landsknechte im Sturm eindrangen.

Die Türken hatten zwischen der Goletta und der Stadt Gräben und Schanzen errichtet und hielten diese noch ein paar Tage. Wir bereiteten uns schon auf eine neuerliche längere Belagerung vor, als etwas ganz Unvorhergesehenes geschah. Die Türken hatten nämlich alle christlichen Rudersklaven von ihren Galeeren genommen und in der Stadtburg eingekerkert; einige tausend waren es. Nun brachen diese eines Nachts unter der Führung eines gefangenen deutschen Landsknechtes aus, versorgten sich mit Waffen aus dem Zeughaus, bemächtigten sich der ganzen Stadt, erschlugen die türkische Besatzung und fielen zuletzt die Feinde in den Gräben und Schanzen von hinten an."

„Und der Chaireddin?" fragte einer atemlos.

„Der hat sich rechtzeitig in Sicherheit gebracht. — Wir haben drei Tage nach ihm gesucht, ohne Ergebnis, dann, — zu spät freilich, sind wir ihm auf seine Schliche gekommen. Er hatte im benachbarten Hafen von Biserta ein Dutzend seiner raschesten kleinen Galeeren fahrbereit versteckt gehalten, — ist zu Land dorthin geflohen und sogleich abgefahren. — Und mit Satans Hilfe ist er auch dem Geschwader entgangen, das der Doria hinter ihm nachgeschickt hatte."

„Und wie sieht es jetzt in Tunis aus? — Sitzt dieser Muley Hassan wieder dort?"

„Gewiß, — denn so hat es ihm der Kaiser ja zugesagt. Er erkennt freilich den Kaiser als Oberherren an und zahlt ihm jährlich einen geringen Tribut. Außerdem bleibt die Festung Goletta in hispanischen Händen, und ebenso haben die Hispanier in der Nachbarschaft die Häfen Biserta und Bona besetzt. — Jedenfalls ist des Kaisers Macht in Afrika jetzt festgefügt."

„Und hat man von dem Rotbärtigen noch etwas gehört?"

„Gewiß! — Es ist ihm mit etlichem Hakenschlagen gelungen, wieder nach Konstantinopel sich durchzuwinden. — Nun hätte nach solchen Mißerfolgen einem anderen der Sultan wohl bloß eine seidene Schnur geschickt, aber der Chaireddin ist offenbar ein solch einmaliger Schelm, daß der Sultan fürchtet, für ihn auf der ganzen Welt keinen Ersatz zu finden. Er hat ihn jedenfalls nicht nur in Gnaden aufgenommen, sondern ihn sogar zum Beglerbeg der Meere, das ist obristen Admiral, ernannt. Und er soll sogleich darangegangen sein, eine neue Flotte zu bauen."

Warasdin, am 29. Martii

Der Bericht des Kapitäns aus Jenau hat uns allen zu denken gegeben. Und wenn wir auch leicht erkennen mochten, daß der Katzianer jenen bloß deshalb in unsere Gesellschaft geladen und zu erzählen gebeten hat, damit er mit diesem Bericht Stimmung mache für seine, des Katzianers eigenen Absichten, — für das Angreifen und Vorstoßen, — bei Gott! — hatte er nicht eben damit Recht? — Jetzt werden die türkischen Raubschiffe nicht mehr Jahr für Jahr die Küsten von Hispanien und Sizilien brandschatzen. — Und wenn die Kaiserlichen wieder in Esseg und in Belgrad säßen, würden die türkischen Raubhorden zu Land ebensowenig, allmonatlich fast, sengend und mordend bis ins Herz dieses Landes hier einbrechen.

Belgrad, — „die Weiße Stadt", der Name ist noch nie gefallen, seit ich hier bin, — aber ich weiß: der Katzianer denkt an Belgrad. — Und warum sollte ihm vor Belgrad nicht auch gelingen, was dem Doria vor jener anderen weißen Stadt am Meer gelungen ist!

Ich redete darüber mit dem Rupprecht Puchmüllner, aber der wollte meine aufkeimende Begeisterung nicht teilen.

„Wieviel Mann hat der Doria vor Tunis gehabt? — Zwanzigtausend von den Besten! — Und wieviel hat der Katzianer? — Dreitausend, wenn's hoch kommt. — Dann bedenke: von Konstantinopel her gesehen, liegt Tunis am Rand der Welt und ist nicht lebenswichtig. Belgrad aber liegt dem Sultan hübsch nahe und ist für ihn von allergrößter Bedeutung. — Wenn aber der Katzianer sich vor Belgrad legt, — wirst schauen, was der Sultan der Stadt alles auf kürzestem Weg zu Hilfe schickt. — Es ist eben auch etwas anderes, ob so einen Heerzug, zu Wasser oder zu Land gilt gleich, der Kaiser selber plant und der Doria durchführt — oder ob beides bloß der Katzianer tut."

„Aber er sagt, er werde noch reichlich Truppen bekommen."

„Wäre schön. — Ich glaub aber nicht eher an so was, als bis ich es sehe. Und es schaut im Augenblick gar nicht danach aus. Aus Wien sind Nachrichten gekommen, die große französische Armada hätte

Bild rechts und umseitig:
Feindesgefahr signalisierte man durch Feuer, Schüsse oder Glockengeläut. „Kreidenfeuer-Patent vom 25. Mai 1537", im 16. Jahrhundert mehrmals erneuert.
Aus dem Codex Austriacus I, 1704 (NLB).

14. Septemb. 1691.

Kreuden-Feuer.

Ferdin. I.

GEtreuer lieber; dir ist ungezweiffelt noch in guter und frischer Gedächtnuß / daß Wir in Bewegung der gewesten / und noch vor Augen stehenden gefährlichen Kriegs-Läuff/ und unserer Feind/glaubigen oder unglaubigen/ unverursacht böß Fürnehmen und Practiquen, so sie für und an gebrauchen/ und derselben in Ubung seyn und nicht nachlassen wollen/ verschiener/ und nemblich deß 34. Jahrs eingedruckte Ordnung und General neben einer Ehrsamben unserer Landschafft dieses Ertz-Hertzogthumbs Oesterreich unter der Ennß Verordneten/ wie es in den übrigen und gählingen unbesorgten Ein oder Uberzügen zu Warnung deß gemeinen Volcks/ und unserer Unterthanen/ mit den Kreuden-Feur / Kreudenschüssen und Glockenstreich allenthalben auff den Gebürgen/ Schlössern und Orthen/ da es die Nothdurfft erfordert/ gehalten werden solle/ außgehen lassen; und wiewohl Wir Uns versehen / du und andere/ so die gemeldten Kreuden-Feuer/ Schuß oder Glockenstreich/ Inhalt derselben unser Außschreiben zuhalten/ und in Zeit der Noth/ die Warnung damit zuthun in Befehl habt / seyt damit nothdürfftiglich gefast/ und in guter Warnung/und Fürsehenheit; dieweil aber sich noch täglichen und stündlichen unsere Widerwärtigen / der Türck / Weywoda/ Thortzgy/ Walland/ und derselben aller Anhänger/ wie sie Uns und unsern getreuen Unterthanen / Land und Leuthen in ein oder andere weeg Nachtheil oder Schaden zufügen möchten/ embsiglich nachdencken/ und alles das/so möglich/ nicht unterlassen. Dagegen Wir aber auch/ so viel Uns immer möglich und erheblich/ in nothdürfftige/ und dermassen Gegenwehr richten/ daß unsers Verhoffens zu GOtt dem Allmächtigen / nicht allein ihr Fürnehmen abgestrickt / sondern auch unsere Unterthanen/ vor mehrerem Schaden und Verderben verhütet werden mögen: und so dann alles in guter Fürsehenheit zustehen / die Nothdurfft erfordert / und den Feinden nicht kleine Verhinderung und Entsetzung bringet / haben Wir dich und andern denen solche Kreud zuhaben auffgelegt/ an obgemeldte Ordnung dannoch bey gegenwärtigen geschwinden Läuffen zuvermahnen/ ein sondere Nothdurfft bedacht; und ist demnach unser ernstlicher Befehl an dich/ daß du auff den Pottenberg deiner Verwaltung und Inhabung/ die obgemeldten drey Kreuden/ durch Kreuden-Feuer/ Kreudenschuß oder Glockenstreich wie oder welches du am Berg / und deinen Schloß oder Verwaltung am besten gehaben möchst/ dermassen zu und in Ordnung richtest/ damit wo du eines gewissen Einfalls erinnert/ oder von den andern Bergen/ Schlössern und Orthen/ in hierin ligender Zettel vermerckt dieselben vernehmest; zu Warnung der Unterthanen und gemeinen Manns / auch stracks thun und gehen lassen mögest; doch in allweeg unnothdürfftig Kreuden/ so du es nicht gewiß weist / oder die andern angangen seyn / zugeben mit dem fleißigisten verhütest/ und bewahrest; damit die Unterthanen nicht in vergebene Forcht / Kosten und Flucht geführt/ und auch dannoch daneben in Zeit der Noth/ vor gählingen und besorgten Uberfallenheiten verhütet werden/ wie du es selbst hierinnen/ und die Nothdurfft zubedencken weist / und Wir an dir nicht zweifflen; daran thust du unsern gefälligen Willen und ernstliche Meinung.

Kreuden-Feuer Ordnung.

Machinationes deren Feinden.

Kreuden-Feuer/Kreudenschuß uñ Glockenstreich zugebrauchen.

Jedoch damit behutsamb umbzugehen.

25. Maji 1537.

Kreuden-

Freuden-Feuer

In Oesterreich an folgenden Orthen anzuzünden.

Viertel Unter Wienner Wald.

Pütten.
Semering / Forchtenstein.
Heimburg / Eisenstatt.
Wartberg / Günß.
Kalnberg / Landsee.
Prugg an der Leutha / Kirchschlag.
Bernstain / Güssing.
und Stickhlberg.

Viertel Ob Wienner Wald.

Göttweig / Sitzenberg.
Oetscher / Nußberg bey Hollnburg.
Sontagberg / Hochenegg.

Im Viertel Unter Manhardtsberg.

Krut / Tantz bey Wolfferstorff.
Anger / Leisserberg.
Falckenstein / Pisenberg.
Harter / Simelberg.
Puchberg / bey Meilberg.
Perg / bey Sitzendorff.

Im Viertel Ob Manhardtsberg.

Ranchermeiß bey Schrättenthal.
St. Georgenberg / Kolmitzberg.
Arbesbach / Weissenalbern.
Sperckenbüchel bey Grünbach.
Am Jänding bey Rännck.

Repetirt wegen der Freuden-Feur	21. April. 1542.	
Widerholt - - - - - -	3. Octobr. 1542.	
Item - - - - -	24. Junii. 1556.	
Similiter - - - - -	13. Augusti 1575.	Maximil. II.
Erfrischt - - - - -	1. Septembr. 1594.	Rudolph. II.

schon vor mehr als Monatsfrist begonnen, über die Alpen zu gehen, nach Bemunt hinein. Von dort ist es dann nicht mehr weit nach Mailand. — Wer Mailand hat, der hat Italien! — Ist dem Kaiser nicht zu verübeln, daß ihm jetzt Mailand näher liegt als Belgrad, wenn auch du und ich vielleicht gegen den Tausch nichts einzuwenden hätten."

Wäre aber nicht gerade dann ein Zug, wie ihn der Katzianer plant, von größtem Nutzen? Wie gut wäre es da, wenn wir sein Heer schon anfielen, ehe es noch recht aufmarschiert ist, ehe es wieder bis nach Österreich hinein vorgedrungen ist, nach Wien oder Graz!"

„Ja, — alles gut und schön! — Aber was wissen wir denn schon, was der Sultan überhaupt mit seinem Heer vorhat! Mir ist das höchst verdächtig: der Franzose fällt nach Oberitalien ein, — und der Türk betreibt mit aller Macht den Bau einer riesigen Flotte. Wozu braucht er die? — Für Wien und Graz bestimmt nicht! Aber in Italien gibt es weite reiche Länder, die dem Türken schier vor der Nase liegen, von denen ihn nur ein schmaler Meeresstreifen trennt, und die er doch noch nie heimgesucht hat. Sollten ihn die nicht verlocken? — Wenn aber der Türk und der Franzos Italien von zwei Seiten her anfallen, dann braucht der Kaiser alle seine Truppen dort, — und wir können froh sein, wenn er nicht von hier noch etwas abzieht. — Und was dann an türkischen Horden bei uns über die Grenze einfällt, — das wird sich wenig darum kümmern, ob wir mit dreitausend Mann — oder was eben dann noch übrig ist davon — in Belgrad sitzen oder nicht."

Am 31. Martii

So haben wir vor zwei Tagen noch geredet. Und heut hat uns der Katzianer rufen lassen, den Rupprecht und mich.

„Wißt ihr's schon? — Nichts wißt ihr! — Der Türk hebt wieder zu ziehen und zu heeren an!"

„Wo? — Und wie?"

„An einer ganz neuen Stelle hat er dieses Mal zugepackt, — drunten am Meer, in Dalmatien. Vor knappen drei Wochen, da hat er die Feste Klis genommen, die den Ausgang aus den bosnischen Bergen zum Meer sperrt. War der letzte Fetzen krobatischen Landes dort weit drunten am Meer, und es sind demnach Uskoken und anderes krobatisches Kriegsvolk drin gelegen. Denen ihren Obristen, den Petar Kruschitsch, den hab ich gut gekannt, — war ein braver Kerl!"

„Was ist mit ihm geschehen?" fragte ich.

„Ei, was soll geschehen sein? Weißt nicht, was bei den Türken frommer Brauch und gute Sitte ist? — In allen Ehren haben sie ihm den Kopf abgehauen und auf einer langen Stange als Siegeszeichen über der Burg aufgepflanzt!"

Der Rupprecht schien das Letzte gar nicht gehört zu haben. — „Ja, wenn der Türk einmal in Klis sitzt, — dann hat er auch gleich die Stadt Spalato, — und dann werden die Venezianer bald überhaupt aus dem Land Dalmatien draußen sein. — Das heißt aber, daß dann der Sultan die ganze Meeresküste in der Hand hat, von Griechenland herauf bis an unsere Meergrenze bei Zengg. — Das heißt, daß dann alles Land Italien gegenüber türkisch ist!"

„Und die Venezianer?" fragte ich, — „Was werden die dazu sagen, wenn der Türk sich jetzt immer mehr in ihrer Nachbarschaft einnistet und ausbreitet? — Oder vertrauen die auf ihren Freundschaftsvertrag mit dem Sultan?"

Der Katzianer grinste. — „Freundschaftsvertrag? — Ei, was ist das Schönes? — Die Gewürzkrämer und Geldwechsler wollen es wohl nicht wahr haben, daß der Türk das, was er Freunde nennt, nach Bedarf wechselt wie ein dreckiges Pfaid! — Also, so steht es: vor Jahresfrist hat der Sultan mit dem Allerchristlichen König von Frankreich wieder einmal eine Allianz abgeschlossen und einen Vertrag, in dem beide sich verpflichten, gemeinsam gegen den Römischen Kaiser und das Deutsche Reich einen Krieg zu beginnen. — Daran sind wir schon gewohnt, — aber jetzt kommt das Neue: nebstbei sollen die Franzosen in den türkischen Ländern Handel treiben dürfen, den besonderen Schutz des Sultans genießen und unverletzlich sein. Und dieses Recht bleibt ihnen allein vorbehalten. — Das heißt aber nichts anderes, als daß der Sultan damit seine venezianische Freunde vor die Tür gesetzt hat und ihnen zugleich die Lebensader abgedreht! — Wird jetzt ganz schön Heulen und Zähneklappern herrschen in der meerbeherrschenden Republica des heiligen Markus! — Nun ja, — die Freundschaft des Sultans war ihnen lieber als die des Kaisers. — Jetzt bekommen sie die Rechnung vorgelegt. — Haha!"

Und nach einer Weile brummte er hinten nach: „Ja, Verträge mit den Türken können gut sein, — aber nur solche, die wir ihnen mit dem Schwert in den Schädel hineinschreiben!"

Da wandte sich der Rupprecht plötzlich dem Katzianer zu und fragte brüsk: „Und was gedenkt nun Ihr zu tun, Obrist?"

Der Katzianer lachte heraus: „Wie kannst du fragen? — Ich werd natürlich nichts anderes tun, als was mir der Hofkriegsrat in Wien anbefiehlt! Aber du kannst sicher sein: der Hofkriegsrat wird mir nur das anbefehlen, was ich will; dafür werd ich sorgen! Und ich will jedenfalls nicht irgendwo in einer Mausefalle sitzen, in Poschega oder in Sissek oder in Valpovo, und warten, bis der Türk kommt, mir den Kopf abzuschneiden wie dem Petar Kruschitsch!"

„So wollt Ihr also wirklich gegen die Türken ausziehen?" rief nun ich, — „Aber wann? — Und wohin? — Bis nach — nach Belgrad?"

Der Katzianer schaute mich mit funkelnden Augen an, dann drosch er mir auf die Schulter: „Konrad, — Bursche, — das freut mich, daß du es aussprichst! — Daß ich daraus sehe, wie auch andere an das denken, woran ich Herz und Hirn gehängt habe! — Ja, — Belgrad! — Das ist der Nabel des Türkischen Reiches hier in Europa, Schlüssel zur Donau und Sau, Drau und Theiß, Schnittpunkt aller Heer- und Handelsstraßen zwischen Wien und Konstantinopel, Venedig und Moskau!"

Wie berauscht schien er von seinem Plan. Und ich spürte, wie er auch mich mehr und mehr damit entflammte, mitriß. — Aber ich sah auch, wie der Rupprecht sich zwang, kühl und ruhig zu bleiben.

„Und womit gedenkt Ihr Euren Zug zu bewerkstelligen?" fragte er, — „mit Euren zwei oder dreitausend Mann? — Denn von Verstärkungen hört man wohl viel, aber zu sehen haben wir noch nichts bekommen."

„Was brauch ich jetzt schon Truppen aus den Erblanden und dem Reich, — wo es frühestens in zwei Monaten losgehen soll? — Aber daß dann, wenn ich sie brauch, die Verstärkungen da sind, dafür bürge ich euch!"

Er winkte ungeduldig ab. „Hab euch nicht rufen lassen, daß ich mich vor euch rechtfertige! Will was anderes von euch; — hört also zu: ich reite morgen ab, nach Graz und Wien. — Ihr beide aber, ihr sollt mir jetzt einmal auf Kundschaft ausziehen, schauen, ob sich beim Türken drüben was verspüren läßt an bösen Absichten, Sammlung oder Bewegung oder dergleichen. — Reitet weit ins türkische Gebiet hinein, meinetwegen, aber laßt euch nicht erwischen, — kommt mir wieder und erzählt mir was!"

„So sollen wir also, — wenn's geht, — bis — Belgrad reiten?" fragte ich aufgeregt.

„Untersteht euch!" rief der Katzianer belustigt. — „Aber bis Esseg und weiter dürft ihr euch schon wagen." —

Als der Katzianer gegangen war, brummte der Rupprecht: „Wenn man ihn so reden hört, könnt man wahrhaftig selbst zu glauben anfangen, es werde alles gelingen. — Aber vielleicht ist's ohnehin besser, wir lassen laufen, was da nicht zu ändern scheint, — und springen mit beiden Füßen hinter dem Katzianer drein, — ins Ungewisse hinein!"

Valpovo, am 7. Aprilis

Es ist was Eigenes, wieder so über Land zu reiten, ein paar Dutzend Gewappnete hinter sich. — Noch ist mir alles wohlbekannt, wo wir bis jetzt durchgekommen sind. In den Jahren, seit ich damals von Slatina wieder fortgezogen bin, hat sich nicht viel verändert längs der alten Heeresstraße, außer daß vielleicht die Ruinen der einstigen Dörfer inzwischen noch mehr verfallen sind. — Paradiesisch schön wäre das Land, — wenn nicht immer wieder einmal hinter zartgrünen Schleiern von Buchen und Linden ein ausgebrannter verfallener Kirchturm auftauchte, wenn nicht dann und wann neben der Straße zwischen goldenem Löwenzahn und purpurnen Taubnesseln unversehens ein bleicher Totenschädel läge oder ein paar bemooste Rippenknochen.

Von Slatina sind wir auf alt vertrauten Wegen quer durch die Jasenitschka Schuma weiter geritten bis Valpovo, das nach wie vor unser weitest vorgeschobener fester Platz ist. Es ist größer und besser bewehrt als Slatina und auch stärker besetzt. Aber die türkische Festung Esseg ist keine vier Meilen von hier entfernt, und in ihr soll der Feind tausend und mehr Mann gutes Kriegsvolk liegen haben. —

Morgen wollen wir auf Esseg reiten! —

In den Wäldern an der unteren Sau, am 14. Aprilis

Ein seltsames Leben führen wir jetzt: ziehen mitten durch Feindesland, sehen keinen Feind und werden auch von keinem gesehen.

Von Valpovo sind wir längs des Drauflusses geradewegs gegen Esseg geritten, bis wir von fern die Türme und Mauern erkennen konnten. Die Festung Esseg haben wir in weitem Bogen umgangen und sind dahinter weiter nach Osten geritten, noch an die fünf Meilen weit. — So weit das Auge schweift, auch hier keine Siedlung, keine Spur menschlichen Lebens. Ausgebrannt und ausgerottet alles, was einst hier stand und lebte.

„Der Türk sitzt offenbar nur in den festen Plätzen“, sagte ich zum Rupprecht; — „was er braucht zum Leben und Kämpfen, muß er sich aus seinem weiteren Hinterland zubringen lassen, — oder er holt es sich durch Raub bei uns.“

Der Rupprecht nickte: „Auch wir werden das beachten müssen, wenn wir durch diese Gegend kommen! — Werden auf das angewiesen sein, was die Transporte uns nachbringen. Und man wird diese daher stark sichern müssen!“

Vor uns wuchs ein kahler Rücken auf, flach und niedrig, — aber in der Ebene doch wie eine mächtige Erhebung anmutend.

„To je Cvorkovo Brdo! — Das ist der Berg Cvorak!" erklärte uns der Vinko Borowitsch, einer von unseren krobatischen Reitern, der aus der Gegend von Esseg stammt. „Und hinter dem ist Duna, — Donau!"

Die Donau! — So weit waren wir schon im Feindesland! — Die Donau, — an der nicht nur Wien liegt, sondern auch — Belgrad!

Dorngestrüpp und Buschwerk zog sich locker bergauf. Wir ließen unsere Reiter in ihrem Schutz versteckt zurück, ritten allein weiter. Eine Stunde fast brauchten wir, bis wir die Höhe erreicht hatten.

Es war ein gewaltiger Anblick, der sich uns von oben bot. Nach Norden fiel die Anhöhe ziemlich steil zur Donau ab, doch auch im Osten und Südosten sahen wir hier und dort den Strom blinken. Jenseits davon aber, vor allem nach Norden hin, dehnte sich ein Gewirr von Auwäldern und Sümpfen, Röhrichtflächen und offenen Flußarmen, viele Meilen breit und bis an den Rand des Gesichtskreises reichend. Nach Osten hin war hinter dem Gürtel von Sumpf und Au auch wieder festes Land zu erkennen, völlig eben und unermeßlich weit.

„Auf so einem Berg liegt Belgrad!" hörte ich den Rupprecht neben mir sagen, — „und es blickt auch so über Land und Strom hinaus, — und beherrscht alles das, soweit das Auge reicht!" — Ich merkte, wie sehr nun auch ihn des Katzianers Gedanke gepackt hatte.

Wir ritten dann die Donau entlang, gegen Vukovar hin, ließen wieder die Masse unserer Reiter verborgen zurück und schlichen uns — sechs Mann bloß, der Rupprecht und ich mit vier Krobaten — vorsichtig näher an die Stadt heran, bis vor die Mauern. Mochten die Türken uns jetzt ruhig bemerken; — wir würden uns zu helfen wissen. — Aber alles blieb ruhig, — kaum daß wir dort und da den Kopf eines Wächters erkannten, in einer Scharte oder hinter einer Zinne. Viel Truppen schienen hier jedenfalls nicht zu liegen.

In weitem Bogen kehrten wir zu unserem Trupp zurück und ritten gegen Süden. Näher kamen wir dem großen Wald; vereinzelt lagen nun schon Gehölze an unserem Weg. Und hier stießen wir zum erstenmal wieder auf Dörfer mit lebenden Menschen darin. Ängstlich suchten die Bewohner sich vor uns zu verbergen. Dann, als sie merkten, daß wir weder Türken waren noch als Feinde kamen, tauchten dort und da ein paar auf, wurden ihrer rasch immer mehr. — Zerlumpte ausgemergelte Gestalten, verschüchtert, mit gekrümmten Rücken und gejagten Augen. Sie sprachen krobatisch, nicht viel anders als die Landsleute um Warasdin, — und doch: wie war hier im türkischen Herrschaftsbereich geradezu eine andere Volksart aus demselben Menschenschlag geworden.

Es dauerte geraume Weile, bis sich ihnen die Zungen lösten. Dann freilich nahm das Klagen und Jammern kein Ende.

„Ja, Herr!“ sagte ein alter weißhaariger Mann mit zitternd erhobenen Händen, — „ihr wundert Euch wohl, daß wir hier noch leben, — daß uns der Türk noch hier in unseren Dörfern sitzen und leben läßt! — Aber wie leben wir, — wie leben wir!“

„Was alles nicht mehr lebt, das seht Ihr ja nicht!“ rief ein Weib dazwischen. — „Mich seht Ihr; — aber daß mir Vater und Mutter umgebracht sind, Bruder und Schwester erst, dann Sohn und Tochter verschleppt, das seht Ihr nicht!“

„Ja, so ist es!“ pflichtete ihr ein junger Mann bei. — „Vor mehr als einem Menschenalter sind die Türken das erstemal hieher gekommen, und vor zehn Jahren haben sie das Land sich völlig untertan gemacht, — und in der Zeit dazwischen ist gut ein Drittel der Menschen hier herum erschlagen, und ein gutes weiteres Drittel als Sklaven weggeführt worden. Ein schwaches Drittel lebt heute noch hier. — Wohl, Herr: fruchtbar ist unser Boden und gut; — aber von dem, was wir mit schwerer Arbeit fechsen und ziehen an Getreide und Vieh, von dem bleibt uns kaum so viel, daß es uns das Jahr über den ärgsten Hunger stillt. Denn was die Türken an Steuern und Abgaben uns nehmen, das wird von Jahr zu Jahr mehr!“

„Und wär's nur das!“ rief das Weib wieder dazwischen, — „Korn und Rinder und Schafe! — Aber Kinder Herr, — unsere leiblichen Kinder holen sie sich alle paar Jahre als Zins und Abgabe! — Führen sie weg auf Nimmerwiedersehen!“

„Herr!“ raunte mir ein junger Bursch zu, — „lang mach ich das nicht mehr mit! — Davon lauf ich von da! — Sind einige unter uns, die haben das schon abgesprochen. — Entweder wir schlagen uns nach des Kaisers Ländern durch, — oder wir gehen in die Wälder und machen von dort aus auf Türken Jagd, so wie andere Wölfe jagen.“

Gern hätte ich den Leuten Mut zugesprochen, sie getröstet, daß wir bald schon mit Heeresmacht in ihr Land kommen wollten und sie von den türkischen Peinigern befreien, — aber die Vorsicht verschloß mir den Mund. Hingegen fragten wir sie aus, ob sie wüßten, wieviele Türken in den festen Orten ringsum lägen. Aber die Leute wußten nichts, noch hatten sie irgend etwas bemerkt.

So ritten wir weiter, in den Wald hinein. Der ist hier so ähnlich wie die Jasenitschka Schuma bei Slatina, aber noch viel weiter und wilder. Und da nun in der Frühlingszeit alle Flüsse und Ströme Hochwasser führen und das Land auf viele Meilen hin überschwemmen, steht schier der ganze Wald unter Wasser; nur die Reit- und Fahrwege sind da und dort auf flachen Dämmen etwas erhöht. Aus dem Dorf Jankovci haben sich zwei Burschen zu uns geschlagen, die sind uns nun wertvolle Führer. Allzu leicht würden wir ohne sie im Sumpfwald vom sicheren Weg abkommen.

Spät am Abend haben wir auf einer etwas erhöhten Stelle, die wie eine Insel inmitten von Sumpf und Schilf sich ausbreitet, unser Nachtlager aufgeschlagen. Die Reiter haben Fische gefangen und braten sie nun an Stöcken über qualmenden Feuern. — Duft von Holzrauch und feuchter Erde liegt in der Luft, — geheimnisvoll rumort und plätschert es im Rohr. — Durch wirres schwarzes Gezweig funkelt vom silberblauen Himmel der erste Stern herab. —

Wohin führt unsere Fahrt?

An der Heerstraße bei Vinkovci, am 15. Aprilis

„Der Katzianer wird keine große Freude haben mit dem, was wir ausgekundschaftet haben!" meinte der Rupprecht beim Frühstück. — „Genau besehen, ist unser bisheriges Ergebnis: nichts! — Außerdem haben wir nichts mehr zu fressen außer diesem elenden Fischzeug, — und das hab ich langsam satt!" knurrte er.

„Wie wär es, wenn wir einen türkischen Transport abfingen?" fragte ich im Scherz. — Und im selben Augenblick schon dachte ich mir: warum auch sollte das nicht wirklich möglich sein?

Der Rupprecht wiegte den Kopf: „Woher nimmst du bloß in der Eile den passenden Transport, — hier mitten im Sumpf?"

Ich rief die beiden Burschen aus Jankovci. Und was die erzählten, klang nicht so übel. Hier im Wald gab es natürlich keine Heerstraße, wohl aber eine im Süden an der Sau, und eine andere, bedeutsamere, im Norden: da sei die Straße von Vukovar nach Vrpolje, die dann nach Brod und Poschega weiterführt. Und auf dieser Straße ginge etwa alle Wochen einmal ein Karrenzug nach Westen.

Was wollten wir mehr. Wir wandten uns wieder gegen Norden, ritten den ganzen Tag und hatten am Abend die Ebene erreicht.

Am nächsten Morgen pirschten wir uns vorsichtig weiter vor. Das Land war leicht hügelig, mit Gehölzen und Wäldchen bestreut. Schließlich hielten wir auf einer bewaldeten Anhöhe, von der aus man ein gutes Stück der Heerstraße nach beiden Seiten hin überblickte.

Mit ein paar Leuten ritt ich hinüber zur Straße. Frische Spuren fanden wir nirgends; offenbar war in den letzten Tagen hier nichts durchgekommen. Sonst war auch hier menschenleere Öde.

Zurückgekehrt, zog ich unsere Reiter in mehrere Gruppen auseinander, so daß sie jetzt der Straße gegenüber weithin längst des Waldrandes lagerten. Nach Osten und Westen schickte ich ein paar Krobaten als Spähposten aus. Ansonsten verging der Tag mit Zuwarten.

„Wie lange willst du hier jetzt sitzen bleiben?“ fragte der Rupprecht mißmutig am Abend.

„Einen Tag nur! — Ich hab das gute Gefühl, daß es länger nicht nötig sein wird.“

„Gott erhalte dir deine Zuversicht!“ brummte der Rupprecht, — „mir soll's recht sein! — Der Schnaps ist übrigens auch zu Ende!“

„Auf den wirst du schon etwas länger warten müssen. Den können wir von Allahs wahren Gläubigen doch nicht gut verlangen!“

Poschega, am 20. Aprilis

Es war noch in den kühlen Morgenstunden, da kam einer der Krobaten, die ich ganz weit nach rechts hinaus gelegt hatte, eilig durch den Wald angesprengt und berichtete, von Vinkovci her rücke ein Zug von zehn schwerbeladenen Maultierkarren an. Etwa ein halbes Dutzend berittener Soldaten begleiteten ihn.

Rasch waren alle unsere Leute längs des Waldrandes versteckt aufgestellt. An den beiden Flügeln hatte ich unsere geschicktesten Reiter versammelt; sie sollten verhindern, daß von den türkischen Berittenen auch nur einer entkäme und uns verriete.

Von weitem schon sahen wir die langgezogene Staubwolke über der lehmigen Straße. Und dann kamen sie heran: langsam und quietschend bewegten sich die zweirädrigen Karren dahin; die Zugochsen und Maultiere ließen die Köpfe hängen, aber auch die Menschen, Fuhrknechte sowohl als Berittene, schauten nicht nach rechts und links, — völlig ahnungslos, daß ihnen hier mitten im eigenen Land ein verderblicher Hinterhalt bereitet war.

So gelang die Überrumpelung vollkommen, und es bedurfte auch keiner langen Jagd, die türkischen Reiter vollzählig einzufangen. Auf einer Lichtung sichteten wir, was uns alles zugefallen war. Es gab tatsächlich allerlei Genießbares dabei. Auch allerlei Waffen und Gerätschaften kamen aus den Karren zum Vorschein. Was wir an Waffen und Pulver zusammentrugen, ließ ich auf Maultierlasten verladen, von der übrigen Beute durfte sich ein jeder nehmen, so viel er wollte.

Ich versuchte, die türkischen Reiter auf der Stelle zu verhören, aber ich hatte damit keinen Erfolg. Sie sprachen nur wenige Brocken Krobatisch. Bei dem einen fand ich allerlei Geschriebenes, unleserliches seltsames Gekritzel; gleichwohl mochte es wichtig sein, und ich nahm es daher an mich. Ich ließ die Türken gefesselt auf ihre Pferde setzen, denn jetzt galt es ja nur mehr, so schnell wie möglich mit ihnen nach Hause zu kommen.

Während ich so noch mit den berittenen türkischen Wachsoldaten beschäftigt war, hatte sich um ihre Fuhrknechte ein dichter Kreis von unseren Leuten geschart; Geschrei klang auf, Schimpfworte und Flüche, immer lauter und hitziger. Ich trat hinzu: da redete der Vinko Borowitsch erregt mit drei oder vieren von denen, und die Worte, die hin und her flogen, waren krobatisch, unverkennbar.

„Sind denn das auch Krobaten?“ fragte ich erstaunt.

„Nein!“ fauchte der Borowitsch wild, — „sie sprechen wohl krobatisch, — sind aber keine Krobaten, — auch keine Serben!“

„Wieso aber? — Haben sie ihrem Christenglauben abgeschworen?“

„Nein, — viel schlimmer noch als das! — Wer sich zum Muhammed bekennt und zum Allah, der soll immerhin auch dafür ehrlich kämpfen, welche Sprache immer er spricht. — Aber diese hier, — sie sind aus Bosnien, — sie sind dem Angeben nach Christen geblieben und leisten dennoch den Türken Kriegsdienst gegen uns! Es ist der Türk freilich viel zu stolz, um derlei in seine ordentliche Armada aufzunehmen, — sind nur Martolosen, ehrloses Raubgesindel, Mörder und Brenner, — daß sie Dörfer überfallen und Menschen wegschleppen! — Wer aber so einer ist, der gehört nicht mehr zu unserem Volk, und mag er tausend Jahre noch unsere Sprache reden!“

„Es sind aber doch nur Fuhrknechte?“ versuchte ich zu besänftigen.

Der Borowitsch schüttelte heftig den Kopf: „Nein, Herr! — Sie sind das nicht! — Haben selbst geprahlt, sie hätten schon mit der Waffe in der Hand gegen uns gefochten und uns gezeigt, wer der Stärkere sei, wo kein Hinterhalt im Spiel wäre.“

„Warum aber tun sie solches?“ fragte ich.

„Weil die Türken jeden Christen, der an ihrer Seite mit der Waffe gegen uns kämpft, von Zins und Robot freigehen lassen.“

Und als ich schwieg, rief er, drängend und ungeduldig: „Herr, — was willst du noch mit diesen hier? — Sie sind uns zu nichts nütze, — hindern uns auf dem Weitermarsch. — Und schade um jeden Bissen Brot, den sie noch zu fressen kriegen!“

„Was sollen wir also tun mit ihnen?“ fragte der Rupprecht.

„Herr, — das überlaßt nur uns! — Nichts anderes wollen wir mit ihnen tun, als ihresgleichen einst mit meinem Vater getan haben und mit meines Vaters Brüdern. Ich hab es damals mit diesen meinen Augen mit anschauen müssen, — war ein kleiner Bub noch, — aber so was merkt man sich, — merkt es sich sein Lebtag lang, — jeden einzelnen Handgriff merkt man sich genau!“

„Vinko!“ mahnte der Rupprecht, — „du bist doch ein Christ, — betest weder zu Allah, der Feuer und Schwert predigt, noch zu Jehova, der da sagt: Aug um Aug, Zahn um Zahn.“

Statt des Vinko schob sich nun der Melchior Edtmayer vor, ein alter Rottmeister aus dem Land ob der Enns, ein ruhiger, gesetzter, umsichtiger Kriegsmann:

„Herr, — es geht nicht ums Rachenehmen. — Auch wenn Ihr einen Wolf erschlagt, tut Ihr das nicht der Rache wegen, sondern um Euch zu schützen für die Zukunft. Es gibt dafür nur diesen einen Weg, denn Wolf bleibt Wolf für alle Zeiten. — Was wißt Ihr auch, was diese hier bei nächster Gelegenheit anrichten werden, wenn Ihr ihnen jetzt das Leben schenkt?"

Er streckte den Finger nach dem zunächst stehenden Martolosen aus: „Herr, — wißt Ihr, wem dieser da einmal die Gurgel abschneiden wird? — Wie vielen frommen Landsknechten des Kaisers? — Könnt Ihr das verantworten, — als des Kaisers Offizier?"

Da zuckte der Rupprecht die Achseln und ging langsam, mit gesenktem Kopf, beiseite. Das Gewimmel unserer Leute, mit den Gefangenen in der Mitte, schob sich tiefer in den Wald hinein. Einer rief nach Stricken; etliche liefen zu den Karren, kramten dort eine kurze Weile und eilten dann, mit Seilzeug beladen, den anderen nach.

Und dann, nach einer Weile, während aus dem Wald Stimmengewirr herüberklang und vereinzelte erstickte gurgelnde Schreie, fragte er drängend:

„Sag du es, Konrad! — Wie würde Christus handeln, — an meiner, — an unserer Stelle?"

„Rupprecht!" erwiderte ich laut und rauh, — „so zu fragen, ist ein Unsinn! — Wenn wir uns umbringen lassen, ohne uns zu wehren, — wem ist damit gedient? — Und was die da drin im Wald jetzt tun, ist bloß sich wehren, — der Melchior hat recht, — so schrecklich es auch klingen mag."

Er straffte sich, strich sich über Augen und Stirne, schaute mich hart an: „So! — Unsere Leute sind, wie ich sehe, alle schon wieder zurück. — Auf jetzt und fort mit uns!"

Wir haben uns beeilt, aus jener Gegend auf schnellstem Wege das Papukgebirge zu erreichen, in dessen endlosen Wäldern wir untertauchen und verschwinden konnten. Und wir sind noch zwei volle Tage durch die Wälder geritten, bis wir nach Poschega gekommen sind.

Hier sind etliche Leute, die halbwegs türkisch verstehen. Die Gefangenen wußten nichts zu berichten, als daß weit drüben in Bosnien nahe dem Meer ein Kriegszug geplant sei. Das wird wohl der türkische Stoß gegen das venezianische Küstenland in Dalmatien sein, von dem wir ohnehin schon wissen. Hier in unserer Gegend sind jedenfalls in letzter Zeit keinerlei Truppen versammelt oder verlegt worden, noch wäre derartiges in absehbarer Zukunft zu erwarten.

Agram, am 27. Aprilis

Von Poschega habe ich einen berittenen Boten an den Katzianer nach Warasdin vorausgeschickt. Wir haben uns dann wieder nach der Sau hin gehalten und sind über Gradischka und Jasenowatz nach Sissek gezogen. Hier münden mächtige wasserreiche Nebenflüsse in die Sau: die Una, die Lonja und die Kulpa, und die Gegend besteht weithin nur mehr aus Wasserflächen. Jetzt im Frühling ist das Land über viele Meilen hin überschwemmt; nur die auf Hügeln und leichten Bodenwellen erbauten Dörfer ragen wie Inseln aus der unendlichen blauen Flut. Die Straßen verlaufen über lange Dämme, sonst käme jetzt nichts in die Städte hinein. Um diese Zeit ist das Leben schön in Jasenowatz und in Sissek und in den Dörfern, denn von den Türken hat man da nichts zu befürchten.

Von Sissek ritten wir auf Agram zu und kamen auf dem Weg dahin durch eine seltsame Gegend. Dorf reiht sich dort an Dorf, und diese Dörfer sind größer und ansehnlicher als sonst im Land. Wohl, man merkt auch hier, daß die Not der Zeit nicht spurlos vorübergeht, daß die Menschen ärmer und bescheidener geworden sind als in älteren Zeiten; aber daß sie den kühnen Sinn und das feste Selbstbewußtsein darüber nicht verloren haben.

„Das ist das Turopolje!“ erklärte mir der Vinko Borowitsch, — „das Feld der Urstiere, wie es die nennen, die hier wohnen. Und die Urstiere sollen vor langen Zeiten bei uns für heilig gegolten haben.“

Ein Dorf war schöner und mächtiger als das andere. Es war mir, als zöge ich zwischen langen Reihen von Schlössern dahin, — von hölzernen Bauernschlössern. Auch die Kirchen in den Dörfern waren aus Holz, aber auch sie groß und prächtig.

Wie kommt es, daß die Bauern in diesem Landstrich solch fürstliches Gepräge, solche wahrhaft adelige Lebensführung zeigen? Ein paar Bauern standen auf der Straße beisammen, in bunt bestickten Lederröcken, wie sie hier üblich zu sein schienen; an die wandte ich mich in meiner Neugierde.

„Wundert's dich, Herr?“ sagte einer von ihnen lachend, — „wo doch die Kosmographen unsere Gegend das Campus Nobilium nennen, das ist: Feld der Adeligen! Der Hungarnkönig Bela hat uns unseren Adel vor mehr als dreihundert Jahren verbrieft, der große Kralj Matija, der Rabe, hat ihn uns neuerlich bestätigt; im Jahre 1466 ist das gewesen. Wir sind ein Überrest aus jenen Urtagen, da unsere Väter dieses ganze weite Land in Besitz genommen haben. Damals war jeder in unserem Volk frei und edel. Bloß haben sich die anderen überallhin verstreut und wohl auch mit allerlei fremdem Volk vermischt und darüber ihre alte Art verloren. Wir aber sind beisammen geblieben und daher rein und unverändert seit Urväterzeiten.“

„Ja!“ nickte ein anderer, — „unsere Župa hat einunddreißig Dörfer mit zweiundzwanzig Gerichten, und in Velika Goritza sitzt der Župan, der von allen waffenfähigen Männern unseres Stammes in freier Versammlung gewählt und eingesetzt ist, so wie es früher in unserem ganzen Volk Brauch und Recht war. Und ebenso sind alle die reichen weiten Wälder und Weiden ringsum noch ein gemeinsames Besitztum der ganzen Stammesgemeinde.“

„Wie kommt es aber“, fragte ich weiter, „daß, wie es scheint, die Türken eure Dörfer noch nie heimgesucht haben?“

„Das ist nicht unser eigener Verdienst“, antwortete der Bauer bescheiden, — „wir liegen wohl geschützt hinter den Flüssen und Sümpfen, und vor uns sind die beiden guten Festungen Sissek und Petrinja. Es ist noch keinem größeren türkischen Heer gelungen, an dieser Stelle durchzukommen.“

„Wie aber, wenn einmal eine kleinere Abteilung unversehens irgendwo sich einschleicht und von hinten herum kommt?“

Der Bauer lachte stolz: „Herr, — nicht nur Adel und Freiheit haben sich in unseren Dörfern erhalten, sondern auch, was dazu gehört. Und das ist zuvörderst, daß jeder Mann das Schwert trägt und zu führen versteht. Und daß der Glavar uns nicht bloß mehr, wie anderswo, Dorfrichter im Frieden ist, sondern auch noch Dorfhauptmann im Krieg.“

Des Juritschitsch Wunschtraum, zog es mir durch den Kopf, — ein Volk von Bauernkriegern mit Schwert und Pflug! — Ist gar nichts Neues in diesem Land, war schon da in ältesten Zeiten. Sollte nicht dereinst einmal das ganze Land wieder so stolz und fest da stehen wie heute dieses Feld der Edlen? — Nun, — vorerst muß es freilich noch ein Traum bleiben, — vorerst ziehen wir mit dem Katzianer nach Belgrad. — Wenn uns das gelingt, dann mag auch hier alles leichter werden.

Warasdin, am 4. Maji

In Agram ist mir der Kapitän de Fregoso begegnet. Der war in der Zwischenzeit in Venedig und hat von dort allerlei Nachrichten mitgebracht, sichere Kunde das eine, unklares Gerücht das andere.

„Der Sultan hat dem Kaiser nun in aller Form den Krieg erklärt. Als billigen Anlaß hat er vorgeschoben, daß der Kaiser Tunis erobert hat, als eine dem Sultan gehörige Stadt.“

„Und wo wird der Sultan losschlagen?“

Der Kapitän wiegte den Kopf. — „Niemand weiß noch Sicheres. Man raunt bloß überall in Venedig voll Angst, die neue große Flotte des Sultans liege an der albanischen Küste. Vor Valona, erzählen sie, hätten die Türken ein venezianisches Kauffahrerschiff verfolgt, es aber dann wider alles Erwarten nicht geraubt oder versenkt, sondern nur herübergerufen: Fahrt heim und sagt eurem Herzog — das Meer ist jetzt unser! — Das ist den Venezianern so in die Glieder gefahren, daß sie umgehend ein Bündnis mit dem Kaiser geschlossen haben. — Nun, — wieviel kostet so was, — beim Krämer?“ — Ein verächtliches Lächeln lief um seinen Mund.

„Der Türke ist der Hammer“, fuhr er dann fort, — „unter dem die Völker zerbrechen oder hart und zäh werden wie Stahl. — Vielleicht holt der Hammer jetzt eben aus, um auch Italien zu treffen. — Vielleicht schälen seine Hiebe endlich wieder das Feste und Starke aus unserem Volk heraus, das allzu tief schon unter Weichem und Faulem versunken ist. — Vielleicht schmiedet der türkische Hammer nun das Reich wieder zusammen, diesseits und jenseits des großen Gebirges. — Denn auch Italien ist das Reich, — ist mehr als nur ein Teil davon, — ist sein Anfang und seine letzte Krone. Es sind freilich nur wenige unter uns in dieser Zeit, die darum wissen und daran glauben, — aber es sind die Besten unseres Volkes.“

Warasdin, am 12. Maji

Ich hatte gehofft, in Agram auch Neues über des Katzianers Kriegsvorbereitungen zu erfahren, aber niemand wußte mir auf meine Fragen etwas zu berichten. So eilte ich auf raschestem Weg nach Warasdin. Der Katzianer, erzählte mir einer von den Rottmeistern, sei zwar bereits vor etlichen Tagen von Wien zurückgekommen, aber gleich wieder über Land ausgeritten. Er sei erregter und unruhiger noch als sonst gewesen. Daß er aus Wien nichts mitgebracht hatte, weder Truppen noch Waffen oder sonstiges Kriegsgerät, war offensichtlich.

Der Obrist blieb noch einige Tage verschollen, dafür trafen nun der Auersperg und der Forhegger ein und etliche andere Hauptleute aus den festen Plätzen; der Katzianer hatte sie alle nach Warasdin geladen, und es war sicher, daß er nun offen über seinen Kampfplan reden wollte. Zuletzt kam auch der alte Juritschitsch; er war mürrisch und einsilbig und hielt sich abseits.

„Der Katzianer hat mächtige und einflußreiche Verwandte und Freunde“, sagte der Auersperg. — „Würde mich gar nicht sehr wundern, wenn er beim Erzherzog doch seinen Willen durchsetzt. — Nun, — warten wir ab!“ —

Und dann, an einem sonnenwarmen Mittag, platzte der Katzianer selbst in die verschlafene Burg herein. Schon eine halbe Stunde später hatte der Obrist alle Offiziere um sich versammelt.

„Hab allerhand Neuigkeiten für euch, — gute! — Haha, — als ob es überhaupt schlechte Neuigkeiten gäb! — Kommt immer nur auf den an, der sie vernimmt, — und was der dann daraus zu machen versteht!

Also: Des Kaisers Krieg mit Frankreich steht günstig! Der König Franz, der Franzos, sitzt in den sabaudischen Bergen, traut sich nicht heraus in die Ebene, in die Lombardei, — hat Angst! — Der Soliman, so sagen sie, hat dem König Franz eine Million in Gold gegeben, damit er den Kriegszug um das besser in die Wege leiten könnt! — Der Franz jedenfalls wartet nun zuerst einmal, daß der Soliman von der anderen Seiten her den ersten Streich tun sollt, — und dem wollen wir zuvorkommen!"

„Aber wo denn?" platzte ich drein, — „die türkische Flotte, die mit den Franzosen zusammenarbeiten soll, liegt doch, wie man hört, zwischen Albanien und Apulien versammelt!"

„Ei, was du nicht alles weißt, du Kluger!" höhnte der Katzianer, — „und in Belgrad, — wer sitzt dort? — Haben wir dort nichts mehr zu besorgen?"

„Nun sagt uns einmal: wieviel Kriegsleute bekommt Ihr jetzt wirklich für Euren Zug nach Belgrad zusammen?" fragte der alte Forhegger ruhig und bestimmt.

„Zwanzigtausend Mann sind mir zugesagt!"

„Zugesagt ist wohlfeil!" brummte der Auersperg, — „wieviel habt Ihr tatsächlich?"

Der Katzianer schwieg, schien sich zu ducken.

„Nun, — ganze dreitausend habt Ihr wirklich, und noch immer keinen Mann mehr!" gab der Auersperg selbst die Antwort; — „habt nach wie vor einzig, was hier im Land steht! — Dreitausend! — Womit wollt Ihr da Krieg gegen die Türken führen?"

Da riß der Katzianer jählings sein Schwert aus der Scheide, warf es auf den Tisch, wies danach mit gerecktem Arm: „Damit, — Bruder! — nur damit, — und nicht mit Zahlen wie ein Sekretarius oder ein Tuchkrämer! Schau es dir nur an: ist mir ganz gleich, wie viel Pfund es wiegt; — scharf muß es sein und spitz und hart! — Und man muß wissen, wo und wie man damit zusticht! — Und so ein scharfes, spitzes hartes Schwert sind mir auch meine Dreitausend, wenn ich schon wirklich sonst nichts bekommen sollt! — Freilich: man muß sich auch darauf verlassen können, daß einem das Schwert nicht in der Hand zerbricht!"

Er blickte herausfordernd im Kreis herum: — „Also was ist? — Hat noch wer Angst? — Wollt sagen — Bedenken?" — Und als die anderen schwiegen, wandte er sich an den Juritschitsch: „Also, Niko, — sag was! — Weiß ohnehin freilich, was du dir jetzt denkst!"

Der wiegte den grauen kantigen Schädel: „Daß nicht ich habe

Angst, das weißt du so wie ich. Aber ich nicht denke an mich, sondern an das ganze Land und die Leut darin. — Und, Bruder, für die geht das nicht gut aus, was du hast im Kopf jetzt. — Das gefällt mir nicht, Bruder, — das darfst du so nicht machen!"

Der Katzianer bekam einen roten Kopf: „Bruder hin, — Bruder her; — was heißt hier nicht dürfen! — Wer ist hier oberster Feldhauptmann an der Grenzen und hat anzuschaffen, — du oder ich?"

Der Juritschitsch biß die Zähne zusammen: „Ich weiß, Obrist, — du bist es! — Aber du sollst auch hören auf alte Kameraden und Freunde, die mit dir zusammen schon haben gekämpft ihr Leben lang, — und sollst Rat annehmen von ihnen."

„Was glaubst, wenn der Sultan auch immer nur beraten tät und Rat annehmen von allen Paschas und Vesiren, — dann stünd er heute noch irgendwo mitten in Asien. — Der holt aber nicht Rat ein, sondern schlägt zu. — Und so gedenk ich es jetzt eben auch zu tun, — aber saftig!"

Jetzt wandte sich der Katzianer an den Rupprecht und an mich: „Und ihr Jungen, — traut wenigstens ihr euch noch etwas mehr zu?"

Am liebsten hätte ich geschwiegen. — Aber der Katzianer zeigte jetzt gerade auf mich: „Red du!"

Ich überlegte, zwang mich zur Ruhe und Sachlichkeit: „Sicherlich", hub ich an, „ist der Angriff der Verteidigung vorzuziehen. Freilich muß dann das Heer, das den Schlag führt, stark genug sein und auch geschlossen beisammen bleiben. — Dreitausend Mann mögen in unserem Fall zur Not genügen, wohl, — aber wenn dieses Heer in Feindesland marschiert, muß es sich mit starken Kräften sichern und dekken, sonst marschiert es hilflos in die erste beste Falle hinein. Auch ist das Heer auf ausreichenden Nachschub angewiesen, und auch der muß gut gesichert erfolgen. — Woher wollt Ihr diese zusätzlichen Kräfte nehmen?"

Der Katzianer schaute mich mit einem bösen Blick an: „Wir werden eben alles zusammenholen, was die Grenze hergibt, — bis auf den letzten Mann!"

„Und der Türk braucht dann nur an einer anderen Stelle zuzupacken, und das Land ist ihm überall völlig schutzlos preisgegeben!" erwiderte ich, heftiger als ich wollte.

„Wohl, — so ist es!" ließ sich nun auch der Hauptmann von Auersperg vernehmen. — „Ihr könnt uns zu allem haben, aber Ihr müßt ohne Zorn und Leidenschaft kühl abwägen, was hier und dort auf dem Spiel steht. Gelingt Euer Plan, dann habt Ihr dem Sultan einen Hieb versetzt, — einen kräftigen, wohl, — der Schädel wird ihm davon brummen und schmerzen, — aber mehr nicht. — Mißlingt es Euch aber, dann führt Ihr nicht nur Eure Armada ins Verderben, sondern dann ist auch alles in Frage gestellt, was wir in zwanzig und mehr Jahren Müh und Nöten und Arbeit bis jetzt hier an der Grenze geschaffen haben, — und ist mit der Grenze das ganze Innerösterreich, ja das ganze Reich neuerlich aufs schwerste gefährdet!"

„Das will heißen", rief jetzt der Rupprecht, indem er mit geballten Fäusten vor den Katzianer trat, — „ob wir bis Belgrad kommen, ist ungewiß; — daß aber, wenn es daneben geht, der Türk wieder einmal bis Graz kommt oder noch weiter, das ist sicher!"

Der Katzianer stand starr, den Kopf eingezogen und vorgeschoben zugleich, wie ein zum Angriff gereizter Stier: — „Ihr seid mir ja eine ehrenwerte Gesellschaft!" fauchte er, — „kaiserliche Offiziere wollt Ihr sein, und keiner hat den Mut, die Verantwortung auf sich zu nehmen, wo es um das Ganze geht! — Gut, — werd ich sie alleinig tragen! — Und jeden von euch, der nicht mitmachen will, geb ich frei und ledig! — Wer aber bleibt, der hat zu gehorchen und nichts als zu gehorchen! — — Also, — was ist? — Geht schon!"

Wir standen alle gesenkten Hauptes um den Tisch, keiner fand ein Wort. Endlich straffte sich der Juritschitsch und sagte, was wir alle dachten: „Der Kaiser hat uns hier an der Grenzen hingestellt, daß wir aushalten und zusammenstehen und nicht davonlaufen, — weder vor den Türken, noch vor einem Befehl, den wir nicht verstehen und dem wir nicht zustimmen können. — Du bist der Obrist, Jovane, — wir werden folgen dir und helfen dir, so gut wir können, und so viel Gott hilft uns."

Er trat auf den Katzianer zu und streckte ihm die Hand hin. Und der, jählings wieder umgestimmt, umarmte den Alten stürmisch und küßte ihn auf beide Wangen.

„Im übrigen", er mühte sich, ruhig und sachlich zu erscheinen, — „daß ihr euch jetzt nicht zu viel Sorgen und Kopfzerbrechen um das Ganze zu machen braucht: die Vorbereitungen werde ich treffen, — ich allein, — ohne euch!"

„Was sollen denn wir derweilen machen", fragte ich verblüfft.

„Nichts!" lachte der Katzianer, — „nichts! — Könnt euch dieweilen pflegen, und sollt euch für den Kriegszug kräftigen. — Du, Niko, gehst hinauf in die Berge an die krobatische Grenze und ordnest alles für das Aufgebot und den Abzug deiner dortigen Truppen. Der Konrad soll mit dir gehen und dann mit denen aus der Lika wieder

Bild rechts:
Landsknechte auf dem Marsch, der Hauptmann zu Pferd. Das Kriegsvolk mit den typischen Waffen der Zeit: Spieße (Piken), Helmbarten, Schwerter, Beidhänder; aber auch die Gewehre kommen immer mehr in Gebrauch.
Aus dem Kriegsbuch des Reinhart von Solms, 1540 (K. A.).

1540

Gratz.
A. S. Ægidy Hoff kirch.
B. S. Catharina.
C. Zum Heiligen Bluet.
D. S. Leonhardi Frawen Closter.
E. S. Anthoni Capuciner Closter.
F. S. Pauli Augustiner Closter.
G. Mariæ Himelfahrt.
H. Aller Heiligen Closter.
I. Maria Hilff.
K. Verkündiging.
L. H. Geist.
M. Closter.
N. S. Anna.
O. Die Kays. Burg.
P. Das Rahthause.
Q. Das Landthause.
R. Collegium.
S. Bischoffs hoffe.
T. Zeughause.
V. S. Maria am
X. Das Schloße.
Y. Mura fluß.
Z. Gräz fluß.
Y

Warasin.

hieher kommen, wenn es so weit ist. Und Ihr, Auersperg, werdet mir ein paar kleine Geschäfte in Graz erledigen und dazu den Rupprecht mitnehmen. — Alles klar?"

Wieder ein blitzender Blick in der Runde. — Was war dieser Katzianer? — Ein Wahnsinniger? Ein tollkühner Held? — Jetzt griff er nach seinem Hut, schwang ihn im Bogen: „Es lebe der Kaiser! — Es lebe der Erzherzog und König! — Und hoch das kaiserliche Belgrad, — der neue Eckpfeiler, den wir dem Reich setzen wollen!"

Tuschilowitsch, am 30. Maji

Vor einer Woche sind wir aufgebrochen, der Juritschitsch und ich mit zwei Dutzend berittener Knechte. Die erste Zeit war der Alte sehr einsilbig; erst als wir über Agram hinaus schon südlich der Sau weiterzogen, ging er aus sich heraus und zeigte mir auch manches am Weg.

„Dort droben, das ist, wo ich früher war zu Hause", sagte er und deutete rechts von unserer Straße auf die blau dunstigen Wellen eines Gebirgszuges, — „dort ist Žumberak, Sichelburg, festes Schloß, und drum herum in den Wäldern und Tälern hausen meine Bauernkrieger, — ein Dutzend Dörfer sind das schon. — Drüber den Bergen ist das Land Krain, ist schon Heiliges Römisches Reich."

Ich nickte: „Die Berge sind die Mauern des Reiches, die Gipfel

Bild oben:
Graz fiel bei der Türkenabwehr eine bedeutende Rolle zu. Über die steirische Landeshauptstadt liefen die Fäden von Wien zur Grenze. Hier war einer der Sammelpunkte der Reichstruppen; aus den Zeughausbeständen wurde die Militärgrenze mit Waffen und Kriegsgerät versorgt.
Der Stich zeigt Graz etwa um 1620. Die Wehranlagen, von italienischen Festungsbauern umgestaltet, entsprechen den Erfordernissen der Zeit. Topographia Provinciarum Austriacarum (K. A.).

Bild unten:
Warasdin, die Hauptstadt Slawoniens, Sitz des Obristen Feldhauptmanns der windischen und slawonischen Grenze, auch „Warasdiner Grenze" genannt, war einer der Angelpunkte im Grenzsystem. Diesem Bollwerk an der Drau oblag der Schutz wichtiger, im Draufeld sich kreuzender Verbindungs- und Nachschublinien.
„Gränz-Festungen ... in Ungarn ..." von Martin Stier, Kaysl. Ob. Ing., 1660—1664 (K. A.).

die Zinnen, — und auf den Mauern und zwischen den Zinnen stehen Eure Bauern als Wächter und Wehrer."

Der Juritschitsch lachte, fuhr dann fort: „So ist! — Und da drüben", — er wies nach links, wo sich in der Ebene weithin ein dunkles eintöniges Waldland breitete, — „das ist die Draganitschka Schuma, großer Sumpfwald, — da kommt keiner durch!"

Lang zog sich der Weg, selten einmal ein Dorf, — Ruinen dazwischen und weite öde Flächen. Sumpfwiesen und Augehölze säumten nun die Straße, Schilfdickichte und träg fließende braungrüne Wasser.

Der Juritschitsch wies in die von Dunst und Sonnenglast erfüllte Wildnis: „Das alles hat Gott uns gegeben, daß wir es nützen als Wehr und Waffe gegen die Türken, — grad so wie Berg und Fels und Schlucht. — Es müßt nur einer, der hat die Macht dazu, alles richtig sehen und planen, Dörfer und Wachttürme, Burgen und feste Orte anlegen durch das ganze Land, — daß dem Feind jeder Weg dazwischendurch wird versperrt, jedes Loch wird ihm eine Mausefalle."

Dichter wurde der Auwald, höher und dunkler; breiter dehnten sich die Totwässer. Über lange holperige, halb vermoderte Knüppeldämme ritten wir dahin, dann war ein Fluß vor uns, mit rauschendem Wasser, das die jugendliche Wildheit des Bergbaches noch nicht ganz verloren hatte.

„Das ist die Kulpa", sagte der Juritschitsch, — „und dort von Süden her kommen die Korana und die Meschnitza, — und so trifft hier alles Wasser aus den Bergen zusammen. Hier hebt auch das Gebirg an, wird der Boden fest und beständig und gibt sich die Möglichkeit, über all das Wasser auf Furten und Brücken zu übersetzen und hüben oder drüben ins Land einzufallen."

Ich hatte verstanden, was der Alte sagen wollte. — „Da also wäre so ein Platz, wo man eine feste Burg hin bauen müßt, daß sie den Türken den Weg absperrt und dem Kaiser sein Land schützt."

Der Juritschitsch nickte mit leuchtenden Augen: „Ja, Konjo! — Eine Stadt müßt hier gebaut werden, daß sie das Herz und der Kopf wird von der ganzen Grenze. — Denn sind wir nicht gerade hier mitten drin in der Grenze, — ist es nicht von hier nach Norden über Agram bis Warasdin eben grad so weit wie nach Süden über die Kapela und den Velebit bis ans Meer! — Ja, Konjo, — diese Stadt hier müssen wir bauen, unserem Kaiser Karl zu Nutz und Ehr, — und wenn diese Stadt steht, wird auch die ganze Grenze stehen, und keiner wird sie mehr zerbrechen können!"

Seltsam, — wovon sprach er? — Von einer Stadt, die nur in seinem Traum besteht? — Von der ganzen Grenze? — Oder vom ganzen Reich? — Er sprach wohl von allem dem, auch wenn er nur die Stadt nannte, — und sogar die namenlos war.

Sluin, am 31. Maji

Rasch hat sich heute im Weiterreiten die Landschaft um uns verändert. Zuerst ging es noch in einem schmalen, vielfach sich windenden Tal dahin, einem munteren Flüßchen entlang. Schon hier dünkten mir die Hänge und Höhen dürftiger und schütterer als bisher; als aber dann nach einiger Zeit unser Weg sich aus dem Tal auf die Hochfläche hinauf wand, staunte ich über das fremdartige Bild, das nun vor meinen Augen sich ausbreitete. Nur mehr vereinzelte Gehölze, mehr Gebüsch als Baumbestände, und dazwischen über weite Flächen mageres trockenes Gras oder auch bloß struppiges Kräuterwerk; da und dort auch nackter gelbgrauer Boden, staubiger Lehm oder blanker Fels. Und je weiter wir zogen, desto öder wurde das Land. Auch hier nur selten ein bewohntes Dorf, dazwischen Ruinen, — Spuren des Todes, welche das Bedrückende der Landschaft noch schwerer empfinden ließen.

Weißverstaubtes stacheliges Gestrüpp klammerte sich in die steinigen Runzen und säumte die seltsamen tiefen runden Felsenkessel, von denen das ganze Land hier weithin zerfressen ist.

„Doline nennt man diese Löcher", erklärte mir der Juritschitsch, — „das ist Tälchen; — und nur auf ihrem Grund findet man genug Erdreich und Feuchtigkeit, um darin Frucht zu bauen und zu ernten. Denn das Land ist nicht eben arm an Wasser, aber es sickert alles in die Tiefe. — Aber jetzt schau, — gleich sind wir am Ziel!"

Vor uns öffnet sich eine tief eingeschnittene Talschlucht, in der zwischen steilen hellen Felswänden ein blaugrüner Fluß schäumte und rauschte. Eine schwindelnd hohe Brücke führte zum anderen Ufer.

Im Weiterreiten hatte sich vor uns ein kleiner Talkessel geöffnet; kleine Holzhäuser drängten sich zu einer Siedlung zusammen, geduckt unter dem Schutz einer mächtigen Burg, die auf einem vorspringenden kahlen Felsen hoch über dem Fluß aufwuchs.

„Und hier sind wir auch schon daheim!" sagte der Juritschitsch und deutete hinüber, — „ist meine Burg, mein Haus, — ist Sluin. — Für heut bist hier mein Gast, — morgen kannst weiterreiten. — Mach dann Augen und Herz auf; — wirst sehen und erleben, wie seltsam vielgestaltig unser Land ist, — und wie es immer gleich herrlich und groß ist. Heilig ist uns der karge Stein wie der saftige Ackergrund, weil beides ist unsere Heimat, unsere Mutter. Und hier wie dort wollen wir jeden Fußbreit vom Boden mit unseren Leibern decken, eh der Türk ihn uns raubt!"

Rakowitza, am 1. Julii

Einen vollen Monat bin ich nun kreuz und quer durch das Land geritten, und es ist für mich eine seltsame Zeit gewesen. Der Juritschitsch und der Katzianer hatten mir Briefe mitgegeben an alle die Hauptleute in den Burgen und festen Orten im Gebirg, in Stijena und Bichatsch, Korijenitza und Bunitsch, Udbina und Gratschatz und was da noch an Plätzen liegt gegen Bosnien hin, und so habe ich die ganze Krbava und einen guten Teil der Lika durchzogen.

Was ich zuvor schon an Öde und Härte des Landes kennengelernt hatte, das erschien mir nun geradezu lieblich und sanft gegen die zerfurchten und zerschrundeten Hochflächen weiter drüben im Süden. Aus einem Himmel, dessen tiefes dunkles Blau schon mehr erschreckt als erquickt, lodert hier die Sonne mit wilder Kraft herab, läßt den Boden glühen und bleichen und alles Leben darin erstarren und ersterben. Endlos schier dehnt sich das leere Land, bis weit in der Ferne die zackig schroffe Felsenkette des Velebit den Blick begrenzt. Dahinter liegt das Meer, das die Krobaten den Jadran nennen, das blaue strahlende Südmeer. Doch wie eine unbarmherzige Gefängnismauer schließt der Velebit das Land vom Meer ab.

Wenn ich aber dann einen Tag oder zwei über kahle Höhen geritten war, dann wuchsen vor mir wieder dunkle Bergrücken auf mit dichten grünen Wäldern. Gegen Osten zu, nach Bosnien hin, werden die Waldgebirge immer höher und weiter, wie undurchdringliche Verhaue und unübersteigbare Mauern ziehen sie sich durchs Land: die Pljeschewitza, der Grmitsch — „Gebüsch" bedeutet dieses Wort schlechthin in unserer Sprache, — das Zeltgebirge und andere mehr, — von der Natur geschaffene Wälle zwischen den Türken und uns. Schwer wäre hier für irgendein Heer ein Einfall, schwer hätte ich selber sogar meinen Weg verfolgen können, wenn ich nicht hier und dort einen einheimischen ortskundigen Führer gefunden hätte.

Grenzenlos einsam fühlte ich mich immer wieder auf meinem langen Ritt, bis ich dann endlich wieder einmal irgendwo auf ein verstecktes Dörfchen stieß, auf ein paar ärmliche Bauernhütten aus rauhem Bruchstein oder auf Hirtenbehausungen aus Astwerk und Laub. Wo immer ich hin kam, wurde ich als ein Kriegsmann und Abgesandter des Kaisers freudig aufgenommen; es war keine Hütte zu eng und zu niedrig, kein Bauer oder Hirte zu arm, als daß ich von ihm nicht freigebig bewirtet worden wäre. — Was für ein Volk, das in einem solchen Land lebt und wirkt und darin nicht klein und schwach wird, sondern stolz und groß, sich festkrallt an seinem kümmerlichen steinigen Boden, ihn nicht lassen und preisgeben will.

Der Juritschtisch hatte recht: hier erst habe ich das Land und seine Menschen zutiefst erkannt.

Nun habe ich alle meine Aufträge erfüllt, bin in weitem Bogen durch's Land nach Sluin zurückgeritten, habe dem Juritschtisch Bericht erstattet. Jetzt ist alles getan, aber es wird noch Wochen dauern, bis der Katzianer aufbricht und meiner wieder bedarf. Der Juritschitsch hat mir nun bloß noch einen Brief für den alten Hauptmann von Orlitsch gegeben, dessen Burg irgendwo abseits in den Wäldern liegt. Ich könnt dann ja eine Weile auf der Burg bleiben, hat er gemeint; es sei ein über die Maßen schöner und lieblicher Ort; man würde mich dort sicher gern beherbergen, ich könnt nach Lust jagen oder auch Fische fangen oder mir sonst die Zeit vertreiben.

„He!“ hat er gelacht und mir freundschaftlich vor die Brust gestoßen, — „und denk mir nur jetzt nicht zuviel an dem Katzianer seinen verrückten Kriegszug und an's Kämpfen und Sterben; — so ein Junger wie du hat noch allerhand mehr zu tun im Leben!“

Auf der Burg Orlitsch an den Seen, am 2. Julii 1537

Früh am Morgen bin ich heut aus dem Dorf Rakowitza aufgebrochen. — Ich zog heute nicht wie vor Wochen hinüber nach Osten, gegen Bichatsch zu, sondern südwärts, wo sich in der Ferne hohe Berge abzuzeichnen begannen.

Wild zerrissen lag das Land an meinem Weg, zerfurcht und zerfressen von zahllosen steil und tief abstürzenden Dolinen, zwischen denen die scharfkantigen Felsrippen nur spärliches verkrüppeltes Gebüsch aus Dorngehölz, krausem Wacholder und struppigen Eichen trugen. In dem Maß, wie die Straße langsam höher in das Bergland anstieg, gewann das Strauch- und Buschwerk nach und nach an Größe und Ansehnlichkeit, wurde zu Gehölz, zu Wald schließlich. Es war ein lichter, niedriger, dünnstämmiger Wald, aber doch ein Labsal nach der felsig-staubigen Ödnis von zuvor. Und wahrhaftig, — tief war dieser Wald! — Eine gute Meile mochte ich schon in ihm dahingeritten sein, und noch immer nahm er kein Ende.

Mit einem Mal schimmerte es grünblau und goldglitzernd zwischen den Stämmen durch, lichter wurde der Wald, — dann trat er zurück, und vor mir lag, weit hingebreitet, ein lieblicher dunkler See. Freundlicher frischgrüner Buchenwald säumte seine jenseitigen Ufer, zog sich die Hänge empor, ging über in schwarzschattige dichte Fichtenwildnis.

— Wald, Wald überall, hoch hinauf bis zu den Gipfeln. — Wie war die Landschaft mit einem Schlag so völlig anders geworden, viel anheimelnder und vertrauter für einen Menschen unserer Art.

Wieder Wald, — und wieder ein See, lieblicher jetzt, sonniger und lichter. Weit vorn am Ufer weideten Schafe und Ziegen; — da mußten wohl auch Menschen in der Nähe sein. Das war mir recht so, die konnte ich nach dem Weg zur Burg fragen, hatte ich doch schon Bedenken, ob ich auch allein hinfinden würde in diesem Gewirre von Wasser und Wald und Felsen.

Langsam ritt ich heran. Drunten bei den Schafen tollten ein paar Knaben mit den Hunden umher, darüber aber, nahe am Weg, saß auf einem vorspringenden Felsen ein Mädchen oder ein junges Weib, — sie mochte an die zwanzig Jahre zählen. — Eine Bauern- oder Hirtendirne; sie trug ein langes sackartiges Hemd aus grobem Leinen, wie es die hiesigen Frauen im Sommer anzuhaben pflegen, und das dunkelbraune Haar hing ihr zu einem schweren Zopf geflochten über die Schulter; ein Gürtel aus rotem, besticktem Leder war ihr einziger Schmuck. Als ich näherkam, wandte sie sich nach mir, und ich war erstaunt über die Anmut und edle Schönheit in ihrem Gesicht und ihrer Gestalt. Eine Prinzessin könnte dieses Bauernmädchen sein, ging es mir durch den Kopf; — aber hatte ich nicht schon oft derartige Menschen hier unter den einfachen Bauern getroffen!

„Dobro veče!" redete ich sie an. Guten Abend! — und das Mädchen erwiderte meinen Gruß.

„Znas li mi pokazati put do orlevićeva grada, djevojko?" fragte ich sie. — „Kannst du mir den Weg zur Burg Orlitsch zeigen, Mädchen?"

„Ja, das kann ich: bevor Ihr zum nächsten See kommt, geht rechts ein Saumpfad ab; dem müßt Ihr folgen, so reitet Ihr geradewegs zur Burg!" antwortete das Mädchen, — zu meinem grenzenlosen Erstaunen in fehlerfreier deutscher Sprache. Und sie sagte das, als ob es selbstverständlich wäre, — nur ihre Augen blitzten verdächtig.

Ich war völlig verblüfft: „Wie — wieso — wieso sprichst du meine Muttersprache?"

„Ei, warum auch nicht? Sprecht Ihr doch auch die Sprache unseres Landes und seid nicht von hier, wie ich Euch gleich angemerkt habe."

„Wer bist du denn? — Und was machst du hier?" stammelte ich, womöglich noch verwirrter.

„Ich bin eines hiesigen Landmanns Tochter und hüte, wie Ihr seht, Schafe und Ziegen!" — Ihre Augen sprühten, weiß blitzten ihre Zähne aus dem dunklen Gesicht.

„Ja, — sprechen denn hier alle Leute deutsch?" fragte ich, um nichts klüger geworden.

„Nein, — aber ich kann es, — und mein Vater auch."

„Und wie heißt du?“

„Mirjana!“

„Und wer seid nun Ihr“, fragte das Mädchen, — „Ihr gestattet wohl, daß ich gerade so neugierig bin wie Ihr!“

„Ich bin ein Offizier von des Katzianers Kriegsleuten und soll zum Župan Orlitsch.“

„Und was wollt Ihr bei dem?“

„Ich soll ihm Briefe bringen vom Katzianer und vom Juritschitsch. Und soll dann eine Weile auf seiner Burg bleiben und abwarten.“

„Und worauf wollt Ihr hier warten, Herr Offizier?“

„Auf die Kriegsleut, die von der Lika heraufkommen werden; mit denen soll ich zurück nach Warasdin.“

„Auf die Likaner? — Bei denen ist mein ältester Bruder!“

„So ist der auch ein Soldat?“

„Wohl, — er ist einer!“ — Was lachte sie wieder so belustigt?

„Wie heißt er denn?“

„Mirko!“

„Und wie noch?“

„Das sag ich Euch nicht!“

Sollte ich mich über sie ärgern? — Nein, — ich brachte es nicht fertig!

„Ihr dürft aber jetzt nicht mehr lang säumen!“ sagte sie; — „Ihr habt noch ein hübsches Stück Weg vor Euch, und es wird gut sein, wenn Ihr nicht in die Dunkelheit kommt. — Ich muß jetzt auch heim!“

„Dann dank ich dir für die Auskunft! — Sbogom! — Mit Gott!“

„Sbogom!“ rief sie mir lachend zu, und dann, als ich schon fortritt: „Do vidjenja!“

Und ich drehte mich im Sattel um und rief laut zurück: „Do vidjenja, Mirjana!“

Ich hörte sie noch lachen, aber sie war schon leichtfüßig den Wiesenhang hinuntergelaufen und verschwand drüben zwischen den schwarzen Fichten.

Seltsam zwiespältig ritt ich weiter, — gespannt geradezu, was nun noch alles mir wohl begegnen würde.

Der Weg zog sich noch; — das Mädchen hatte recht gehabt. — Do vidjenja hatten wir beide gesagt, — auf Wiedersehen! — Ob dieser Abschiedsgruß nicht vielleicht in Erfüllung gehen könnte? Am Ende war das Mädchen eine Magd aus dem Burggesinde von Orlitsch, — wahrscheinlich sogar, denn sonst gab es hier herum kaum eine menschliche Siedlung.

Immer höher hinauf führte der Pfad, immer dichter und finsterer wurde der Wald. Endlich lichtete es sich vor mir, — noch ein steiles Stück, — dann wurde der Blick frei und, im Abendlicht golden glühend, ragte auf einer schroffen Anhöhe die Burg auf, klein und uralt und seltsam verwachsen mit Berg und Fels.

Ich wurde bei der Pforte eingelassen, und der alte Burgvogt erschien; — bei uns daheim hätte man ihn für einen Schafhirten gehalten oder auch, nach dem gewaltigen Dolchmesser, das er quer im Gürtel stecken hatte, für einen Straßenräuber. Er bedauerte, der Gospodin Župan sei nicht daheim, auch seine Söhne seien zur Zeit über Land; er werde mich dem Fräulein melden, daß sie mich empfange. Dann führte er mich in die Eingangshalle.

Ich schaute mich in der Halle um: die Wände unverputztes rauhes Bruchsteingemäuer, der Boden gestampfter Lehm, die Decke aus rohen rissigen Balken, von krummen, kaum behauenen Eichenstämmen als Pfeilern getragen. Alles von wuchtiger einfacher Art, — nur die Waffen, die reichlich an den Wänden hingen, zeigten handwerkliches Können und liebevolle Sorgfalt.

Ich wartete. Sonnenlicht in dünnen goldenflimmernden Bändern fiel durch die schmalen Scharten und Fensterchen. Von draußen aus dem Burghof drang leises Gackern und Schnattern von mancherlei Geflügel. — Wie mochte das Burgfräulein aussehen, das zur Zeit in Vertretung ihres Vaters hier auf diesem verwunschenen Schloß gebot?

Da ging auch schon im Hintergrund eine Tür, und eine weibliche Gestalt trat ein: in einem langen dunkelroten Gewand, das die bloßen Schultern frei ließ, einen glitzernden Stirnreif in den gelösten dunklen Haaren, — mehr konnte ich nicht erkennen, denn sie war im Dunkel stehengeblieben.

Ich schwenkte grüßend meinen Hut, verneigte mich, nannte Namen, Herkunft und Begehr, und was einer sonst noch üblicherweise spricht, um sich vorzustellen.

Auch die Dame verneigte sich, blieb aber stumm. Ich redete also noch einiges und erwähnte anerkennend, ich sei unterwegs einer einfachen Bauerndirne begegnet, die fließend meiner Muttersprache kundig war, und ich hätte das als einen erfreulichen Willkommgruß in dieser Gegend aufgefaßt.

Warum redete das Fräulein noch immer nicht? — Auch ich verstummte, — lauschte und starrte in das Dämmern. — Da, — ein glucksendes Lachen, — Teufel hinein, das kannte ich doch. —

„Mirjana!"

Sie schluckte das Lachen hinunter. Mit funkelnden Augen mühte sie sich krampfhaft, ein strenges Gesicht zu machen.

„Ihr wollt wohl sagen: edles Fräulein von Orlitsch!" — Es sollte tadelnd und überlegen klingen und gelang völlig daneben.

In mir war eine unbändige Freude. — „Edles Fräulein Mirjana!" sagte ich, so in der Mitte durch, — „pflegt Ihr jeden Gast Eures Vaters so zu empfangen?"

„Ach wo? — Nicht jeden! — Wo denkt Ihr hin! — Aber Ihr habt erstens Glück gehabt, und zweitens hab ich bei Euch eben meinen Spaß daran gefunden."

„Der Spaß liegt ganz bei mir!" mußte ich gestehen. — „Aber damit Ihr seht, wie ich doch nicht so albern bin: im ersten Augenblick, da ich Euch sah, drunten am See, ist es mir durch den Kopf geschossen: das ist eher eine Prinzessin als eine Bauerndirne! — Freilich, als Ihr mich dann so unverschämt angeschwindelt habt..."

„Wer hat Euch unverschämt angeschwindelt?" — das sollte wieder streng und strafend klingen und gelang abermals nicht. — „Jedes Wort ist wahr gewesen! Mein Vater hat das meiste Land ringsum und bebaut selbst einen guten Teil davon mit eigener Hand, — bin ich also vielleicht keine Bauerntochter? — Und ist mein ältester Bruder vielleicht nicht beim Likaner Kriegsvolk?"

Ich schlug mir auf die Stirn: der Hauptmann Mirko Orlitsch, von dem man bis zu uns nach Slawonien rühmen hört! — Daß mir da nichts aufgefallen war!

Mit einem Mal streckte Mirjana die Arme von sich und lachte: „Ach, was stehen wir hier in der finsteren muffigen Höhle. — Kommt, Junker Konrad, — wir setzen uns in unser Burggärtlein! — He, Ivice, — bring uns was zum Trinken hinaus und was Süßes!"

Das Burggärtlein war ein kleines Flecklein Erde, kaum zehn Schritt im Geviert. Rosen rankten sich am Gemäuer empor, Lilien standen davor, Leukojen und Nelken, Rosmarin und Goldlack. Ein kleiner Brunnen plätscherte in der Mitte, und in einer Ecke stand ein Tischchen von Stein mit zwei Bänken daneben.

„Das ist mein Lieblingsplätzchen in der Burg", sagte Mirjana, die auf einmal sehr ernst geworden war, — „ich hab es noch von meiner Mutter, — und ich halt es genauso, wie es damals war."

„Eure Mutter, — was ist mit ihr?" fragte ich betreten.

Mirjana schaute weg, über die Gartenmauer hinaus, in das rote Sonnenglühen.

„Ich bin damals sieben Jahre gewesen. Die Mutter ist über Land gereist, zu Verwandten. Es hat damals geschienen, als ob alles sicher und ruhig wäre, drum hat sie der Vater auch ziehen lassen. Und dann waren doch auf einmal Türken auf ihrem Weg, eine kleine Rotte nur, — Gott weiß, wie die überhaupt sich durchgeschlichen haben bis an die Agramer Landstraße. —"

„Meine Mutter ist aus der Steiermark gewesen", fügte sie nach einer Weile hinzu, — „von ihr kann ich so gut deutsch."

Sie drehte sich mir zu, — und jählings änderten sich ihre Mienen, wurden wild und strahlend. — „Leben und Tod stehen hier im Land näher beisammen als anderswo. Das wißt Ihr ja auch, Konrad. — Und vielleicht ist das Leben gerade darum hier schöner, weil der Tod allezeit näher ist."

Ja: — der Tod stand nahe, — näher als sonst. — Warum sollte das Leben da nicht schöner sein, — schöner als alles bisher? — Was kam mit einem Mal für ein heißer Rausch über mich, wo ich doch noch nicht einmal von dem dunklen Wein getrunken hatte, den der alte Diener mittlerweile auf das Steintischchen gestellt hatte.

Jetzt hob Mirjana den Becher: „Auf das Leben! — Živio!"

„Živila!" tat ich ihr Bescheid.

Wir setzten uns einander gegenüber. Der Stein war warm, die Blumen und Kräuter in den Beeten dufteten berauschend, der Himmel glühte in hundert Farben. — Aber ich merkte das alles gar nicht recht; — ich sah nur dieses Mädchen, dieses junge Weib, das da mir gegenüber saß. Mochte es tausendmal ungehörig und töpelhaft sein, — ich verschlang sie wahrhaft mit meinen Augen: ihr Gesicht, die dunklen Wogen ihrer Haare, ihre Gestalt, — weiß Gott, ich konnte nicht anders, ich war in einem dunklen Rausch, in einem Zauberbann.

Aber ich faßte mich wieder, — hob den Becher: „Hab ich es Euch nicht schon gesagt, daß ich es als erfreulichsten Willkomm in dieser Landschaft empfunden habe, just als ersten Menschen Euch begegnet zu sein. — Und diesen Willkomm möchte ich hintennach nun noch einmal bekräftigen.

Sie tat mir lachend Bescheid.

„Aber sagt mir doch nur eines", fragte ich, — „wie kommt Ihr auf den Gedanken, Euch so als Bauerndirne zu verkleiden und Euch unter die Hirten zu mischen?"

„Ja, wenn ich immer nur warte, bis ich hier auf meines Vaters Burg standesgemäße Gesellschaft bekomme, dann werde ich alt und gries und gram darüber, — muß mich freilich dann auch nach deren Stand kleiden und aufführen. Und ich fühle mich recht wohl unter den Bauern und Schafhirten. — Freilich: Ihr seht, daß ich auch Eure Gesellschaft zu schätzen und mich auch nach dieser anderen Seite hin gebührend zu kleiden und zu benehmen weiß!"

Sie hatte sich von ihrem Sitz erhoben, stand vor mir, dehnte und wand ihre geschmeidigen Glieder, wie wenn sie mir nur den himbeersamtenen Schimmer ihres langfaltigen Kleides vorführen wollte.

Auch ich war aufgesprungen. — „Mirjana!" fuhr es mir heraus, — „Ihr könnt Euch kleiden, wie Ihr wollt, — ich — ich —" — Ja, — was?

Sie hatte plötzlich die Augen niedergeschlagen, aber mein Blick zwang sie wieder zu mir aufzuschauen. — Und da war aus diesen Augen jählings aller spöttischer Übermut verflogen, und etwas anderes lag mit einem Mal darin, etwas, was aus Tiefen aufbrach, lodernd und sengend, — Angst und Begehren zugleich, Werben und Fliehen, Herausforderung und Hingebung.

Und da schlug der flammende Rausch über uns zusammen. —

Ich muß sie wohl gepackt haben, wie ein wildes Tier seine Beute packt, denn sie schrie leise auf, in jähem Schmerz und in wonnigem Schauer zugleich, — aber was weiß ich, was ich tat? — Ich weiß nur, wie ich mich in ihren Leib verkrallte, wie ich mich mit dürstigen brennenden Küssen in ihren Mund verbiß, wie ich sie wildwütend an mich preßte, daß ich durch Wams und Gewand hindurch jede Faser ihres Leibes mit dem meinigen zu fühlen vermeinte.

Als ich sie endlich losließ, sank sie auf die Steinbank, ließ den Kopf hintüber fallen und schloß die Augen.

„Mirjana!“ rief ich erschrocken, — „hab ich dir wehgetan?“

Sie schüttelte stumm den Kopf, lächelte, — schmerzlich und glücklich in einem.

Die Sonne war versunken; betäubender, süßer duftete das Gärtlein, milder, weicher leuchtete der Himmel — über fernen bleichen Bergen schwamm silbern die Mondsichel.

Da ließ ich mich auf die Knie sinken und bedeckte ihr Gesicht und Hals und Schultern und Arme aufs neue mit Küssen, aber unendlich sanft und zart nun, wie als wollte ich eben geschlagene Wunden wieder zum Heilen bringen.

Sie schlug die Augen auf, seufzte: „Ist der Tod schon so nah, — daß das Leben anhebt, so schön zu sein?“ fragte sie.

„Jetzt leben wir!“ sagte ich rauh, wie zu meinesgleichen; — „zum Sterben ist hernach alleweil noch Zeit genug!“

Sie schwieg eine Weile. — „Drunten am See, — ich habe dich schon von weitem kommen gesehen, — hab nur mit Absicht weggeschaut. — Wie ich dich hab aus dem Wald heraustreten sehen, da war es mir, als ob etwas in mir spräche: Was da angeritten kommt, ist dein Schicksal!“ — Wieder schwieg sie, dann, ganz leise, setzte sie hinzu: „Ich weiß nicht, ob mir das Schicksal Glück bringen wird oder Unglück. — Aber so oder so, — ich will es auf mich nehmen und tragen!“

Es war dunkel geworden, — sie schritt vor mir dem Gebäude zu. Als ich sie in der Halle wieder umfangen wollte, sah sie mich abweisend kühl an und sagte scharf: „Herr Junker Konrad, — was kommt Euch in den Sinn? — Wißt Ihr nicht, wie man sich einer Burgherrin gegenüber benimmt? — Ich werde Euch jetzt in Euer Stübchen führen, und darin habt Ihr Euch bis morgen früh würdig und sittsam zu verhalten!“

Sie nahm eine Fackel aus ihrem Ring und schritt mir voran, — jeder Zoll eine Edeldame. Ein kleines Turmkämmerchen öffnete sie mir, kärglich eingerichtet. „Ruhet wohl die erste Nacht unter unserem Dache!“ — War es das flackernde Fackellicht, was da so funkelte und blitzte, oder waren es doch wieder ihre Augen? — Aber als ich nach ihr griff, war sie blitzschnell im Dunkel verschwunden.

Am 4. Julii 1537

Als ich am Morgen in den Burghof trat, stand in der Mitte Mirjana, bloßfüßig und im langen Leinenhemd, und streute dem Geflügel Futter. — „Wie du siehst", lachte sie, „bin ich Schloßherrin und Magd in einem. Wohl dem, der zu beidem taugt! Und dann", fügte sie schelmisch hinzu, „hast du mir ja gesagt, ich gefalle dir in dem da auch nicht schlechter als in meinem Rotsamtenen."

Ein Morgenimbiß stand im Burggärtlein bereit. Als ich mich daran erlabt hatte, kam Mirjana zu mir: „So, — mit meiner Arbeit bin ich fertig; — jetzt kann ich mich dem Gast des Hauses widmen. — Komm mit; — ich will dir die Umgebung der Burg zeigen, — mein Reich!"

Gleich vom Burgtor weg ging es einen steilen, kaum erkennbaren Pfad den Hang hinunter, dann nahm uns dichter Wald auf.

„Das ist mein Weglein", erklärte Mirjana, — „hier braucht man nur halb so lang wie auf dem Reitpfad; — daher konnte ich dir gestern auch leicht zuvorkommen."

Es währte nicht lang, so waren steile Felsen vor uns und neben uns; Gesträuch und Schlinggerank wurzelte dazwischen. Mirjana kletterte leichtfüßig voraus, ich in meinen Stiefeln tat mir auf dem glitschigen Erdreich und den rollenden Steinen härter. Sie blieb stehen, blickte mit gefurchter Stirn zu mir herauf.

„Am besten legst du auch dein Schuhwerk gleich ab; das tut hier nicht gut. Und den Rock laß auch hier, — es wird noch sehr warm werden." Gehorsam zog ich Stiefel und Strümpfe aus und barg sie unter einem Busch, legte meinen Rock dazu, strickte mir die Hosenbeine und die Hemdärmel auf.

Sie lachte: „Jetzt schaust du aus wie ein Bauernbursch; — jetzt bist du meiner wieder völlig ebenbürtig!"

„Das will ich meinen!" erwiderte ich, — „und weißt du auch, wie es die Bauernburschen machen?"

„Wie denn?" fragte sie ahnungslos.

Da packte ich sie wieder um den Leib, riß sie an mich und erstickte sie schier mit meinen Küssen.

„Gib nur acht!" sagte sie, als sie wieder zu Atem kam, und tat recht ängstlich, — „die Felsen sind so glatt und abschüssig!"

Und sie entschlüpfte rasch meinen Armen und glitt im Gefels weiter hinab.

Dichter wurde das Gestrüpp um uns, Farnkräuter wucherten auf.

Schon lang war ein Rauschen und Brausen zu vernehmen gewesen; nun wurde es immer lauter, gewaltiger, schien von allen Seiten zugleich zu kommen. Wir hatten den Boden der Schlucht erreicht; an die hundert Schritt noch, dann traten die steilen Hänge zurück, und vor uns lag ein winziger See, auf drei Seiten von hohen steilen Felswänden umgeben, über die tosende Wasserfälle hinabschossen.

Staunend stand ich vor diesem Wunder der Schöpfung. Bis mich zuletzt Mirjana weiterzog: „Komm, — es gibt noch viel zu sehen in meinem Reich; — versäumen wir uns nicht zu lang!"

Weiter ging es, — längst war der Pfad verschwunden unter wucherndem Grün. Land und Wasser verflossen hier in eins. Durch hundert klare laue Bächlein und Tümpelchen wateten wir, kletterten und sprangen über hundert felsige und moosige Inselchen. Wasserfälle rechts und Wasserfälle links füllten das Tal mit brausenden glitzernden Nebelwogen.

Dann standen wir zum ersten Mal an einer weiten, stillen Wasserfläche; es mußte wohl jener See mit den vielen Buchten und Halbinseln sein, den ich gestern auf meinem Ritt als ersten gesehen hatte.

„Wir nennen ihn den Kozjak", sagte Mirjana, „den Ziegensee. Aber Ziegen weiden hier wohl schon lang nicht mehr. Das Dorf droben im Wald haben vor einem Menschenalter die Türken zerstört."

Ein schmaler verwachsener Pfad zog sich am Ufer entlang. Draußen lag eine Insel, winzig klein, aber doch mit Wald und Wiese, Felsen und Buschwerk und Strand, — eine kleine Welt für sich.

„Die gehört mir!" sagte Mirjana stolz. Und als ich ungläubig lächelte, nickte sie ganz ernsthaft: „Wirklich! — Der Vater hat sie mir geschenkt! — Ist doch das ganze Land hier herum sein Eigen."

Wir standen auf der Spitze einer Landzunge, die Insel gerade vor uns.

„Wollen wir hinüber?" — Ihre Augen funkelten und lockten.

Und als ich nickte, da hatte sie blitzschnell ihr Hemd abgestreift und stand vor mir in der hüllenlosen Schönheit ihres Leibes, streckte und dehnte sich glückselig im warmflutenden Sonnenlicht, — selbst einer Sonnengöttin gleich.

Langsam, wie im Traum, legte auch ich meine Kleidung ab, den Blick wie gebannt an der Gestalt des Mädchens. — Was glühte und brannte in meinen Sinnen? — War es nur die trunkene Freude der Augen — oder war es das wilde Begehren des Mannes?

„Wer schneller drüben ist!" rief sie plötzlich, schnellte wie ein Pfeil in die Wellen und schwamm mit kräftigen Stößen in den See hinaus.

Da stürzte ich mich ihr nach, fühlte mit jauchzender Lust die lauen klaren Wellen meinen Leib umkosen.

Wirklich, ich hatte harte Mühe, gegen Mirjana aufzukommen. — Langsam schob ich mich an das Mädchen heran, Zug um Zug. Sie merkte es, verstärkte ihre Bemühungen, ihren Vorsprung zu behalten. Ein zähes, verbissenes Ringen war es jetzt. Da war die Insel auch schon ganz nahe, — eine flache Bucht gerade vor uns, — ein Dutzend Schwimmzüge noch, in denen alle Kraft lag, — dann kletterten wir ans Ufer, — im selben Augenblick!

„Unentschieden!" rief Mirjana lachend. — „Der Wettkampf geht weiter! — Wer zuerst oben bei dem Baum ist!"

Wieder schnellte sie los, wieder hatte sie ein paar Augenblicke Vorsprung, — aber rascher war ich diesmal hinter ihr her. — Die Insel stieg in mehreren sanften Stufen an, war zu oberst frei, von einem Wiesenfleck bekrönt, auf dem einsam eine mächtige Fichte aufragte.

Ich stürmte den Hang hinan, hinter der Fliehenden her. — Ja, — floh sie nicht jetzt wirklich vor mir? — War das noch Spiel? — Oder war ich nicht plötzlich in der Tat ein Verfolger geworden, darauf aus, ihrer habhaft zu werden, sie zu ergreifen, mir zu eigen zu nehmen? — War das nicht mit einem Mal der uralte Kampf zwischen Mann und Weib, was hier geschah?

Am Rand der Wiese hatte ich sie eingeholt, bekam ihren Arm zu fassen, ihre Schulter. Mit einem wehen, glückseligen Aufschrei ließ sie sich ins weiche Gras fallen, riß mich im Sturz mit zu Boden. — Brust an Brust lagen wir, Lippe an Lippe, — keuchend, — glühend. — Und um uns wogte und wallte die Welt, versank das Land mit Bergen und Wäldern, — nur unsere Insel mitten im See blieb noch, — die Welt, auf der wir beide lebten, ganz allein, — das Paradies! — Und wir darin das erste Menschenpaar, — das Menschenpaar — vor dem Sündenfall? — Nein! — Das ist nicht Sünde, was Gott zwei Menschen in ihre reinen, starken und heißen Herzen so unbezwingbar wild und stark eingegeben hat, — von Anbeginn aller Zeiten!

Und dann versank auch der See und die Insel, und waren nur mehr wir beide da, — und das größte Wunder der göttlichen Schöpfung vollzog sich in uns aufs neue mit aller Urgewalt der Unendlichkeit. —

Am 10. Julii

Wie im Traum gehen jetzt die Tage hin und die Nächte. — Was ist draußen in der Welt? — Krieg — und Heer — und Türken — und Gefahr? — Ich weiß es nicht und will es nicht wissen!

Freilich: auch viel Alltägliches und Nüchternes geschieht so zwischendurch. Mirjana verwaltet Burg und Hof und Land ihres Vaters als seine Stellvertreterin, und sie tut es mit Geschick und Eifer. Ich helfe ihr dabei hier und dort, soweit ich es vermag. Als ich ihr das erste Mal ihre Arbeit in den Ställen abgenommen hatte, sagte sie danach zu mir: „Du eignest dich auch gut als ein Bauernknecht!" — Sie meinte das ehrlich und anerkennend, und es tat mir wohl, mich auch hierin ihr ebenbürtig zu sehen. —

Zwischendurch weiß Mirjana immer wieder einmal sich frei zu machen und mit mir unterzutauchen in bergende Einsamkeiten.

„Wir müssen alles nehmen, wie Gott es uns gibt!" sagte sie. — „Und jetzt hat er mich dir gegeben und dich mir. — Gott wird wissen, warum!"

Und doch überkommt es mich manches Mal wie Angst: ob es nicht schier sündhaft ist, ein Glück so überquellend und hemmungslos zu trinken, — in Seligkeiten aufzuschweben, die schier zu hoch sind für sterbliche Menschen auf dieser Erde.

Ich fragte es einmal Mirjana, als sie, spät im Dunkeln, auf ihrem Lager noch wach neben mir lag.

„Nein!" sagte sie, — „Sünde wäre es, ein Glück zurückzuweisen, das Gott uns schenken will. Ob das Glück klein ist oder groß, das Gott uns darbietet, — oder auch die Not, die er uns auferlegt, — wir hier, wir nehmen es hin und tragen es und kosten es aus, — ganz, — bis zum Letzten! — Wir wollen es nicht anders! — Vielleicht ist das die Seele dieses Landes und seiner Menschen."

Sie umschlang mich jählings, flüsterte mir ins Ohr, lockend, heiß: „Konrad, — du gehörst jetzt auch in dieses Land, — zu uns! — Nimm das Glück, — trink es, — es ist von Gott!"

Am dritten Tag meines Hierseins auf Burg Orlitsch saßen wir am Abend in Mirjanas Stübchen. Die Sonne stand schon tief und tauchte den Raum in warmes Goldlicht. Von fern kam, leise, eintönig und schwermütig auf und ab schwellend, der Klang einer Svirala, einer Hirtenflöte.

Seltsam war dieses Stübchen, seltsam und unwirklich wie die ganze Burg und das ganze Land rundum. Auch hier die Wände krumm und unregelmäßig, buckelig und rauh, nur grob verputzt, die Decke aus klobigen, kaum behauenen Baumstämmen, der Boden unebene rohe dunkle Bretter. Bunt gewebte Wollteppiche mit fremdartigen Mustern, wie erstarrt in wogender Bewegung, bedeckten den Boden, hingen an der Wand und lagen auf dem kleinen Tischchen. Eine mächtige Truhe stand da, nach bäuerlicher Weise grob gekernt und schwarz und rot bemalt, daneben in der Ecke ein Spinnrad, ihm gegenüber in einer Wandnische eine aus Holz geschnitzte Muttergottesstatue von seltenem Liebreiz.

„Die ist aus der Steiermark, — auch noch von meiner Mutter", sagte Mirjana leise und strich liebkosend über die warm schimmernden Falten des Holzes.

Aber da bemerkte ich plötzlich in der hintersten Ecke im Halbdunkel noch einen Gegenstand, und als ich näher hinsah, war es eine gewaltige Streitaxt von ganz absonderlicher Form, es mußte ein uraltes Stück sein.

„Wie kommt denn, um Gottes willen, so etwas in deine Mädchenstube?“ fragte ich zutiefst erstaunt. — „So was führt ja heutzutage kein Mensch mehr, auch hier zu Lande nicht!“

Sie war ernst geworden. — „Ist es nicht Sache der Frauen, zu bewahren, was die Männer vergessen und verlieren würden? — Was aus ferner großer Vergangenheit stammt, — an Gedanken sowohl als auch an Dingen; — daß es einer fernen großen Zukunft erhalten bleibt?“

„Nun, das wohl!“ sagte ich, etwas unsicher, — „aber —“

„Sieh, Konrad, — diese Streitaxt ist sicher das Älteste in unserer ganzen Burg — und vielleicht auch das Kostbarste. — Wenn die Sage wahr ist, die man von ihr erzählt, — und ich will, daß sie wahr sei! — dann stammt die Waffe noch aus der Zeit des Königs Tomislaus.“

„König Tomislaus, — wer war das?“ fragte ich; — ich hatte von ihm schon irgendwo gehört, aber nichts Näheres.

„Er hat hier geherrscht zur selben Zeit, da über eure Länder der große Kaiser Karl geboten hat, und er hat jenem auch, freiwillig und als ein Freund, Anerkennung und Heerfolge geleistet. Sein Reich aber war groß und weit, von der Donau bis zum Meer und von den Krainer Grenzbergen bis nach Serbien hinein. Und es war mächtig und siegreich über alle Feinde; in seinem Inneren aber herrschten Friede und Gerechtigkeit.“

„Und was ist aus diesem Reich geworden?“

„Das Reich unseres Königs Tomislaus ist ebenso zerbrochen und zerfallen wie das eures Kaisers Karl. Nur: wir sind tiefer hinab ge-

Bild oben:
Kopreinitz, Sitz einer Grenzhauptmannschaft, schützte mit seiner starken Festung die wichtige Heerstraße an der Drau.
„Gränz-Festungen ... in Ungarn ...“ (K. A.).

Bilder unten:
Die slawonische Stadt Esseg am rechten Draufer war als Nachschub- und Etappenplatz für die türkische Kriegführung von überaus wichtiger strategischer Bedeutung.
1537 scheiterte der Versuch eines starken kaiserlichen Heeres, die Stadt zu erobern, an der Uneinigkeit seiner Führer, Katzianer von Katzenstein und Lodron, an Seuchen und am Mangel an Lebensmitteln und Kriegsgerät (ÖNB).

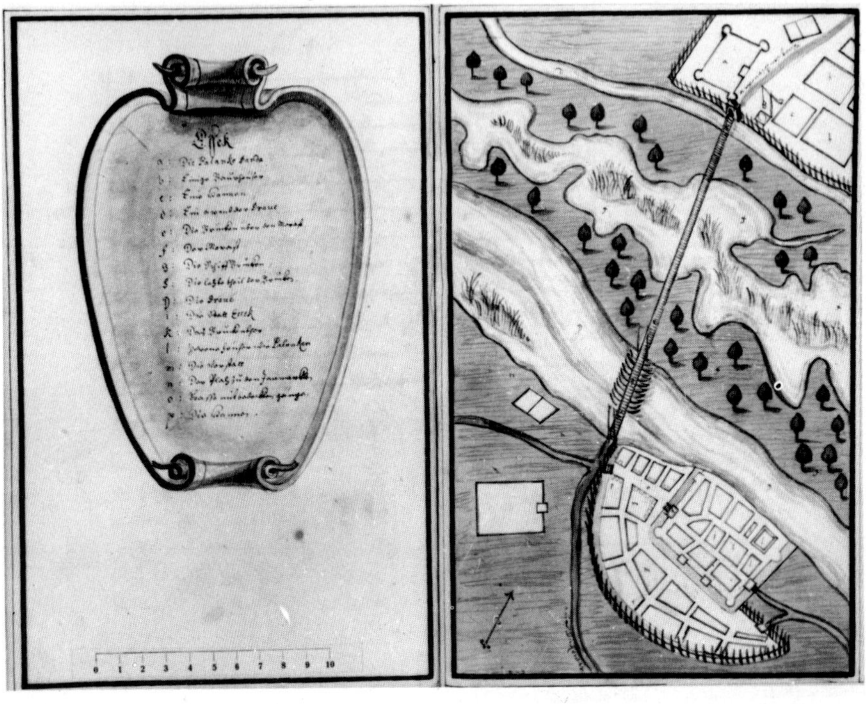

Essek
0 1 2 3 4 5 6 7 8 9 10

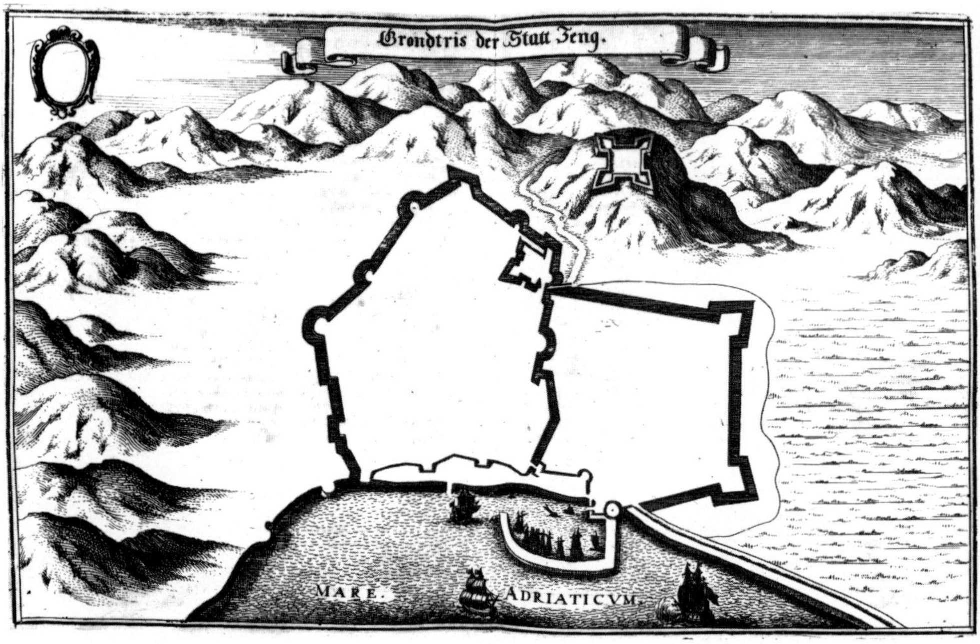
Grondtris der Statt Zeng.
MARE. ADRIATICVM.

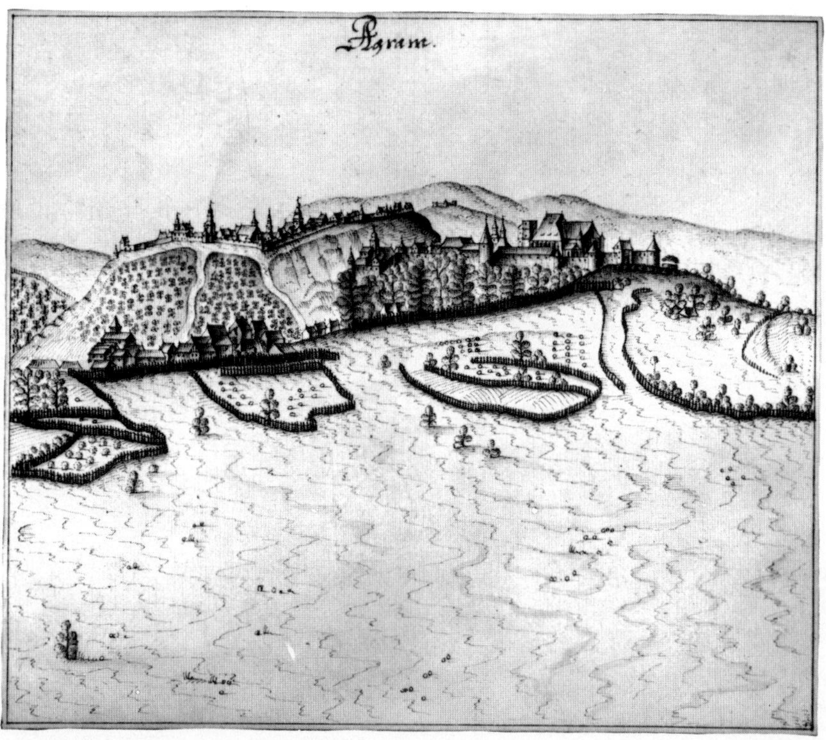
Agram.

stürzt. Mag sein, weil unser Volk kleiner, unsere Feinde zahlreicher und mächtiger waren, — mag auch nur sein, weil wir selber noch mehr uneins waren, noch leidenschaftlicher Eifersucht und Mißgunst und Haß in unseren eigenen Reihen gewütet haben. — So ist unser Land zuletzt eine Beute des türkischen Erbfeindes geworden, Stück für Stück; — was heute noch besteht, ist nur mehr der letzte Rest davon."

Sie schwieg, saß starr vor mir; — all ihre frohe Lebenslust schien versteint, zu Eis erstarrt. Leise erzählend fuhr sie dann fort:

„Der König Tomislaus hat seinen Sitz nicht hier gehabt im Oberland, sondern drunten in Biograd na More, der Weißen Burg am blauen Meer. Das Land dort haben uns die Venezianer geraubt, mit List und Verrat, in der Zeit, als unser Volk uneinig und schwach wurde. Aber noch leuchten dort an der Küste unsere alten weißen Marmorstädte, Zadar und Split, Schibenik und Nin, — und darin hat sich noch manch ein uraltes Gotteshaus aus jener großen Zeit unseres Volkes erhalten, schlicht und still und doch groß und machtvoll, und seltsam sich abhebend von dem, was die Welschen nachmals daneben hingebaut haben."

„Bist du schon dort gewesen?" unterbrach ich sie neugierig. — Sie blickte abwesend vor sich hin, schüttelte den Kopf: „Nein, — aber der Vater hat mir viel davon erzählt. — Und es steht das alles nun vor meinen Augen, als wäre ich dort aufgewachsen."

Sie schwieg ein paar Atemzüge lang, wie um sich wieder zu sammeln. Dann fuhr sie fort: „Und siehst du, — so einen weißen Marmortempel, wie sie da drunten am Meer stehen, noch aus der Zeit des Königs Tomislaus, — so einen Tempel trägt jeder von uns im Herzen, — über alle Zeit und Nöte hinweg. — Und in jedem dieser Tempel brennt eine ewige heilige Flamme, — und einmal wird sich daran das Feuer entzünden, das unser Land und Volk wieder groß und frei und mächtig machen wird!"

„Ja, Mirjana, — dann wird der Königssohn Marko aus seinem

Bild oben:
Zengg — Kameni Senj, das „steinerne Zengg", am äußersten Rand der kroatischen Meergrenze, am Morlakkenkanal an der Adria, war der Sitz der westlichsten Grenzhauptmannschaft.
Topographia Provinciarum Austriacarum (K. A.).

Bild unten:
Kroatiens Hauptstadt Agram war nicht nur ein Zentralpunkt im Grenzsystem, sondern sicherte mit seiner starken Festung zugleich die wichtigen Verbindungslinien an der oberen Save.
„Gränz-Festungen ... in Ungarn ..." (K. A.).

Berg emporsteigen mit tausend Rossen und mit tausend Schwertern!"

Sie schaute mich mit leuchtenden Augen an, ganz erstaunt zuerst, — dann fiel sie mir um den Hals und küßte mich stürmisch.

„Konrad, — Konjo, — das ist lieb, daß gerade du jetzt das sagst!"

Und dann begann sie leise zu singen. Seltsam dunkel und warm klang ihre Stimme, ganz anders als sonst ihr fröhliches helles Lachen, — und es war ein seltsamer eintöniger, sicherlich uralter Sang:

„Tausend stürmend rasche Pferde — nährt der Königssohn Ma-arko,
Tausend scharfe glatte Schwerter — hegt der Königssohn Ma-arko,
Tausend tapfere Heldensöhne — führt der Königssohn Ma-arko
Über tausend Bergeshöhen — kommt der Königssohn Ma-arko,
Tausend starke Feindesburgen — bricht der Königssohn Ma-arko,
Tausend Täler, tausend Felder — nimmt der Königssohn Ma-arko,
Tausendmal viel tausend Türken — schlägt der Königssohn Ma-arko." —

„Ja", fuhr sie dann fort, — „er wird kommen, der uns wieder frei und groß macht, — ob er jetzt Marko heißt oder sonstwie. — Vielleicht ist er schon da, steht er unter uns, — — vielleicht bist du es selber, Konorad, — vielleicht bist du nur einer von den tausend Helden, die ihm folgen. — Weißt du, daß der König Tomislaus, ehe er gestorben ist, und bevor die anderen über sein Erbe hergefallen sind und sich gegenseitig zerfleischt haben, daß er da seine Krone vergraben hat, — hier irgendwo im Land. Und die Krone wird erst wieder gefunden werden, wenn ihre Zeit neu angebrochen ist. — Konorade, vielleicht findet ihr die Krone, — wenn ihr Schanzen grabt! — Ja: baut Schanzen im ganzen Land, — dann müßt ihr die Krone finden, — dann zwingt ihr die Zeit herbei!"

Sie hatte ihr Lied auf krobatisch gesungen und war, wohl unbewußt und ungewollt, dabei geblieben, so als wäre das nun eine Beschwörung, die sie nur in der Sprache ihres Volkes und ihrer Väter sagen konnte. Voll Leidenschaft hatte sie gesprochen, aus brennendem Herzen. —

„Mirjana", sagte ich zärtlich, — „wenn ich dein Land und dein Volk nicht schon lieben gelernt hätte, — ich würde es jetzt lieben lernen, — durch dich und in dir! — Dein Volk und meines sind seit Urzeiten Waffengefährten und Blutsbrüder gewesen, — seit unserem Karl und eurem Tomislaus, oder auch noch viel früher schon. Und sie sind ihren schweren Weg nebeneinander her gegangen durch die Jahrhunderte. So soll es auch bleiben, das gebe Gott! — Es ist wohl so, daß ihr das Reich braucht, daß es euch ein mächtiger großer Freund und Beschützer sei, daß aber auch das Reich euch braucht, daß ihr an seiner Grenze Wache haltet. — Mirjana! — Ich trage das Reich in meinem Herzen und meines Kaisers Fahne, — und du den Tempel und das heilige Feuer deines Volkes. — Hat uns nicht Gott zusammengeführt? — Wie soll da nicht aus dem, was aus uns beiden erwachsen wird, Gottes besonderer Segen liegen! —

Am 12. Julii

Mirjana ist mir nun auch eine Lehrmeisterin geworden. Habe ich von meinen Waffengenossen, rauhen Kriegsgesellen, die jetzt und hier leben, schon viel erfahren, was sich hier im Land zugetragen hat in den letzten Jahren und Jahrzehnten, so führt mich Mirjana in die ferne Vergangenheit ihres Volkes, in das Reich der Überlieferungen und Sagen. Oft erscheint sie mir wie eine Gralshüterin des Geistes hier oben in den Bergen. — Freilich, ist nicht in dieser Burg die Vergangenheit auch noch auf Schritt und Tritt spürbar! — Drunten in der Waffenhalle ist mir ein Schwert aufgefallen, besonders groß und schwer.

„Das ist von meinem Großvater!" sagte Mirjana.

„Was war mit ihm?" fragte ich.

„Die Türken haben ihn erschlagen." — Was hätte ich anderes erwarten können.

„Es ist schon fast ein halbes Jahrhundert her; — mein Vater war damals noch ein Kind."

Ich rechnete nach. — „Das muß also gewesen sein, — kurz nach dem Tod des Matthias, des Raben?"

Mirjana nickte, ballte die Fäuste: „Ja, — damals war es, — als der fremde Schwächling, der Polake, der Ladislaus Jagiello des König Matthias Reich verraten und verdorben hat, nachdem ihn die falsche madjarische Adelsbrut zum König gewählt hatte. Sie haben denn auch nichts Eiligeres zu tun gehabt, als ihre jämmerliche Kreatur auf dem Thron des heiligen Stefans zu zwingen, das starke sogenannte Schwarze Heer des König Matthias aufzulösen und fortzuschicken, — auf daß der neue König jetzt überhaupt nur mehr ein machtloses Spielzeug in ihren Händen sei. — Das Land aber ist schutzlos dagelegen. — Und das war alles just zu der Zeit, als die Macht der Türken gewaltig und drohend emporstieg und uns immer näher rückte. — Ja, — und dann ist der Jakub Pascha aus Serbien anno 1493 mit einem gewaltigen Heer in Slawonien und Kroatien eingefallen und weiter nach Krain und Kärnten durchgezogen. Von den Madjaren im Stich gelassen, sind unsere Edlen mit ihrem Kriegsvolk zuerst den Türken ausgewichen, bis sie sich gesammelt hatten; aber wie dann die Türken im Herbst zurückgekommen sind, haben sie sich ihnen auf dem Feld der Krbava entgegengestellt."

„Und wie ist es ausgegangen?" fragte ich gespannt.

„Wie es ausgehen muß, wenn zehne auf einen kommen. — Zur Gänze aufgerieben ist unser Heer worden, erschlagen auf dem Schlachtfeld blieb die Blüte unseres Landes, zehntausend oder mehr, unbestattet liegen, den Geiern und Raben zum Fraß. Dieses Schwert hier hat ein treuer Knecht zurückgebracht, der mit schweren Wunden liegengeblieben ist und sich des Nachts heimlich davongeschlichen hat."

Und nach einer Weile setzte sie hinzu: „Was für die Serben das Amselfeld ist, das ist für uns Krobaten die Krbava, — krvlja Krbava, — die blutige Krbava. — Es gibt viele Amselfelder im Reich des Sultans."

Ich nahm sie in meine Arme: „Mirjana, — so lange Menschen sind wie du und ich, vergehen unsere Völker nicht; — so lang wächst immer noch nach, was abgeschlagen wird. — Mirjana, wir beide, du und ich, wir wollen ein neues Geschlecht begründen im Land, das die Zukunft deines Volkes mittragen soll!"

Am 16. Julii

In meinem Glück bei Mirjana kommt mir manches Mal die Gundl in den Sinn, und was ich damals erlebt habe in Waidhofen und auf dem Rottenmauerhof. — Ich kann nicht sagen, ob die Liebe des Mannes zum Weibe damals oder jetzt mich stärker und tiefer erfaßt hat. — Eines ist seltsam: dort, bei der Gundl, ist mein heißes Herz in seiner Liebe lind und kühl und still geworden; — hier, bei Mirjana, wird es immer noch wilder und heißer und unruhiger. Hab ich selber mich so geändert, da ich vom Jüngling zum Mann gereift bin? — Oder ist es jetzt das andere Land um mich? — — Wohl, — das mag es sein! — Gundl, — in ihr hat das ganze Land meiner alten Heimat Gestalt gewonnen, in seiner stillen reinen Größe, mit der schweigenden Majestät seiner Berge, seinen rauschenden Wäldern, seinen taufrischen Wiesen. Ich war glücklich in jenem Land und bei jenen Menschen, obwohl ich im Innersten wußte, daß ich nicht bleiben konnte. — Und jetzt? — Liebe ich jetzt in Mirjana nicht wieder dieses Land hier, mit seiner harten wilden Schönheit, seinen steilen Felsen und rauschenden Strömen, seiner lodernden Sommersonne und seinen wühlenden Stürmen, — das Land mit all seiner Größe, seiner Herrlichkeit — und seiner Gefahr! — Längst ist mir diese Fremde zur Heimat geworden, habe ich hier feste Wurzeln gefaßt; — hier liegt mein Lebenswerk, ich weiß es, — hier werde ich bleiben. — Was steht im Wege, daß Mirjana mein bleiben soll, so wie sie es nun schon geworden ist? — Daß sie adeligen Geschlechts ist und ich bürgerlicher Herkunft, danach fragt man hier zu Lande nicht viel. — Bin ich nicht des Kaisers Offizier!

Auf der Burg Orlitsch, am 20. Julii

Gestern am Vormittag ist der alte Župan, Mirjanas Vater, heimgekehrt, mit einem Dutzend Reisigen. Wir haben ihn im Burghof begrüßt. Ich war verblüfft, wie ähnlich er dem alten Juritschitsch ist: derselbe wuchtige, kantig-breite Schädel mit schütterem Weißhaar, dieselben blitzenden blauen Augen, dieselbe kantige Hakennase, dasselbe frische rote Gesicht, derselbe lange eisgraue Schnauzbart.

„Haha!" lachte er, als ich ihm mein Erstaunen frei heraus sagte, — „wie soll's auch nicht sein! Wo doch meine Mutter Marija Juritschitsch geheißen hat und dem Niko seinem Vater eine Schwester gewesen ist."

Wir traten ins Haus. — „Du hast für mich allerhand mitgebracht, hab ich gehört", sagte er zu mir.

Ich reichte ihm die Briefe. Noch in der Halle stehend, riß er die Siegel auf und überflog das Geschriebene. Seine Mienen wurden ernst und hart.

„Eine Narrheit, was der Katzianer da vor hat!" knurrte er. — Und nach einer Weile: „Nun, lassen wir immerhin deswegen den Kopf nicht hängen; — muß noch nicht alles schief gehen. — Du und die anderen, ihr könnt unterwegs immer noch alles ins Lot bringen."

„So ist es!" sagte ich zuversichtlich. „Und ich will mich auf unserem Zug, so weit es angeht, an Euren Vetter Juritschitsch halten; von dem nimmt der Katzianer wohl noch am ehesten Rat und Vernunft an." —

Beim Mittagessen war Mirjana in sprühender Laune.

„In dir stecken heut wieder tausend Teufel!" brummte der Alte. — „Führst wieder was im Schild? — Sag mir's lieber gleich!"

„Ach", meinte Mirjana so beiläufig, — „das kann dir auch unser Gast sagen!"

„Da bin ich aber neugierig!" brummte der Župan und richtete den Blick auf mich, fragend und streng.

„Nun ja!" sagte ich und versuchte, ebenso harmlos zu tun wie Mirjana, — „ich möchte Euch nämlich um die Hand Eurer Tochter bitten, Županе!"

Seine Faust fiel krachend auf den Tisch. — „Kommt so ein Grünspecht einem ins Haus geschneit und möcht einem gleich das Mädel wegheiraten! — Ja, wie kommt ihr denn auf diesen Gedanken, ihr zwei?"

Streng und strafend sollte sein Blick sein, — aber, ach, — die spitzbübisch funkelnden Augen!

„Nun, — weil wir einander lieb haben, — und — und weil es schon in der Bibel steht, daß es nicht gut ist, wenn der Mensch allein ist!“ antwortete Mirjana an meiner Stelle und versuchte, ebenfalls vergeblich, ernst drein zu schauen.

„So? — Steht's drin? — Dann wird's wohl wahr sein müssen! — Nun ja, Konorade, — bist immerhin ein braver Kriegsmann, — hab von dir schon gehört und nichts Übles, im Gegenteil! — Hör: ich möcht einen Eidam, der nicht schlechter ist als meine leiblichen Söhne. — Aber mich dünkt, bei dir ging's! — Und außerdeme —“

Er kam nicht zum Weiterreden, denn Mirjana war ihm rücklings um den Hals gefallen und küßte ihn, daß ihm schier der Atem ausging.

„Na — na!“ wehrte er lachend, — „brauchst zu so was jetzt noch deinen alten Vater? — Hast nicht jetzt ein anderes Opfer?“

Er schüttelte sie sanft ab. — „So, — aber jetzt wird ernsthaft geredet! — Hochzeit ist gut, aber nicht so mir nichts, dir nichts! Vor nächstem Frühjahr ist da nichts zu machen, so lang müßt ihr warten. — Klar, wenn des alten Petar Orlitsch einzige Tochter heiratet, daß dazu die ganze Verwandtschaft eingeladen wird, vom Meer bis zur Steiermark hinauf.“

Ich dachte an den Pater Heinrich, wie der mir gesagt hatte, er würde mich gern einmal mit dem Mädchen meiner Wahl zusammengeben. — Wo er jetzt wohl stecken mag? — Ob ich ihn würde auftreiben können? — Warum sollt ich es nicht versuchen? — Ja, — ich werde Boten zu den Franziskanern nach Marburg und nach Graz schicken; vielleicht daß die es wissen. — Es ist schließlich noch genug Zeit bis dahin.

Lange Zeit; — was wird sie bringen?

„Sollte ich nicht Mirjana mit mir nehmen? — Ich meine nach Warasdin, daß sie die nächsten Monate über dort bleibt?“ fragte ich.

„Wo denkst du hin? — Was mach ich hier ohne das Mädel! — Brauchst aber keine Angst zu haben deswegen; — sie ist hier sicherer als sonst irgendwo. Unsere Burg liegt so abseits und versteckt, daß kaum einer überhaupt herfindet, der sich in unserer Gegend nicht auskennt. Seit Menschengedenken ist kein Feind mehr vor unseren Mauern gelegen, auch wenn ringsum das ganze Land in Flammen gestanden ist. Schließlich bleib ich selber hier auf der Burg mit einem Dutzend Knechten, wenn ihr gegen Belgrad zieht. — Gott wird schon helfen!“

Ich wollt, ich könnt dasselbe Vertrauen haben wie er. Aber es ist etwas in mir, das mich unruhig macht. Je schöner das Leben, desto näher muß da der Tod sein; — das ist es wohl, was mir immer durch den Sinn geht. — Aber das, wozu ich nun mit ausziehen soll, — mit den vielen anderen zusammen, unter dem Katzianer, — ist das nicht so und so ein Zug in den Tod? — Muß ich da eigentlich noch Angst um Mirjanas Leben haben?

Am 25. Julii

„Du kümmerst dich wohl jetzt überhaupt nicht mehr, was draußen in der Welt geschieht?" hat mich heute mein zukünftiger Schwiegervater unvermutet gefragt, — es war wohlwollend, sicherlich, aber es klang doch auch ein wenig Vorwurf daraus. Und ich muß mir gestehen, nicht unbegründet, — bin ich doch wirklich daran, alles zu vergessen, außer Mirjana und mir.

„Na, — brauchst deswegen nicht gleich einen roten Kopf zu kriegen!" lachte der Župan, — „aber horch jetzt wenigstens zu: ich hab Nachricht, von der Küste, daß die Türken übers Meer nach Italien eingefallen sind. Vor drei Wochen etwa soll das geschehen sein; Venezianer haben die Nachricht gebracht. Dieser Seeräuberhauptmann, der dem Sultan sein Admiral geworden ist, soll den Lutfi Pascha — das ist der oberste Befehlshaber des türkischen Landheeres — mit zehntausend Mann nach Apulien — das ist ganz im Süden irgendwo — hinübergebracht haben. Das war wohl erst eine Vorhut. Drüben haben sie die Stadt und den Hafen von Castro mit List und Verrat genommen. — Und nun verheeren die türkischen Horden weithin das Land; bis vor die Stadt Neapel sollen ihre Reiter schon streifen. Und der Sultan mit seinem Hauptheer, heißt es, schickt sich bereits an, dem Lutfi übers Meer nach zu folgen."

„Ja", sagte ich, — „derartiges war wohl vorauszusehen, das hat der Sultan sicher mit dem Franzosenkönig so ausgehandelt, daß sie jetzt den Kaiser in Italien von zwei Seiten her anfallen wollen."

„Die haben wohl noch viel mehr von dieser Art abgesprochen. Vor einem Jahr schon soll der König den Sultan durch eine besondere Gesandtschaft aufgefordert haben, die hispanischen und italienischen Küsten mit allen Mitteln des Kriegs zu verwüsten; dafür hat er ihm den uneingeschränkten Besitz aller Länder jenseits des Meeres um Algier und Tunis zugesagt."

„Ha, — das sagt sich wohl leichter als es sich tun!" fuhr ich auf. — „Hat der Sultan seinen Chaireddin, so hat der Kaiser seinen Doria, — und der ist bis jetzt noch immer obenauf geblieben!"

Am 4. Augusti

Jeden Tag treffen nun neue Trüppchen von heimischen Kriegsleuten ein, Reiter und Fußvolk; diese bleiben hier, jene ziehen weiter, andere kommen. Unruhig und laut wird es mehr und mehr auf unserer bisher so einsamen Burg; — sie lagern in den Hallen und Gewölben, auf dem Burghof und im Zwinger, ja auch schon draußen vor den Mauern in Zelten und Laubhütten. Alles Kriegsvolk aus der Lika, heißt es, soll sich zwischen den Burgen Orlitsch und Sluin sammeln, ehe es unter seinem Anführer, dem jungen Hauptmann Mirko Orlitsch, meinem künftigen Schwager, weiter nach Norden zieht, dem Katzianer zu.

Fast den ganzen Tag ist Mirjana jetzt beschäftigt, sich um die Ordnung in der Burg und um die leiblichen Notdürfte des Kriegsvolks zu sorgen. Auch mich zieht der alte Orlitsch zu vielerlei Arbeiten und Besorgungen heran. Er zählt mich sichtlich bereits zu seiner Sippe, und ich bin stolz und froh darüber.

Nun sind auch Mirjanas Brüder eingetroffen. In einer Woche wollen sie mit dem großen Haufen ihres Kriegsvolkes aufbrechen; dann heißt es auch für mich Abschied nehmen. Mirjana spricht nie davon, aber ich fühle, wie sie immer daran denkt. Seltsam still und in sich gekehrt dünkt sie mir jetzt, ganz anders, als ich sie vor wenigen Wochen zum erstenmal traf, — wohl auch ein bißchen bleicher und zarter.

Burg Orlitsch, am 11. Augusti

Morgen reiten wir!

Und unerwartetes Glück ist mir heute noch widerfahren.

Wir hatten im Familienkreise, geruhsamer und feierlicher als sonst üblich, zum Morgen gegessen, so als ob das bereits ein Abschiedsmahl sein sollte. Dann waren der Župan und seine Söhne aufgebrochen, und nur Mirjana war noch bei mir am Tisch sitzen geblieben.

Ich merkte, daß Mirjana etwas auf dem Herzen hatte. Sie sah mich an, und ihr Blick war seltsam verklärt: „Ich hab gestern mit dem Vater gesprochen. — Ich möchte, daß wir doch noch jetzt heiraten, ehe du fort ziehst."

Ich war überrascht, freilich durchaus freudig. — „Ja, — ja, — mir ist's nur recht so! — Aber warum so eilig nun auf einmal; — der Vater wollte doch erst im nächsten Frühjahr?"

Sie hatte den Blick wieder gesenkt. — „Ja, — Gott weiß, wie lang euer Kriegszug dauern wird, — und wenn du wieder kommst, — und — und — ich möchte", — flammende Röte stieg ihr mit einem Mal in die Wangen, — „ich möchte, daß dein Kind von Anfang an rechtens deinen Namen trägt!"

Ich war aufgesprungen, — „Mirjana!" — Glückstrunken fielen wir uns in die Arme.

So wurde denn unsere Hochzeit wider alles Vorhaben und alles

Herkommen sehr rasch und einfach gehalten, ohne viel Gäste und Gepränge, — und doch — oder vielleicht gerade darum — lag ein seltsam weihevoller Zauber darüber, als uns der Feldkaplan aus der Lika in der schmucklosen Kapelle der Burg zusammengab, — „dok ne smrt vam rastavi“ — „bis der Tod euch scheidet!“

Der Tod, — wo ist er, — wo steht er schon? — Draußen ziehen die Fähnlein und Haufen durchs Land, rumpeln die Geschütze und Troßwagen über die Straßen, sammeln sich die Regimenter, brummen die Trommeln, gellen die Pfeifen. — Der Tod geht um, — und das Leben lockt! —

Ich habe keine Gelegenheit gefunden, eine Morgengabe für mein junges Eheweib zu besorgen. So will ich ihr den Muttergottespfennig schenken, den ich von meiner Mutter hab. Und wenn ich's recht bedenke, ist das wohl ohnehin das Kostbarste, was ich an Gut besitze.

Agram, am 19. Augusti 1537

Eine Woche ziehen wir nun schon wieder über Land, auf mir wohlbekannten Straßen; mehr und mehr Volk stößt zu uns, zu Fuß, zu Roß und zu Wagen, immer länger wird unser Zug, dichter das Gewimmel, lauter das Rappeln und Klappern und Knarren der Hufe und Räder.

Aber mir geht, seit wir von der Burg Orlitsch aufgebrochen sind, alles viel zu langsam. Seit ich den Ort verlassen habe, der mir nach langen Jahren ruhelosen Wanderns wieder richtig ein Heim geworden ist, — wie sehr, das merke ich erst jetzt. — Ich möchte vorausreiten, rascher und weiter, — möchte die anderen antreiben, beflügeln, — und bin doch machtlos als einzelner winziger Tropfen in diesem träg fließenden Strom von Menschen und Rössern und Karren.

Drängt aber nicht uns alle schon die Zeit? Ist das Jahr nicht bedrückend weit vorgeschritten, der Sommer fast zu Ende? Ist der Katzianer nicht daran, vor Belgrad denselben Fehler zu begehen, der den Sultan damals vor Wien hat scheitern lassen? — Aber sicher wartet der Obrist jetzt schon ungeduldig auf uns und wird aufbrechen, sobald wir uns nur in Warasdin gesammelt haben.

Warasdin, am 25. Augusti

Nichts ist es vorläufig mit dem Marschieren, — weiter warten heißt es! Denn von den Truppen aus dem Reich und den Erblanden ist noch immer nichts zu sehen.

Dafür standen auf dem Platz vor der Burg und im Burghof selbst an die drei Dutzend Geschütze verschiedener Art, vor allem Belagerungsstücke, die meisten funkelnd neu. Wo kamen die nur her? — Wir brauchten aber nicht lang zu fragen.

Der Katzianer war uns ein gutes Stück auf der Agramer Landstraße entgegengeritten und dann an der Spitze unseres ansehnlichen Zuges in die Stadt Warasdin eingerückt. Und alsbald rief er alle Offiziere und sonstigen Anführer zusammen, dorthin, wo die Geschütze standen.

„Was, — da staunt ihr? — Was der Katzianer alles zustande bringt, wenn man ihn allein arbeiten läßt, in Ruhe, ihn dabei nicht dauernd stört mit Bedenken und Jammereien!"

In der Tat, wir staunten! Es waren gute Stücke, das sahen wir ihnen an. — Hatte er die von den innerösterreichischen Landständen bekommen oder gar vom Erzherzog?

„Wißt ihr, was das alles ist?" rief da der Obrist schon hallend über den Platz, — und als wir, erstaunt, keine Antwort gaben, noch lauter: „Das ist die Herrschaft Rothenturm in der Steiermark!" — Und als wir nun noch erstaunter und verwirrter dastanden, rief er weiter: „Ja, — meine gute schöne Grafschaft Rothenturm, die ich, — ich, der Hans Katzianer von Katzenstein, — verpfändet habe um gutes Geld, — daß ich mir für dieses Geld die Dinger hier zulegen kann, — beste Ware das, — fast alles aus den kaiserlichen Gießhütten und Büchsenmachereien im Land Tirol, — aber nach neuestem venezianischen Muster gegossen und gebohrt! — Seht her nur, alles ist da, was wir brauchen: — hier: kleine Basilisken und Singerinnen und Nachtigallen, verschießen bloß zwanzig bis vierzig Pfund, sind aber schnell zu laden und gut zu richten, — und hier: Kartaunen, schießen mit fünfzig Pfund und mehr, — alles Eisenkugeln, hab sie eigens gießen lassen in Leoben, — wirken zehnmal härter und schärfer als das alte Steinkugelzeug, — und dann da: ein paar Scharfmetzen, — und dort: das Beste von allem: zwei Hauptstücke; die Kugeln dazu haben mehr als hundert Pfund, mehr als einen Zentner gegossenes Eisen, — dem hält keine Festung der Welt stand, auch nicht ein Esseg oder ein Belgrad. — Und wißt ihr, wie meine beiden Hauptstücke heißen, — haha! — hier: die Katzianerin, — und hier: der Böse Hans! — Heißa! — Die werden den Türken das Fürchten beibringen und das Laufen!"

„Und da habt Ihr eine ganze steirische Herrschaft dafür hergegeben?“ fragte der Rupprecht Puchmüllner voll ungläubigem, aber ehrlichem Staunen.

Der Katzianer klopfte ihm auf die Schulter: „Sehr richtig, mein Lieber! — Denn was schert mich Rothenturm, wenn ich Belgrad hab! Daraus kannst du ersehen, was es heißt, wenn einer wie ich einem Ziel, einem Gedanken mit aller seiner Kraft anhängt, — daß er dafür nicht nur sein bißchen Leben in die Schanze schlägt, wie ihr armen Fretter, sondern auch sein ganzes Hab und Gut. — Dabei sind wir ja noch gar nicht fertig, denn drüben, hinter der Burg, stehen noch die Mörser: etliche kleine Mörsel und Lerchlein und zwei Hauptmörser; die verschießen anderthalb Zentner, das sind hundert und fünfzig Pfund! — Und neuartiges Pulver hab ich auch beschafft, grob gekörnt, daß es rascher verbrennt; — mit dem schießt ein Stück, das sonst tausend und fünfhundert Schritt weit reicht, gut tausend Schritt weiter!“

Er schaute sich herausfordernd in der Runde um: „Na, — glaubt ihr mir wohl, daß ich damit den Türken aufs Haupt schlagen werde?“

Als da und dort zustimmendes Gemurmel sich vernehmen ließ, geriet der Obrist erst recht in ausgelassene Laune; er lachte laut, rieb sich die Hände: „Wird aber auch sonst allweil besser, unsere Sach! — Sichere Kundschaft ist gekommen: die Franzosen haben sich wieder aus dem Bemunt heimzu verzogen! — Und in Graz hab ich zuletzt gar das Gerücht aufgefangen, es hätt denen ihr König, der Franz, dem Kaiser einen Vertrag auf Frieden und Treu für zehn Jahr zugestanden. Weiß Gott, wie man den Kerl kirre gemacht hat, — aber uns kann's nur recht sein, so oder so! — Jetzt hängt der Türk in Italien in der Luft, und die wollen wir ihm hinten herum auch noch abschnüren! — Haha! — Jetzt ist der Spieß umgedreht! — Die Venezianer sind, wie der Fregoso neuerdings vermeldet hat, schon zum Angriff übergegangen, haben ein paar Dutzend türkische Galeeren zerstört und etliche von ihren Seeräubernesten ausgeräuchert. — Haltet euer Pulver trokken, Brüder, — 's wird Herbst, — die große Jagdzeit hebt an!“ —

Ich würde ja des Obristen Zuversicht zu gern teilen, aber es gelingt mir nicht recht. — Die guten Geschütze, ja, — aber was sonst? — Leute brauchen wir vor allem, — Fähnlein, — Regimenter! — Und das endlose Sitzen und Warten jetzt wird mir zur unerträglichen Qual.

Ich habe den Katzianer gefragt, ob er nicht einen Auftrag für mich hätte, auf neuerliche Kundschaft oder dergleichen.

„Ha, — was ich wissen will, weiß ich jetzt längst, — und alles andere werden wir dann schon sehen!“

Solcherlei Rede ist freilich nicht danach, mein Unbehagen zu zerstreuen. Meinen Kameraden geht's nicht viel anders.

Warasdin, am 5. Septembris

Das war mir heute eine Überraschung!

Gegen Mittag rief der Turmposten der Burg, er sehe eine große Staubwolke im Draufeld herannahen, von Pettau her. Ehe wir aber noch zu Mutmaßungen kamen, war schon der Katzianer unter uns, trieb uns, alle, wie wir waren, hinunter in den Hof und auf die Pferde und aus der Stadt hinaus.

Und da sahen wir es: das waren Kriegsknechte, wohlgerüstet und vorzüglich gereiht, gut zwei- oder dreitausend Mann oder auch mehr. Voraus ritten etliche prunkvolle Gekleidete mit Brust- und Rückenharnischen, und als ich dem einen zurief, wo er denn herkäme, antwortete er: „Usäme Urnrbiet!" — Da war ich so klug wie zuvor.

Nun hielt die Menschenmasse, schloß sich fester zusammen; der Staub legte sich allmählich, und jetzt sahen wir erst, wie viele es wirklich waren. Da hielt der Katzianer wieder vor uns, seine Augen flammten und flackerten.

„Und wißt ihr, was das jetzt ist? — Das hier ist die Herrschaft Paukowetz an der Sau drüben in Slawonien! — Auch die hab ich verpfändet und mir dafür das da" — eine weit ausholende Bewegung über die in Ordnung vor uns Stehenden, — „das alles da angeworben! — Und eh ich von meinem Plan und von meinem Ziel ablasse, verpfände ich den letzten Fußbreit Boden, der mein Eigen ist! — Und hol ihn mir dann zehnfach wieder, dort, wo die Drau und die Sau und die Donau zusammenfließen!" —

„Wißt ihr, was das für Leute sind?" rief er wieder und zeigte auf das Kriegsvolk. — „Schweizer sind es — Soldknechte —, die ich mir hab anwerben lassen in Freiburg im Breisgau und im Elsaß und im Burgundischen und in Konstanz und in Bregenz, rundherum überall, — weil eine hohe Obrigkeit in der Eidgenossenschaft es jetzt schon ihren Landeskindern und Untertanen verbieten will, außer Landes unter fremde Fahnen zu laufen. — Hahaha! — Als wenn der Katzianer sich was verbieten ließe!"

„Teufel, Teufel!" brummte der Auersperg anerkennend, — „schauen nicht schlecht aus, die Leut! — Und Schweizer sind eine teure Ware!"

„Ha joo, — abr a guetti!" lachte einer der berittenen Anführer, der es gehört hatte. Und der Katzianer rief: „Jawohl! — Aber das Beste soll gerade gut genug sein, wenn der Katzianer auszieht, Belgrad zu nehmen!"

„Wieviele sind es?" fragte der Auersperg.

„Ist ein ganzes Regiment das, mit zwölf Fähnlein zu vierhundert Knechten; das Troßvolk nicht mitgerechnet. Das gibt in der Schlacht drei gute Gewalthaufen. — Hab mir's so vom Erzherzog und von den Landständen ausbedungen, daß ich mir ein eigenes Regiment auf eigene Kosten kann anwerben!"

„Seit wann ist es Brauch, daß Schweizer unter des Kaisers Fahnen in Sold genommen werden?" rief der Hauptmann Forhegger. — „Sind sie nicht die Todfeinde unserer deutschen Landsknechte, nicht erst seit dem Tag von Pavei; führt man gegen sie je anderes als einen bösen Krieg ohne Gnade für Gefangene und Überwundene? — Können wir anders als sie hassen bis aufs Blut!"

Es waren vor allem die Älteren, die da beifällig zu murmeln begannen, — aber jetzt ergriff der Auersperg des Katzianers Partei: „Herr Bruder: — ich kenne jetzt und hier nur einen einzigen Todfeind, — und wer gegen den mit uns will ins Feld ziehen, der ist uns willkommen und lieb wie ein Bruder, er sei, wer immer er sein möge."

„Sehr richtig!" rief der Katzianer, — „und seht weiter: sie sind vornehmlich mit Hellebarten gerüstet, und viele von ihnen tragen eine Armbrust; — das ist von besonderem Vorteil einesteils im Kampf gegen Reiter, anderseits beim Erstürmen eines festen Platzes, — und beides wird auf unserem Feldzug besonders ins Gewicht fallen. — Ich sag euch: es gibt nichts Nützlicheres für uns jetzt als diese Schweizer!"

„Zumindest, so lang die Gulden aus der Herrschaft Paukowetz reichen!" brummte der alte Forhegger, — „denn es gibt ein Wort: Kein Geld — keine Schweizer!" — Aber der Katzianer hatte ihn zum Glück nicht gehört.

Der Obrist stellte uns dann die Hauptleute der Schweizer vor: den Töni Leu aus Luzern, den Pläci Christen aus Stans, den Jenni Amrhyin aus Schwyz, den Ruedi Büeler aus Uri, den Heini Zniderist aus Engelberg und wie sie alle heißen. Sind ein rauhes und ungehobeltes Volk, soviel sieht man gleich, — anders als sonst Offiziere in des Kaisers Armada zu sein pflegen, selbst hier draußen an der Grenze, — aber was soll uns das scheren, wenn es an den Türken geht!

Warasdin, am 10. Septembris

Unsere Schweizer haben draußen vor dem Agramer Tor auf dem Feld ein großes Zeltlager aufgestellt. Auch das einheimische Aufgebot ist nun beisammen, an die zweieinhalbtausend Mann, Reiter und Fußvolk. Ebenso sind die deutschen Landsknechte aus den festen Städten und Burgen zur Gänze abgezogen und hier versammelt worden. Der Katzianer hat mich über das Aufgebot aus dem oberen Draufeld gesetzt, das sind vornehmlich Bauernburschen aus den Dörfern von Warasdin gegen Westen, und so trifft es sich, daß der Janko Ptakowitsch mit seinen Brüdern und Vettern und Schwägern allesamt unter meinem Befehl stehen. Ich bin dessen sehr zufrieden, denn mit altvertrauten Gesellen tut man sich leichter, im Frieden wie im Krieg.

Aber das alles ist nur so nebenher geschehen, und andere Dinge bewegen uns nun viel mehr. Von der Steiermark her kommend, ist gestern am Abend eine Abteilung Kriegsvolk eingetroffen. Es sind Reichstruppen, ein bunt zusammengewürfelter Haufen. Reiter aus Sachsen und Schwaben, aus Thüringen und Braunschweig, — wüstes, abgerissenes Volk, — aber doch: Kriegsleut, — Soldaten! — An zweihundert Mann sind es zwar bloß erst, aber sie erzählen laut und wortreich, daß ihrer noch viel mehr zu erwarten seien, und im Steirischen wären sie an gewaltigen Haufen kaiserlichen Fußvolkes vorbeigeritten, die alle in gleicher Weise auf dem Marsch nach Warasdin seien.

Ich glaube jetzt, daß wir dem Katzianer doch Unrecht getan haben. Lebt und leidet er nicht für seine Idee, für seinen Plan, sein Ziel? — Brütet stundenlang über seinen Karten, prüft immer wieder an allen Enden Waffen und Gerätschaften, reitet allein über Land, zu den Kriegshaufen rings auf den Dörfern, vom frühen Morgen bis in die Nacht hinein. — Vielleicht bedarf es gerade eines solchen Feuerkopfes, um das Unmögliche wahr zu machen; — vielleicht, wenn er nur das nötige Kriegsvolk zusammenbekommt, und wenn wir erst einmal drunten an der Drau sind, — vielleicht gelingt es dem Katzianer dann wirklich! — Und dann, ja, dann kann es sein, daß wir von hier aus der ganzen Historia einen neuen, besseren Weg weisen!

Am 14. Septembris

Gestern ist kaiserliches Fußvolk eingetroffen, vierhundert Mann und mehr, aus Kärnten, aus Tirol und aus dem Land ob der Enns, heute Reiter aus Böhmen und Schlesien. Und von Pettau her ist Botschaft gekommen, daß dort Reichstruppen aus Franken und vom Rhein lagern. — Wahrhaftig, ich schäme mich jetzt meines Kleinmuts und meiner Ungläubigkeit! — Wenn nur auch zur rechten Zeit alles hier beisammen ist, daß wir nicht zu weit in den Herbst hinein kommen!

Wenig ist es, was ich jetzt so in mein Diarium zu schreiben weiß, auch vom Katzianer bekomme ich nicht viel Arbeit. Ich bin darüber freilich nicht traurig. Umso mehr Zeit bleibt mir, lange Briefe zu schreiben. Alle paar Tage geht von hier ein berittener Bote ab, über Agram nach Sluin und in die Lika; der macht für einen Batzen gern einen Umweg über die Seen und die Burg Orlitsch!

Am 24. Septembris

Heute sind wieder ein paar hundert Fußknechte in guter Ordnung beim Drautor hereinmarschiert, an ihrer Spitze ein Edelmann, dessen silberner Küraß und feine Kleidung seltsam abstach von seiner stämmigen Gestalt und dem sonnenverbrannten bärtigen Gesicht.

Er trat zu uns, schwenkte den Hut, grüßte: „Ludwig von Lodron, kaiserlicher Feldobrist."

Der Katzianer stand vor ihm, Argwohn in den Augen:

„Was soll das heißen? — Hat der Kriegsrat Euch geschickt oder seid Ihr von allein gekommen?"

„Der Erzherzog selbst hat mich gesandt!" lachte der Lodron und hielt dem Katzianer die Hand hin.

Der zögerte. — „Und weshalb? — Daß Ihr mich überwacht?"

In des Lodron Mienen zuckte ein ärgerliches Staunen: „Keineswegs! — Daß ich Euch vielmehr berate und helfe."

„Hab um keinen Rat gebeten und helf mir schon selber!"

Ich sah, wie der Lodron den aufsteigenden Groll niederzwang: „Katzianer, — Ihr seid ein alter Reiter, — und ich bin ein ebenso alter Anführer der Fußknechte. Soll nicht jede Art Kriegsvolk von einem geleitet werden, der bewandert ist in dessen besonderen Künsten und Nöten?"

Der Katzianer knurrte Unverständliches, dann stieß er hervor: „Es können unmöglich zwei zugleich anschaffen!"

„Das können sie wohl ganz gut!" sagte der Lodron, nun doch schon ein wenig hart und scharf. — „Wenn sie beide eben ihr Bestes zu geben gewillt sind, — wenn sie ein gemeinsames Ziel vor Augen haben und diesem ihren eigenen Ehrgeiz unterordnen!"

Wieder ein Knurren, — dann: „Aber den Oberbefehl hab ich!"

„Daran ist nicht zu zweifeln", lenkte der Lodron ein. — „Der Erzherzog und der Kriegsrat verlangen nur, daß Ihr mich zu Rat zieht, und im besonderen das Fußvolk mir unterstellt bleibt."

Des Katzianers Gesicht, seine Lippen und Schläfen zuckten.

„Habt Ihr das schriftlich?"

Der Lodron fuhr auf: „Glaubt Ihr meinem Wort nicht?"

„Schon gut!" brummte der Katzianer. „Sei's darum! — Der Erzherzog soll mich als gehorsamen Diener erkennen!" — Er schwieg. — Dann plötzlich, wie erleichtert: „Dann bleibt aber der Juritschitsch hier!"

Der Lodron wiegte den Kopf: „Der Juritschitsch? — Hm, — wäre nicht gerade er uns bei unserem Feldzug von größtem Nutzen, — ein so alterfahrener Soldat, der noch dazu hier mitten aus dem Land ist?"

„Fangt Ihr mir jetzt schon an mit Eurer Ratgeberei?" fragte der

Katzianer gedehnt. Aber dann klopfte er dem Lodron freundschaftlich auf die Schulter:

„Ach, Herr Bruder, Euch und mir zusammen trau ich schon auch soviel an Kriegserfahrung zu wie dem alten krobatischen Griesgram. Weshalb wir also auf ihn schon verzichten können. — Und im übrigen soll gelten: wir zwei wollen erst wieder zu streiten beginnen, wenn es darum geht, wohin wir von Belgrad aus weiter ziehen sollen!"

Ich habe nachher auch mit dem Juritschitsch geredet, aber der zuckte die Achseln: „Ist mir, wenn sag ich es ehrlich, ohnehin lieber, ich brauch nicht mit halten mit dem Katzianer, dem Gott hat gegeben Feuer in sein Hirn! — Gut, — bleib ich hier. Und wenn der Türk kommt von hinten herum hierher, werd ich ihm wehren, — mit diesen zwei Händen, — weil ich dann nicht hab mehr als sie! Wenn alles, was da ist an Männern, mit euch ist fortgezogen. — Bože naš zučuvaj! — Gott soll uns schützen!"

Kopreinitz, am 2. Octobris

Endlich unterwegs! Seit vier Tagen schon! — Langsam, — langsam kriecht unser Heerwurm mit Fußvolk und Troß, mit Wagen und Geschützen die Straße dahin durchs Land, kaum mehr als zwei oder drei Meilen weit am Tag. Aber immerhin: es geht ostwärts, gegen den Feind!

An zehntausend Mann sind nun alles in allem beisammen, — hinreichend genug, daß ein tüchtiger Feldherr damit etwas ausrichten kann. Ein tüchtiger Feldherr, — haben wir den aber? So einen wie den Salm? — Fehlt ein solcher nicht überhaupt hier im ganzen Grenzland von der Donau bis zum Meer? Der Juritschitsch ist erfahren und um-

Bild oben:
Die Festung Legrad, ostwärts von Warasdin, an der Einmündung der Mur in die Drau, am Kreuzungspunkt der von Nagykanizsa nach Warasdin und Kopreinitz führenden Straße.
„Gränz-Festungen ... in Ungarn ..." (K. A.).

Bild unten:
Sichelburg, Sichelberg oder Žumberak, die Hauptstadt des Sichelburger Kreises an der Krainer Grenze, gilt als Herzstück der ganzen Militärgrenze.
Hier erfolgte die erste Ansiedlung von „Grenzwehrbauern", das waren Flüchtlinge aus Bosnien, der Lika und von der Meergrenze. Man nannte sie daher auch „Uskoci", das heißt „Davonrenner" (ÖNB).

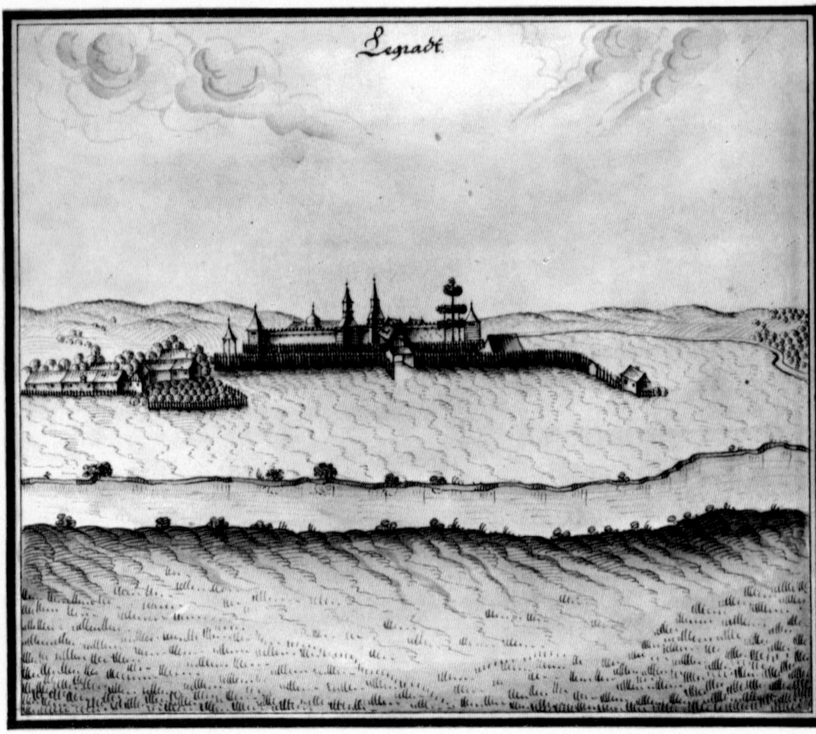
Legradt

SICHLBERG
Shumberk
238

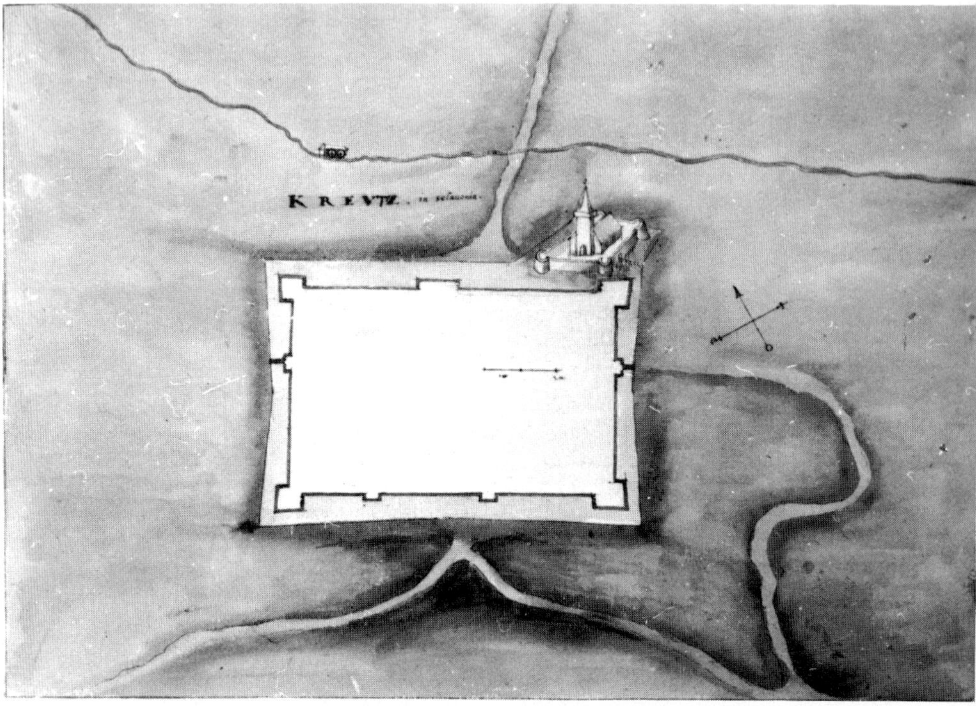
KREUTZ in sclauonia

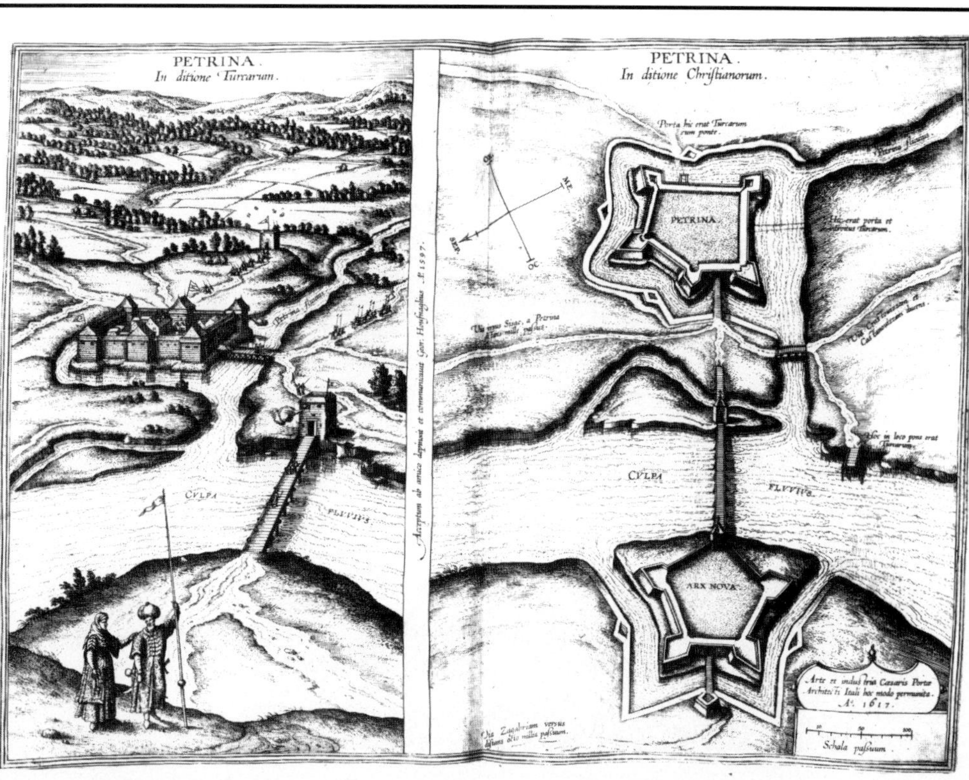
PETRINA.
In ditione Turcarum.
CVLPA
FLVVIVS
PETRINA.
In ditione Christianorum.
Porta hic erat Turcarum cum ponte.
PETRINA.
CVLPA
FLVVIVS
ARX NOVA
Arte et industria Caesaris Portae Architecti Itali hoc modo permunita. A°. 1617.
Schala passuum

sichtig, aber er ist auch alt und etwas schwerfällig und kann sich nicht recht durchsetzen; — und der Katzianer, — ist der nun ein gottbegnadeter tollkühner Draufgänger — oder ein rücksichtsloser Ehrgeizling — oder auch nur ein unbedachter Wirrkopf? Immer wieder überkommen mich Zweifel, fühle ich mich hin- und hergezogen. — Die anderen alle, — ach, alle wären sie gut, wenn sie nur einen hätten, an den sie sich festhalten, zu dem sie aufschauen könnten wie zu einem streitbaren heiligen Georg. Spür ich doch an mir selber, wie sehr ich ständig klein und schwach und irre werde, weil mir einer fehlt, hinter den ich mich stellen könnt mit ganzem Herzen und ganzem Hirn. — Ja, — einen Salm sollten wir haben, — oder einen Frundsberg, von dem jetzt noch die alten Spießknechte hier in unseren Haufen mit leuchtenden Augen Wunderdinge erzählen. — Aber der Salm und der Frundsberg sind tot.

Sankt Georgen, am 5. Octobris

Noch stehen wir tief im eigenen Land. — Nicht nur mir geht alles viel zu langsam, — alle sind wir voll Unruh, und am meisten der Katzianer selbst.

„He, hallo, — ihr!“ hat er uns zugerufen, wie er heute bei uns vorbeigekommen ist, — „schleicht nicht so trübsinnig dahin! — Hab schon wieder neue gute Nachricht von daheim aus Warasdin! — Hört: der Türk, der Lutfi mit seiner Armada, hat sich jämmerlich aus Italien verziehen müssen, und des Kaisers Admiral, der Doria, hat ihm auf dem Meer ein Dutzend Transportschiffe abgefangen. Gibt gute Ruderer für unsere Galeeren! — Leut, — jetzt liegt’s aber an uns, daß bald wir die nächste Siegesbotschaft nach Wien schicken!“

Ein Dutzend Schiffe? — Hundert und mehr sind gut zurückge-

Bild oben:
Die Festung Kreutz, Sitz der gleichnamigen Grenzhauptmannschaft zwischen Drau und Save, südwestlich von Kopreinitz (ÖNB).

Bild unten:
Westlich von Sissek, am Kulpafluß, von Sümpfen umgeben und gut geschützt, liegt die Festung Petrinja.
Der Stich zeigt die Festung aus älterer und jüngerer Sicht; man erkennt dabei den Wandel in der Festungsbaukunst besonders deutlich.
Civitates Orbis Terrarum (K. A.).

kommen, — das türkische Heer, an zehntausend Mann und mehr, steht wieder diesseits des Meeres. Wie lang braucht es, um über die Berge an die Donau und an die Drau zu kommen, uns in die Flanke, in den Rücken zu fallen?

Was ist es nur, daß mich immer auf's neue Kleinmut befällt? — War doch sonst nicht so. — Schreckt mich jetzt das Sterben mehr, wo ich weiß, wie süß das Leben ist?

Moslawina, am 13. Octobris

Sankt Georgen — Werwetitz — Dürrenfeld — Slatina. Unser Vormarsch zieht sich wie zähes Pech! Vor allem des Katzianers schwere Geschütze machen unseren Leuten hart zu schaffen. Jede tausend Schritt schier hängt schon wieder alles und kommt nicht vom Fleck, hier im ausgefahrenen Sand, dort im knietiefen Morast. — Gefluche und Gebrüll, die Fuhrleute schlagen wie irr mit der Peitsche auf die sich bäumenden Zugpferde ein, Stückknechte und Spießträger, Troßbuben und Büchsenschützen zerren und schieben, hundert Hände greifen in die Speichen, — langsam, ganz langsam, Zoll für Zoll, bewegt sich die Fuhre vorwärts, bis sie endlich wieder festen Grund unter den Rädern hat. Und nach einer Viertel Stunde geschieht in der nächsten Straßensenke schon wieder das gleiche.

Der Katzianer und der Lodron sind sich vor dem Abmarsch wegen des Geschützzuges in die Haare geraten: dieser wollte zur Bespannung Pferde, jener Ochsen: die kämen zwar langsamer vom Fleck, seien aber weit stärker im Ziehen. Und das wäre hier auf diesen verwahrlosten Straßen das weitaus Wichtigere. Der Katzianer hat seinen Willen durchgesetzt, — und jetzt erkennt er wohl selbst bereits, — ohne es zuzugeben, — daß es anders besser gewesen wäre.

Valpovo, am 17. Octobris

Wir sind bei Slatina von der alten Reichsstraße weg zur Drau hin abgebogen und wollen nun den Fluß entlang auf Esseg zu. Und so liegen wir nun in Valpovo, dem letzten festen Platz des Reiches gegen die Türken. — Ist ein mächtiger Klotz, dieses Valpovo, wie es da mit dicken Mauern und breiten vorspringenden Türmen hinter Wall und Graben hart am Ufer des Flusses aufwächst, — so recht geschaffen, um Schildwach zu stehen am äußersten Rand unserer Welt. Denn was drüben liegt, ist nicht bloß ein anderes Land, ein anderes Reich, — es ist eine andere Welt, — eine Welt, die wir nicht verstehen können, und die uns nicht verstehen will, — eine Welt, die uns ewig fremd und feind bleiben wird. Eine Welt, gegen die Wächter zu sein, wir hieher gestellt sind, — vom Kaiser — und von Gott.

Der Pater Heinrich kommt mir in den Sinn, wie der damals im belagerten Wien den Landsknechten gepredigt hat: ihr steht in einem heiligen Krieg! Und ist es nicht ein Kreuzzug, was wir nun tun? — Morgen brechen wir in des Sultans Land auf, und ich will hineinreiten als ein guter Kreuzfahrer für Gott und für das Reich. Trag ich nicht beider Sinnbild auf meinem Schwert, — daß mir dieses nicht mehr bloß Waffe ist, sondern in einem auch Feldzeichen und Heiligtum! — Ja, — ich will jetzt nur mehr meinem Schwert gehören und dem, was darauf gezeichnet ist. — Dem Muttergottespfennig, der mich bisher beschützt hat, dem hab ich ja eine andere Aufgabe gestellt, — eine wichtigere!

Vor Esseg, am 21. Octobris 1537

Gestern ist unser Heer vor der festen Stadt Esseg angelangt. Bis dahin haben wir keine Spur von türkischen Truppen gefunden. Aber als sich dann unsere Kundschafter und Plänkler den Mauern näherten, wurden sie hier und dort aus Scharten und von Türmen und Wehrgängen herab beschossen. Und es hat sich bald gezeigt, daß eine beachtliche Menge Türken in der Stadt liegt, viel zu groß, als daß man deren starke und gute Befestigung im Handstreich könnte nehmen.

„Hilft nichts!" hat der Katzianer geknurrt, — „wir müssen die Nuß knacken!"

„Wie meint Ihr das?" hat der Lodron gefragt.

„Je nun, — indem wir die Stadt eben mit allen Mitteln und nach allen Regeln der Kunst belagern und damit einnehmen!"

Der Lodron ließ seine Blicke abschätzend über die Mauern und Türme wandern. — „Da können wir aber eine gute Weile sitzen und belagern, — bis in den Winter und länger. Wißt Ihr doch selbst, wie weit zurück unsere schweren Belagerungsstücke geblieben sind. Es kann Wochen dauern, bis die heran sind!"

Der Katzianer stampfte ungeduldig auf: — „Ja, glaubt Ihr denn, mir macht's Vergnügen? — Aber kann ich denn so eine starke Festung hinter meinem Rücken dem Feind in der Hand lassen, — mitten auf meiner Heeresstraße? — Die fangen mir doch alles ab, jeden Kurier und jede Fuhre! — Noch dazu kommt hier in Esseg die große Straße von Ofen her über die Drau. Solang der Türk die Brücke in der Hand hat, kann er jederzeit aus Hungarn her mir mit einem Heer in den Rücken fallen. — Genügt Euch das nicht? — Außerdem gelüstet's mich wahrhaftig nach den Vorräten in der Stadt! Leiden wir nicht jetzt schon Mangel an Korn und Fleisch? Bis aus Warasdin was nachkommt, dauert das eine halbe Ewigkeit."

„Das hätte man alles aber früher bedenken müssen und dann eben drüben an der Sau über Gradischka und Brod die andere Straße nehmen, an der keine so starke Festung liegt!" sagte der Lodron scharf.

Der Katzianer funkelte ihn an: „Tut mir leid, — der gerade Weg nach Belgrad geht eben über Esseg!"

So haben unsere Truppen also ein großes Lager vor der Stadt aufgeschlagen, und es ist nun überall ein heftiges Graben und Schanzen, — aber auch ein Seufzen und Murren, und mehr als einmal bin ich schon gefragt worden, weshalb der Obrist denn immer von Belgrad geredet hätte, wenn er sich jetzt mit seinem ganzen Heer vor Esseg wollt verliegen.

Am 27. Octobris

Fast eine Woche lang belagern wir nun schon die Stadt, und es ist nichts vorwärts gegangen. Die Türken machen von der Burg und der Oberstadt her ständig Ausfälle und haben unserem Lager und denen in der Neustadt schon hart zugesetzt. So steht es nicht zu unserem Besten.

Gestern hat mich der Katzianer mit ein paar Dutzend Berittenen ausgeschickt, ich sollt auf dem Land holen, was ich nur an Korn und Vieh und sonstigem Eßbaren finden könnt. Denn der Mangel wird nun von Tag zu Tag härter fühlbar. Wir sind viele Stunden lang kreuz und quer geritten, haben aber nicht einen Bissen gefunden. Nicht ein Haus, nicht ein Mensch; nur ab und zu einmal eine frische Brandstätte, zerstampfter Grund; — es scheint, daß die Türken von unserem Anrükken gewußt und planmäßig alles verwüstet und verschleppt haben, was hier und dort noch gestanden ist.

Am 2. Novembris

Es wird nun immer unerquicklicher. Seit drei Tagen regnet es. Aus den Auen und Sümpfen an der Drau kommen die Nebel gekrochen, grau und kalt, und der schwarze fette Boden wird zu einem abscheulichen, zäh klebrigen Brei, der jeden Schritt zur Qual macht.

Hätten wir wenigstens genug zu essen! Aber was uns der Proviantmeister zuteilt, wird von Tag zu Tag weniger und ist zudem schon halb verdorben von feuchtem Schimmel. Ein paar Wagen voll Korn sind wohl vor einigen Tagen gekommen, von Valpovo her, aber den nächsten Transport haben uns schon türkische Streifscharen abgefangen, ohne daß wir es hindern konnten. Denn wir haben zu wenig Leute, um das Land ringsum zu überwachen.

Unser schweres Belagerungsgeschütz ist zwar nun zum guten Teil nachgekommen, aber jetzt ist durch das regnerische und neblige Wetter das ganze Pulver feucht geworden, und von zehn Schüssen geht nur einer los, so daß des Katzianers gute Eisenkugeln kaum Gelegenheit haben, ihre Wirkung zu tun.

Der Katzianer treibt allen diesen Widerwärtigkeiten zum Trotz die Belagerung voran, wie er nur kann, wütend und verbissen, ist selber den ganzen Tag in den Gräben und Minen, bei jedem Sturm voran. Die Landsknechte reden, er müsse einen Himmelsbrief bei sich führen, — das ist eine Abschrift von einem Brief, den einst Gott der Herr selbst geschrieben haben soll, und er mache jeden, der ihn in seinem Wams eingenäht trage, stich- und kugelfest.

Jedenfalls: die Reiter und Fußknechte sind nicht gefeit gegen Kugel und Stahl, und die Zahl derer, die wir tot aus dem Kampf tragen und die in Wunden siech im Lager umherliegen, wird von Tag zu Tag größer.

Am 8. Novembris

Nebel — Regen — Kälte — das will nun nimmer aufhören, und es kommt, wie ich es befürchtet habe: es geht dem Katzianer hier vor Esseg nicht viel anders als damals dem Soliman vor Wien. Von Belgrad wird nicht mehr gesprochen. — Ob der Katzianer selbst noch daran denkt? — Er ist wie von Sinnen, tobt und flucht und wütet, wo ihm etwas zu langsam oder zu zaghaft geht.

Mit dem alten Hauptmann Forhegger ist er heute heftig zusammengestoßen, als er dessen Knechte zum drittenmal gegen das Wassertor treiben wollte, wenngleich sie vor Erschöpfung kaum noch gehen konnten und, da sie in dem zerstampften morastigen Boden schier nicht mehr vom Fleck kamen, wehrlos dem Pfeilhagel der türkischen Bogenschützen ausgeliefert waren. Der Katzianer nannte sie ein faules Pack und feiges Diebsgesindel, da fuhr der Forhegger auf:

„Ich wollt, Obrist, Ihr wärt ein so guter Feldherr, wie diese, die ihr da beschimpft, gute Landsknechte sind! — Dann wäret Ihr gar nicht auf den Wahnsinn verfallen, so spät im Jahr noch einen solchen Zug mit einer derartigen Belagerung anzufangen."

Dem Katzianer verschlug es zuerst die Rede, er knurrte dann, — schier besänftigend: „Was kann schon ich dafür, daß ich so lang auf meine versprochenen Truppen hab warten müssen! — Beschwert Euch gefälligst beim Hofkriegsrat in Wien, — nicht bei mir!"

„Gar nichts!" knurrte der Forhegger zurück, — „wenn Ihr Eure Armee erst so spät im Jahr beisammen habt, dann müßt Ihr eben bis zum nächsten Frühjahr warten!"

Der Katzianer darauf spöttisch: — „Städt und Länder sind noch nie erwartet worden, — immer nur erkämpft und erobert! — Falls Ihr das nicht wissen sollt, — Herr Feldhauptmann!"

Schwerere Sorgen als der brave alte Forhegger machen dem Katzianer seine Schweizer. Liegen im dritten Monat ihres Dienstes vor Esseg, bekommen weder Löhnung noch Beute, murren und weigern sich, weiterhin anzugreifen. Vor einigen Tagen sind alle Hauptleute und die von jedem Fähnlein gewählten Gemeinwaibel beim Obristen im Namen des ganzen Regiments vorstellig geworden und haben in aller Form erklärt, wenn sie nicht binnen Frist zweier Wochen ihren ausbedungenen Sold hätten, so würden sie ihren Vertrag mit dem Katzianer für null und nichtig betrachten.

„Kein Geld — keine Schweizer!" hat der Forhegger wieder gesagt, aber diesmal laut, so daß der Obrist es gehört hat. Der hat ihm einen giftigen Blick zugeworfen, aber nichts darauf erwidert.

Der Katzianer hat nun alles Geschütz in der Neustadt zusammengezogen, wo die Stadtmauer von Esseg ihren schwächsten Teil hat. Aber es fehlt an trockenem Pulver, um den Mauern in größerem Maß Abbruch zu tun. Immerhin halte ich es für möglich, hier auch mit Breschenschießen und Stürmen zum Ziel zu kommen, zumal die Besatzung der Festung ebenfalls schon stark angeschlagen scheint. — Wenn es uns nur gelänge! Auf Belgrad wollen wir dann vorläufig gern verzichten; Esseg wäre immerhin ein guter Meilenstein auf dem Weg dahin.

Am 10. Novembris

Verwünscht, — nun hat es auch mich wieder erwischt! — Ein Ausfall der Türken gegen unsere Schanzen in der Neustadt, — wir gerieten hart aneinander, und da ist es geschehen: ein Säbelhieb in die rechte Schulter, schlecht geschlagen und nicht tief gegangen; — nun, es ist nicht gefährlich, aber lästig. Ich kann den Arm nur mühsam und unter Schmerzen bewegen, kann nicht fechten, muß untätig herumsitzen, in diesem widerlichen feuchten, dumpfigen Gezelt. — Unerträglich wird alles das nun, und jede Hoffnung schwindet, daß es für uns noch zu einem erfolgreichen Ende führen könnte.

Mehr als meine Wunde aber schmerzt es mich, daß drei meiner krobatischen Reiter tot liegengeblieben sind, darunter der Gjuro Ptakowitsch, des Jankos jüngerer Bruder. — Sind die drei Toten erst der Anfang? — Was steht uns noch bevor?

Am 12. Novembris

Nicht so sehr mein eigener Zustand bedrückt mich jetzt, auch nicht der Regen, der starrende Schmutz und diese ganze aussichtslose Belagerung; — seit gestern ist da noch etwas anderes, was mich peinigt und beunruhigt, daß mir ist, als zersprenge es mir das Herz.

Da wir nicht genug Truppen haben, um die Stadt ganz einzuschließen und abzusperren, können wir es nicht verhindern, daß türkische Boten gelegentlich aus- und eingehen. So einen haben sie also nun gestern aufgegriffen, und auf Befragen, als ihn der Katzianer hart anfassen ließ, rückte er damit heraus, der Lutfi Pascha mit seinem Heer sei auf dem Anmarsch. Soweit konnte mich das weder verwundern noch ängstigen. Was mich aber jählings erschrecken ließ, war, wie der Gefangene weiter aussagte, das türkische Heer gehe in drei Abteilungen vor: eine über Serbien nach Belgrad, eine über Bosnien auf Esseg zu und eine dritte gegen das krobatische Oberland. — Gegen das Oberland; — das heißt aber doch: gegen Gospitsch, — gegen Ottotschatsch, — gegen Sluin — und gegen Orlitsch!

Ich glaubte, mein Herz stehe still. — Dort oben ist jetzt nichts, was die Türken wehren könnte!

Ich bin danach in meiner Herzensnot zum Rupprecht Puchmüllner gegangen; der hat mich zu beruhigen versucht.

„Bis die endlich über die hundert Berge und Täler in Krobatien sind, ist es längst Winter; — und in Eis und Schnee führt kein Türk einen Krieg. Und bis zum Frühjahr sind wir wieder daheim, und du kannst selber dafür sorgen, daß dir, was dir am Herzen liegt, behütet und bewahrt bleibt, — Haus und Hof, und Weib und — Kind!"

Und er schlug mir lachend auf die gesunde Schulter, — zu laut wohl, zu betont fröhlich, als daß ich ihm sein Lachen glauben konnte.

Vor Esseg, am 18. Novembris

Der Lodron hat schon vor einer Woche Kundschafter nach Süden hin ausgeschickt. Gestern sind sie zurückgekommen und haben berichtet, jenseits der Sau stünden hier und dort starke türkische Haufen, und es habe den Anschein, als ob sie ständig Zustrom bekämen, nicht nur von Süden her, sondern auch aus Richtung Belgrad. Ein Teil davon ziehe längs des Flusses aufwärts auf Brod und Gradischka hin. Ist also nicht unmöglich, daß diese Scharen heuer noch auf Sissek oder Agram zu ins Grenzland einfallen wollen. Andere Haufen wieder hätten die Sau bei Schamatz übersetzt und zögen geradewegs auf Esseg zu.

Auf das hin hat der Lodron, ohne den Katzianer zu fragen, einen Kriegsrat einberufen, und dieser hat beschlossen, die Belagerung von Esseg abzubrechen und auf schnellstem Weg heim zu ziehen, ehe wir hier noch zwischen der Festung und den heranziehenden Entsatztruppen in die Zange genommen werden. Daß die Belagerung aussichtslos geworden ist, sieht nun jeder ein, — auch der Katzianer. Der hat während der Beratung kein Wort gesagt. — So steht es also nun fest, daß wir übermorgen unser Lager abbrechen und abziehen werden.

Sicher keinen Tag zu früh! — Wenn wir in diesem Jahr überhaupt noch von Nutzen sein können, dann nur auf dem Boden der Grenze selbst. Gebe Gott, ich sei bis dahin soweit wieder hergestellt, daß ich mittun kann!

Es regnet, — eintönig, grau und still. Das Land versinkt in Morast und Sumpf. Aber so unangenehm das für uns jetzt ist, so beschwerlich es unseren Rückmarsch machen wird, so sehr freut es mich im Innersten. Denn wenn es hier regnet, so regnet es auch anderswo, — und im bosnischen und krobatischen Hochland wird es vielleicht schon schneien, — werden die Wege ganz ungangbar sein; — was könnte ich mir besseres wünschen!

In der Nacht auf den 20. Novembris

Heut untertags, als unsere Kriegsknechte dabei waren, das Lager abzubrechen, sind die ersten berittenen türkischen Streifscharen aufgetaucht. Bald schwirrte der erste Pfeilhagel ins Lager herein, prasselte mitten zwischen die Wagen, Pferde und Troßknechte, — Verwundete schrien auf, getroffene Rösser schlugen wild um sich, brachen aus, Wagen stürzten um, — Gebrüll und Gefluche und Gerenne, — unsere

Büchsenschützen können nicht schießen, alles Pulver ist ja naß, — und der Armbrustschützen haben wir viel zu wenig, zumal die Schweizer sich weigern, mitzutun, — aussichtslos, die Türken fernzuhalten, — immer wieder kommen sie dahergaloppiert, — immer neue Scharen tauchen aus dem Nebelbrauen auf. — Unsere krobatischen Reiter brechen aus dem Lager vor, stürzen sich auf die Türken, die weichen zurück, — die Krobaten ihnen nach; — auf einmal sind feindliche Scharen in ihrem Rücken, — links und rechts; — hart bedrängt, wild um sich hauend und stechend, müssen die Krobaten der Übermacht weichen, erreichen mit Mühe das Lager. Aber ein paar Dutzend von ihnen sind draußen liegen geblieben, — erschlagen die einen, — die anderen schwer verwundet, vom Pferd gestürzt; — johlende Türkenhorden fallen über sie her, Dolche und Säbel blitzen, Todesschreie gellen, — und wir müssen vom Lagerwall aus zuschauen, untätig zu helfen, zu wehren. —

Es wird Abend; früh geht das Nebelgrau in Dämmerung über, — matt und mühsam qualmt und glost das nasse Holz der Wachtfeuer, erhellt kaum die nächste Umgebung. In der Finsternis versuchen die Türken mehrmals die Posten zu überrumpeln und in das Lager einzudringen. Aber die Wachen sind hellhöriger und scharfsinniger als sonst — die Erregung läßt keine müde Schläfrigkeit aufkommen.

Ich liege im Zelt, schlaflos wie die anderen. Stampfen und Laufen draußen, Postenrufe, Trommelschlagen, — Geschrei und Lärm dann und wann, hin- und herwogend, — wieder verklingend. — Und neuerlich Laufen und Rufen; — endlos die Nacht und ohne Ruhe.

Der Janko hat alles über mich gebreitet, was er an Decken und Kotzen hat auftreiben können, aber unter der zentnerschweren Last schüttelt mich der Frost. Das Fieber ist wieder mit Macht über mich gekommen, ärger als zuvor. — Weiß nicht, wie das morgen werden wird, wenn ich reiten soll. —

Im Dorf Petrijevci, am 23. Novembris 1537

Es ist viel ärger, als wir befürchtet haben. — Weiß ich überhaupt, was geschehen ist? — Hab ich doch alles nur wie in zerfetzten Bildern gesehen, durch Schleier und Nebel. —

Ich hab mein Talglicht wieder angezündet und will versuchen, zu schreiben, so lang es brennt, — so lang ich noch schreiben kann.

Aber wo soll ich denn beginnen, wie soll ich es fassen und reihen? — Alle diese tausend Bilder, diesen wallenden Hexenbrei aus Nebel und Blut und Rauch und verzerrten Fratzen? — Was hab ich wirklich gesehen, und was im wilden Fieber geträumt? — Ist das eine Bauernhütte, was ich da jetzt um mich habe, oder liege ich nicht wieder unter einem Planenwagen wie in der letzten Nacht?

Ach, Janko, — hast du keinen Sliwowitz mehr? — Nein, — du hast keinen, — ja nicht einmal mehr die Flasche. Sie ist hinuntergefallen in den Straßenkot, irgendwo, — wo? — ja, — als dir die drei Tataren so hart zugesetzt haben, und ein Säbelhieb den Riemen traf. — Nije nischta, — macht nichts! — Wie singt ihr doch:

Kaj mi boca bez sljivovice, — kaji mi hisa bez djevojčice!

Was nützt mir meine Flasche ohne Zwetschkenschnaps, was nützt mir meine Hütte ohne ein Mädchen!

Ja, Janko, — manches Mädchen wird jetzt weinen um ihren Burschen, und manches Weib um ihren Mann. — Ja, — und dein Bruder Marko ist jetzt auch tot, — und seine Jana eine Wittib, — und seine sechs Kinder sind Waisen. — Und deine Schwester Anka ist heut eine Wittib geworden, — und weißt du's, wie viele noch? — Ich weiß es nicht.

Ich weiß nur von Regen und Nebel und Kälte, — und von zähem Kot und Morast, in dem die Pferde bis über die Knöcheln versinken und die Wagen und Karren oft bis über die Achsen. — Ach, die Karren, die haben wir wohl stecken lassen, — der Teufel soll sie holen und der Türk! Wenn wir bloß nur uns selber heim bringen, — zu mehr langt's wohl nimmer. — Mir ist nur um die guten Geschütze leid, die wir im Dreck haben liegen lassen müssen.

Wenigstens die Pulverkarren haben wir gesprengt, die wenigen mit dem noch guten Pulver, daß die den Türken nicht in die Hände fallen. — Wie war das nur, wie der Melchior Edtmayr an den einen, den ganz schweren, die lange gute Lunte dran gesteckt hat. Hat sogar Feuer zustande gebracht mitten in Regen und Wind, mit Stahl und Stein und Schwamm, der Teufelskerl! Und von fern haben wir noch gesehen, wie sich die nachfolgenden Türken zuhauf auf die Karren gestürzt haben, wähnend, weiß Gott was eine reiche Beute drin stecke, — wie sie sich gedrängt und geschlagen haben um die Karren, — bis der mit Blitz und Knall in die Luft geflogen ist und ihnen die Leiber zerrissen hat.

Ja, — es sind nicht nur Unsrige, die hinter uns erschlagen auf dem Weg liegen. — Janko, — Janko, — wo bist du? — Komm her da! — Ich will dir sagen, daß du ein braver tapferer Bursche bist. Daß ich stolz auf dich bin. Alle seid ihr brave Burschen, ja! — aber du ganz besonders! — Janko, das hast du gut gemacht, wie du diesen Aga oder Beg oder was der Hundskerl sonst war, wie du den vom Pferd heruntergestochen hast, da hinten in dem verfluchten Sumpfwald, wo uns die Türken auf einmal von allen Seiten zugleich angefallen haben.

— Auf einen von euch sind drei Türken gekommen, — aber auf einen Toten von euch fünf tote Türken! — Ach, wenn ich euch nur helfen könnte in eurer harten Not! — Aber ich muß mich immer hinter euch verkriechen und verstecken, — ich, — euer Anführer! Ich kann ja kaum mich im Sattel halten, brauch alle Kraft und Mühe, mich an meinem Pferd fest zu klammern. Ich bin euch nur ein Hindernis, ein Klotz am Bein. — Am besten, ihr laßt mich morgen irgendwo auf der Straße liegen, — so wie die Feldstücke und die Troßkarren. — Dann erschlagen mich morgen die Türken, wenn sie mich finden. — Sollen sie es! — Was kümmert's mich? — Nur endlich Frieden haben, — Ruhe, — Stille!

Wird wohl ohnehin so kommen, — auch wenn ich mich morgen weiterschleppe. Hab ja den Muttergottespfennig nicht mehr bei mir, meiner Mutter Segen und Schutz. — Ob ich ihn hätte behalten sollen? — Aber nein, — er soll nur bleiben, wo er ist!

Das Talglicht ist herabgebrannt, fängt schon an zu flackern und zu zucken, — wie eines Menschen Leben, wenn es zu Ende geht. — Mein Büchel soll, wenn ich liegen bleibe, der Janko zu sich nehmen, — vielleicht kommt er durch, — und er soll es meiner lieben Ehefrau bringen, als einen letzten Gruß. —

Valpovo, am 29. Novembris

Seltsam ist das jetzt rings um mich, — beklemmend unwirklich. — Ich bin gerettet, geborgen, — zumindest vorläufig. — Seit drei Tagen schon. — Das Fieber sinkt, meine Kräfte kommen wieder, — langsam, aber merklich. Und doch ist keine Freude in mir, keine Anteilnahme an meinem Leben und an meinem Geschick.

Die Türken haben uns in der Nacht im Dorf Petrijevci überfallen. — Weiß nicht, wie ich herausgekommen bin aus der brennenden Hütte; — der Janko hat mich gepackt wie ein Bündel und aufs Pferd geworfen. — Häuser, lichterloh flammend, — umgestürzte Karren und scheuende Pferde dazwischen, fluchende Landsknechte, heulende Troßweiber; — der Obrist von Lodron auf einmal mitten drin, brüllend, — seine Stimme ist lauter als der Kampflärm, stärker als Angst und Schrecken, — sie steht im Getümmel wie eine Fahne, daß sich die anderen daran festhalten können, danach sich sammeln und ordnen. — Und der Türk muß weichen, die Nacht verschluckt ihn.

Weiter, immer weiter. — Und wieder plötzlich Hufeklatschen und Geschrei, schwirrende Pfeile und klingender funkenschlagender Stahl. — Wie viel sind noch übrig von den dreihundert Reitern, mit denen ich in Warasdin aufgebrochen bin? — Zweihundert? — Oder hundert nur mehr? — Ich vermag nicht mehr zu zählen.

Schon ist der lange Zug unseres Heeres zerfallen und zerrissen, wie hier ein Haufen schneller marschiert, da einer sich verzögert und dort ein anderer, vom Feind bedrängt, seitwärts ausweicht. — Nur weiter, — nicht schwach werden, — durchhalten! — Aber das ist schwer! — Seit wir von Esseg aufgebrochen sind, haben wir kaum mehr etwas zu Essen gefunden. Manch einer vom Fußvolk, der bis dahin vom Feind noch unversehrt geblieben ist, bleibt nun, vor Hunger und Erschöpfung zusammengebrochen, am Weg liegen und wird ein Opfer der mordlüstern nachdrängenden Türken.

Dann sind wir doch wieder auf der Heerstraße, und es heißt, die Festung Valpovo ist nicht mehr weit. Aber dichter schwärmen nun die Türken um uns; — wollen sich wohl ihre Beute nicht mehr im letzten Augenblick entgehen lassen. — Längst sind wir völlig auseinander gesprengt; — einzelne Gruppen und Scharen sind es nur noch, ein paar hundert hier und dort, — und dazwischen, dahinter, davor: Türken; fallen uns in den Rücken, greifen uns von vorn an. Meine Reiter wehren sich verbissen, nach allen Seiten, — kämpfen sich Schritt für Schritt weiter vor.

Dann ein Hohlweg vor uns, beiderseits von niedrigem Gehölz gesäumt, das die Berittenen hemmt. Der Weg selbst noch leer, — frei.

Der Ptakowitsch ist neben mir, weist nach dem Hohlweg, schreit mir zu, hastig: — „Gospodine, — du jetzt reitest weiter, ganz gerad, — schnell, schnell, — nur mehr ein chalb Meile bis Valpovo!"

Ich begreife nicht, — alles dreht sich um mich, — was will der Janko von mir? — „Was redest du da? — Ich reite doch ohnehin mit euch."

„Nein!" sagt der Ptakowitsch hart: „Wir chier bleiben!" — Und wie ich ihn fassungslos anstarre: — „Ist nicht nur wegen dir, Gospodine. — Aber da vor uns noch sind viel Wagen mit verwundete und kranke Brüder. Und letzte paar gute Feldstuck. — Die nicht darf kriegen der Türk, — müssen sein in Volpovo, bevor kommt er!"

„Dann bleib ich auch bei euch!" schrei ich, — der letzte Funken Kraft bäumt sich in mir auf: — „Ich gehör doch zu euch, — bin euer Anführer! — Was tu ich allein?"

Aber der Ptakowitsch richtet sich im Sattel auf, seine Augen sprühen, wie ein wütender Hund faucht er mich an:

„Nischta! — Du jetzt bist krank und nichts wert und nichts chast zu reden! — Du jetzt reiten fort von da, schnell, schnell, — tust, was ich sag dir! — Und deine Reiter, sie auch werden tun, was sagen ihnen ich!"

Und er zieht meinem Pferd eines über die Schenkel, daß es losspringt und mit mir in den Hohlweg hinein schießt. — Das Roß weiß besser als ich, was es jetzt tun soll. Es trabt mit mir davon, während das Kampfgetümmel hinter mir immer lauter anschwillt.

Dann, — gepanzerte Reiter, sprengen an mir vorbei, — Gedränge um mich auf der Straße, — irgendwer führt mein Pferd am Zügel, ein anderer stützt mich im Sattel, — Wälle um mich, — Mauern, Wehrgänge, — ja, — und was war dann? — Ich weiß es nicht mehr.

Am nächsten Tag wohl erst bin ich wieder zu klarem Bewußtsein gekommen, — oder am übernächsten. — Seltsam still war es um mich, — bedrückende, schmerzhafte Stille, — wie auf einem Friedhof.

Wo ist der Janko Ptakowitsch, — wo der Stepan Nikowitsch, der Petar Draganitsch, der Vinko Borowitsch, — und der, — und dieser, — und jener? — Niemand kann mir Antwort geben, — aber ich frage auch gar nicht danach, — und ich weiß es doch ohnehin!

Ich habe auch nicht nach Mirjanas Brüdern gefragt, meinen Schwägern. Aber der alte Melchior Edtmayer, einer der wenigen vom Fußvolk, die sich durchgeschlagen haben, hat es mir doch erzählt: wie zuerst der Marko gefallen ist, der Hauptmann, und dann der Milan, und tags darauf, — ach, ich hab gar nicht mehr hin gehört, — ich weiß nicht, welcher als letzter von ihnen erschlagen worden ist.

Bloß nach dem Katzianer hab ich gefragt. Der Melchior hat die Achseln gezuckt, das Gesicht verzogen, ausgespuckt. Bei Nacht und Nebel sei er verschwunden; — angeblich habe er erklärt, er müsse zum Erzherzog, sich rechtfertigen, noch bevor er von seinen Feinden in Wien verleumdet und verklagt werde. So erzählen jedenfalls die einen, andere aber munkelten, er sei zu den Türken übergelaufen.

Auch der Lodron sei tot und der alte Hauptmann Forhegger und der Auersperg, berichtete der Melchior Edtmayer. Und dann erzählte er eine seltsame Geschichte von den Schweizern. Die hätten am Tag vor unserem Abzug von Esseg dem Katzianer in aller Form Gehorsam und Treue aufgesagt und seien auf eigene Faust davongezogen. Dem Lutfi Pascha sei das zu Ohren gekommen, — sei es durch gute Kundschafter, sei es durch Verrat, — jedenfalls hat er Boten zu den Schweizern geschickt, mit dem Angebot, sie für klingenden Sold in seine Dienste zu nehmen. Auf das hätten die Hauptleute und Gemeinwaibel der Schweizer sich beraten und zuletzt den Boten erklärt: Es ginge doch nicht an, daß sie, als katholische Christen für einen heidnischen Herren gegen andere christkatholische Leut föchten. Und um diesen ihren Beschluß deutlich zu bekräftigen, haben sie die türkischen Boten allesamt auf der Stelle totgeschlagen. Über das sei der Lutfi in helle Raserei geraten und er habe von Stund ab den Schweizern härter noch zusetzen lassen als den übrigen Kriegsleuten des Katzianers. Die Schweizer haben sich wacker zur Wehr gesetzt, und den Türken in zahlreichen Scharmützeln überaus blutige Verluste zugefügt, doch sollen sie, gegen deren erdrückende Übermacht, zuletzt samt und sonder zugrunde gegangen sein. —

Draußen hat es zu schneien begonnen, — die Türken sind verschwunden. — Tot alles, tot und kalt, — das Land, die Mauern — und meine Gesellen alle. — Was will ich hier noch? — Sobald es meine Wunde zuläßt, will ich reiten, — heim. Dorthin, wo sie einen Überlebenden noch brauchen können. Und sie werden mich brauchen, — der Juritschitsch, — der alte Župan Orlitsch — und Mirjana! —

Iwanitsch, am 14. Decembris

Allen wohlgemeinten Ratschlägen und Warnungen des hiesigen Medicus zum Trotz bin ich aufgebrochen. — Keinen Tag länger hätte es mich in Valpovo gelitten. Ein Dutzend von meinen Reitern, einzelne Versprengte von hier und dort, habe ich noch zusammenbekommen, mit denen bin ich losgezogen, — westwärts.

So sind wir geritten, Tag um Tag. Für mich war es beschwerlich genug: meine Wunde ist neuerlich aufgebrochen, wieder hat sich Fieber dazugeschlagen. In Slatina mußte ich ein paar Tage rasten, dann in Belowar wieder. — Endlos wird die Reise, — endlos und trostlos. Denn so gern ich mich freuen möchte im Bewußtsein, meinem Heim, meinem Eheweib mit jedem Hufschlag näher zu kommen, — ich bringe es nicht zustande. — Ist es wegen Mirjanas Brüder?

Die Nachrichten, die ich aus dem Grenzland bekommen habe, sind einigermaßen beruhigend. Die Truppen des Lutfi Pascha, die ins Hochland gezogen sein sollen, sind nirgends mehr ins Land eingefallen. Hier und dort im Grenzgebiet sollen wohl Scharen aus der bosnischen Nachbarschaft ihr Unwesen getrieben, aber nirgendwo besonderen Schaden angerichtet haben. Ob man etwas von Sluin und der Gegend an den Seen südlich davon gehört habe, wollte ich wissen. Aber man schüttelte den Kopf; — nein, — dort droben sei wohl gar nichts los gewesen.

Jaska, am 19. Decembris

Ach, ich hatte meine Sorge wohl schon beschwichtigt, — und nun steht sie wieder wie eine sengende, zehrende Flamme in meinem Herzen.

Ich hatte gehofft, in Agram den Juritschitsch anzutreffen. Danach wollte ich gleich nach Orlitsch weiterreisen.

Der Juritschitsch war nicht da, — sein Quartier neben dem Steinernen Tor, — leer. Endlich stöberte ich im Haus einen alten Diener auf.

„Wo ist der Gospodin Obrist?"

Der Alte zuckte die Achseln, — „fort, — in den Bergen, — seit einer Woche schon oder länger."

„Wieso, — was tut er dort droben, — um diese Zeit?"

Wieder Achselzucken. — „Ich nicht weiß! — Was wird er tun? — Raubzeug jagen!"

„Was heißt das? — Wölfe?"

„Haj ja, — Wölfe! — Mit zwei Füßen!"

Ich packte den Alten erregt am Rock: „Jetzt sag mir endlich einmal vernünftig: ist etwas geschehen dort droben?"

Er wollte mich abschütteln. — „Ich schon sag es dir: ich nicht weiß gar nichts!" grollte er. — „Was soll ich dir sagen: zwei Wochen ist es her oder drei, da sind welche gekommen aus Sluin, haben was erzählt von Türken, von ein paar hundert oder so. — Da hat der Gospodin Obrist alle zusammengeholt, was sind da gewesen, alte Männer und ein Haufen junge Buben dazu, — und dann sind sie davon."

„Und weißt du nicht, wo sich die Türken herumtreiben?" fragte ich eindringlich. — „Etwa, — etwa an den Seen?"

Der Alte schüttelte den Kopf: „Das hat keiner gesagt." —

Ich bin gleich auf und davon, — nur rasch hinauf nach Sluin und weiter! Ich wollte in einem fort reiten, immer zu, — meine Leute haben es nicht gelitten. — Aber morgen zur frühesten Stunde sind wir wieder im Sattel, — nur keine Rast, — keinen Verzug!

1538

Agram, am 30. Martii 1538

Hat es einen Sinn, daß ich noch schreibe? — Hat es überhaupt einen Sinn, daß ich noch lebe? — Wie oft habe ich mich das in den letzten Wochen gefragt. — Und keine Antwort darauf gefunden.

Wie hat der alte Juritschitsch gesagt zu mir, vor zwei Wochen? — „Wer hier steht an der Grenzen, der gehört nicht mehr sich selber, sondern dem Reich und dem Kaiser. Und so lang noch ist der Kaiser und das Reich, so lang du mußt hier leben und stehen!"

Ja, Obrist, — ich will stehen und tun, wie du mir befiehlst — Nur sag mir genau, wo ich stehen soll und was ich tun soll! Damit ich es weiß! — Denn in mir selber ist kein Denken und kein Wollen. In mir ist alles zerbrochen und gestorben. —

Ja, — ich bin damals vor Weihnachten von Jaska weitergeritten, voll trüber Ahnungen. — Ich bin nach Sluin gekommen, und dort haben sie mir gesagt, ich sollte lieber hier bleiben, denn droben in den Bergen sei es jetzt nicht sicher; — man wisse nichts Genaues, aber es seien allerhand Gerüchte zugetragen worden, von Hirten und vereinzelten Bauern, die aus jener Gegend geflohen seien. — Als ob mich

Bild oben:
Die slawonische Grenzfestung Sissek am Zusammenfluß der Save und Kulpa. Das umliegende Sumpfgebiet und die stets wiederkehrenden Überschwemmungen machten diesen Grenzort besonders sicher. 1556, am 1. Juli, kam es vor Sissek zu einem größeren, für die Türken verlustreichen Gefecht. Die Grenze wurde immer fester ... (ÖNB).

Bild unten:
Stadt und Festung Ofen wechselte in den Wirren der Türkenkriege mehrfach den Besitzer. 1526 türkisch; 1527 von Erzherzogs Ferdinands Truppen eingenommen; 1541 von Suleiman II. zurückerobert, blieb Ofen nunmehr 145 Jahre unter türkischer Herrschaft. Die historische Legende an beiden Bildrändern berichtet darüber.
Force D'Europe ... berühmte Staette, Vestungen ... von Gabriel Bodenehr, Kupferstecher in Augsburg, 1. Band, 1730 (K. A.).

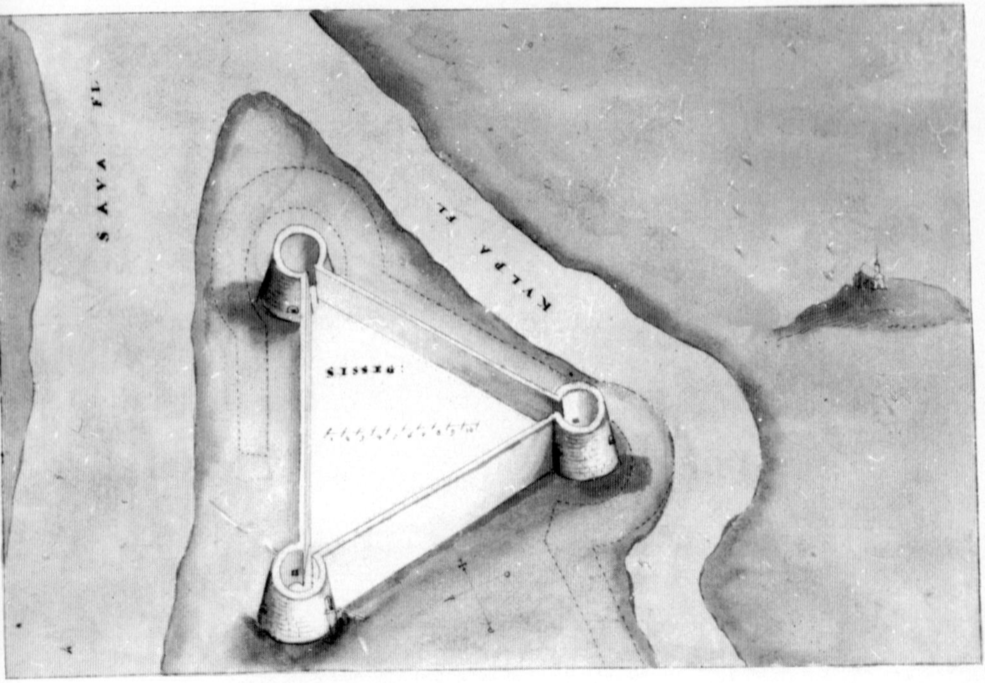
SAVA FL.
KVLPA FL.
SISSEG

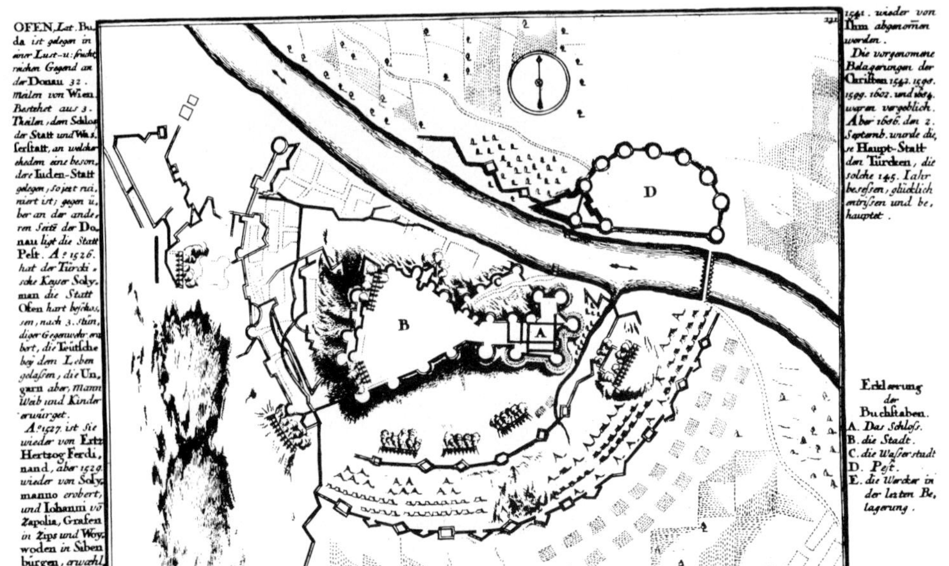
OFEN, Lat. Buda ist gelegen in einer Lust- u: fruchtreichen Gegend an der Donau 32. Meilen von Wien. Bestehet aus 3. Theilen, dem Schloss der Statt und Wasserstatt, an welcher ehedem eine besondere Iuden-Statt gelegen, so jezt ruiniert ist; gegen über an der anderen Seitē der Donau ligt die Statt Pest. A.º 1526. hat der Türckische Keyser Solyman die Statt Ofen hart beschossen, nach 3. stündiger Gegenwehr erobert, die Teütsche bey dem Leben gelassen, die Ungarn aber, Mann Weib und Kinder erwürget.
A.º 1527. ist sie wieder von Ertz Hertzog Ferdinand, aber 1529. wieder von Solymanno erobert, und Iohanni vō Zapolia, Grafen in Zips und Woywoden in Sibenbürgen, erwählten Ungarischen König zugestellet dessen Sohne aber 1541. wieder von Ihm abgenom̄en worden.
Die vorgenomene Belagerungen der Christen 1542. 1598. 1599. 1602. und 1684. waren vergeblich. Aber 1686. den 2. Septemb. wurde diese Haupt-Statt den Türcken, die solche 145. Iahr besessen, glücklich entrissen und behauptet.
B
A
D
Erklaerung der Buchstaben.
A. Das Schloss.
B. die Stadt.
C. die Wasserstadt
D. Pest.
E. die Wercker in der letzten Belagerung.

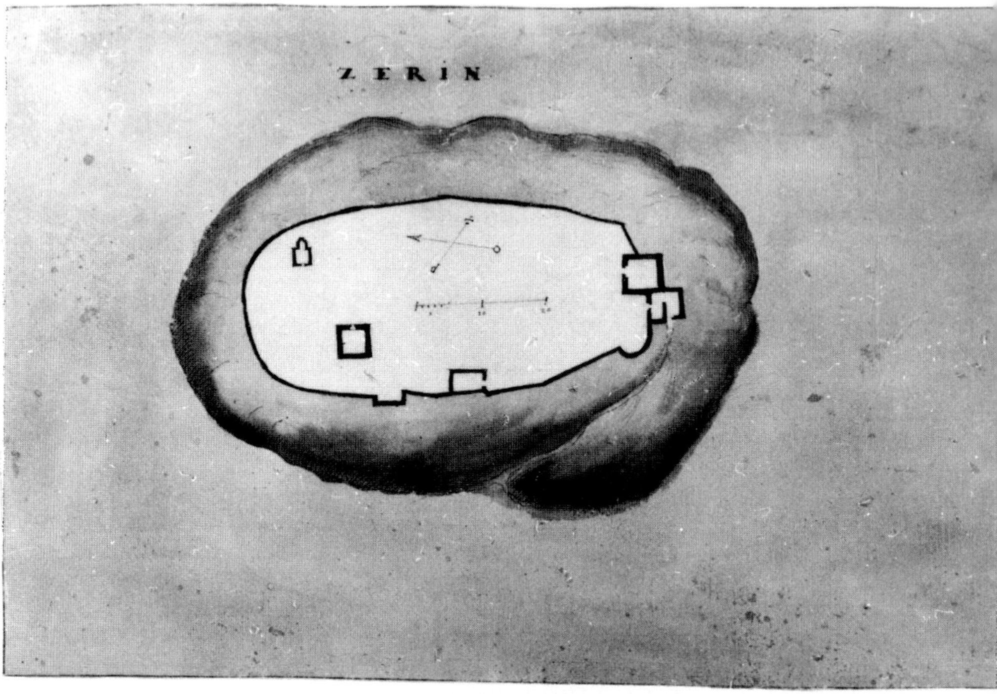
ZERIN

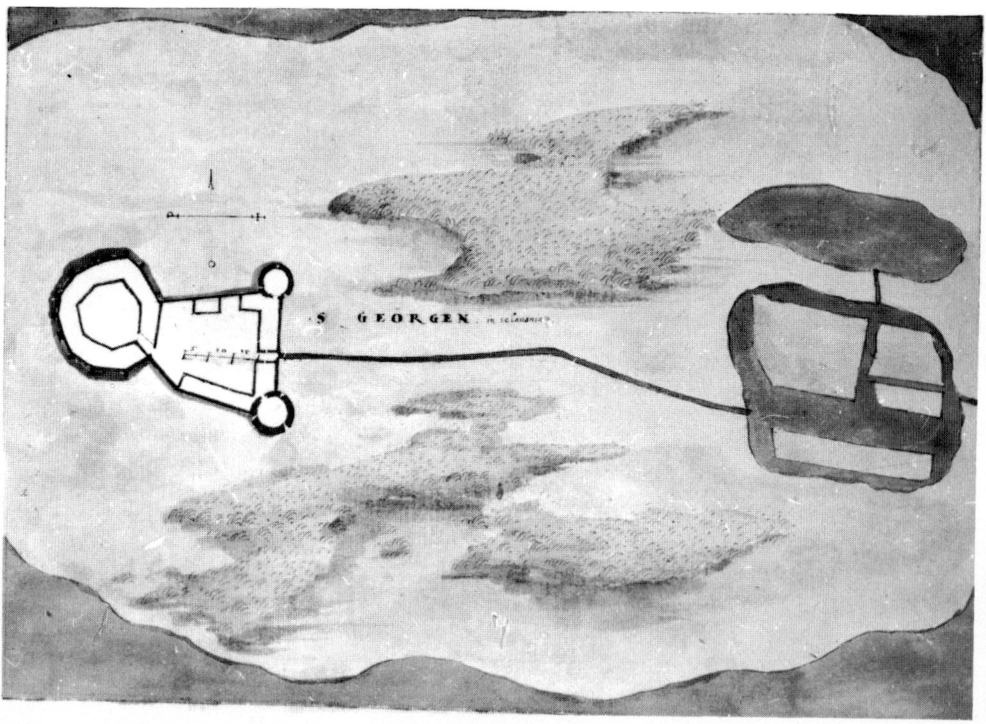
S GEORGEN

nicht gerade das getrieben hätte, weiter zu hetzen. Ein paar von meinen Leuten sind unterwegs zurückgeblieben, weil ihre Pferde den scharfen Ritt nicht mithielten; — ich bin zuletzt nur mehr mit zwei Begleitern durchs Land gejagt.

Wo das Dorf Rakowitza gestanden war, dort stießen wir auf erkaltete Aschenhaufen mit ein paar halbverwesten Leichen.

Scharfer Frost war hereingebrochen, als wir an den großen Ziegensee kamen. — Hartes, regloses Eis umgab die kleine Insel, — Mirjanas Insel, — unsere Insel. —

Dann der steile Pfad hinauf zur Burg Orlitsch. Meine beiden Begleiter ritten ein Stück vor mir, — blieben jäh stehen, — kamen zurück — mit schreckensbleichen Gesichtern. — „Gospodine, — reit du nicht weiter, — wart du hier, — wir wollen erst schauen ..."

Ich stieß sie beiseite, drückte meinem Pferd die Sporen ins Fleisch, — ein paar wilde Galoppsprünge, — dann war ich droben am Rand des steilen Hanges.

Und stand vor einer schwarz aufragenden Ruine.

War ich von Sinnen? — Narrten mich Gespenster? — Oder war das wahr und wirklich? — Hatte ich dieses Bild nicht schon gesehen, in meinem Innern tief drunten, hundertmal, die ganze Zeit unseres Heerzuges hindurch?

Ich weiß nicht, wie ich vom Pferd herunter, wie ich zwischen die Mauern und Trümmer hinein gekommen bin, — über die halb verbrannte Zugbrücke, durch das Tor, dessen zerspaltene Flügel schief in den Angeln hingen. — Hier die Halle, von Rauch geschwärzt; — durch die öden Höhlen der Türen und Fenster sang der kalte Winterwind, trieb Wolken von feinem Schneestaub vor sich her; in den Ecken und Nischen sammelte sich das Gewebe, wuchs mehr und mehr, wurde die weiße Totendecke immer dicker. — Wie ich das alles deutlich sah; — und war doch gar nicht hier, — war weit weg, — träumte bloß.

Nein, — ich träume nicht! — Es ist harte, grausame Wirklichkeit! — Der Turm, — wo ist der Turm? — Eingestürzt, — ein Gewirr von Schutt und Fels und starrenden verkohlten Bohlen. — Mirjanas Stübchen, — unsere Heimstatt, — verschwunden!

Bild oben:
Zerina, einer der vielen kleinen festen Plätze, die oft nur von wenigen Dutzend Grenzsoldaten besetzt waren (ÖNB).

Bild unten:
St. Georgen, fester Platz im östlichen Vorfeld der slawonischen Grenze (ÖNB).

Ich weiß nicht, wie lang ich in den Trümmern umhergeirrt bin, — suchend, — verzweifelt, — sinnlos, — auch als ich schon längst klar wußte, daß ich nichts finden konnte.

Irgendwo auf einem Stein bin ich zuletzt gesessen, und es war um mich schon finstere Nacht. Dann ist einer neben mir gestanden, hat mich leise berührt:

„Gospodine, du nicht kannst bleiben hier; — du noch bist krank. — Du wirst erfrieren."

Und als ich stumm und verbissen den Kopf schüttelte, hob mich der andere auf, vorsichtig, aber kräftig, wie man ein greinendes krankes Kind aufhebt, — und ich ließ es geschehen.

Wieder weiß ich nicht, wie wir fortgekommen, wie lang und wohin wir geritten sind. Irgendwann waren wir dann in einer armseligen Bauernhütte, mitten im Wald, — und Gesichter waren um mich, voll Schrecken und Mitleid, und viele Stimmen redeten durcheinander. Erst allmählich verstand ich, was sie sprachen.

„Nein!" sagte ein alter Mann in einer abgeschabten Pelzjacke. — „Wir wissen gar nichts. Die Türken haben unser Dorf nicht entdeckt, — und so ist uns kein Unheil widerfahren. Wir haben nur in einer Nacht Feuerschein gesehen über dem Wald, dort wo die Seen sind, — und wie wir drei Tage darauf zu der Burg gegangen sind, da haben wir die Trümmer gefunden. Und wir haben die Toten begraben."

„Wen habt ihr begraben?" stieß ich heraus, in fiebernder Erregung aufschnellend, — „wen?"

„Ja, — den alten Župan haben wir begraben, — und den Iwitza, seinen alten Diener."

„Weiter!" fuhr ich grob dazwischen. — „Wen habt ihr noch tot gefunden?"

„Ja, — der Burgvogt ist erschlagen gewesen, — und der Vlado Ribaritsch und der Mile Perunitsch, die hat der Gospodin Župan bei sich auf der Burg gehabt."

„Weiter! — Rede! — Wen noch?"

Der Alte sann nach: — „Ja, — dann die drei Knechte, die von der Lika heraufgekommen sind, — und — und dann — ja, — und — und —"

„Und des Župans Tochter, — die Gospodja Mirjana, — die habt ihr nicht tot gefunden?"

Der Alte starrte mich an, schüttelte den Kopf: „Nein, Gospodine, — die haben wir nicht gefunden,"

„Ja, — Heiland der Welt! — Wo ist sie denn? — Ist sie tot? — Oder lebt sie noch? — So rede doch schon!"

Aber der Alte schüttelte nur erstaunt den Kopf: „Ich nicht weiß gar nichts. — Wir haben sie nicht gefunden, — aber in der Burg war sie nicht, — niemand von uns hat sie gesehen.“

Ach, — Wahnsinn! — Teufelskrallen des Wahnsinns in meinem Gehirn! — Warum lag ich nicht erschlagen irgendwo in Slawonien, in den Wäldern an der Drau, — vor Esseg? — So viele liegen dort, — warum gerade ich nicht? — Daß ich das jetzt erlebe?

Da fiel mein irrer, jagender Blick auf ein kleines Muttergottesbildchen, das da an der Wand hing. Und plötzlich sprang ich auf, in wahnwitziger tobender Wut, — packte das Bild, warf es zu Boden, trampelte darauf herum; — „was hast du mir angetan, — du! — Warum hast du nicht beschützt, was ich gläubig in deine Hände gelegt habe! — Ich hab auf dich vertraut und zu dir gebetet, Tag für Tag, aus heißem Herzen, — und du hast mich so im Stich gelassen!“

In fassungslosem Entsetzen starrten die Bauern auf mich. — Und als ich dann mit einem Mal wieder, kraftlos, zitternd, elend, in meiner Ecke zusammengesunken war, hörte ich einen meiner Reiter begütigend zu den anderen sagen: „Gospodin ist arm, — ist sehr, sehr krank.“ — Da schlugen die Bauern ein Kreuz und besprengten mich mit Weihwasser. Und dann gaben sie mir Schnaps zu trinken, viel Schnaps, — und dann habe ich wohl geschlafen, — und im Morgengrauen war ich wieder auf, und ritt fort, unseren Spuren von gestern entlang.

Und wieder irrte ich zwischen den Trümmern umher und um die Burg herum und in den Wald hinein. — Wo lag sie? — Begraben und verschüttet unter den Trümmern des zusammengestürzten Turmes? — Im Wald, — erwürgt, zu Tode gequält von einem Hund, der seine viehische Lust an ihr gestillt hatte? — Ein quälendes Bild jagte das andere. — Mirjana! — Ich mußte sie finden!

Aber: war es nicht auch möglich, daß sie einfach fortgeschleppt worden war, — tausend Meilen weit weg, wo ich nie ihr helfen, nie mehr sie retten konnte! — Und was geschah dann mit ihrem Kind, — mit meinem, — meinem Kind?

Und plötzlich, wie ein Blitz, ein Gedanke: sie kann ja noch gar nicht so weit weg sein! Erst vor wenigen Tagen ist das hier geschehen. — Dann mußte Mirjana aber, wenn sie noch am Leben war, irgendwo in der Nachbarschaft stecken, im Bosnischen drüben!

Wie vom Satan gehetzt, galoppierte ich zurück, ins Dorf, platzte in die Hütte, fuhr auf den Alten los:

„Glaubst du, daß sie Mirjana, — daß sie mein Eheweib fortgeführt haben?“

Der Starjeschina überlegte, nickte. — „Ja, — das ist sehr möglich. Auch die Anitza und die Zoritza haben wir nicht gefunden, die aus unserem Dorf Bigina auf die Burg als Mägde gegangen sind.“

„So suchen wir sie, — auf der Stelle!“ stieß ich heraus.

Der Alte starrte mich fassungslos an: „Das geht nicht, Gospodine! — Wo willst du suchen?“

„Laß das mir über; — ich hab dich nicht darum gefragt! — Auf, — packt eure Sachen!“

Der Starjeschina hob abwehrend die Hände: „Gospodine moj, — mach das Unglück nicht voll! Wir gehen alle zugrund, wenn wir, so wenige, wie wir sind, blindlings ins Feindesland einfallen!“

Da fuhr ich in blinder Wut auf den Alten los, brüllte: — „Was, — willst mir nicht folgen, — du Hund! — Weißt du nicht, daß ich jetzt dein Herr bin, daß du mir zu gehorchen hast? — Der alte Župan ist tot, — seine ganze Sippschaft lebt nicht mehr, — nur ich bin noch übrig, — ich, — sein Eidam! — Ich bin jetzt Herr auf Orlitsch! — Und so bin ich auch der Herr von Bigina, und du wirst mir gehorchen und mit mir kommen, — du und alle anderen, — jetzt auf der Stelle!“

Da senkten die Männer den Kopf und griffen nach ihren Waffen und Mänteln. Und wir zogen hinaus in den dunklen Winter, in die Öde des Todes.

So kamen wir über Isatschitsch und Bichatsch in die Gegend von Krupa. Ich fühlte nicht den Frost und nicht die Mühen des Marsches, nicht meine Schulterwunde und nicht meinen ausgezehrten Leib. Ich konnte nur mehr eines fühlen und denken und wünschen: die finden, die Mirjana gefangen hielten!

Hier und dort, wo wir in Dörfern feindliche Scharen auskundschafteten, schlugen wir zu. Wir kamen allemal völlig überraschend, stießen auf Verwirrung und Kopflosigkeit. Hätten die gewußt, wie wenige wir waren, zwischen den Fingern hätten sie uns zerdrückt. Wir griffen fast immer nur in der Nacht zu, wenn die Finsternis die Verwirrung noch größer machte, und die Feinde über unsere Zahl im Unklaren blieben.

Ich holte mir überall von den Gefangenen die Anführer heraus. Befragte sie hart und kalt:

„Wart ihr bei denen, welche die Burg Orlitsch verbrannt haben?“

„Nein.“

„Wißt ihr, wer es war?“

„Nein.“

„Und wißt ihr, wo sich des Burgherrn Tochter jetzt befindet?“

„Nein, — wir wissen es nicht.“

„Ihr müßt es wissen!“

„Nein, — wir wissen es wirklich nicht!“

„So werde ich eurem Gedächtnis nachhelfen!“ —

Ich habe Menschen nackt hinaus aufs Feld legen lassen, in klirrend kalter Winternacht. Ich habe Menschen die Finger gebrochen, einzeln, Glied um Glied. — Wie ein Wolf, daß sie mir verraten sollten, wo mein Weib ist! — Und ich wußte doch im Innern schon zuvor, daß keiner es mir sagen konnte.

Wie ein giftiger Rausch, wie ein wildes Fieber ist das über mich gekommen, — ich mußte toben und rasen, mußte mir die Hände in Blut baden und die Ohren am Gewimmer und Geheul der Gemarterten weiden. — Und blieb dabei eisig klar und kalt, — so ruhig und überlegt, daß keines unserer Unternehmen fehl ging, daß wir, von etlichen läppischen Schmissen abgesehen, kein einziges Mal Schaden litten oder gar einen der Unseren verloren. — Meine Leute folgten mir wie behext, in abergläubischer Scheu. Sie wußten: ich war vom Teufel besessen, — oder hatte mich vielleicht gar ihm verschrieben. — Aber nun, wo sie mich als ihren Herrn anerkannt hatten, gingen sie mit mir und taten bedenkenlos, was ich ihnen befahl; — sie wären mit mir geradewegs auch in den Tod gegangen und in die Hölle.

Kreuz und quer sind wir im Land umhergezogen, eine blutige Spur hinter uns lassend. Vor einem Monat etwa hielten wir uns in der Gegend von Udbina auf, fern im Süden. Ich hatte da und dort ein paar Bauernburschen oder Hirten gefunden, die sich uns angeschlossen hatten, getrieben von Haß gegen die Türken die einen, von Lust auf Beute die anderen; unsere Schar war auf ein rundes Hundert angewachsen, und ich plante nun, mit ihnen über Kulen Vakuf in die Gegend von Petrowatz einzufallen. Vielleicht, daß ich in Petrowatz selbst etwas über Mirjana erfahren könnte, redete ich mir ein; — es ist der größte Ort dort rundum. Ich hatte ein paar Hirten auf Kundschaft ausgeschickt und sammelte und erwog nun gewissenhaft alle Nachrichten, die mir zugetragen wurden, denn dieses Unternehmen sollte größer werden als alle bisherigen und wollte daher sorgsam geplant sein.

Da stand eines Morgens, wie vom Himmel gefallen, der Juritschitsch in der Bauernstube, wo ich mein Quartier genommen hatte.

„Was machst du?“ fragte er ohne Einleitung.

„Ich bin dabei, gegen Petrowatz zu ziehen.“

„Und wer hat dir gegeben Befehl zu dem?“ — Seine Augen glosten, eine drohende Falte schob sich zwischen seine Augenbrauen.

„Niemand. — Aber ich will . . .“

„Was heißt, du willst?“ donnerte mich der Alte an. — „Bist du hier als kaiserlicher Soldat, daß du tust, was du willst, oder daß du tust, was du sollst?“

Ich stand starr, suchte nach Worten. — „Obrist, — Obrist, — sie haben mir mein Weib davongeschleppt, — Eures Vetters Tochter, — Mirjana! — Die such ich, — will sie wieder haben.“

„So?“ — Seine Stimme wurde milder, blieb aber dröhnend wie Erz. — „Und was glaubst du, wie vielen Männern hier im Land der Türk die Weiber davongeschleppt hat? — Was glaubst du, wenn von allen denen ein jeder läßt liegen und stehen alles und rennt hinaus und herum und tut, was fällt ihm ein in seinem Schädel, seinem tollen? — Dann ist das alles nur mehr ein Räuberhaufen, alles löst sich auf und bricht zusammen, — die Dörfer und die Sippschaften und die ganze Grenze."

„Aber ich hab doch dem Feind erheblich Abbruch getan", versuchte ich mich zu rechtfertigen; — doch es klang nicht sehr überzeugend.

„Was heißt Abbruch tun?" brauste der Juritschitsch neuerlich auf. — „Hast gelernt beim Katzianer, man merkt's! — Als ob jetzt was getan ist, wenn du in Bosnien ein paar Dutzend Türken erschlägst, — und zehn und hundertmal so viel kommen im Sommer und brennen uns die letzten Dörfer nieder, weil wir für sie nicht haben vorgesorgt. — Nischta, nischta, moje sinko, mein Söhnchen, — das hört sich jetzt auf! — Daß du es weißt: Obrister Feldhauptmann über die ganze Grenzen von der Drau bis zum Meer bin jetzt ich! — Vom König und Erzherzog mit Brief und Siegel eingesetzt! — Jetzt geschieht, was ich will! — Und ich will, daß die Grenzen ein Wall wird, über den kein Türk je wieder hereinkommt! — Und du? — Du kannst gehen nach Haus oder sonstwo, wenn willst du!"

Jäh streckte ich ihm die Hand hin: „Obrist, — ich will, daß Ihr mich behaltet. — Aber sagt mir, was ich tun soll. — Ich selber, — ich — ich — ich weiß es nicht mehr!"

Und dann bin ich vor dem alten Juritschitsch auf dem Boden gelegen, zusammengekauert, und hab geheult und geweint wie ein kleines Kind, dem die Mutter gestorben ist, hab hemmungslos geschluchzt.

Der Juritschitsch hat sich zu mir gekniet, hat mir die Schulter getätschelt, den Kopf, die Hand, — seltsam, wie weich und warm diese riesigen hürnhäutigen Bärenpranken mit einem Male waren. —

„Ist gut!" hat er gesagt. — „Ist schon recht! — Ich mag Menschen lieber als Wölf oder Felsblöck. — Wein nur, — denk, ich wär dein Vater; — bist nicht wirklich so etwas wie mein Sohn?"

Und als ich aufschaute, sah ich, daß auch ihm ein paar Tränen in den Augen glitzerten.

Dann riß er sich hoch: „So, — und jetzt geh mir an die Arbeit!"

Wir redeten lang mitsammen; der Juritschitsch legte mir alle seine Pläne dar, wie er die Grenze wollte ordnen und festigen.

„Es ist die ganze Grenze jetzt ein einziger Trümmerhaufen; — und auch dort, wo die Häuser und Dörfer noch stehen, fehlen die Menschen daraus. Das hat mir der Katzianer vererbt und hinterlassen. — Aber so lang noch ein einziger Bauer ackert, ein einziger Soldat schießt, ein einziges Weib ein Kind gebärt, so lang geb ich nicht auf! — Wird ein hartes Arbeiten sein, — und ich will's tun, so lang ich noch kann. Und du sollst mir helfen dabei: du sollst mir sein einer von meinen Hauptleuten, auf die ich mich verlassen kann." —

Der Juritschitsch hat mich als erstes wieder nach Warasdin geschickt. Ich soll dort die Dörfer aufnehmen, wie viel Männer noch da seien. Danach sollt ich die festen Plätze die Drau hinunter aufsuchen und feststellen, wie weit die in Hinkunft noch gegen die Türken zu halten sein werden.

„Was da weit draußen liegt, Valpovo und Slatina und so, das werden wir alles aufgeben müssen, — so weit nicht ohnehin schon der Türk drin sitzt. Das eine bekommen wir nicht wieder, und das andere können wir nicht mehr halten; es frißt uns nur unnütz Kraft. — Die Grenze wird kleiner werden müssen, — aber auch um das fester!" —

So hab ich nun eine Aufgabe, — ein Ziel. — Dafür will ich leben und arbeiten und an nichts anderes mehr denken! —

Warasdin, am 12. Aprilis 1538

Was von des Katzianers Armee übriggeblieben ist, hat sich allmählich hier in der Burg und in der Stadt gesammelt. Viel ist es nicht, — vielleicht knappe tausend Mann. Und ein Dutzend Offiziere. Denn nicht nur der Auersperg und der Forhegger, sondern auch viele andere sind nicht mehr heimgekommen. Der Rupprecht Puchmüllner hat sich wohl durchgeschlagen, ist aber danach schwer krank geworden, so daß ihm der Juritschitsch Urlaub gegeben und ihn heim in die Steiermark geschickt hat, bis er wieder zu Kräften gekommen sei. Vom Katzianer hat man mir erzählt, daß er in Wien vom Erzherzog in den Kerker geworfen worden sei, weil er seine Armee im Stich gelassen habe.

Ich bin bald nach meiner Ankunft in Warasdin nach Ladanje hinaus geritten, um nach der Jela Ptakowitsch zu sehen. Sie wußte wohl schon, daß ihr Janko tot war, — aber vielleicht konnte ich ihr irgendwie helfen. — Ich fand sie schweren gesegneten Leibes; scheu verdrückten sich ihre beiden kleinen Knaben in ihre Kittelfalten.

„Du siehst, Herr", sagte sie, leise lächelnd, — „Gott hat gegeben, daß mir mein Janko nicht ganz gestorben ist; — daß er mir weiter lebt nicht nur in diesen Söhnen und in meinem Herzen, sondern auch noch in meinem Schoß. — Was will ich mehr? — Wir müssen Gott danken!"

Von den Söhnen der Mutter Ptakowitsch ist nur der junge Petar heil heimgekommen. Der Milosch hat einen Stich in der Brust, liegt schwer siech danieder und wird von Woche zu Woche schwächer und stiller. — Aber ich hörte das Quäken eines Neugeborenen aus einer Hinterkammer, und ich sah, wie der Mutter Ptakowitsch ältester Enkel, der fünfzehnjährige Niko, des toten Markos Sohn, draußen auf dem Feld mit einem Paar Ochsen pflügte. — Was die Sense des Schicksals oben abschlägt, das wächst unten nach.

Warasdin, am 7. Julii

Die Tage und Wochen verfließen mit Planen und Reiten, mit Besprechen und Berechnen. Es bleibt mir wenig Zeit, an mich selber zu denken.

Schneller, als ich selbst gedacht, hab ich erledigt, was mir der Obrist aufgetragen hatte, und vor einer Woche kam ich zu ihm nach Agram, um zu berichten, was ich inzwischen erkundet und getan habe.

Ich traf ihn in übelster Laune. Bei ihm war der junge Graf Niklas Zrinji, ein einheimischer Adeliger, arm an Besitz, aber mit einem Namen, der im ganzen Land guten Klang hat. Anno '29 hat er vom Kaiser für sein tapferes Verhalten eine goldene Ehrenkette bekommen.

„Was ist los? — Was ist geschehen?" fragte ich beunruhigt.

„Der Katzianer ist wieder im Land!" knurrte der Zrinji.

„Was? — Aber ich dachte doch, er säße in Wien im Kerker?"

„Saß er auch! Hat zwar versucht, seinen Mißerfolg abzuwälzen, hat ihm aber nichts genützt. Der Kaiser hat eine strenge Untersuchungskommission gegen ihn eingesetzt, allerhand Schurkereien sind an den Tag gekommen. Schon hat jedermann als sicher angesehen, daß dem Katzianer der Kopf vor die Füße gelegt wird."

„Ja, — und?"

„Ja, — ausgekommen ist er nächtlich wie ein Dieb aus dem Dorfkotter! Irgendein vornehmes Frauenzimmer soll die Hand dabei im Spiel gehabt haben. Und verkleidet ist er nach Slawonien geflohen."

„Aber hat er denn nicht hier seine grimmigsten Feinde?"

„Was heißt Feinde? — Die einflußreichsten Freunde hat er, und die geben den Ton an. Schon im Februari soll er in Agram aufgetaucht sein und dem Bischof einen Besuch abgestattet haben, und kurz darauf hat er sich mit etlichen hungarischen Herren zu einer geheimen Besprechung getroffen. Hat ihm freilich vorerst nichts genützt, denn der Erzherzog hat des Katzianers Güter eingezogen — und was er sonst noch alles zu Lehen besessen hat, und im März ist den Ständen in Graz eine umfangreiche Anklageschrift wider des Katzianers falsche, giftige und böse Praktiken übergeben worden."

„Dann ginge doch ohnehin alles seinen rechten Weg?"

„Ja, glaubst du! — Der Katzianer betreibt jetzt jedenfalls mit Eifer die Rücknahme aller dieser Verfügungen."

„Aber wo steckt der Katzianer denn jetzt?"

„Wo wird er stecken? — Bei dem famosen Grafen Keglewitsch! Der ist ein erbitterter Gegner des Erzherzogs und ein Freund des Zapolya, — und darf sich trotzdem ebenso frei und ungestraft im Land bewegen wie der Katzianer oder so mancher andere, den man besser —“ — er verschluckte den Rest seines Gedankens.

„Ja müßte so einen nicht der letzte kleine Bauer oder Kriegsknecht auf offener Straße erschlagen als einen gefährlichen tollen Hund!“ entfuhr es mir.

Der Zrinji drosch die Faust auf den Tisch: „Ja! — Imaš pravo! Du hast recht, Bruder! — Bogami, — bei Gott, — müßte er! — Und tut es nicht! — Laßt es bleiben, weil ihm die Ehrfurcht und Angst vor einem hochgeborenen Herrn viel zu tief in den Knochen sitzt!“

„Und die Edlen und Großen selber? — Warum tun's die nicht?“

„Unseresgleichen scheut davor zurück, sich die Hände schmutzig zu machen an so einem. Scheut sich — noch. — Aber vielleicht eines Tages —“ — Wieder würgte er hinunter, was folgen sollte.

Jetzt mischte sich der Juritschitsch ein: „Hajdete, momci, — los, Burschen!“ sagte er, — „Reden wir von der Arbeit! Ist soviel zu tun, daß nicht bleibt uns Zeit für anderes. Boze nas zacuvaj, — Gott soll schützen uns, daß einer wie der Katzianer nicht mehr kann uns stören bei dem. Mich freut es, daß es gibt wenigstens ein paar von dem Adel in unserem Land, die es halten wie du, Niko Zrinji. Und es freut mich, daß es gibt auch noch ein paar draußen im Heiligen Römischen Reich, die es halten wie du, Konorade, und nicht auf uns vergessen, — die zu uns kommen, daß sie uns helfen. — Ja, — so ist es!“ — Er legte uns schwer die Hände auf die Schultern.

„So, — und jetzt, Konorade, sag mir du, wie schaust du dir an die Windische Grenze, — will sagen: was meinst du, daß müßt geschehen in nächster Zeit? — Sag mir das und verklär mir's.“

Ich hatte derlei erwartet; ich hatte auf einem großen Bogen guten Papiers eine Karte der Grenze zu zeichnen versucht; das hatte ich mit mir genommen und rollte es nun auf dem Tisch auf.

„Ja, — also“, begann ich. — „Durch das Land ziehen sich die beiden großen Flüsse, — hier im Norden die Drau und hier im Süden die Sau. Sie ziehen beide von Westen nach Osten, und das Wasser, mit dem weiten flachen Land zu beiden Seiten, ist wie eine breite Heeresstraße, auf welcher der Türk allezeit leicht ins Land herein kommen kann. Hier, an den beiden Flüssen, müssen wir eine gute Anzahl fester Plätze behalten und sie so stark machen, als nur möglich ist. Das Land dazwischen schützt sich selbst besser. Hier gibt es kleinere Flüsse mit sumpfigem Tiefland und dazwischen bewaldete Gebirge, — sie ziehen aber alle quer zur Drau und Sau, stellen sich also dem Türken hinderlich in den Weg.“

„So kommt er also hier nicht durch?“ fragte der Juritschitsch und tat erstaunt.

„Er kommt wohl durch, wenn auch mit Beschwernissen, — soweit wir ihn nicht hindern. Da es hier für ihn aber allzuviele verschiedene Wege und Auswege gibt, können wir ihn nicht durch einzelne größere Festungen aufhalten. Vielmehr ist hier der Raum, wo wir unsere Wehrbauern hinsetzen müssen, Dorf an Dorf, daß es das Land wie ein dichtes Netz überzieht. Daß ein jeder Fremder daran hängen bleibt.“

Der Juritschitsch lachte zufrieden, fragte dann weiter: „So sind feste Plätze hier ganz überflüssig?“

„Das auch wieder nicht. — Vereinzelt, an gewissen, besonders bedeutsamen Punkten, sind sie wohl sehr von Nutzen oder sogar unentbehrlich. Aber die Hauptsache sind doch die Bauerndörfer.“

„Gut!“ nickte der Alte, — „und wo würdest du nun diese Dörfer zuvörderst hinstellen?“

„Darüber bin ich mir schon im klaren, und ich will es Euch begründen. Seht: unser Wichtigstes ist hier die Straße, die vom Meer über Agram und Warasdin nach Hungarn geht; das ist so wie die Schlagader des ganzen Grenzlandes. Die darf der Türk auf keinen Fall haben. Hier, östlich der Straße, die Berge — der Sljeme, der Kalnik, das Bilogebirge —, wenn der Türk erst einmal hier steht, dann ist er auch in Agram und in Warasdin und weiter darüber hinaus im Reich. Dazu darf es nicht kommen. Wir müssen also den Feind weiter im Osten aufhalten. Da ist als nächstes die Tschasma: ist ein kleines Wässerchen nur, aber überall versumpft und mitten in weiten dichten Wäldern, durch die kaum ein Reiter kommt und jedenfalls kein Gefährt; — ich hab mir die Gegend gründlich angeschaut. Hier müssen wir den Türken unseren Widerstand entgegensetzen: einzelne Dörfer, Wachttürme, feste Blockhäuser jenseits des Tales gegen Daruvar und Kutina zu, als Augen und Ohren der Grenze, zu wachen und zu warnen, — die große Masse aber dichtgefügt diesseits des Tales. Hier haben wir zudem noch eine ganze Kette starker fester Plätze, nämlich, von Nord gegen Süd, Kopreinitz, Kreutz, Werbowetz und Iwanitsch, und an der Sau drunten Sissek; das zieht sich wie ein wahrhaftiges Rückgrat durch das Grenzland.“

„Und was ist mit dem Land weiter gegen Osten hin?“

„Das müssen wir alles aufgeben, je früher, je besser.“

„Preisgeben, meinst du also?“ fragte der Juritschitsch ungläubig.

„Jawohl, — zumindest für den Augenblick!“

„Also auch alle festen Plätze im Osten?“

„Jawohl, so ist es, — auch die festen Plätze. Mit Ausnahme von ein paar Festungen im Vorfeld, die uns aber nahe sind, Sankt Georgen, Belowar und Topolowatz etwa; die können wir von Warasdin und Agram allezeit leicht im Auge behalten, können sie leicht versorgen und sind mit Verstärkung rasch dort. — Und so wir eines Tages wieder so recht zu Kräften kommen, dann holen wir uns schon wieder, was wir jetzt preisgeben, — und einiges mehr dazu!"

Der Juritschitsch schlug mir gewaltig auf die Schulter: „Dobro mi je to, — das freut mich! — Grad so hab ich mir's selber vorgestellt. Ist gut, wenn ein Junger nicht immer nur lost, was sagen die Alten. Wohl: du sollst hören und lernen. Aber daraus was machen und nach dem handeln, — das mußt du selber! — Und mußt es lernen zur rechten Zeit. — Was weiß ich, wie viel mir Gott noch gibt, daß ich Jahre lebe. Danach stehst du, und noch ein paar wie du allein da, — und auf euren Schultern liegt die Grenze."

Agram, am 8. Julii

Ich bin heute wieder beim Juritschitsch gewesen.

„Du hast" sagte er, „gestern von unseren Wehrbauern gesprochen. — Haben wir die denn überhaupt? Oder von wo nehmen wir sie?"

„In erster Linie von den Bewohnern der Gebiete im Osten, die wir preisgeben müssen. Von dort können wir uns unsere Grenzwehrbauern holen."

„Ja, — können holen! — Das sagst du leicht, — und andere tun es bereits. Aber nicht so, wie wir es uns vorstellen!"

„Was meint Ihr damit?"

„Nun, — etwa den Thomas Nádasdy! Dem haben die Türken im vergangenen Herbst seine Burg Velika in Slawonien weggenommen. Was noch dort war in der Burgherrschaft an krobatischen Untertanen, die alle hat der Nádasdy jetzt auf seine Güter in Westungarn geführt, irgendwo zwischen Ödenburg und Lockenhaus. Meinetwegen, — hab ich nichts dagegen, — aber nicht, solang sie uns hier an der Grenze bitter fehlen! Und der Batthyányi holt sich gar die Bauern aus seiner Herrschaft Kopreinitz nach Güssing und Rechnitz."

„Und können wir dagegen gar nichts tun?"

„Nein! — Wo doch der Nádasdy seit vorigem Jahr Banus von Krobatien ist, und der Batthyányi der reichste Magnat im Land!"

„Dann müssen wir uns die Leute eben noch weiter aus dem Osten holen, — dort, wo des Nádasdy und des Batthyányi Macht und Geld nicht mehr hinreichen!"

„Ja, ja, — ist schon recht. Aber geh hin und hol mir von dort die Leut, — wenn glaubst du, daß das ist so einfach!"

„Obrist! — soll ich das als einen Befehl auffassen?"

Der Juritschitsch lachte, brummte dann: „Slažem se! — Einverstanden!"

Warasdin, am 10. Augusti

Abenteuerliche und arbeitsreiche Wochen liegen hinter mir. Bin zuerst mit wenigen Begleitern auf Kundschaft geritten, herauszufinden, wo überall der Türk schon sitzt und wo noch Reste der krobatischen Bevölkerung sind. Bis vor Esseg bin ich gekommen. In Valpovo und Moslawina sitzen bereits die Türken, aber das freie Land ist seltsam ruhig und leer, und keine türkischen Streifscharen treiben sich zur Zeit darin herum.

So gelang es uns ohne große Mühen, aus den paar Dörfern, die in den Sumpfwäldern zwischen Moslawina, Slatina und Orachowitza noch stehen, alle Bauern mitsamt ihrer beweglichen Habe herauszuführen.

Ich habe den Leuten Wohnstätten um Werbowetz und Grätz und dann die Glogownitza hinauf gegen die Festung Kreutz hin zugewiesen. Es ist guter, fruchtträchtiger Boden, aber da die Gegend nun schon seit Jahrzehnten Einöde ist, steht mannshoch das Unkraut auf den Äckern. Hier und dort haben die neuen Siedler gleich auf den Trümmern einer alten Ortschaft zu bauen begonnen, anderswo haben wir ein Dorf ganz neu angelegt, an günstigerer Stelle, die leichter zu verteidigen ist, von wo aus bessere Verbindung zu den Nachbarorten möglich ist. Und bevor die Häuser noch recht stehen, müssen Männer und Weiber, Alte und Junge schon zu schanzen beginnen, an Wällen und Gräben, müssen Palisaden und Faschinen rings um das entstehende Dorf aufgerichtet werden, feste Tore und Wachttürme.

Aber nicht nur die neuen Ortschaften, auch alle noch stehenden alten müssen jetzt so bewehrt und gerüstet werden. Der Juritschitsch hat dem königlichen Banus, dem Thomas Nádasdy, solang zugesetzt, bis der es hat im ganzen Land ausrufen und befehlen lassen. Auch in den Dörfern um Warasdin wird es nicht anders gehalten. Als ich unlängst nach Ladanje kam, schanzte am Ortsrand mit etlichen anderen Männern der junge Petar Ptakowitsch neben dem uralten weißhaarigen Dorfältesten, dem Ante Mateschitsch. Der Petar wischte sich mit dem weiten Hemdsärmel den rinnenden Schweiß aus dem Gesicht, lachte, — „Haj, — jetzt es macht heiß uns, — später den Türken!"

Der alte Mateschitsch nickte: „Tako je, — so ist! Was ist schon, was wir hier graben und bauen, wenn du es hinstellst neben eine Burg wie ist Warasdin oder gar Betsch, wo wohnt der König drinnen. Ist das hier wie eine kleinwinzige Nadel neben einer großmächtigen Lanzen. Und trotzdem: Nadel hier und Nadel dort und Nadel drüben und Nadel nebenan, — und wenn schaust du genauer, ist dir das ein großer Igel. — Und jetzt komm her, Hund und Wolf, türkischer, — komm her und beiß hinein, wenn traust du dich!"

Frauen aus dem Dorf schleppten Körbe voll Erdreich und Steinen oder flochten aus Weidenruten Zäune und Wände, die den lockeren Lehm der Wälle festigen sollten. Die Mutter Ptakowitsch war dabei, die Jana und die Jela und die ganze Sippschaft. Die beiden jungen Frauen saßen abseits im Schatten einer Hecke und stillten ihre Kleinsten, die beiden nachgeborenen Kinder des Marko und des Janko. Eine Viertelstunde später werkten sie schon wieder emsig mit Reisig und Ruten. — Wo nehmen sie die Seelenkraft her, so durchzustehen?

Wo nehme eigentlich ich die Kraft her?

Am 18. Septembris

Mit den neuen Dörfern drüben an der Glogownitza, — acht sind es an der Zahl, — geht es gut voran. Schon stehen überall die Hütten, ziehen sich die Wälle und Palisadenverhaue darum, sind draußen die verwahrlosten Felder gerodet und umgebrochen. Aber es mutet an wie eine liebliche Insel im wilden Meer; so dehnt sich rings um die neuen Dörfer die alte Einöde. — Die Grenze soll fester werden, dichter, hat der Juritschitsch gesagt, — aber woher nehmen wir die nötigen Menschen? — Spärlich nur kommen Flüchtlinge aus den vom Feind besetzten Ländern im Osten.

Gegen kleinere Streifscharen mögen sich unsere acht neuen Dörfer ja wehren können; — was aber ist, wenn die Türken wieder mit stärkeren Haufen anrücken, das Land überschwemmen? — Ruhlos, gehetzt, wie das Tier im Wald, — in ständiger Gefahr, in immerwährender Bereitschaft, sich zu wehren, — so leben die Menschen der Grenze.

Warasdin, am 26. Septembris

Heut ist der Obrist Bartlmä Rauber gekommen, des Erzherzogs Landesverweser im Herzogtum Krain. Es traf sich gut, daß der Juritschitsch eben auch hier in Warasdin war.

Der Obrist Rauber ist ein stämmiger vierschrötiger Mann, klein von Wuchs, aber mit lauter, heller Stimme, mit schütterem, grauem Haupthaar und wild-struppigem und kurzem Vollbart, der sein Gesicht umwuchert. — Wahrhaftig: um dieses Bartes willen führt der Mann seinen Namen zu Recht, — aber die Augen strafen ihn Lügen!

„Dobro dosao, — Willkommen!“ begrüßte ihn der Juritschtisch und streckte ihm seine Tatze hin, — „du kommst aus Wien, Bruder, — vom Erzherzog, hör ich.“

Der Rauber schüttelte heftig den Kopf: „Vom Erzherzog wohl, aber nicht aus Wien, sondern gar aus Linz! Bin beinahe in einem hieher geritten und schier nicht aus dem Sattel gekommen."

„Dann hat deine Eil wohl besondere Ursach?" forschte der Juritschitsch.

„Das will ich meinen!" nickte der andere und klopfte auf seine große Packtasche, — „ich hab auch etwas für dich mit, — ein Ding von besonderem Gewicht; — ei, Bruder, du wirst staunen!"

Er brachte aus der Tasche ein gewaltiges Pergament zum Vorschein, gerollt, mit Lederbändern verknotet und mit großer anhangender Siegelkapsel, und überreichte die Rolle feierlich dem Juritschitsch.

Der wog sie in der Hand: „Es ist von Bedeutung, sagst du?"

Wieder eifriges Nicken.

„Dann wollen wir es bis morgen ruhen lassen! Gewichtige Dinge soll man mit klarem Kopf und unverbrauchten Kräften anpacken."

Er ging zu einem Wandschrank, legte das Pergament fast ehrfürchtig hinein, schloß ab, barg den Schlüssel in seinem Wams.

„Und jetzt gehen wir, daß wir eine Kanne Wein trinken. Wir sitzen hier am Ende der Welt und hören wenig, du sollst uns erzählen, Bruder, was sich draußen zuträgt."

Mir war's sehr recht; mochte das Pergament des Erzherzogs warten, — was konnte auch schon drin stehen?

Wir gingen die Stadtmauer entlang nach der kleinen Kellerkneipe neben dem Drautor, wo es den besten Wein in ganz Warasdin gibt.

„Daß der Kaiser mit den Türken wieder einmal einen Frieden geschlossen hat, wißt ihr doch schon?" begann der Rauber, — „was, — nein? — Nun, in Großwardein ist's diesmal geschehen. Der Kaiser hat den Zapolya als König von Hungarn anerkannt, und dieser hat ihm dafür zugesichert, daß er kein Bündnis mehr gegen Kaiser und Reich eingehen werde. Außerdem solle nach des Zapolya Tod dessen Land an den Erzherzog fallen, — hahaha! — hab mich schier zu Tod gelacht, wie ich's gehört hab."

„Nun ja", nahm ich seinen Ton auf, — „und da auch der Krieg gegen Frankreich beendet ist, gehen wir demnach paradiesisch friedlichen Zeiten entgegen.

Aber im Ernst: was macht der Sultan jetzt, — und was führt er im Schild?"

Der Rauber zuckte die Achseln: „Hab euch's ja schon gesagt: Frieden hat er geschlossen. — Und was die Türken nun wirklich tun, — ei, davon wissen die in Wien allezeit weniger als ihr hier an der Grenze!"

„Habt Ihr also gar keine Nachrichten?"

„Nun, — bloß aus Venedig ist einiges nach Wien gedrungen, was sich auf dem Meer und den Inseln zugetragen hat."

„Etwa von dem Chaireddin Rotbart?“ fragte ich gespannt.

„Ja! — Der hat im Spätsommer vergangenen Jahres die Insel Korfu überfallen, welche den Venezianern gehört, und hat deren Kastell ein Monat lang belagert. Hat aber nichts ausrichten können, viel Geschütz und etliche Galeeren verloren und zuletzt die Insel wieder räumen müssen.“

Dann hat sich der türkische Meerwolf auf die anderen Inseln gestürzt, die dort drunten im griechischen Meer liegen, — soll zwölf davon dem Sultan untertan gemacht und dreizehn weitere geplündert und verwüstet haben und sechzehntausend Gefangene weggeschleppt. Dabei sind die Griechen auf den Inseln ein friedliches Völklein, bauen ihre Ölbäume und fangen ihre Fische. Haben dahingeträumt, und wie sie plötzlich aufgewacht sind, waren ihre Dörfer verbrannt, ihre Gärten verwüstet, und ihre Jugend auf den Galeerenbänken und Sklavenmärkten.“

Der Juritschitsch hatte schweigend zugehört; — jetzt sagte er, leise aber eindringlich: „Wer schläft, der wird wehrlos überrascht, — wer aber wacht, der kann sich zur Wehr setzen!“

„Aber müßte es nicht möglich sein“, warf ich ein, — „dort drunten auf dem Meer etwas Ähnliches aufzubauen, wie wir es jetzt hier an der Grenze versuchen: jede Insel, jedes Fischerdorf befestigt und bewehrt, — und dazwischen herumstreifend schnelle Schiffe wie zu Land die Reiterei. — Das müßt doch gehen!“

Des Juritschitsch Augen funkelten hinter dem Weinkrug, seine Hand legte sich schwer auf meine Rechte:

„Konjo, moj sinko, — hat auch das schon angefangen! — Aber nicht drunten bei den Griechen, sondern hier, bei den Krobaten!“

Ich fuhr erregt auf: „Wo, — wo gibt es so was schon?“

„Laß Zeit dir!“ brummte der Juritschitsch behäbig. — „In ein paar Jahren ich werde dich schicken dorthin, daß du siehst es! — Jetzt zuvor aber schau du nicht aufs Wasser, sondern ins Land!“

Er griff nach dem Krug, schenkte die Becher nach, — „So, — und jetzt erzähl weiter, was gibt noch Neues!“

„Ja, — da gibt es zum Exempel die Neuigkeit, daß dir der Erzherzog noch heuer drei Fähnlein Fußvolk schicken will.“

„Der Juritschitsch lachte: „Ho, — wieder drei Tröpferl ins leere Faß! — Aber ich nehm es schon, kann jeden einzelnen brauchen! — Die Festungen Grätz und Sankt Peter sind mir zur Zeit ohne einen Mann Besatzung, — das geht nicht so. Und in den festen Städten und Burgen möcht ich's halten wie bisher: nur deutsche Söldner hinein; — und die Krobaten alle hinaus in die Dörfer! — Aber sag mir, Bruder, wo nimmt der Erzherzog denn die drei Fähnlein her, — will sagen: das Geld für sie?“

„Nun ja, — jetzt wo der Krieg gegen Frankreich zu End ist, da geht das hispanische Gold eben nicht mehr bloß nach Italien und den Niederlanden. Noch dazu, wo es nun aus der Neuen Welt immer reichlicher fließt, zumal seit die Hispanier jetzt auch das Goldland Peru in Besitz haben!"

Das Goldland Peru! — Hatte ich nicht auch einmal dahin wollen? — Damals im Krämergewölb in Steyr? — Wie lang ist das her? — Und nun sitz ich hier in Slawonien! — Ganz andere Wege ist mein Leben gegangen, — aber ist es deshalb weniger abenteuerlich geworden? — Und das Gold, das ich in Peru mir holen wollte, nun kommt es auf verschlungenen Wegen doch bis zu mir hieher und zahlt mir das Kriegsvolk, mit dem ich an meinem Lebenswerk arbeite!

Am 27. Septembris

Als ich heute früh zum Juritschitsch kam, stand er mitten in seiner Schreibstube, die Urkunde desRaubers aufgerollt, mit steifen Armen vor sich hin haltend.

Er bemerkte mein Eintreten erst gar nicht, dann schaute er auf, — streckte mir wortlos die Rolle hin.

Ich nahm sie. — Gott helf mir, — war das ein langer Text! — Ein Schreiberling in des Erzherzogs Kanzlei mochte drei Tage darüber gesessen sein.

Ich schaute, ehe ich noch zu lesen begann, den Juritschitsch fragend an, — aber da merkte ich ein Leuchten auf seinem Gesicht. — Das mußte wohl an dem Pergament liegen, an seinem Inhalt.

Sollte ich das alles herunter lesen? — „Wir Ferdinand von Gottes Gnaden Khünig, zu allen Zeiten Mehrer des Reichs in Germanien, zu Hungarn, Behaimb, Dalmatien, Croatien und Schlawonien, Khünig Infant in Hispanien, Erzherzog zu Österreich, Herzog zu Burgund, zu Steyer, Khärndten, Krain und Würtemberg . . ." — ich übersprang ein, zwei Dutzend Zeilen, — „Gestatten dahero allermänniglich, so in den Ländern des türkischen Erbfeindes aller Christenheit seßhaft und behaust seind, um ihres christlichen Glaubens willen jedoch den Nach-

Bilder rechts:
Venedig, die Hauptstadt der Venezianischen Seerepublik, der „Serenissima Repubblica", dargestellt in Georgius Bruins „Civitates Orbis Terrarum", Antwerpen 1572—1618.
Das Bild rechts zeigt den Brand des Dogenpalastes im Jahre 1578. Die Politik Venedigs, auf die Erhaltung der Seeherrschaft im Mittelmeer bedacht, war dem Reich gegenüber oft schwankend und undurchsichtig. Die Venezianer waren Meister der Diplomatie (K. A.).

AVGVSTI APVD VENETOS TEMPLI D. MARCI ACCVRATISSIMA

PALATII SENATORII APVD VENETOS CONFLAGRATIO,

Die Gliederung der Grenze im 16. Jahrhundert

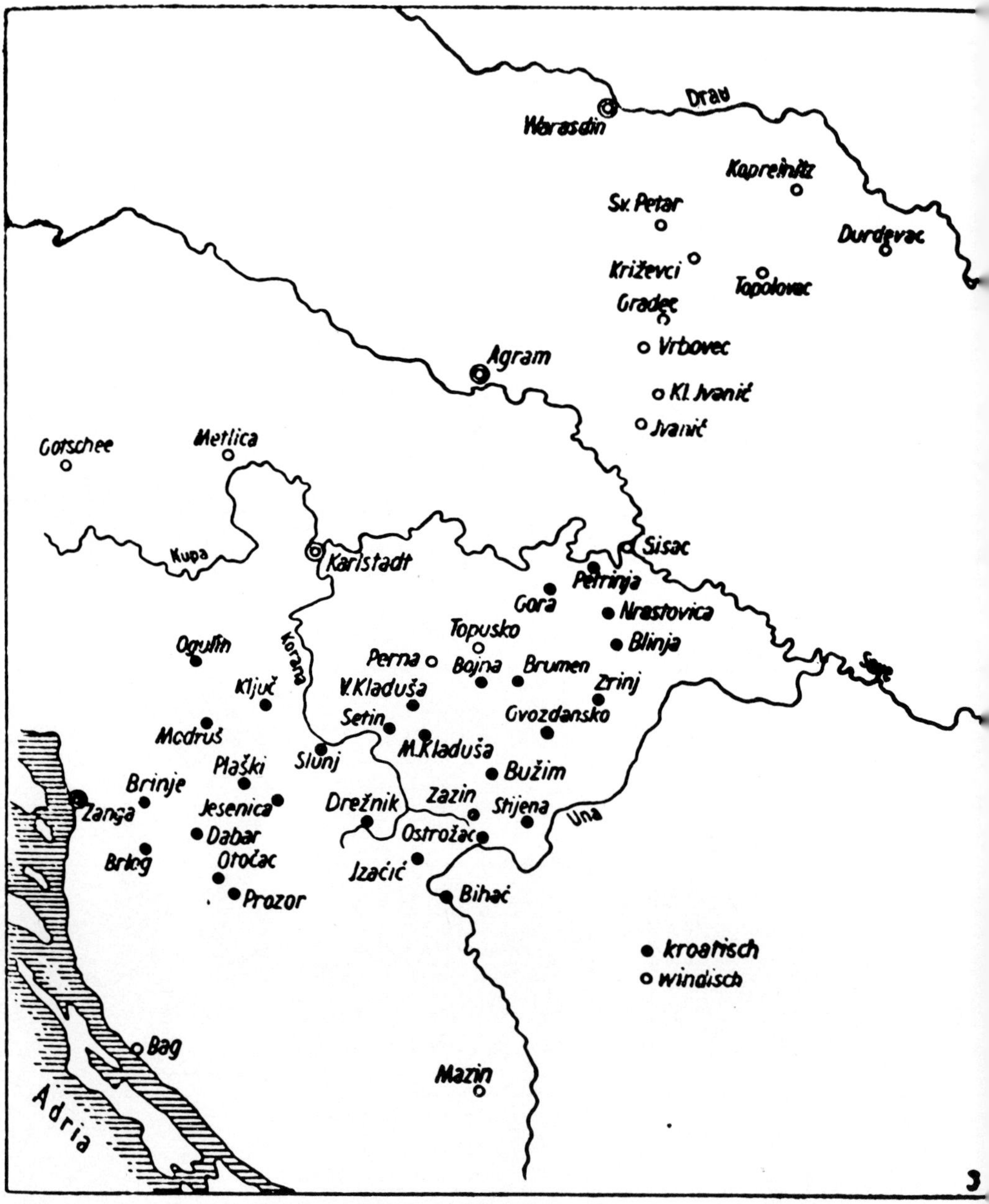

Die ursprüngliche kroatische und windische Grenze
im 16. Jahrhundert (nach Loserth)

stellungen einer heidnischen Obrigkeit zu entgehen und derohalben ihr Haus und Hof, Grund und Boden zu verlassen und preiszugeben willens und gesonnen seind, Manns- wie Weibspersonen, was Standes, Namens, Herkunft und Art immer sie seien ..." — ja, was soll denn denen nun eigentlich gestattet sein? — Ich las fünf, sieben, zehn Zeilen weiter unten, — ei ja, — da stand es: „in Unseren als eines Königs von Croatien, Schlawonien, Bosnien und Dalmatien Reichen und Ländern unter eigenen, von ihnen selbst und frei gewählten Anführern und Oberhäuptern sich nieder zu lassen und anzusiedeln."

Ich schaute zum Juritschitsch auf, wiederholte laut: „unter eigenen, von ihnen selbst und frei gewählten Anführern und Oberhäuptern!"

Der Obrist nickte: „Und das ist gut so! — Diese Ware kaufen sie uns ab, die Serben und Raitzen drüben. — Es geht aber noch weiter: alle, die als christliche Flüchtlinge von den Türken zu uns herüber kommen, sollen hier keinerlei weltlicher Macht und Herrschaft untertan sein außer dem Kaiser und jenen ihren selbst gewählten Anführern und Oberhäuptern, ihren Wojwoden. Und sie sollen sitzen als freie Männer auf freiem Boden, denn mit diesem hier" — er klopfte auf das Pergament, — „soll ihnen aus dem verödeten Land Grund und Boden überlassen werden als erbliches Lehen und auf zwanzig Jahre ohne alle Steuern und Abgaben, Zehente und Dienste. Auch späterhin aber sollen sie bloß zu geben und zu leisten haben, was sie ihrer eigenen Gemeinde an Steuern und Abgaben zu entrichten übereinkommen. Und sie sollen für alles das einzig und allein die Verpflichtung haben, diesen ihren Boden und das ganze Land zu verteidigen, jederzeit und unverzüglich, und gegen die Feinde des Königs und des Landes wie auch gegen Ungehorsame auf eigene Kosten zu Fuß und zu Roß Kriegsdienste zu leisten, wann und wo immer es die Not erfordert. Und es soll dieses Privilegium auch auf alle schon bestehenden Ortschaften im unmittelbaren Grenzgebiet ausgedehnt und übertragen werden, sofern deren Bewohner im Stande sind, die Pflichten zu erfüllen, die ihnen daraus erwachsen."

Der Juritschitsch schwieg und schaute wie traumverloren hinaus in das helle Morgenlicht, — dann tat er einen gewaltigen Atemzug, hob die Pergamentrolle in das Sonnengestrahle und sagte feierlich:

Bild links:
Die Anfänge der „Konfin", wie die Militärgrenze auch genannt wurde, gehen auf den am 22. September 1522 geschlossenen Vertrag zwischen Erzherzog Ferdinand und seinem Schwager König Ludwig II. von Ungarn zurück. Demzufolge wurden zunächst die kroatischen Grenzschlösser und Grenzorte von deutschen Söldnern besetzt. 1523 erhielten als erste Zengg, Klisch, Krupa und Jajca deutsche Fähnlein und Landsknechte (—).

„Das da, Konorade, — das da ist der Stein, aus dem wir unsere Mauer bauen werden!"

„Ja!" mischte sich der Rauber ein, — „wenn das erst einmal sich herumspricht, drüben in den Ländern des Sultans, — in Scharen werden sie dann kommen! — Wobei du ja, Bruder Niko, das Wichtigste noch gar nicht gesagt hast: wer immer sich als ein Flüchtling bei uns angesiedelt hat, dem ist das Recht gegeben, bei Feldzügen und Gefechten Beute zu machen, soviel er mag. Lediglich der dritte Teil davon ist abzuliefern, an einen Fundus zugunsten der Grenze."

Der Juritschitsch lachte: „Bruder, denkst schon wieder ans Raubern, weil heißt du Rauber! — Aber mir ist alles eins, mit was ich anlock mir die Leut! — Nur" — er wurde nachdenklich, — „was nutzt mir das da, schönes Pergament mit große Siegel, wenn davon weiß ich und du und du, die drüben, beim Türken, — die davonlaufen möchten von dort, und sich nicht trauen, weil sie nicht wissen, ob nicht wartet bei uns ein noch strengerer Herr auf sie als drüben der Sultan."

„Hm ja", — brummte der Rauber, — „das ist's! — Austrommeln lassen müßte man das drüben, ganz in der Geheime und doch laut genug, daß ein jeder es hört, den es angeht!"

Da fuhr ich auf: „Obrist, — laßt mich reiten, — hinüber! — Ich will werben, — für Euch, — für uns, — für die Grenze! — Bin schon oft genug in türkisches Gebiet auf Kundschaft geritten; warum soll ich es nicht auch einmal weiter hinein versuchen, — bis nach Serbien!"

Der Juritschitsch schaute mich an, — verblüfft, — belustigt, — nachdenklich, — besorgt. „Das will bedacht sein!" sagte er, — aber es klang wie eine Zustimmung.

In mir war jählings noch ein anderer Gedanke aufgezuckt: — vielleicht finde ich auf diesem Weg Mirjana wieder!

Am 29. Septembris

Es ist nun festgesetzt: ich reite! Morgen schon! — Kein Tag ist zu verlieren, wenn wir in diesem Jahr noch etwas erreichen wollen.

Ich nehme nur drei Reiter mit: den Lujo Medweditsch — das ist einer aus der Schar meiner ältesten krobatischen Gesellen —, den Cvetko Petrowitsch, der aus der Gegend von Esseg stammt und früher lange Zeit in Serbien war, und den jungen Pavle Lukaschitsch, einen Schwager meines gefallenen Janko Ptakowitsch.

Der Rauber hat gemeint, ich sollte mich im türkischen Gebiet als ein Kaufmann ausgeben. Aber obwohl ich's ja einmal sogar gelernt habe, — wenn mich heute einer ausfragte nach Handelsgeschäften, ich wüßte nicht viel zu antworten und wäre bald als ein Betrüger entlarvt.

Daher gehe ich lieber als ein Arzt. Hab auch in all den Jahren denen Chirurgis und Feldscheren allerhand abgeschaut, hab seinerzeit in Wien, da ich viel Muße hatte, sogar ein Tractatum des berühmten Paracelsus gelesen und allerhand Nutzen daraus gezogen, — kurzum, ich bin nicht ganz unbewandert in der Kunst der Zunft, — und was noch fehlt, das gedenk ich mit mancherlei Hokuspokus und Abrakadabra auszufüllen. Einen Fellsack voll mit allerhand Pulvern und Tränklein, Mixturen und Latwergen nehme ich ja immerhin zur Sicherheit auch noch mit.

In der Schumadija, am 20. Octobris

Wir sind durch ganz Slawonien nach Osten geritten und weit bis nach Syrmien hinein. In den wenigen Dörfern, auf die wir gestoßen sind, haben wir überall von unserem neuen Privilegium berichtet, haben aber vorläufig damit nicht viel erreicht; allzu schwer sitzt denen allen die Angst und der Schrecken im Genick, allzu ängstlich spähen sie bei jedem lauten Wort um sich, ob nicht irgendein Fremder, Unrechter zuhörte und ihnen schon wieder eine Schar türkischer Strafvollzieher auf den Hals hetzen wollte. — Aber immerhin: mögen sie nun wenigstens wissen, wie sie dran sind, — mögen sie sich in einem Jahr oder später besinnen und zu uns kommen, — wir werden sie auch dann noch brauchen und gern aufnehmen.

Unterhalb von Schabatz hat uns ein Fährmann über die Sau gesetzt, und dann sind wir weiter in das Bergland hinein, das sie die Schumadija nennen, das Waldgebiet schlechthin. Hier wurden die Dörfer zahlreicher. Wir hatten auch jetzt nicht viel Erfolg, vernahmen aber, daß manch einer hier aus den Dörfern schon seit Jahr und Tag weggelaufen sei und sich irgendwo herumtreibe als ein Hajduk. Das Wort soll wohl Räuber heißen, bedeutet nun aber nicht einen gemeinen Strolch auf der Straße, sondern lediglich einen, der es auf die türkischen Unterdrücker abgesehen hat. Und es genießen solche Hajduken daher großes Ansehen im Volk. Ich wäre mit Leuten dieser Art gern einmal zusammengetroffen, aber niemand konnte oder wollte mir über ihren Aufenthalt etwas Bestimmtes verraten.

So zogen wir weiter, bergauf und bergab, durch die endlosen Laubwälder. Von den Menschen, die sich darin verborgen halten, hatten wir nichts gefunden als hin und wieder ein paar halb verwischte Fuß- oder Hufspuren. Eines Abends aber — wir waren hoch hinauf ins Bergland gekommen —, da sahen wir fern vor uns aus dem Gipfelgewoge eine dünne Rauchsäule aufsteigen. Vorsichtig ritten wir weiter, — auf einem Pfad wieder Hufspuren, mehr und dichter als bisher,

— in Richtung auf den Rauch zu. — Dann, nach einiger Zeit, vor uns Geräusche, Laute, — wie Stimmengewirr, über dem ein feines eintöniges Singen schwebte.

Ich hielt an, überlegte. Dann sprang ich vom Pferd, gab dem Pavle Lukaschitsch die Zügel zu halten, hieß den Medweditsch ein Gleiches tun. Und dann schnallte ich mein Schwert ab und mein Faustrohr und gab auch das dem Lukaschitsch. Der Medweditsch starrte mich entsetzt an: „Gospodine, — hat dir Gott verwirrt den Sinn? Wo willst du hin? — Daß du gehst ohne Waffen, — mitten im Feindesland?“

„Sei ruhig, Lujo!“ sagte ich, — „sind die, zu denen ich jetzt gehen will, Feinde, dann erschlagen sie mich auch mitsamt Schwert und Faustrohr, denn es mögen ihrer hundert gegen einen sein. — Sind es aber Freunde, — nun, dann sollen sie mir das auch anmerken.“

Allein mit dem Lujo schritt ich weiter in den Wald hinein. Es war schon finster geworden. — Der Gesang vor uns wurde deutlicher, lauter. Die Leute fühlten sich wohl sehr sicher und hatten darum keine Wachtposten ausgestellt. Sie bemerkten uns jedenfalls erst, als wir mitten unter ihnen am Feuer standen.

Jäh fuhren sie auf, — wilde Gestalten, — fremdartige Kleidung, rotbunt und zerlumpt, — griffen zu den Messern.

„Gott geb euch Frieden!“ sagte ich laut und streckte ihnen meine geöffneten Hände entgegen.

Ein großer hagerer Mann mit kantiger Adlernase, — offenbar der Anführer der Rotte, — trat auf mich zu, die Hand am Dolch.

„Wer seid ihr? — Und woher kommt ihr?“ stieß er hervor.

„Wir sind Kaiserliche!“ sagte ich ruhig, — „ich bin ein Njematz, ein Deutscher, — und dieser hier, mein Freund und Waffengenosse, ist ein Chrwatin, ein Krobate!“

Ein verächtlicher Blick traf den Lujo. — „Die Chrwati haben sich freiwillig den Hungarn untertan gemacht. Wir Serben sterben für unsere Freiheit, — wir verschenken und wir verkaufen sie nicht!“

Der Lujo wollte auffahren, aber ich hielt ihn zurück.

„Die Klugheit gebietet es zuweilen, die Herrschaft des Besseren freiwillig auf sich zu nehmen, um der Herrschaft des Schlechteren zu entgehen“, sagte ich.

„Wo habt ihr eure Waffen?“ fragte der Lange, Hagere scharf.

„Wozu brauche ich Waffen, wenn ich zu Freunden gehe?“

„Und wer sagt dir, daß wir deine Freunde sind?“ fragte der, sichtlich verblüfft.

Der andere erstarrte vor Staunen, seine Hand glitt vom Dolchgriff.

„Ich weiß es, daß wir Freunde sind“, wiederholte ich, — „weil ihr Christen seid wie wir und gleich uns gegen die Türken kämpft.“

Ich sah, wie es in ihm kämpfte und arbeitete. Plötzlich drehte er sich mit einem Ruck um, rief den hinter ihm Stehenden etwas zu. Dann brachte einer einen Holzbecher voll Wein. Der Hagere drückte ihn mir in die Hand: „Da, — trink, — Fremder!"

Ich hob den Becher: „Živeli Srbi! — Die Serben sollen leben!" — leerte den Trunk auf einen Zug.

Der Hagere hatte, da ich trank, seine Augen starr forschend auf mich gerichtet; war es zuerst Mißtrauen und Ablehnung, was daraus gesprochen hatte, so schlug es nun mit einem Mal in bewunderndes Staunen, in frohe Begeisterung um.

„Bogami! — Wahrhaftig, Nemtsche, du bist wirklich unser Freund!" legte er los, — „kommst du da, mitten in fremdem Land zu fremden Leuten, — und trinkst du den Wein, der dir gereicht wird, und fürchtest dich nicht, daß du vergiftet wirst! — Nein, — du kommst nicht mit bösen Gedanken zu uns! — Komm her, Fremdling, daß ich dich umarme und küsse! — Von Stund ab sollst du mir mein Gastfreund und Bruder sein."

Wir mußten uns am Feuer niederlassen, — neuer Wein wurde gebracht, gebratenes Wildfleisch und Brotfladen. Einer der Männer griff nach seiner Gusla und entlockte ihr ein eintönig schwermütiges Schwirren, und dieser und jener fiel mit Gesang ein.

Ich hatte meinen Becher neuerlich leergetrunken und nun erst merkte ich, wie er, aus dunklem Holz geschnitzt, ringsum seltsame Zeichen eingekerbt trug. Und wie ich ihn so hielt, daß der Schein des Feuers voll darauf fiel, da trat plötzlich das Sonnenrad mit den wirbelnden Speichen hervor. Genau wie auf dem Balken in der Stube des Karlsgrabnerhauses.

Der Hagere hatte bemerkt, wie ich im Anblick des Bechers stumm und nachdenklich geworden war. Ich mußte es ihm erklären:

„Dieses Zeichen, — dieses Sonnenrad, — es steht genau so auf dem tragenden Balken eines Hauses weit, weit von hier in meiner Heimat, — in einem Haus, in dem ich einmal gewohnt habe, — und das mir sehr lieb geworden ist. — Genau so ist es dort wie hier."

„Daraus siehst du", sagte der andere fast feierlich, — „daß wir wahrhaftig Brüder sind!" — Und dann: „Nimm diesen Becher, — behalte ihn, — als Gastgeschenk! — Arm bin ich und kann dir mehr nicht geben. — Aber nimm ihn: daß du einmal an uns ebenso denken sollst wie an jenes Haus in deiner Heimat!"

„Wisse, Bruder", sagte der Hagere dann zu mir, — „ich bin der Milutin Jugowitsch. Mein Urahn Bogdan Jur, der Alte, war mit dabei auf dem Kosowo Polje, dem Amselfeld, da unser Volk und Reich den Türken erlag. Der Urahn ist dort erschlagen worden zusammen mit neun Söhnen. Und es erzählt sich bei uns, daß von der Walstatt ein Adler und neun Falken aufgestiegen sind und über Berg und Tal geflogen, daß sie den zehn Witwen die Botschaft brächten, der einen alten und den neun jungen. Des alten Bogdan Jug neun Enkel aber sind in die Berge und Wälder gegangen als Hajduken. Und sie haben nur mehr einen Sinn gehabt für ihr Leben: daß sie Rache nehmen an den fremden türkischen Hunden, die uns den König erschlagen haben, das Reich zerbrochen, das Volk versklavt, den Glauben geschändet."

„Du sagst, ihr lebt im Wald und in den Bergen; — so habt ihr nirgendwo Haus und Hof, Heim und Herd?"

„Nein!" sagte der Milutin Jugowitsch hart. — „Eine Höhle, eine Rindenhütte im Winter, — im Sommer der grüne Wald, — das ist unser Haus und Heimstatt, — heut hier und morgen dort. — Denn würden wir seßhaft im Land, so gerieten wir damit in die Untertänigkeit des Sultans. — Und das leiden wir nicht!"

„Und habt ihr — zuweilen — nicht doch den Wunsch, die Sehnsucht, wieder fest zu sitzen auf eigenem Boden, zwischen eigenen festen Wänden, inmitten eigener fruchtbarer Äcker?"

Das Gesicht des Jugowitsch wurde starr und grau: „Wir wünschen und sehnen nichts, — wir kämpfen gegen die Türken!" — Aber dann fügte er doch hinzu, leise und dumpf: „Was hätte es auch für Sinn, — wo es ja doch nicht sein kann."

Nun hatte ich ihn dort, wo ich ihn haben wollte!

„Und warum, — warum kommt ihr nicht zu uns? — Ihr bekämet bei uns Grund und Boden und könntet wider die Türken kämpfen, mehr noch als hier."

Der Jugowitsch lachte verächtlich auf: „Zu euch, zu eurem Kaiser? Sollten wir gegen die Knechtschaft des einen fremden Herren nur darum gekämpft haben, daß wir uns freiwillig in die eines anderen begeben?"

„Wenn nun", lenkte ich ein, — „euch einer anböte, ihr dürftet euch als freie Männer auf freiem Boden niederlassen, ohne Zins und Abgabe und Frondienst, hättet bloß Heeresfolge zu leisten, wenn es gegen die Türken geht, und wäret wohl dem Kaiser untertan, nicht aber irgendwelchen Beamten und Grundherren, und eure Anführer dürftet ihr euch selbst frei wählen, — was würdest du dann sagen?"

„Haha!" lachte der Jugowitsch, — „ich würde sagen: du bist ein Märchenerzähler, so wie sie bei den Türken überall auf den Märkten herumlaufen."

Ich zog schweigend eine kleine Pergamentrolle aus meinem Ärmel, auf der ich mir die wichtigsten Punkte des neuen erzherzoglichen Privilegiums wortgetreu abgeschrieben hatte.

„Kannst du lesen?"

„Keiner von uns kann lesen; — wozu taugte es uns auch?"

„Und glaubst du mir, wenn ich es dir vorlese, daß ich die Wahrheit spreche?"

„Ja, — ich glaube dir, — denn du bist mein Freund und Bruder!"

Ich begann zu lesen, laut und langsam. Atemlose Stille ringsum, offene Mäuler, bohrende forschende Augen. —

„Und das hat des Kaisers Bruder, unser Erzherzog und König Ferdinand, selbst mit seinem Siegel bekräftigt", schloß ich.

Gemurmel ringsum, — zustimmend, — ablehnend, — mißtrauisch und unentschlossen.

Der Jugowitsch stand auf, trat näher an das Feuer. — „Allein können und wollen wir nichts entscheiden. — Ich will deine Botschaft, Freund, allen unseren Blutsbrüdern im Land zukommen lassen und mich mit ihnen beraten. — Sei in drei Wochen wieder hier, — dann wollen wir dir unseren Entschluß sagen."

Nisch, am 29. Octobris

Ich will mich hier noch so lang im Land herumtreiben, bis ich die Antwort des Milutin Jugowitsch habe, und dann heim ziehen. Das Landstreicherleben hier will mir nicht mehr recht behagen, — ich hab, scheint mir, richtig Heimweh nach meiner Grenze.

Es läßt sich nicht verhindern, daß ich zwischendurch doch auch dann und wann einmal in größere Orte komme und mich dort eine Zeitlang aufhalte. Da sehe und höre ich auch mancherlei, was nicht nur meine Wißbegier befriedigt, sondern mir auch von Nutzen zu sein scheint.

Hier herum, im Süden des Landes Serbien, sitzen die Türken ja nun bereits seit mehr als anderthalb hundert Jahren und haben sich zumal in den größeren Ansiedlungen schon ganz heimisch gemacht.

Fremdartig genug sehen daher diese Städte aus. Die Häuser des gemeinen Volkes, der kleinen Handwerker und Händler mit ihren winzigen niedrigen Kaufläden und Werkstätten, drängen sich in engen krummen Gäßchen zusammen, ähnlich wie bei uns an manchen Orten. Da und dort aber, wo eines reichen Mannes Haus aus dem Gewimmel der Hütten herausragt, da ist das ganz in der Weise der Türken gebaut: In Fachwerk aufgeführt, mit vorspringenden Oberstockwerken, Erkern und flachen Dächern. Die Fenster sind mit engmaschigen Gittern aus Holzlatten verschlossen, was sichtbarlich dazu dient, neugierige Blicke von draußen abzuweisen. Denn es halten die Türken, so hab ich mir erzählen lassen, hinter diesen vergitterten Fenstern ihre Weiber schier wie in Gewahrsam, deren sie nach den Geboten ihres Muhammed vier in gesetzlicher Ehe haben dürfen und darüber hinaus so viel sie wollen als Lustgespielinnen. Was an Holzwerk an den Häusern zu sehen ist, das wird in der Regel blau gestrichen, denn dieses ist die Lieblingsfarbe der Türken. Ansonsten sind die Behausungen von außen im allgemeinen recht schlicht, — ins Innere bin ich ja nirgends gekommen, — nur an den Haustoren zeugen durchbrochene Eisenscheiben mit hübschen reichen Mustern von der handwerklichen Kunstfertigkeit des Volkes.

Viel reicher und schöner verzieren sie ihre Gotteshäuser, die freilich ganz anders aussehen als die bei uns zu Lande. In der Mitte haben sie meist eine große Kuppel, — darum herum oft einen ganzen Kranz kleinerer, daneben aber einen absonderlich hohen und dünnen Turm mit einem spitzigen Kegeldach, der schier wie eine Nadel in den Himmel sticht. Hoch droben tragen diese Türme einen ringsum laufenden Balkon, und auf diesem erscheint zu bestimmten Stunden des Tages ein Mann, der einen lauten eintönigen Singsang in alle vier Himmelsrichtungen ertönen läßt und damit die Gläubigen des Muhammed zu den ihnen vorgeschriebenen Gebeten ruft. Denn Glocken kennen sie keine, wie es denn auch den Christen im Reich des Sultans nicht gestattet ist, in ihren da und dort noch erhalten gebliebenen bescheidenen Gotteshäusern sich der Glocken zu bedienen.

Aber nicht nur mit Behausungen und Gotteshäusern haben die Türken Fremdartiges ins Land gebracht. Auch die Sprache des Volkes ist hier schon arg mit türkischen Worten durchsetzt. Es zeigt dies, wie leicht ein Volk, ganz allmählich und unmerklich, seine Eigenart nach und nach einbüßt, wenn es nur erst eine längere Zeit hindurch die Herrschaft der Fremden ertragen muß. Und es scheint mir daher unsere Art, die Türken schon vor den Grenzen unseres Landes aufzuhalten und zurückzuwerfen, doch die richtige zu sein.

Neben all dem Fremden wirken bloß die Stadtmauern und Türme und die wehrhaften Burgen im Land seltsam vertraut an. Es mag das daran liegen, daß die harte Notwendigkeit des Kampfes in allen Völkern und Ländern dieselben nüchternen Formen der Festungsbauwerke nützlich erscheinen läßt. Mehr aber liegt es wohl noch daran, daß zumal die Burgen schon vor langen Zeiten von den einheimischen ritterlichen Adeligen erbaut worden sind, und diese waren offensichtlich, trotz mancher Verschiedenheiten, doch Menschen unserer Art. Sie waren es, — denn es gibt heute keinen einheimischen Adel mehr! — Oder doch: es gibt noch einheimischen Adel! — Droben in den Bergen, in den Wäldern leben sie noch! — Mein Freund Milutin Jugowitsch ist einer von ihnen!

Kragujewatz, am 30. Octobris

Seltsame Dinge erlebt man in diesem Land. Gestern am Abend bin ich hier in einer Kaufmannsherberge eingekehrt. Einer meiner Begleiter hatte dem Wirt erzählt, daß ich ein Arzt wäre, das hatte sich rasch herumgesprochen, und alsbald kamen allerlei Wunde und Sieche und

Bresthafte angehumpelt, klagten mir ihre Leiden und baten um heilende und lindernde Arzneien. Ich teilte aus, Pulver und Salben und Tinkturen, wie es gerade kam. Bei all dem war mir nicht recht wohl zumute, mußte ich doch befürchten, als falscher Medicus und damit auch als feindlicher Späher erkannt zu werden. So machte ich eben gute Miene zum bösen Spiel und tat überaus gelahrt und erfahren, so daß bei dem biederen Volk keinerlei Zweifel an meinem Können aufkam.

Das ging so bis in die Nacht hinein, und heute hub es mit dem Morgengrauen von neuem an. Es währte bis gegen Mittag, bis ich endlich zur Abreise fertig war, — und als ich dann schon zu Pferd saß, kam eine alte Frau in den Hof gestürzt, laut jammernd und händeringend: ihr Sohn sei eben von einer giftigen Sandviper gebissen worden und müsse nun gewiß sterben, wenn ich ihm nicht Hilfe brächte.

Nun, hier konnte ich vielleicht wirklich nützen. Ich eilte in das Haus der Alten, schnitt dem zitternden Burschen die Wunde auf, daß sie anständig blutete, tat dann etwas Schießpulver hinein und zündete das an, ungeachtet, daß der Junge mörderisch brüllte. Diese rauhe Kur pflegen unsere Feldschere und Wundärzte mit Erfolg anzuwenden, aber hier scheint sie unbekannt zu sein, denn ich sah ringsum zutiefst entsetzte und mißtrauische Gesichter, hörte empörtes feindseliges Murmeln, — und war froh, wie ich glücklich wieder draußen war.

Aber so ist es wohl in der Welt: wo du deinen Mitmenschen als ein Scharlatan einen Possen spielst, da sind sie der Ehrfurcht und des Dankes voll, wo du ihnen aber wirklich hilfst, da kennen sie dafür nur Zweifel und Argwohn.

Am 3. Novembris

Als ich von einem Ritt gegen Beluschitsch und Jagodina heute nach Kragujewatz zurückkam, trieb mich mehr die Neugier als das Mitgefühl nach dem Haus der Alten. Ich fand ihren Sohn frisch und gesund, die Frau aber fiel mir zu Füßen, küßte mir die Hände und die Stiefel und wurde nicht müde, zu beteuern, welch ein Wohltäter, ja welch ein Heiliger ich für sie sei. Nur mir habe sie es zu danken, daß ihr Jüngster, der Duschan noch lebe, und bis an ihr Lebensende werde sie für mich beten, zum heiligen Evangelisten Lukas und zum heiligen Cäsarius von Nazianz, welche ja die besonderen Schutzpatrone der Ärzte seien.

Ich wollte ihren Redefluß eindämmen; ich war in Eile, — aber ich vermochte nichts gegen ihre Beredsamkeit. Ein Gottessegen sei ein guter Arzt, beteuerte sie; — und wie vielen könnte geholfen werden, wenn jederzeit ein Arzt zur Stelle wäre, wie ich einer sei; — ja, — der Nachbar Mrma könnte noch leben, dem das Bein nach einem schweren Sturz brandig geworden sei, — und die alte Smilka, die Blut gehustet habe, — ja, — und der Ninko, der Roßknecht, der von einem Pferd ins Genick getreten worden sei, — und die schöne fremde junge Frau.

„Welche schöne junge Frau?“ fragte ich, nur um das Gespräch abzulenken und damit vielleicht leichter beenden zu können.

„Ei, das war eine Gefangene, die der Aga in Belgrad gekauft hat, — und weil sie ihm nicht zu Willen sein wollte, hat er sie grausam auspeitschen lassen. — Und ihr müßt wissen, Gospodine, sie hat noch ein kleines Kind an der Brust gehabt, — und da ist ihr wohl von dem, was man ihr angetan, die Milch in den Kopf gestiegen, und nach drei Tagen ist sie gestorben. Just ein Vierteljahr ist es jetzt her. Ich weiß das alles ganz genau, denn ich hab sie selbst gepflegt, wie sie in Wunden und Fieber daniedergelegen ist.“

Mich griff es kalt ans Herz: „Eine fremde — schöne — junge Frau, sagst du, eine Gefangene, — mit einem kleinen Kind an der Brust?“

Die Alte nickte eifrig. — „Herr, — sie war noch immer sehr schön, obwohl man ihr ansah, was an Qualen und Nöten sie erlitten hatte; — aber wie sie dann tot dagelegen ist, war das alles wie weggewischt, — und es war, als ob ein Engel da läge und schliefe.“

Ich starrte die Alte an: — „Sag, — woher war die Frau? — Hat sie es dir gesagt?“

„Oh, sie hat mir alles erzählt. — Sie ist eines Grafen Tochter gewesen aus dem krobatischen Oberland, dort, wo die Seen sind.“

„Und wie hat sie geheißen? — Sag es mir!“ schrie ich.

Die Alte schaute mich entsetzt an, — stammelte: „Wie, — wie sie geheißen hat? — Mirjana.“

Mirjana! — Tot!

Kalt stieg es in mir auf, — kalt, tot fühlte ich mit einem Mal meine Glieder, — mein Herz und mein Hirn. — Warum war kein peitschender Schmerz in mir? — Und da war eine Stimme: — besser tot — als ein Leben lang verloren, — unrettbar, — hinter jenen vergitterten Fenstern, — Sklavin, Spielzeug für fremde Gier und Lüste. — Sie hat sich dem Aga nicht hingeben wollen, — deshalb ist sie gestorben. Wie ein braver Kriegsmann stirbt, der keinen Verrat kennt und keine Flucht, der sich auf seinem Platz wehrt bis zum bitteren Ende.

Nach einer Weile fragte ich tonlos: „Und wo hat man sie begraben?“

Die Alte zuckte die Achseln. — „Das weiß ich nicht. — Irgendwo. — Sie haben ihren Leichnam fortgeschafft.“

Ich hörte wie aus weiter Ferne die Alte weiterplappern: „Oj, — sie war nicht nur schön, die fremde Frau, — sie war auch stark im Herzen. — Nicht hat sie gejammert und geklagt und gestöhnt wie andere Weiber.“

„Sie war eine aus dem Stamm des Königssohns Marko!“ sagte ich leise, wie zu mir selber.

Die Alte starrte mich an, halb entsetzt, halb beseligt: „Herr, — seid Ihr ein Chrwatin, — ein Krobate?“

Ich gab ihr keine Antwort, — würgte, — knirschte dann hervor, in jäh aufloderndem rachegierigem Haß: „Und wo ist jener Aga? — Wo ist der jetzt, — der Hund? — Sag es mir auf der Stelle, Alte!“

Sie blickte ängstlich um sich, flüsterte dann: „Tot, Herr! — Erschlagen, — von den Hajduken erschlagen, — auf der Straße nach Nisch erschlagen zusammen mit dreißig Reitern!“

Es überlief mich heiß, wie ein Gefühl der Glückseligkeit: — Milutine! — Brate, — Bruder, — hab Dank! — Ich will dir's vergelten mit ganzen Kräften, — dir und deinem Volk!

Aber dann durchzuckte mich ein anderer Gedanke, und ich fuhr auf: — „Und das Kind, — das Kind jener fremden Frau? — Was ist mit dem Kind geschehen? — Wo ist es?“

Wieder Achselzucken. — „Ich weiß nicht. — Sie haben auch das Kind weggenommen. — Es ist nicht mehr hier in der Stadt.“

Verloren, — mein Kind, — das einzige, was mir von Mirjana geblieben wäre. — Versunken, namenlos, im Riesenreich des Sultans. Ich hab ein Kind, — Blut von meinem Blut, — und werde es nie im Leben sehen. Und wenn ich es sehen sollte, werde ich es nicht erkennen.

Am 11. Novembris

Bin ich nicht auch ein Hajduk? — Einer, der Haus und Hof, Weib und Kind verloren und verlassen hat, der nun ruhlos und heimatlos durchs Land zieht? — Nun gut, — sei's darum! — Ich will ein Hajduk sein! — Und dasselbe Ziel, dieselbe Aufgabe des Lebens mir setzen wie meine Brüder in den Bergen und in den Wäldern. — Hat mich nicht der Milutin Jugowitsch in aller Form aufgenommen unter die Seinen?

Mit dem Milutin bin ich gestern zusammengetroffen. Er will mit seiner Schar zu uns ins Grenzland kommen, und viele wollen sich ihm anschließen. Und die Kunde von dem, was wir den Flüchtigen bieten in unserem Land an der Grenze, die geht nun bereits überall um, von Belgrad bis Nisch und von den bosnischen bis zu den walachischen Grenzbergen. So ist meine Aufgabe erfüllt, und wir können heimreiten. Heim! — Denn ich hab ein Heim: die Grenze ist meine Heimat, — die ganze Grenze vom Meer bis nach Hungarn!

1540

Kreutz, am 10. Martii 1540

Wieder ist mehr als ein Jahr vergangen, ohne daß ich in meinem Büchel geschrieben hab. Anderswo hab ich wohl geschrieben, — eine ganze Menge sogar. Der Juritschitsch hat mir nämlich aufgetragen, eine Chronica wie ein Diarium anzulegen über alle Zufälle, die an der Grenze mit den Türken sich zutrügen. Er will es haben als einen Bericht an den Erzherzog und den Kriegsrat in Wien.

So hab ich also angefangen zu schreiben:

„Um den 22. Januarii sind die Türken bei Kosteinitz über die Una gekommen und haben fünfhundert Stück Vieh hinweggeführt.

Im Februar anni '39 haben die Türken das Kastell Gradatz bei Sankt Georgen bestürmt und bei Bukowitza elf Fußknecht ausgehoben.

Am Palmsonntag '39 sind die Türken abermalen, an dreitausend Mann stark, bei Sankt Georgen eingefallen, doch unverrichteter Dinge wieder abgezogen.

Item am Ostertag eingefallen, das Dorf Molba, nahe an der Drau gelegen, ausgehoben, davon bei neunzig Personen weggeführt.

Im Majo haben die Türken die Dörfer Reschetari, Batschindol, Dreschnik, Gunjavci und Tisowatz ausgebrannt, vierzig Personen, sechzig Rösser und an die vierhundert Stück Vieh hinweggeführt.

Den 12. Junii hat eine große Anzahl Türken das Kastell Stijena angegriffen und bestürmt.

Den 23. Julii sind die von Gradischka über die Sau eingefallen, haben das feste Schloß von Okutschani berannt und davor bei zweihundert Stück Vieh hinweggetrieben.

Im Augusto haben die Türken Bichatsch in großer Zahl berannt.

Abermalen im Augusto haben die drei Begen von Dubitza, Gradischka und Brod über Jasenowatz vier Meilen weit unsererseits der Sau gestreift, sind etlich zweitausend stark gewesen, haben über die tausend Personen und unzählig viel Vieh hinweggeführt und viel Dörfer verbrannt.

Eodem mense haben sie die Vorstadt von Kosteinitz verbrannt.

Den 22. Septembris sind sie mit großer Anzahl in die Lika eingefallen und fürder bis Gospitsch gekommen.

Den 24. Septembris sind sechzehn Dörfer in der Schamaritza bei Kosteinitz von den Türken beraubt und verbrannt und über die tausend Personen fortgeführt worden.

Den 23. Novembris hat ein türkisches Heer, bei viertausend stark, zu Roß zwischen den Wassern Lonja und Sau bis auf Sissek hin gestreift und gebrannt und an die hundert Menschen hinweggeführt.

Den 18. Decembris sind die Türken bei Sankt Georgen eingefallen und haben an die fünfundzwanzig Personen weggeführt.

Türkenschäden des 40. Jahres:

Im Januarius sind die Türken bei Gradatz und Moslawina an der Drau eingefallen, haben ein Dorf geplündert und an die achtzig Personen ausgehoben und verschleppt.

Den 18. Januarii ist der Beg aus Bosnien mit zweitausend Pferden auf Blinja gerannt und hat vierzig Personen weggeführt.

Am 4. Februarii haben die Türken, tausend und zweihundert zu Fuß, in der Nacht Drenowatz überfallen, dasselbe feste Haus mit Leitern erstiegen und Feuerkugeln darein geworfen, haben aber unverrichteter Dinge abziehen müssen.

Den 15. Februarii sind die Türken zu Fuß vor das Schloß Okutschani mit Leitern gekommen und haben es besteigen wollen; als sich aber das Kriegsvolk munter gewehrt, sind sie abgezogen.

Ultimi Februarii haben die Türken, an die achthundert stark, die Gegend von Ostroschatz und Isatschitsch mit Plünderung überfallen und über die dreihundert Personen weggeführt. —“

Hier stehen wir also jetzt.

So hab ich es aufgezeichnet und niedergeschrieben im Namen und Auftrag des Niklas Juritschitsch, des Obristen Hauptmanns in der Grenzen, als ein Zeugnis und Urkund, und so soll es bewahrt bleiben im Archiv zu Warasdin, daß auch Kinder und Kindeskinder es noch wissen, was es heißt: in unserer Zeit als ein Grenzer leben!

In dürren Worten hab ich es niedergeschrieben. Hab nicht das Blut gemessen, nicht die Tränen gezählt, die dazwischen geflossen sind. — Hätt ich es versucht, ich wär zu keinem Ende gekommen!

Das meiste hab ich ja nur aus Berichten erfahren; hier und dort einmal bin ich auch selbst dabeigewesen. Wo wir zu Hilf eilen wollten, sind wir aber meist zu spät gekommen.

Weiß Gott, ich wär lieber irgendwo vorne gewesen, als Anführer einer Streifschar, mit einem Hundert guter Reiter. Aber der Juritschitsch hat mich alleweil zurückbehalten.

„Die da vorn“, hat er gesagt, „die sind wie Plänkler oder wie ein verlorener Haufen. Müssen uns freien Atem verschaffen. Denn wichtiger ist, was wir hier tun: die Mauer bauen, Konorade! — Und deine Arbeit, — sie ist ein Stein in dieser Mauer, — und du schau jetzt nur, daß dieser Stein fest und hart und wohl behauen wird.“

Der Juritschitsch hat mich über die Grenzhauptmannschaft von Kreutz gesetzt; die liegt just in der Mitte der Windischen Grenze zwischen der Drau und der Sau, zwischen den Nachbarorten Kopreinitz und Werbowetz. Das soll das Herzstück der Grenzmauer im Norden werden, ihr Pfeiler und Turm.

Kreutz ist eine königliche Freistadt und der Sage nach an einer Stelle erbaut worden, wo einmal ein Hirtenkind mitten in der Wildnis auf dem Grund einer Quelle ein goldenes Kreuz gefunden hat. Solche Sage mag glauben, wer will, — und doch dünkt sie mir als gutes Omen. Denn ist nicht, was wir hier beginnen, wiederum ein wahrhaftiger Kreuzzug, auch wenn wir nicht gegen den Feind in ferne Länder vordringen, sondern ihn an uns herankommen lassen wollen?

Hier bin ich nun daran, nach gutem Plan die Dörfer als wehrhafte Bollwerke ins Land zu stellen, alte zu befestigen und neue anzulegen, Wachttürme und feste Blockhäuser dazwischen hin zu bauen. Die Flüchtlinge aus dem Osten sind zur Zeit kaum zahlreich genug, um die Lücken zu füllen. Aber wir können die neuen Ansiedler immerhin lenken, wohin wir sie brauchen, — wo wir glauben, daß die Mauer am stärksten und festesten werden muß.

Wir sind übereingekommen, daß immer je etwa zweihundert Männer ein Dorf bilden sollen unter einem gewählten Anführer, der zugleich ihr Dorfältester und ihr Feldhauptmann sein soll.

Der Milutin Jugowitsch und sein Bruder Lazar haben mit ihren Rotten und ihren ganzen Sippen weit drüben jenseits des Tschasmatales zwei Dörfer aufgebaut, in den Ausläufern der finsteren waldbedeckten Moslawatschka Planina. Sie haben ihre Ansiedlungen Jugowatz und Hajdukowatz genannt. Wie Burgen wachsen sie auf den Höhen auf, weithin sichtbar, — aber auch weithin ins Land schauend.

„Was soll ich mich verstecken in Sumpf und Wald?“ hat der Milutin gelacht, — „mein Urahn Bogdan Jug, der Alte, er war ein Ritter aus fürstlichem Geblüt, und seine Burg steht verfallen heut noch im Tal der Ibar bei Raschka droben auf den Felsen über dem Fluß. — Ich bin nicht geringer als mein Urahn, — was soll ich da nicht wohnen in einer Burg auf dem Berg, wenn ich auch jetzt bin ein Bauer!“

Auch drunten im Tal der Tschasma wachsen neue Dörfer aus dem sumpfigen Boden. Da ist Blatnitza. Die sich hier niedergelassen haben, kommen aus der Matschwa, dem sumpfigen Tiefland zwischen Drina und Sau, und als ihren Anführer haben sie sich den Vidoje Trnowitsch erwählt, einen erfahrenen Zimmermeister, der weit umhergekommen ist. Der baut ihnen dort nun ein wahrhaftiges festes Schloß hin; in der Mitte ein großer viereckiger Platz, darum herum im Geviert die Wohnbehausungen der Bauern, dicht aneinander gereiht, daß kein Zwischenraum, keine Spalte bleibt, alles aus wuchtigem, dickem Blockholz aufgerichtet, alle Türen und Fenster hinein zu, nach dem Dorfplatz hin schauend, nach außen aber lediglich Schießscharten; so wird das Ganze eine einzige mächtige hölzerne Ringmauer. Dann an die vier Ecken starke und hohe Wachttürme, ebenfalls aus Holz, ein weiterer solcher Turm über dem einzigen Tor, mit Zugbrücke und Fallgatter, rundum noch ein Wall mit starken Palisaden, davor ein tiefer Wassergraben, den ein Kanal von der Tschasma her speist, und nochmals darum eine Hecke von Dorngestrüpp. — Dieses Musterbeispiel macht nun Schule, und schon entstehen auch rings in der Nachbarschaft derartige hölzerne Bauernburgen.

Aber nicht nur die Bauerndörfer, auch die festen Schlösser werden allenthalben verstärkt und ausgebaut, so etwa in unserem Rücken an der großen Straße die Burgen Bisag und Komin oder drüben gegen die Drau hin das Schloß von Rasinja. Und dazwischen richten wir an den Straßen hier und dort an günstigen Plätzen Schanzen und Verhaue auf, daß man die Wege leichter sperren und einen eingedrungenen Feind am Vordringen wehren kann. Das wehrhafte Schloß von Kopreinitz, gegen die Drau hin, wird auf den neuesten Stand der Befestigungskunst gebracht, und davor beim Dorf Rijeka eine neue Feste angelegt. Ein Gleiches tun die Zrinji mit ihren Burgen von Werbowitz und Rakowetz, die gegen das Tiefland der Sau zu liegen.

Es geht freilich gleichwohl nicht alles nach Wunsch und Plan, und so haben wir, der Juritschitsch viel mehr noch als ich, manchen Strauß zu bestehen, nicht mit Spießen und Rohren, sondern mit Feder und Tinte, weil nicht gegen die Türken, sondern gegen die Herren im eigenen Land. Wo wir unsere Dörfer in herrschaftliches Gebiet legen, da kommen die Grundherren und fordern, wer auf ihrem Boden als Bauer siedle, der müsse ihnen auch untertan sein. Sie mögen aber getrost auf ihre Rechte im Grenzland verzichten können, zumal wir es uns nicht leisten dürfen, in unserer Mauer Lücken und Breschen offen zu lassen, durch die der Türk jederzeit wieder ins Land strömen kann. Das wäre aber unweigerlich der Fall; der dem Landadel gehörige Boden bliebe weiter leer und unbesiedelt, wenn wir den alten Grundherren zu Willen wären. Denn es würden sich kaum welche unter den Flüchtlingen finden, die sich mit der Stellung eines gemeinen herrschaftlichen Untertanen zufrieden gäben, wenn nebenan die Freiheit winkt. Darum wird also nun zäh gerungen; wohl könnten wir, auf die königlichen Patente und Erlässe uns stützend, manches erzwingen und ertrotzen, aber der Juritschitsch will sich mit den Adeligen im Land nicht zu arg verfeinden, — sind doch viele von ihnen ohnehin schon unsicher genug und liebäugeln unverhohlen mit dem Zapolya. — So ist sogar hier an der Grenze der Kampf gegen Mißgunst und Unverstand der Eigenen manchmal härter und zäher als gegen die Waffen des Feindes.

Aller Übel Schlimmstes ist aber wieder einmal vom Katzianer gekommen. Dem ist es anfangs des vergangenen Jahres gelungen, sich durch seine guten Beziehungen zu den Mächtigen im Land die Burg Kopreinitz käuflich zu erwerben, — und dann rühmte er sich, er werde sie den Türken in die Hände spielen, so man ihn weiterhin anfeinde und bedränge. Ist auch alsbald ruchbar geworden, daß er durch seinen Freund, den Valentin Török, mit dem Zapolya insgeheim Verhandlungen betreibe. Zur selben Zeit ließ der Katzianer seine Freunde in Wien darauf hinarbeiten, daß der Prozeß gegen ihn neu anberaumt werde, was ihm der Erzherzog auch für den Monat Septembris zugestanden hat. Da sollte der Katzianer nun wohl nach Wien kommen und Beweise für seine Unschuld liefern, — aber er blieb in Slawonien!

Damals ist der Niklas Zrinji einmal bei mir durchgekommen, war finster und einsilbig, und als ich auf den Katzianer zu reden kam, knurrte er wütend: „Wie einen tollen Hund erschlagen müßt man ihn, — je eher, je besser, — bevor er noch größeres Unheil anrichtet!"

„Keiner wird es tun!" meinte ich.

Und dann ist es doch geschehen!

Wenige Tage später, — Ende Octobris, — kam der Juritschitsch angeritten, stapfte zu mir in die Stube, wo ich eben schrieb, und platzte heraus, ohne vorherigen Gruß oder sonstige Anrede:

„Der Katzianer ist tot!"

„Gott sei Dank!" — entfuhr es mir.

Der Juritschitsch lachte grimmig: „Da wirst wohl recht haben!"

„Aber wie ist es geschehen?" fragte ich gespannt.

„Nun, — der Niklas Zrinji hat's besorgt. War ja zu erwarten!"

Nun verschlug es mir völlig die Rede.

„Genaueres weiß ich selber nicht", fuhr der Juritschitsch fort. — „Der Katzianer hat den Niklas Zrinji und seinen Bruder, den Johann, zu sich eingeladen, nach Kopreinitz auf seine Burg, zu einem Gastmahl angeblich. Weiß der Teufel, was er dabei vorgehabt hat, ob er etwas verhandeln, ob er die zwei zu irgend etwas beschwatzen wollte. — Jedenfalls: alles, was ich weiß, ist, daß die beiden Zrinji ihren feinen Gastgeber im Lauf der Unterhaltung totgeschlagen haben. Was mir auch vollauf genügt!"

Bild rechts:

Tschardaken.

An Straßen, Brücken und wichtigen Geländepunkten entstanden nach türkischem Vorbild solche Grenzwachthäuser aus Holz oder Stein, drei bis vier Klafter hoch. Infolge ihrer besonderen Bauweise war eine „Tschardak" von oben herab gut zu verteidigen.

Das Bild zeigt Tschardaken verschiedener Größe aus späterer Zeit.

„Pläne für projektierte Grenzdörfer in Kroatien 1792—1806." Hier die vermutlich erste Veröffentlichung dieses Tschardakenplanes (K. A.).

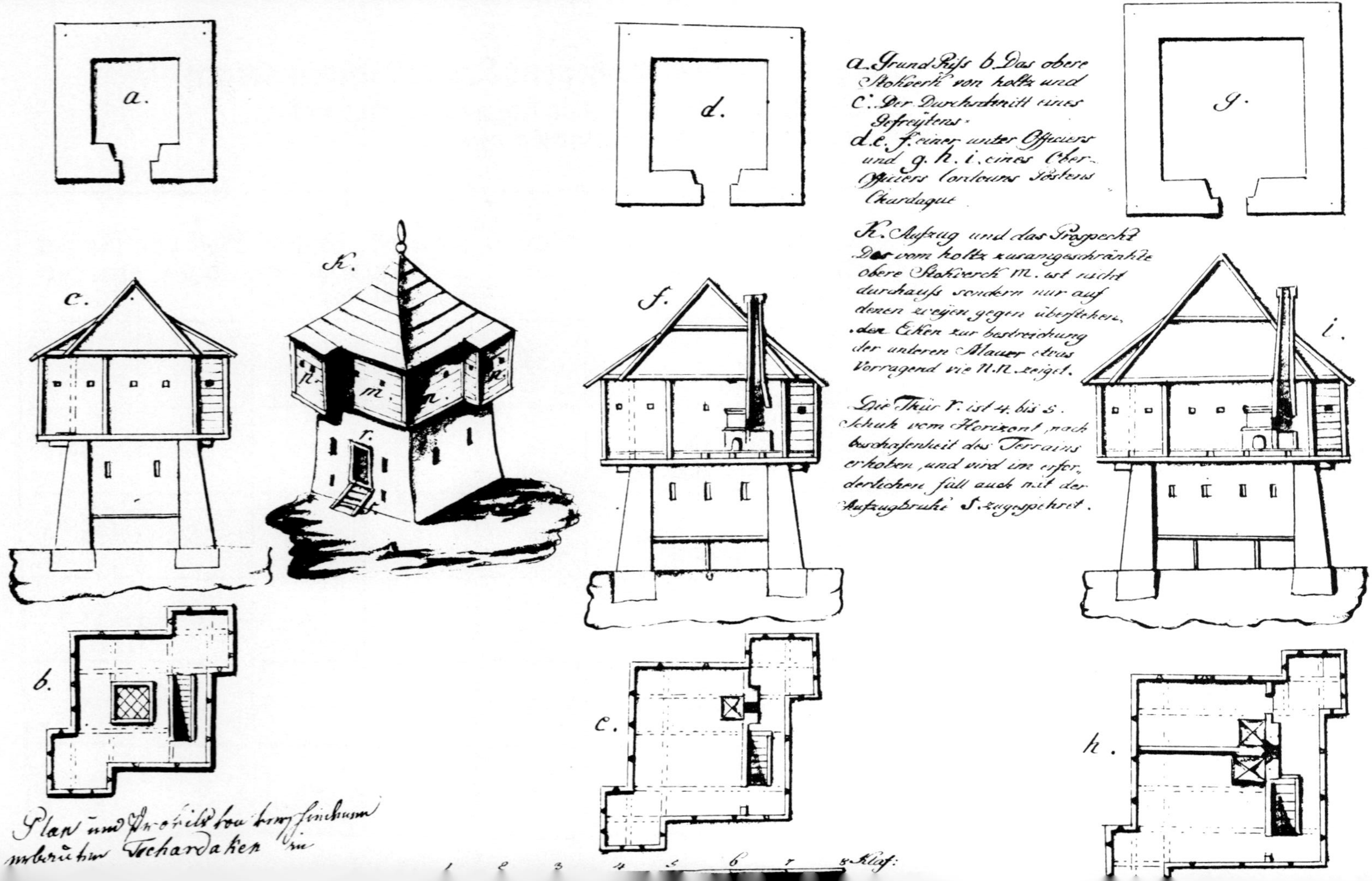
a.
d.
g.
a. Grund Riss b. Das obere Stokverk von holtz und
C. Der Durchschnitt eines Gefreytens.
d. e. f. einer unter Officiers und g. h. i. eines Ober-Officiers Contours Postens Chardaque
K. Aufzug und das Prospecht Das vom holtz zusamengeschränkte obere Stokverch m. ist nicht durchaus sondern nur auf denen zweyen gegen überstehen. den Eken zur bestreichung der unteren Mauer etwas Vorragend vie n. n. zeiget.
Die Thür r. ist 4. bis 5. Schuh vom Horizont, nach beschaffenheit des Terrains erhoben, und vird im erforderlichen fall auch mit der Aufzugbruke S. zugespehret.
c.
k.
m.
n.
r.
f.
i.
b.
c.
h.
Plan und Profil
Tschardaken
1 2 3 4 5 6 7 8 Klaf:

Bericht/ wie schwer diese sechs Sorten/ grosser vnd kleiner Geschütz wigen vnd schiessen/ Auch was auff ein hundert Schüß an Kugel vnd Pulver auffgehet/ vnd wieviel Roß zu hinwegbringung desselben gebraucht müssen werden/ rc.

	1. Wag. Centner.	2. Scheust Pfundt.	3. Pulver. Pfundt.	4. Bedarff Roß.	5. Büchsen meister.	6. Schneller.	7. Kugel vff 100. schüß. wigen Cent.	8. Pulver drauff/ wigen Cent.	9. Roß zun Kugeln.	10. Roß zu dem Pulver.
Carthauna.	60.	40.	20.	30.	2.	16.	40.	20.	8.	4.
Singerin.	45.	25.	12½.	22.	2.	10.	25.	12½.	5.	3.
Schlangen.	45.	15.	7½.	22.	2.	10.	15.	7½.	3.	2.
Valcannen.	24.	6.	3.	8.	1.	6.	6.	3.	1.	1.
Valcaneth.	10.	2.	1.	4.	1.	2.	2.	1.	1.	1.
Mörsser.	10.	20. Steyn.	10.	4.	1.	4 – 2.	20.	10.	4.	2.

Dann, nach einer Weile, knurrte er noch: „Kommt manchmal doch was Vernünftiges heraus bei einer solchen Verhandlung!"

„Es wird das aber viel Staub aufwirbeln im Land", meinte ich.

Der Juritschitsch zuckte die Achseln. — „Kommt auf ein bißchen mehr Staub jetzt auch schon nicht mehr an! — Was kann denn noch viel geschehen, — stecken wir nicht ohnehin mitten unter Feinden, — ist das um uns nicht eine einzige Verschwörung gegen Kaiser und Reich — und damit gegen uns!"

Dann schwiegen wir beide.

„Was war das für ein Leben, das des Katzianers!" sagte ich nach einer Weile, — „reich an Höhen, an Ruhm und Erfolgen. Und was hat es jetzt für ein erbärmliches Ende gefunden, — finden müssen."

Der Juritschitsch nickte. — „Hast recht! Wollen wir nicht mehr rechten über ihn! — Und mein ich, daß ein solcher wie der Katzianer bei einer Feldarmada in einem großen Heerzug unter hartem Oberbefehl wohl zu brauchen ist, nicht aber hier an der Grenze, wo ein jeder für seine Sach selber einzustehen hat und er allein auf sich gestellt ist und die höchste Verantwortung trägt, — und er darob auch seine eigenen Grenzen wohl erkennen und beachten muß."

Warasdin, am 12. Maji 1540

Ich hab meine Chronica für den Erzherzog schon wieder fortsetzen müssen:

„Im Aprilen haben die Türken zwischen Petrinja und Glina gegen die Kulpa hin gestreift und geheert, sind aber vor dem festen Platz Gora von deutschen Landsknechten geschlagen worden und haben sich zurückziehen müssen.

Ende Aprilen ist der Beg von Bosnien, an die sieben tausend stark, auf Krastowitz zu gekommen und hat dasselbe an vier Orten gestürmt, wie auch Geschütz und Feuerwerk bei sich gehabt; da er daselbst nichts hat richten können, hat er im Abzug das Schlössel Petsch

Bild links:
Kartaunen, Singerinnen, Schlangen, Falkaunen, Falkonetten und Mörser — Geschütztypen des 16. Jahrhunderts.
In der Tabelle sind angeführt: Geschütz- und Geschoßgewicht; Pulvermenge pro Schuß; für den Geschütztransport nötige Zugpferde; Anzahl der zur Geschützbedienung erforderlichen Büchsenmeister; Bespannung für den Munitionstransport.
Kriegsbuch Fronsperger, 1596 (K. A.).

verbrannt, darunter an die hundert und fünfzig Personen umgekommen und viele weggeführt worden sind."

Sonst nichts. — Wenn man's so betrachtet, sind die letzt vergangangenen Monate für uns eine recht friedliche Zeit gewesen.

Auch sonst hat sich nicht viel zugetragen. Bloß der Rupprecht Puchmüllner hat sich wieder eingestellt, nach mehr als Jahresfrist. Ist nun gesund und wohlauf, schien mir aber doch etwas auf dem Herzen zu haben.

Er erzählte mir allerlei von zu Hause, — wie die Dörfer in seiner Heimat an der oberen Raab nun fast alle wieder neu aufgebaut seien, zumal ja nun schon seit acht Jahren kein Türke mehr ins Land gekommen, — wie an Stelle der Erschlagenen und Fortgeschleppten auf den verödeten Höfen zumeist Leute aus der Obersteiermark sich angesiedelt hätten, aus einer Gegend, wo heute viel zu viel Menschen beisammen säßen, als daß der Boden sie alle noch mit Anstand nähren könnte, — seltsam, sich so etwas vorzustellen, hier an der Grenze, — und dergleichen manches mehr.

Ich merkte aber, wie alles das nur ein Bemühen war, sich vor dem zu flüchten, was er eigentlich mir sagen wollte.

Mit einem Mal trank er hastig seinen Becher leer, setzte sich steif auf und fragte gerade heraus:

„Was würdest du von einem halten, der zuerst zu den Kriegsleuten geht und sich verschwört, er wolle sein Leben lang fürderhin nur noch gegen den Erbfeind kämpfen, — und der dann einmal für eine Zeitlang in seine alte Heimat kommt, — und dort ein Mädchen lieb gewinnt, — und dann möchte er nichts mehr wissen von Krieg und Kriegshandwerk, — wieder ein Zuhause haben, — Ordnung im Leben und Ruhe und Frieden, — ein Weib, — Kinder; — hab ja gar nimmer recht gewußt, daß es so was auch noch gibt; — Konrad, — sag mir, was du von so einem hältst, — und wenn du sagst, so einer ist ein Davonlaufer und Feigling und Schuft, — dann will ich Soldat bleiben und unter der Fahne, — bis es, — zu Ende ist!"

Ich legte meine Hand auf die seinige: „Rupprecht, — wenn der Feind im Land steht, und Not am Mann ist, — dann muß jeder zu den Waffen greifen; — ja, — dann ist ein Schuft, wer davor sich drückt. — Aber so, — das ganze Leben, — und immer in fremdem Land, — Rupprecht, dazu soll man keinen zwingen, und dazu soll sich auch niemand selbst zwingen. — Geh heim, Rupprecht, — und wenn du einmal einen Sohn hast, und dem brennt das Abenteuer im Blut, dann schick ihn hieher, — schick ihn zu mir, — oder zu dem, der dann nach mir hier steht, — brauchen werden wir ihn immer können!"

So ist der Rupprecht also jetzt auch gegangen. Der alten Vertrauten werden immer weniger, — neue kommen, — ewig fließt und ändert sich hier alles.

Der Juritschitsch hat mir jetzt noch Auftrag gegeben, die Kreid- und Alarmfeuer neu aufzurichten, auf den Höhen von Gradetz bis Kreutz und hinauf bis zum Hochkamm des Kalnik. So wie damals auf den Bergen im Ybbstal und um Waidhofen. — Ja: landauf — landab sollten im Reich solche Feuer brennen, — auf den Bergen — und in den Herzen. — Aber es wird wohl nur die Grenze wach bleiben und die Feuer hüten.

Auch um die Schanzen an der großen Straße, wo sie durch das Gebirg tritt, hab ich mich jetzt zu kümmern; mehr als den halben Tag sitz ich meist im Sattel und reite, — hiehin — dorthin. Denn der Juritschitsch steckt voll Plänen und Gedanken, aber er sieht auch zu, daß sie ihm nicht über den Kopf wachsen, ehe sie Wirklichkeit geworden sind. Aus dem Venezianischen hat er sich Maurer kommen lassen für den Burgenbau, denn die Welschen verstehen sich darauf besser als unsere Leut hier im Land. Er möchte auch die Burg von Warasdin nach neuester Art aus- und umbauen lassen, mit breiten, dicken Ecktürmen, die auch schwerem Geschütz Trotz zu bieten vermögen.

Am 10. Junii 1540

Seit ich wieder in Warasdin mein Quartier genommen habe, bin ich so alle ein, zwei Wochen einmal und zuletzt wohl auch häufiger hinaus nach Ladanje geritten, mich ein wenig um die junge Witwe des Janko Ptakowitsch, die Jela, zu kümmern. Ich konnte ihr freilich nicht viel helfen, sie hätte dessen aber auch nicht sonderlich bedurft. Sie lebt in der Hausgemeinschaft der Ptakowitsch, hat darin alles, was sie für sich und für ihre Kinder benötigt, und trägt wacker ihren Teil an harter Arbeit dazu bei. Der Janko hat sich hinten hinaus im Zwetschkengarten ein kleines Häuschen gebaut. Da haust nun mitten drin die Jela mit ihren drei Buben.

Ich hab mich vorwiegend damit beschieden, ihr mancherlei Zuspruch zu geben, hab ihr berichtet, was sich draußen in der Welt tut, oder auch ihr aus vergangenen Zeiten erzählt, was alles ich im Krieg erlebt habe, vor allem in den Jahren, wo ich mit ihrem Janko beisammen gewesen bin. Zwischendurch habe ich mit des Jankos Söhnen gespielt und getollt, geschmeidigen wilden Rangen voll Übermut und Tatenlust, hab ihnen Spieße geschnitzt und hölzerne Schwerter, — ach, selber so einen Sohn haben und ihm Spieß und Schwert schnitzen können! — Und dann wieder hab ich auch bei grober Arbeit im Haus und auf dem Hof mit zugegriffen, mit Graben und Sägen und Hacken. Die Hausleute fanden nichts dabei, daß auch der „Gospodin Poglavar“

tüchtig mitwerkte, — in einer Zeit, da die Männer rar geworden sind im Land. Mir aber machte alles das rechtschaffen Freude, — ja, es tat mir wohl, unter einem Dach zu weilen, wo man mich nicht als Fremden betrachtete, und ich mich daher irgendwie daheim fühlte. Es tat mir wohl, wenn mir die Jela am Abend nach der Arbeit eine Schüssel voll dampfenden Milchbrei auf den Tisch stellte und einen alten Holzlöffel dazu legte und einen Laib weißen Brotes, — „da, Herr, iß! — Sicher bist du hungrig jetzt!" — Ach, wie ist der Mensch doch bescheiden in seinen Wünschen! —

Gestern war ich allein ins Gebirge ausgeritten, hatte die Dörfer um den Kalnik herum besucht und mir die Schanzen angesehen, die sie jetzt an der Agramer Landstraße in den Engen bei Kljutsch und Chum bauen. Ich fand die Arbeit in gutem Fortgang, hatte gleichwohl noch mancherlei zu besprechen und anzuordnen, und es wurde spät, bis ich wieder aus den Bergen herauskam und mich nach Ladanje wandte.

Heiß und reglos lag die Luft über der Ebene. Im Süden, über der Iwantschitza, hatte sich ein gewaltiger Wolkenturm aufgebaut. Grillen, Vögel und alles Getier in den Feldern war verstummt, jedes Leben schien den Atem anzuhalten. — Aber in mir war es seltsam unruhig geworden.

Als ich in Ladanje einritt, lag das schwarze Gewölk bereits schwer über dem Dorf. Die Jela schlug die Hände zusammen, als sie mich sah: „Hvala Bogu! — Gott sei Dank, daß du zur rechten Zeit noch kommst, Herr. — Es wäre nicht gut gewesen, wenn du draußen geblieben wärest. Es wird ein schreckliches Unwetter sein."

Ich trat in die Stube. „Du bist heut viel geritten, Herr, — ich sehe es. — Du bist müde und hungrig." — Sie füllte einen Zuber mit Wasser aus dem Hausbrunnen, daß ich mir Staub und Schweiß vom Leib waschen konnte, dann brachte sie Milch und Brot und Käs.

Angenehm erquickt, aß ich geruhsam. — „Was treiben deine Söhne?" fragte ich.

Sie strahlte: — „Oh, sie werden immer größer und stärker und geschickter. — Der Marko, er hat in der Lehmgrube einen Hasen gefangen, — mit den bloßen Händen!"

„Ja, — der Janko würde seine Freude an diesen Söhnen haben!"

„So ist es, Herr!"

„Denkst du oft an den Janko?"

„Ja, — er ist jetzt im Himmel."

„Sicherlich! — Das hat er sich redlich verdient. — Er war ein braver und tapferer Soldat."

„Und auch ein guter Mann. Er hat mich sehr lieb gehabt und nur selten hat er mich geschlagen. Und ein rotes Kopftuch hat er mir gegeben, wie er damals zum letzten Mal fortgezogen ist."

Dann schwiegen wir beide. — Draußen war es drohend finster geworden. Immer drückender wurde die Schwüle.

Jela seufzte mit einem Mal tief auf.

„Was ist?“ fragte ich mitleidig. — Und als sie schwieg: „Was macht dir Kummer? — Kränkst du dich um deinen Janko?“

„Er ist im Himmel!“ sagte sie abermals, wie abwesend.

„Es ist ein schweres Los, daß dir dein Mann erschlagen worden ist“, sagte ich.

Sie nickte. Mit einem Mal sah sie mich seltsam starr an: „Ich hab den Mann verloren, — und du dein Weib. — Gott allein weiß, warum.“

Starr blieb ihr Blick; — aber was lag da jetzt noch in diesen Augen? — Weib, was willst du sagen? — Was willst du? — Was stieg mit einem Mal in mir selber hoch, heiß und beklemmend? — War das nur die knisternde Spannung der Luft, das geballte Drohen des Unwetters?

Jäh stand ich auf, — „ich muß heim!“

Jela war aufgesprungen, versperrte mir voller Entsetzen die Tür, die geballten Fäuste auf die wogende Brust gepreßt: „Nein, Herr, — wenn du jetzt allein über das Feld reitest, — der Blitz wird dich erschlagen!“ — Würgende Angst flackerte in ihrem Blick.

Sie sorgt sich um mich, — wie sonderbar wohl das tat!

Ich sank wieder auf die Bank zusammen. — Was nahm da von mir Besitz, — lähmte und erregte mich in einem?

Grell blauweiß zuckte ein Blitz, fern rollte der erste Donner. Jela bekreuzigte sich, holte aus einer Mauernische eine Kerze, entzündete sie mit einem Span vom Herdfeuer, stellte sie ins Fenster. Draußen war das Tageslicht wie mit einem Schlag verloschen. Nur die stille Flamme der Kerze und das Glosen der Herdglut hüllten die Gestalt des jungen Weibes an der Tür in rotes und goldenes Leuchten. — Sie blickte verlegen zu Boden. Mit einem Mal schaute sie auf, — blickte an mir vorbei, ins Leere — Unendliche. Und von ihren Lippen fielen die Worte, — seltsam eintönig und fremd:

„Arm ist ein Weib, das keinen Mann hat; — ärmer aber noch ein Weib, das kein Kind trägt. — Ein Unglück ist es für sie und eine Schande.“

„Warum gehst du nicht zu einem Mann im Dorf?“ stieß ich hervor, rauh und heiser.

Wieder blickte sie zu Boden, nestelte verlegen an ihrem Hemd. Dann sagte sie leise: „Die Besten hier sind alle erschlagen. — Und wenn ich Söhne habe, sollen sie Helden werden, — sie sollen einen tapferen großen Kriegsmann zum Vater haben, — einen Kriegsmann — wie den Janko — oder — wie — dich, — Herr!“

Ich war aufgesprungen, stand vor ihr; — mit einem Mal, als

wär ich bis jetzt blind gewesen, sah ich wie durch wallende Feuernebel ihre schwellenden Glieder, deren kraftvollem, jugendlichem Ebenmaß alle Mühen und Nöte nichts genommen hatten, — spürte wogendes, begehrendes Leben mir entgegenschlagen, — in mir selber heiß aufflammen.

Wie von Sinnen packte ich das Weib, spürte mit jäh aufwallender Lust, wie meine verkrallten Finger tief in das weiche Fleisch ihres Armes drangen, fühlte ihren heißen Atem an meinem Mund.

„Jela!" keuchte ich, — „was willst du von mir?"

Und aus der Dunkelheit kam es, — leise und lind und bittend: „Daß du diese Nacht bei mir bleibst, Herr!" —

Warasdin, am 25. Junii

Die Nacht mit Jela, — war das wirklich ich? — Oder ist es nur ein wild-heißer Traum gewesen, wie es einen zuweilen überkommt in solchen schwülen Sommernächten, — besonders einen, der einsam ist?

Bin freilich nicht viel zum Nachsinnen gekommen, denn am nächsten Morgen waren die Boten da, die nach mir suchten. Eine türkische Streifschar käme im Drautal herauf, auf Kopreinitz und Warasdin zu.

Unser Haufen ist mit ihnen unweit von Sankt Georgen zusammengestoßen. Es war ein harter und zäher Kampf. Siebzig kaiserliche Kriegsleut sind erschlagen worden oder den Feinden in die Hände gefallen. Wir mußten uns zuletzt vor der Übermacht in die Burg von Sankt Georgen zurückziehen. Aber den Türken war die Lust zum Streifen vergangen, und sie kehrten um. Es hätte das Ganze also viel schlimmer ausgehen können.

Ich hab mich mit meinen Knechten recht und schlecht geschlagen, einen ganzen Tag lang. Was soll ich's näher schildern? — Muß ja über mich selber lachen, wenn ich so in diesem meinem Büchel zurückblättere und hier und dort lese aus vergangenen Jahren, von Wien und Waidhofen, — wie ich da jeden einzelnen Schwertstreich und jeden Lanzenstich gewissenhaft und eingehend vermerkt und beschrieben hab; — als ob so etwas weiß Gott wie wichtig gewesen wär. — Was ist auch schon wichtig, und wer? — Der Juritschitsch? — Der Rauber? — Der Auersperg? — Der Forhegger? — Wer kennt die schon über der Grenze draußen? In des Erzherzogs Erblanden oder gar im Reich? — Ja, draußen im Reich, — wissen die überhaupt, was das ist, — die Grenze? — Aber auch das ist nicht wichtig: daß die anderen um die Grenze wissen, — die anderen, für die diese Grenze steht und lebt und kämpft. — Wichtig ist nur die Grenze selbst, — und daß sie steht!

Graz, den 15. Julii

Nach dem Scharmützel von Sankt Georgen hat der Juritschitsch mir Botschaft geschickt, ich sollt unverzüglich nach Graz reisen und dort bei den Landständen vorstellig werden, der ausbedungenen Zahlungen wegen, die in den letzten Monaten ausgeblieben sind. Er würde ja gern selber nach den Rechten sehen, aber in letzter Zeit verlasse ihn zu oft der Atem; — was ihm da jetzt an Kraft noch bleibe, das wolle er sich für die Grenze sparen und nicht hinten in den Erblanden verzetteln, in Schreibstuben und so.

Da ritt ich also auf altvertrauten Wegen die Drau und Mur hinauf in die steirische Hauptstadt und konnte dort auch nach etlichem Verhandeln und Bereden die feste Zusage erreichen, daß bereits im nächsten Monat alles Ausständige bezahlt werden sollte. Man hat nämlich die Dinge vor kurzem neu geregelt, derart, daß in Hinkunft die Steiermark die Kosten der windischen oder slawonischen Grenze bestreiten solle, Kärnten und Krain aber die Kosten der krobatischen Grenze. Und über die beschwerlichen Umstellungen und Veränderungen ist den Landständen offenbar der Atem ausgegangen. Denn mögen diese Landstände auch durchaus guten Willens sein, so sitzen doch in ihren Reitkammern dermaßen viele Räte und Secretarii und Commissarii, daß jeder Akt und jede Rechnung, die da von Hand zu Hand weiter geht, unterwegs liegen bleibt wie ein erschöpfter Wanderer auf meilenweitem, beschwerlichem Weg.

War das nun auch keine allzu erquickliche Betätigung, so ist ein Aufenthalt in Graz für mich doch jederzeit von Reiz, zumal man hier mancherlei Neuigkeiten aus der Welt erfährt oder auch Menschen verschiedener Art trifft, wie sie sich kaum zu uns an die Grenze verirren.

Kreutz, am 10. Octobris

„Im Junio haben die Türken in Bosnien das Schloß Buschin, an der krobatischen Grenze liegend, mit List eingenommen.

Bald danach hat der Beg von Bosnien den Kapidschi Pascha mit großem Heer unter das Schloß Gwosdanko geschickt, dasselbe belagern, untergraben und drei Tage lang beschießen lassen. Doch hat er unverrichteter Dinge wieder abziehen müssen.

Den zehnten Julii haben die Türken in Bosnien wiederum das Schloß Zasin, nahe bei Bichatsch, auch mit List nächtlicher Weile eingenommen und besetzt.

Ostroschatz, ein Schloß bei Bichatsch in der krobatischen Grenze, haben die Türken um den 18. Julii einen ganzen Tag gestürmt, doch nichts ausgerichtet.

Den 30. Augusti haben die Türken in großer Anzahl Bichatsch berannt und zweiunddreißig Personen hinweggeführt.

Den 22. Septembris haben die Türken aus Bosnien das Schloß Goritschka mit Gewalt, wie auch die festen Häuser von Orawitza, Segestin und Struga eingenommen und den Flecken Draschkowatz verbrannt.

Den 1. Octobris ist der Kapidschi Pascha mit zweitausend Pferden gegen Blinja gekommen, hat daselbst die umliegenden Dörfer beraubt, auch bei hundertundfünfzig Mann, Weib und Kind davongeführt, darunter fünfunddreißig niedergehauen."

So hab ich wieder geschrieben. — Kaum daß einmal zwei Wochen vergehen, ohne daß ich schon wieder in meiner Chronica der Türkenschäden einen neuen Absatz hinzuzufügen habe, zeitweise muß ich ein solches aber auch alle drei, vier Tage tun. — Mein eigenes Diarium bleibt darüber liegen; — was bedeutet das auch schon?

Da sich die Türkeneinfälle der letzten Monate alle drüben an der bosnischen Grenze zugetragen haben, ist für mich hier die Zeit schier friedlich vergangen, bloß mit viel Arbeit, mit Planen und Rechnen, mit Anordnen und Beraten. —

Und zwischendurch? — Nun, — ich bin auch weiterhin, so lang ich in Warasdin war, den Sommer über und in den Herbst hinein, ein- oder zweimal in der Woche nach Ladanje geritten. Und ich bin immer erst am nächsten Morgen zurückgekommen. — Was ist das alles nun? — Ist es Liebe, was ich für Jela empfinde? — Ich weiß es nicht. — Ich weiß nur, daß ich zu Jela komme wie ein Dürstender zur Quelle und ein Hungernder zum Brot. Und daß Durst und Hunger jedesmal wundersam gestillt sind, wenn ich wieder davonziehe. — Gott hat aller Kreatur Hunger und Durst eingegeben, auf daß sie nicht verschmachte; — es kann nicht sündhaft sein, Hunger und Durst zu stillen. — Und mählich fühl ich dabei, wie mein Herz ruhiger wird, wie alte schwärende Wunden zu vernarben beginnen. — Wohl dem, der fähig ist, sich in des Schicksals Hand fallen zu lassen. —

Nun sind die Schanzarbeiten an der Heeresstraße zwischen Agram und Warasdin so ziemlich abgeschlossen. Auch die Dörfer im Draufeld um Warasdin sind bereits fast alle mit Wällen, Gräben und Palisaden bewehrt. Desgleichen sind die Kreid- und Warnfeuer vorbereitet, und ein immerwährender Wachdienst ist aufgestellt aus den jeweils benachbarten Ortschaften. Nun kann ich mich wieder ganz meinen neuen Uskokendörfern an der Tschasma und der Glogownitza widmen. Es ist auch hier noch vieles zu verbessern und neu zu schaffen. So hab ich angeordnet, daß in den Dörfern von den Wehrfähigen jeder Zwanzigste sich mit einem Reitpferd zu stellen habe. Das gibt aus einem Dorf wohl nicht viel mehr als zehn Berittene, aber in der ganzen Hauptmannschaft eine ansehnliche Streifschar von zwei- oder dreihundert, die rasch beweglich und jederzeit bereit ist. —

Vor etlichen Wochen ist Nachricht gekommen, der Johann Zapolya sei in Ofen verstorben. Es hätte also jetzt, nach dem zwei Jahre zuvor zu Großwardein geschlossenen Frieden, der Erzherzog das ganze Land Hungarn erben müssen. Ist aber vorerst nichts daraus geworden! Denn da sich der alte Schelm im Herbst vorigen Jahres noch verehelicht hat, — mit seiner eigenen Nichte Isabella, einem halben Kind von achtzehn Jahren, aus der Familie der polnischen Jagiello herstammend, — so hat die ihm noch elf Tage, bevor ihn der Teufel geholt, einen Sohn geboren, zu dessen Gunsten der Zapolya nun auf dem Totenbett jenen Erbvertrag mit dem Erzherzog für null und nichtig erklärt hat. Und es hat auf den Wunsch des Sterbenden der Valentin Török die Vormundschaft über den Neugeborenen übernommen und auch gleich in dessen Namen dem Sultan gehuldigt. — So wird nun in dieser Ecke der Welt gewißlich auch alles weitergehen wie bisher! —

Sorgen mache ich mir nur um den Juritschitsch. Ich hab ihn nun schon eine gute Weile nicht gesehen, und sie erzählen, er liege krank danieder in Sluin. — Ist es das Alter, das ihn nun jählings anfällt, nachdem er ihm so lang getrotzt hat? — Oder hat er mit seinen Kräften allzu wenig gespart, seit er der Obriste Feldhauptmann der Grenze geworden ist, — in den zwei Jahren, da er das Geschick des Landes in seinen Händen hält und aus ihm das Werk seines Lebens schaffen will? — Noch ist dieses Werk lang nicht vollendet, — noch wird der Juritschitsch viel Zeit brauchen und viel Kraft; — noch ist keiner da, der an seiner Stelle es weiterführen könnte.

Am 25. Octobris

Aus den Sippen des Milutin Jugowitsch und seiner Blutsbrüder sind heuer im Sommer noch an zweihundert Männer mit Frauen und Kindern aus ihrer serbischen Heimat gekommen. Sie haben ein neues Dorf gebaut, unweit von Jugowatz und Hajdukowatz, und ist vorläufig unbenannt geblieben; — ich sollte ihm den Namen geben, haben seine Männer gewünscht. So hab ich es nun Mirjanino genannt, auf daß in ihm die Erinnerung an meine Ehegemahlin erhalten bleibe, die mir die Türken geraubt und zu Tode gemartert haben. Wenn schon ihr Herz an ewig unbekanntem Ort vergraben liegt, so soll doch ihr Name hier stehen und leben bleiben, wo sie mit ganzer Seele an ihrem Land hing.

Mirjana? — Handle ich unrecht an dir, an deinem Andenken, wenn ich nun die Wunde vernarben lasse, statt sie jeden Tag von neuem aufzureißen? — Aber wozu bin ich hier, — wofür lebe ich? — Für mich selber und für meinen Schmerz — oder für das Land? — Wie würdest du, Mirjana, jetzt selber sprechen, wenn du mir im Traum erschienest? — „Du sollst leben und stark sein, — leben und wirken und kämpfen, für das, woran ich geglaubt habe!" — Ja, — so würdest du wohl sprechen, — und alles gut heißen, was mich wieder stark und fest macht.

Ja! — Das Land wird stark und fest! — Unsere Arbeit beginnt ihre Früchte zu tragen!

Vor zwei Wochen ist eine größere türkische Streifschar über Jasenowatz und Kutina ins Grenzland eingefallen, auf Iwanitsch und Werbowetz zu. An den wehrhaften Dörfern der Jugowitsche haben sie sich zuerst vergeblich die Köpfe angerannt. Dann sind sie hinunter ins Tiefland an der Tschasma. Aber schon waren, vom Milutin Jugowitsch ausgeschickt, flinke Boten in alle Dörfer gekommen, standen die Männer überall in Waffen, zur Abwehr bereit, hatten sich die Berittenen an ihren befohlenen Versammlungsorten eingefunden. Ein paar mutige Männer und Frauen ließen sich in der Nähe der türkischen Scharen blicken, trieben Vieh vor sich her, täuschten Flüchtlinge vor und lockten die Feinde in die Sumpfwälder. Bald stießen die an verborgener Stelle auf wohl besetzte Schanzen, wurden unversehens im Rücken gepackt, von versteckten Schleichpfaden her in der Flanke angefallen, — an unübersichtlichen, schwer gangbaren Orten, wo sie ihre Scharen nicht ordnen und entfalten, ihre Übermacht nicht nützen konnten. Von den Bäumen herab, aus Dickicht und Gebüsch, aus Schilf und Röhricht selbst, fauchten Büchsenkugeln, surrten Armbrustbolzen; — es war, als ob die Geister der Wälder und der Sümpfe leibhaftig aufgestanden wären gegen den verhaßten Todfeind. — Ja: das ganze Land erhebt sich wider den Eindringling und schlägt ihm die Zähne in den Leib!

Was von den Türken aus Wald und Sumpf entkam, zersprengt und entmutigt, das hetzten wir mit unseren Reitern über die Felder und Brachen und schlugen es erbarmungslos zusammen. —

Von den Unseren ist ein knappes Dutzend gefallen, — von den Türken kaum viel mehr lebend davongekommen. Es ist ein Aga unter ihnen gewesen, den hat der Milutin Jugowitsch mit eigener Hand lebend gefangen, hat ihn mit den Beinen an den Schwanz seines Pferdes gebunden und über Stock und Stein zu Tode geschleift. Denn das Land kennt keine Gnade mehr, — hüben wie drüben.

Im Troß des Aga haben wir eine ganze Traglast an Gold und Silber gefunden, Münzen und Ringe, Ketten und kunstvolle Gefäße. Weiß der Teufel, was den Kerl bewogen hat, alle seine Schätze mit sich zu schleppen. — Sei's wie immer, — der Milutin jedenfalls hat mit großem Vergnügen, aber auch mit eiserner Strenge und Gewissenhaftigkeit alles gesammelt, geordnet und geteilt, den dritten Teil, wie sich's gebührt nach dem großen Privilegium, für des Kaisers Kasse abgesondert, von dem Rest aber auch mir ein ansehnliches Häuflein zugesprochen. Das stünde mir zu als ihrem Anführer, hat er gesagt, als ich es anzunehmen zögerte, und es abzulehnen sei gegen Brauch, Satzung und gutes Herkommen. Da nahm ich also das Gold, — wenngleich ich nicht recht weiß, wozu es mir als einem Kriegsmann dienen soll. Aber vielleicht braucht es einmal einer von mir. — Ich will, was Geldes wert hat, vorläufig dem Thomas Huter oder einem anderen ehrsamen deutschen Kaufmann und Bürger in Warasdin zu treuen Handen übergeben; — vielleicht trägt es mir da sogar Zinsen!

Agram, am 15. Novembris

Es ist ein Bote gekommen vom Juritschitsch aus Sluin: er habe mit mir zu reden, — aber ich solle mich eilen.

Voll trüber Gedanken hab ich mich auf den Weg gemacht, — und es war, als ob das ganze Land so empfände wie ich selbst. Schwer und düster lag der Spätherbstnebel über der Ebene an der Sau, ließ die öden Felder und die dürren Augehölze in trostloser Trübseligkeit versinken. — Droben auf der Planina lag schon der erste frühe Schnee. Kalt strich der Wind über die kahlen Höhen, trieb dürres Krautwerk wie ruhelose Wanderer über die toten Brachen und Steinfluren.

So kam ich nach Sluin. Trat in die Stube zum alten Juritschitsch und erschrak über seinen Anblick; fahlgelb spannte sich die Haut über seinen Schädel, der nur mehr aus Knochen zu bestehen schien, leise röchelnd kam ihm der Atem aus dem mächtigen Brustkasten, der unter einem rauhen Pferdekotzen zuckte und arbeitete.

Als er mich hörte, schlug er die Augen auf, mit fieberglänzendem Blick.

„Bist du da, Konjo? — Ist gut, — daß du noch zu rechter Zeit gekommen bist. — Komm her, — daß du dich zu mir setzest!"

Er verstummte, rang schwer nach Atem. — „Ja, — es ist gut, daß du bei mir bist, Konjo; — daß ich noch reden kann mit dir. — Hab dir gern ein Vater sein wollen. — Meine Söhne sind ja alle tot; — und du bist meines Vetters Eidam. — Hab dir wollen ein Vater sein, — und hab nie Zeit dazu gehabt; — war dir immer nur dein Obrist."

„Das war recht so, Obrist!" sagte ich. — „An der Grenze stehen, heißt allemal: keine Zeit haben für sich selber und für die, denen man im Herzen am nächsten ist. — Habt Ihr mir nicht dasselbst erklärt?"

„Schon gut!" brummte der Alte. — „Aber jetzt wenigstens laß mich dir ein Vater sein!" — Er legte seine Hand auf meine Rechte; — sehnig und dürr war sie geworden, aber noch immer wie von Eisen, — „sollst auch jetzt ‚du' zu mir sagen, — wie es bei uns zu Land Brauch ist vom Sohn zum Vater."

„Ja, — Obrist, — Vater, — ich dank dir!" sagte ich leise.

Dann schwiegen wir beide.

„So ist das nun mit dem Leben" hub der Juritschitsch wieder an, — „es ist, wie wenn du Wein trinkst; wirst rauschig und froh und kühn, — und zwischendurch bist du weh und elend. — Hol es der Teufel, — hab nie im Becher einen Rest stehen lassen, — hab auch das Leben ganz gelebt, — nach oben und nach unten! — Aber einmal ist das schönste und wildeste Saufgelag zu Ende! — Hätt mir bloß als Letztes noch eine redliche Kugel gewünscht oder einen herzhaften türkischen Axthieb, — anstatt diesem verfluchten fauligen Bettstroh. — Aber was kannst du machen; — Gott gibt und nimmt, wie er will."

Wieder schwieg er; — keuchend hingen seine Atemzüge in der Stille des Raumes.

„Hätt bloß noch ein paar Jahr länger auf sich warten lassen sollen, — das jetzt! — Hätt noch viel zu richten gehabt. — Wer wird's nun weiterführen? — Hätt vielleicht am liebsten alles dir einmal in die Hände gegeben, Konjo, — hast den rechten Sinn und das rechte Herz dafür; — bist deiner Herkunft und deinem Wesen treu geblieben und doch einer der Unsern geworden. — Bist aber noch zu jung. — Bist ein guter Gesell, aber noch kein Meister. Und gute Meister brauchen wir hier, daß sie die Mauer bauen, — so wie wir gute Gesellen brauchen, daß sie die Steine behauen und recht zueinanderfügen." —

„Ich hab dem Erzherzog Vorschlag gemacht", fuhr er nach einer Weile fort, „daß er den Hansen Ungnad aus der Steiermark zum Obristen Grenzhauptmann nach mir sollt einsetzen; — der wär wohl immer noch der Beste. Wird sich nicht leicht tun. Und der Rauber soll auch hier bleiben, — ist ein braver Genoß und ein guter Soldat. — Und du sollst ihnen helfen, Konjo!"

Langsam antwortete ich: „Ja, — ich versprech es Euch, — dir, — Vater Obrist: ich werde jedem helfen, der an deiner Stelle dein Werk weiter führt; — ich werde ihm helfen, wo und wie immer ich kann!“

Der Juritschitsch hatte die Augen geschlossen, ermüdet, — lächelte. — Dann fragte er, noch immer mit geschlossenen Augen:

„An was denkst jetzt, Konjo?“

Ich zögerte. — Aber konnte, — mußte ich diesem Mann gegenüber nicht alles aussprechen, was jetzt in mir war?

„Ich denke daran, daß ich schon einmal einen Mann — im Sterben gesehen hab, — einen Mann, den ich sehr geachtet und von dem ich viel Wertvolles gelernt habe, — und dessen letzte Worte an mich auch der Auftrag war, an dieser Mauer, an diesem Wall zu bauen. — Nur: jener Mann war kein Krobate, sondern ein Hispanier, — vom anderen Ende des Reichs unseres Kaisers, vom jenseitigen Rand unseres Abendlands.“

„So?“ sagte der Juritschitsch. — „Dann ist dort, wo der hergekommen ist, wohl auch eine Grenze?“ — Und als ich stumm nickte, fuhr er fort: „Ja, — so muß es sein: immer werden es die Grenzen sein, die wie ein eisernes Band das Reich zusammenhalten, fest machen, — auch wenn drinnen alles mürb und bröckelig wird. Und immer wird von den Grenzen her das Land gesunden und sich erneuern. —

Aber, Konjo, — es gibt nicht nur Grenzen im Raum, sondern auch in der Zeit. Und die sind nicht weniger hart und groß und bedeutsam und gefährlich. — An einer solchen Grenze der Zeiten stehen wir heut; — bloß: die meisten sehen sie nicht!“

„Doch, — ich sehe sie!“ nickte ich. — Und ich dachte mir: alle, die mir in meinem Leben begegnet sind wie leuchtende Sterne, die mir den Geist geformt und geführt haben durch die Wirrnis dieser Zeit, sie alle haben diese Grenze erkannt, — und sich zu ihr bekannt: der alte Burghauptmann von Steyr und der Pater Heinrich und der Hauptmann von Buschhausen und der Don Sanchez de Aguilar und der Eck von Reischach — und der Niklas Juritschitsch.

„Ja“, sagte der wieder, — „wir leben doppelt in einer Grenze, — doppelt zählt unser Leben und Wirken, — doppelte Last liegt auf unseren Schultern. — Aber was wäre das für ein Mann, der nicht, wenn es hart wird, auch für zwei oder dreie oder noch mehr steht und kämpft!“

Und wieder über eine Weile hub er an: „Weißt du, — die Grenze unserer Zeit, — das ist wie ein reißender Fluß oder wie eine gähnende finstere Schlucht. Wer hinabstürzt, ist verloren. Aber hinüber müssen wir, — daß alle, die hinter uns nachkommen, jenseits neu anfangen können. Kommt jetzt alles darauf an, daß wir eine Brücke finden über den Fluß und über die Schlucht. Und es werden welche kommen und dir sagen: das da ist ja gar keine Brücke, auf der du da stehst, — das führt gar nicht ans andere Ufer, — das ragt ins Nichts hinaus, bricht ab, läßt dich mitten in den Fluß stürzen, wo er am tiefsten ist, — wirst wohl selbst zuweilen irre und willst nicht mehr an deinen Weg glauben. — Aber du mußt glauben, — hörst du, Konjo, — du mußt daran glauben! — Denn nur, wenn du glaubst, hast du daraus die Kraft, daß du über die Brücke hinüber kommst."

„Ja, Konjo", sagte der Obrist nach einer Weile, — „die Zeit ist wie ein Rad, das sich dreht, — ändert sich ohne Unterlaß und kehrt doch immer wieder. — Ja: immer wieder einmal werden Grenzen in der Zeit kommen wie tiefe gefährliche Schluchten, in denen der Tod lauert und der Untergang, — und werden Menschen sein, die Brücken darüber bauen, — Brücken, über die das Volk und das Land und das Reich weiterziehen können, — in die Zukunft hinein. Vielleicht ist es nach einem halben Jahrtausend, daß unsere Urenkel wieder an der nächsten Grenze stehen. Dann sollen sie von uns sagen können: seht unsere Ahnen vor fünfhundert Jahren, — wie sie gestanden und gefallen sind! Sind wir nicht Blut von ihrem Blut und Geist von ihrem Geist? Sollen wir jetzt ihnen ungleich und ihrer unwürdig werden? — Nein: wir wollen nun so stehen und fallen, wie sie gestanden und gefallen sind. — Ja, Konjo, — so muß sich das wie eine Kette hinziehen durch die Zeit, — dann sind wir stärker als die Zeit, — und wert der Ewigkeit!" —

Er war im Reden immer lauter und lebhafter geworden, hatte sich aufgerichtet, gestikuliert; — jetzt sank er ächzend zurück, rang qualvoll nach Atem. Und ich war von der Wucht seiner Worte so hingerissen und benommen, daß ich gar nicht wußte, ob und wie ich ihm helfen, seine Beschwerden lindern konnte.

„So, — Konjo", sagte er nach einer Pause, langsam und mühselig die Worte setzend, — „und jetzt geh!"

„Darf ich nicht noch bei dir bleiben?" fragte ich leise, — „Vater, — du wirst mich brauchen?"

Der schüttelte den Kopf. — „Hat dich dein Hispanier damals beim Sterben zuschauen lassen, — he? — Nein! — Na siehst du! — Und glaubst, ein Krobat ist was Schlechteres als ein Hispanier? — Nein! — Also geh! — An deine Arbeit!"

So ging ich.

Ritt von Sluin zurück nach Agram, traf dort den Rauber. Der war bedrückt wie ich selber, war zuvor schon beim Juritschitsch gewesen.

„Der alte Niko hat gesagt, er möcht, ich sollt jetzt Hauptmann bei den Uskoken im Sichelburger Land werden", erzählte er mir. — „Mit dem hat mir der Niko eine große Ehr erwiesen. Denn mit dem Sichelburger Land hat die ganze Grenze angefangen, so wie der Niko sie sich gedacht hat, und es ist ihr Herzstück geblieben bis zum heutigen

Tag. Und das zweite, das neuere Herzstück, das Kreutzer Land, das bleibt in deiner Hand, Bruder! — Und wir wollen brav zusammenwerken, du und ich! — Daß der Niko, wenn er vom Himmel herunterschaut, zufrieden sein kann mit uns!"

Er streckte mir die Hand hin, und in seinen wasserblauen Augen sah ich es wie von Tränen schimmern.

1541

Kreutz, am 15. Martii 1541

Der Juritschitsch ist wenige Tage, nachdem ich bei ihm war, gestorben und in aller Stille begraben worden, wie er es gewünscht hat. Und sein Nachfolger hat als Obrister Feldhauptmann die Grenze übernommen von der Drau bis zum Meer: Hans Ungnad von Weißenwolf, Freiherr von Sonegg, ein gebürtiger Kärntner, der bis jetzt Landeshauptmann in der Steiermark gewesen ist. Seinen Namen trägt er nicht zu Unrecht: ist ein harter, finsterer, verschlossener Herr, wortkarg und kühl, und aus seinen Augen und Mienen ist nicht zu lesen, was er denkt und fühlt, — ja, ob er überhaupt etwas fühlt. Aber man merkt, daß er denkt.

Es hat sich allerdings nicht viel geändert unter dem Ungnad; — er scheint ernsten Willens, des Juritschitsch Pläne und Wege weiter zu verfolgen. Unsere äußersten vorgeschobenen festen Plätze an der Drau und an der Sau hat der Ungnad noch im Spätherbst räumen lassen, alle Häuser und Bauten niederbrennen, die Türme und Wehranlagen sprengen. Auch die wenigen Dörfer, die in jener Gegend noch bewohnt waren, sind nun verlassen und zerstört, und die Bauern daraus im Bergland zwischen Belowar und Sankt Georgen und weiter zur Drau hinunter angesiedelt worden. Dort sind auch schon etliche Flüchtlingsdörfer, — dort wird der nächste Quaderstein der Mauer behauen und gefügt.

Bei uns in der Kreutzer Hauptmannschaft sind, von Jasenowatz kommend, die Türken noch zweimal eingefallen, — wollten wohl ihren erschlagenen Aga rächen und die Schlappe seiner Truppe wieder gutmachen. Haben es dieses Mal wohl geschickter angefangen, mit mehr Plan und List, — ein paar von den alten Dörfern im Vorland haben sie nehmen können, ein paar Posten ausheben, etliches an Men-

Bild rechts:
Titelseite des von David Zephelius in Frankfurt am Main 1558 gedruckten, aus fünf Büchern bestehenden, reich illustrierten „Kriegsbuches" des Leonhart Fronsperger (K. A.).

Fünff Bücher/
Vonn Kriegs Regiment

vnd Ordnung/ Wie sich ein jeder Kriegßmann inn seinem Ampt vnnd Beuelch halten soll/ was zu anfang eines Kriegs züerwegen vnnd zübetrachten sey/ Auch vonn vielerley beuelch vnnd ämptern/ vom höchsten biß auff das niderst/ was eines jeden Herrn oder Potentaten/ als General Obersten/ Kriegßräth/ Musterherren/ Commissarien/ Pfenningmeysters/ Obersten Feldprofosen/ Prouand vnd Quartiermeysters/ deßgleichen Herold/ Schreibere/ rc. Aydt vñ Ampt sey/ vnd was in ein Zeughauß gehöre zu einem Feldtzug zugebrauchen. Item was die Arckelley vnd Munition belangt/ wie das Geschütz/ Kuglen/ Pulffer vnd Reyßwägen in gutter ordnung eins auffs ander gefürt werden soll. Von dem Reysigen zeug/ Fußuolck vnd jren ämptern/ Artickelsbrieff/ vnd wie Schlachtordnungen zu Roß vnd Fuß gemacht werden. Item von belägerungen vnd besatzungen der Stett/ Schlösser/ Märckten vnd Bergheusern/ Mit schönen Figuren: Alles getrewlich vnd eygentlich in Fünff Bücher verfaßt vnnd an Tag geben / Durch Lienhart Frönsperger.

1558.

schen und Vieh abfangen, — aber zuletzt war, was sie an Verlusten erlitten, doch erheblich größer, als was sie uns zugefügt hatten.

Im Winter dann, als die Türken nicht mehr kamen, bin ich mit meinen Berittenen über die Grenze in ihr Gebiet eingefallen, ihre Absichten zu erkunden und sie zu beunruhigen. Wir haben nächtlicher Weise durch Überrumpelung drei feste Häuser genommen und zerstört, etliche Trupps unterwegs abgefangen und so zuletzt zwei Dutzend Gefangene beisammen gehabt. Ich hab sie dem Ungnad nach Warasdin geschickt, und der hat sie dort mit Ketten an das große Göpelwerk anschmieden lassen, mit dem das Wasser der Drau bei niedrigem Stand des Flusses in die Stadtgräben gepumpt wird. Dort sollen sie hängen und im Kreis laufen bis an das Ende ihrer Tage. — Denn es ist keine Gnade mehr im Land!

Sichelburg, am 20. Aprilis

Ein paar ruhige Tage hab ich ausgenützt, den Rauber auf seiner Burg aufzusuchen. Ist es doch immer von Vorteil, mit einem Freund Gedanken auszutauschen über alte Erfahrungen und neue Pläne.

Sichelburg soll früher einmal Sicherberg geheißen haben, und das paßt wohl besser. Denn es ist ein absonderlich fester Bau, drei Stockwerk hoch, mächtig auf einer Schulter des Berges aufragend, mit starkem Bering und zahlreichen Türmen.

Es ist ein seltsamer Weg hieher. Hinter Samobor und Jaska steigt das Bergland jäh aus der Ebene auf: steil und waldbedeckt und drohend abweisend in seinen Höhen. So dehnt es sich, auf vier Meilen Länge und zwei Meilen Breite, — uralte Schildmauer des Reiches

Bild oben:
Regimentsschreiber, Quartiermeister, Rechnungsführer, Auditoren, Regimentssekretäre, Proviantmeister — Bezeichnungen und Aufgaben wandelten sich ständig — besorgten die Verwaltungsgeschäfte des Regiments, führten die Regimentskasse, verteilten Sold und Verpflegung (—).

Bild unten:
Regimentsobrist, 2. Hälfte des 16. Jahrhunderts.
Im Unterschied zum Feld-(General)Obristen führte der Kommandant über eine gewisse Anzahl von Fähnlein den Titel „Obrist über ein Regiment Fußvolk“. Er hatte fast unumschränkte Gewalt und war allein dem Feld-Obristen untergeordnet.
Kupferstich von Vergil Solis, Dresden, 1514—1562 (—).

und der Erblande. „Gorianci“ nennen sich die Bewohner seit altersher, also „Bergmenschen“ schlechthin.

Längs des Flüßchens Slapnitza zieht sich der Weg.

Eine vielfältige, bunte kleine Welt für sich ist dieses Gebirgsland; Hochtäler liegen darin, Schluchten voll brausenden Wassern, Hügelland und Bergkämme mit dichten Wäldern, freie Flächen und Kuppen mit weiten Schafweiden und spärlichem Ackerland, und dann wieder kahles helles Kalkgefels oder Dolinen, darunter sich mannigfache Höhlen verbergen, in denen ehedem die Menschen dieses Landstrichs Zuflucht und Schutz vor den Türken gefunden haben. Und die dunklen waldigen hochragenden Bergkämme schließen wie Ringmauern einer weiträumigen Burg das Ganze gegen außen ab.

Es gibt aber auch mehr richtige, von Menschenhand geschaffene Burgen hier als sonstwo im Land, mehr wehrhafte Dörfer, mehr ummauerte Kirchen, mehr feste Wachthäuser, mehr Verhaue und Schanzen. — Ich verstehe es, daß dieser Landstrich der Keim sein konnte für die ganze Grenze, — daß hier dem Juritschitsch die Gedanken und Pläne kommen und reifen mußten, nach denen nun das ganze Grenzland Gestalt und Inhalt bekommt.

Ja, es ist ein seltsames Land hier, wo die Ideen des alten Obristen nun schon fast ein Menschenalter lang Wurzeln geschlagen haben, wachsen, blühen und fruchten. Einsamer sitzen hier die Menschen in ihren Dörfern, Weilern und verstreuten Höfen, — gibt es doch im ganzen Sichelburger Land nur Saumpfade und keinen einzigen mit Wagen und Karren befahrbaren Weg, — und halten doch fester zusammen als anderswo; ärmer sind sie und bescheidener in Haus und Gerät, in Speise und Trank, — und doch stolzer als alle ihre Nachbarn.

Der Rauber ist über sein Volk glücklich und unglücklich zugleich.

„Unsereiner hat es nicht gerade leicht mit denen!“ knurrte er. „Sind wohl heiter, gesellig und aufgeschlossen gegen jeden, den sie Bruder nennen, lieben Familie, Sippe und Volk, schätzen Musik, Tanz und Gesang, begeistern sich bis zum Rausch an den Heldenliedern ihrer Vorfahren, — sind tapfer, kühn und hart, selbstbewußt und freiheitsliebend, — schön und gut das alles, — aber auf der anderen Seite sind sie rauh und roh, eigensinnig und widersetzlich, verschlossen und mißtrauisch gegen jeden Fremden, — kennen weder Sparsamkeit noch Maß, weder im Saufen und Fressen noch im Rauben und Morden. — Aber was erzähl ich dir's, Bruder, — hast doch sicher selbst schon genugsam erfahren mit denen, die du dort drunten in deiner Hauptmannschaft an der slawonischen Grenze sitzen hast!“

Ich nickte lachend, wollte etwas sagen, aber der Rauber schnitt mir das Wort ab. — „Nein, — so arg wie hier geht es bei dir drüben sicher nicht zu! — Sieh nur beispielsweise, wenn sie hier Hochzeit halten: das ist ein Krieg im Kleinen, mit Mord und Brand, die Braut des Siegers Preis, der Ausgang der Werbung allein vom Erfolg des Raubes und Kampfes abhängig. — Weißt du, wie sie hier zu Lande die Hochzeit nennen! — Nevesta! — Das heißt schlicht: die Ungewisse!"

„Und wie spielt sich so was ab?" fragte ich.

„Nun: wird die Werbung von den Eltern der Braut gleich angenommen, dann ist alles gut. Im anderen Fall sammelt der abgewiesene Freier seine Freunde, stürmt das Heim der Erkorenen, — gewöhnlich zu einer Zeit, da ihre männlichen Angehörigen außer Haus sind, auf Wachdienst oder so, — raubt das Mädchen und reitet mit ihm zum nächsten Kolugar — so nennen sie hier die Popen, ihre Pfaffen — und zwingt den mit Gewalt, daß er sie ehelich traue. — Mißlingt die Überraschung, — hei, so wird wacker gekämpft wie um eine belagerte Burg, es gibt Verwundete oder Tote. Oder es werden die Verwandten der Braut rechtzeitig des Raubes inne, dann setzen sie den Entführern nach, und es kommt zur offenen Feldschlacht. Erst wenn der Kolugar, der Pfaff, sein Amen gesprochen hat, ist wieder Friede und Freundschaft. Natürlich geht jetzt drei Tage lang ohne Unterlaß die Gajda um, der Dudelsack, und das Vijalo, ihre Geige mit den drei Saiten, und die Schaltva, die große Flöte, — und es wird getanzt und gefressen und gesoffen, bis alles am Boden liegt. — Und dann ist alles gut und schön, — bis zur nächsten Hochzeit."

„Das mag ja den Mut und Stolz der jungen Männer stärken", sagte ich, „und ihre beständige Übung in Kampf und Waffen. Aber schade doch um jeden, der dabei zu bleibendem Schaden kommt. Wo wir jeden einzelnen gegen die Türken bitter nötig brauchen."

„Das will ich meinen!" brauste der Rauber auf, — „und darum hab ich den Unfug auch strengstens verboten, bei erheblicher Geldstraf! — Jetzt machen sie aus dem Ganzen ein Symbolum, schlagen Lärm vor dem Haus der Braut und galoppieren wie die Irren drum herum, und dann verbinden sie dem Mädchen, wenn sie es fortführen, mit einem Tuch den Kopf, daß es, wie gesagt wird, den Rückweg ins Elternhaus nicht mehr findet. — Aber was dazwischen im Geheimen noch an echten Hieben gewechselt wird, das mag ich gar nicht wissen!"

„Nun, — mannbare Jugend wird sich immer in ritterlichem Kampf messen wollen. Das ist auch bei uns daheim der Brauch."

„Ja, ja, — hast ohnehin recht!" brummte der Rauber. — „Aber seinen Ärger hat man eben damit immer wieder!"

„Woran denkst du denn jetzt schon wieder, Bruder?" mußte ich lachen.

„An unsere lieben Nachbarn in Krain drüben denk ich!"

„Wieso aber das jetzt? — Das mußt du mir schon näher erklären."

„Nun, horch: Der Niko, der Juritschitsch, der hat doch am Anfang bloß den äußeren Teil vom Sichelburger Land bestiftet, mit katholischen Flüchtlingen aus der Lika und von der Meergrenze. Was aber danach gekommen ist, Uskoken aus dem Bosnischen und aus Serbien, das haben wir weiter hinten zu angesiedelt, gegen Landstraß und Möttling, Pölland und Tschenembel zu. Was soll das Land auch nicht eine gemeinsame Heimstatt werden für alles, was die Sprache der Krobaten und der Serben spricht. Denn im Grund reden sie alle mit der gleichen Zunge, der aus Bosnien, der aus Serbien und der vom Meer."

„Ja, — aber was hat das mit den Krainern zu tun?"

„Leider, leider hat es! Denn wo wir jetzt unsere neuen Dörfer hingesetzt haben, da sind die Herren von Krain drüben gekommen und haben geschrien, das Land sei ihrer seit altersher, es gehöre nicht mehr zu Slawonien, und wir hätten damit kein Recht darüber. Anstatt daß sie froh sind, wenn wir ihnen um Gotteslohn eine Schutzwehr hinstellen, wie es keine zweite in der Art gibt, hinter der sie auf ihren fetten Gütern drüben im Gurktal und noch weiter landeinwärts geruhsam und sicher sitzen können!"

„Aber ist's im eigenen Land auch besser?" knurrte er nach einer Weile. „Mit den slawonischen Landständen und adeligen Herren? — Werfen uns die etwa nicht die gleichen Prügel zwischen die Füße!"

„Nun, seit der Erzherzog bestimmt hat, alles Land im Osten, soweit es verheert und entvölkert liege, solle als herrenlos gelten und für die Besiedlung mit Uskoken frei sein, seither lassen es die alten Grundherren doch geschehen, wenn auch nur zögernd und unwillig."

„Ja", nickte der Rauber, — „noch gilt das Wort des Erzherzogs und Königs mehr als das der Landstände. — Wollen nur hoffen, daß es nicht eines Tages anders kommt."

Burg Oschal, am 23. Aprilis

Auf dem Heimweg von Sichelburg hab ich noch den Niklas Zrinji aufgesucht, der zur Zeit auf seiner Burg zu Oschal sitzt, dort, wo das Waldtal der Kulpa in die Ebene hinaustritt. Es ist nicht weit von der Stelle, wo mir einmal der Juritschitsch erklärt hat, hier müsse eine Stadt gegründet werden, welche der natürliche Mittelpunkt der ganzen Grenze zu sein hätte.

Der Niklas Zrinji war wieder einmal übler Laune.

„Du weißt doch, daß der Nádasdy gestorben ist vor etlichen Wochen?" sagte er.

„Ja, — und ich hoffe, daß jetzt etwas Besseres nachkommt!"

„Du glaubst, scheint's, auch an Wunder wie in der Bibel! — Weißt du, wie der neue Banus heißt? — Ferencz Graf von Batthyányi, Erbherr auf Günsegg und Güssing, königlich hungarischer Schatzmeister, Kämmerer und Obermundschenk, Obergespan von Eisenburg! — Wie das alles klingt! — Und was steckt dahinter? — Einer, der es zuerst mit dem Stefan Bathori gegen den Kaiser hält, — der nichts desto weniger dann bei Mohatsch mit gegen die Türken ficht und im Jahr darauf dem Zapolya Slawonien abnimmt, für den Erzherzog, gut, — ist aber wenig später mit einem Mal ein Parteigänger eben jenes selben Zapolya, — und ein kurzes danach abermals einer des Erzherzogs. — So geht das jetzt hin und her durch die Jahre. — Und so einer ist nun des Erzherzogs und Königs Statthalter an der Grenze!"

„Der Erzherzog glaubt wohl, er könne den Batthyányi und alle die anderen mächtigen hungarischen Edlen und Magnaten sich verpflichten und damit an sich binden, wenn er ihnen auch hier in krobatischen Ländern Ehren und Würden gibt, eine nach der anderen."

„Sicher denkt er so und will er das. — Bloß, ob das die richtige Art ist: um die madjarischen Magnaten herum schwänzeln und sie mit Ehren und Würden ködern? — Was wissen denn wir, was die anderen drüben erst alles einem Batthyányi zu bieten haben? — Wo kennst du dich aus bei so einem! — Und was haben wir von so einem zu erwarten, wenn er Oberster Feldherr über das Aufgebot von ganz Slawonien und Krobatien bleibt, — wie es bis heut noch Gesetz ist, — und es kommt wieder zum Kampf mit den Türken?"

Ich zuckte die Achseln. — „Du weißt, Bruder, ich bin kein hiesiger Landedelmann, ich bin ein Hauptmann der Grenzer, — und tu mir daher leichter. Und ich kann nur sagen: doppelt und dreifach wertvoll also unsere Militärkonfin, in welche der Banus nichts dreinzureden hat!"

„Ja, Bruder!" fuhr der Zrinji auf, — „und ich bin ein Landedelmann und sag dir trotzdem auch: doppelt und dreifach gut und richtig, wenn eure, — wenn unsere Militärkonfin immer größer und stärker wird!"

„Hab ohnehin gehört, der Erzherzog wollt dem Banus nun den Oberbefehl entziehen und alle militärische Macht im Land in der Hand des Obristen Grenzhauptmanns vereinigen."

„So wär's recht! — Was Banus, was Landstände, wo es um die harte ehrliche Arbeit der Kriegsleute geht und um sonst gar nichts! — Bruder, ich bin ein krobatischer Edelmann und zähle zu den Landständen, — und schwer wiegt dort die Stimme eines Zrinji! — aber lieber heut als morgen unterstelle ich mich dem Befehl eures Obristen! Und was das Land drüber der Drau anlangt", fuhr er fort, — „das hungarische Gebiet also, — da wär es wohl am besten, der Erzherzog machte auch daraus gleich eine einzige Militärgrenze, bis hinauf an die Donau und drüber hinaus bis in das große Waldgebirge! So aber stünde die Mauer gegen die Türken geschlossen, fest und hart, soweit sie an das Reich und seine Länder stoßen. — Aber ich fürchte, es wird nie dazu kommen.

Ich nickte grimmig. — „Allenfalls wird man uns von der Militärkonfin und euch vom Landesaufgebot dringlich nach Hungarn rufen, wenn man sich dort der Türken nicht mehr zu erwehren weiß."

„Da wirst du leider recht haben!" grollte der Zrinji.

Ladanje, am 7. Maji 1541

Ich bin den ganzen Winter und Frühling nicht aus meiner Kreutzer Hauptmannschaft herausgekommen, von gelegentlichen Erkundungs- und Streifzügen abgesehen. Allzuviel hatte ich zu ordnen und zu bestellen. Häufiger, zahlreicher als bisher kamen Flüchtlinge aus den türkischen Gebieten, aus Slawonien und Bosnien, Syrmien und Serbien, — Raizen und Tschitschen, Surfen und Pribegen, — Stämme aller Art. — Heute einzeln, morgen in kleinen Trüpplein, übermorgen in hellen Scharen. — Denn härter und schwerer wird von Jahr zu Jahr drüben die Bedrückung durch die Türken. — So verlassen immer mehr von ihnen ihre angestammten Wohnsitze und schlagen sich mit Weibern und Kindern, mit Vieh und Gerät zu uns durch. Denn nun trägt auch mein Werbezug vor zwei Jahren seine Früchte, wird mehr und mehr in des Sultans Ländern bekannt, wie großzügig der Kaiser die christlichen Flüchtlinge in seinen Gebieten aufnimmt, gewinnt der Gedanke an unser großes Uskokenprivilegium immer mehr Raum in den Herzen und Hirnen der Menschen jenseits der Grenze. —

So wurde es später Frühling, bis ich wieder einmal nach Ladanje hinausritt, zu Jela. — Da trug sie an ihren breiten Brüsten ein Zwillingspaar, — zwei Mädchen, — meine Töchter! — Und aus ihren Augen leuchtete die Glückseligkeit einer tiefen Erfüllung.

„Herr!" sagte sie und lachte, — „diese da werden keine Helden sein, — aber sie sollen Helden gebären!"

Ich traute mich die Würmlein, die mir Jela da entgegenhielt, gar nicht anzugreifen, — mit diesen meinen Händen, die so rauh und hart und schwer geworden waren von der unerbittlichen Arbeit des Krieges. — Meine Töchter! — Ich werde mich nicht viel um sie kümmern können, nicht viel für sie tun. Sie werden aufwachsen in der Hausgemeinschaft der Ptakowitsche, zusammen mit den anderen Kindern und wie die anderen, und es wird gut so sein. — Sie werden Männer finden und Kinder gebären; — vielleicht, daß sich eine Sage fortspinnen wird von Geschlecht zu Geschlecht, von einem kaiserlichen Hauptmann, der einst aus fernem Land gekommen ist, und dessen heimatloses Herz eine Zeitlang unter dem struppigen Strohdach hinten im Zwetschkengarten Ruhe und Frieden gefunden hat. Meinen Namen aber wird keiner mehr wissen.

Ladanje, am 7. Julii 1541

„Die Grenze soll kleiner werden — und um das fester!" — so hat es der Juritschitsch gesagt, und der Ungnad führt es aus, als könnte es gar nicht anders sein. Die Grenze wird kleiner, — die verlorenen Vorposten weit draußen im Osten werden aufgegeben. — Aber es ist keine Flucht. — Wo der Türk Verwirrung erhofft und Planlosigkeit, dort stößt er gegen eine steinerne Mauer, dort muß er mit blutigen Köpfen von uns ablassen. — Poschega haben die Unsern schon im Herbst geräumt; jetzt hat der Ungnad alles aus dem Raum um Slatina und Dürrenfeld abziehen lassen und die Bauern dörferweise rings um Sankt Georgen und Kopreinitz angesiedelt, zwischen den neuen Ortschaften der uskokischen Flüchtlinge und den wenigen einheimischen, die noch aus älterer Zeit übriggeblieben sind. — Denn hier steht der Wall, — fest und dicht genug ist er jetzt, daß wir das unsichere Vorfeld freigeben können.

Selten bin ich zwischendurch einmal nach Warasdin gekommen, — und dann hat es mich nicht in Burg und Stadt gelitten, sondern ich bin, sobald ich konnte, weitergeritten, nach Ladanje hinaus. — Dort hat das Leben für mich jetzt neu zu blühen begonnen. — Ja, — ich weiß jetzt, daß ich auch Jela liebe! — Es ist nur anders als alles Bisherige. Es ist nicht die helle steile Flamme wie bei der Gundl, nicht das lodernde wilde Feuer wie bei Mirjana, — es ist eine Glut, ruhig und warm und dunkel. — Bin ich schon alt geworden? — Mit meinen einunddreißig Lebensjahren, — die freilich hier doppelt und dreifach zählen mögen? — Oder nur reifer und klarer und weiser? Wie wird es weitergehen? — Ich weiß es nicht und wundere mich schier, daß es mir so wenig Gedanken macht. — Jela heiraten? — Das kann ich wohl nicht recht, — und sollte es wohl auch gar nicht. Denn unser Leben hier an der Grenze ist nun so sehr aus aller Ordnung, aus allen Maßen und Regeln einer behüteten, bürgerlichen Welt herausgewachsen, daß es mir schier sinnlos erscheint, sich noch an äußerliche Gepflogenheiten zu binden.

Aber Jela denkt weniger noch als ich an die Zukunft. Sie ist nur da für mich, ist geborgen in meiner Liebe. Sie lebt glücklich in ihrer Welt und ist erfüllt von der Freude und der Arbeit an ihren Kindern, an den alten von Janko so wie an den neuen von mir.

„Jelitza", sagte ich einmal zu ihr in einer Stunde des Glücks, —

„du sollst nicht immer Herr zu mir sagen. — Bin ich nicht jetzt dein Mann, dein Gemahl, auch wenn ich dir nicht angetraut bin, — und ist das nicht noch mehr?“

Aber sie schüttelte den Kopf: „Du bist der Herr, — und wirst es immer sein. — Aber ich bin glücklich, daß du der Vater meiner Kinder bist, — und daß du mich lieb hast — und meine Kinder auch.“ — Da gab ich mich zufrieden.

Kloschtar, am 12. Augusti 1541

Wieder sind Kampf und Not hereingebrochen, jählings, — haben mich aus meinem kurzen Glück gerissen und in Gefahr und Tod geworfen.

Vor zwei Wochen war es, da kam die Kunde, es rücke neuerlich eine türkische Heerschar, an die dreitausend Mann oder mehr, mit Reiterei und Geschütz die Drau entlang auf die Grenze zu. Mich erreichte diese Nachricht wieder in Ladanje. Ich riß mich los, von Jela, von meinen Kindern. Und seltsame neue Gefühle waren in mir. — Die Drau herauf kamen die Türken, die Heerstraße entlang, — von Werbowetz über Sankt Georgen und Kopreinitz — auf Warasdin zu. Wollten hier brennen und morden, — hier um die Stadt, — hier — in Ladanje, — hier wollten sie wüten, — gegen mein Weib — gegen meine Kinder! Kochend heiß und eiskalt zugleich stieg es in mir hoch, — und doch seltsam bang dazu. — War nicht der Gedanke, das Leben jäh zu verlieren, nun mit einem Male bitterer, wo das Leben wieder reicher, tiefer, voller geworden war?

Seltsam zwiespältig war ich, — und nicht anders erging es Jela, als ich von ihr Abschied nahm. Die Angst um den geliebten Mann kämpfte in ihr mit dem Stolz auf den Helden, der ihr gehört, — den Helden, den sie in mir sieht, viel mehr als ich es wirklich bin. Denn wer ist schon ein Held? — Der wacker seine Pflicht tut vor dem Feind und bei Gelegenheit noch einiges mehr? — Dann sind wir alle Helden, die wir hier an der Grenze stehen, — vom Salm und vom Juritschitsch und vom Ungnad bis hinunter zum kleinsten Troßbuben. — Vielleicht ist es aber wirklich so, — sind wir allesamt Helden und wissen es bloß nicht, weil es uns so alltäglich und selbstverständlich ist, — und weil niemand da ist, über uns Ruhmesverse zu dichten und Lieder zu singen. Aber vielleicht wird das wahre Heldentum gerade daran erkennbar, daß es stumm bleibt.

Jela jedenfalls bewies auch als Weib ein stummes Heldentum. Sie jammerte und klagte nicht, obwohl ihr die Augen feucht schimmerten; — sie sagte nur: „Geh hin, Herr, — ich will zum heiligen Georg bitten, der ein Helfer und Schützer ist unserem Volk und allen braven Kriegsleuten, — daß er dir beistehen soll und dich stark machen über die Türken, — und zur heiligen Muttergottes von Lepoglava will ich bitten, daß sie dich wieder heil zu mir zurück führt."

„Ja, Jela", sagte ich — „bitt du zur heiligen Muttergottes. — Ich kann das nicht mehr; — aber wenn du es tust, dann wird es so gut sein."

Dann bin ich losgezogen. Und als ich erst unter dem Kriegsvolk war, das sich in Warasdin sammelte und das der Ungnad selbst anführte, und wir dann nach Osten zogen, ins Draufeld hinaus, da war nur mehr die kalte kochende Wut in mir.

Die Türken, wohl im Bewußtsein ihrer Übermacht, waren sich ihres Erfolges offenbar allzu sicher, und das verleitete sie zur Leichtfertigkeit und Unbedachtheit. Sie trennten ihre Streitmacht. Ein Teil zog über das Bergland gegen Belowar, wollte jetzt einmal von der anderen Seite her das Land an der Tschasma anpacken, das sie schon solche Schlappen gekostet hatte. Die Hauptmacht erstürmte das alte Dorf Budantschewitza und dann rückte sie weiter das Drautal aufwärts vor, aber auch von ihr trennten sich Streifscharen ab, die es auf die Dörfer abseits der Straße abgesehen hatten, und eine weitere starke Abteilung legte sich vor den festen Platz Kloschtar.

So gelang es uns, die stark verminderte, aber doch immer noch uns stark überlegene Hauptmacht der Türken unweit von Kalinowatz bei Sankt Georgen anzufallen, wo die Wälder vom Bilogebirge weit in die Ebene hinausgehen. Eine kleinere Schar stellte sich den Türken an der Straße entgegen, unsere große Masse aber griff sie aus den Wäldern im Rücken und in der Flanke an.

Es wurde ein schwerer und langer Kampf, und viel Kriegsvolk blieb auf beiden Seiten erschlagen liegen. Wir konnten nicht verhindern, daß sich die Türken in Ordnung längs der Heerstraße wieder zurückzogen, doch schien ihnen immerhin fürs erste die Lust zu einem Kriegszug tief ins Grenzland hinein genommen. Am Abend lagerten die Türken in den Ruinen von Budantschewitza und um die Festung Kloschtar, die sie wohl um jeden Preis in Besitz nehmen wollten, da sie wie ein Riegel in der Engstelle des Draufeldes liegt. Zugleich legten sie starke Truppen gegen Sankt Georgen hin an die Heerstraße.

Nun reicht der Ort Kloschtar aber mit seinem hinteren Ende bis in die Sümpfe hinein. Die Türken konnten sich an dieser Seite nicht festsetzen, wohl aber geht ein verborgener Fußweg von dort aus, der in weitem Bogen durch die Auwälder zum Dorf Kalinowatz führt. Den Türken ist dieser Pfad wohl unbemerkt geblieben, aber Boten aus der Festung sind zu unserem Heerhaufen gekommen und haben dem Ungnad gemeldet, daß der Ort sich einer längeren Belagerung mit

Geschütz kaum würde erwehren können. Und sie haben ihn inständig gebeten, zu helfen, wie er nur könne.

Als es Abend wurde, das Schlachtgetümmel erstorben war, und die Heerhaufen voneinander abgelassen hatten, lagerten wir auf freiem Feld vor dem Dorf Kalinowatz. Der Ungnad rief seine Hauptleute zusammen.

„Wieviel Fußknechte hast du noch kampffähig?“ fragte er den Rauber.

„Einhundertundfünfzig etwa!“

„Und du?“ wandte er sich an den jungen Franjo Frankopan, der von der Draganitscher Hauptmannschaft herübergekommen war.

„An einhundertundachtzig!“

„Und du?“ zeigte er auf mich.

„Einhundertundzwanzig!“

„Und du? “ — „Achtzig!“ — „Und du?“ — „Einhundertundsechzig!“

„Macht also alles zusammen knapp siebenhundert Mann. — Der Türk hat alleweil noch gut das Doppelte, wenn nicht mehr. — Trotzdem! — Die in Kloschtar können wir nicht hängen lassen!“

Mit einem stummen harten Heben des Kopfes blickte er mich an:

„Willst du die Sturmschar führen?“

Ich zögerte kurz. — Der Tag war heiß gewesen und hitzig. Ich hatte mit meinem Fähnlein härter gekämpft und mehr Leute verloren als andere. An mir selbst war der Tod wohl ein dutzendmal knapp vorbeigegangen. — Hatte ich nicht für den Augenblick genug getan? — Sollten nicht jetzt andere —? — Ich mußte an Jela denken: sie wird für mich zur heiligen Muttergottes bitten, daß ich gesund zu ihr zurückkomme. — Aber: will sie nicht zuvor zum heiligen Georg beten, — zu unserem, der kaiserlichen Kriegsknechte Schutzpatron?“

Und da sprach eine Stimme aus mir: „Ja, Obrist, — ich will sie führen!“

Der Ungnad legte uns seinen Kampfplan dar, knapp und fest. Ich sollte, zusammen mit dem Frankopan und mit dreihundert Fußknechten, auf dem Pfad durch Sumpf und Au noch in der Nacht unbemerkt von hinten in die Festung Kloschtar mich einschleichen, der Ungnad selbst mit anderen dreihundert Knechten und der gesamten Reiterei durch die waldigen Ausläufer des Bilogebirges den befestigten Ort Prugowatz südlich von Kloschtar erreichen, der in der Hand der Unsrigen ist. Zwei Stunden vor Sonnenaufgang sollte der Rauber mit dem Rest des Fußvolkes die Türken an der Heerstraße zum Schein angreifen, bei Anbruch der Dämmerung aber sollten wir aus der Festung an mehreren Stellen ausfallen, zugleich aber auch der Ungnad die Belagerer im Rücken fassen. Ein Kanonenschuß von der Mauer war als Zeichen zum Angriff ausgemacht.

„Wähl du uns die Losung!" sagte der Ungnad am Schluß zu mir.

„Sankt Jörg!" sagte ich, ohne zu überlegen.

Wir warteten noch die Dämmerung ab, damit kein türkischer Späher über das offene Land hin unseren Abmarsch beobachten konnte. Erst dann, als es zu dunkeln begann, zogen wir los, geführt von einheimischen Burschen aus Kalinowatz.

Der Weg war langwierig und mühsam. Mitternacht war längst vorbei, als unsere Führer uns zuraunten, wir kämen jetzt in die Nähe der Festung und damit auch der Türken und müßten daher jedes Geräusch und jedes laute Wort vermeiden. — Langsam schleichend, Schritt für Schritt, tasteten wir uns vor, — lautlos und gespannt, daß wir das Herz im Leibe klopfen hörten. — Lauter rumorte der Sumpf um uns, klatschte und gluckerte, — undeutlich schimmerte es da und dort von Wasserflächen. Dann tauchten vor uns geduckte schwarze Schatten auf, Mauern und Wälle. Unsere Führer schlichen voraus, waren bald wieder da; — ein enger Durchlaß, mehr zu tasten als zu sehen, — dann stand ich in der Festung, und hinter mir drängte Mann für Mann unserer Schar nach, als letzter der Frankopan.

Der Burghauptmann, ein alter grobschlächtiger Kumpan, drückte uns stumm die Hand. Der Kampfplan war rasch abgesprochen. Dann machten wir noch einen Rundgang um die Mauer. Die Türken hätten zwei Lager vor der Stadt aufgeschlagen, erklärte uns der Burghauptmann, ein größeres im Süden und ein kleineres im Westen, je an die fünfhundert Schritt vor der Mauer. Ob die Türken ihre Lager befestigt hätten, fragte ich den Alten. Aber der schüttelte den Kopf; bis jetzt sei nicht arg viel geschehen, erst gestern am Abend hätten sie mit Erdarbeiten begonnen. — Am besten wäre es wohl gewesen, die dort drüben gleich jetzt bei Nacht anzugreifen, solang sie mitten in der Arbeit steckten. Aber das hätte unsern ganzen Kampfplan durchkreuzen können und ging daher nicht an. So legten wir uns eben zuletzt zu einem kurzen Schlummer in die nächste Ecke. —

Noch im Schlaf hörte ich fernes Büchsenknallen und Geschrei. — Da war ich auch schon wach: das mußte der Rauber mit seiner Schar sein! Ich trat aus dem Haus. Rings um mich sammelten sich schweigend, noch steif und schwerfällig von Schlaf und Müdigkeit, unsere Kriegsknechte.

Der Burghauptmann wies uns an unsere Plätze: ich mit meiner Schar beim Haupttor nach Süden zu, der Frankopan mit der seinen an einer Ausfallpforte gegen Westen. Was Hakenbüchsen und Armbrusten trug, wurde auf den Mauern aufgestellt, neben dem spärlichen Geschütz. Dann, — man mochte etwa hundert Schritte weit sehen; das feindliche Lager war noch in Dunkelheit, — eilten wir aus den Toren und stellten uns vor den Mauern in Ordnung auf.

Seltsam ruhig war ich wieder geworden, wie so oft vor entscheidenden Augenblicken. Und mit einem Male war es in mir, daß ich beten mußte: Sankt Georg, steh uns bei, — mach uns hart und stark und licht, — so wie du selber bist, — und hilf uns, daß wir den türkischen Drachen erschlagen, so wie du selber getan hast!

Da rollte ein Kanonenschuß von der Mauer in Richtung nach dem Türkenlager und ließ mit einem Schlag den Kampf aufflammen. Die Feinde hatten sich wohl eines Ausfalles versehen, denn wir stießen alsbald auf leidlich wohl geordnete Haufen und Reihen.

„Sankt Jörg! — Sankt Jörg!" gellte es auf, — bei uns und drüben beim Frankopan, — als wir in die türkischen Reihen stießen. Wir hatten die Türken wohl doch überrascht, vor allem durch die unvermutete Stärke unserer Schar. Sie wichen zurück, nach ihrem Lager hin. Im dämmernden Frühlicht sahen wir vor uns frisch aufgeworfene Wälle und Schanzen, standen wir vor Gräben und Verhauen; — dahinter Gebrüll und Geknalle. — Verwünscht, — das kam uns sehr ungelegen; — das war offenbar alles in dieser Nacht erst angelegt worden. Wohl gelang es den Unseren, an einigen Stellen hinter den Weichenden in das Lager einzudringen, aber vor der Übermacht der Feinde mußten sie sich schleunigst wieder zurückziehen. Und nun prasselte von den Wällen und Schanzen ein mörderischer Hagel von Pfeilen auf uns, Kugeln von Büchsen und leichten Feldgeschützen, dagegen wir auf der freien Plane völlig wehrlos waren.

Es half nichts, wir mußten zurück, ehe uns der Türk allesamt wie die Hasen abschoß. Drüben hinter dem Lager brach auch Geschrei und Büchsenknallen los, — des Ungnads Haufen, — vielleicht daß die nun die Lage wenden würden!

Wir sammelten uns an der Mauer, ordneten uns neu. Näher kam der Kampflärm im Rücken der Türken. — Da sah ich, wie vor dem kleinen Lager drüben im Westen, das weniger stark befestigt war, die Schar des Frankopan noch heftig mit dem Feind kämpfte; aber auch sie geriet mehr und mehr in Bedrängnis. — Jetzt galt es rasch zu handeln! Schon rannten wir mit gellendem Geschrei über das freie Feld, trafen die Türken mit voller Wucht in die Flanke, dringen in ihr Lager ein, — zwischen die Zelte und Wagen, — ein mörderisches Hauen und Stechen hebt an, Mann gegen Mann, — die Ordnung löst sich auf, — Geschrei und Getöse, Waffenprall und Flammenprasseln, — „Sankt Jörg! — Sankt Jörg!" gellt es darüberhin.

Gut, daß der Ungnad nun das große Türkenlager mit Macht angreift, — so kann uns von dort her nichts in den Rücken fallen. Aber auch so stehen wir gegen eine erdrückende Übermacht. — Heiß wogt der Kampf hin und her, zwischen brennenden Zelten, über Trümmer von Wagen und Gerätschaften, zerbrochenen Waffen, Erschlagene und brüllende oder wimmernde Verwundete.

Schritt um Schritt drängen uns die Türken jetzt zurück. Und wir merken nun, daß auch des Ungnads Haufen drüben vor dem Hauptlager nicht vorankommt.

Wir fochten tapfer, aber es half uns nichts: wir mußten zurück, ehe uns die Feinde umzingelten und alle zusammen abfingen. In leidlicher Ordnung, um uns hauend und stechend, drangen wir aus dem Lager und eilten über die freie Fläche der Festung zu.

„Dreimal verfluchte Teufelei!" knurrte der Frankopan, aus dessen schlaff herabhängendem linken Arm das Blut troff; — „Pa kaj onda? — Und was nun?"

Ja, — was nun? — Zuerst einmal nahm ich Bestand auf, was wir noch an kampffähigen Knechten übrig hatten: von unseren dreihundert standen noch an hundertundsiebzig da; dazu etwa dreißig Verwundete. — Der Rest? — Tot, — schwer versehrt liegengeblieben, — im Kampf versprengt und abgefangen. — Dazu kommen noch rund fünfzig Mann von der alten Besatzung der Festung. — Auch der Burghauptmann ist tot, — auf der Mauer von einer verirrten Kugel in die Stirn getroffen.

Drüben, jenseits des türkischen Hauptlagers, verebbte das Kampfgetümmel; — auch dort mußte sich der Ungnad mit den Seinigen unverrichteter Dinge zurückziehen.

Ich habe Boten auf dem Sumpfpfad ausgeschickt: sie sollen den Ungnad oder den Rauber suchen und ihnen berichten, wie es bei uns steht. Neue Hilfe von denen haben wir vorerst wohl nicht zu erwarten. — Die Türken haben am Nachmittag eine Zeitlang ihr Geschütz spielen lassen, — aber so, als sei es wirklich nur ein Spiel. — Wird wohl bald blutiger Ernst draus werden!

Kloschtar, am 15. Augusti

Die Feinde haben in den vergangenen Tagen wacker geschanzt, haben auch ihr Geschütz herzhafter sprechen lassen, — auf den südöstlichen Eckturm und auf das Tor zumal, — haben aber noch nichts Größeres unternommen. Bloß in der Nacht haben sie zweimal versucht, heimlich über die Mauer zu kommen. Sind aber jedes Mal mitsamt den angelegten Sturmleitern jämmerlich in den Graben geworfen worden, wo ihrer etliche im Schlamm versunken und erstickt sind. Einen, der über die Mauer gekommen ist, haben wir lebendig gefangen. Der hat ausgesagt, der Kapidschi Pascha, der sie anführe, sei entschlossen, die Feste Kloschtar zu nehmen, es koste, was es wolle; er gedächte aber, nichts zu übereilen.

Wir müssen uns also auf eine längere Belagerung gefaßt machen, und ich hege Sorge, ob da unsere Vorräte an Nahrungsmitteln ausreichen. Dazu kommt, daß die Türken nun auch unseren Sumpfpfad entdeckt haben und ihn durch kleine Streiftrupps überwachen; — ein guter Kundschafter oder Bote kommt zwar immer noch durch, schwerlich aber wird es möglich sein, einen Lastenzug mit Lebensmitteln auf diesem Weg noch bis zu uns durchzubringen.

Unsere Verwundeten haben wir im Kellergewölbe des Gemeindehauses in der Mitte des Ortes untergebracht. Zwei sind heute an ihren Verletzungen gestorben. Auch der junge Frankopan fiebert heftig und redet irr; — gebe Gott, daß ihm der Arm nicht brandig wird! — Auf den Mauern sind drei Knechte durch türkische Scharfschützen zu Tod gekommen.

17. Augusti

Die Türken haben nun begonnen, die Festung stärker zu beschießen. — Schon nach einer Stunde sind die Flügel des Tores zerborsten und auseinandergebrochen. Wir haben die Öffnung verrammelt, so gut es eben ging, mit Balken und Blöcken und anderem Trümmerwerk. — Auch der Turm an der südöstlichen Ecke ist bereits arg beschädigt und kaum mehr zu benützen. Den Türken ihr Geschützfeuer hat dreizehn Mann getötet und sieben weitere schwer verwundet. Ist also ein leichtes Rechenexempel, wie lange das nun noch dauert — bis auf den letzten Mann.

Vom Ungnad ist ein Bote gekommen. Der Obrist hat, zusammen mit dem Rauber und einigen kleinen Häuflein, die noch nachgekommen sind, in Richtung auf Kopreinitz abziehen müssen, da sich nämlich die türkische Heerschar, die zuerst auf Belowar abgeschwenkt war, wieder nach dem Draufeld hin gewendet hat und neuerlich die Stadt Warasdin und die umliegenden Dörfer bedroht.

Ich war im Herzen seltsam froh, als ich das vernahm. — Ja, Obrist, — du sollst mit allem deinem Kriegsvolk nach dem Warasdiner Land ziehen und dich davor legen als ein Riegel aus Fleisch und Blut! Dann will ich gern hier aushalten in Kloschtar — bis zum Allerletzten. Jeder Türk, der hier vor Kloschtar hängen bleibt, soll denen fehlen, die ins Drautal einbrechen wollen, — nach Warasdin — und nach Ladanje! —

Am 19. Augusti

Die Türken beschießen die Festung von Tag zu Tag heftiger, — und kein Tag vergeht, an dem nicht ein rundes Halbdutzend von meinen Kriegsknechten getötet oder schwer verwundet wird.

Die Türken wundern sich wohl, daß wir trotz dieser Drangsal jetzt rühriger sind als zuvor, doch erhalten wir gerade dadurch uns selbst bei Mut und Zuversicht.

Unsere Zeit ist die Nacht. Und es macht vor allem den jüngeren Krobaten helle Freude, dann so recht den Feind zu beschleichen und zu überrumpeln. Das begann von vorgestern auf gestern, als der Lujo Medweditsch mit fünf Kumpanen sich in eine Eckschanze des feindlichen Hauptlagers stahl, dort die Posten aus dem Hinterhalt übermannte und Feuer an die Pulverfässer legte. Dann sprangen sie mit lautem Geschrei über den Wall in die Nacht hinaus und rannten davon. Und als die Türken in Scharen herbeieilten, flog mitten unter ihnen das ganze Pulver in die Luft, verwüstete die Schanze, zerstörte die drei Feldschlangen, die darin standen, und muß wohl auch etliche Leute getötet haben.

Tags darauf brach ein fürchterliches Unwetter los. Wieder nützten ein paar Krobaten die Düsternis, das Toben des Sturmes und den niederbrechenden sintflutartigen Wolkenbruch, um sich in das türkische Lager einzuschleichen, ein paar Wachtposten niederzustechen, dann noch einen Aga aus seinem Zelt herauszuholen und mit ihm das Weite zu suchen. Eine andere Schar hatte inzwischen Ähnliches mit gleichem Erfolg bei dem kleinen Türkenlager versucht. Tropfnaß bis auf die Haut, hinter sich am Halfter drei Pferde nachziehend, langten sie wieder an der kleinen Ausfallspforte ein.

Das ist hier unser Alltag an der Grenze — bloß nun besonders gesteigert und gerafft. — Und wir halten uns hier, wie sich die Grenze eben hält: in aussichtsloser Lage das Unmögliche wahrmachend.

Die Türken belagern nun auch drüben das Dorf Prugowatz, auf einer Anhöhe eine halbe Meile im Süden. Es ist wohl mit Wällen und Palisaden bewehrt; — trotzdem: ob es sich wird halten können?

Kloschtar, am 22. Augusti

Heute um Mittag haben die Türken zweimal gestürmt, beiderseits des Tores; mit harter Mühe ist es uns gelungen, sie abzuwehren. Ein paar blieben gefangen in unserer Hand. Und sie haben uns nachher erzählt, es sei ihnen Nachricht zugekommen, ihre Heerschar im Draufeld wäre bei Kopreinitz von den Kaiserlichen schwer geschlagen und in die Berge zersprengt worden. Mir jubelte das Herz im Leib. Das ist die Rettung für das Land um Warasdin, — für Ladanje, — für Jela, — für meine Kinder! — Ob vielleicht auch für uns hier, auch für mich? — Ich jedenfalls hab abgeschlossen mit dem Leben, wenn es so sein muß!

Am Nachmittag, nachdem sie hier vor der Festung zurückgeworfen waren, haben die Türken den Ort Prugowatz gestürmt. Der Brandqualm aus dem Dorf ist weithin über dem Land gelegen, und jetzt in der Finsternis steht der Himmel im Süden in roter Glut. Gespenstisch wie eine Burg des Teufels sticht davor der zackige schwarze Schattenriß des Türkenlagers heraus.

Am 23. Augusti

Prugowatz ist gefallen! — Die Türken haben am Morgen die jammernden Gefangenen vor unseren Mauern vorbeigtrieben, Weiber und Kinder, Knaben und Mädchen, die Hände auf dem Rücken gefesselt und paarweise aneinander gebunden wie Vieh auf dem Markt, und dann haben sie die abgehauenen Köpfe der Männer von Prugowatz auf hohen Stangen aufgerichtet, in langer Reihe vor ihrem großen Lager, unserer Mauer gegenüber. Und dazu haben sie getanzt und eine höllische Musik gemacht.

Da hab ich allen unseren türkischen Gefangenen die Köpfe abschlagen und diese beiderseits des Tores auf Stangen stecken lassen. Den Aga aber mußten die Krobaten bei lebendigem Leibe vierteilen, gleich hinter dem Tor, daß sein Gebrüll bis ins Türkenlager schallte. Und als wir dann die bluttriefenden Viertel seines Leibes an den vier Ecken der Festung aushängten, mußten die Spielleute mit Trommeln und Querpfeifen dazu musizieren. — Gnade um Gnade, — aber Haß um Haß!

Heute mußten wir von den Mauern aus zuschauen, wie auf der Straße von Esseg her gewaltige türkische Scharen dahergezogen kamen und in den Lagern verschwanden. Was die Belagerer in den vergan-

Bild oben:
Der Fähnrich über „ein Fendlein Knecht, soll seyn ein kecker/männlicher Gesell . . .“ Sein Eid: „ . . . das er bei seinem Fendlein bleiben . . . bis in sein todt und letzten seufftzen dasselbig beschirmen/verwaren und behalten wölle.“ (K. A.).

Bild unten:
Herold und Trompeter, beide waren beritten. Des Trompeters Signal gebot dem Kriegsvolk Ruhe; der Herold, mit Heroldshemd und weißem Heroldsstab, verkündete die Befehle des Obristen.
Kriegsbuch Fronsperger, 1558 (K. A.).

genen Tagen durch uns an Verlusten erlitten haben, ist solcherart sicher längst schon wieder ausgeglichen, — für uns aber gibt es keinen Nachschub, keinen Ersatz, keine Hilfe; — wir schrumpfen und schmelzen erbarmungslos zusammen.

Kloschtar, am 27. Augusti

Achtundsiebzig Mann hab ich zur Zeit noch im ganzen, die Waffen führen können. Ich brauche sie samt und sonder, die türkischen Stürme abzuwehren; da müssen bereits ringsum auf jenen Teilen der Mauer, wo der Türk gerade nicht angreift, Weiber und Kinder den Wacht- und Postendienst versehen. — Was schadet es aber? — Wenn uns der Feind erst in der Hand hat, dann erwartet uns alle das gleiche Schicksal; — wozu also da vorher viel Unterschiede machen!

Der Geruch von qualmendem und schwelendem Holz, von Staub und stechend scharfem Pulverdampf liegt wie eine Wolke über dem Ort, in brütender Sommersonnenhitze; süßlicher widerlicher Verwesungsgestank mischt sich darein, Geruch von Schweiß und Kot und gärendem Unrat.

Der Ort besteht nur mehr aus zerschossenen und ausgebrannten Ruinen, aus Schutt und Asche. Was noch lebt, haust in den niedrigen feuchten Kellern, und die sind in erster Linie überfüllt mit Verwundeten und Sterbenden. Die Verwundeten dauern mich am meisten, — wenn ich ihr weiteres Geschick bedenke. — Der Frankopan hat sich wenigstens wieder einigermaßen erfangen; kann er auch mit seinem schlimm zugerichteten Arm noch nicht fechten, so doch zumindest schon wieder nach dem Rechten sehen und Anordnungen treffen, und ich bin sehr froh, daß ich in ihm nun wieder einen tüchtigen Gehilfen habe.

Trotz aller Not sind wir aber noch immer nicht müde geworden, dem Feind hintenherum Schläge zu versetzen. Da ist gestern am Abend

Bild oben:
Zeugmeister übten die Aufsicht über Zeughäuser und Artillerie und verwalteten das Feldgerät (K. A.).

Bild unten:
Schwere Reiterei — Panzerreiter in ganzem Harnisch, die Pferde im Roßharnisch; Bewaffnung: Spieß und Schwert. Die Panzerreiter bildeten den Stoßkeil des Heeres in der Feldschlacht.
Kriegsbuch Fronsperger, 1558 (K. A.).

eine Schar Krobaten in die Sümpfe gezogen und hat im Rücken der Türken sich heimlich in den Ruinen des Dorfes Kladare eingenistet und auf einen fetten Fang gelauert. So konnten die Unseren nacheinander zuerst einen Boten abfangen, der gegen Esseg ritt, dann eine kleine Hammelherde und ein paar Maultiere, die mit Pulver, Öl und anderen kostbaren Dingen beladen, von eben dort her kamen, und zuletzt einige türkische Soldaten, die gefesselte Gefangene vor sich her trieben, aus Prugowatz und anderen Ortschaften. Der gefangene türkische Bote hat ausgesagt, der Kapidschi Pascha erwarte in etwa einer Woche weiteren Zuzug aus Esseg her sowie auch etliches schweres Geschütz. Es ist uns also noch eine kurze Galgenfrist gewährt, — aber unsere Tage sind gezählt, und unser Ende ist gewiß, — wenn bis dahin nicht ein Wunder geschieht.

Kloschtar, am 1. Septembris

Das Wunder ist geschehen!

In der Nacht auf vorvorgestern hab ich die Frauen und Kinder, diejenigen aus dem Ort Kloschtar sowohl wie die befreiten Gefangenen, auf dem Weg durch den Sumpf fortgeschickt. Sie sollten über Kalinowatz nach Sankt Georgen ziehen, daß sie nicht mit uns zusammen zugrunde gingen.

Als dann in der darauffolgenden Nacht die krobatischen Fußknechte, die ich den Frauen als Geleit und Schutz mitgegeben hatte, zurückkamen, da brachten sie einen Mann mit, der vor mich geführt zu werden begehrte. Und als der eintrat, — da war es der Milutin Jugowitsch!

„Du, — Milutine, — hier? — Wieso?“ stammelte ich.

Der lachte, schier spöttisch: „Hab ich dir nicht gesagt, daß du mein Bruder bist? — Glaubst du, der Bruder läßt den Bruder sitzen und schaut zu, wie der Türk ihn erschlägt?“

„Aber was willst du jetzt tun?“ stieß ich hervor.

„Ich?“ — Er lachte wieder laut, — „nicht ich; — was tun werden wir, das wirst du sehen!“

„Wen meinst du damit?“

„Meine tausendundzweihundert Brüder, die im Bilogebirg auf dem Berg Kostajnik sitzen und warten, daß ich sie hole!“

„Aber ihr dürft doch die Dörfer nicht leer und ungeschützt lassen!“ fuhr ich auf, — „der Ungnad —“

„Nischta! — Der Ungnad weiß schon und ist es zufrieden! —

Slušaj, brate, — horch Bruder: meine Späher gehen immer draußen um im türkischen Land. Und so wissen wir es nun: das Land an der Lonja und Ilowa, vom Moslawatzer Gebirg bis zum Papuk und zum Bilo ist zur Zeit leer; — nur ein paar schwache türkische Besatzungen liegen hier und dort in den festen Plätzen. — Von dort ist keine Gefahr. — Trotzdem haben wir die Hälfte der Männer daheim gelassen, für alle Fälle. — Aber, Bruder: aus vierundzwanzig Dörfern die andere Hälfte, — das sind die tausendundzweihundert auf dem Kostajnik!"

Ich war voll ungläubigen Staunens: „Aber wie ging das alles so schnell?"

„Bruder", lachte der Milutin Jugowitsch, — „hast du uns nicht selbst gelehrt, wie man die Feuerzeichen anlegt, das Land hinauf und hinunter, und wie die Boten zu laufen und zu reiten haben, daß man in der Stunde der Not keinen Augenblick nutzlos verliert? — Aber nun laß uns beraten und beschließen, denn die Zeit drängt."

Wir kamen überein, daß in der Mitte der zweiten darauffolgenden Nacht der Milutin mit seinen Leuten sich heimlich von hinten an das große Türkenlager heranschleichen und womöglich auch unbemerkt eindringen sollte. Sobald aber dort der Kampflärm anhöbe, sollte ich mit der Besatzung der Festung das kleine Lager angreifen. Zudem sollte dann von der Mauer herab, was da hielt, gelärmt und geschossen werden, um die Feinde über unsere Absichten zu verwirren.

„Es sind der Türken gut doppelt so viel wie wir", sagte der Milutin zum Abschluß, — „aber mit uns kämpft die Nacht. Und die Nacht ist die Mutter der Hajduken, und sie läßt ihre Söhne nicht im Stich!"

„Milutin Jugowitsch!" sagte ich, um ihn zu ehren, — „du bist ein echter Serbe!"

Aber da machte er eine gleichgültige Handbewegung: — „Was Serb? — Was Krobat? — Uskoken sind wir jetzt, einer wie der andere und alle zusammen! — Und du, Bruder, sollst auch zu diesem unserem Volk gehören, wenn du auch von deiner Mutter eine andere Sprache hast reden gelernt. — Darum, Bruder, bin ich ja jetzt hier!"

Der Tag verging — die Nacht — noch ein Tag. Dann brach die zweite Nacht an, — die Spannung stieg. Ich hatte buchstäblich den letzten Mann herangeholt, die Leichtverwundeten, so weit sie nur halbwegs eine Waffe führen konnten, ein paar junge Burschen aus der Schar der Gefangenen, die wir befreit hatten, ein paar alte Männer aus dem Ort. So hatte ich an die hundert Mann zusammengebracht; — im kleinen Türkenlager mochten fünfhundert oder mehr liegen. —

Etwa eine Stunde vor Mitternacht schlichen wir aus dem Ausfallspförtchen und schoben uns längs der Mauer gegen den Sumpf hin. Denn auch das Türkenlager reichte so wie die Festung bis an das Wasser und war längs des Ufers schwächer verschanzt und wohl auch unbewacht. Nun war aber in den letzten Tagen das Wasser der Drau stark gefallen und der sumpfige Uferboden in der dörrenden Sonnenhitze trockener und fester geworden. Die Türken hatten das anscheinend nicht recht beachtet, aber wir gründeten darauf unseren Plan.

Es ging auf Mitternacht, als wir weit drüben an der nordwestlichen Ecke des Lagers in langer Reihe hinter der Uferböschung versteckt lagen. Mein erstes kriegerisches Erlebnis kam mir in den Sinn: der Überfall auf das befestigte Türkenlager vor der Stadt Wien. — Bloß. Damals war ich der letzte Mann gewesen, heute aber der Anführer des ganzen Unternehmens, — heute hing alles von mir ab.

Undeutlich zog sich vor uns im Dunkel der Lagerwall hin; — von Posten und Wachen war nichts zu sehen. Totenstill das ganze schwarze Zeltgewirr, — auch drüben im Hauptlager kein Laut. — Wir lagen und lauschten.

Da! — Was war das! — Fern links drüben ein Schrei, — jetzt noch einer, — nun Gebrüll, langgezogen, — Rufe, — immer mehr, immer lauter, — Getümmel. — Und jetzt auch nebenan von der Festungsmauer Geschrei und Lärm und vereinzeltes Flintenknallen.

„Los! — Auf!“ zischte ich.

Drei, vier Krobaten schnellen hoch, — vor, — ich ihnen nach, — links, rechts andere. — Schon sind wir über den niedrigen Wall. — „Beisammen bleiben! — Und rasch vorwärts!“ rufe ich halblaut in die Finsternis. Wir laufen durch die Zeltgassen, — stehen nach wenigen Atemzügen auf einem kleinen freien Platz in der Mitte des Lagers, — scharen uns in dichtem waffenstarrendem Kreis, nach allen Richtungen gewappnet, wie ein Igel, sperren alle Zugänge. — Türken tauchen zwischen den Zelten auf, werden an allen Ecken von den Unseren angefallen, niedergestochen, zusammengehauen. — Lauter gellt nun das Geschrei von der Mauer her, verwirrt die Türken im Lager vollends, denn sie wähnen, von dort drüben her kämen die Angreifer, — wo doch wir uns bis jetzt völlig still und lautlos verhalten haben. Überall strömen nun die Türken zwischen den Zelten und Wagen nach vor, ihrem Lagerwall zu, wo er der Festungsmauer gegenüberliegt; — und wir sind mit einem Mal hinter ihnen, in ihrem Rücken. — Auch vom Hauptlager her schwillt der Lärm an, gellt und tost es, — Flammen lodern dort auf, — schon brennt das große Lager an vielen Stellen.

Die Überraschung ist uns zu gut geglückt; — jetzt können die Türken nicht mehr ihrer Verwirrung Herr werden. Hiehin laufen sie und dorthin, finden nicht zueinander, nicht zu ihren Anführern, — überall begegnen sie den Unsern, prallen gegen unsere Spieße und Schwerter; — schon liegen die Erschlagenen in Haufen zwischen den Zelten.

Die Türken weichen; — wir verschwinden auf kurzes Zurufen in der Finsternis, sammeln uns im hinteren Teil des Lagers, laufen ein Stück zwischen den Zeltreihen und dem Wall vor, — und sind auf einmal an einer unvermuteten Stelle wieder im Rücken der Türken, als geballte Masse, in neuem, wilderem Stoß.

Was weiß ich, wie oft wir im Gewühl die Lagergassen entlanggerannt sind, — wie der Widerstand der Türken immer schwächer und planloser wurde. Eine Stunde mag es gedauert haben, dann sind wir die Herren im kleinen Lager, regt sich nirgends mehr Widerstand. Wir sammeln uns draußen vor dem Wall, eilen in geschlossener Ordnung über das Feld zum Hauptlager. Gruppen von Türken kommen uns entgegen, — prallen zurück, wie sie uns erkennen, — zu spät: schon stoßen unsere Piken und Hellebarten zu, stürmen wir dem großen Lager zu — und hinein!

Auch hier Türken in Massen, aber auch sie in Verwirrung und Kopflosigkeit. Und hinter ihnen, zwischen den Zelten hervor, heiseres Gebrüll, — serbische und krobatische Laute! —

Es war schon das Ende des Kampfes, zu dem wir hier eben noch zurechtkamen. Was von den Türken den wütenden Uskoken der Jugowitsche und ihren Blutsbrüdern entging, das suchte nun sein Heil in wirrer Flucht, — verschwand in der Nacht. Als die Morgendämmerung über die Greuel der Verwüstung aufstieg, da war niemand mehr, der sich noch gegen uns gewehrt hätte.

Mitten im Lager traf ich auf den Milutin und schüttelte ihm die Hände. — „Gott war mit uns, Bruder!" sagte er, sonst nichts.

Unsere Reiter haben die flüchtigen Türken auf der Heerstraße an drei Meilen weit verfolgt; erst vor Werwetitz haben die sich wieder einigermaßen gesammelt und Widerstand geleistet und sich dann in die Festung zurückgezogen.

Es war ein großer Sieg. Nicht so sehr ein Sieg unserer Kampfführung und unserer Tapferkeit, als vielmehr ein Sieg der Planung und Ordnung im Land. Hätte der alte Juritschitsch nicht seinen großen Gedanken von den Dörfern der Bauernkrieger an der Grenze gehabt, hätte er ihn nicht so zielbewußt und starrköpfig gegen alle Widerstände durchgesetzt, — nie wäre dieses große schlagkräftige Aufgebot aus dem Nichts — noch dazu in so kurzer Zeit, — möglich gewesen. — Es war ein Sieg, — nicht so sehr der Jugowitsche, noch weniger mein eigener, — es war ein Sieg des alten Juritschitsch, — ein Sieg der Grenze!

Kloschtar, am 11. Septembris

Die Türken sind nicht mehr wiedergekommen; auch was an Verstärkung von Esseg her noch unterwegs war, ist umgekehrt; — so haben es unsere Späher gemeldet. Damit sind nun auch in diesem Winkel der

Grenze Ruhe und Sicherheit wieder hergestellt; — für wie lang freilich, — das weiß kein Mensch zu sagen.

Die Jugowitsche mit ihren Scharen sind bald wieder abgerückt, reich mit Beute beladen; auch der Frankopan ist schon mit dem Rest der Seinen heimgezogen. Ich wäre wohl auch zu gern gleich aufgebrochen, muß aber noch hierbleiben und nach dem Rechten sehen, bis der Ungnad einen neuen Burghauptmann schickt. Vor allem gilt es jetzt, die Befestigungen und Wohnhäuser wieder einigermaßen instand zu setzen, ehe der Winter kommt.

Kloschtar, am 13. Septembris

Der neue Burghauptmann ist gekommen, ein hitziger grobschlächtiger junger Kerl aus dem Friaul, adeliger Abkunft; — Rinaldo von Strasoldo nennt er sich. Er hat zuvor schon in des Kaisers Heer gedient, aber wegen unterschiedlicher Raufhändel außer Landes gehen müssen. Dann war er in venezianische Dienste getreten, wo er, wegen abermaliger Totschlägerei, einige Monate eingekerkert gesessen ist, aber zuletzt hatte flüchten können. Danach hielt er es für gut, hier an der Grenze unterzutauchen, in einer anderen Welt, weit weg aus der Reichweite jeder rächenden irdischen Gerechtigkeit. — Bietet sich aber hier bei uns nicht wirklich allezeit Platz und Arbeit für Raufer und Schläger, die das Herz auf dem rechten Fleck haben?

Mich aber soll nun hier in Kloschtar nichts mehr halten!

Kreutz, am 15. Septembris

Hier in Kreutz bin ich mit dem Ungnad zusammengetroffen. Als er vor mir stand und mir die Hand schüttelte, sah ich ihn zum erstenmal so richtig lachen.

„Das, was geschehen ist vor der Festung Kloschtar", hat er gesagt, „das war so recht eine Probe auf's Exemplum. Und wollen wir es als ein gutes Omen nehmen für alles weitere. — Wo wir das Land dem Feind preisgeben müssen, dort ist es nun geschehen, dort haben wir in diesem Sommer die letzten Dörfer und festen Plätze verlassen. Aber wo wir jetzt stehen, da gehen wir keinen Schritt mehr weiter zurück! Nun soll die Grenze hier wie anderswo eine scharfe Linie durch das Land sein, über die kein Feind kommt, es gelüste ihn denn nach blutigen Köpfen!"

„Ja", lachte ich, „vor Kloschtar hab ich deren genug gesehen."

Der Ungnad war schon wieder ernst geworden. — „Leider geht es nicht überall so nach Wunsch wie bei uns."

Und als ich ihn fragend ansah, setzte er hinzu: „Bist ja jetzt ein Monat lang in der Einschicht abgeschlossen gewesen von aller Welt und hast nicht erfahren, was sich in Hungarn zugetragen hat."

Ich schüttelte den Kopf, und der Ungnad fuhr fort: „Drunter und drüber ist es dort gegangen. — Zuerst ist der Török wieder zum Kaiser übergelaufen. — Auf das hin ist der Sultan mit Heeresmacht nach Hungarn vorgerückt. Die Unseren erfahren das, und des Erzherzogs Armada marschiert allsogleich auch nach Hungarn. Geführt hat sie der Wilhelm von Roggendorf, du weißt ja, er war auch anno neunundzwanzig in Wien mit dabei, — ein guter Kriegsmann, aber ein alter Zittergreis jetzt eben schon. Der hat noch schnell die Festung Ofen einnehmen wollen, bevor der Sultan heran ist. Was kam dabei heraus? — eine endlose Belagerung. Und wie es der Teufel so will, bricht im Lager des Roggendorf noch dazu eine Seuche aus; — jedenfalls: die Armada kommt auf den Hund vor Ofen, und der Sultan, wie er zuletzt mit seinem Heer erscheint, gibt denen den Rest. Es sollen nicht allzu viele von ihnen wieder heimgekommen sein."

„Der Katzianer!" — entfuhr es mir, — „des Katzianers Geist! — Was der in Slawonien vor Esseg getrieben hat, das machen die jetzt in Hungarn vor Ofen! — Machen es ihm glattweg nach!"

Ich mußte an mein Gespräch mit dem Niklas Zrinji denken, an die Idee einer Militärgrenze durch ganz Hungarn bis hinauf ins große Waldgebirg. Vielleicht bedeutet diese Katastrophe von Ofen jetzt für die dort drüben dieselbe Lehre, bewirkt sie dieselbe Einsicht, Einkehr und Umkehr wie bei uns damals das Unheil von Esseg.

Der Ungnad hatte weitergeredet. „Dabei haben die in Wien noch ein gehöriges Maß an Glück gehabt. Denn wenn es dem Sultan nun eingefallen wär, geradewegs gegen des Reiches Haupt- und Residenzstadt zu ziehen, nichts wäre da gewesen, was ihn daran gehindert hätte. Nur war es eben dem Sultan jetzt schon zu spät im Jahr; — er hat ja, wie man sieht, seinerseits schon was gelernt aus vergangenen Mißerfolgen! — und so hat er weitere Unternehmungen bleibenlassen. Er hat bloß den Török, der ihm in die Hand gefallen war, öffentlich hinrichten lassen und dann am 29. Augusti, dem Jahrestag der Schlacht von Mohatsch, einen türkischen Statthalter in Ofen eingesetzt, seinen Namensbruder, den Suleiman Pascha, — ist kein eigentlicher Türk, sondern ein hungarischer Renegat, aber mit dem nur noch schlimmer. Damit hat also der Sultan nun die Kernlandschaft von Hungarn an der Donau mit ihrer Hauptstadt Ofen in aller Form zum türkischen Reichsgebiet erklärt, wo er es bis dahin immerhin bloß wie eines Vasallen Land gehalten hat. Des Zapolyas Erben sollen mit dem Großfürstentum Siebenbürgen abgespeist werden." —

Dann, nach einer Weile des Schweigens, mit einer plötzlichen Bewegung, sagte der Ungnad: „Willst noch einen Becher Wein mit mir trinken, eh wir uns Lebewohl sagen?“

Ich folgte dem Obristen gern.

Bin es nicht imstand, mir im Augenblick über alles vom Ungnad Berichtete viel Gedanken zu machen. — Was schert mich denn auch der Zapolya; — ich hab jetzt andere Dinge im Kopf! — Morgen reite ich über Warasdin heim, — heim nach Ladanje!

Ladanje, am 18. Septembris

Wahrhaftig, — mich dauern alle Spießer und Bürger, die ihr Lebtag lang in warmen Stuben sitzen, und nie hinaus müssen ins Ungewisse, in den Sturm, in die Not, die Gefahr! Denn nur wer den Tod kennt, kann das Leben fassen, — kann es voll gewinnen! —

Ich hatte mein Kommen durch einen Boten angekündigt; — am Ortsrand lauerten schon des Janko Ptakowitsch Buben mit ihren Freunden, und als ich in das Dorf einzog, war schier alles auf der Straße und empfing mich, als wär ich der Kaiser selber. Jela kam mir in ihrer Festtagskleidung entgegen, — und in den Händen trug sie eine große irdene Schüssel mit Früchten, Äpfeln und Birnen, Zwetschken und Trauben; auch weißes Brot und Honigkuchen waren dazwischen, und bunte Herbstblumen schmückten das Ganze als ein Kranz.

„Herr, du kommst eben, da wir mit der Ernte fertig sind!“ sagte Jela, — „und du sollst von allem haben, was unser Dorf hervorgebracht hat. Denn du hast für uns alle gekämpft und hast geholfen, daß auch unser Dorf gerettet worden ist.“

Und leiser setzte sie hinzu: „Was wären wir Frauen und Kinder ohne euch Männer, die ihr für uns kämpft und uns schützt!“

Ich trat auf sie zu, faßte sie bei den Händen: „Nein, Jela; — es ist anders: was wären wir Männer ohne euch Frauen und Kinder, für die zu kämpfen unserem Leben erst seinen Sinn gibt!“ —

Und dann nahm mich das Dorf wieder auf und die Häuslichkeit und die Kinderschar, — und ich fühlte mich nur mehr als ein namenloser Mensch der Grenze, ein Einheimischer, ein Bauersmann, — so bescheiden und zufrieden und glückselig. —

Am Abend sammelte sich jung und alt auf dem Dorfanger; die Tamburitza, die Zupfgeige mit den schwirrenden Drahtsaiten, spielte den Burschen und Mädchen zum Tanz auf, zusammen mit dem quäkenden Dudelsack und der schrillen Blockflöte. Und zwischendurch erklangen zu den schwermütigen Tönen der Gusla Heldenlieder, alte und neue, — und es war darin nicht nur vom Kraljewitsch Marko und dem König Matija, dem Raben, die Rede, sondern auch schon vom Niko Juritschitsch und sogar vom Milutin Jugowitsch.

„Mi jesmo junaci — mi jesmo graničari!" — Wir sind Helden, — wir sind Grenzer! — Es war ein neues Lied und doch ein uraltes. —

1542

Kreutz, am 15. Martii 1542

Es ist heuer ein recht kurzer und milder Winter gewesen, und früh und lau ist der Lenz gekommen.

Mir sind die Wochen in meiner Kreutzer Hauptmannschaft mit viel alltäglicher kleiner Arbeit hingeflossen. Etliche Scharmützel und Streifzüge hat es dann und wann gegeben, und ich bin viel über Land geritten, nach meinen Grenzdörfern im Osten, aber auch zwischendurch immer wieder einmal nach Warasdin und nach Ladanje.

Ich hab auch selten genug einen Gast bei mir gesehen. Bloß vor einem Monat etwa ist der Kapitän Fregoso nach Kreutz gekommen.

„Wohin geht die Reise diesmal?“ fragte ich ihn, denn er zog offensichtlich wieder als Gesandter aus.

„Nach Venedig.“

„Ei, da muß ich Euch aber beneiden! Was hab ich von dieser Stadt nicht schon rühmen hören, von ihrem Glanz und ihrer Schönheit!“

„Es ist mein Auftrag zu wenig erfreulich, als daß Ihr mich zu beneiden Grund hättet.“

„Was habt Ihr denn gar zu verhandeln?“

„Zusammen mit ein paar Herren aus Kroatien soll ich es den Venezianern im Namen des Erzherzogs genehm machen, daß jener endlich eine kleine Flottilla schaffen möcht in seiner Hafenstadt Triest. Damit wir dann unsere Küste am Adriatischen Meer überwachen und türkischen Angriffen auf unsere Häfen in Hinkunft zuvorkommen können.“

„Haben denn da die in Venedig etwas dreinzureden?“

„Nun, leider eben doch. Venedig ist noch immer die stärkste Seemacht, — und wenn wir die Hände frei haben wollen gegen Türken und Franzosen, so können wir nicht im Rücken noch einen dritten Feind brauchen.“

„Aber sind denn die Venezianer nicht von Natur unsere Freunde und Verbündeten, — wo doch die Türken unsere gemeinsamen Erbfeinde sind?“

„Das sollte man so glauben, sicher! — Aber wo sie nun den Kaiser und den Sultan in gleicher Weise zum Nachbarn haben, fürchten sie sich vor beiden, suchen mit gerissenen Ränken einen gegen den anderen auszuspielen. Dabei hätten sie allen guten Grund, euer Werk hier zu unterstützen. Sind doch dank dieser Militärgrenze seit einem Dutzend Jahren die Türken nicht mehr in des Kaisers Erblanden eingefallen, und ist damit auch das dahinterliegende venezianische Festland wohlgesichert geblieben."

„Wie groß soll denn unsere geplante Flottille in Triest werden?" fragte ich.

„Ein Kaperschiff und zwei Brigantinen."

„Was? — Und dagegen sollten die Venezianer schon Einwände haben?"

„Gerade deswegen! Denn es ist kein Geheimnis, daß es mit der meerbeherrschenden Republik der Dogen in den letzten Jahrzehnten langsam, aber sicher bergab geht. Daher sind sie bemüht, wenigstens den äußeren Schein ihrer Vormacht zu wahren."

„Nun, Ihr werdet die Sache des Kaisers schon in Ehren vertreten; an Rhetorik wird es Euch nicht fehlen."

„Was heißt hier Rhetorik? — Ein handfestes Heer aus deutschen und hispanischen Kriegsknechten, — das hat noch allezeit die einzig richtige Sprache gesprochen, daß es die Welschen verstanden haben!"

„Seid Ihr aber nicht selber ein Welscher, Kapitän?" fragte ich, fast vorwurfsvoll.

Aber der antwortete hart und scharf: „Welscher und Welscher ist zweierlei; — und der eine hat Ursach, sich des anderen zu schämen!"

Am 5. Aprilis

Kundschafter haben mir Nachricht gebracht: die Türken gehen daran, in den verödeten Gebieten, die wir ihnen überlassen haben, hier und dort die Dörfer wieder aufzubauen und sie mit muselmanischem Volk zu besiedeln, aber nicht mit Zuwanderern aus fremden Ländern, sondern mit Menschen aus dem Bosnischen, — mit solchen, welche dieselbe Sprache reden wie unsere Uskoken, aber zum türkischen Allah beten. Da wächst uns also drüben eine feindliche Nachbarschaft zu, nicht weniger hart und wild als unser Grenzvolk herüben. Und ich sehe vor uns einen Bruderkrieg ohne Ende, wie ein solcher immer der grausamste und erbarmungsloseste von allen ist.

Ich war froh, daß der Niklas Zrinji eben jetzt zu mir kam, und ich mit ihm reden konnte über das, was mich bedrückte.

„Hab ähnliches auch schon von anderen Orten vernommen", sagte er, — „sollt mich auch wundern, wenn der Türk nicht ebenso klug wär wie wir. Über kurz oder lang werden wir nicht nur eine kaiserliche Militärgrenze haben, sondern auch eine türkische, vom Velebit bis zur Una und weiter bis zur Drau."

„Wahrhaftig", fuhr er fort, — „den Türken ist es besser gelungen als den Unsrigen, Streit und Uneinigkeit unter den Adeligen und im Volk beizulegen. — Einig sind die nun alle, — einig im Kampf für den Islam und einig im Haß gegen ihre christlichen Landsleute. Dies ist den Türken umso leichter gelungen, als sie jeden, der sich zum Glauben des Muhammed bekehrt, als einen der Ihren aufnehmen und ihm gleiche Rechte gewähren: er braucht weder Steuern zu zahlen noch seine Kinder herzugeben, er hat nur die Pflicht, zu kämpfen, für den Sultan, für das Osmanische Reich und für den muselmanischen Glauben. — Gerade das Raufen und Dreinschlagen fällt diesem bosniakischen Volk aber am wenigsten schwer."

„Und nun ist also anzunehmen", sagte ich nach einer Weile, „daß Menschen solcher Art in Hinkunft drüber der Grenze gerade so leben und wirken werden als Bauernkrieger für den Sultan, wie wir sie hier für den Kaiser ansiedeln."

Der Zrinji nickte stumm. —

Immer neu steigen dunkle Wolken von Osten her über unser Grenzland, — über uns. —

Kreutz, am 30. Aprilis

Was wir befürchtet, ja erwartet haben, bestätigt sich schon jetzt: die türkischen Grenzsiedler drüben, die bosniakischen Bauernkrieger, befestigen und umwallen ihre Dörfer nicht viel anders, als wir es tun, und bauen dazwischen Schanzen, Wachttürme und feste Häuser. Ich bin selbst auf Kundschaft ausgeritten und habe von manchem Waldrand aus, von manchem Felsgipfel herab und aus manchem Gestrüpp heraus derartiges beobachten können. — Wird also in Hinkunft ein hartes Wachen und Lauern sein, Aug in Aug, die Hand allezeit am Schwertgriff und am Hahn des Rohres. — Wie lange wohl?

Nun, wir wollen jedenfalls den Türken mit gleicher Münze zahlen! Es sind in der Zwischenzeit ein paar hundert christliche Flüchtlinge aus Bosnien mit ihren Familien in die Kreutzer Hauptmannschaft gekommen. Denen habe ich Bauernland droben im Gebirg zugewiesen, zwischen dem Kalnik und dem Bilo, wo die Straße von Kreutz nach Kopreinitz über die Höhe geht. Ist eine wichtige Stelle das, und ich kann mich wohl darauf verlassen, daß die christlichen Bosniaken sie besonders hart bewachen und verteidigen werden, wenn einmal ihre muselmanischen feindlichen Stammesbrüder kommen sollten. —

Am 30. Maji

Nach des Ungnad Willen und Anordnung bin ich nun dabei, meine Kreutzer Grenzhauptmannschaft noch straffer zu ordnen als bisher und sie mehr noch einem rechten Landsknechtsregiment ähnlich zu machen. In den Uskokensiedlungen soll nun jeder von seinen Dorfgenossen frei erwählte Häuptling, der über hundert oder mehr Krieger gebietet, Dorfhauptmann heißen, und er soll sich aus seinen Bauern einen Locumtenenten auswählen, einen Fähnrich und etliche Rottmeister, die von den Landständen Sold beziehen sollen. Der Dorfhauptmann oder auch Wojwode selbst soll im Jahr fünfzig Gulden rheinischer Währung bekommen. Alle übrigen Krieger erhalten keine Besoldung, sind aber gemäß dem großen Privilegium für alle Zeiten von Steuern, Kontributionen und sonstigen landesüblichen Abgaben befreit und sollen in allem übrigen nach ihren eigenen herkömmlichen Gebräuchen gehalten werden. Mir aber, als dem im Namen des Königs vom obristen Feldhauptmann der Grenze eingesetzten Oberhauptmann sollen alle in der Kreutzer Grafschaft gelegenen Uskokendörfer unterstellt sein.

Die Dorfleute sind nun gehalten, jeweils den dritten Teil ihrer wehrfähigen Männer nach der Stadt Kreutz zum Wachtdienst zu stellen und sie allmonatlich abzulösen. Diese Männer bleiben aber nicht in Kreutz, sondern kommen in die vorderste Grenzlinie, wo mittlerweile aus Schanzen und Verhauen, Türmen und Blockhäusern eine hinlänglich dichte Reihe von Befestigungen entstanden ist. Wir aus der Kreutzer Hauptmannschaft haben unseren Abschnitt drüben auf den Höhen der Moslawatschka Planina.

Kreutz, am 12. Junii

Am Anfang jedes Monats soll die Grenzwache abgelöst werden, so ist es angeordnet. Der Weg von Kreutz dahin ist weit, gute sechs Meilen; das sind zwei oder drei Tagesmärsche. Durch Hügelland geht es zuerst durch Wiesen und Felder, Weinberge und Obstgärten, mit lichten Eichenwäldern untermischt. Schon färben sich Weizen und Gerste golden, reifen Hirse und Buchweizen der Ernte zu; — lägen die freundlichen sauberen neuen Dörfer nicht geduckt hinter Wällen und Palisaden, zögen die hochbeladenen schwankenden Heuwagen, die muhenden Rinder, die grunzenden feisten Schweineherden nicht durch feste Tore aus mächtigem Blockwerk, mit Türmen und Zugbrücken, Fallgittern und Schießscharten, man könnte glauben, irgendwo in den kaiserlichen Erblanden zu sein und im tiefsten Frieden.

Dann geht es hinaus in die Ebene der Tschasma mit ihren Sümpfen und Teichen, Auen und Schilfdickichten. Spärlicher sind hier die Dörfer, lang hingestreckt, Giebel an Giebel, säumen sie die Straße, die sich auf höhergelegenen Geländerücken durch die Sumpfwildnis windet.

Und dann steigen, jenseits des Flüßchens, die hügeligen Ausläufer der Moslawatschka Planina auf, dichter und dunkler bewaldet, steiler, stiller, — gefährlicher. Vereinzelte Dörfer nur mehr, — Jugowatz, Hajdukowatz, Mirjanino und andere, — von den Tapfersten der Tapferen erbaut, bewohnt und bewacht, — dem Feind zum Trotz gerade vor seiner Nase. — Dahinter nur mehr Berg und Wald, menschenleere Öde. — Und noch weiter dahinter irgendwo — der Türk!

Bei dem verbrannten, nicht wieder aufgebauten Dorf Samaritza beginnt unser Grenzabschnitt. Ein Karrenweg, kaum mehr zu erkennen, zieht sich durch die Senke nach Osten hin; irgendwo verschwinden die Spuren im dicht verwachsenen Unterholz des Waldes. Von jedem Pfad drohen Gefahren, können Späher kommen, schleichende Scharen, Mordbrenner! — Diesseits der Senke, wo die Anhöhe einen guten Ausblick bietet, steht, hinter Buschwerk und Bäumen verborgen, ein Blockhaus, niedrig, aber fest. Ein Rottmeister mit acht Männern liegt darin; — ständig, Tag und Nacht, spähen zwei Paar scharfe Augen unermüdlich den Pfad entlang. —

Dichter Wald, verwachsen, verfilzt, — dann ein kleiner Felsgipfel, der Oschtri Zid, die Scharfe Mauer, — eine Mauer auch für uns jetzt! Eine kleine Hütte unterhalb des Gipfels, auf dem Felsen aber ein Spähposten, weit über die Wälder und Höhen blickend und ins Land hinaus; — kein Rauch, kein Feuerschein, keine Staubwolke, die ihm entgeht.

Wieder Wald, wieder ein Blockhaus, wieder ein verfallener, verwachsener Weg zum Feind, — immer wieder dasselbe Bild, — und immer wieder dieselbe scharfe Wachsamkeit, derselbe verbissene Grimm. — Dann, gegen Norden hin, wird das Land offener, — und dichter und stärker wird die Kette unserer Wachtposten. — Ja, — ganz dicht und stark müßten sie sein, so eng beisammen, daß ein jeder seinen Nachbarn im Auge hat und das Land dazwischen überschauen und überwachen kann, und so nah dahinter müßten die bewohnten Dörfer liegen, daß jederzeit im Nu Hilfe gebracht werden kann. — Ein Wunschtraum ist das freilich vorläufig bloß, — aber ist es nicht das Wichtigste, zu wissen, was nottut? Mögen dann unsere Söhne und Enkel vollenden, was wir ersonnen und begonnen haben.

Ich brauche fast zwei Tage, um unseren ganzen Grenzabschnitt abzureiten, mühsam und anstrengend. Aber es verlohnt sich! — Es gibt Stolz und Zuversicht. Und die brauchen wir! —

Auf dem Heimweg bin ich über Blatnitza gekommen, wo der Vidoje Trnowitsch Dorfhauptmann ist. Er hatte, nach serbischem Brauch, kleine Fleischwürfel, untermischt mit Speck, Zwiebel, Nieren und Würzkräutern, am Spieß über Kohlenfeuer gebraten, und nun saßen wir nach dem Mahl im Eckturm seiner eichenholzgezimmerten Bauernburg und besprachen dies und jenes.

„Du weißt doch vielleicht, Herr", sagte der Vidoje, „daß ich lange Zeit in den Ländern des Sultans zugebracht habe. Bin als junger Bursch in meiner Heimat in Dalmatien von den Tataren gefangen und weggeschleppt worden, dann aber, da ich zuvor das Zimmermannshandwerk erlernt hatte, von den Heiden zu allerhand Bauarbeiten herangezogen worden, bis ich zuletzt mit Gottes Hilfe entlaufen und zu den Hajduken gegangen bin. Hab aber vorher bei den Türken einiges gesehen und gelernt, was mir Nutzen zu haben scheint.

Sieh, Herr: die Türken bauen da eine seltsame Art von Wachthäusern, an Straßen, Brücken und dergleichen. Es sind nicht so sehr Häuser als vielmehr Türme, aus Holz oder aus Stein, drei oder vier Klafter hoch und oben mit einem überdachten Raum, der wie ein Erker oder ein Gesims ringsum vorspringt. Man kann von solch einem Turm aus das Land weit überschauen, ist gegen Überraschungen wohl geschützt und kann sich, von oben herab, eines angreifenden Feindes leichter erwehren. Die Türken nennen ein solches Bauwerk eine Tschardak, und ich denke, solche Tschardaken wären auch an unserer Grenze sehr von Nutzen, vor allem überall dort, wo die Natur des Landes selbst uns wenig Schutz und Hilfe bietet."

Das leuchtete mir alles sehr ein, und ich gab dem Vidoje Trnowitsch Auftrag, drüben im Hügelland zwischen Ruskowatz und Ploschtschitza, nach gutem Plan verteilt, ein paar solche Tschardaken aufzurichten. Wir wollen dann sehen, wie sich das bewährt.

Ladanje, am 25. Julii 1542

Als hätte der Teufel selbst seine Hände im Spiel, so gab es in den vergangenen Wochen in meiner Hauptmannschaft dermaßen viel zu bestellen und anzuordnen, zu überwachen und zu überprüfen, daß es mir nicht und nicht gelang, mich einmal für ein paar Tage frei zu machen und nach Ladanje zu kommen.

Aber jetzt war endlich alles in Kreutz geregelt und erledigt. Ich ritt die elf Meilen Weges an einem Tag und in einem Zug durch. Im Morgengrauen war ich aufgebrochen, sprengte nach Kosteinitz und dann die Heerstraße dahin durch das Hügelland gegen Warasdin zu. Zweimal wechselte ich unterwegs das Pferd und nahm mir nicht einmal Zeit, den gelben Lehmstaub abzuwischen, der sich immer dicker auf Stiefel, Hosen und Sattel legte.

Es wurde später Nachmittag, bis ich nach Warasdin kam, wo ich dem Ungnad noch Bericht zu erstatten hatte, und die Sonne stand schon tief über den krainischen Grenzbergen im Westen, als ich endlich weiter ritt, hinaus ins heimatliche Draufeld.

Und da war Ladanje, — da war das Haus der Ptakowitsche, — und da saß im Zwetschkengarten, vom warm goldenen Licht der sinkenden Sonne verklärt, auf der Türschwelle ein junges Weib und stillte ein neugeborenes Kind, — mein Kind!

„Herr!" sagte Jela, als sie sich meinen Küssen entwand, voll Stolz: „Es ist ein Sohn!"

Ja, — ein Sohn! — Konnte es anders sein? — Und hab ich nicht jetzt alles, was ein Mann begehren kann? —

„Weißt du", erzählte mir Jela später, — „an dem Abend, wo ich gefühlt hab, ich würde nun in der Nacht gebären, da hab ich die Rodjenitzen, die Schicksalsfrauen, im Traum gesehen; drei schöne Jungfrauen waren es in langen weißen Gewändern. Die traten an die Wiege und huben an zu reden. Und die erste sagte: er soll werden wie der Baum im Wald; — und die zweite: er soll sein wie das Dorngestrüpp am Weg; — und die dritte: er soll vergehen wie das Korn auf dem Feld. Ich hab's nicht verstanden, wie sie das gemeint haben. — Oder weißt du mir den Spruch der Rodjenitzen zu deuten?"

„Ach", sagte ich lachend, — „mich deucht, sie haben da gar nichts so Besonderes geweissagt. Das will bloß heißen, daß dieser unser Sohn ein rechter Grenzer werden soll, ein braver Bauer und wackerer Krieger, ganz ein Mann dieses Landes. Denn wächst hier nicht ein jeder auf wie das Holz im Wald, hart und zäh und wild und knorrig, — ist nicht das ganze Volk eine einzige starrende Dornenhecke, die den Eindringling abwehrt, — und fällt hier nicht jeder zuletzt wie das Korn vor dem Schnitter, stumm und groß und schlicht?"

„Ich hätt aber gewollt", flüsterte Jela und schmiegte sich an mich, — „daß dieser ein Großer wird, — so einer wie du!"

Ich mußte sie wieder herzen und zugleich lachen über ihre Worte. — „Was bin ich denn schon Großes?" fragte ich. — „Daß ich ein kaiserlicher Hauptmann bin? — Das wird bald einer. — Jela, weißt du, wer der Vater der Grenze gewesen ist? — Das war der alte Obrist

Bild oben:
Landsknechtoffizier mit Knechten auf dem Marsch (K. A.).

Bild unten:
Kriegsräte und Musterherren — Werbeoffiziere, teils im ganzen Feldharnisch; Bewaffnung: Schwerter und Degen.
Kriegsbuch Fronsperger (K. A.).

Abb. 40. Landsknechte ca. 1540. Holzschnitt von H. S. Beham (1500—1550). München, Kupferstichkabinet. Nagler Mon. III 1511, 82.

Niklas Juritschitsch. Der ist auch mein Vater geworden, ehe er gestorben ist. Und wir wollen diesen unsern Sohn hier Niko nennen, denn es ist gut, wenn der Enkel den Namen des Großvaters trägt."

Jela nickte mit glücklichen Augen.

Kreutz, am 17. Augusti

Früher als erwartet ist der Kapitän Fregoso auf seiner Rückreise bei mir eingekehrt.

„Was habt Ihr ausgerichtet in Venedig?" fragte ich ihn.

Er verzog den Mund. — „Genau das, was ich erwartet habe: nichts!"

„Was aber haben die Venezianer vorgegeben, — als Begründung ihrer Ablehnung?"

„Es sei seit hundert und mehr Jahren vertragliches Vorrecht, daß allein die Seerepublik des heiligen Markus auf dem Adriatischen Meer Kriegsschiffe halten dürfe; — zumal, wie sie hinzufügten, alles Küstenland nach der Türkei zu ohnehin in ihrer Gewalt sei: Friaul und Istrien, Dalmatien und Albanien, Modon und Malvasia, — von den Inseln allen gar nicht zu reden."

„Soviel ich weiß", entgegnete ich, „gibt es aber auch eine königlich krobatische Meergrenze, und der Türk sitzt auch schon dort und da an der Küste und hat manch einen Hafen in den Händen."

„Jaa, —" sagte der Fregoso gedehnt, — „manch ein Mensch, der ins Greisenalter kommt, wird kurzsichtig und beschränkt, kleinlich und halsstarrig, — und das meerbeherrschende Venedig wird eben alt!"

„Was aber des Erzherzogs Schiffahrtspläne anlangt", fuhr er fort, „seine Flottilla auf der Donau wenigstens kann er ungestört auf-

Bild oben:
Lagerleben im 16. Jahrhundert.
Frauen und Kinder, oft in großer Zahl, zogen mit dem Regimentstroß mit; die Frauen sorgten für die Verköstigung und Bekleidung der Landsknechte, waren dem Regiment stets aber auch ein beschwerliches Anhängsel.
Holzschnitt in der Art des Hans Sebald Beham, 1500—1550 (—).

Bild unten:
Landsknechte um 1540, teils in Harnischen mit Helmen, teils in den typischen geschlitzten Gewändern, den „Zerhauenen", mit Landsknechthut. Waffen: Spieße, Cousen, Helmbarten, Schwerter und Degen.
Holzschnitt von H. S. Beham, 1500—1550 (—).

stellen, wider die haben die Venezianer weder ein Recht noch eine Macht."

„Davon hab ich auch noch nichts gehört. Wie groß soll diese Flotte denn werden?"

„Ich weiß es nicht genau; ein Dutzend Schiffe wohl. Und in Wien wird ein eigenes Flußschiffahrtsarsenal gebaut, nahe bei Maria Stiegen, noch innerhalb der Stadtmauer, und dabei ein Hafenbecken, das vom Stadtgraben her mit Wasser gefüllt wird."

„Ei, da staun ich! — Und woher holt der Erzherzog die Mannschaften? — Nimmt er dazu wieder Welsche?"

„Ich selber hab ihm abgeraten davor; so werden nun hispanische Seeleute kommen. Und es ist zu hoffen, daß die sich auf dem Donaustrom nicht minder bewähren werden als auf dem Mittelmeer."

„Ja", sagte ich. — „Was des Kaisers Flotte dort den Türken immer wieder Abbruch tut, das alles entlastet uns in Slawonien und in Hungarn schon sehr."

„Dazu kommt, daß schließlich auch die Portugiesen mit uns im Bund sind, — ist doch des Kaisers Karl Gemahlin eine portugiesische Prinzessin, — und die kommen nun hinten herum um ganz Afrika und fallen die Türken im Indischen Meer vom Rücken her an."

„Da schlag doch der Teufel drein!" entfuhr es mir. — „Weit in Indien und in Afrika haben wir Schiffe in Menge, — aber hier vor unserer Nase, vor Zengg und vor Triest, dürfen wir nicht einmal drei Kähne haben."

Der Fregoso lachte. — „Ist auch wieder nicht gar so arg. — Das, worum der Kaiser in aller Form anzusuchen genötigt ist, wird ihm natürlich abgeschlagen. Aber es gibt andere, die fragen gar nicht, und denen kann Venedig daher auch nichts verbieten, — und diejenigen sind wohl nicht der Kaiser selbst, aber sie sind gut kaiserlich! — Also, was wollt Ihr mehr?"

„Wer sind aber nun diejenigen wieder?" fragte ich gespannt.

„Wer sollen sie schon sein, — dort am Meer wie hier im Land? — Uskoken natürlich!"

„Erzählt mir doch von ihnen! — Schon der alte Juritschitsch hat mir vor Jahren derartiges angedeutet."

Der Fregoso wiegte lächelnd den Kopf. — „Erzählen? — Ich wüßt Euch da etwas Besseres! Hört: jetzt reise ich nach Wien, dem Hofkriegsrat Bericht zu erstatten. Aber im Herbst werde ich wohl nochmals hinunterreiten an die Meergrenze. Begleitet mich dann; — der Ungnad wird Euch sicher für ein paar Wochen beurlauben, — zumal es sein und Euer Schaden nicht sein wird, wenn Ihr die Grenze wirklich von einem bis zum anderen Ende selbst kennenlernt, von der Drau bis zur Adria, von Warasdin bis Zengg."

Nun, — das gedenke ich zu tun!

Kreutz, am 14. Septembris

Die Grenze steht — und hält! Seit Monaten ist es dem Feind nirgends mehr gelungen, tiefer in unser Land einzudringen, wiewohl er es hier und dort versucht hat.

Ich bin auch diesmal wieder meinen ganzen Grenzabschnitt entlanggeritten bis hinüber nach Ruskowatz, wo der Vidoje Trnowitsch an der Arbeit ist. Etliche von seinen Tschardaken stehen schon aufrecht, aus festen Stämmen gefügt: unten ein luftiges Gerüst und obenauf in der Höhe ein festes Blockhaus. Schier wie ein Taubenschlag schaut so etwas aus, — aber die Türken werden sich wundern, wenn die Vögel, die drin nisten, erst zu gurren anheben! Unten auf dem Boden aber umgeben die Werkleute jede Tschardake mit Gräben und Wällen und festigen diese mit runden Pfählen, die, beiderseits zugespitzt, dicht nebeneinander in das Erdreich geschlagen und mit Weidenruten fest zusammengeflochten werden. Wie ein Zaun ist es, — ein fester Zaun um jeden Wachtturm, — ein fester Zaun längs der Grenze, — ein Zaun für das ganze Land, — für das ganze Reich!

Der Vidoje Trnowitsch wies mir stolz sein Werk. — „Diese Art von Plankenverhauen hab ich selbst ersonnen, daß die Tschardake durch sie erst zur vollkommenen Festung auf kleinstem Raum werde. — „Und" — er lachte, — „ein Name dafür ist auch schon da! Ich habe hier etliche Schanzbauern aus Hungarn, die brechen sich die Zunge über unsere deutschen Worte und verunstalten sie greulich. Können nicht Kloster sagen, sondern machen ein Koloschtor daraus, und aus dem Franz wird ein Ferenz. Und so bringen sie auch das Wort Planke nicht heraus, sondern sagen dazu Pálank, — und jetzt reden auch Krobaten und Deutsche nur mehr von Palanken. Aber mir soll's gleich sein, was das Kind für einen Namen trägt, — wenn es nur wächst und gedeiht! — Und dafür will ich als sein Vater schon vorsorgen!" —

Tschardaken und Palanken, — Namen, die noch nie im Abendland gehört, — Dinge dahinter, die noch nie gesehen worden sind. Neu ist alles, was wir hier an der Grenze schaffen, — noch nie dagewesen.

Ogulin, am 28. Octobris 1542

Der Ungnad hat nichts dagegen, daß ich in der jetzigen ruhigen Zeit für ein paar Wochen meine Hauptmannschaft allein lasse, und der Kapitän Fregoso hat Wort gehalten, hat sich auf seiner neuerlichen Reise nach der Meergrenze bei mir eingefunden und mich als Begleiter mitgenommen. In Agram hat sich der Bartlmä Rauber uns angeschlossen und in Jaska der junge Frankopan, der im vorigen Jahr mir die Festung Kloschtar hat halten helfen.

Unsere Reise ging durch wohl bekannte Landstriche, — aus der Ebene der Sau und der Kulpa hinauf ins Bergland. Linker Hand, irgendwo hinter den waldigen Höhen, dort müssen die Seen liegen, — Orlitsch — die Ruine —, die einst der Mittelpunkt meiner Welt war und die ich nie wieder gesehen habe seit jenen leid- und grauenvollen Wintertagen. — Was soll's auch? — Das Leben ist weitergegangen, hat mir einen anderen Weg aufgezwungen. — So will ich ihn auch weitergehen!

Höher zogen wir hinan, steiniger wurde der Weg, kahler die Hänge. Nicht grelle harte Sommersonne liegt jetzt über Fels und Schutt und Gestrüpp, sondern düster grauer Herbstnebel. Aber das Bild ist nicht weniger beklemmend und feindselig. Und nun liegt vor uns der Velebit, die vielzinnige Mauer, die uns als letztes noch vom Meer trennt.

Zengg, am 29. Octobris

Früh am Morgen sind wir gestern aufgebrochen. Fahles Dämmern lag über dem Gebirge, als wir das weite graue Tal hinaufritten, dem Paß zu, den sie den Vratnik nennen, den Torhüter. Öder noch wurde das Land, je höher wir hinauf kamen, — nur Stein und Fels und Schutt.

Dann traten die Blöcke jählings zusammen, mit steilen Wänden; in engem Durchtritt wand sich unser Reitpfad dahin.

Und mit einem Male lag, scharf und klar, die Küste, das Meer vor uns. — Das Meer! — Es ist wohl immer ein besonderer Augenblick, wenn ein Mensch des Binnenlandes erstmals des Meeres ansichtig wird. — Ist eine andere Welt für so einen, fremd wie die weiten Ebenen, — oder noch fremder, weil noch leerer, noch weiter, noch endloser.

Blau nennen die Krobaten dieses Meer, ihren Jadran, aber jetzt ist das Meer nicht blau, sondern grau, hellgrau mit silbernem Schimmer. Erregend, beunruhigend war mir dieses Meer, diese drohenden dürren, tief zerrissenen und zerklüfteten steilen Küstenberge und die weißen, leeren, toten Inseln, die wie zerstörte Burgen und Mauern draußen im Meer schwammen, mit ihren kreidig-bleichen, zerfressenen und zerfetzten Hängen und Ufern. — So sehr mich das fremdartige abenteuerliche Bild fesselte, — so sehr überkam mich Sehnsucht nach der Geborgenheit des Landes und seiner grünen Fruchtbarkeit. — Ich wäre nicht der rechte Mensch für das Meer.

„Dort hast du Zengg, und dort sitzt der Hauptmann der Meergrenze, der Iwan Lenkowitsch“, sagte der Rauber zu mir und zeigte hinaus, wo sich zwischen Meer und Fels die grauen Mauern eines kleinen Städtchens zusammendrängten.

Ein steiler, holpriger, vielfältig gekrümmter Pfad führte uns hinab in eine enge tiefe Schlucht. Plötzlich Gesträuch um uns, Büsche und Bäume, Gewächse von fremdartiger Gestalt und mit seltsamem Laub, glänzend wie grünes Leder. Dichter wurden Büsche und Bäume, bildeten Gehölze, lichten Wald; — dann zogen sich niedrige graue Steinmauern beiderseits des Weges, und dahinter üppige Baumgärten.

Der Franjo Frankopan, der an meiner Seite ritt, wandte sich zu mir: „Hier im Tal, in der Senjska Draga, ist das Land fruchtbarer als sonst weit und breit; hier läßt sich's leben.“

Er wies nach diesem und jenem Baum: „Hier hast du Steineichen, — dort drüben Mandelbäume. — Das da ist ein Granatapfelbaum, — hier wachsen Feigen, dort am Hang Ölbäume, — und da hast du gar den Lorbeer, der den Helden den Siegeskranz liefert und den Frauen das Küchengewürz. Ist ein wichtiges Gewächs das!“ lachte er, „denn es gibt hier zu Land viele Helden, und man liebt scharf gewürzte Speisen!“

Ich verwunderte mich immer mehr: war das nicht wie ein Paradiesgarten, wie aus einem Märchen aus fernen Ländern. Ging nicht jetzt wahrhaftig in Erfüllung, was ich einst von der weiten Fremde sehnsüchtig geträumt hatte, — damals in Steyr, wenn der Duft der Gewürze schwer in Gewölb und Speicher hing. —

Der Franjo lächelte über mein Staunen: „Ja, — hier ist schon eine andere Welt, — fremdartig, — fast erschreckend zuerst; — aber wenn du sie erst kennengelernt, ihren Zauber und ihre Süße gekostet hast, dann bist du ihr verfallen und wirst ewig Sehnsucht nach ihr tragen. Denn auch hier ist das Land zu tiefst unser geworden seit langen Zeiten. Was da steht an alten Bauten und Gemäuern ist wie drüber dem Meer in Grad und in Venedig und in Raben. Ist das auch kein Wunder: es kommt einer von hier viel leichter mit einem Schiff übers Meer nach Italien als mit einem Saumtier übers Gebirg nach Slawonien oder Bosnien. Nur die Menschen hier sind krobatisch seit Urzeittagen.“

Vor uns tauchte zwischen den felsigen Hängen Festungsgemäuer auf, — eine Burg? — Nein, die Stadt Zengg schon selbst, in die Felsen geduckt und ans Gestein geschmiegt. Mächtige Mauern aus rauhen Blöcken, Wehrtürme, rund und dick, — dann ein Stadttor, niedrig und schmal.

Schmale krumme Gassen nahmen uns auf, winkelig und wirr; —

wie rauhe Felsen einer engen Schlucht wuchsen die Fassaden der Häuser neben uns auf. Nun wurden die Gassen etwas breiter und gerader, die Häuser ebenmäßiger, neuer wohl auch, — aber seltsam fremdartig auch hier, mit glatten Wänden und flachen Dächern, und alles aus nacktem, rauhem grauem Stein.

Der Frankopan schien wieder meine Gedanken erraten zu haben. — „Über fünfhundert Häuser hat die Stadt Zengg", sagte er, „und alle von Stein, — auf Stein gebaut und aus Stein. Kameni Senj, das ‚Steinerne Zengg' nennt man den Ort schlechthin. Woher sollte auch Bauholz kommen in diesem Landstrich? — Holz ist hier ein gar kostbarer Stoff und zum Leben nötig wie das liebe Brot. Denn aus Holz baut man Schiffe!"

Hier ist das Haus der Danitschitsch, dort das Haus der Schkalatz und dasjenige der Wlachowitsch; sind alle schon vor hundert Jahren gebaut worden, in welscher Manier, aber von krobatischen Edlen", erklärte der Frankopan im Weiterreiten; — viel zu rasch zog alles vorbei, als daß ich es in Ruhe hätte erfassen können, — dann eine große Kirche, gewaltig, majestätisch in ihren Ausmaßen und zugleich von schlichter Ruhe, aber auch an ihr alles aus demselben grauen rohen Stein wie die ganze Stadt. Einsam und frei stand neben dem Bau ein gewaltiger Glockenturm, dem man es anmerkte, daß er einst, vor Jahrhunderten vielleicht, wehrhaften Zwecken gedient hatte.

„Das ist der Dom!" sagte der Frankopan, — und dann fügte er hinzu, leise und feierlich: „der Turm stammt noch aus den Zeiten des Königs Tomislaus! — Du mußt nämlich wissen, Bruder: hier ist heiliger Boden! — Hier in den Städten am Meer hat das Königreich Kroatien seinen Anfang genommen vor tausend Jahren!"

„Jetzt will ich dir aber auch was zeigen, Konjo!" drängte sich der Rauber an mich heran. — „Ist zwar noch keine tausend Jahre alt, aber um das nicht weniger ehrwürig und erbaulich!"

Er zog mich in eine kleine, enge Seitengasse und wies mir an einem der schmalen Häuser den Schlußstein über dem Torbogen: der trug, in Stein gemeißelt, den Kopf eines Mannes mit mächtigem Schnauzbart und niedriger kantiger Mütze. Hart und kühn blickten die steinernen Augen, — und lag doch etwas wie ein gutmütig fröhliches schelmisches Zwinkern in den Winkeln. — Ja, — ich kenne diese Augen, bin ihnen hundertfach schon begegnet in diesem Land!

„Zwanzig Jahr ist das hier alt!" erklärte mir der Rauber eifrig, — „zwanzig Jahre; — weißt du, was damals war?"

„Ja, — damals hat sich das Königreich Kroatien unserem Erzherzog unterstellt und damit an uns angeschlossen, sind wir Landesleute geworden, sozusagen, und Waffenbrüder!"

„Sehr richtig! — Und so was muß natürlich gebührend gefeiert werden! Es sind also die von Zengg, hundertundsiebzig Mann stark, auf die Schiffe, und die Küste entlang gesegelt bis vor Solin, — das liegt schon weit gegen Griechenland hin und ist ein wichtiger Ort, denn es kommt dort die Straße von Bosnien heraus ans Meer. Und damals war es in der Hand der Türken!"

„Und das haben die Zengger etwa gar den Türken weggenommen?" lachte ich.

Der Rauber blies die Backen auf, rollte die blauen Wasseraugen: „Das will ich meinen! — Im Sturm! — Von den zweihundert Janitscharen, die in der Stadt gelegen sind, — ausgesuchte Leute! — ist nicht einer lebendig davongekommen! Und zwanzig Kanonen haben die von Zengg erbeutet und hundert Äxte und zweihundertundfünfzig Gewehre und Verpflegung und Pulver soviel, daß es gar nicht alles auf die Schiffe gegangen ist! — Und zum ewigen Angedenken an jenen Sieg der Tapferen von Zengg hat der Kuzman Danitschitsch, der damals ihr Wojwod und Knez und königlicher Hauptmann gewesen ist, den Kopf da oben an seinem Haus anbringen lassen, auf daß noch Enkel und Urenkel sehen sollen, wie die Leut ausgeschaut haben, damals, als ein jeder Mann auch ein Held war!"

„Der Kuzman Danitschitsch ist freilich sechs Jahre später im Kampf gegen die Türken erschlagen worden", sagte der Rauber im Weiterziehen. — „So wie zwei Jahre zuvor sein Vorgänger, der Matija Orlowitsch, in der Lika, und wieder sechs Jahre früher der vorherige Hauptmann, der Petar Perislawitsch, droben in der Korbawa. — Es fällt hier jeder einmal vor dem Feind, — bloß der eine früher und der andere später."

Inzwischen waren wir auf einem Platz in der Mitte der Stadt herausgekommen und standen nun vor einem vornehm aussehenden Haus, einem kleinen Adelspalast offensichtlich. Ein steinerner, von zierlichen weißen Säulen umkränzter Balkon ragte über dem Portal vor, in Stein gehauene Wappenschilder schmückten die Wand, und darüber trugen die Fenster seltsam fremdartige, anmutig geschwungene Bekrönungen aus durchbrochenen Bögen.

Der Frankopan wies lachend hinauf: „Das haben sie alles unseren venezianischen Nachbarn abgeschaut. — Oh, sie nehmen alles gern an, was von Venedig kommt, — bloß die Venezianer selbst mögen sie nicht; — müssen draußen bleiben auf ewige Zeiten!"

Männer sammelten sich um uns, die Kleidung bunter, fremdartiger noch als sonstwo im Land; — funkelnde dunkle Augen, Hakennasen, wilde Schnauzbärte über in gemütlichem Lachen blinkenden Zähnen; — hier scheint sich aus dem Krobatenvolk ein ganz besonderer Schlag herausgelesen zu haben, schöner und kühner noch als im Landesinneren.

Einer trat auf uns zu, um gute Haupteslänge überragte er mich; silberne Knöpfe blinkten ihm am Rock; im breiten roten Gürtel staken ihm zwei mächtige Dolchmesser in silberbeschlagenen Scheiden sowie ein Faustrohr mit schön verziertem, beinernem Kolben.

„Haj, Brate Kapetan!“ rief er dem Fregoso zu. — „Schon wieder auf der Reise zu unseren lieben venezianischen Freunden? — Was, — nein? — Dann kommst du wohl abholen, was wir für den Kaiser beiseite gelegt haben als brave Uskoken von unserer letzten Beute, — wie es das große Privilegium befiehlt.“

„Nein, — deswegen kommen wir nicht gerade. — Aber erzähl, Bruder Marijan Delivuki, was habt ihr denn schon wieder getan?“

„Oh, — nichts Besonderes! — Nur, was bei uns eben so unter der Zeit sich zuzutragen pflegt!“

„Gerade das will ich aber wissen.“

„Also!“ hub er an, — „vor drei Wochen etwa ist's gewesen, da kommt uns die Nachricht: türkische Kaperschiffe machen Jagd auf venezianische Kauffahrer, irgendwo um Split herum. Nun, ihr wißt: im Augenblick müssen wir wieder einmal gut Freund mit den Venezianern sein. Wir also los und auf unsere Tschaiken und hinaus aufs Meer. Natürlich nicht ganz ins weite, offene wie die großmächtigen Herren von Venedig, — daß dich nur ja jeder schon von weitem sieht! — Nein, — nur immer hübsch an der Küste und zwischen den Inseln durch. Können uns das ja leisten mit unserem kleinen leichten Gefährt, mit dem wir um jede Klippe herum und durch jede Lücke durch kommen, wo eine Karawelle oder Karacke, ja auch eine Brigantine oder Galeere erbärmlich hängen bleibt und zerschellt! —

Also jedenfalls: wir kommen an Uljan vorbei, auf die Höhe von Zirje: Ich sag euch, das ganze Meer ist dir dort ein Gewimmel von Inseln und Schkoljen und Klippen und Buchten und Kanälen, und mitten durch müssen die von Schibenik, wenn sie aus ihrer Mausefalle aufs freie Meer wollen. Wenn das die Türken nicht locken soll! — Und uns erst! — Wir legen auf Veli Zmajan an, hinter einem schmalen Felsenloch, das nicht Türk noch Venezianer findet, klettern auf den steilen Steinspitz darüber, — spähen aus, — richtig: drüben vor Zlarin liegt einer auf der Lauer, — ein Großer, Dicker! — Wir, ein halbes Dutzend Tschaiken: — links — herum und rechts herum und durch, — und Klippe hier und Insel da und Inselchen dort, — schlängeln uns näher. — Dann wird es Nacht, und dann kommt Nebel. — Wir haben uns genau gemerkt, wo der Bursch liegt. Wir machen die Ruder frei, umwickeln sie mit Fetzen, — und — sacht nur, ganz sacht und leise, — eine Stunde, noch eine und noch eine, — dann sind wir ganz nahe dran, — warten bis zum ersten Morgengrauen, bis wir den dunklen Klotz im kalten Nebel erkennen und ihn, von allen Seiten zugleich, angehen können, — und dann, — haj Brüder!“

„Ja, — und dann?“ fragte der Franjo Frankopan und hielt den Atem genauso an wie ich.

„Ja, — dann!“ — Der Marijan Delivuki lachte schallend, — „dann ist es am besten, ihr kommt gleich mit und schaut euch selbst alles an; — es ist freilich nur mehr der dritte Teil davon da, wie es nach dem Privilegium gebührt. Das andere ist bereits nach demselben Privilegium unter uns verteilt worden.“

Er trat uns voran in das Haus: — ein finsterer Torweg, eine enge steile Treppe, dann standen wir in einer kleinen düsteren, von Säulen getragenen Halle. Da lagen auf dem Steinboden, säuberlich geschlichtet und gehäufelt, Truhen, Säcke und Ballen, blinkendes Gerät und Waffen, auch mancherlei Schmuck aus feinem Silberdraht, aus edlen Steinen, buntem Glasfluß, Gold und roten Korallen.

Der Kapitän Fregoso hob dort und da ein Stück auf, hielt es an's Licht.

„Das ist doch alles venezianische Arbeit?“ sagte er erstaunt, griff in ein Säckchen aus dunklem Samt, ließ es klingeln und funkeln. — „Und das sind venezianische Goldstücke, — echte gute Zechinen!“

„Wie sollen wir das wissen?“ fragte der Delivuki und machte ein treuherzig einfältiges Gesicht, — „wo wir es doch den Türken abgenommen haben!“ — „Freilich“, setzte er hinzu, und jetzt funkelte ihm das boshafte Vergnügen aus den Augen, — „die venezianischen Herren, die wir in Ketten und Eisen auf dem Türkenschiff gefunden und befreit haben, die wollten zu zetern anfangen und aufzutrumpfen: das seien alles ihre Waren und ihr Geld und müßte ihnen alles zurückgegeben werden!“

„Und was habt ihr getan?“

„Oh, haben wir gesagt, — per favore, chiarissimi Signori, — womit könnt Ihr uns das beweisen? — Aber wir wollen es euch glauben, und es denkt niemand von uns daran, einem nobilissimo cittadino der Serenissima Repubblica des Heiligen Markus in seinem wohl redlich erworbenen Besitz zu schmälern. — Ecco, Signori, — nehmt, was euch gehört, — nehmt alles, — aber ihr werdet gut tun, binnen einer halben Stunde dieses Türkenschiff damit zu verlassen, da selbiges bis dahin in die Luft gesprengt wird! — Hei, war das ein Wehklagen! — Zuletzt bettelten und winselten sie nur mehr. — Wir sollten sie nach Schibenik bringen, das sei doch ganz in der Nähe. — Nein, das ginge nicht an, sagte ich und tat ängstlich; — weiß ich denn, was die Türken noch alles hier ringsherum auf der Lauer liegen hätten! — Aber dann sollten wir sie eben mitnehmen, bis Zadar oder bis Rab. — Das ginge auch nicht, erwiderte ich und tat entsetzt, — in Zadar und Rab säßen doch die Venezianer, und die hätten uns streng verboten, einen ihrer Häfen anzulaufen. — Nach langem Hin und Her ließ ich mich erbitten, sie bis Zengg mitzunehmen. Aber, sagte ich, die eccelentissimi Signori als wohlerfahrene Kaufleute werden verstehen, daß jede Ware und jeder Dienst ihren Preis hätten, und sie daher für die Überfahrt Fuhrlohn bezahlen müßten. — Tausend Dukaten für jeden Mann oder den Gegenwert in Waren! — Ihr hättet sehen sollen, wie die bleich und grün geworden sind! — Und nebenan haben meine Leute schon mit Stahl und Stein zur Probe an den Lunten Funken geschlagen.

Also, was soll ich's lang machen? — Die Signori haben natürlich zuletzt zu allem Ja und Amen gesagt. Und wie wir nach Zengg gekommen sind, haben wir alle ihre Waren geschätzt, redlich und ehrlich, und sind darauf gekommen, daß uns jeder von den Herren aus Venedig noch einhundertundvierundfünfzig und einen halben Dukaten schuldete. Und da sie nun wirklich nichts mehr zahlen wollten, haben wir ihnen, wie man es mit böswillig säumigen Schuldnern bei uns zu halten pflegt, jedem seine fünfundzwanzig mit einem Seilende über den Hintern gezogen und sie dann in einem alten lecken Fischerboot auf die Heimreise geschickt."

Der Rauber neben mir erstickte schier vor Lachen. Aber der Fregoso wiegte den Kopf, halb belustigt und halb bekümmert: „Und glaubst du, Bruder Marijan, daß unsere Freundschaft mit der Republik Venedig durch solches gefördert wird?"

Da brauste der Delivuki auf, in jähem Zorn: „Bruder, daß du es mir nur weißt: ich speie auf diese Freundschaft! — Und ich sehne mir den Tag herbei, wo sie zu Ende ist, und wir mit venezianischen Schiffen und venezianischen Menschen so verfahren dürfen, wie wir anher mit den türkischen zu verfahren gewohnt sind!"

Zengg, am 3. Novembris

Ja, so sind sie, die Morlakken, wie sie sich nennen, die Uskoken an der Meergrenze: ein kleines Häuflein, in ein paar Felsennestern an der Küste sich zusammenduckend, von Nöten und Gefahren umlauert, gottverlassen am Rand der Welt, — und doch den Türken ein Alptraum und den Venezianern ein Dorn im Aug. Der Marijan Delivuki ist ihr Anführer, wenn es gilt, auf See kühne Kaperfahrten auszuhecken und durchzuführen. Admiral der Uskoken könnte er sich nennen, — wenn man hier auf schön tönende Worte Wert legte. Zu Land steht ihm der Grgur Parizewitsch zur Seite, der als Hauptmann oder Wojwod die kaiserlichen Söldner in der Stadt Zengg befehligt. Der oberste Feldhauptmann aller Morlakken aber ist der Iwan Lenkowitsch.

Der hat mich gestern am Abend zu sich geladen. „Was willst du, Bruder?" fragte er, — „und was wollen wir? — Hast ja das Land hier herum schon gesehen: Stein, Stein und wieder Stein, und da und dort etwas Dornengestrüpp darin. — Ja, da heißt es: tu ein Wunder, mach aus Steinen Brot und aus Dornen ein Hemd, — oder verhungere und verdirb, — oder hilf dir anders! — Wir stammen alle aus Bauernland, haben einst noch gepflügt und gesät und geerntet. Ich selbst bin erst fünf Jahre hier, andere schon länger, seit fünfzehn oder seit fünfzig Jahren, wie eben die Türken unsere Heimat droben in den Bergen, in der Lika, in der Krbawa und in Dalmatien, Stück für Stück an sich gerissen und zu Sklavenland gemacht haben. So sind wir hieher gekommen ans Meer, als Flüchtlinge, als Uskoci. Sind hier freundlich aufgenommen worden von den Bürgern in den Städten und von den Fischern in den Dörfern. Wird hier jeder gern gesehen und gelitten, der die Waffen zu führen versteht und gegen die Türken zu kämpfen gewillt ist. — Aber wovon sollten wir satt werden? — Was kannst du hier fechsen, hier irgendwo in einer Mulde zwischen den Felsen, wo der Boden Stein in Stein ist, — selbst wenn du das Erdreich, das du findest, mit dem Löffel zusammenkratzest und in Körben auf dem Rücken meilenweit zu einem Gärtlein zusammenträgst? — Was wächst dir schon? Drei Ölbäume, zwei Weinstöcke, ein Feigenbaum, — ein paar Schafe und Ziegen dazwischen, ein Esel, ein paar Hühner; — satt werden, — leben, kann davon keiner!"

Er schaute hinaus, auf das weiße steinerne Gebirge, auf den Himmel, auf das Meer.

„Ja, das Meer war auch noch da!" sagte der Iwan Lenkowitsch und nickte. — Und es sind Fische darin und anderes Getier, absonderlich und ungeheuerlich und eklig zuweilen, aber eßbar! — Da haben unsere Uskoken von den Fischern gelernt, wie man Kähne baut und Netze auslegt; — ja, schnell haben sie das gelernt, Bruder, denn du wirst mir wendig und findig, wenn dir von fünf Kindern schon drei an Hunger verstorben sind, und die restlichen schon nicht mehr gehen und stehen können vor Schwachheit. —

Ja, — zuerst war es uns bloß ums Fressen, ums Nichtverhungern. — Aber weißt du, wenn du erst einmal das Meer gespürt hast, — die Wellen, die Salzluft, den Wind, — den Sturm; — Bruder, — da geht dir eine neue Welt auf, die dich lockt und mitreißt; — da bist du wie der Vogel in der Luft, wie der losgeschnellte Pfeil, — bist selber nur mehr Sturm und Woge und jagende Wolke!

Ja, — so ist es gekommen mit uns! — Denn da waren nicht nur Fische auf dem Meer und Seevögel, sondern auch Menschen, — Türken, — türkische Meerwölfe, — Martolosen! — Und die fallen über dich her und zerstören dir deinen armseligen Unterschlupf, schleppen dir dein Weib fort und deine Kinder. In Bag haben sie es so getan und in Jablanatz und in Starigrad. Und wir haben gesehen: wichtiger und nützlicher noch als Angel und Netz, als Spaten und Axt sind dir auch hier der Dolch und die Flinte. — Und dann sind die türkischen Meerhunde auch nach Zengg gekommen, — und wir haben uns drei Tage und drei Nächte gegen sie gewehrt. — Und danach waren diese Mauern und diese Klippen rot von Türkenblut.

Und von da ab haben wir nicht mehr gewartet, bis die Türken zu uns kommen; wir sind ihnen entgegengefahren, haben ihnen nachgestellt, — hinaus, aufs Meer! Haben wir nicht gelernt, Schiffe zu bauen, klein und leicht und flink! Schiffe, Tschaiken, die zwischen den Klippen und hinter jedem Felsen verschwinden können und im Handumdrehen wieder auftauchen, wo keiner sie erwartet! — Ja, Bruder: du siehst, wie uns heut der Hafen schon zu eng wird für unsere Flotte."

Ja, ich sah es! — Und ich sah, daß der alte Vater Juritschitsch, daß unser Obrist, der Ungnad, nicht zuviel gesagt hatten: hier am Meer steht der Wall um nichts weniger fest und hart als droben in den Bergen und drüben in der Ebene.

„Siehst du dort drüben, wo die Küste steil vorspringt, — dort liegt Tschupina. Ein kleinwinziges steinernes Kirchlein, eine Zisterne im Fels, und ein paar Hütten von Schafhirten sind darum; — nichts also, alles zusammen. — Bloß: seit Jahresfrist steht noch ein fester Turm dort, aus Steinen gebaut, Fels im Fels, — und eine Meile weiter in Smokwitza steht der nächste, — und in Sveti Juraj und in Vrbani und in Lukova, überall stehen solche Türme. Und große Haufen von dürrem Dorngesträuch liegen daneben für Rauch- und Flammenzeichen. — Und die Hirten und Fischer in Tschupina und Smokwitza und in Sveti Juraj und Lukowo, sie tragen ihre Waffen und wissen, wo sie sich zu sammeln und zu ordnen haben, wenn Flammenschein und Rauch am Himmel stehen. Und es sitzen allezeit welche von ihnen in jenen Türmen als Wachen und spähen die Küsten entlang und hinaus auf's Meer. Und auf daß wir hier in Zengg den größten und stärksten von allen Wachttürmen am Meer haben, von Istrien bis Dalmatien, bin ich nun daran, auf der Anhöhe über der Stadt eine Burg zu bauen. Soll ein mächtiger Klotz werden, wie ein Würfel, mit klafterdicken Mauern und vier Türmen an den Ecken. Und die Burg soll Nechaj heißen; Fürchtenicht! Denn wir fürchten weder die Türken noch die Venezianer!"

Er hob sein Glas, ließ den Wein funkeln, dunkel blutrot, — nickte mir zu: „Bruder, — du ganz im Norden, in der Burg von Warasdin, — und ich ganz im Süden, in der Burg von Zengg, — wir wollen die beiden Ecktürme sein und der ganzen Mauer dazwischen Schutz und Halt geben!"

Am 7. Novembris

Schon hab ich das Land am Meer liebgewonnen! Mehr als das Land aber hab ich die Menschen liebgewonnen, die darin sitzen. Ich hab nicht nur Kriegsvolk, Uskoken und kaiserliche Söldner kennengelernt, sondern auch manchen von den Handelsherren aus den alten stolzen Zengger Bürgergeschlechtern. Und ich fand auch bei ihnen Unternehmungslust des Kaufmanns gepaart mit der ehrlichen Festigkeit des Soldaten, wie man es nicht zu oft bei ihren Standesgenossen findet.

„Gospodine Kapetan!" sagte der Ilija Wlachowitsch zu mir, als er mir den Hafen der Stadt zeigte, — „auch wir haben unsere Handelsverbindungen nach Italien, Frankreich und Hispanien, nach Griechenland und Ägypten. Und älter als Venedig ist unsere Stadt Zengg, welche als Senia schon die alten Römer erbaut und bewohnt haben. Ihr habt unsere Häuser in der Stadt gesehen mit den steinernen Wappen unserer Geschlechter; — ja, wir wissen um unsere Herkunft und um unser Gewicht! Wir haben Besitz und Reichtum gewonnen; unsere Häuser am Potok und an der Cilnitza, am Hauptplatz, zeugen davon, und wir haben die Stadt mit Kirchen geschmückt, Gott dem Herrn zur Ehr, uns selber zum Ruhm. Wir können zufrieden sein und stolz. Aber wer hier an dieser rauhen Klippenküste sitzt, für den steht allezeit neben Geld und Gold auch soviel Not und Tod, daß er darüber nicht hoffärtig und gottlos werden kann wie anderswo. Und wer hier sich wehren muß gegen Türken und Sarazenen seit hundert und aberhundert Jahren, der lebt in Sehnsucht nach dem mächtigen Herrn eines großen Reiches, der allein den Kleinen und Schwachen Schutz und Frieden und Freiheit zu geben und zu versichern vermag. — So also sind wir uns selber treu geblieben, und so glauben wir an Gott und an den Kaiser!"

Der Marijan Delivuki, der sich uns angeschlossen hatte, nickte stumm und grimmig, dann knurrte er: „Ja; — wir glauben an Gott und an den Kaiser! — Und wir glauben an den Teufel und an die Venezianer!"

„Immer diese Venezianer!" widersprach ich ihm, — „sollt ihr euch denn nicht vertragen mit ihnen als mit unseren Verbündeten? — Denn das sind sie jetzt einmal! — Und hat der Erzherzog den Kapitän Fregoso nicht eben deshalb jetzt zu euch geschickt, daß er euch von unbesonnenen Taten abhalten soll? — Schließlich ist unser gemeinsamer Feind der Türk, und der ist uns allen heut gefährlicher als je zuvor!"

Da knurrte der Marijan bösartig: „Bruder, was weißt du schon! — Verhaßter als der reißende Wolf ist mir die schleichende Giftschlange."

Der Ilija Wlachowitsch stimmte ihm zu: „Ja, Gospodine Kapetan, Ihr müßt wirklich zuvor alles wissen, was diese Venezianer getan haben, ehe Ihr die Wut und den Haß dieser unserer Freunde und Brüder verstehen könnt."

„Ja, — so ist es!" fauchte der Delivuki, — „Morlakken, Uskoken, — redliche Männer, die sich in ehrlichem Kampf gegen die Türken vor übermächtigen feindlichen Scharen auf venezianisches Gebiet zurück gezogen haben, drunten bei Zadar und Split, — die also mit List gefangennehmen und den Türken ausliefern, — und das alles mit der Begründung, es sei doch zur Zeit Frieden zwischen Venedig und dem Sultan, und dieser Frieden werde durch die Uskoken gestört, — oder: den Türken, die zu Land uns in den Rücken fallen wollen, den Zugang durch venezianisches Gebiet öffnen und ihnen noch wegkundige Führer mitgeben, — das alles und noch viel mehr bringen diese Venezianer zuwege."

„Das alles", versuchte der Ilija Wlachowitsch zu erklären, „das alles wird eben damit begründet, daß die Türken in Zeiten, die sie Frieden oder Waffenstillstand nennen, die Venezianer verantwortlich machen wollen für alles, was auf dem Adriatischen Meer und an dessen Küsten geschieht, insonderheit für jedes Leid, das einem Türken von seiten der Uskoken widerfährt. Und —"

„Das heißt", fuhr der Delivuki dazwischen, — „wir müssen uns von den Türken ohne jeden Widerstand abschlachten oder zu Sklaven machen lasen, denn wenn wir uns dawider wehren, macht es jenen Verdruß, und dafür können die Venezianer die Verantwortung nicht tragen! — Aber — sagen wir es doch offen: Neid ist es, — Geiz und Gier und Eifersucht — gegen euch Kaufleute, Freund Ilija, weil die Venezianer allein den Rahm abschöpfen wollen, — und Neid und Eifersucht gegen uns Uskoken, weil wir das Meer beherrschen und uns keinem fremden Gebot beugen!"

„Nun, ich versteh euch alle wohl!" warf ich wieder ein, — „aber es ist nun so, daß der Kaiser, wenn er gegen die Türken zieht, den Rücken frei haben muß. Und so müßt ihr eben jetzt auch mit der Seerepublik Frieden halten, und wenn es euch noch so hart ankommt. — Du, Bruder Marijan, mußt dem Kaiser nicht anders gehorsam sein als ich, wo wir beide als Kriegsleute unter seinen Fahnen stehen!"

Der Marijan nickte finster: „Wohl, — ich muß es, — Gott sei's geklagt, — und ich tu es! — Aber gebe der Herr, daß der Kaiser bald sagt: auf, — geht auf eure Schiffe und fallt die aus Venedig an! Bruder, — da sollst du sehen, wie ich, — wie wir Morlakken alle zusammen dann erst dem Kaiser gehorsam sein werden!"

Am 21. Novembris

Wieder einmal sind unsere Morlakken unter dem Marijan Delivuki von einer ihrer zahlreichen Fahrten gegen die Venezianer heimgekehrt.

Kaum war die letzte Tschaike in Zengg eingetroffen, ging es auch schon, draußen im Freien, auf der bruchsteinernen Hafenmauer, an das Verteilen der Beute. Das begann mit der auf den Schiffen vorgefundenen Verpflegung, mit Mehl und Öl, Zwieback und Dörrfleisch, Wein und Schnaps. Dazu kamen Schiffsgeräte und Werkzeug, Waffen und Schmuck, aber auch viele prächtige und kostbare Stoffe und Webwaren. — Ich hielt mich bei der Verteilung freilich ziemlich abseits. Denn was hätte ich davon schon brauchen können oder für Jela mitnehmen? Zarte Seidengewebe, — goldbestickten Brokat, — schimmernden Samt? — Ach, Jelas handgesponnenes und hausgewebtes Leinen ist ja doch etwas viel Edleres! — Bloß ein geschliffenes Spiegelchen mit schön beschnitztem und vergoldetem Rahmen nahm ich; — gibt es denn auch ein weibliches Wesen, das an einem Spiegel kein Vergnügen hätte! Ich selbst wollte mich mit einem Paar guter hispanischer Faustrohre zufriedengeben, aber der Marijan Delivuki hielt streng auf gerechte Verteilung und drängte mir auch noch ein Beutelchen voll Zechinen auf. — Nun, sei's darum! — Wird mein Guthaben beim Thomas Huter in Warasdin eben weiterwachsen.

Der Marijan Delivuki wollte uns gar nicht mehr fortlassen. — Euch könnt ich brauchen und euren Rauber nehm ich auch noch dazu. — Bruder, — magst du nicht doch noch bleiben?"

Aber ich winkte ab. — „Marijane, — ich hab jetzt die Meergrenze kennengelernt und das Grenzervolk am Meer, — und ich weiß jetzt, daß sie um nichts weniger gut sind als das, was wir in Slawonien drüben haben. Und ich bin zufrieden darüber; — alles Weitere wäre jetzt überflüssige Spielerei. Ich hab meine Aufgabe anderswo, — und der will ich mich jetzt wieder ganz widmen!"

1543

Jugowatz, am 20. Januarii 1543

Schlimme Nachricht erwartete mich, als ich vor Weihnachten vom Meer heim zog. Schon in Agram hörte ich, der Feind sei vor einer Woche überraschend droben im Bilogebirge zwischen Belowar und Sankt Georgen eingefallen. Ich eilte nach Kreutz. Ja, hieß es dort, jene Schar hätte die beiden Dörfer Tschudowatz und Martinatz verbrannt, ein paar Dutzend Menschen wie auch alles Vieh weggeführt. Und wenige Tage darauf sei eine andere starke feindliche Schar von Kutina her an der Lonja heraufgekommen. Die sei zwar rechtzeitig bemerkt und bei dem verbrannten Dorf Machowo schwer geschlagen und zurückgetrieben worden, aber dabei wäre der Dorfhauptmann von Jugowatz, der Milutin Jugowitsch, dermaßen durch die Brust geschossen worden, daß er nun wohl sterben müsse.

Mich traf, was ich da vernahm, schwer, — doch bin ich nicht auf derartige Nachrichten jederzeit gefaßt? — Ungeachtet dessen, daß die Grenze fester geworden ist und dichter, wird das Leben an ihr unruhiger und gefährlicher noch werden als je zuvor. Denn der Türk wird sich nicht damit abfinden, daß wir ihm Halt gebieten. Er wird unsern Wall berennen und belagern, wie man eben Festungen belagert und berennt. — Aber der in der Festung tut gut, wenn er den Feind wacker durch Ausfälle schädigt und verwirrt; — so hab ich's gelernt, — schon anno '29 in Wien!

Ich gab Befehl, alle Berittenen meiner Hauptmannschaft sollten sich in Hajdukowatz sammeln, dann ritt ich, ohne mich zu verweilen, voraus und hatte am nächsten Mittag das Dorf des Milutin Jugowitsch erreicht. Viel Volk drängte sich um sein Haus, bedrückt und unruhig, brodelte um mich, als ich mich zum Tor hineindrängte.

„Zor mu je! — Es geht ihm schlecht!" raunte mir einer zu.

Die Stube war gestopft voll mit Männern; mit gesenkten Häuptern, in ehrfurchtsvollem Schweigen, standen sie um ihren Dorfhauptmann.

Aus dem Gedränge hob sich die Stimme eines alten Mannes, eintönig singend wie ein Gebet:

„Milutine, lieber Brudersohn, du stirbst als ein Held, so wie du hast gelebt als Held. Aber wenn du auch stirbst, — immer wirst du bleiben in deinem Dorf und in deiner Sippe, in deinem Land und in deinem Volk, — wirst lebendig bleiben in den Liedern der Alten und der Jungen. Wahrhaftig, Milutine, ein Guslar wird singen können von dir und von deinen Taten."

„Der Milutin hat sich noch selbst gewaschen, mit reinem Quellwasser", flüsterte mir einer der Männer zu, „auf daß er rein vor dem Richter in jener anderen Welt erscheine, so wie es einem freien Mann geziemt."

Ich erkannte wohl, wie das Lebensflämmchen des Milutin Jugowitsch sich zum Verlöschen neigte. Aber ich empfand es mitten unter diesen Männern, mit ihnen zugleich als einer der ihren, wie dies hier kein Sterben war, sondern nur ein lebendiges Eingehen in die Ewigkeit. — Ich hätte es empfunden, auch wenn ich nicht gewußt hätte, daß die sieben hochgewachsenen jungen Männer und Burschen, die zu Füßen des Sterbenden standen, des Milutin Söhne waren. —

Zwei Tage später haben sie ihn begraben, — wie es bei den Uskoken Brauch ist, an einsamer Stelle in den Bergen unter einem Eichenbaum in freier Erde. Ein Stück Brot und eine Geldmünze haben sie ihm mit ins Grab gegeben und zwei Schwerter: sein eigenes, mit dem er noch gefochten hat, und eines von den zahllosen anderen, die er seinen besiegten türkischen Feinden abgenommen hatte.

Dann haben neun Burschen den Kolo gedreht, den Reigentanz des Rades, welches die Sonne ist. Aber sie tanzten rückwärts, sie tanzten den Kolo naopako, den verkehrten Radreigen. Denn wenn ein Held gestorben ist, dann ist die Sonne untergegangen. Abseits des Grabes aber haben sie ein mächtiges Holzkreuz aufgerichtet, seltsam geziert mit geschnitzten Zackensäumen. — Hier und dort findet man solche einsame Kreuze in den Bergen des Landes, einzeln oder auch in Gruppen geschart; — überall dort, wo ein großer Held von den Seinen in's Grab gelegt worden ist. — Ja, — es sind viele solche Kreuze im Land! —

Und wieder zwei Tage später bin ich mit meinen Reitern losgezogen, die Tschasma hinauf. Bald stießen wir auf die ersten muselmanischen Neusiedler jenseits der Grenze, ganz überraschend. Wälle und Verhaue standen noch unvollendet und unbrauchbar; das Dorf war überfallen und auch schon überwältigt, rascher als wir es zu hoffen gewagt hatten. Noch zwei Dörfer konnten wir solcherart ausheben, ehe wir umkehrten und uns flink wieder in den Schutz unserer Wehrdörfer, unserer Wachttürme und Tschardaken zurückzogen. An die hundert gefangene Männer führten wir mit uns. Meine Krobaten hatten die wohl nach altem Brauch auf der Stelle erschlagen wollen, aber ich war gewaltig dazwischen gefahren. Ich hatte mit ihnen andere Pläne. Denn mag es immerhin unmöglich erscheinen für Menschen unserer Art, Christen des Abendlandes, sich zu verstehen mit all dem, was von den Wogen des türkischen Heeres gegen uns herangespült wird, — mit schlitzäugigen krummbeinigen Tataren und dunkelhäutigen kraushaarigen Mohren, — mit Menschen wie diesen hier, welche das gleiche Gesicht tragen und dieselbe Sprache reden wie in Jugowatz oder in Ladanje, — mit denen mußte es doch möglich sein, neue Bande zu knüpfen, ehe die alten völlig zerrissen sind. — Und nun wollte ich das einmal versuchen.

Wir zogen mit unseren Gefangenen nach Jugowatz. Dort hieß ich alle Dorfgenossen, sich auf dem Platz sammeln. Stumm und trotzig und gefaßt standen die Männer aus den Bosniakendörfern in der Mitte, unruhig, Haß und Wut in den Augen, drängten sich die Uskoken in der Runde. Diese wie jene erwarteten sichtbar, ich würde jetzt ein hartes Beispiel einer strafenden und rächenden Siegermacht vollziehen.

„He, ihr da!“ redete ich die Gefangenen scharf an. — „Was würdet ihr jetzt an unserer Stelle tun, — wenn wir in eurer Hand wären?“

Die Männer schwiegen, mit verkniffenem Mund, starrten zu Boden.

„Wohl, — ihr erwartet, was euch gebührt! Und dennoch ist es kein rühmlicher Tod für Männer, wenn wir euch jetzt hängen wie Diebe und Zigeunergesindel.“

Einer warf den Kopf empor, bohrte mir seinen Blick in die Augen, lodernd vor Zorn: — „Wir haben ehrlich gekämpft!“

„Trotzdem werden wir euch verscharren wie verendetes Vieh, und auf euren Gräbern werden die Schweine weiden.“

Die Männer zuckten zusammen, — aber kein Wort der Erwiderung fiel.

Ich griff mir einen jungen schlanken Burschen, der um den Kopf einen blutigen Lappen trug, zog ihn am Rock aus dem Kreis seiner Stammesgenossen hervor:

„Du trägst eine Wunde auf der Stirn, — du hast wacker gekämpft! — Für wen? — He, — sag es mir!“

„Für — für den wahren Glauben, — für — Gott, — für Allah, den Allerbarmer!“ stammelte der Junge verwirrt.

„So, — für Gott?“ fragte ich höhnisch. — „Weißt du nicht, daß wir Christen auch an den einen allmächtigen Gott glauben? — Warum kämpft ihr also wider uns, die wir uns vor demselben in Ehrfurcht beugen wie ihr?“

Der Junge warf hilfesuchend Blicke zu seinen Genossen.

„Wir sind freie Krieger und Gefolgsmänner des Sultans!“ schrie einer von dort, — „nicht leibeigene Untertanen fremder Herren wie ihr!“

Zorniges Gemurmel jetzt unter den im Kreis stehenden Dorfgenossen von Jugowatz, — Schmährufe, drohend gereckte Fäuste. — Ich gebot Ruhe.

„Kein fremder Herr, sagt ihr, sei über euch? — So? — Wie grüßt ihr denn aber den Sultan, wenn er zu euch kommt aus dem fernen Carigrad? — Padischahim tschok jascha? — So schreit ihr! — Versteht ihr das überhaupt? — Nein, ein Fremdling ist euch der Sultan, zu dessen Nutz und Freud ihr hier Menschen mordet und ausraubt, die eure Brüder sein könnten, sprechen sie doch dieselbe Sprache wie ihr und leben in denselben Bergen und Wäldern und Tälern!"

„Wir bleiben dem Sultan treu: haben wir für ihn gelebt, so werden wir für ihn auch zu sterben wissen! — Schwatz nicht lang, du ungläubiger Knecht des römischen Kaisers, — tu mit uns rasch, was du beschlossen hast!" rief der aus dem Haufen trotzig zur Antwort.

„Ich hab noch gar nichts beschlossen!" erwiderte ich. — „Ein kluger Mann überlegt, bevor er handelt, und ich habe Zeit. — Es gibt Bergwerke im Herzogtum Kärnten, da graben sie nach Silber und Blei tief unter der Erde. — Dort könnte ich euch arbeiten lassen bei Tag und Nacht. — Das wäre von Nutzen, — hm. — Ob ihr dann die Sonne jemals wieder sehen werdet, weiß freilich nur Gott."

Die Gefangenen duckten sich tiefer; der Junge starrte mit angstflackernden Augen auf mich.

„Aber wie ist das mit dem Schwur, der euch an den Sultan bindet?" fragte ich so beiläufig. — „Würdet ihr einen solchen Schwur auch auf den Kaiser leisten, wenn es von euch verlangt würde?"

Wieder Gemurmel, Geflüster. — „Nein!" schrien ein paar. — „Wir sind keine wortbrüchigen Verräter und Überläufer!"

„Schon recht so! Ich verstehe euch: ein aufrechter Mann kann nicht mit einem Mal dem Feind seines bisherigen Herren dienen. Und ihr seid ehrliche Männer und Krieger! — Wie war aber das: haben eure Urgroßväter auch auf den Sultan geschworen?"

Die Gefangenen schwiegen.

„Ich habe euch gefragt, ob eure Urgroßväter auch dem Sultan Treue geschworen haben! — Habt ihr mich nicht verstanden?" —

„Unsere Urgroßväter, — hmm", ließ sich da einer unsicher vernehmen, — „das sind wohl noch diejenigen gewesen, die im Anfang noch für den König von Hungarn gekämpft haben — und —"

„Und für den christlichen Glauben!" setzte ich fort. — „Und später mit einem Mal für den türkischen Sultan und für Allah und Muhammed! — Ei, so waren die also wortbrüchige Verräter und Überläufer, wie ihr eben gesagt habt, — und ihr, die ihr von Eidbrechern und Verrätern abstammt, seid durch solche Ahnen bis zu den fernsten Urenkeln geschändet und verflucht!"

Nun mischte sich flammende Empörung auf den Gesichtern der Gefangenen mit Scham und Ratlosigkeit.

Ich ließ die Brüder eine Weile dünsten. — Dann sagte ich, recht geruhsam und mitleidig, und wies auf die Uskoken ringsum: „Wahrhaftig, seid ihr nicht zu bedauern, und sind dagegen diese hier nicht zu beneiden: brauchen sich weder ihrer Ahnen zu schämen noch ihrer eigenen Taten, stehen heute dort, wo ihre Väter und Vorväter auch gestanden sind, und sind um nichts weniger freie Krieger und Gefolgsleute des Kaisers, als ihr des Sultans — gewesen seid!"

„Herr!" rief nun einer von den Gefangenen, der bis jetzt sich stumm verhalten hatte. — „So sag uns: was willst du von uns?"

„Ach, — ich will gar nichts!" sagte ich. — „Mir gilt es gleich, ob ihr auf dem Baum hängt, — oder ob ihr in den Kärntner Bergen nach Blei grabt. — Wie sagen doch Menschen euresgleichen: es steht alles im Buche des Schicksals! — Überlaßt doch alles eurem Allah! — Kismet nennt man das, wenn ich mich recht entsinne."

Einer stampfte auf: „Herr, du hast recht, — so reden manche von den Türken und ihrem Gefolge aus den Ländern weit hinter Carigrad. — Aber wir Bosniaken, — nein Herr, — wir müssen unser Schicksal in den eigenen Händen haben. Sonst werden wir seiner nicht froh!"

„Dann seid ihr mir aber schlechte Osmanen!" lachte ich. — „Ja, — wir, — wir halten es auch so wie ihr, wir Krobaten und Deutschen!"

Stille —, keiner wagte ein entscheidendes Wort zu sprechen.

Und dann stand ich mit einem Sprung vor ihnen, Aug in Aug: — „Was ich mit euch will, fragt ihr! — Nun, — ich will euch Gelegenheit geben, die Schmach eurer Ahnen, eurer Urgroßväter Verrat und Wortbruch wieder gut und ungeschehen zu machen! Nehmt zurück, was jene verwirrten Sinnes getan haben, und schwört wie eurer Ahnen Väter auf den König von Hungarn, Krobatien, Slawonien und Dalmatien und auf den dreieinigen Gott des Christentums! Und werdet hier unter diesen euren Stammesbrüdern freie Bauern auf freier Erde und Krieger des Kaisers, dem die Alte und die Neue Welt untertan ist, und welcher der größte Herr auf dieser Erde ist, — ja: größer und mächtiger auch als der Sultan in Carigrad!"

Dann rief ich, laut und eindringlich: „Wer von euch ist dazu bereit?"

Noch standen die Männer unschlüssig. Da und dort trat einer einen kleinen Schritt vor, redete auf seinen Nachbarn ein, — dafür der eine, dagegen der andere, flüsternd, in heftiger Erregung.

„Im übrigen will ich euch noch etwas sagen, und das gedenke ich wahrhaftig so zu halten: wer nicht auf den Kaiser und Christum schwören will, den werde ich weder auf den Baum hängen noch ins

Bergwerk schicken. Ich kann darauf verzichten, — denn der Kaiser ist groß und erhaben, und Jesus Christus gut und verzeihend. So will ich ihnen beiden keine gezwungenen Sklaven bringen, sondern nur freie Männer."

Da traten, in jäher Bewegung, fünf, sechs, zehn der Männer vor, — andere folgten, — schon war ich von der ganzen Masse umringt.

„Herr, — es ist gut, was du sagst! — Nimm uns auf unter die Deinigen!"

Da schwuren sie. — Und ich weiß, daß sie diesen Schwur halten werden!

Ich werde sie in die jüngst verbrannten Dörfer Martinatz und Tschudowatz setzen; die mögen sie wieder aufbauen und verteidigen gegen ihre bosnischen Stammesgenossen, die noch dem Sultan anhangen. — Dann will ich ihnen auch einen Kaplan schicken, daß er sie taufe und ihnen vom Vater, vom Sohn und vom Heiligen Geist erzähle. Das vordringlichste und gewichtigste Werk der Bekehrung, denk ich, hab ich freilich bereits selbst vollzogen.

Ladanje, am 15. Februarii

In Warasdin hab ich dem Ungnad Bericht gegeben, was sich im Grenzland zugetragen, und was ich mit den Gefangenen getan hatte. Als ich geendet hatte, huschte ein Lächeln um seine Mundwinkel.

„Ist gut!" sagte er. Und dann: „Hast deine Kreutzer Hauptmannschaft überhaupt gut aufgebaut. Die steht jetzt auch ohne dich. Du sollst mir jetzt wieder nach Warasdin ziehen. Brauch hier einen tüchtigen Helfer, der in der ganzen Grenze Bescheid weiß, vor allem hier im Norden. Der Türk, melden sie, rüstet wieder einmal zu einem Heerzug gegen Wien, aber auch der Kaiser sammelt eine starke Armada im Reich und in den Erblanden. Da heißt es auch bei uns wachsam sein."

Er trat zum Wandschrank, holte eine Papierrolle heraus.

„Zudem soll heuer ernstlich darangegangen werden, die Burg hier nach neuester Kunst und Weis umzubauen und zu verstärken. Hab mir dazu einen welschen Baumeister verpflichtet, einen gewissen Domenico d'Allio. Den hat der Kaiser zum obristen Baumeister für Innerösterreich gemacht, und er hat ihm vor ein paar Jahren zu aller Zufriedenheit die Befestigungen der Stadt Klagenfurt ausgebaut, mit mächtigen eckig vorspringenden Bastionen. Ist also zu hoffen, daß er uns in Warasdin auch nicht enttäuschen wird."

Er rollte das Papier auf: „Sieh hier, so etwa soll es werden. Was sich zu seiner Zeit bewährt hat, soll auch bewahrt bleiben späterhin. Aber außen dran, gegen den Feind hin, sollen noch Zubauten mit besonders starken Mauern kommen. Vor allem aber liegt mir an diesen vier Rundtürmen an den Ecken: die müssen absonderlich breit und dick werden und nicht höher als die Burg selber, so daß sie viel Geschütz aufnehmen, zugleich aber gegen feindliches Feuer gut bestehen können. Denn mehr und mehr spricht heutzutag bei Belagerungen das Geschütz ein entscheidendes Wort, und der Türk ist bekannt ob seiner guten und schweren Mauerbrecher.

Das alles möchte ich, daß du mitbesorgst und überwachst, wenn ich mit anderem beschäftigt oder über Land verreist sein werde.“ —

So leid mir um meine Kreutzer Grenzhauptmannschaft ist, ich muß es mir ehrlich gestehen: die Versetzung nach Warasdin freut mich im Augenblick noch mehr! —

Bin also gleich am Abend hinausgeritten ins Draufeld. Es ist schön, nach Hause zu kommen. — Nach Hause — in ein Bauerndorf! So sitz ich also wieder an derselben Stelle, von wo mein Leben an der Grenze seinen Anfang genommen hat. Hab mein Quartier als ein Kriegsmann hier in der Burg, mein Heim aber hab ich draußen in Ladanje.

Agram, am 5. Aprilis

Der Ungnad hat mich nach Agram geschickt; mitten durch das Bergland sollte ich diesmal meinen Weg nehmen und mir dabei die Uskokensiedlungen anschauen, die hier in den letzten Jahren angelegt worden sind, verstreut zwischen den Adelssitzen und herrschaftlichen Dörfern. Die Krobaten nennen diesen Landstrich Zagorien, das ist Gegend hinter dem Berg, weil er, von der Stadt Agram aus gesehen, jenseits des hohen und dichtbewaldeten Rückens des Sljeme liegt. Es ist dies wohl die lieblichste Landschaft im ganzen Königreich Kroatien und Slawonien: auch ist im ganzen Königreich bekannt, daß hier die ruhigste und sicherste Ecke ist, und manch ein Adelsgeschlecht hat in den letzten Jahren und Jahrzehnten seinen Wohnsitz aus den ständig bedrohten und umkämpften Gegenden im Osten hieher verlegt. Allein in der Grafschaft Zlatar, zwischen dem Höhenzug der Iwantschitza und den Tälern der Krapina und der Sutla, sind heute vierundzwanzig Herrensitze, und der Ort Krapina, von den Frankopanen stark befestigt und mit einer mächtigen Burg versehen, gilt als die sicherste Zufluchtsstätte von ganz Slawonien, so daß der Landtag bei Gefahr eines Türkeneinfalls zumeist in seinen Mauern sich versammelt.

Es ist also nicht verwunderlich, daß man hier in dieser Gegend auf das stattliche und reiche Kloster von Lepoglava trifft, wo die Paulanerbrüder die angesehenste Schule des ganzen Landes unterhalten, und wohin darum die Söhne der Adeligen und der reichen Bürger von weither zusammenkommen, um die Wissenschaften und Künste zu lernen.

Dort in Lepoglava bin ich mit dem edlen Herrn Kaschpar Draschkowitsch zusammengetroffen, der gleich mir nach Agram unterwegs war. Sein Geschlecht gehört zu denen, die aus der Lika heruntergekommen sind und seit zwei Menschenaltern sich hier in Zagorien festgesetzt haben. Die Draschkowitsch sind heute eines der angesehensten Geschlechter im Land, und ihre Herrschaft umfaßt an die fünfzig Dörfer.

Wir ritten mitsammen durch das Land, kamen bald in ein Dorf mit kaiserlichen Grenzern, bald in eines mit herrschaftlichen Untertanen. Und oft genug bekam ich von den Uskoken Klagen zu hören, wie die herrschaftlichen Verwalter aus der Nachbarschaft sie mit Übergriffen, Gewalttaten und mit Halsstarrigkeit erbittert hätten, — Beamte jener Draschkowitsch zumeist, deren einer nun neben mir stand, schweigend und unberührt und ein wenig spöttisch, wie mir scheinen mochte.

„Glaubt Ihr, Poglavare“, fragte er mich unvermutet, als wir weiter ritten, — „daß ich, und daß die Edlen im Land überhaupt dem Kaiser, dem Erzherzog und König und ihren Leuten übel gesinnt sind, daß sie deren Werk hier im Grenzland hindern oder schmälern wollen?“

„Nein!“ sagte ich in ehrlicher Überzeugung; — „das wohl sicher nicht! — Verblendet wäret ihr Adeligen ja dann alle zusammen, — gegen euch selber würde sich das nur richten! — Und habt ihr nicht selbst den Erzherzog ins Land gerufen und als König anerkannt?“

„Gewiß!“ lächelte der Draschkowitsch, — „und doch ist viel Unfrieden zwischen euch und uns, wie Ihr da jetzt wieder sehen mußtet.“

„Das ist wahr!“ nickte ich grimmig. — „Es ist das jetzt nicht das ersten Mal, daß ich es zu verspüren bekomme. — Zum Dreinschlagen ist es oft genug! — Und das, obwohl wir doch alle auf demselben Ast sitzen.“

„Wie aber, wenn der Ast zu klein ist für uns alle?“

Ich schaute ihn verständnislos an. — „Wie meint Ihr das? — Dieses Land, — wie sollte es zu klein sein? — Hat es nicht im Gegenteil immer wieder zu wenig Menschen?“

„Das Land ist groß genug, wohl; — aber: es lenken und formen kann nur einer, — oder eine kleine Gruppe gleichgesinnter Zusammengehöriger.“

„Warum aber habt ihr dann den Erzherzog ins Land gerufen und zum König gekrönt?"

Der Draschkowitsch seufzte, lachte, zuckte die Achseln. — „Gottes unerforschlicher Ratschluß hat es eben so gefügt, daß unser Volk seit vielen hundert Jahren nicht mehr imstande ist, aus sich selbst heraus einen Herrscher, einen König hervorzubringen. Besser aber ein fremder Herr als gar keiner! So haben wir uns eben unsere Könige von auswärts geholt: der eine war ein Hungar, der andere ein Franzose, einer war ein Polacke, einer ein Serbe; — jetzt haben wir einen aus dem Deutschen Reich, aus den Niederlanden, aus Hispanien. — Ja: wir schätzen ihn, lieben ihn sogar beinahe, aber was kommt nach ihm, — in fünfzig, hundert Jahren? — Wer gibt uns eine Gewähr? — Es muß aber etwas da sein im Land, was beständig bleibt durch die Jahrhunderte, etwas, was im Boden wurzelt. — Wer ist's? — Das Volk, — die Bauern? — Ihr Geist reicht nicht über den Hof, den Acker, das Dorf hinaus, — sind selber Acker und Erdreich geworden. Wer aber soll Pflüger und Säer des Landes sein, beständig wie der Boden und doch über ihm stehend, weit hinausschauend und mit eigenen Händen sein Schicksal formend, — sein eigenes und das des ganzen Volkes? — Seht Ihr, Poglavare, — das kann nur der Adel des Landes sein."

„Der Adel hierzulande ist doch schon halb madjarisch, — und hängen nicht viele, madjarisch gesinnt, womöglich im geheimen dem Zapolya an und damit dem Sultan!"

Der Draschkowitsch lachte verächtlich auf. — „Ich denk nicht an die Erdödy und die Tököly und die Nádasdy, — auch wenn die zehnmal Bane sind im Land und Erzbischöfe. Ich denk an die Zrinji und Frankopan, an die Subitsch und Lenkowitsch — und an die Draschkowitsch!"

Bild oben:
Die Aufgaben des „Geschirrmeisters" waren vielfältig. So unterstanden ihm „Fuhrleute, Pferde, Wagen und Geschirr"; er war für den Transport des Kriegsgeräts verantwortlich (K. A.).

Bild unten links:
Der „Brückenmeister" mit seinen Zimmer- und Fuhrleuten hatte den Heerzeug über „Bäch, Weyer, Gesümpff, Gräben und Moß" zu führen, eine Aufgabe der heutigen Pioniere (K. A.).

Bild unten rechts:
Stückhauptmann, Stückjunker, Feuerwerker, Büchsenmeister — stets wechselten Rangbezeichnungen und Funktionen bei der geheimnisumwitterten „Arkeley". Der Bildungsgrad der Artilleristen war verhältnismäßig hoch. Er brachte ihnen manche Privilegien.
Kriegsbuch Fronsperger, 1596 (K. A.).

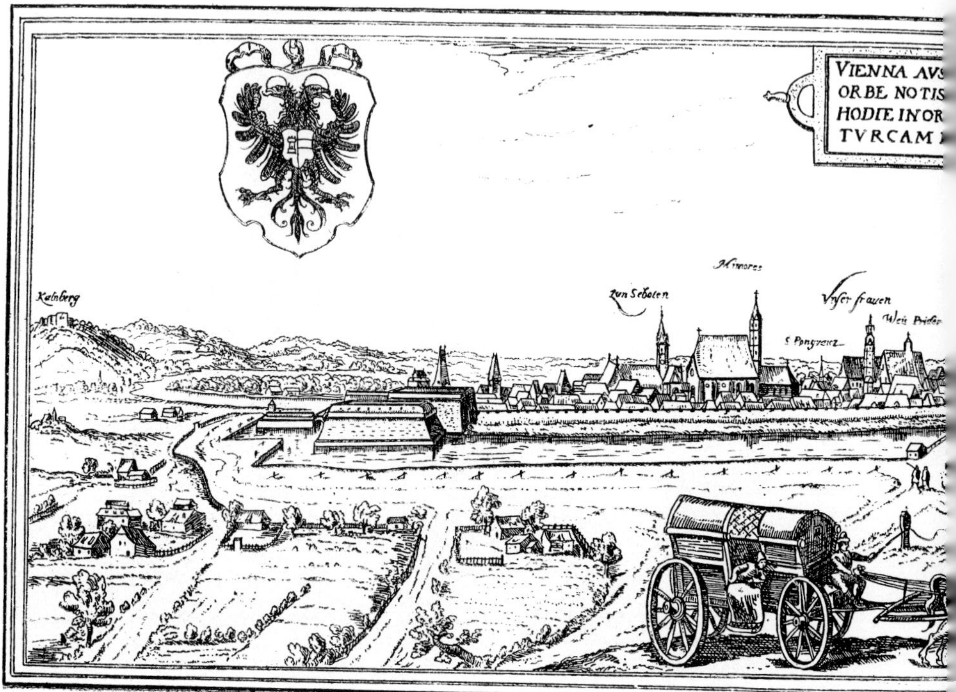

Wien um 1540, elf Jahre nach der ersten Türkenbelagerung. Ein interessanter Vergleich zu der Bildseite nach Seite 152, auf welcher die Stadt aus der gleichen Sicht dargestellt wird.

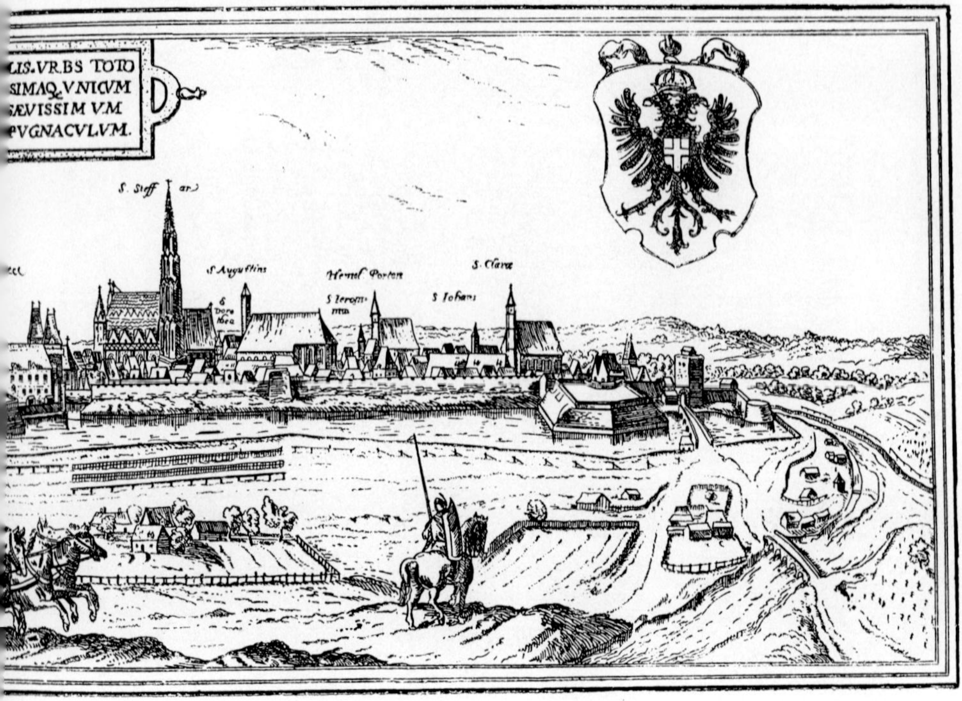

Man hat aus den Erfahrungen des Jahres 1529 gelernt: die Mauern sind an besonders gefährdeten Punkten nunmehr durch Basteien und Ravelins flankierend verstärkt und geschützt.

„Und doch muß sich auch der Adel fügen!“ sagte ich hart. — „Wenn der gemeinsame Kampf es fordert, — das gemeinsame Werk. — Der Kaiser und der König haben das Recht, ja haben die Pflicht, zu befehlen und Gehorsam zu erzwingen.“

„Sicher!“ nickte der Draschkowitsch. — „Und der Adel hat das Recht, ja die Pflicht, sich zu behaupten, — zu bestehen! — Wo aber ist die Grenze zwischen beidem?“

„Vielleicht“, fuhr er nach einer Weile fort, „ist es sogar nützlich und nötig, daß wir uns ständig reiben, nicht nur am gemeinsamen Feind, sondern auch aneinander. Es ist aber dann gut, wenn Menschen wie Ihr und ich um den tieferen Sinn der Dinge wissen. Damit wir einander nicht zerreiben, sondern fest und hart bleiben und nur nach außen uns schleifen und runden, daß wir glatt werden und uns ineinander fügen wie — wie —“

„Wie die Steine einer Mauer!“ vollendete ich den Satz. — „An denen der Griff der Feinde abgleitet, seine Sturmleitern und Stückkugeln.“

„Ihr habt mich verstanden, Poglavare!“ lachte der Draschkowitsch.

Hinter Maria Bistritza, der alten, weit ins Land hinaus schauenden Wallfahrtskirche mit ihrem holzgeschnitzten wundertätigen Gnadenbild, zogen wir zum Sljeme hinan, durch weite dichte Wälder; — bis zuletzt düsteres grüngraues Gemäuer durch die Stämme schimmerte: Medwedgrad, die Bärenburg. Es gibt viele solche uralte verfallene Burgen hoch in den Bergwäldern zwischen Warasdin und Agram. In der Iwantschitza schlingen sie einen ganzen Kranz um den Hochkamm: Stari Lobor, Ostertsch, Milengrad, Beletz, Grebengrad. Meist stammen diese Burgen noch aus den nebelhaften Zeiten der alten Krobatenkönige; drüben im Osten Klein-Kalnik führt ja den Beinamen Kraljewatz, Königsburg, und auf Groß-Kalnik gibt es einen Kraljev Kamen, einen Königsstein, einen Kraljev Zdenac, einen Königsbrunnen, und eine Kraljeva Pivnica, einen Königlichen Weinkeller. Längst haben alle diese Hochburgen ihre Bedeutung als Herrensitze

Bild oben:
Der Sultan hält Kriegsrat mit seinen Paschas, Oberfeldherren und Hauptleuten des Kriegsvolkes.
Kriegsbuch Fronsperger, 1596 (K. A.).
Bild unten:
Kaiserliche Abgesandte werden vom türkischen Sultan empfangen. Die von Zeit zu Zeit für mehrere Jahre abgeschlossenen Waffenstillstandsverträge zwischen dem Reich und der Pforte wurden von den Türken und ihren Vasallen immer wieder verletzt (K. A.).

und Festungswerke verloren, höchstens daß dann und wann in Kriegszeiten versprengtes flüchtiges Landvolk in den Ruinen vorübergehend Unterschlupf gefunden hat.

Es ging schon gegen Abend, als wir den Berg herab zum Dorf Schestine kamen und aus dem Wald traten. Wir hatten uns am Waldrand niedergesetzt, neben dem Gemäuer eines alten Wachtturms, — blickten hinaus in die Weite, wo über der Ebene schon das ungewisse Dunkel der Nacht gebreitet lag.

Der Draschkowitsch sprach es aus, was ich mir dachte: „Welch ein Land, ein wunderschönes, heiliges, — und welch ein Schicksal, das es trägt! — Poglavare, Brate, — Bruder, — ich bin froh und glücklich, daß ich kämpfen darf, — um mein Land — und um mein Leben!"

Warasdin, am 23. Maji

Der Baumeister Allio ist angekommen mit einem Dutzend welscher Handlanger und Gehilfen und hat sich gleich an die Arbeit gemacht. Draußen vor der Burg haben krobatische und hungarische Schanzbauern die Keller und Baugruben ausgehoben und nun sind sie daran, aus mächtigen Felsquadern die Grundfesten zu legen.

Mit den Wehrbauten geht also alles in bester Ordnung, aber als ich den Allio in den inneren Burghof führte, wo nach des Ungnad Willen Laubengänge hinkommen sollen, da raufte er sich die schönen kastanienbraunen Locken.

„Madonna mia! — Non c'è! — Impossibile, — assolutamente impossibile su bauen una Loggia in diese enge Lock! — Für das es benotet su 'aben eine große Cortile, eine freie 'Of mit viele Platz. — Sons es nikt ist ein Castello, aber eine Casa da Cane, eine 'Unde'ütte."

„Maestro", entgegnete ich, „so mögt ihr in Italien denken, — wir sind bescheidener. Ich habe schon manch eine alte Ritterburg in österreichischen und steirischen Gauen gesehen, wo in einem kleinwinzigen Hof ein zierlicher welscher Laubengang eingebaut war."

Der Allio entsetzte sich. — „Orribile! — O, — auk ik 'abe gesehen so — und 'abe mir entsatzen vor dem! — Che barbarico! — Ihr es nennt Stilo Italiano? — Italiano, — si, — ma veramente degenerato!"

„Signor", sagte ich, „ich gebe zu, daß sich der welsche Stil in deutschen Landen auffällig wandelt. Ob aber, was dabei herauskommt, ein entarteter Stil ist? — Mir dünkt es eher ein beseelter Stil zu sein!"

„Per favore, signore", erklärte ich ihm, — „mir dünkt, es ist jener neue Stil bei Euch daheim in Italien in all seiner Größe und

Majestät, seiner Ausgewogenheit, seinem Ebenmaß und seiner Symmetrie doch recht starr und kalt. Bei uns aber beginnt er zu atmen, sich zu regen, wird warm und weich, — lebendig eben.“

Schier feindselig schaute mich jetzt der Meister an: „Wo ist da lebendik: — ’ier — eine Treppe um die Eck, da eine ’albe Turm, wo nikt ’inge’ört, da eine Türe — was Türe? Mauselock! — Dort Brunn wie von Bauern’of, — da ist niedrik, dort ’ok, da schief, dort krumb, — wie eine alte arme Bettelweib ist das, was ’ier wird gebauen. — In Italien aber, — o che bello! — es ist wie eine Signora da gente nobile, wie eine wunderschöne Edeldame!“

„Seht, Maestro“, versuchte ich ihm zu erklären, „ihr in Italien kommt aus den Städten, — wir Deutschen aber fühlen uns wohler in Gottes freier Natur, wir stellen unsere Bauten gern mitten hinein in Wald und Flur und Wasser, daß sie damit so recht zusammenklingen. Und es gefällt uns daher ein Bauwerk oft eben dann so recht, wenn es selbst wie ein Baum gewachsen erscheint. Wo aber findet ihr in Wald und Gebirg gleiche Maße und rechte Winkel, gerade Linien und vollkommene Symmetrie?“

Der Allio schüttelte wohl ein um’s andere Mal den Kopf, aber er redete mir nicht mehr dawider und zuletzt ging er recht nachdenklich davon. —

Und heut war er wieder bei mir, mit etlichen Skizzen und Rissen, und siehe: es waren verschiedene Pläne für eine Laubenwand in unserem inneren Burghof. Und es dünkte mir nicht übel, was da gezeichnet war.

„Signor Capitano“, lächelte der Allio, — „pagato — finito! — Ik bin besahlen für die Auftrag — und ik macke, was ist die Auftrag: ich werde bauen una Loggia italiana in modo tedesco, in eine alte Mauselock ’inein, — vabbene! — Will sagen: ik baue das — in Germania, in Croazia — si! — Ma in Italia — no! — No!“

Ich klopfte ihm lachend auf die Schulter. — „Macht Euch keine Sorgen, Maestro: wir werden Euch nichts in Italien bauen lassen, sondern nur hier an der Grenze: in Kroatien, in Slawonien, in der Steiermark. Hier werden wir freilich noch viele solche Burgen bauen lassen, dicke, große, schwere, starke, — und alle mit engen Höfen darin und so lächerlichen kleinwinzigen schmalen Laubengängen drumherum; unsere Burgen müssen sich ducken und spähen und lauern wie Kriegsknechte, — brave Landsknechte, die hinter all ihren rauhen und harten Außenmauern irgendwo tief im Innern doch ihr Liebliches und Feines und Kostbares bewahrt haben, — und wenn das auch bescheiden und unscheinbar ist und ein wenig eckig und verzogen und unbeholfen.“

Jetzt war der welsche Meister völlig verstummt, und ich sah: er hatte mich doch verstanden.

„Ihr magt 'aben Rekt, Capitano! Es soll wohl ein jedes Volk bauen sik sein eigene 'Aus. Und wenn wir Lombardi es verstehen besser, dann wir wollen sein wie ein gute Lehrer, der zeigt seine Scolaren: so sollst du maken, aber nikt mußt, wenn kannst besser. Vielleikt in 'undert oder swei'undert Jahr ihr baut, und ist gut und schön, und ist ganz anders, als was ihr lernt nun von uns, — und ist dok eine Kind von dem da."

„Das soll gelten!" sagte ich. — „Bringt uns nur immer nur eure welsche Kunst, sie soll uns willkommen sein. Aber verlangt nicht, daß wir uns darüber selbst vergessen! Denn mehr, als wenn wir einen Meister geistlos nachahmen, ehren wir ihn, wenn wir sein Ingenium uns zu eigen machen und nach unserem eigenen Herzen zu neuer Form gestalten."

„Vabbene!" lachte der Allio.

„Und was mich selbst anlangt, Maestro", fuhr ich fort, „so hab ich auch einen Wunsch und Auftrag an Euch: Ihr sollt mir draußen im Dorf Ladanje einen Bildstock aufstellen, eine Säule mit Tabernaculum, wie es bei uns zu Lande üblich ist, und darin soll auf der einen Seite die heilige Maria stehen und auf der anderen der heilige Georg. Denn diese beiden sind es, deren dieses Land bedarf: die Schutzheilige der Mütter und der Patron der Kriegsleute. Die beiden sollen mein Weib und mich schützen, das Dorf, die Landschaft — und die ganze Grenze."

Am 20. Junii

Das Jahr läuft so hin, schier geruhsam. Selten nur treffen Nachrichten ein von Scharmützeln an der vordersten Grenze, von Überfällen und Raubzügen der Türken, von strafenden und rächenden Gewalttaten der Unsern, — alltägliches Einerlei der Grenze. — Dann und wann einmal ein Ritt über Land, vom Obristen eine wichtige Botschaft oder einen Befehl zu überbringen oder irgendwelche Schanzen und Wehrdörfer zu besichtigen und zu begutachten, — dazwischen einmal eine Jagd mit ein paar Gästen. — Selten dann und wann einmal ein geselliger Umtrunk, — sonst immer nur fleißige Arbeit in Burg und Stadt, in Schreibstuben und Ratssälen, — verhandeln und erwägen, rechnen und schreiben, — auch das ist das alltägliche Einerlei der Grenze, — dort, wo ihr Hirn sitzt, wo alle Fäden zusammenlaufen und weiter nach hinten: nach Graz, nach Wien, — ins Reich.

Was bleibt, an Zeit und an Gedanken, gehört mir selber; das will heißen: Weib und Kindern, dem Haus, dem Garten, dem Acker. Das

Bauernblut meiner Ahnen regt sich mächtig in meinen Adern; — längst schon versteh ich mit Sense und Spaten umzugehen wie mit Degen und Faustrohr, wie mit Feder und Papier. — Und ist nicht jede geschickte Hand, jede starke Faust jetzt bitter nötig hier zu Land?

Am 10. Julii

Dann und wann einmal kommt Nachricht aus der weiten Welt bis zu uns. Daß der König von Frankreich dem Sultan dreimal hunderttausend Dukaten gegeben hätte, für seinen Zug gegen Wien, — daß die kaiserliche Armada in Erwartung des Feindes wohlgerüstet zwischen Raab und Hungarisch Altenburg stünde, daß aber die Türken jetzt den Kaiserlichen unschlüssig gegenüberlägen. — Vielleicht hat der Sultan alles, was er an Truppen verfügbar hat, dort in Hungarn zusammengezogen, und herrscht deshalb bei uns jetzt verhältnismäßige Ruhe. — Aber wenn es auch so wäre, — wir können es nicht nützen, — sind zu schwach an Zahl. Und der Katzianer hat uns ein allzu abschreckendes Exemplum gegeben.

Schon ist der Sommer mächtig ins Land gezogen, ein heißer, starker Sommer. Weiß leuchten auf den Feldern die Gewänder der Arbeitenden aus dem wuchernden Grün, die Hemden und die weiten Leinenhosen der Männer, die langen hemdartigen Rubatschen der Frauen, die, um die Hüften hoch aufgebunden, den nackten Beinen luftige Bewegungsfreiheit geben. Eintönig klingen die Erntelieder über die Felder.

Das Leben sprießt und drängt und wuchert, als mühe es sich immer wieder, alle Narben und Lücken zu überwuchern, nicht nur an Korn und Kraut, an Baum und Strauch, sondern auch an den Menschen. Schon hat sich der Mutter Ptakowitsch ältester Enkel, der Niko, ein Mädchen aus der Nachbarschaft zum Weib genommen, und schon schreit ihnen in der Wiege ein Säugling. — Und doch verheilen und verwachsen die Wunden in Sippe und Geschlecht nicht so leicht und rasch wie die draußen in Wald und Flur. Zu viele Frauen, jung noch und lebensfrisch und voll drängender Kraft, sind Witwen, — zu wenig Kinder wachsen nach. — Wohl trägt dann und wann einmal diese oder jene von den einsamen Weibern doch den Keim des Lebens unter dem Herzen; — wer der Vater ist? — Wer fragt danach? — Vielleicht der Mann der Schwester — vielleicht einer von den deutschen Landsknechten aus der Burg von Warasdin, die allzugern hin und wieder einmal auf die Dörfer kommen? — Was ist schon daran, — wenn nur das Blut gesund ist, und des Lebens heißer Drang wiederum dem Leben dient! — Aber allzu wenig Männer sind übriggeblieben in den vergangenen Jahren des Unheils.

Ich redete einmal darüber mit Jela. Sie schaute in die Ferne und sagte: „Früher einmal, vor langer Zeit, soll es in unserem Volk so gewesen sein, daß jeder Mann mehrere Weiber haben konnte, und je höher er stand, desto mehr. So brauchte keine den Schutz und die Liebe des Mannes entbehren und den Segen der Kinder."

Sie sagte es ruhig und gleichgültig, und ich konnte aus ihren Worten nicht hören, ob darin noch etwas mitschwang, — Furcht — oder Aufforderung. — Aber ich will mir den Sinn nicht verwirren lassen und es halten, wie es in unserem Volk heute Sitte ist.

Und doch kann es mir nicht entgehen, daß die Blicke der anderen Frauen in der Hausgemeinschaft immer wieder einmal mit Sehnsucht und Neid auf uns hängen. — Ich weiß es nur nicht: auf Jelas Kindern — oder auf mir — ihrem Mann.

Am 14. Augusti

Rasch steigen die neuen Mauern der Burg empor und die runden Türme, — schier sieht man sie wachsen, trotz ihrer gewaltigen Ausmaße. Der Ungnad hat auch etliche neue Geschütze kommen lassen, zum Teil gar von Innsbruck, wo die Stückgießerei seit des Kaisers Maximilian Zeiten her im besten Ruf steht. Keine schweren Mauerbrecher und Mörser und Kartaunen natürlich, denn solche brächten nicht viel Nutzen bei der Verteidigung einer festen Burg, wohl aber etliche Viertelkartauen wie auch leichte Feldkanonen und ein paar ganz kleine Falkaunen. Die Feldschlangen sind nach neuestem welschen Geschmack prächtig geziert, mit Wappen und Drachen und Delfinen und Rankenwerk, und haben jede ihren Namen. Basilisk heißt die eine, Greif und Nachtigal und Lindwurm und Hornuß die übrigen; — das mag ein hübsches Singen und Summen sein, wenn die alle im Chor einen Feind begrüßen, — aber auch ein Beißen und Stechen!

Rings um Burg und Stadt aber stehen die Kornfelder nun abgeerntet, — ein goldener Teppich Gottes, — ein Bild des Friedens, das einen immer wieder schier vergessen läßt, daß draußen in der Welt Krieg ist seit eh und je.

Freilich: der Krieg mit Frankreich zieht sich, aber auch in Hungarn, wo die kaiserliche und die türkische Armada einander an der oberen Donau gegenüberliegen, kommt es zu keinem entscheidenden Waffengang. Immerhin scheint dem Sultan der Kamm geschwollen zu sein, denn er hat nun, wie man hört, einen breiten Streifen hungarischen Landes westlich von Ofen in aller Form seinem Reich einverleibt. Knappe fünf Tagesmärsche soll dieserart des Osmanischen Reiches äußerste Westgrenze jetzt nur mehr von des Heiligen Römisch-Deutschen Reiches Haupt- und Residenzstadt Wien entfernt sein!

1546

Warasdin, am 1. Februarii

In Ruhe und Frieden ist das Jahr 1543 zu Ende gegangen. Die Türken haben sich im Spätherbst aus Hungarn wieder zurückgezogen, und auch bei uns an der Grenze hat sich nichts von Bedeutung ereignet. Des Erwähnens wert ist einzig, daß im Herbst der Niklas Zrinji den Peter Keglewitsch — der war unter den Anhängern des Zapolya der reichste, tätigste und feindseligste —, daß er den in einen Hinterhalt gelockt und dann als Gefangenen an den Hof nach Wien geschickt hat. Der Erzherzog hat ihm dafür als Belohnung die Herrschaft Tschakathurn bei Warasdin geschenkt. Nun: uns und unseren Plänen und Mühen ist damit wieder ein schwerer Stein aus dem Weg geräumt. — Erst den Katzianer und jetzt den Keglewitsch, — und beide Male hat's der Niklas Zrinji getan; — vielleicht verkörpert der wirklich den Adel des Landes und des Volkes, so wie der Kaschpar Draschkowitsch ihn sehen möchte.

Der Zrinji hat im übrigen im darauffolgenden Frühling die Katharina Frankopan, die schöne Burgherrin von Bakar, geehelicht. — Von Bakar über Oschal bis Tschakathurn hat der Niklas Zrinji jetzt ein Dutzend Burgen in der Hand, die ganze Grenze entlang, vom Meer bis über die Drau hinaus. — Ist ein gutes Gefühl, das zu wissen!

Im Januarius 1544 hat mir meine Jela einen zweiten Knaben geboren, den wir Juro genannt haben. Und im Aprilis ist die Mutter Ptakowitsch verstorben, im dreiundsechzigsten Jahr ihres Lebens. — War nicht auch sie ein wahrhaftiges Symbol des Landes und der Grenze? Hatte ihren Mann und sechs Söhne verloren, alle im Kampf gegen die Türken, und doch ungebrochen und unermüdlich weiter gesorgt für alle das viele Lebendige, was ihr noch geblieben war.

In diesem Jahr hat sich auch der Krieg gegen Frankreich verlaufen wie das Wasser im Sand. Sie haben zu Crespy einen Frieden geschlossen, — ist, wenn man's so betrachtet, alles beim Alten geblieben, und die Frage zu stellen, weswegen der ganze Krieg überhaupt geführt worden ist, ist sinnlos. Aber das mag wohl bei den Kriegen drüben im Westen letzten Endes allemal so sein; — wenn einer weiß, wofür er Krieg führt, so sind das bloß wir hier im Osten!

Der Umbau der Burg von Warasdin ist in diesem Jahr 1544 vollendet worden, dermaßen, daß die Festungsanlage mächtiger wurde. Zur selben Zeit hat der Donato d'Allio auch begonnen, die Städte Graz und Wien mit Bastionen neuer Art zu versehen, so daß nun allmählich die harten steinernen Kerne am Rand des Reiches immer mehr werden.

Im übrigen ist auch das Jahr 1544 recht geruhsam verflossen, und im Jahr 1545 hat das schon so viel beredete allgemeine Konzilium zu Trient begonnen.

Und wiederum im Monat Aprilis des Jahres 1545 hat mir Jela den dritten Sohn geschenkt, dem wir den Namen Marko gegeben haben. — Und nun, überwältigt von diesem Glück, warf ich alle Bedenken und Ängste von mir und beschloß, Jela in aller Form zum Eheweib zu nehmen.

Ich war erstaunt, wie gelassen Jela meinen Entschluß hinnahm. „Herr", sagte sie, „ich bin auch jetzt schon dein, und mein Glück ist es, wenn du bei mir bist. Aber ich bin ein Weib und werde dir gehorsam und dankbar sein, wenn du mir zu deiner Liebe jetzt auch noch die Ehe geben willst."

„Ich werde dich aber auch als Ehegattin nicht mit mir nehmen können", sagte ich etwas bedrückt. — „Du wirst weiterhin hier im Dorf bleiben müssen, und ich werde auch in Hinkunft oft lange Zeit über Land aus sein, weit weg vielleicht oft."

Sie nickte lächelnd: „Das ist auch gut so, Herr. Ich werde hier in unserer Hütte bleiben und auf den Feldern, und wenn du fortziehst, so weit und so lang du willst oder mußt, werde ich immer an dich denken und für dich beten, bis du wieder zu mir zurückkommst. Aber auch wenn du fortgezogen bist, werde ich nicht allein sein, da du ja doch immer um mich bleibst — in deinen Söhnen und in deinen Töchtern."

Wenn ich ein Bauer wäre, würde ich nun wohl der Sippenälteste in der Hausgenossenschaft der Ptakowitsch werden. Ich bin aber kein Bauer, ich bin nur ein Soldat. Hausältester bleibt der junge Petar, und ich werde für alle Zeiten weiter Gast sein, Gast in Jelas Hütte, Gast unter meinem eigenen Dach. — Ist das nicht jeder Kriegsmann in dieser Zeit? Den drei Söhnen des Janko Ptakowitsch, dem Mirko, dem Janko und dem Jovan, denen will ich ein guter Vater sein, nicht anders als meinen eigenen Kindern von derselben Mutter.

Es ist das Jahr 1545 aber nicht mehr ganz so ruhig und friedlich verlaufen wie das vorhergegangene. Wohl, an der Oberfläche merkte man nicht viel. Aber mancherlei Nachrichten liefen um, Gerüchte vielleicht oft nur, aber durch ihre Häufigkeit dennoch beunruhigend. Da hieß es, die Türken rüsteten in Bosnien und wollten wohl im kommenden Jahr wieder ins Grenzland einfallen. Aber sie rüsten auch in

Thrakien und in Anatolien, wie unsere Kundschafter gemerkt haben, und es könnte demnach auch irgendein größerer Feldzug mit Heeresmacht bevorstehen, — aber mit welchem Ziel? — Anderseits verlautet aus dem Reich, daß die Aufsässigkeit der protestantischen Fürsten gegen den Kaiser mehr und mehr zunehme, wobei ihnen aber der reformierte Glaube nur ein billiger Vorwand sei, hielten sie es doch zur gleichen Zeit ganz offen mit dem König von Frankreich.

Es ist nach alledem also für dieses Jahr wieder mit allerhand unerfreulichen und bedrohlichen Entwicklungen zu rechnen.

Graz, am 15. Aprilis

Die Berichte und Gerüchte aus dem türkischen Reich kommen nicht zum Verstummen. Aber es scheint nun eher so, als ob das Rüsten und Sammeln nicht so sehr auf uns zielte als wieder einmal auf jenen anderen Erbfeind der Türken in ihrem Rücken, im Osten, — auf die Perser. Aber noch etwas anderes melden unsere Kundschafter aus der Türkei, etwas, wovon ich nicht weiß, ob es uns nun freuen soll oder bedrücken und ängstigen: der Schwarze Tod, die Pest, geht dort wieder um, stärker als gewöhnlich. Mag also die Krankheit des Sultans Pläne und Unternehmungen allemal stören, — wir wollen nur hoffen, daß sie sich nicht bis zu uns herüber ausbreitet.

Und nun bin ich wieder einmal auf der Reise nach der Stadt Graz, in Geschäften des Obristen. Bin ja, seit ich an der Grenze sitze, nie mehr über Graz weiter nach Westen oder Norden hinausgekommen, ins Deutsche Reich hinein zu. So ist mir nun Graz zum Inbegriff der alten Heimat geworden. Meiner Heimat? — Liegt die nicht schon längst drunten im Grenzland, in Slawonien, — in Warasdin und in Ladanje? Spreche ich nicht längst schon krobatisch, als wäre ich als ein Kind des Grenzlandes geboren? — Und doch überläuft's mich jedesmal wie ein seliger Schauer, wenn ich merke: nun bin ich wieder in einem Land, wo man deutsch redet, — nicht nur die Bürger in den Städten und die Kriegsknechte auf den Straßen, sondern auch die Bauern auf dem Feld. — Wo bin ich also nun wirklich zu Hause? — Aber das ist wohl oft so bei Menschen von der Grenze: daß sie zuletzt nicht mehr wissen, ob sie hüben oder drüben daheim sind.

Spät am Abend bin ich in die Stadt eingeritten, durch das Gewirr der Baustellen und Werksplätze hindurch, wo nun nach des Allio Plänen und Leitung die neuen festen Bastionen entstehen. Und erst im Stockfinstern bin ich in meiner altvertrauten Herberge in der Sporgasse eingekehrt. Morgen geht's ans Verhandeln und Beraten. Es drehte sich darum, daß wir unsere leichten Arkebusen, die in der Regel einen Panzer nicht durchschlagen können, zu einem Teil durch schwere Musketen auf Gabeln ersetzen wollen. Freilich wird das ein gutes Stück Geld kosten, und steht mir daher morgen mit der landständischen Raitkammer ein harter Ringkampf bevor.

Graz, am 17. Aprilis

Es hat in der Tat viel zu verhandeln gegeben, vor allem auch im Zeughaus, wo die von uns gewünschten Waffen nicht in der nötigen Anzahl auf Lager waren, und daher deren Beschaffung abgesprochen werden mußte.

„Herrscht jetzt allenthalben große Nachfrag nach derlei neuartigen Handfeuerrohren mit Radschlössern", erklärte mir der Waffenmeister, mit dem ich unterhandelte, „spricht sich eben von Jahr zu Jahr unter dem Kriegsvolk mehr die Erfahrung herum, wie solch eine Musketen einer Armbrust eben doch überlegen ist."

„Übrigens", fuhr er dann fort, — „es sind Herren gekommen aus der Eisenwurzen, von der Stadt Waidhofen; — Ihr wart doch auch eine Zeitlang in jener Gegend, — vielleicht findet Ihr da Bekannte unter ihnen."

Freudige Neugier durchfuhr mich: „Wo kann ich sie antreffen?"

„Haben in der Stadt im „Krebsen" Quartier genommen." —

Es waren tatsächlich liebe alte Bekannte, die ich im Gasthof „Zum Krebsen" am Fuß des Schloßberges fand: der Stadtschreiber Hans Neubinger, der Ulrich Eysele und noch zwei Meister von der Schmiedezunft der Stadt. Und es brach großes Erstaunen und fröhliches Getümmel los, als ich so unvermutet vor ihnen stand.

„Ei, das muß aber gefeiert werden!" rief der Neubinger, zog mich gleich in eine weinumrankte Laube, und der Wirt brachte den goldfunkelnden Trunk, der auf den Büheln drunten im Süden wächst, schon gegen Slawonien zu.

„Wir haben oft an Euch gedacht und von Euch gesprochen, Junker, — verzeiht, Herr Feldhauptmann, wollt ich sagen, — ach, wo ist die Zeit geblieben!"

„Jetzt erzählt mir aber, was gibt es denn Neues bei Euch?" drängte ich ungeduldig. — „Wißt: Fühl ich mich doch noch immer zu Eurer Stadt gehörig und zu den Bergen ringsum, mag noch so viel seither geschehen und anders geworden sein. — Wie ist es also: steht dem Wild sein neues Rathaus schon, das mit dem hohen Stadtturm?"

„Es wird noch dran gebaut, — wird aber bald fertig sein. — Und die Stadtmauer drunten am Fluß haben wir erneuert, — das Ybbstor selber haben wir ebenfalls ausgebaut und verstärkt. Und ringsum tut sich auch viel in dieser Weise. So wird das Land allweil fester und wehrhafter, und unser gutes Beispiel von anno '32 scheint doch Schule gemacht zu haben."

„Das gebe Gott!" sagte ich. — „Aber im übrigen hoff ich, wenn uns drunten an der Grenze weiterhin alles halbwegs nach Wunsch gelingt, dann wird der Türk nicht so leicht wieder bis zu Euch kommen. — Es hat immerhin seit damals keines Türken Fuß mehr den Boden des Heiligen Römisch-Deutschen Reiches betreten.

Aber nun erzählt weiter, — was ist mit den Leuten, die ich kenn?" —

„Nun, — was soll ich Euch erzählen? — Daß der alte Vater Apfelbäck gestorben ist, — und daß sich unser braver Kundschafter, der Wolf Huber, vor Jahresfrist ein Weib genommen hat. — Aber das alles geht Euch wohl kaum viel an."

„Und was ist mit den Bauern, — mit meinen Bauern?" fragte ich, nicht ohne Stolz.

„Nun, — da geht alles seinen guten Gang wie eh und je. Eure wackeren Rottenmeister von damals, der Gotthard Ennsmann und der Lambrecht Stubner, stehen fest im Leben, und ihre Sippen werden von Jahr zu Jahr größer."

„Und der Andre Karlsgrabner, — was ist mit dem?"

„Mit dem steht's nicht zum besten. Ist halt schon sehr alt, und von seiner schweren Wunde damals hat er sich nicht mehr so recht erfangen."

Merkte er nicht, wo ich hinaus wollte? — Oder stellte er sich nur so? — Fast schien es mir, lag doch ein seltsamer Unterton in seiner Stimme, — schier ein wenig spöttisch, wenn auch durchaus wohlwollend.

„Und seine Tochter, — die Gundl?" — Frag ich dich eben grad heraus! dachte ich mir.

„Die hat geheiratet, ein Jahr nach unserem Türkenkrieg damals, — den Michel Perger aus dem Hollensteiner Amt, — war ja auch zu erwarten so. — Hat jetzt schon fünf Kinder, und bald wird das halbe Dutzend voll sein."

„Es ist nur etwas Merkwürdiges", sagte der Neubinger mit sonderbar gedehntem Ton.

„Was?"

„Das erste Kind, — ein Bub, — ist ein Vierteljahr vor der Hochzeit zur Welt gekommen, genau im Monat Juni anno '33, — das ist —"

„Neubinger, — Ihr wollt doch nicht sagen —!"

„Und ob ich sagen will!" lachte der über das ganze Gesicht, — „und ich beglückwünsche Euch zu einem solchen Sohn! — Wird ein strammer Bursch, ist Euch recht ähnlich, nur ein wenig ruhiger und stiller, das hat er von der Mutter! Ich habe mich in den Jahren ein wenig um ihn gekümmert; denk, ich bin Euch das schuldig im Namen der Stadt Waidhofen."

Es ist mir wohl das Wasser in die Augen geschossen, denn der Neubinger tätschelte mir mit einem Mal liebevoll die Hand und brummte freundlich: „Aber Hauptmann, Hauptmann, — wo bleibt denn der rauhe Krieger!"

„Ja. — Und er lebt bei seiner Mutter auf dem Petersberger Hof, und der Michel Perger hält ihn wie einen eigenen Sohn."

„Und — weiß der Bub?"

„Freilich weiß er — und ist sehr stolz darauf. — Seine Mutter hat ihm ja auch schon genug erzählt von Euch. — Und ich werd ihm natürlich jetzt auch noch erzählen."

„Es ist nur eines —"

„Nun, — was?"

„Den Hof wird er natürlich nicht übernehmen, denn da will der Michel schon einen leiblichen Erben drauf sitzen haben, versteht sich. — Ich möchte versuchen, den Burschen dann bei uns in der Stadt bei einem guten Schmiedemeister in die Lehre zu bringen."

„Nein!" — Ich war aufgesprungen. — „Ich — ich hab was Besseres! — Hab hundert Dukaten hier in der Stadt liegen, — was sollen mir die? — Neubinger, die geb ich Euch zu treuen Händen, — und kauft mir dafür einen Freibauernhof, irgendwo um Waidhofen oder Opponitz oder Hollenstein. — Und verwaltet das Gut nach bestem Gewissen. — Und in acht oder zehn Jahren so etwa, — dann soll mein Sohn den Hof übernehmen und besitzen für sich und Kinder und Kindeskinder!"

Der Neubinger nickte. — „Hauptmann, — damit tut Ihr gut. — Und ich versprech Euch: ich will tun, daß Euer Plan gelingen möge!"

Ich hab noch am selben Tag die hundert Dukaten geholt und dem Neubinger gebracht, und dazu einen türkischen Dolch, ein prächtiges Stück, ziseliert und mit gehämmertem Gold geziert; — ich hab es damals dem Pascha von Brod abgenommen, als ich ihn erschlagen hatte.

„Gebt das meinem Sohn, — sagt ihm, der Vater schickt es ihm, — und läßt ihm sagen, er will drunten an der Grenze stehen und wachen, auf daß er, der Bub, daheim leben kann ohne Angst und Not."

„Wie heißt der Bub eigentlich?" fiel mir mit einem Male jetzt erst ein.

„Wie soll er schon heißen? — Konrad natürlich!"

Konrad! — Auch mein Name bleibt zusammen mit meinem Blut daheim in den Bergen, wird weiterleben, weitersprossen! — Was will ich mehr?

Warasdin, am 28. Aprilis

Es waren leider nicht nur derartige schöne und beglückende Nachrichten, die mir in Graz zukamen. Draußen im Reich regt sich wieder mancherlei Unruhe. Der Herzog von Sachsen-Meißen, der Moritz, der es auf die Kurwürde abgesehen hat, habe um deren Willen die evangelische Sache verraten und sei zum Kaiser übergetreten. Was nützt dem nun so ein Bundesgenosse? Der Moritz sei auch bereits in das Land seines Vetters, des Kurfürsten von Sachsen-Wittenberg, eingefallen, jener habe seinerseits die Truppen des Schmalkaldischen Bundes verlassen, um sein Stammland zu retten, seine Bundesgenossen hinwieder zögen gegen die kaiserlichen Truppen in Süddeutschland zu Feld, — und so haben also schon wieder einmal mitten im Reich an allen Enden die Deutschen einander an der Gurgel, — und drüben freut sich Frankreich, und bei uns herüben der Türk.

Auch, was ich hier in Warasdin an Neuigkeiten vorfand, war nicht besser. Türkeneinfälle hier und dort, — nun ja, daran sind wir gewohnt. — Aber die Pest drüben im türkischen Reich scheint sich rasch auszubreiten und an Heftigkeit zuzunehmen. Schon soll die Seuche auch dort und da in der Walachei und in Serbien umgehen; in der Stadt Nisch, so wird erzählt, habe sie bereits an die hundert Tote gefordert. Bedrückender ist das als Nachrichten von Zurüstungen und Kriegsvorbereitungen des Sultans, — denn dawider könnten wir irgend etwas tun, — und wenn wir noch so schwach und unterlegen wären. — Was aber wollen wir gegen eine heimtückische Krankheit, die unsichtbar und unhörbar dahergezogen kommt? Mir jedenfalls ist gar nicht wohl zumute.

Sankt Georgen, am 14. Junii

Nun soll die Pest schon im unteren Slawonien grassieren. — Vielleicht ist sie, dieweil ich hier sitze und schreibe, bereits auch schon herübergesprungen in unser Grenzland?

Ich hab mir, bei nochmaligem dienstlichen Ritt nach Graz, dort ein kleines Tractatum erstanden. „Wie man sich zu Zeiten der Pestilentz fürsehen und erhalten mög." Hoffte daraus Gott weiß was für nützliche Ratschläge zu ziehen, für den unglückseligen Fall, daß die Seuche bis in unsere Gegend vordringen sollte, und wir gegen sie Maßnahmen treffen müßten, — sah mich aber bitter enttäuscht. Daß die Pest „ein hefftiges vergifftetes Fieber, nach Anderen aber eine schnelle tödtliche Krankheit mit Drüess, Tüpl und Geschwer" sei, — nun, das wußte ich auch so schon. Desgleichen, daß man annehme, die Seuche werde durch schlechte Luft, schlechtes Wasser und schlechte Speisen übertragen; — daß dann noch zu lesen stand, auch kosmische Einflüsse kämen als Ursache in Frage, — nun, das mag für eine Disputatio inter professores einen reizvollen und ergiebigen Stoff abgeben, aber ich kann damit nichts anfangen. Wenn ich dann weiterlas, gemäß von der Regierung erlassener Infektionsordnung seien bei aufkommender Seuchengefahr zur Entgiftung der Luft auf Straßen und Plätzen Feuer abzubrennen, mit Wacholder und anderem Räucherwerk, mit Essig- und Kalkdämpfen, dann leuchtet mir das wohl ein, — bloß aber: derlei mag in den Städten und großen Märkten möglich sein, nicht aber in den Dörfern und auf den Landstraßen der Grenze. Auch was an Heilmitteln wider die Pest angegeben stand, Giftlatwerg und Bezoaressig und Cardobenediktenwasser wie auch Hirschhornsalz als Beimengung zum Trinkwasser, — wo sollte man das hier auftreiben? Ganz zu schweigen von den Seuchenärzten mit eigener Ausrüstung! — Kurzum, ich warf das Büchlein zuletzt ergrimmt in die Ecke und war unwissender und unsicherer als zuvor.

Dann ist der Rauber zu mir nach Warasdin gekommen, auch er getrieben von der Sorge und Unruhe.

„Ach, weißt du was, Bruder!" sagte er, — „wir reiten einmal auf Kundschaft aus, nach vorne, an den Feind, wie es Kriegsbrauch ist!"

Unterwegs spann der Rauber den Faden seiner Gedanken:

„Das, was die Medici so reden, von Luft und Wetter und Wasser, und daß aus dem der Schwarze Tod wird, das glaub ich alles nicht. Ich mein: die Seuche steckt in den Menschen und kommt darum auch nur mit den Menschen daher. — Zieht von dort unten herauf über Konstantinopel und Belgrad, Pest und Seuchen nicht anders als Janitscharen und Tataren. Und müßt man daher der Seuche geradeso entgegentreten wie den Türken, und müßt unsere Grenze genau so ein fester Wall in medicinalibus sein wie sie in militaribus anjetzt schon ist!"

„Aber wie willst du das anfangen?" fragte ich.

Der Rauber zuckte die Achseln, — „das ist es ja eben!"

Wir ritten über Kopreinitz bis Sankt Georgen, welches jetzt unser letzter fester Platz in der Drauebene gegen Osten ist. Ja, hieß es dort, in Esseg sollen schon etliche an der Pest verstorben sein, und in Valpovo einige erkrankt. Griechische Kaufleute hätten es erzählt, die gestern erst durchgekommen wären.

„Und wo sind die Griechen jetzt?"

„Nun, — weitergezogen, — auf Warasdin zu."

„Da haben wir jetzt die Schweinerei!" knurrte der Rauber. — „Da kommt nun alles aus des Sultans Landen daher und herein zu uns,

Kaufleute und Bettelvolk, Händler und Gaukler, und bringen uns nicht nur ihre Läuse und Flöhe mit, sondern auch die Pest. — Ich sag dir: einen eisernen Riegel müßte man vorschieben quer durch das ganze Land, — eine Mauer im Frieden wie im Krieg, über die kein Mensch drüberkommt. Dann bliebe uns nicht nur das ganze Lumpenvolk erspart, sondern auch alle Seuchen und Pestilenzen!"

„Bruder", sagte ich, — „du magst recht haben, aber was sollen wir tun? Daß wir jeden Fußbreit der Grenze überwachen, dazu fehlt es uns an Menschen, dafür sind unsere Dörfer noch viel zu wenig und zu dünn gesät!"

Wieder zuckte der Rauber die Achseln, — konnte nichts als knurren: „Das ist es ja eben!"

Kopreinitz, am 20. Junii

Während wir noch in Sankt Georgen uns aufhielten und auf neue Nachrichten aus dem türkischen Gebiet warteten, kam die Schreckensbotschaft: in Kopreinitz, hinter uns also auf halbem Weg nach Warasdin schon, sind zwei Frauen an der Pest erkrankt. Sie waren Mägde in jener Herberge, wo die aus Esseg gekommenen griechischen Kaufleute abgestiegen waren. — Ja: der Rauber hatte nur allzu recht: mit den Menschen kommt die Krankheit, nur mit den Menschen!

Ich ließ den Rauber in Sankt Georgen, eilte nach Kopreinitz. — Was tun? — Der alte Laurenz Putterer, der die Kopreinitzer Hauptmannschaft unter sich hat, war völlig ratlos. Ich weiß immerhin einiges weniges über die Seuche, von den verschiedenen Wundärzten und Feldscheren: und dies oder jenes an Brauchbarem hatte ich doch auch in meinem Tractatum gefunden.

Ich begnügte mich also nicht damit, das Pesthaus mit großen aufgemalten Kreidekreuzen zu kennzeichnen, sondern trieb eilig sämtliche Hausgenossen darin zusammen und ließ hinter ihnen alle Tore und Türen vernageln. Niemand darf sich nun bei schwerer Strafe dem Haus nähern; Speisen und Getränke und was die Eingeschlossenen sonst zum Leben nötig haben, muß ihnen an langen Stangen durch die Fenster zugereicht werden. Und vor allem: diejenigen, welche die Krankheit offenbar mitgebracht haben, die Griechen, sind längst fort und weiter im Land, in Warasdin, in Pettau, in Marburg vielleicht schon. Zwar schickte ich sofort einen Berittenen nach Warasdin ab, der dort Alarm schlagen sollte, aber was können die viel anderes tun als ich hier?

Verbissen arbeitete ich auch tags darauf mit einer Schar von Knechten, die mir der Putterer zur Verfügung gestellt hatte. Ich lasse die

Stadttore jetzt den ganzen Tag geschlossen halten und bewachen, um den Verkehr mit den umliegenden Ortschaften zu unterbinden. Was die Bauern an Lebensmitteln bringen, müssen sie vor der Stadtmauer auflegen, wo wir es dann abholen; die Münzen, mit denen wir bezahlen, werden in einer Schüssel mit Essig hinterlegt.

Heute am Morgen wieder drei neu Erkrankte. Vier Menschen sind insgesamt schon an der Seuche verstorben. Ich habe bereits begonnen, über die von der Pest ergriffenen Menschen und Häuser Listen anzulegen, da ich bald den Überblick zu verlieren fürchte.

Kopreinitz, am 25. Junii

Der Eilbote, den ich nach Warasdin geschickt hatte, begegnete unterwegs einem anderen, der mir melden sollte, daß dort bereits auch die Pest ausgebrochen sei. Man habe sofort in der Stadt bei den Franziskanern ein Pestspital eingerichtet und hoffe solcher Art, die Seuche eher zu überblicken und eindämmen zu können. Und doch war es, als ich es hörte, wie ein Peitschenhieb. Darf denn einer im Ernst hoffen, es werde gelingen, die Pest in der Stadt zu halten, — es wäre zu verhindern, daß sie sich ringsum ausbreitet, das freie Land überschwemmt, die Dörfer, — Ladanje!

Am liebsten wäre ich auf der Stelle losgeritten, — nach Hause. Aber was hätte ich denn da auch helfen können? Und dann sehe ich, daß ich im Augenblick hier dringend benötigt werde, — zumal seit der alte Hauptmann Putterer selbst von der Seuche ergriffen und binnen weniger Stunden hinweggerafft worden ist. Ohne einen ordnenden und befehlenden Kopf ginge es jetzt hier drunter und drüber.

Ich halte mich jetzt also nach bestem Können an mein Büchlein. Alle wohl noch Gesunden, aber doch der Ansteckung Verdächtigen müssen in das Kontumaz-Hospital, das ich in den Gewölben der Burg habe einrichten lassen, und dort müssen sie vierzig Tage lang eingeschlossen unter Beobachtung bleiben. Das sind vorerst einmal alle Fremden, die aus Orten kommen, von denen wir wissen, daß darin die Pest umgeht, dann aber auch alle Überlebenden aus Pesthäusern. In den Räumen der leer gewordenen Häuser wird sodann die Luft von den Krankheitsgiften gereinigt, durch aufgeschnittenes ofenwarmes Brot und zerschnittene Zwiebel, durch Löschen von gebranntem Kalk, durch Räuchern mit Wacholder und anderen Latwergen und durch Verspritzen von Essig. Die Habseligkeiten eines Verstorbenen, die mit ihm in Berührung waren, werden, wenn sie von geringem Wert sind, verbrannt, andernfalls auch ausgeräuchert oder in Essig gewaschen. Dann wird alles Mauerwerk frisch gekalkt, alle hölzernen Gegenstände und Bauteile aber, Möbel und Türen, Türstöcke und Fensterrahmen, Fußböden und Deckenbalken, mit scharfer Lauge oder Essig gewaschen. So sollte es zumindest sein, — aber wir kommen jetzt schon nicht mehr mit der Arbeit nach, und dabei stehen wir sicher erst am Anfang des Unheils.

Am 30. Junii

Die Gassen des Städtchens liegen stumm und leer wie ausgestorben im glastenden frühsommerlichen Sonnenlicht. Dann und wann begegnet einem ein müd dahinschleichender Trupp von Pestknechten, die mit Arbeitsgerät von einem Seuchenhaus zum anderen unterwegs sind oder eben einen in Tüchern gehüllten Leichnam wegführen, — einen Schwaden von üblem Gestank hinter sich nachziehend, von eitrig schwärenden Beulen und beginnender Verwesung des Fleisches. Höchst wichtig ist es mir jetzt, daß die Toten keine Stunde zu lang bei dieser gärenden Hitze in der Stadt bleiben. Ich habe draußen vor dem Warasdiner Tor neben der Landstraße eine große tiefe Grube ausheben lassen, in die sie nun alle, wie sie kommen, durcheinander hineingeworfen werden, Ratsherr und Bettler, Kind und Greis, Deutscher und Krobat. Bis jetzt haben wir immer gelöschten Kalk über die Leichen geschüttet, um den Verwesungsgestank hintan zu halten, — aber nun geht allmählich unser Vorrat an Kalk zu Ende. — Ja: wie in einer belagerten Festung ist es.

Seltsam, der Gedanke, daß ich selbst von der Seuche ergriffen werden könnte, ängstigte mich überhaupt nicht, kommt mir gar nicht in den Sinn. — Umso mehr quält mich die Sorge um die Meinigen. Zumal wir heute erfahren haben, daß in einigen Dörfern der Umgebung hier herum, in Reka, im Rasminja, in Peteranetz, auch bereits Fälle von Pest aufgetreten sind. Ansonsten sind alle Verbindungen wie abgeschnitten, nach Warasdin ebenso wie nach Sankt Georgen und nach Belowar.

Am 10. Julii

Die Anzahl der neu Erkrankten in der Stadt ist in den letzten Tagen merklich zurückgegangen; vielleicht ist hier der Höhepunkt der Seuche bereits überschritten. Umso schlimmer wütet sie jetzt draußen auf den Dörfern, vor allem in Peteranetz, das gegen die Drau zu liegt.

Ich bin dort von Haus zu Haus gegangen, habe — durchs Fenster, vorsichtig, in weitem Abstand, mit jedem Sippenältesten gesprochen und ihm eingeschärft, worauf er zu achten hätte, insonderheit aber mit dem Dorfhauptmann verhandelt. Die Leute bemühen sich auch redlich, eine Weile zumindest, — dann überkommt sie die Mutlosigkeit, das Sichergeben in ihr Schicksal. — Ist es auch zu verwundern? — An diese Art des Kampfes sind unsere Grenzer nicht gewohnt, — sie liegt ihnen nicht, — und fügen sich und unterwerfen sich, — wo sie gegen die Türken bis zum letzten Blutstropfen sich verbissen wehren würden.

Ja, — so ist das Volk. Sie fürchten nicht den Tod, so wie sie den Türken nicht fürchten. Sie hassen bloß den Tod wie die Türken. Und der Haß macht sie stark und groß und läßt sie Türken und Tod überwinden. Denn das ist zu sehen: in den Dörfern wütet die Pest, aber die Felder werden bestellt, das Vieh gewartet, die Kinder versorgt, der Wachdienst versehen. In ihren Grundfesten wird die Grenze durch die Pest ebensowenig erschüttert wie durch die Türken.

Selten kommen jetzt Nachrichten zu uns, — durch Boten, die über die Mauern uns ihre Meldungen zurufen. In Warasdin, heißt es, hielte sich die Seuche in Grenzen: ob und wie weit sie sich dort auch in die Dörfer im Draufeld ausgebreitet habe, wußte mir noch niemand zu sagen. In Sankt Georgen wütet die Seuche heftig. Und sie meldeten mir, auch der Rauber liege schwer danieder. So bin ich heut hinübergeritten und — fand den Freund nicht mehr. — Rauber, — Bruder, — lieber, alter, — so elendig mußt du umkommen. — Und doch: als ich zurückritt, wunderte ich mich, wie wenig mich sein Tod innerlich bewegte. — Müde, — zu müde schon. — Hinlegen — in den Staub an der Straße und einschlafen! — Und alles vergessen: was war und was ist und was noch sein wird. — Ja: was wird noch sein?

Kopreinitz, am 30. Julii

In den letzten drei Wochen ist die Pest hier herum nach und nach abgeklungen. Neue Erkrankungen sind in der Stadt schon seit etlichen Tagen nicht mehr vorgekommen; bloß auf den Dörfern geht die Seuche noch immer um, ergreift wohl auch jetzt noch die eine oder andere entlegene Ortschaft, die bis dahin verschont geblieben war. So kann man nun auch bereits einigermaßen das Unheil überblicken, das geschehen ist, und ich möchte schätzen, daß hier herum etwa der vierte oder fünfte Teil der Menschen zu Tode gekommen ist, darunter viel alte Leute, aber im Verhältnis wenig Kinder. Mag das nun auch eine erschreckend hohe Anzahl von Todesopfern sein und ein schwerer Aderlaß für unser Volk an der Grenze, so erscheint es doch wieder eher erträglich, wenn man es an Erzählungen und Berichten aus früheren Jahren mißt, in denen es heißt, daß bei derartigen Pestilenzen zu Zeiten ganze Dörfer und Landstriche ausgestorben sind.

Was ich hier helfen und richten konnte, hab ich getan; morgen reite ich heim. — Weiß Gott, mir graut vor dem Ritt; — erinnert er mich nicht irgendwie an damals, als ich nach des Katzianers unseligem Feldzug und nach meiner Genesung von Valpovo in die Berge, an die Seen, nach Orlitsch, — heimritt, — heim? — Was war das damals?

Warasdin, am 2. Augusti

Ja: — es war in der Tat wie damals!

Als ich nach Warasdin kam und mich auf der Burg beim Ungnad zurückmeldete, zog der mich beiseite, legte mir — seltsam, daß er auch das kann! — beide Hände auf die Schultern, — ja, — und dann, — dann erzählte er mir alles.

Alles, was er eben wußte. Aber es reichte. — Auch in Ladanje hat die Pest zugeschlagen, schwerer noch als sonst im allgemeinen, — und — und in einer der Pestgruben liegt auch mein Weib, — Jela!

Ach, ich stand da und starrte vor mich hin und wartete, daß nun irgend etwas kommen werde, etwas aufbrechen tief in mir: Schmerz und Verzweiflung oder rasende Wut und Haß gegen den, der unsere Schicksale so bösartig hart und kalt lenkt. — Aber nichts kam, — alles blieb still und leer und kalt und finster, — blieb tot. — Wirf es weg, — es hat keinen Wert mehr! — Gelobt sei der nächste Türk, der da kommen wird, mich zu erschlagen.

Dann dachte ich an meine Kinder, Jelas Waisen, und ritt weiter, hinaus nach Ladanje. Ja, — es ist so, wie der Ungnad gesagt hat: erschreckend viele hat es hier weggerafft: nicht nur Jela, auch Mara, die Witwe des Dragutin Ptakowitsch, und Zora, die Witwe des Milosch. Und das Weib des Petko Ptakowitsch und die Männer seiner jüngeren Schwestern Draga und Ljuba. Ist nicht mehr viel übriggeblieben von der Sippe der Ptakowitsch. Nur Kinder laufen noch genug herum, und ich empfand es in all meiner kalten Erstarrung als ein Glück seltsam fremder und verwunderlicher Art, daß von meinen fünfen kein einziges der Schwarze Tod mir genommen hat. Bloß des Janko Ptakowitsch jüngster Sohn, der Jovan, ist weggestorben.

Was soll ich nun tun? — Will heißen: was kann ich tun? — Auch unter das kaiserliche Kriegsvolk hat die Pest große Lücken gerissen und unter die Wehrbauern in der vordersten Grenze. Der Ungnad braucht mich jetzt nötiger als zuvor. Ich werde zu ihm stehen müssen und weiter als ein Soldat dienen, — ich kann nicht auf dem Dorf bleiben und mich um meine Kinder kümmern. Die werden weiter in der Sippe bewahrt bleiben, wo es seit Urzeiten so Sitte ist, daß die Überlebenden ihrer toten Brüder und Schwestern Söhne und Töchter wie ihre eigenen annehmen.

Warasdin, am 10. Septembris

So sitz ich also wieder als General-Wachtmeister der Slawonischen Grenze und zugleich als ein Burghauptmann von Warasdin in meiner Amtsstube mit ihren altväterlich strengen, vom Alter dunkelbraun gebeizten Schränken und Truhen, und tue meine Arbeit. Und es ist mir immer wieder, als wäre alles nur ein böser Traum gewesen, was dieses Jahr gebracht hat. Und dann und wann ist es, als ob tief in mir irgend etwas anheben wollte zu zweifeln an allem: an Gott und an der Welt und an mir selber und an unserem Werk. — Ja: auch an der Grenze! Denn was ist unsere Grenze schon, wenn sie wohl ein paar tausend gerüstete Türken aufzuhalten vermag, aber gegen ein paar giftige Samen einer rätselhaften Krankheit machtlos ist?

Nein, — recht hat allein der selige Rauber gehabt: selber uns helfen! Selber uns wehren, gegen die Pest nicht anders als gegen die Türken. — Eine eiserne Wand ziehen quer durch das Land, über die weder das eine noch das andere mehr herüberkommt! — Aber wie ist das möglich? — Und wann wohl? — Ja, — vielleicht in hundert, in zweihundert Jahren. Wenn wir so lang die Grenze halten! — Also werden wir sie halten! — Und ich arbeite und denke und plane und diene und gehorche, — gehorche dem Ungnad nun nicht anders als damals nach dem Unheil von Orlitsch dem alten Vater Juritschitsch.

Und dann stand gestern mit einem Male der Rupprecht Puchmüller in meiner Stube. Und wahrhaftig: er sah aus wie ein Gespenst. Sprach kein Wort, ging mit schleppenden Schritten auf mich zu, ließ sich mir gegenüber in einen Stuhl fallen, Arme und Kopf herunterhängend. Blieb stumm und reglos sitzen.

Aber als ich ihn nur entsetzt und fragend anstarrte, da blickte er auf, mit Augen voll hoffnungsloser Qual, und dann murmelte er:

„Die Pest ist auch in der Steiermark gewesen. — Weib und Kinder sind mir verstorben. — Bin jetzt wieder frei und ledig. — Gehör eben zur Grenze und komm nicht los von hier. — Und da habt ihr mich wieder!“

Ich war aufgesprungen, — „Rupprecht!“ — es würgte mich, ich kam nicht weiter.

Der Rupprecht nickte mir zu: „Brauchst nicht zu reden, — weiß schon, — hab auch über dich schon erzählt bekommen!“ — Und dann, mit einer jähen Bewegung, legte er mir den Arm um die Schulter: „Bruder! — Bruder, — jetzt mehr als je zuvor!“

Und wieder nach einer Weile: „Ja, — so ist es: das Reich zerfällt in Scherben, — und die Menschen darin zerbrechen zu Scherben; — müssen die wohl jetzt hier sammeln und aus ihnen unseren Wall bauen —“

„Rupprecht!“ fuhr ich auf, und die Zähne knirschten mir, — „Rupprecht, — und ich sag dir: diese Scherben sollen ein guter Baustein sein!“

Warasdin, am 25. Septembris

Der Ungnad hat den Rupprecht, nach kurzer Wiedereingewöhnung in Warasdin, auf Kopreinitz geschickt und ihm die dortige Hauptmannschaft unterstellt. Wir bleiben also Nachbarn, und das ist gut so. Den Iwan Lenkowitsch hat der Ungnad von der Meergrenze heraufgeholt und ihn über die verwaiste Sichelburger Hauptmannschaft gesetzt. So läuft sich alles wieder ein, und die Grenze steht.

Und heute trat nun ein junger Bursch in meine Stube, mit blonden Locken und von schlankem geschmeidigem Wuchs in enger schlichter Landsknechtstracht, — ein junger Mann, der mir völlig unbekannt schien und zugleich doch irgendwie altvertraut.

Da nannte er seinen Namen: „Michel Ellinger heiß ich.“

Ich griff mir an den Kopf: „Michel — Ellinger? — Du bist doch nicht etwa aus der Stadt Wien?“

Aber der lachte: „Wahrhaftig bin ich das, — und ich bin ein Sohn des Meisters Pankraz Ellinger, der anno 1529 beim letzten Ansturm der Türken neben dem Kärntner Tor als ein aufrechter Mann und Bürger den Tod gefunden hat!“ — Er war ernst geworden, stand stramm und gerade vor mir, — als käme er als ein Abgesandter seines Vaters, um den Weg zu gehen, den jener im Leben versäumt und erst im Tod gefunden hatte.

„Michel!“ — Ich war aufgesprungen, streckte ihm die Hände entgegen, — „und weißt du denn überhaupt, wer ich bin?“

Der strahlte. — „Hauptmann, — den Ritt auf Euren Schultern vom Gatterhölzel bis vor die Stadtmauer, mitten unter Landsknechtsspießen und Hellebarten und Eisenhüten, den vergeß ich mein Lebtag nie!"

„Aber wie kommst du da her? — Du müßtest doch, als der einzige überlebende Sohn eines reichen Vaters in Wien —"

Der Michel schnitt mir jäh das Wort ab; sein Gesicht wurde hart und scharf. — „Haus und Grund, Ware und Geld meines Vaters besitzt heute allessamt ein gewisser Ruedlieb Wispeck." — Und nach einer Pause lähmender Stille: „Ein unmündiges Kind um sein rechtmäßiges Erbe zu bringen, ist zuweilen leichter, als Ihr, Hauptmann, Euch vorstellen könnt. — Und jetzt hab ich nur eine Bitte: stellt nie mehr eine Frage nach all dem, was in Wien gewesen ist."

Ich nickte und mußte an mein Gespräch mit dem Rupprecht denken. Auch wieder ein Zerbrochener, — Scherben, die sich hier sammeln, auf daß aus ihnen sich der Wall aufbaue. Aber als ich dem Michel dann in sein frisches unternehmungslustiges Gesicht schaute, fiel es mir doch wieder schwer, an Scherben und Zerbrochenes zu denken.

„Jetzt weiß ich aber noch immer nicht, wie du hieher kommst" sagte ich.

„Nun, — ich wollt mich im Land unter der Enns zu den Kriegsknechten anwerben lassen, hörte aber, die Regimenter dort wären für den Krieg im Reich vorgesehen, wider die Lutheraner, und das hat mir nicht recht gefallen. So bin ich in die Steiermark gewandert, — nun, und dort hab ich schon wen gefunden, der mich weitergewiesen hat. Daß Ihr in der slawonischen Grenze säßet, das hat mir noch der Magister Früeauff in Wien sagen können, — nun, und also bin ich jetzt hier!"

Ja, das war schön, daß der Michel hier war. So einen können wir hier allezeit brauchen. Da er das Kriegshandwerk von der Pike auf lernen soll, werde ich ihn zum Rupprecht Puchmüllner nach Kopreinitz schicken, daß er vorerst in dem dort stehenden Fähnlein deutscher Landsknechte Dienst tun soll. Aber ich glaub, der Bursch ist aus dem Holz, aus dem man Fähnriche und Offiziere schnitzt. Und vorläufig behalte ich ihn noch eine Weile hier in Warasdin.

Es wird aber der Michel Ellinger wohl für lange Zeit der einzige Kriegsknecht sein, der aus den Erblanden zu uns kommt. Denn es herrscht hier zur Zeit weder Bedrängnis und Gefahr, noch auch Hoffnung und Aufschwung, und es neigt sich das Jahr einem grauen Ende zu, ungeachtet draußen noch die letzte Sommersonne ihr unerschöpfliches Gold verschwendet.

1555

Warasdin, am 5. Septembris

Jahre sind wieder vergangen, — lange Jahre, — eintönige Jahre.

Ja: ich frage mich, was eigentlich geschehen ist in all der Zeit, — und wenn ich's zusammenfasse, ist's rechtschaffen wenig gewesen. — Den Türken scheinen die Perser damals doch ernstere Sorgen gemacht zu haben, denn sie waren im Jahre 1547 bereit, mit den Unseren einen Waffenstillstand auf fünf Jahre zu schließen. Freilich: König Ferdinand mußte zusagen, von da ab dem Sultan jährlich dreißigtausend Dukaten zu zahlen. Ehrengeschenk nannten sie das, — wie ja so oft der Namen der Ehre als schamhaftes Mäntelchen der Schmach umgehängt wird.

Aber sei's darum; — das Land hatte auf eine Weile seinen Frieden, hatte Ruhe, sich von all den Wunden zu erholen, die ihm die vorhergegangenen Jahre geschlagen hatten, im besonderen die Pest. Nur an den vordersten Grenzen ist auch jetzt der Kampf und die Gefahr, das Räubern und Scharmützeln nie ganz verklungen und eingeschlafen. Spärlicher wurden auch die Flüchtlinge, die aus den türkischen Ländern zu uns kamen. Freilich, dann und wann immer wieder einmal ereignet es sich, daß ganze Dorfbewohnerschaften von Serben und Raitzen, welche bereits von den Türken zur Besiedelung und Bewachung der entvölkerten Gebiete jenseits der Grenze verwendet wurden, auf kaiserliches Gebiet übertreten und uns ihre Dienste anbieten. Auch Walachen, Viehzüchter mit Sippen- und Wirtschaftsgemeinschaft, kommen aus dem Bosnischen zu uns. Wir nehmen sie gern auf, denn wir können jede Hand und jede Faust bitter nötig brauchen. Und diese Menschen, an die Unabhängigkeit und zugleich an die Ordnung alter Krieger gewohnt, geben uns den besten Rückhalt gegen die Widerspenstigkeit der hungarischen und krobatischen Stände. — Aber das sind alles nur Tropfen, wo ein Strom Not täte. So muß in der Grenze das Volk eben aus sich selbst heraus nachwachsen.

In Ladanje hat der Petko, der einzige, der von den Söhnen der Mutter Ptakowitsch noch übriggeblieben ist und dessen Weib an der Pest verstorben ist, die Zlata zur Ehefrau genommen, die Wittib seines Bruders Jurko. Das ist, wie wenn zwei Ränder einer Wunde sich zusammenlegen und verheilen und verwachsen, und alles verschwindet, was dazwischen und darunter war an Blut und zerhauenem Fleisch. Heute krabbeln beider kleine Kinder zwischen den größeren, die sie aus ihren vorherigen Ehen mitgebracht haben.

Ja, — von Kindern wimmelt Ladanje. Und irgendwelche davon sind auch die meinen. Die Draga hat sich ihrer angenommen und die Ljuba, verwitwet beide gleich mir, aber voll von unerschöpflicher mütterlicher Kraft. Es bedrückt mich manches Mal, wie wenig ich selbst für meine Kinder tun kann. Mitarbeit, hartes Zupacken auf dem Hof, auf den Feldern und im Wald, — ja, — so weit mir meine Aufgaben als Soldat dafür Zeit lassen, — aber das leiste ich für die Sippe, für die Hausgenossenschaft, nicht für meine Kinder. Einzig, daß ich dann und wann einmal mich unter die Kleinen setze, unter die eigenen und die verschwägerten und die benachbarten, und ihnen zu erzählen beginne: von Wien und Waidhofen, von Esseg und von Kloschtar, von den Bergen und vom Meer, — alte, uralte Geschichten erzähle ich ihnen. Und dann rede ich ihnen vom großen Kaiser Karl und vom König Tomislav und vom Königssohn Marko, — und ich lausche in mich hinein, — seltsam, — wer spricht da aus mir, von wem habe ich selbst das alles einmal gehört, — vor urlangen Zeiten? — Von Gundl? — Mirjana? — Jela? — Seltsam, wie alle die Frauen, die mein eigen geworden sind und meinem Leben Glanz und Wärme gegeben haben, wie die ineinander verschwimmen und zusammenfließen, — zu einem unwirklichen — unendlich fernen Bild. —

Ja, — und mitten drin bin ich ein Mann geblieben in der Kraft und Gesundheit meines Leibes, — und um mich sind Frauen ohne Männer, jung noch und stark, mit der Sehnsucht des aufgebrochenen Ackers. — Ja, — ich bin zu meiner Schwägerin Draga gegangen, wie der Mann eben zum Weibe geht, und über ein kurzes zu meiner Schwägerin Ljuba; — und als im Jahr darauf beide Kinder gebaren, hab ich mich darüber gefreut, — sicher, — aber so, wie man sich hier über jedes Kind freut, das in der Sippe geboren wird. — Da war aber irgend etwas in mir, das begriff es nicht. Und ich fand zu keiner von den Frauen den Weg des Herzens, den ich zu Jela gefunden hatte. Denn mein Herz ist ein kalter Aschenhaufen geworden.

Während unser Grenzland in eine seltsame ungewohnte, vielleicht nur allzu trügerische Ruhe versank, kamen aus dem Reich umso unruhigere Nachrichten. Im Sommer des Jahres 1547 ist es bei Mühlberg im Sächsischen zu einer großen Schlacht zwischen den Kaiserlichen und den Schmalkaldenern gekommen. Nur durch Zufall schier, soll es den Kriegsvölkern des Kaisers gelungen sein, den Sieg zu gewinnen. Der Kurfürst von Sachsen wurde gefangen, und der Kaiser zog als Sieger in Wittenberg ein. Moritz, den die Evangelischen den „Judas von Meißen" nennen, bekam die Kurwürde. Auch der Landgraf Philipp von Hessen unterwarf sich und wurde gefangengenommen. Kaiser

Karl war — zum ersten Male, scheint es — wahrhaftig Herr in Deutschland.

Es war der Ungnad selber, der mir das damals erzählte. Ich merkte, wie bedrückt er dabei war, — ist er als ein braver Kriegsmann, dem Kaiser treu ergeben, und hängt er mit seinem Herzen doch dem Luther an.

Als habe er meine Gedanken erraten, fragte er: „Weißt du im übrigen, daß der Martinus Luther verstorben ist? — Schon am Ende des vergangenen Jahres." — Und als ich unschlüssig und betreten schwieg, fuhr er fort: „Daraus sehe ich nun großes Unheil erwachsen. Denn der Luther hat vermocht, das Volk zu bewegen und zugleich in Zaum zu halten. Die nach ihm kommen, — werden sie nicht einen Sturm entfesseln, dessen sie nicht mehr Herr werden?" — Und wieder nach einer Weile: „Und der Luther hat an das Reich geglaubt und für das Reich gewirkt, — für das Reich der Deutschen, das aus dem Volk aufwächst."

„Aber das eben will doch der Kaiser auch!" sagte ich, — unwillig.

Der Ungnad schüttelte den Kopf. — „Der Luther wollte etwas ganz Neues, — etwas, das aus unserer Zeit wächst, da diese Zeit reif dafür geworden ist. Der Kaiser aber will etwas Altes erneuern, was vor hunderten Jahren lebendig war: den heiligen Gedanken des Kaisertums, der die gesamte Christenheit umfaßt. — Aber wer, außer ihm selbst, glaubt daran noch?"

„Ich, — zum Beispiel!" trumpfte ich auf.

„Ja, — du. Und noch ein paar hundert irgendwo an der Grenze. Und im Reich drinnen ein paar Schwärmer und Träumer. — Aber diejenigen, welche die Macht haben, die Fürsten und Pfaffen und Bürger, die glauben nicht daran."

„Und sollte" fuhr ich fort, — „der Kaiser so billig sich geschlagen geben? — Sollte er nicht immer wieder aufs neue sich mühen, unseren Traum wahr zu machen, — vom alten, vom großen Reich? Für den wir hier stehen!"

Der Ungnad nickte: „Sicherlich soll er das! Und es ist hiezu die Einigung der Glaubensfrage die wichtigste Vorbedingung. Weshalb es vonnöten ist, fürstliche Aufsässigkeit und Freiheit des Glaubens fein säuberlich auseinander zu halten. Was denn der Kaiser auch sehr geschickt getan hat, da er nun den Krieg gegen die Fürsten von Sachsen und Hessen ausdrücklich als gegen Reichsrebellen und nicht gegen protestantische Herren geführt hat. Er will um jeden Preis einen Glaubenskrieg verhindern und sich die Tür offenlassen für künftige friedliche und einigende Verhandlungen."

„Nun, — was wollt Ihr mehr?"

Der Ungnad zuckte die Achseln. — „Ich sage: auf einem Landtag des deutschen Volkes müßte das neue Reich geschaffen werden, — nicht auf einem Concilium der Pfaffen irgendwo in Welschland. Aber der Kaiser steht mit einem Fuß in Deutschland und mit dem anderen in Rom, — und das gibt keinen festen Boden unter den Füßen."

Und der Ungnad sollte Recht behalten. Wohl, aus allen Nachrichten, die in der Folge aus dem Reich kamen, klang es heraus: daß der Kaiser nun auf dem Höhepunkt seiner Macht stehe, und daß da nun offenbar kein Hindernis mehr für ihn war, seinen Gedanken vom Reich uneingeschränkt zu verwirklichen. In den Jahren 1547 und 1548 pflog er in Augsburg und Ulm nachdrückliche Verhandlungen mit den Reichsfürsten. Der Plan eines Deutschen Fürstenbundes hatte feste Gestalt angenommen. Die Fürsten sollten durch diesen Bund mit dem Kaiser unmittelbar vereinigt werden, sein hauptsächliches Ziel eine einheitliche Politik des Reiches nach außen sein. Der Deutsche Fürstenbund sollte schlechthin das Reich sein, bloß ohne die Last der Umständlichkeiten, die dessen versteinerte alte Verfassung mit sich bringt.

Ob die Menschen, das Volk draußen im Reich wohl aufgehorcht haben, aufgejubelt? — Ich weiß es nicht. Wir haben nur gehört, daß die Kurfürsten und übrigen Reichsfürsten dem kaiserlichen Plan mit allen Mitteln entgegenwirkten, und daß im beginnenden Jahr 1548 der Plan wegen dieser Widerstände als aussichtslos aufgegeben wurde.

So ist auch der Traum vom Reich versandet, wie alles andere, — der Traum des Kaisers wie der Traum des Volkes. — Ob für immer? — Das wohl kaum. So lange Menschen mit deutscher Zunge sprechen, wird es auch welche geben, die vom Reich der Deutschen träumen.

Groß in seiner Wirklichkeit steht daneben das andere Reich, durch Erbfälle zusammengewachsen, ein seltsames Haufwerk aus Staaten, Ländern und Herrschaften, in Österreich und Burgund, in Hispanien und in den Niederlanden, in Böheim und Hungarn, hinübergreifend nach Italien, nach Afrika, nach Westindien. — Aber es ist das Reich des Kaisers allein, und nicht das Reich der Deutschen. — Wir stehen hier an seinem Rand und in seinem Dienst, wir leben und wirken und kämpfen für das Reich des Kaisers. Vom Reich der Deutschen bleibt uns nur die Sehnsucht. — O ja, — ich kann den Ungnad nur zu gut verstehen! —

Wie ein greller Blitz dann und wann eine Nachricht, die erschreckt, ängstigt, — unfaßbar bleibt. Der jüngere Wilhelm von Roggendorf, gleich seinem Vater ein kaiserlicher Offizier, ist zum Sultan übergelaufen und von dem zum Muteferuka, das ist General-Leutnant, gemacht worden. Seine Gattin ist eine sächsische Gräfin Mansfeld, — eine Lutherische. — Und am Hof des Erzherzogs Ferdinand ist ein Mann der Ausspähung überführt worden, der sich als erster Hofdolmetscher des Sultans namens Machmud bezeichnet hat, — und als man nachfortschte, entpuppte er sich als ein Bürgerssohn aus Passau.

— Wie ist derlei möglich, — Menschen unserer Sprache, unserer Art, unseres Volkstums? — Ist es die Leidenschaft der Parteien allein, die solche Irrwege möglich werden läßt? — Oder ist es bloß, daß der Sultan reicher ist, besser bezahlt? —

Dann hieß es, im Frühjahr 1551, der König Ferdinand habe zu Mühlenbach mit Isabella, der Witwe des Johannes Zapolya, einen Vertrag abgeschlossen, demzufolge besagte Isabella zugunsten des Königs auf Siebenbürgen verzichtete und dafür das Herzogtum Oppeln in Schlesien bekommen sollte. Ihr elfjähriger Sohn wurde mit Johanna, Tochter Ferdinands und Witwe des Herzogs von Mantua, verlobt. Castaldo Marchese di Cassiano, ein Kommandant hispanischer Söldner, brachte die Stephanskrone nach Wien, und der Kardinal Martinuzzi, der den Vertrag von Mühlenbach zustande gebracht hatte, wurde Primas von Gran. Aber der Sultan fühlte sich hintergangen und im Rücken bedroht, und erklärte als Oberherr Siebenbürgens den geschlossenen Vertrag für null und nichtig. Martinuzzi, der heimlich Verbindung mit dem Sultan aufnahm, wurde des Verrates überführt und auf Befehl Castaldos durch italienische Söldner ermordet. Nun wurde Castaldo, als ein Mörder eines Kardinals, vom Papst Julius in Bann getan, — aber König Ferdinand verhinderte, daß die Bannbulle veröffentlicht wurde. — Wo blieb bei diesem verstrickten welschen Schauspiel zuletzt die Grenze zwischen Trauerspiel und Satyrspiel?

Aber kein Spiel, sondern blutiger Ernst war es, daß nun türkische Haufen in der Folge an allen Ecken und Enden in Hungarn einfielen, und es im Norden, Süden, Osten und Westen des Landes zu einem zähen langwierigen Kleinkrieg kam. Auch ich war mit dabei, mit etlichen Fähnlein deutscher Landsknechte und krobatischen Aufgebotes, und wir kamen weit ins Land hinein, bis gegen Fünfkirchen und Stuhlweißenburg. Der Kampf war beschwerlich und verlustreich. Und wenn wir etwa bis dahin geglaubt hatten, das untere und mittlere Slawonien sei der am übelsten verwüstete und entvölkerte Landstrich unter Gottes Himmel, so wurden wir hier eines anderen belehrt. In der Stadt Sziget erzählte mir ein Ratsschreiber, die benachbarte, von den Türken nun in ihr Reichsgebiet einverleibte hungarische Grafschaft Schomodei habe um 1500 noch an die elftausend Bauernhöfe besessen, vor fünf Jahren nur mehr 1240, — und die Zahl nehme von Jahr zu Jahr weiter ab; er schätze sie jetzt auf ein knappes Tausend. In Esseg, erzählte er mir weiter, seien in manchen Jahren bis zu zweimal hunderttausend hungarische Sklaven über die Draubrücke südwärts getrieben worden.

Am heftigsten haben die Türken im Jahre 1551 die feste Stadt Erlau in Oberhungarn berannt, den nördlichen Eckpfeiler unseres Grenzlandes. Aber ihre Bemühungen scheiterten am hartnäckigen

Widerstand des kaiserlichen Kriegsvolkes. Zuletzt blieb alles wie vorher, abgesehen davon, daß die Türken im Anschluß einen breiten Streifen Landes, zwischen Ofen und der siebenbürgischen Grenze, ihrem Reich eingegliedert haben. Aber dort sind sie so und so schon die Herren gewesen.

Im Jahr darauf schien es, als ob es auch im Reich wieder zu gären und zu glosen begänne. Zuletzt hörte man von einem neuen Fürstenbund, der sich aber diesmal — gegen den Kaiser richten sollte! — Die Gerüchte klangen aber zu unglaubhaft, und Genaueres konnten wir lange Zeit nicht erfahren.

Bis dann, spät im Jahr, mich eines Tages der Ungnad zu sich rufen ließ. In seiner Stube stand ein alter Mann, leicht gebeugt, weißhaarig; — ich stutzte, es stockte mir der Atem, — dann — ein Schrei entfuhr mir: „Buschhausen! — Hauptmann!"

Er war es wirklich. — Aber, — war das noch derselbe starke väterliche Freund vergangener Zeiten? — Es war kein freudiges Wiedersehen.

„Er bringt uns Nachricht aus Deutschland!" sagte der Ungnad mit eisiger Stimme, „erzählte eben vom neuen deutschen Fürstenbund, — wie sie ihn nennen."

„Nun?" — Ich zügelte mühsam meine Neugierde. — „Weshalb denn der überhaupt?"

„Weil, wie sie sagen, die fürstliche Libertät durch den Kaiser bedroht sei!"

„Was?!" stieß ich heraus; — „aber woher nimmt denn das seinen Ausgang?"

„Von niemand anderem als vom Moritz von Sachsen! — Da ihm nun sein Verrat bezahlt worden ist mit dem Kurhut und dem Land seines der lutherischen Sache treu gebliebenen Vetters, so hindert ihn nichts mehr, nun zur Abwechslung einmal den Kaiser zu verraten."

„Und — die anderen reformierten Fürsten —, die machen da mit?" fragte ich unsicher.

Eisiges Schweigen hing im Raum.

„Ist aber noch nicht alles!" ächzte der Ungnad vom Fenster her.

„Ja", — fuhr der von Buschhausen tonlos fort, — „als Schützer einer deutschen Libertät hat sich der König von Frankreich gemeldet; er zahlt dem Fürstenbund achtzigtausend Goldgulden — und erhält dafür aus den Händen des Moritz von Sachsen als ein Reichsvikariat die Städte und Bistümer Metz, Tull, Wirten und Kammerich."

„Das ist nicht wahr!" schrie ich, — „Metz, Tull, Wirten, — das ist ja uraltes deutsches Reichsgebiet, — das von einem deutschen Reichsfürsten, — das ist doch nicht möglich!"

Wie hilfesuchend schaute ich nach dem Ungnad. Aber der sagte nur, sachlich und kalt: „Frankreich sitzt damit östlich der Mosel und bedroht die Flanken Lothringens und der Niederlande."

„Ja, — aber, — was sagt denn da der Papst, — wenn sich der allerchristlichste König von Frankreich mit den aufsässigen protestantischen Fürsten in Deutschland verbündet?"

„Der Papst hat sich dem Bund gegen den Kaiser angeschlossen."

Und später, da noch immer kein Wort von uns selber geredet war, konnte ich mich nicht enthalten, zu fragen: „Und Ihr, seid Ihr dieser Dinge wegen jetzt hier, Herr von Buschhausen?"

Der nickte: — „Mir wird die Luft zu eng, — in dem, was sich noch Reich nennt heute! — Und, was hält mich auch? — Meine Burg ist niedergebrannt, meine Herrschaften verödet seit dem letzten Krieg. — Was ich mir einst erträumte, — als ein Obrist in des Kaisers Diensten mir ein eigenes Regiment anzuwerben, — es ist mir zwischen den Händen zerronnen in diesen Zeiten. Als ein Bettler komm ich mir schier vor."

Der Ungnad fuhr ihn an, rauh und herzlich: „Davon kann keine Rede sein, Bruder! Für einen wie dich haben wir hier an der Grenze immer noch einen Platz. — Und Aufgaben!" —

Das war anno 1552 gewesen, und es ging dann so weiter, wie es kommen mußte. Im Jahr darauf schloß König Heinrich I. von Frankreich, um Metz, Tull, Wirten und Kammerich gegen den Kaiser Karl zu halten, einen Vertrag mit dem Sultan. Die türkische und die französische Flotte griffen gemeinsam, wenn auch ohne Erfolg, die Insel Korsika an, auf welcher sich die dem Kaiser getreuen Genuesen festgesetzt haben.

Auch bei uns an der Grenze regte sich der Türk wieder stärker. Und die Erschütterung davon scheint bis Wien verspürbar gewesen zu sein. Denn da kam eines Tages ein gesiegeltes Schreiben aus des Erzherzogs Regierungskanzlei zu Graz, des Inhalts, daß der zum obristen Feldhauptmann über die Kriegsvölker an der windischen und krobatischen Grenze bestellte Landeshauptmann der Steiermark Hans Ungnad für die Aufstellung einer ständigen Kriegsmacht zu Fuß und zu Pferd mit Hilfe der durch die Stände der Steiermark, Kärntens und Krains auf drei Jahre bewilligten Mittel hiemit instruiert werde. Der Ungnad sei unmittelbar dem König oder seinem Sohn Maximilian unterstellt und habe im Einvernehmen mit dem Hofkriegsrat und dem Banus von Kroatien vorzugehen. Ferner sei ein Proviant-, ein Muster- und ein Zahlmeister zu bestellen.

Ich konnte mich eines boshaften Lächelns nicht erwehren, als ich all das las. Denn abgesehen vom Proviant-, vom Muster- und vom Zahlmeister ist alles längst schon Wirklichkeit, — und das Einvernehmen mit dem Hofkriegsrat in Wien und dem Banus von Kroatien wird wohl auch in Hinkunft manches zu wünschen übriglassen. Wenn schon nicht anderer Gründe halber, so zumindest deswegen, weil wir in der Regel schneller zu handeln gezwungen sind, als ein Hoher Kriegsrat zu Wien überhaupt den Stand der Dinge zur Kenntnis zu nehmen in der Lage ist! — Aber immerhin: man nahm jetzt, nach runden zwanzig Jahren, in den Schreibstuben zu Wien und Graz erstmalig von uns amtlich Notiz, — welch ein gewaltiger, kaum zu erwartender Erfolg!

Aber das war auch unser einziger Erfolg. — Im Jahr darauf hieß es wieder einmal, es seien Verhandlungen mit den Türken aufgenommen worden, und einige Zeit später, es sei Frieden geschlossen. — Frieden; — wir kennen das!

Und wieder ein Jahr später, heuer im Frühling, kam die Kunde, nun sei auch im Reich, zu Augsburg, ein Frieden geschlossen worden, aber ein Frieden besonderer Art: der große Glaubensfrieden. Landesfürsten und Reichsstädte erhielten dem zufolge die Religionsfreiheit, und die Augsburger Konfession sei endgültig als gleichberechtigt neben dem katholischen Glauben anerkannt.

Ich redete davon mit dem Ungnad, und er war darüber nicht glücklich.

„Das ist kein Frieden“, seufzte er, „sondern der Beginn tausendfachen Unfriedens. Es einigt das Volk nicht, sondern zerreißt es mehr noch als zuvor. Statt einer Tyrannei setzt es deren tausend. Denn was ist der Grundsatz dieses Augsburger Glaubensfriedens? — Cujus regio, ejus religio! Das bedeutet; jedwede Landesobrigkeit kann nun bestimmen und mit Gewalt durchsetzen, welcher Glauben auf ihrem Territorium allein zu gelten habe. Andersgläubige haben sich zu fügen oder dürfen allenfalls auswandern. — Bruder, — ich sehe im Geist endlose Bettlerzüge sich durch das deutsche Land schleppen, — Protestanten hieher, Katholiken dorthin, — unnennbar viel wird zerstört werden an festen Banden und gesunden Wurzeln, — friedlos werden sie werden, weil heimatlos.“

Der Ungnad verstummte und versank in dumpfes Brüten, — wie ich es in letzter Zeit bei ihm schon des öfteren erlebt habe.

„Bruder!“ stöhnte er nach einer Weile wie im Schmerz und fuhr sich über die Stirn, — „Bruder, — wäre ich tief in meinem Herzen ein gläubiger Katholik, ich wollte mich nach klösterlicher Ruhe und Einkehr sehnen. — Nichts sehen und nichts wissen mehr von den Nöten dieser Welt, — die uns ersticken und erdrücken, — und wider die wir doch keine Macht haben!“

Ich erschrak. Wohl gar nicht so sehr über die Worte des Obristen. — Aber spürte ich nicht ähnliche Gedanken und Wünsche auch in mir selbst immer wieder aufsteigen?

Aber dann bäumte ich mich im Inneren auf, — wehrte ich mich

verbissen gegen solche Anwandlungen — nein! — Und ich fuhr den Ungnad rauh an:

„Dann denkt nicht an Deutschland, Obrist! Ihr steht nicht im Reich, sondern an der Grenze. Und hier bei uns, in Slawonien und Kroatien, hier schweißt doch wohl die beständige Gefahr das Volk stärker zusammen und macht es ihm leichter, in seinem Glauben einig zu bleiben oder sich nebeneinander friedlich zu verhalten."

Aber der Ungnad gab keine Antwort. —

Allem Drang der Zeit zum Trotz fließt das Leben im Land unbeirrbar weiter. Schon hat der Mirko Ptakowitsch, meines Jankos ältester Sohn, sich ein Mädchen aus einer benachbarten Hausgenossenschaft zur Ehe genommen, und ich mußte, als sein Stiefvater und Burghauptmann zugleich, das Ehrenamt des Stari Svat übernehmen, des Hochzeitsvorstandes. Und meine beiden Zwillingstöchter, Danitza und Dragitza, das sind ja gar keine Kinder mehr, sondern aufblühende reifende Mädchen. — Morgen werden sie schon junge Frauen sein. — Wo seid ihr geblieben, ihr Jahre? — Zählt nicht selbst der Jela jüngster Sohn, der Marko, nun schon zehn Jahre, und schaut seltsam knabenhaft ernst und versonnen unter seinem wirren blonden Lockenschopf hervor. —

Ja: ständig ändert sich das Land und bleibt doch ewig gleich. Vor einigen Jahren ist die Drau über die Ufer getreten und hat die Podravina, das Draufeld, weit überschwemmt. Diesmal hat der Fluß die Dörfer Swibowetz und Petrijanetz halb zerstört. Viel Vieh ist zugrunde gegangen und auch etliches an Menschen. — Im Jahr darauf standen die Ortschaften größer und stattlicher als zuvor, waren neue Dämme gegen die Drau hin gezogen, — stärker, schwerer muß nun das Hochwasser kommen, wenn es wieder ins Draufeld einbrechen will.

Und auf der Drau schaukelt jetzt ein Dutzend Koraben, große, breite Flußschiffe mit flachem Boden, mit leichten Feldstücken besetzt und mit großen breitflächigen Rudern angetrieben, — Wachtboote, die den Fluß entlang hinauf- und hinunterziehen und türkische Einfälle von der Wasserseite her hindern sollen. Aus den deutschen Bürgern der Städte haben wir Scharfschützengilden aufgestellt, vornehmlich zur Verteidigung ihrer festen Orte bestimmt. Und das leichte Feldgeschütz ist im Lauf der Zeit ausnahmslos auf Räderlafetten gelegt und damit beweglicher und besser verwendbar gemacht worden. Solches und hunderterlei gäbe es zu berichten über die Kleinarbeit des Alltags, die hier an der Grenze geleistet wird.

Doch über all dem ist es mir oft, als schlafe mein Leben langsam ein. — Wie alt bin ich heute? Fast muß ich es mir erst mühsam ausrechnen, — ja, — fünfundvierzig Jahre! — Erst? — Oder schon? — Vergangenheit ist mein Leben, — eine Kette von Erinnerungen an strahlende Gipfel des Glücks — und dunkle Täler und Schluchten. — Kann man zehren von den Erinnerungen, sich nähren aus der Vergangenheit? — Ich muß es jetzt wohl tun; — aber mein Herz bleibt hungrig und durstig dabei.

Und dann und wann klingt mitten drinnen eine dünne Stimme, wie törichtes Knabensehnen, — nicht viel anders, als es damals anno 1529 war, als ich von Steyr mit den Kriegsknechten des Eck von Reischach hinaus zog, in den Kampf — und in das Leben.

Aber ist nicht heute schon ein Ende, wo damals Anfang war?

Am 25. Septembris

Ein seltsamer Gast ist bei mir: Angerius Gislanus von Busbeck. Er ist ein flandrischer Edelmann, noch jung an Jahren, aber von großer Gelehrsamkeit, hat er doch, wie er mir erzählte, auf den Hohen Schulen zu Löwen und Paris, Venedig, Bononien und Padua die Philosophie und die Jurisprudenz studiert. Er ist auf der Reise erkrankt und mit schwerem Fieber in unsere Burg gekommen, wo ich ihn fürs erste der Obhut unseres erfahrenen Stadtmedicus anvertraut habe.

Ich kam also in den ersten Tagen mit ihm wenig ins Gespräch, erfuhr lediglich, daß er nach Wien unterwegs sei und von Konstantinopel komme, wo er im Auftrag unseres Königs und Erzherzogs Ferdinand mit dem Sultan unterhandelt und erst einen sechsmonatigen, später dann einen achtjährigen Waffenstillstand vermittelt habe. Heute nun, da er den ersten Tag fieberfrei war, konnte ich ihm endlich einen längeren Besuch abstatten; — allzu groß war mittlerweile meine Neugierde angewachsen nach dem, was mein Gast wohl aus dem türkischen Reich zu erzählen wußte.

Herr von Busbeck ist ein schlanker Mann von gutem Wuchs, mit ebenmäßigen Gesichtszügen und langlockigem, rotblondem Haupthaar. Nun, — bei Gott, er versteht es, angenehm zu erzählen. Er werde wohl im kommenden Jahr wieder als ein Gesandter an den Hof des Sultans zurückkehren, meinte er, und er gedenke, dabei mehr noch als bisher sich im Land umzutun und die Augen offen zu halten.

„Wißt“, sagte er, — „das Reich des Sultans ist ganz anders, als ihr alle im Westen euch es denkt. Euch erscheint es wohl wie ein gewaltiger steinerner Quader, einheitlich und fest und unangreifbar. Ich aber kann Euch erzählen, wie es nur ein altes Mauerwerk ist, gewaltig wohl in seinen Ausmaßen gemörtelt und immer wieder abbröckelnd und zerfallend. Was soll ich Euch alles erzählen, nicht nur von Unterdrückung und Versklavung fremder Völker, denen darüber doch im Stillen nicht nur die Furcht und der Haß anwächst, sondern auch die Kraft und der Mut. Nein, auch im eigenen türkischen Volk: Was gibt es da an Ausschweifung und Willkür der Hohen, an Drangsal und Not der Niederen, an bestechlichen Beamten und auf Verrat sinnenden Vasallen. Noch wird alles von oben her mit eiserner Hand zusammengehalten. Aber Soliman ist alt geworden. Und laßt ihn erst sterben, — wer ist seiner Nachfolge würdig und fähig? Laßt erst die an die Macht, die seine Söhne sind, — ihnen werden die Blumen- und Frauengärten in Konstantinopel wichtiger sein als die Grenzländer des Reiches. — Seht, das alles, die wirklichen Zustände des Osmanischen Reiches, das müßte man in einem Tractatum darlegen und die Menschen im Westen wissen lassen, — man würde wirksam helfen, den Schrecken des türkischen Namens im Abendland zu vernichten."

„Und was meint Ihr dazu, ob es uns je gelingen wird, uns mit den Persern oder anderen Feinden der Türken in deren Rücken nach gemeinsamem Kriegsplan zusammenzutun?"

Der Busbeck wiegte den Kopf, verzog die Lippen. — „Bedenket: von Wien bis Konstantinopel, vom Kaiser bis zum Sultan, das ist erst der halbe Weg. Noch einmal so weit ist es vom Sultan bis zum Ilchan der Perser. Vielleicht, wenn es den Portugiesen gelänge, um ganz Afrika herum in den Rücken der Türken zu kommen. — Aber von Deutschland aus? — Ich wüßte nicht, wie man das beginnen sollte."

Am 28. Septembris

Lange Gespräche führe ich jetzt mit dem Busbeck, jeden Tag. — Immer wieder erfahre ich Neues, lerne ich Zusammenhänge erkennen, erhellt sich mir manches Dunkel.

So erwähnte ich heute den jungen Roggendorfer, der zu den Türken übergelaufen ist. Der Busbeck bestätigte mir, er habe ihn am Hof des Sultans gesehen. Aber er sei beileibe nicht der einzige. „Mancher Flüchtling", sagte der Busbeck, — „Verbrecher, Rebell, Ketzer, Verfolgter, Abenteurer — findet bei den Türken schützende Aufnahme. Der Übertritt zum Islam sichert ihm Straflosigkeit und Verzeihung für alles Geschehene, zumal es verpönt ist, nach dem Vorleben eines Renegaten zu fragen; — das ist nicht anders als bei uns, wenn einer in ein Kloster eintritt. Und da man die Entsagung des väterlichen Glaubens als eine gottwohlgefällige Selbstüberwindung und Selbsterniedrigung ansieht, hält man die Überläufer als doppelt gut geeignet zum Dienst für den Sultan und bevorzugt sie in vielen Dingen vor den echten Türken."

„Mag schon sein, daß die Renegaten dem Sultan treuer ergeben sind als seine eigenen Landeskinder und daß sie eher bis zum letzten Blutstropfen für ihn kämpfen; — müssen sie doch damit rechnen, daß sie, wenn sie den Unsrigen in die Hände fallen, ohne viel Federlesen an den nächsten Baum geknüpft werden.“

„Sicher, — und daher kommt es auch, daß größere Einfälle und Raubzüge meist von Renegaten angeführt werden. — Die Deutschen aber“, — fügte er bitter hinzu, — „sind von allen die Schlimmsten.“

Er besann sich. — „Wen sollte ich Euch da nicht alles nennen? — Da ist beispielsweise der Obereunuch des Sultans, der Kislar-Aga, das ist der Befehlshaber der Weiber: das ist einer aus dem edlen kärntnerischen Geschlecht der Welser. Oder der Wesir Machmud, der sogar eine kaiserliche Prinzessin zur Frau hat; der stammt aus Laibach. Manche gehen als Dolmetscher bei den Wesiren oder Paschas wie der Hans Tillmann aus Wien oder der Melchior Tierpuch aus Frankfurt am Main, der sich jetzt Ali Beg nennt. Einmal hab ich einen Feldwaibel in des Sultans Armee kennengelernt, der aus Heidelberg stammte, ehedem lutherischer Pastor gewesen ist und Adam Neußer geheißen hat. Und sicherlich sind ihrer noch viel mehr, aber die meisten sind untergetaucht und haben mit ihrem Namen und ihrer Vergangenheit auch ihre Muttersprache abgelegt.“

Dazu kommen noch die vielen Tausende von Christenkindern, die in Kriegen und Raubzügen verschleppt und in türkischen Sitten aufgezogen, jetzt dem Sultan dienen“, sagte ich.

Der Busbeck nickte: „Ja, — der osmanische Staat kämpft gegen das Reich mit Hilfe von dessen eigenem Fleisch und Blut. Ein guter Teil von den Paschas und Beglerbegs sind als Christenkinder geboren. Da diese in allen Künsten und Überlegungen geschickter und rascher sind als die Türken selbst, bringen sie es eben zu mehr.“ —

Es entfuhr mir wie ein Seufzer: „Ach, — wenn einmal einer käme, — und alles aufweckte und aufrüttelte, was da drüben im Türkischen Reich christlich war, und in seiner Tiefe wohl noch immer ist, — über Nacht bräche dort alles zu Schutt und Staub zusammen!“

„Ihr träumt!“ sagte der Busbeck lächelnd. — „Aber es ist Euer Recht, zu träumen. Denn Ihr seid ein Deutscher. — Vergeßt mir bloß nie die Wirklichkeit über Euren Träumen!“

Warasdin, am 9. Octobris

Nun ist der Busbeck wieder weitergezogen. Beim Abschied hat er mir seltsame Gastgeschenke gegeben: eine braune Zwiebel und ein kleines Spanschächtelchen mit ein paar trockenen Samenkörnern.

„Türkische Waffen habt Ihr selbst reichlich", sagte der Busbeck, — nun, sie hängen als Beute allenthalben in der Burg an den Wänden, — „und auch Schmuck für die Frauen ist Euch wohl dann und wann zugefallen. — Was soll ich Euch also schenken, was Ihr noch nicht besitzt? — Nehmt das hier und versucht es in Eurem Garten zum Sprießen zu bringen: so habt Ihr etwas aus dem Reich des Sultans, was bis jetzt noch keines Menschen Auge im Abendland erblickt hat."

Er wies auf die Zwiebel: „Aus dem wächst eine Blüte, groß und von edler Gestalt, mit leuchtend roter und gelber Farbe. Lale nennen sie die Türken oder auch Tulipent und Tulipan. So bezeichnen sie ansonsten ihre bauschig um den Kopf gewundenen Tücher, mit deren Form und Farbenpracht sie die Blume also vergleichen wollen. — Diese Samen aber wachsen zu einem Strauch aus, den die Türken Leilak oder Lilak nennen, einem Gewächs mit herzförmigen Blättern und großen dichten violenfarbenen Blütenrispen, welche im Frühling einen betörend süßen Duft aushauchen, zumal des Abends. Beide Pflanzen sind bei den Türken ungemein beliebt und in den Gärten Konstantinopels in Mengen zu finden."

Er blickte versonnen auf die beiden unscheinbaren Dinge in seiner Hand; — es war mir, als wolle er zu erzählen beginnen, zu erzählen von anderem, — was dort weit im Morgenland, hinter Krieg und Tod und Gewalt und Tyrannei noch lebt und wächst und blüht. — Aber dann schüttelte er den Kopf.

„Nehmt es, Freund, — und pflegt es. — Vielleicht in hundert und aberhundert Jahren, wenn der türkische Schrecken endgültig zerbrochen, und das Reich des Sultans in Trümmern versunken ist, wenn man hier zu Lande den Türken nur mehr aus Sagen und Liedern kennt, — dann wird die Wunderblume Tulipent in den Gärten glühen und leuchten, und der Strauch Lilak seine sehnsuchtsbangen Düfte durch die Dämmerung verströmen, —"

„ — so daß über Not und Tod hinaus am Ende nur das Schöne und Edle bestehen bleibt, — und der Traum und die Sehnsucht!" — vollendete ich seine Worte.

Weiß Gott, — vielleicht ist die Zeit gar nicht mehr so fern, wo er in Erfüllung geht. —

1556

Warasdin, am 15. Martii

Schon um die Jahreswende hat mir der Ungnad einmal erzählt, daß der Kaiser sich wieder einmal um ein Bündnis mit den Venezianern bemühe. Nun, was bedeutet so etwas wohl: Zugeständnisse und Bindungen hier, — Unzuverlässigkeit und Verrat dort. Aber der Kaiser versucht wohl um jeden Preis, sich den Rücken freizuhalten.

„Ein undankbares Geschäft!" meinte ich.

„Hm ja", brummte der Ungnad. „Aber ein notwendiges. Ehe uns nämlich wieder einmal der Papst zuvor kommt."

Ich blickte ihn fragend an.

„Nun, — seit der Neue auf dem Petersthron sitzt, der sich Paulus der Vierte nennt, der Caraffa. Der als ein Neapolitaner wie alle seine Landsleute die Hispanier leidenschaftlich haßt und damit auch den Kaiser. Man sagt, er wolle sich mit Frankreich neuerlich verbünden, — was denn auch sonst! — und er sei darauf aus, auch die Venezianer in seine Liga zu ziehen. — Nun, wir werden ja sehen." —

Damit war das damals erledigt, und ich dachte nicht weiter daran. Und nun hat mich der Ungnad rufen lassen und mir eröffnet, es sollten auch kaiserliche Gesandte aus Slawonien und Kroatien nach Venedig fahren, — vorgesehen seien der erfahrene Kapitän Fregoso und der Niklas Zrinji, — und denen werde er ein Halbfähnlein Kriegsknechte mitgeben, als Schutz und Wache und Ehrengeleit zugleich.

„Ich denke, das übernimmst am besten du, Bruder", sagte der Ungnad.

Ich war wohl etwas überrascht, aber keineswegs abgeneigt.

„Den Zrinji begleitet im übrigen sein Schwager, der Franjo Frankopan. Du und er, ihr habt ja schon gemeinsame Erfahrungen im Umgang mit den Venezianern." Der Ungnad lachte, was bei ihm selten vorkommt, wurde gleich wieder ernst. — „Aber ich brauch wohl nicht zu sagen: diesmal nichts von der Art! — Und nun mach dich an die Arbeit; in zwei Wochen sollt ihr losziehen."

Am 28. Martii

Ich habe mir mein Halbfähnlein in den Hajdukendörfern der Jugowitsche angeworben: baumlange Burschen sind es, zäh und hager, hakennasig und blitzäugig und schnauzbärtig. Mit den besten Waffen der Dörfer und dem schönsten, buntesten und reichsten Lederzeug sind sie ausgezogen; die Venezianer werden die Augen aufreißen. Als meinen persönlichen Helfer hab ich mir den Michel Ellinger erbeten, der nun schon an die zehn Jahre unter dem Rupprecht Puchmüllner gedient hat, erst als ein Fähnrich und dann als ein Leutnant.

Der Fregoso und der Zrinji sind schon seit einigen Tagen da, dazu noch der Tvrdko Buschitsch von Drachenstein, der auch mit nach Venedig soll. Die drei reden viel miteinander über das, was sie in Venedig aushandeln sollen.

„Venedigs Außenpolitik" — hörte ich den Fregoso erklären — „ist allezeit in allen Fragen wendig, schlau, skrupellos, schnell, zu rascher Umstellung fähig. Der Feind von heute kann der Bundesgenosse von morgen sein; der Verbündete von gestern ist es unter Umständen heute nicht mehr. Die Serenissima spielt das böse Spiel der Politik in seiner bösesten Form."

Der Tvrdko Buschitsch lachte auf: „Das wissen längst auch schon unsere Bauern und Fischer in der Lika und im Küstenland. Wenn sie einem ihr tiefstes verachtungsvolles Mißtrauen ausdrücken wollen, sagen sie: — ‚Ti si stari Venecijanac' — ‚du bist ein alter Venezianer!' — Das ist so viel wie Gauner. — Hahaha!"

Ja, — so reden sie. Aber was schert mich der Handel der Staatsmänner? Ich bin ein Soldat und als solcher ziehe ich mit, in das fremde Land, das Abenteuer. — Abenteuer? — Das ist wohl etwas zu viel erwartet. Hat der Ungnad mir nicht nachdrücklich eingeschärft, mein Kriegsvolk in Zucht zu halten, jedes Plündern, Raufen und Schlagen hintan zu halten?

Nun, — so soll's kein Abenteuer werden. Aber die fremde Welt will ich erleben, fremden Wind mir um die Ohren blasen lassen. —

Porto Gruaro, am 20. Aprilis

Quer durch die untere Steiermark und das Land Krain sind wir gezogen, über Pettau und Cilli und Laibach, und dann über das Karstgebirge, zwischen den kahlen Hängen des Birnbaumer und des Ternowaner Waldes, gegen Westen. Droben in den Bergen war die

Luft rauh gewesen, und das weite stumme Land bedrückend öde. Dann aber, hinter der Stadt Görz, hatte sich urplötzlich vor uns weite grüne Ebene aufgetan, und zugleich war die Sonne mit blauem, blankem Himmel aus dem bleichen Wolkengeschiebe hervorgebrochen.

Da lag nun das Neue, das Fremde, vor uns, und wir ritten hinein. Ist es wirklich Fremde? Ist hier nicht, da weit draußen irgendwo, deutsches Land, das der große Kaiser Karl einst erobert und seinem Reich eingefügt hat, — Land, dessen Herren Agilolf und Luitbert hießen, Grimwald und Rothari? Ist nicht hier im Land Friaul der Patriarch von Aglei noch vor hundert und einigen Jahren als ein deutscher Reichsfürst gesessen? Und sind nicht die Städte, Portenau und Spiegelberg und andere, noch zur Zeit unseres Kaisers Maximilian österreichisch gewesen?

Vorbei alles; — das Land ist verloren, — ist Fremde geworden.

Seltsame, verlockende, verstrickende Fremde! — Wie viele Menschen wie ich, Menschen deutscher Zunge, deutschen Blutes und deutschen Sinnes, sind dieser meiner Straße nicht schon gefolgt? — Und wie wenige sind zurückgekommen? Ob das wohl so sein muß? — Nein, — ich werde schon zurückkehren; — ich bin kein irrender Vagant ohne Heim und Ziel, ich komme mit Auftrag und Befehl des Oristen Feldhauptmanns der Militärgrenze!

Mestre, am 22. Aprilis

Rasch haben wir das Land durchzogen und uns dareingewöhnt. Wohl mir, daß ich mir vom Fregoso wie auch vom Meister Allio gelegentlich habe Lektionen erteilen lassen in der klangvollen Sprache ihrer Heimat, — wohl mir, daß ich Lateinisch kann, das wie eine ernste, strenge Mutter hinter der leichten, heiteren italienischen Tochter steht. Nun ziehe ich meinen Vorteil daraus, denn ich bin der einzige vom Kriegsvolk, der italienisch versteht, und muß mich daher allein mit allen Fragen der Verpflegung und Beherbergung befassen, stets darauf bedacht, alle Übergriffe und Gewalttätigkeiten hintanzuhalten. Gut, daß ich mir als Kriegsknechte raitzische Hajduken aus dem slawonischen Gebirge ausgewählt habe; die kennen die Welschen überhaupt nicht und hegen daher auch keinen ererbten Groll gegen sie; — mit Likanern etwa hätte ich da einen schweren Stand, von Meeruskoken ganz zu schweigen!

Am heutigen Tag merkten wir schon, wie wir der Stadt Venedig näher kamen. Häufiger, stattlicher wurden die Dörfer, und dort und da lag ein Landschloß an unserem Weg, irgendeinem der venezianischen Adelsgeschlechter gehörig. Hier beginne ich nun auch den guten Meister Allio zu verstehen mit seiner Forderung nach Regel und Symmetrie und Geradheit in allem Bauen. Ja: hier, wo die Landschaft, völlig eben und offen, nach allen Richtungen hin ins Unendliche übergeht, hier muß der Mensch durch seine Werke große klare Linien setzen, will er sich nicht selbst ins Unermeßliche und Ungerichtete verströmen und verlieren. — Bei uns, — ja, — bei uns gibt die Natur die Maße und Richtungen: mit Berg und Tal, Wald und Fels.

Ja, — schade, daß der Allio nicht bei uns ist; mit dem würde ich mich jetzt verstehen. Den Fregoso erfreuen von Bauten nur Festungs- und Hafenanlagen, und der Zrinji, als ich ihn auf ein besonders reiches Landschloß mit Freitreppen und Balustraden und Marmorstatuen aufmerksam machte, blickte nur kurz hin und meinte dann verächtlich: „So ähnlich baut wohl der Sultan in Konstantinopel seine Frauen- und Freudenhäuser!" — Manchmal ist es mir schon leid unter lauter Kriegsleuten und Staatsmännern!

Und nun sind wir in einem kleinen Fischer- und Schifferdorf an dem großen toten Wasser, das sie die Lagune nennen, und sollen bis morgen warten, wo uns ein Staatsschiff zu ehrenhaftem Einzug nach der Seestadt abholen wird.

Venedig, am 23. Aprilis

Wir haben lange auf unser Staatsschiff aus Venedig warten müssen, — oder hat man uns mit Absicht so lang warten lassen, um uns zu zeigen, wie wir doch eigentlich nur als Bittsteller gekommen sind an die Pforten der Serenissima Reppublica? Unser raitzisches Kriegsvolk hatte sich an den Landungsbrücken gelagert, vertrieb sich die Zeit mit Saufen und Bramarbasieren, mit Singen und Schlafen, und viel einheimisches Volk, Fischer und Seeleute, Tagediebe und Dirnen, drängte sich neugierig herum. Wir anderen schlenderten durch die Gassen und über die Plätze der weitläufigen, unordentlichen, reizlosen Siedlung.

Wir kamen zu den Schiffswerften, wo emsige Geschäftigkeit herrschte und die Zimmerleute an einem halben Dutzend mächtiger Karawellen arbeiteten. „Wenn ihr's recht beschaut", erklärte mir der Fregoso, „so ist Venedig auch im ganzen eher ein Stück Byzanz als ein Stück Italien oder gar ein Stück vom Abendland. Seit mehr als hundert Jahren ist Byzanz tot, von Türken zerstampft und verschlungen. Aber in Venedig lebt es weiter."

Es wurde Mittag, und wir vertrieben uns noch immer die Zeit

mit Warten. Schiffe kamen über die Lagune und gingen ab, Fischerboote und Kähne verschiedener Art, aber auch manch größeres Fahrzeug, das irgendwelche Leute aus dem Festland nach Venedig brachte. — Nach Venedig! — Da draußen lag es, — kaum war es deutlicher, greifbarer geworden im lastenden Dunst, — aber dann und wann war es wie ein aufflimmerndes Glitzern, — wie von silbernen Türmen und goldenen Dächern.

Endlich am frühen Nachmittag näherte sich wieder ein größeres Schiff, und die Einheimischen versicherten uns mit großem Wortschwall, das sei eine Staatsgaleere des Hohen Rates. Man sah das Fahrzeug schon lange als dunklen Punkt draußen schweben, aber es dauerte eine gute Stunde, bis der Punkt zum Schiff anwuchs, bis Einzelheiten unterscheidbar wurden. Ein niedriges Fahrzeug war es, breit und doch wendig. Gleichmäßig wie der Flügelschlag eines großen Vogels bewegten sich im Takt die geschlossenen Reihen der Ruder.

Dann lag die Galeere an der Landungsbrücke, und auf uns zu kam mit gemessenen Schritten ein Mann, jung wohl noch, aber mit Haltung und Gebärden des erfahrenen Kavaliers. Das blasse Gesicht mit mächtiger breiter Stirn und strengem Mund umrahmte dunkles gepflegtes Haar und ein schmaler Spitzbart. — Ja, — so hab ich mir wohl einen venezianischen Herren vorgestellt.

Wie erstaunt war ich daher, als er uns in fließender deutscher Rede ansprach, — wenn auch mit eigenartiger Klangfarbe, — und sich uns vorstellte: „Melchiore de Lussi, päpstlicher Ritter, zur Zeit Secretarius des Signor Pier Loredan, Vorsitzenden des Senates, der uns zu empfangen und zu geleiten die Ehre habe.

Wir gingen an Bord. Meine Raitzen rissen Augen und Mäuler auf; — daß es so etwas gibt, hatten sie ihr Lebtag noch nie gesehen und gehört. — Und schon begannen die Ruder sich zu heben und mit klatschendem Fall in die aufgischtende Flut einzutauchen.

Nachdem sich die Aufregung der Abfahrt gelegt hatte, machte ich mich an den Ritter Lussi heran. — „Ihr seid Venezianer?“ fragte ich.

Der lächelte höflich: „Mitnichten, Signore! — Ich bin Helvetier, Eidgenosse, aus dem Land Unterwalden nid dem Kernwald.“

„So seid Ihr aber jedenfalls in der Schweiz daheim, — droben in den Bergen. — Wie kommt es, daß Ihr jetzt in Venedig sitzet?“

Wieder das höfliche, weltmännische Lächeln, nicht ganz frei von Eitelkeit: — „Es sitzen viele Fremde in Venedig, — und es ist ihr Schaden nicht. Selbst wenn Ihr in der Heimat wirken wollt, — wer erst einmal Jahr und Tag in der Seerepublik geweilt hat, der bringt Ehre und Ansehen mit heim, und sein Wort zu Hause wiegt doppelt.

Signore, — ich bin zuerst Nidwaldner, dann Eidgenosse und dann erst, in dritter Instantia, Untertan des Reiches. Nidwalden ist das Kleinste und Schwächste von den dreien, — und es ist meine Heimat, in der ich geboren bin und in der meine Ahnen sitzen. Nidwalden steht mir am nächsten. Und für Nidwalden ist es gut, wenn ich in Venedig Ruhm und Ehre erwerbe, Erfahrung und Ansehen und nicht zuletzt auch Geld und Gut. Denn wir sind arm daheim, Signore. Und weder die Eidgenossenschaft noch das Reich hilft uns."

Ich war verwirrt. — Ich bin doch von Geburt und Abstammung ein Salzburger. Aber was schert mich Salzburg? Ich verteidige und schirme meine salzburgische Heimat an der Kulpa und an der Una. Und es ist gut so!

Der Lussi riß mich aus meinen Gedanken: „Per favore, — nehmt mir meine Vergangenheit, bitte, nicht übel. Jetzt stehe ich in den Diensten Venedigs, und wir werden demnach also bald Verbündete sein. — Aber wie ich Euch sagte: es stehen viele aus dem Reich in venezianischem Dienst."

Das Gespräch behagte mir nicht. Ich schaute hinaus auf die Lagune. Das Festlandufer war zurückgetreten, war schier schon im Dunst versunken; — seitab ein paar flache kahle Inseln, die kaum fußhoch aus dem stillen toten Wasser heraustauchten. Die Sonne stand schon tief, und der graue Dunst begann sich gelblich und rötlich zu verfärben.

Vor uns, — ja — Venedig war näher gekommen. In der aufsteigenden Dämmerung wuchsen die Massen seiner Bauten zusammen. — Aber wie wir näherkamen, waren es offensichtlich doch bloß Speicher und Hafenschuppen.

Der Lussi bestätigte es mir: „In Venedig ist alles unbewehrt, — keine Bollwerke, Mauern, Kastelle. Wer sollte auch die Stadt belagern, beschießen, bedrohen? Ein Landheer kommt nicht an die Stadt heran, und eine Flotte? — Nun: der tritt hier die beste und stärkste Kriegsflotte des Erdkreises entgegen. Unsere Stadtbefestigungen sind aus Holz, Bordwände unsere Stadtmauern, Masten unsere Türme. Der große Macchiavelli hat geschrieben: Der Bau von Festungen zum Schutz gegen äußere Feinde ist für Reiche, die über gute Armeen verfügen, unnötig, für die, welche keine guten Armeen haben, nutzlos. — Nun: Venedig ist das beweisende Beispiel für den ersteren Fall."

„Unsinn!" entfuhr es mir, — „Ihr solltet einmal zu uns in die Militärgrenze kommen; dort könntet Ihr erkennen, wie gut Befestigungen sind!"

Wieder lächelte der Lussi: „Jeder sammelt eben seine eigenen Erfahrungen, und da ist kein Grund, zu streiten. — Im übrigen, falls es Euch beruhigt: ganz Venedig ist auf weichem Schlick und Schlamm gebaut. Dieser schwankende, unsichere Untergrund der Stadt würde schwere Befestigungsanlagen gar nicht tragen können."

Im Schein des sinkenden Tageslichtes kamen die Massen der Stadt näher, gliederten sich, wuchsen, wurden deutlicher — und zugleich verworrener und unklarer, graues und rötliches Leuchten lag darüber. Schmale Schluchten sprangen dort und da zwischen den Häuserreihen auf, in denen sich das Wasser schwarz und unergründlich verlor.

„Das sind die Kanäle." erklärte der Fregoso. — „Ihr müßt wissen: dieses Venedig ist nicht, wie viele glauben, eine Insel, sondern ein Gewimmel von hundert oder zweihundert Inselchen: dazwischen ist überall Wasser. Wie man in irgendeiner anderen Stadt an jeden Punkt bequem zu Fuß oder zu Pferd gelangen kann, so hier mit dem Boot."

„So gibt es keine Gassen und Straßen?" fragte ich verblüfft.

„Gassen wohl auch, — aber nach denen hinaus führen bloß die Hintertüren. Die großen Pforten und Portale öffnen sich den Kanälen zu. Wie auch die breiten und prächtigen Schauseiten der Paläste sich allesamt im Wasser spiegeln. — Aber Ihr werdet ja sehen."

Um eine Biegung hatte sich das Bild geändert. Ein Gewimmel von dunklen Schiffsrümpfen zog sich nun vor uns hin, in der Dämmerung zu einer einzigen gewaltigen Masse geballt, überragt von einem ganzen Wald hochragender Maste. „Hier gehen die venezianischen Kauffahrerschiffe vor Anker" erläuterte uns wieder der Fregoso. — „Hier ist also die Eingangspforte für den Reichtum der Stadt."

Wieder eine Krümmung, jetzt auch rechts drüben finstere Massen, — Mauern, Gebäude, — eine breite Wasserstraße nahm uns auf, wie ein stiller Strom.

„Bald sind wir am Ziel!" sagte der Ritter Lussi. Wir standen an der Spitze des Schiffes und spähten voraus ins Dunkle. Ahnten wir das Überraschende, das nun kommen mußte?

Und da war es! — Wie abgebrochen endete die schwarze Schattenzeile zur Linken mit einem hell lodernden Leuchtfeuer, jählings traten die Inseln auseinander, weitete sich die Wasserstraße zu einem breiten Becken, von langgestreckten dunklen Säumen eingefaßt. Gerade vor uns aber strahlte aus dem weiten Dunkel ein Zauberbild auf, märchenhaft und unwirklich. Ein Platz mußte es sein, der sich da vom Gestade der Lagune aus in das dunkle Gewirr der Häusermassen auftat, eine goldglühende Lücke in dem unruhigen schwarzen Schattenriß, der sich jetzt vor dem silbergrau verdämmernden Abendhimmel aufbaute, überragt von den schlanken Pfeilern der Türme und den breiten Halbkugeln der Kuppeln. Von hundert und tausend Fackeln und Feuerkörben war dieser Platz erhellt, das unruhige vielfältige Licht brach sich in goldenen und buntfarbigen Mosaiken, spielte um weißes steinernes Spitzengeranke, ließ Standbilder zuckend aufleuchten.

Klatschender Wellenschlag, — Taue flogen durch die Luft, — ein Stoßen und Knirschen, — dann schreite ich über einen teppichbelegten hölzernen Steg, vor mir der Fregoso, der Zrinji, der Buschitsch und hinten nach meine hundert Jugowitsche. — Lauter wird das Lärmen um uns, — Garden stehen links und rechts, in langer Reihe und starrer Haltung, mit reicher fremdartiger Tracht und blitzenden goldenen Stangenwaffen, halten uns den Weg frei durch das schiebende, stoßende, quellende Menschengewühle, — hundert und tausend Gesichter drängen sich da, — Syrer und Mohren, Armenier und Griechen, Juden und Zigeuner, — Levantinervolk, von den Küsten ferner Meere hier zusammengespült. — Ja, — so habe ich mir das Volk Venedigs vorgestellt, — so kenne ich es aus den Schilderungen meiner morlakkischen Freunde und Blutsbrüder.

Dann war das leuchtende steinerne Spitzenwerk über uns, wir marschierten darunter durch einen dunklen Torweg hinaus in einen weiten Hof und dann eine Treppe hinauf. Zuletzt standen wir in einem von tausend Kerzen erhellten Saal, der von purem Gold zu sein schien. Nie hatte ich derartiges noch gesehen.

An der Spitze einer Gruppe vornehm gekleideter Herren trat uns jetzt ein hochgewachsener schlanker Edelmann entgegen, in langem blaugrauem, silberdurchsticktem und pelzverbrämtem Rock. Ein hoher kahler Schädel, ein schmales Gesicht mit grauen Augen, ein langer, bis auf die Brust reichender, sorgsam gepflegter grauer Bart, — alles an ihm strahlte Würde und Weisheit aus, Ruhe und Überlegenheit, — oder war nicht doch auch Starrheit und Herzenskühle mit dabei? — Wie alt mochte er wohl sein, sechzig — siebzig — achtzig Jahre? — Unmöglich, ihn abzuschätzen.

Der Fregoso hatte uns mittlerweile der Reihe nach vorgestellt. Reichlich linkisch mögen wir anderen dagestanden sein und uns bewegt haben, denn es entging mir nicht, wie einigen aus dem Gefolge des Alten ein hochmütiges Lächeln die Lippen kräuselte. Bei der Gegenvorstellung merkte ich mir bloß, daß der alte Edelmann jener schon einmal genannte Pier Loredan war, Vorsteher des Senates oder auch Consiglio de' Pregadi, und als solcher beauftragt, die auswärtigen Geschäfte der Republik Venedig zu leiten und damit auch mit uns zu verhandeln oder eben sich um uns zu kümmern. Wir seien, erklärte er uns, für die Zeit unseres Aufenthaltes Gäste in seinem Haus.

„Wohin kommt unser Kriegsvolk?" raunte ich dem Fregoso zu.

„Das wird in ein Gebäude nahe am Großen Arsenal gelegt."

„Da geh ich mit!" flüsterte ich. Und dachte mir: in Venedig kann man nie mißtrauisch genug sein.

Der Fregoso, der meine Gedanken offenbar erraten hatte, lachte stumm: „Nicht nötig! — So plump sind Verrat und Treulosigkeit der Venezianer wieder nicht."

Schon folgten wir unserem Gastgeber, den Weg, den wir gekommen waren, und die venezianischen Herren reihten sich uns an; der Ritter Lussi machte den Beschluß. Unten am Ufer des mit riesigen

Steinplatten gepflasterten Platzes lagen in langer Reihe seltsame Kähne festgebunden, an die dreißig Fuß lang, schlank und schnittig, mit steil emporgezogenem vorderen und hinteren Ende, glänzend schwarz mit reichem, goldenem Zierat. — „Das sind Gondeln" raunte mir der Fregoso im Einsteigen zu, — „solche findet Ihr auch nur in Venedig."

Drei Gondeln füllte unsere Gesellschaft; zwei Ruderer standen auf dem Verdeck jedes Gefährts und die trieben uns mit raschen Schlägen in das Dunkel hinaus und in eine breite Wasserstraße hinein, — aber es war eine andere als die, auf der wir gekommen waren.

Ich weiß nicht, wie lange wir so gefahren sind, — es dünkte mir Stunden und war doch vielleicht nur ein kurzes Stück Weges. Vor einer der dunkel ragenden Palastfassaden legten wir zuletzt an, schritten die feuchten Steinstufen hinan, das schwarze Tor tat sich vor uns auf, — eine Halle, — eine breite Treppe, — wieder eine Halle, — alles in strahlendem goldenen Kerzenlicht, — und zuletzt ein Saal, — Gold und Marmor, Seide und Purpur und edle Hölzer, — gewaltige Bildteppiche an den Wänden, — Figuren aus Erz und Alabaster, — Schränke, eingelegt mit kostbaren Schmucksteinen, mit Jaspis und Onyx, Malachit und Lapislazuli, Karneolen und Achaten.

Vor uns jetzt wieder neue Gesichter. — Ein junger Mann stand da und eine Dame, hinter ihnen etliche andere. Werden wohl die Kinder Pier Loredans sein, dachte ich. Bei dem Jüngling war da wohl kein Zweifel; war er nicht dem Alten wie aus dem Gesicht geschnitten.

Immerhin: die beiden waren Venezianer, Angehörige ihrer edelsten Geschlechter. Aber wie paßte die junge Frau herein, — oder war sie noch ein Mädchen? Blond war ihr Haar, das sie in einem breiten Knoten hochgesteckt trug, umschlungen mit einem feinen silbernen, von matten Perlen schimmernden Netz. Und als nun ihr Blick für einen Herzschlag in meinem hängenblieb, da sah ich, daß ihre Augen blau waren, — aber es lag ein eigentümlicher grüner Schimmer darin. — Seltsames schönes Menschenkind, — wie kommst du hieher?

Über mein Schauen und Sinnen hatte ich neuerlich unsere ganze Vorstellung verträumt und ermannte mich erst wieder, als der alte Loredan nun uns mit seinem Anhang bekannt machte: „Mein Sohn, Messer Antonio!" — war mir bereits klar! — „Meine Gattin, Donna Luigia!" — Nanu, — das kann doch nicht die Mutter dieses jungen Mannes sein, — der vielleicht älter ist als sie selbst. — Wahrscheinlich ist der alte Loredan zum zweiten Mal verheiratet und hat sich da eben eine Junge genommen.

Ich kam jetzt nicht mehr viel zum Nachdenken, denn man lud uns nun in einem der benachbarten Säle zum Abendmahl. Ich saß zwischen einem geschmeidigen dunkellockigen Kavalier und einer ältlichen dikken Dame. Ich wollte mir dann und wann redliche Mühe geben, mit ihnen in ein Tischgespräch zu kommen, die beiden redeten auch reichlich, aber mir kamen keine drei oder vier Dutzend Worte über die Lippen. Es war mir daher nicht unlieb, daß die beiden bald über meinen Kopf hinweg eine lebhafte Unterhaltung pflegten.

„Per favor, Madonna Mocenigo, — ich sehe da heute einen Schmuck an Euch, der mir noch völlig unbekannt ist. — Entzückend, entzükkend!“ sagte der junge Mann und verdrehte die Augen.

Die dicke Donna Mocenigo lächelte geschmeichelt. — „Es ist albanesische Arbeit. — Dabei hat mir mein Gemahl jetzt etwas Besonderes versprochen, aus Ägypten, mit alten geschnittenen Steinen. Leider ist es noch immer nicht zur Stelle.“

„Wie, — ist Euer Schiff aus Alexandria noch nicht eingelaufen? — Ich hörte doch, daß es schon vor drei Wochen von Durazzo ausgefahren sei.“

„Ja,— so ist es, — wir sind sehr in Sorge, Messer Vendramin. — Wenn das Schiff nur wenigstens schon an der Uskokenküste vorbei wäre!“

„Die Uskoken!“ knurrte Messer Vendramin mit knirschenden Zähnen. — „Läuse am Leib der Serenissima! — Längst sollten sie ausgeräuchert sein!“

„Vielleicht wird's jetzt besser“, sagte Donna Mocenigo.

„Meint Ihr, — auf dem Wege der Verhandlungen?“ — Er warf einen raschen Blick auf den Fregoso, der am oberen Ende der Tafel zur Rechten des Hausherrn saß. — „Glaubt Ihr, daß dabei etwas herauskommt? — Hat Euer Gemahl Andeutungen gemacht?“

„Er und Signor Loredan werden unsere Gäste schon um die Finger wickeln!“ lächelte Donna Mocenigo.

In Venedig sollst du wenig reden und viel hören, hatte mir der Ungnad zum Abschied gesagt. Hier begann es offenbar schon. Vielleicht glaubten die beiden auch bloß, ich sei ihrer Sprache nicht hinreichend kundig, weil sie so ohne Scheu sich vor mir unterhielten. So schwieg ich weiter, und es fiel mir leicht, zu schweigen. Aber ich war rechtschaffen froh, als endlich der alte Loredan die Tafel aufhob.

Wieder in einem der nächsten Gemächer waren niedrige Tischchen vorbereitet mit gepolsterten Sitzen, die zu lässigem Verweilen einluden. Es ergab sich, daß die Gesellschaft sich in mehrere Grüppchen verteilte, deren Mittelpunkt jeweils ein Mitglied der Familie Loredan bildete. Drüben saß der Signor Pier mit dem Fregoso und dem Zrinji und zwei würdevollen alten venezianischen Ratsherren, nebenan der junge Messer Antonio unter jüngerem Edelvolk, dem sich auch der Franjo Frankopan zugesellt hatte und der Ritter Melchior Lussi, und bei uns hatte sich um Donna Luigia der Rest unserer Gesandtschaft geschart wie auch die anwesenden Damen.

Und nun sollte also Conversazione gemacht werden. Der Michel

Ellinger kann kein Wort italienisch, der Tvrdko Buschitsch tut so, mag nicht, — also blieb die ehrenvolle Pflicht an mir hängen.

Donna Luigia lächelte uns an: „Da dove venite? — Wo kommt ihr her?“

Sie wiederholte ihre Frage, und ich fuhr aus meinen Gedanken auf.

„Aus Slawonien und Kroatien kommen wir, — aus dem Confine militare!“ beeilte ich mich zu erklären.

„Was? — Ihr haust in diesem gräßlichen Land dort drüben über dem Meer hinter dem Velebit, dieser Riesenfriedhofsmauer?“ —

„Schrecklich! — Ich bin einmal übers Gebirge gereist, ins Tridentinische hinauf, vor Jahren schon; — nein, ich hielte es nicht aus, — wie kann man dort nur leben?“

„Jesmo mi od čvršćeg tvrdjega drveća!“ brummte der Tvrdko neben mir.

„Madonna mia!“ rief unsere Gastgeberin mit gut gespieltem Entsetzen, — „was sagt er da?“

„Wir sind aus einem festeren, härteren Holz“, übersetzte ich lächelnd.

Der Frankopan war hinzugetreten.

„Gestattet mir, Signora, daß ich Euch meinen Freund und Kriegsgefährten vorstelle, den Frankopanski Franjo.“

Sie lachte spöttisch. — „Frankopanski, — wie ist das wieder hart und stachelig! — Frangipane, Frangipane, — wie hat das geklungen! — Frangipane, Brich-Brot; — ist es nicht ein hartes und dürres Brot, das ihr dort oben hinter dem Velebit brecht?“

Dem Franjo war langsam die Röte ins Gesicht gestiegen, die Backenknochen traten ihm hervor über zusammengebissenen Zähnen.

„Meine Dame, ich bewundere Euren Scharfblick. — Aber es kommt immerhin zuweilen vor, daß aus einem weichen Stamm ein harter Zweig sprießt, der erst gedeiht und aufblüht, wenn er auf härteren Boden verpflanzt wird.“

Sie furchte die Stirn, abweisend und hochmütig: „Meint Ihr mit dem weichen Stamm Eure italienischen Ahnen und Vettern?“

„Nicht nur die! Es gibt noch mehr Geschlechter in Italien!“ entgegnete der Franjo, hart und herausfordernd.

„Hütet Euch!“ sagte Donna Luigia, leise und scharf, und es blitzte ihr etwas in den Augen. „Hütet Euch! — noch ist Venedig die Königin der Meere, und hat der Türk vor unseren Flotten mehr Achtung als vor euren Regimentern!“

Aber ehe noch einer von uns erwidern konnte, hatte sie wieder ihr glattes geschmeidiges Lächeln, war ihre Stimme wieder wie Lautenschlag und Glockenklingen.

„Ach, Ihr Herren, — wollen wir nicht die Politik dort belassen, wo sie hingehört, — in die Ratssäle der Signoria, — oder allenfalls zu den Herren dort drüben in der Ecke!" — Die Herren, — das waren der Fregoso, der Zrinji — und ihr Ehemann.

Es ist wohl noch vielerlei geredet worden an diesem Abend, und vielerlei Wein wurde getrunken, von Malvasia und von Zypern, von Kandia und von den Ionischen Inseln, von Dalmatien und von den Gestaden des Gartensees, — weit ist das Reich der Venezianer, und überall herrscht darin Sonnenglanz und Überfluß.

Venedig, am 16. Maji

Eine böse Nachricht hat uns heute erreicht. Der Fregoso hat uns zusammenrufen lassen, Trauer und Schmerz lagen in seinen Zügen.

„Soeben ist ein Bote aus Wien gekommen!" begann er ohne alle Einleitung. — „Der Kaiser — der Kaiser —"

Er stockte, — um Gottes Willen, — was war mit dem Kaiser?

„Der Kaiser hat aller seiner Würden und Ehren entsagt und ist in ein Kloster in Spanien gegangen!"

Wir hatten uns schon auf eine Todesnachricht gefaßt gemacht, — aber das jetzt, — das, — das war ja noch ärger! — Lähmende Stille.

„Und was wird jetzt sein?" stieß einer hervor.

„Was jetzt sein wird?" — Ich merkte, wie der Fregoso sich mit Gewalt zur Ruhe zwang. — „Die Nachfolge als Kaiser wird nach seinem Bruder unser König und Erzherzog Ferdinand antreten, er wird die österreichischen Länder behalten. Hispanien wird an des Kaisers Sohn fallen, an den Philipp."

„Das heißt also, das Reich Karls, das den Erdkreis umspannt hat, und in dem die Sonne nicht unterging, das zerbricht jetzt!" sagte der Frankopan tonlos. „Wobei der Bruch mitten durch deutsches Land gehen wird. Indem nämlich die Niederlande und Burgund zu Hispanien gehören, das Elsaß und die schwäbischen Vorlande aber zu Österreich."

Der Fregoso blickte zu Boden, schwieg. Dann tropften seine Worte in die Stille: „Das Reich, — ja, — davon, — vom Reich, — davon dürfen wir weiter träumen!"

Ich schaute auf die Männer um mich: der Genuese Fregoso, die Krobaten Zrinji und Frankopan, — sie wußten um das Reich, — in ihnen lebte und glühte das Reich, — das Reich, das Bayern und Brandenburger, Sachsen und Hessen nicht verstehen. —

Der Kaiser — abgedankt — ins Kloster geflohen — aufgegeben. — Er, der wie kein anderer das Herz und den Geist gehabt hatte, alle unsere Sehnsuchtsträume zu Wirklichkeit zu machen. Der, ein neuer Karl der Große, ein neues Reich der gesamten Christenheit hätte schaffen sollen, ein gewaltiges, einiges und heiliges Abendland. — Und der bloß in eine Zeit hineingeboren wurde, die ihn nicht begriffen hat, ihm nicht folgen konnte. — Welche Qualen, welche Wirren, welche Kämpfe müssen im Herzen dieses Mannes getobt haben, ehe er sich jetzt zu diesem entsagenden Schritt entschlossen hat. — Du einst so großer und jetzt so stummer Mann in einer Mönchszelle, ich beuge mich vor dir in tiefster Ehrfurcht, auch in dem Augenblick, da du schwach geworden bist. —

Venedig, am 26. Maji

Ein Schlag folgt jetzt auf den anderen.

Heute rief uns der Zrinji zusammen; die rote Wut flammte ihm aus den Augen.

„Jetzt ist zur Abwechslung ein Bote aus Warasdin eingetroffen!" rief er. — „Das böse Beispiel der Großen macht üble Schule. Der Ungnad hat alle seine Ämter und Stellen niedergelegt, hat sich öffentlich zum lutherischen Glauben bekannt und will in freiwillige Verbannung nach Württemberg gehen."

„Prokletim mu mati!" knurrte der Tvrdko Buschitsch.

„Wenn das nun so weitergeht?" sagte der Frankopan — fragend, — stockend.

„Dann ist es der Anfang vom Ende!" vollendete der Zrinji hart.

„Was wird nun sein an der Grenze?" fragte der Frankopan weiter.

„Es heißt, der Erzherzog will den Iwan Lenkowitsch an des Ungnad Stelle zum Obristen Feldhauptmann über die windische und krobatische Grenze machen. Das ist ein guter Mann."

Ach ja, — der wird es schon schaffen! Herrscht nicht bereits seit Jahren Ruhe und Ordnung und Sicherheit im Land an der Grenze?

Haidenschaft in Krain, am 17. Junii

Was hab ich da zuletzt geschrieben? — Ruhe und Sicherheit in der Grenze? — Alles nicht wahr!

Ja, — eines Tages war Lärm im Haus am frühen Morgen, Rufen, Gerenne und Stimmengewirr. — Zum Teufel, — wer wagt es, die Ruhe zu stören?

Aber dann, — die Stimme kannte ich doch, — das war doch — der Frankopan!

Ich warf mich hastig in meine Kleider, eilte die Treppe hinab.

Unten stand der Franjo, — abgehetzt, aufgeregt.

„Nachricht von daheim!" keuchte er, — „der Pascha von Bosnien, — schon zwei Wochen ist's her, — er ist zwischen der Una und der Kulpa ins Grenzland eingefallen, — hat die Festung Kosteinitz genommen, — droht gegen Glina und Petrinja und Sissek, — der Obrist Lenkowitsch, — der Obrist, —" — er ächzte, rang nach Luft, — eine Schwäche schien ihn zu überkommen.

„Was redest du? — Wie kann so was sein? — Woher weißt du das?"

„Da! — Hier!" schrie er, — „hier hast du es schwarz auf weiß!" — fingerte mit zitternden Händen einen verknitterten Brief aus seinem Wams, — „du kannst es selbst lesen, — und auch gleich die Anschrift: an den Obristwachtmeister des Confinium Militare, — das bist du!"

Die Schriftzüge tanzten mir vor den Augen, — lesen konnte ich sie nicht, aber ich wußte auch so, was darin stand, — daß alles aufs Wort wahr war, was der Franjo da sagte.

„Nein, — das kann nicht möglich sein!" murmelte ich.

„Die Grenze bricht zusammen!" schrie jetzt der Franjo. — Und dann, leiser, eindringlicher: „Und wenn die Grenze zerbricht, dann zerbricht Österreich, — und dann das Reich!"

„Das Reich, — das Reich, — der Kaiser sitzt in Hispanien in einem Kloster; — ist das Reich nicht schon zerbrochen?"

„Nein! — So lang die Grenze das Reich umschlingt und zusammenhält, so lang steht das Reich"!

Der Frankopan drängte: „Ich hab dein Handgebäck schon bei mir und ein gutes Pferd. — Wann können wir reiten?"

„In einer halben Stunde!"

Und dann reiten, reiten, reiten, in Trab und Galopp, über die unendliche grüne Ebene unter lodernder Sonne. Und das Licht der Sonne brennt und tut weh, — in den Augen — und mehr noch im Herzen. — Felder und Weiden, Dörfer mit flachgedeckten Häusern, — einsame Landschlösser, — Pappelreihen, — Kanäle, — eine Brücke, und wieder Felder und wieder Pappelreihen, — Stunde auf Stunde. Weißer Staub wirbelt auf unter den Hufen unserer Pferde, legt sich auf Stiefel und Sattel und Zaumzeug, — greift aus, — schneller, schneller! — Meine hundert Jugowitsche mit dem Michel Ellinger marschieren auch schon irgendwo durch das Land, — die mögen sich Zeit lassen, kommen immer noch zurecht. — Aber der Obristwachtmeister sollte längst schon an der Grenze stehen, — jeder Tag kann entscheidend sein, jede Stunde!

Und jetzt sitze ich beim fuseligen Licht eines schlechten Öllämpchens in einer verkommenen Dorfschenke an der Landstraße und schreibe. — Schreibe, anstatt zu schlafen, mich zu kräftigen für den langen Ritt des morgigen Tages.

Iwanitsch, am 26. Junii

Nach sechs Tagen scharfen Rittes sind wir spät abends nach Warasdin gekommen. Etliche Haufen ziehenden oder lagernden Kriegsvolkes hatten wir unterwegs überholt. Der Lenkowitsch hat Befehl gegeben, alle erreichbaren Truppen bis auf den letzten Mann in Warasdin zusammenzuziehen, um sie dann nach Süden auf den Weitermarsch zu schicken.

Viel größer und zahlreicher freilich waren die Scharen von Flüchtlingen, denen wir begegneten.

„Woher kommt ihr?"

„Von Kosteinitz!" — „Von Gwosdanski!" — „Von Stijena!" — „Von Brubno!" — „Gospodine, der Türk ist in unseren Dörfern!"

„So seid ihr einfach vor ihm ausgerissen? — Schämt ihr euch nicht?"

„Nein, Gospodine, — so ist es nicht! — Wir sind doch herrschaftliche Untertanen in unseren Ortschaften. Und unser gnädiger Herr, der Nádasdy, hat uns befohlen, wir müßten unsere Dörfer verlassen."

Verflucht! — Was uns der Türk nicht erschlägt oder verschleppt, das treiben uns die hungarischen Herren aus dem eigenen Land davon! Gnade Gott diesem Land, wenn die Grenze zusammenbricht, — wenn sie nicht mehr das feste Band ist, der harte Wall, — nicht nur nach vorne, nach außen, sondern auch nach hinten, nach innen!

Alles, was ich in Warasdin erfuhr, waren unklare Gerüchte. Der Lenkowitsch, hieß es, stehe zur Zeit irgendwo bei Petrinja mit der Hauptmacht unserer Truppen. Der Türk scheine sich im Augenblick ruhiger zu verhalten. Es sei aber wohl anzunehmen, daß er weiter vorstoßen wolle.

Einen Brief für mich fand ich vor. Er mochte schon durch vieler Boten Hände gegangen sein, denn er war arg verknittert und abgegriffen. Ich riß ihn auf; — wer schrieb mir da, — wer wollte etwas von mir? — Ach ja: mein Bruder Wolfgang, der in Salzburg Stadtschreiber werden wollte und es wohl auch geworden ist. Aber was hatte er mir mitzuteilen? Ich überflog die wohlgesetzte wortreiche Einleitung. — Dann — ja: die Mutter! — Was war mit der Mutter? — Gestorben! — Ach so, — gestorben, — ja.

Wo blieb der Schmerz, — die Betrübnis wenigstens? — Die Mutter tot, — meine Mutter, die ich einst über alles geliebt und verehrt hatte. — Ich horchte in mich hinein; — war ich denn ein mißratener Sohn, — ein wildes Tier, — ein fühlloser Stein? — Aber alles blieb still und kalt, alles blieb fern und fremd. — Es liegt wohl in der Natur der Dinge, daß alte Leute einmal sterben. — Was ist mir nicht alles schon gestorben, — auch Junges! — Alles ist gestorben in meinem Leben!

Die beigelegte Erinnerung, schrieb mein Bruder noch, die ich einst unserer lieben Mutter geschenkt und die sich jetzt in ihrem Nachlaß gefunden hätte, kehre wohl füglich in meine Hände zurück. Ich steckte das Ding — ein in Papier geschlagenes und mit einem Bändchen säuberlich verknüpftes rundliches Scheibchen — ungeöffnet und hastig in mein Wams, denn Männer waren in meine Stube getreten, Hauptleute und Rottmeister neu eingetroffener Fähnlein und Aufgebote, sie wollten Auftrag und Befehl von mir, und ich hatte zu viel zu tun, als daß ich mich weiter meinem persönlichen Kram hätte widmen können.

Am nächsten Morgen war ein Bote vom Obristen Lenkowitsch da: ich sollte auf raschestem Wege mit allem, was in und um Warasdin sich versammelt hatte, auf Sissek zu abrücken. — Befehle, Kundschaften, Meldungen, Aufträge, — Schreien und Rufen, Rossegestampf und Waffengerassel, — dröhnender Marschtritt und rauher Gesang, dumpfes Trommelgedröhn, Räderknarren und Wagenrumpeln, — Staub der Straßen und Qualm der Lagerfeuer, — und neue Meldungen und Kundschaften, — neue Haufen zu uns stoßend, altvertraute Gesichter, bärtig und gebräunt, narbig und verwittert, — „ja, Bruder Obristwachtmeister, daß du nur wieder da bist! Jetzt werden wir schon alles ins Lot bringen!"

Petrintzi bei Sissek, am 29. Junii

Sissek war wie ein Wespennest. Die Türken schwärmen vor der Stadt, brennen und morden! Über die Schamanitza sind sie herübergekommen, die man auch das Zrinjigebirge nennt, von Kosteinitz und Bosnisch Brod her. Auf der Straße nach Petrinja kommt nichts mehr durch, wird alles abgefangen! — Der Lenkowitsch, der Obrist? — Ja, der ist weit drüben, irgendwo bei Glina. — Ja, dort sind auch die Türken!

Schwere Rauchwolken hingen über dem Auwald. Pratschno brennt! Moschtschenitza brennt! Komarowo brennt!

Ich ließ alles Fußvolk in der Stadt sich bereit halten, sammelte die Reiterei vor den Mauern. Dann ritten wir los, südwärts. Im benachbarten wehrhaften Dorf Tschaprag stand jeder Mann auf Posten, blank gezogen, Pulver auf der Pfanne, mit brennender Lunte. — Nein, — Türken hätten sich bis jetzt noch keine gezeigt.

Vorsichtig ritten wir durch den Wald weiter. Qualm hing zwischen den Stämmen, legte sich klemmend auf die Brust. — Dann das Dorf Pratschno: schwelende Trümmer, dort und da noch in hellen Flammen. Erschlagene auf der Straße, — totes Vieh dazwischen, zerdroschenes Gerät. — Im nächsten Dorf dasselbe Bild. — Dann standen wir vor der Festung Petrinja. Auch hier war die schwache Besatzung zur Verteidigung bereit, die Zugbrücken hingen aufgezogen, wachsame Köpfe spähten über die Mauer, aus den Scharten drohten schwarzmäulig die Geschütze. Aber auch hier hatte man noch keine Türken zu Gesicht bekommen.

Eines war mir klar: es konnte sich um keine starke feindliche Truppe handeln. Eine Streifschar, besonders kühn und rücksichtslos, geschickt und wendig geführt, — das mochte es sein. Bei Petrinja waren sie noch nicht vorbeigekommen, sie mußten also irgendwo im Osten stecken. Schon ritten wir zurück, durch die Trümmer von Moschtschenitza und Pratschno, — und immer weiter. Bei Komarowo stießen wir auf ein paar versprengte Flüchtlinge. Ja, — die Türken seien aus dem Gebirge gekommen, von Petkowatz und Staroselo her, und hätten sich dann ostwärts verzogen, auf Dubitza zu. — Hurra! — Wir waren ihnen also auf den Fersen!

Beim befestigten Dorf Petrintzi hatten wir sie eingeholt. Die Türken merkten uns erst gar nicht, zu hitzig griffen sie das Dorf an, in verbissener Wut. Das Dorf wehrte sich wacker, wenngleich ein guter Teil seiner Häuser schon brannte. Wir sahen, daß wir den Türken an Zahl zumindest ebenbürtig waren. Ungesehen kamen wir näher, unbemerkt ließ ich den Franjo Frankopan mit zweihundert Mann im Tal des Graduschabaches verschwinden, daß er das Dorf umgehe, im Rücken des Feindes die Straße nach Dubitza verlege.

Und dann brachen wir von allen Seiten vor. Die Überraschung war uns vollständig gelungen, die Türken im Augenblick auseinandergesprengt; querfeldein flüchteten sie, nach den Auwäldern an der Sau hin, während dazwischen kleinere Häuflein noch erbitterten Widerstand leisteten.

Ein junger schlanker Mann, an der Kleidung leicht als Anführer erkennbar, versuchte, die Versprengten zu sammeln, längs der Straße nach Osten durchzubrechen. — Aber schon war ich mit einem Haufen Unsriger heran! Ein grimmiges Hauen und Stechen hub an, Freund und Feind wälzten sich, zu Knäueln verwickelt und verbissen, über das Feld.

Mitten in dem Getümmel hatte ich den jungen türkischen Offizier auf einmal vor mir. — Jetzt gilt es, Freundchen! — Mit Ungestüm fiel ich ihn an. — Hieb und Stich und Stich und Hieb! — Er, der Jüngere, war rascher und gewandter, ich hatte mit dem Alter die Erfahrung und Übung voraus. — Wir waren ungleiche, aber ebenbürtige Gegner. — Die Hiebe sausten und prasselten, Stahl blitzte, Funken sprangen, — die Zähne gebleckt, die Züge verzerrt, — die Züge, — das Gesicht? — Was war das doch für ein Gesicht da mir gegenüber? — Was überkam mich jählings ein Fragen und Wundern und Erschrecken? — Schau nicht auf sein Gesicht, alter Narr, — auf seine Hand schau, sie bringt dir den Tod! — Aber ich kann mein Auge nicht mehr von diesem Gesicht abwenden. — Heiliger Gott, — sehe ich ein Gespenst? — Da, — ein Hieb streift meine Stirn, heiß strömt es mir über die Schläfe, in die Augen, — da werfen sich krobatische Reiter zwischen uns, und das Getümmel verliert sich seitab.

Als ich wieder richtig zu mir komme, ist der Kampf entschieden, beendet. Tote liegen umher, meistenteils Türken, Verwundete werden ins Dorf getragen. — Taumelig, schwankend reite ich hintennach.

Wo ist der fremde Anführer? — „Haj, Gospodine, — den hat der Gavro Mateschitsch vom Pferd gestochen! — Gospodine, nicht einen Augenblick zu früh, — fast hättest du dran glauben müssen! — Dort drüben muß er wo liegen, bei der Mühle."

„Ist er tot?"

„Ne znamo, — wir wissen nicht."

Ich muß ihn sehen! — Dieses Gesicht, — dieses Gesicht!

Dann habe ich ihn gefunden. Er liegt hingestreckt, über und über voll Blut; in kurzen Stößen, krampfhaft und ganz flach, geht sein Atem. — Oh, dieses Gesicht!

„Nehmt ihn auf!" ächze ich, — „tragt ihn ins Dorf, — in ein Haus, — wo ich mit ihm allein sein kann. — Und schickt mir einen Feldscher!"

Die Leute wundern sich, aber sie sind es gewohnt, zu tun, was ihr Hauptmann ihnen befiehlt. Schweigend bewegt sich unser Zug ins Dorf.

Sie haben den Verwundeten auf eine Strohschütte gebettet, und wieder stehe ich vor ihm und starre auf ihn herab. — Mir ist, als krallte sich der Wahnsinn in mein Hirn. — Was ist das für ein Gesicht, — nie gesehen, — und doch so gut bekannt, — so vertraut?

Ich greife mir an die Brust, da spüre ich in meinem Wams das kleine Päckchen aus Salzburg, das Erbstück meiner Mutter. Wie unter einem fremden Zwang hole ich es hervor, nestle das Band auf, entfalte das Papier, — starre auf ein Plättchen, — ja: ist das nicht das Bildchen, das ich malen ließ, damals vor einem Vierteljahrhundert, als ich von Salzburg in die Fremde zog, — das Bild von mir. — Von mir? — Aber nein, — Barmherziger! — das bin doch nicht ich! — das ist der da vor mir auf dem Stroh!

Die Stube dreht sich um mich, das Haus, die ganze Welt.

Der Feldscher hat sich an dem Verwundeten zu schaffen gemacht, jetzt erhebt er sich.

„Ist — ist — zu hoffen?“ flüstere ich.

Der schüttelt den Kopf. — Dann sagt er: „Aber das da hab ich an ihm gefunden. Ist doch zu merkwürdig. — Wo er doch ein Muslim ist.“ — Und er legt mir ein kleines silbernes Münzstück in die Hand.

Und wieder starre ich, und wieder beginnt alles zu schwanken und sich zu drehen. Was ich da in der Hand halte, ist ein Muttergottespfennig! — Den ich von meiner Mutter einst bekommen habe, und den ich dann, — den ich —

Ich werfe mich auf die Knie, packe den Jungen, rüttle ihn:

„Od koga imas ovu stvar?“ schrei ich, — „von wem hast du das Ding?“

Er krümmt sich, will etwas reden, lautlos bewegen sich seine Lippen. — Zuletzt stöhnt er: „Od majke, — von meiner Mutter.“

„A ko je bila tvoja majka? — Und wer ist deine Mutter gewesen?“

„Ne znam —“

Er weiß es nicht! — Aber ich, ich weiß es! — Und ich weiß auch, wer du bist, — mein — mein — aber ich kenne ja nicht einmal deinen Namen! — Der Königssohn Marko hättest du werden sollen, — mein Königssohn Marko! — Und was bist du geworden?

Wie sagte doch der Busbeck: — Der osmanische Staat nährt sich vom Herzblut der Christenheit und kämpft gegen das Reich mit Hilfe von dessen eigenem Fleisch und Blut. — Ja, — auch mit meinem eigenen Fleisch und Blut!

Ich bin zusammengesunken, habe das Gesicht ins Stroh des Lagers vergraben, mit den Händen habe ich nach den kalten Fingern des Sterbenden getastet, nach seinem starren Gesicht, seiner blutverkrusteten Brust. — Und als ich endlich wieder aufschaute, war alles vorbei.

— — —

He, Starjeschina, — hast du Wein? — Roten Wein, schweren Wein? — Ja, — bring mir welchen! — Ich brauche heute Wein, — viel Wein! Und dann laß mich allein, Brate, — allein mit dem dort auf dem Stroh. Dem Bleichen, Stummen, Stillen.

— — —

Des Michel Ellinger Stimme schallt von der Straße herein, gedämpft.

Ja, — Michel, — ich hab einmal von einem Sohn geträumt, von einem eigenen Sohn, — damals, als ich dich, einen blondlockigen Knirps, auf meinen Knien hab reiten lassen; — eine Ewigkeit ist es her.

Heute hab ich Söhne, — ja!

Einer sitzt im Tal der Ybbs, auf eigenem Grund und Boden. Ein Mann ist er heute schon, führt den Pflug und streut das Korn. Und wenn er einhält und aufschaut, sieht er grüne Almen und dunkle

Wälder. — Vielleicht hat er schon Weib und Kind. — Vielleicht hab ich schon einen Enkel — in der Heimat.

Etliche, zusammen mit vielen ihresgleichen, wachsen in einem Dorf bei Warasdin heran, zwischen Lehmhütten und Zwetschkenbäumen, goldenen Feldern und weißstaubigen Straßen, zwischen dem grünen Hügelzug der Brega und dem großen Fluß, der nach Osten strömt. Kraft und Mut steckt in ihnen, Wendigkeit des Leibes und Gelassenheit der Seele, Mannesstolz und Lebenslust. Sie werden brave kühne Grenzer werden, Bauern und Krieger. Und sie werden dafür leben, daß der Wall weiter steht, an dem ich gebaut habe.

Immer wieder ist mir in meinem Leben ein Frauenbild begegnet, in dem alle Herrlichkeit der Welt Gestalt gewonnen, mein ruheloses Herz das Glück der Erfüllung gefunden hat. Jede hat mir einen Sohn geschenkt; — wie Meilensteine stehen sie an meinem Lebensweg.

Ja, — Söhne habe ich, — viele Söhne. Und jeder trägt ein Stück meiner Sehnsucht mit sich hinaus ins Leben, spinnt dort weiter, wo ich aufhören mußte, wird meine Träume zu seiner Wirklichkeit machen.

Aber keiner wird meinen Namen tragen, — keiner. Nicht einmal die in Ladanje, die ich hintennach ehelich gemacht habe. Auch sie werden nach der Sippe genannt, in der sie leben und aufwachsen, in die sie hineingehören.

Nur einer hätte meinen Namen tragen sollen von Anbeginn, — er, auf dem höchsten Gipfel meines Lebens gezeugt, hätte mein Geschlecht begründen sollen, auf daß es in die Jahrhunderte hineinwachse und blühe und fruchte, ragend wie ein Fels durch die Zeit. — Einer! — Aber der hat es nie gewußt. Und er wird es nie mehr erfahren.

Ja, — namenlos bin ich, und namenlos werde ich bleiben. Wie das Saatkorn, das vergeht und verschwindet, auf daß neue und immer neue Frucht entstehe.

Aber ist nicht die ganze Grenze namenlos, — Saat, die hingegeben wird? — Nur die Frucht zählt. — Ist die Grenze mein Werk? — Oder bin ich selbst die Grenze?

— — —

Das Talglicht flackert und schwelt. Dunkel leuchtet der Wein — wie Blut.

Es ist gut, dann und wann die Summe des Lebens zu ziehen. Ob mein Leben schön war, weiß ich nicht zu sagen. — Ich weiß nur, daß es gut war, ich hab erfüllt, was mir aufgetragen war.

— — —

Melder sind gekommen, von Glina, von Agram und von Belowar, Kundschafter von Dubitza her. — Der Pascha von Bosnien rückt mit seinem ganzen Heer an der Sau herauf gegen Sissek vor. Der Obrist Lenkowitsch kommt mit seiner Hauptmacht von Westen, der Buschhausen mit dem Rest von Norden. Der Türk ist uns an Zahl dreifach überlegen. — Morgen werden sie hier sein. — Die Unseren — und die Türken.

Ich will das Licht nicht löschen, — ich will wach bleiben. — Ich will Wache halten an der Grenze von Zeit und Ewigkeit.

(Nachsatz von fremder Hand:)

Dieses Büchel hat sich im Nachlaß unseres Obristwachtmeisters der Grenze und Burghauptmanns von Warasdin gefunden nach dem großen Gefecht vor Sissek am 1. Julii anno MDLVI, darin er als ein braver Kriegsmann mit Tod abgegangen. Der Türk ist geschlagen worden und abgezogen. Die festen Plätze Dubitza und Kosteinitz haben wir nicht zurückgewinnen können, aber Sissek und Petrinja, Krastowitz und Glina und Brünen und Gwodanski sind in unserer Hand verblieben. Und es steht die Grenze nun wieder so fest wie zuvor. Zusammen mit dem Obristwachtmeister sind im Kampf geblieben die Hauptleut Buschhausen, Puchmüllner und Frankopan. Gnade Gott ihrer Seelen, Amen.

Michael Ellinger
Burg- und Landhauptmann zu Belovar im
Confinium Militare.

ANHANG

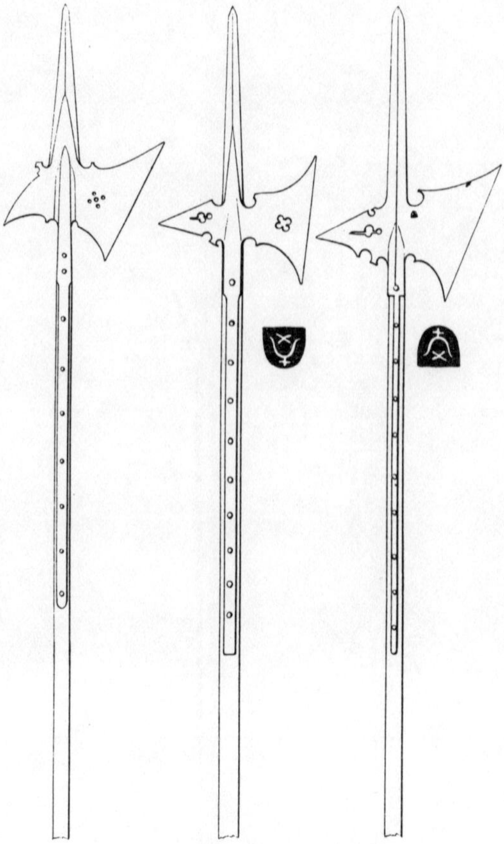

Fig.1 Fig 2 Fig 3

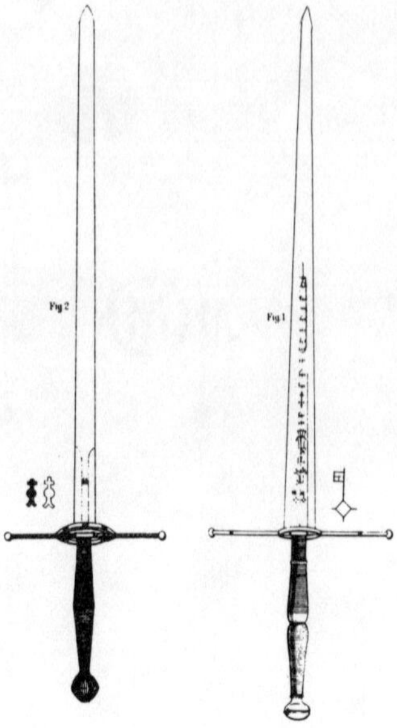

Helmbarten, — Fig. 1—3 — mit großen schweren Beilen, 1. Drittel des 16. Jahrhunderts, mit Schmiedezeichen, Gewicht bis 3 kg. Die Helmbarten waren in Deutschland, vorzüglich aber in der Schweiz vom 14. bis 16. Jahrhundert die Waffen des Fußvolks.
Daneben rechts:
Zweihänder, 16. Jahrhundert, mit Klingenschmiedzeichen. Auch „Beidenhänder“ — kurz „Schlachtschwerter“ — genannt, kamen diese „Hieb- und Stichwaffen“ zuerst Ende des 15. Jahrhunderts bei den Schweizer Söldnern, dann bei den deutschen Landsknechten in Gebrauch.
(Landeszeughaus Graz)

Fig. 1 Fig. 2 Fig. 3 Fig. 4

Verschiedene Stangen(Stoß)waffen des 16. Jahrhunderts.
Sie verdrängten gegen Ende des 15. Jahrhunderts bei den regulären Söldnerhaufen die Helmbarten.

1 — Partisane, mit Wappenzeichen eines Tataren-Chans? Ihr Hauptmerkmal besteht in den unter der Klinge beiderseitig abstehenden halbmondförmigen Vorsprüngen.

2 — Spieß, mit breiter Klinge mit Schmiedezeichen.

3 — Partisane, mit stark gerippter breiter Klinge, Vierkantspitze und halbmondförmigen Ohren.

4 — „Fryauler spiess", mit sichelartig geschwungenen Ohren. Ähnliche Waffen sind meist italienischen Ursprungs.

(Landeszeughaus Graz)

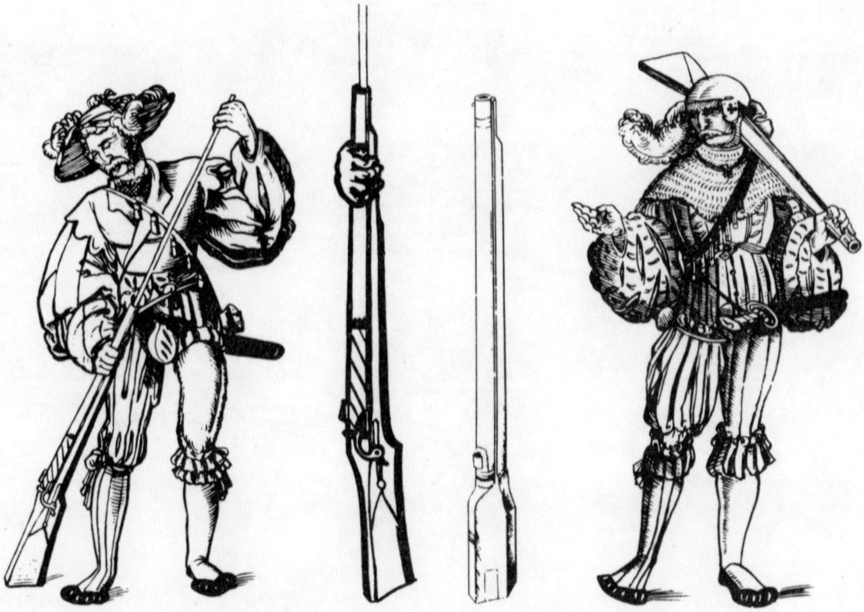

Kriegsknechte.
Neben den Stoß-, Hieb- und Stichwaffen kamen beim Fußvolk ab dem 1. Drittel des 14. Jahrhunderts allmählich die Handfeuerwaffen in Gebrauch. Zunächst die Handbüchsen, einfache, aus Bronze gegossene oder eisengeschmiedete Rohre mit Zündloch, hinten mit einem kürzeren (Faustrohr) oder längeren Stiel (Stielbüchse) versehen. Vorderlader. Später folgen Lunten- und Radschloßgewehr. Beide Gewehre ca. 1530.
Nach Holzschnitten von N. Meldemann.

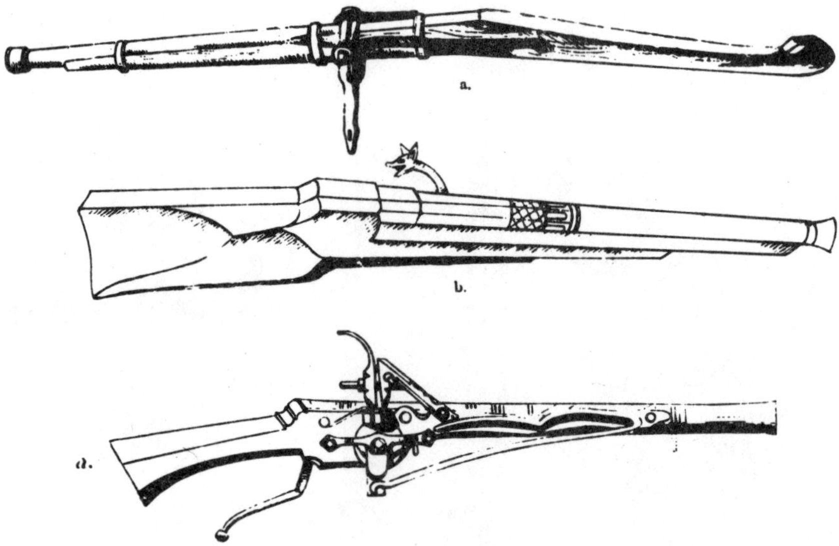

Die Hakenbüchse oder „Arkebuse“ war der erste, Anfang des 15. Jahrhunderts aufgekommene Typus des Infanteriegewehrs. Gewicht 5 bis 7 kg; Kaliber 18—20 mm; glatter Lauf; Bleikugel von 30—45 g; Lunten — später Radschloß.

Ganzer gereifter Feldharnisch, 1510—1535.
Diese Schutzwaffe trugen der Infanterieoffizier und der Doppelsöldner in den ersten Gliedern des rechteckigen „Haufens“ (Gevierthaufen) der Landsknechte. Daher auch der Name „Knechtharnisch“. Der Harnisch oder „Kuyriss“ bot wohl maximalen Schutz gegen Schuß und Hieb, wurde aber im Gefecht wegen seines Gewichts — 20 bis 30 kg — oft auch zur Qual.
(Landeszeughaus Graz)

Unter Kaiser Maximilian I. gelangte die Geschützkunst zu hoher Blüte. In Tirol entstanden berühmte Gießereien. Die Geschütze der Maximilianischen Artillerie fanden noch im späten 16. Jahrhundert Verwendung. Hier eine kurze Kartaune, 1500—1510.
Aus dem Codex icon. 222 der Münchener kgl. Hof- und Staatsbibliothek.

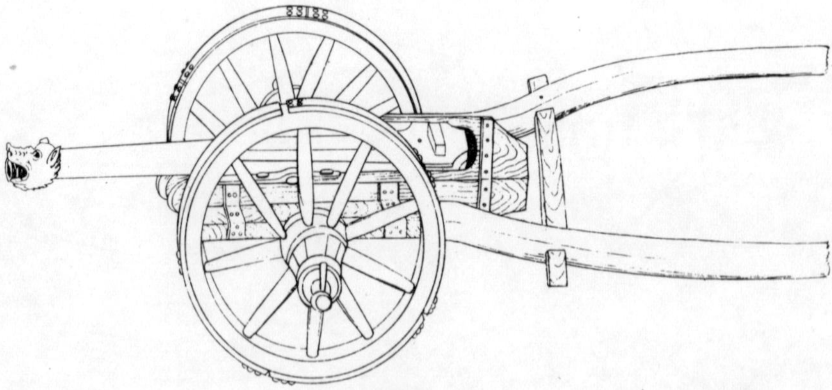

Tarasbüchse der Maximilianischen Artillerie.
1500—1510.
Aus dem Codex icon. 222 der Münchener kgl. Hof- und Staatsbibliothek.

Leichtes Feldgeschütz, 1500—1510.
Tarasbüchse der Maximilianischen Artillerie.
Aus dem Codex icon. 222 der Münchener kgl. Hof- und Staatsbibliothek.

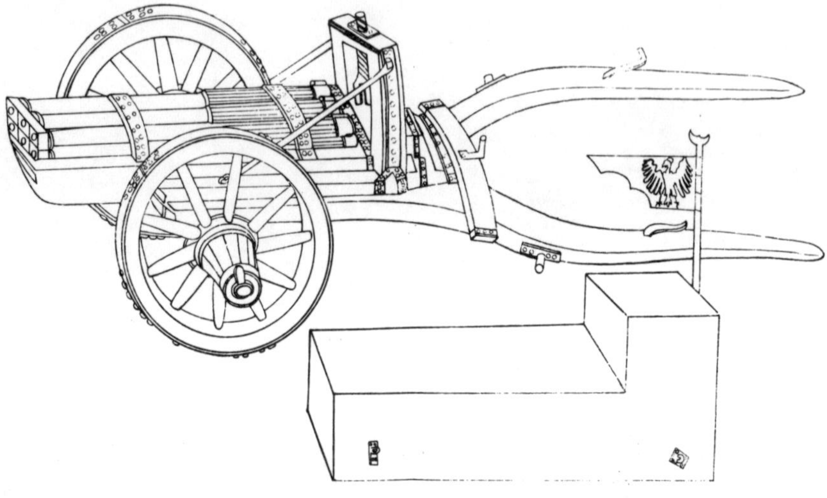

Als Vorläufer moderner Raketengeschütze präsentiert sich dieser Streitwagen mit „Schlänglein" — gebündelte leichte Feldgeschütze — der Maximilianischen Artillerie, 1500—1510.
Aus dem Codex icon. 222 der Münchener kgl. Hof- und Staatsbibliothek.

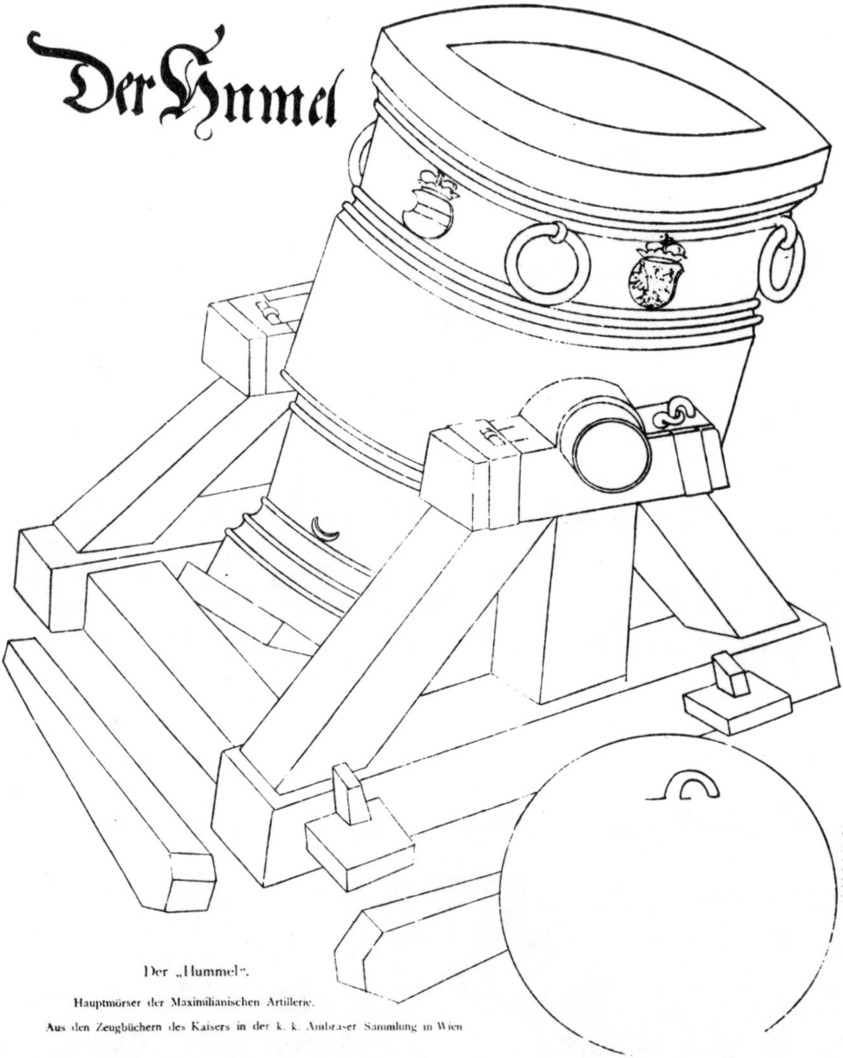

Der „Hummel“.

Hauptmörser der Maximilianischen Artillerie.

Aus den Zeugbüchern des Kaisers in der k. k. Ambraser Sammlung in Wien

Kaiser Maximilian I. ließ ein Verzeichnis seiner Artillerie aufstellen: Im pergamentenen „Zeugbuch“ ist jedes seiner Geschütze vermerkt und dargestellt. Hier der „Hummel“, ein Hauptmörser.

Aus A. Dürer's Radierung von 1519

Aus dem Theuerdank, No. 50.

Ausgabe von 1519

Oben:
Feldschlange, von der Reichsstadt Nürnberg für den Türkenkrieg gestellt. Das Rohr ist gegossen, die Zierwülste gleichen den Eisenringen, die früher die geschmiedeten Rohre verstärkten.
Radierung von Albrecht Dürer, 1519.

Unten:
Leichte Feldartillerie des frühen 16. Jahrhunderts. Stuckknechte an ihren Falkonetten.
Aus dem Theuerdank, Ausgabe 1519.

Mauerbrecher, schweres Belagerungsgeschütz — Steinbüchse und Scharfmetze.
Aus dem Kriegsbuch des Reinhart von Solms, 1556.

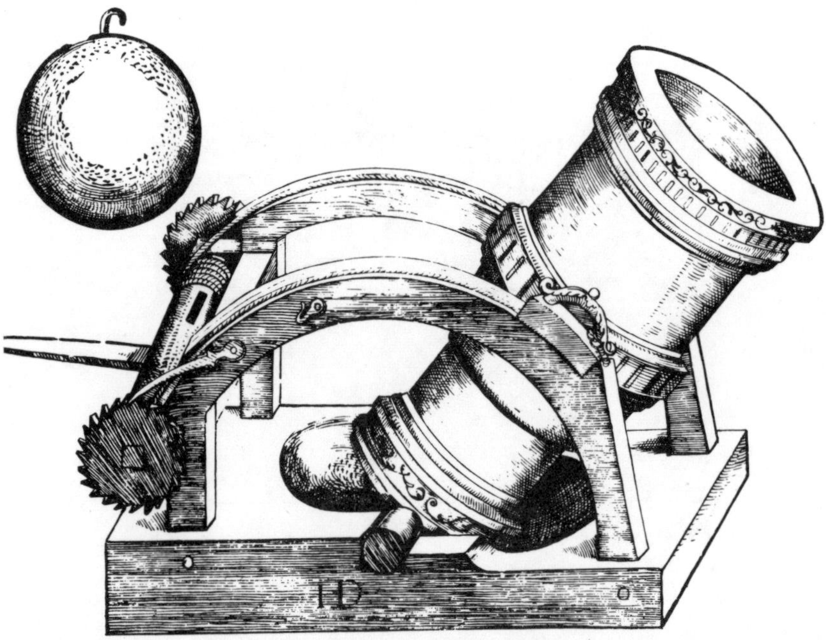

Die Geschosse der Mörser erreichten den Gegner dank ihrer stark gekrümmten Flugbahn auch hinter den Verschanzungen.
Kriegsbuch des Reinhart von Solms.

B I L D Q U E L L E N N A C H W E I S

Albertina, graphische Sammlung, Wien (Alb.)

Historisches Museum der Stadt Wien (H. M. d. St. W.)

Niederösterreichische Landesbibliothek (NLB)

Österreichische Nationalbibliothek, Portraitsammlung und Bildarchiv, Wien (ÖNB)

Österreichischer Bundesverlag, Wien (ÖBV)

Österreichisches Staatsarchiv, Kriegsarchiv Wien, Bibliothek und Kartensammlung (K. A.)

Landeszeughaus Graz

Artilleriemuseum Paris

Königliche Hof- und Staatsbibliothek, München

TVRCICI IMPERII DESCRIPTIO.
Concordia parue res crescunt. Discordia maxime dilabuntur.
MARE MEDITERRANEUM
MARE MAGIORE, ol PONTUS EUXINUS
AFRICAE
Libyæ deserta.
NUBIAE REGNI PARS.
AUSTRIA
ITALIA
SICILIA
BARCHA
AEGYPTUS
OCCIDENS.
Ad C. Rasausen, olim Boreum Prom. erant patrum nostrorum memoria, Regis Tunetani, et Soldani Aegypti confinia, hodie vero Solimannorum imperium huc usque, & ultra extenditur.